시험 전에 꼭 봐야 할

사회
복지사
1급

적중예상문제

SD에듀

(주)시대고시기획

머리말

사회복지사 1급 자격시험은 사회복지에 관한 소정의 전문지식과 기술을 가진 자에게 사회복지사 자격을 부여하고 복지업무를 담당하도록 함으로써 아동 · 청소년 · 노인 · 장애인 등 보호가 필요한 사람들에게 전문적이고 체계적인 복지 서비스를 제공하기 위하여 도입되었습니다.

또한 최근에는 사회복지사 임금의 현실화 및 복리후생제도를 바탕으로 한 사회복지사 처우개선, 사회복지사의 정체성 · 전문성 배양을 통한 직업 전망뿐만 아니라 사회복지조직 혁신을 통한 조직 전망을 마련하는 등 사회복지사의 인력 관리 및 지원을 위한 체계의 필요성이 강조되고 있습니다. 이는 다양한 분야에서 사회복지에 대한 관심이 증가하고 있으며, 이에 따른 사회복지사의 역할이 더욱 중요해지고 있다는 것을 의미합니다.

2024 SD에듀 시험 전에 꼭 봐야 할 사회복지사 1급 적중예상문제는 사회복지사 1급을 준비하는 수험생들에게 합격의 당락을 좌우할 마지막 정리의 기회를 제공하기 위해 다음과 같은 특징에 중점을 두고 출간되었습니다.

이 책의 특징

첫　째 반복 출제된 내용을 마지막으로 확인할 수 있는 빨리보는 간단한 키워드
둘　째 친절하고 꼼꼼한 해설이 가득한 2023년 제21회 최신 기출문제
셋　째 적중률 높은 문제와 기출문제들만을 엄선한 적중예상문제 5회분

SD에듀는 원하는 분야에서 자신의 역량을 발휘할 수 있는 전문인을 희망하며 사회복지사에 도전하는 모든 수험생들의 합격을 진심으로 기원합니다.

사회복지사 수험연구소 씀

시험정보

관련부처		시행기관		자격관리
보건복지부	＋	한국산업인력공단	＋	한국산업인력공단

시험과목 및 시험방법

구 분	시험과목	문제형식	시험영역	시험시간(일반)
1교시	사회복지기초(50문항)	객관식 5지선다형	• 인간행동과 사회환경 • 사회복지조사론	50분
2교시	사회복지실천(75문항)		• 사회복지실천론 • 사회복지실천기술론 • 지역사회복지론	75분
3교시	사회복지정책과 제도(75문항)		• 사회복지정책론 • 사회복지행정론 • 사회복지법제론	75분

합격자 결정기준

❶ 매 과목 4할 이상, 전 과목 총점의 6할 이상을 득점한 자를 합격예정자로 결정함
❷ 합격예정자에 대해서는 한국사회복지사협회에서 응시자격 서류심사를 실시하며 심사결과 부적격 사유에 해당되거나, 응시자격서류를 정해진 기한 내에 제출하지 않은 경우에는 합격 예정을 취소함
  ※ 필기시험에 합격하고 응시자격 서류심사에 통과한 자를 최종합격자로 결정
❸ 최종합격자 발표 후라도 제출된 서류 등의 기재사항이 사실과 다르거나 응시자격 부적격 사유가 발견될 때에는 합격을 취소함

시험일정

원서접수	▶	시험시행	▶	합격예정자 발표	▶	응시자격서류 제출	▶	최종합격자 발표
2023년 12월 중		2024년 1월 중		2024년 2월 중		2024년 2 ~ 3월 중		2024년 3월 중

※ 정확한 시험일정은 시행처인 한국산업인력공단(Q-net)의 확정공고를 필히 확인하시기 바랍니다.

이 책의 구성과 특징

※ 〈2024 SD에듀 시험 전에 꼭 봐야 할 사회복지사 1급 적중예상문제〉는 자격시험 대비를 위해 효과적으로 구성되었습니다. 다음의 특징을 충분히 활용한다면 방대한 양의 사회복지사 1급 자격시험도 차근차근 완벽하게 학습할 수 있습니다.

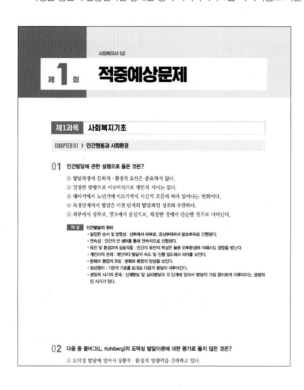

출제경향을 반영한 적중예상문제

사회복지사 1급 자격시험은 성실한 자세로 꾸준히 학습하는 것도 중요하지만, 무엇보다 실전 연습이 중요합니다. 1년에 한 번만 응시할 수 있을 뿐만 아니라 하루에 8영역을 3교시에 걸쳐 치르므로 컨디션 조절에 실패하거나 조금만 방심하면 자신의 실력을 제대로 발휘하지 못할 수도 있기 때문입니다. 사회복지사 1급 적중예상문제집에 수록된 5회분의 문제는 실제 시험과 비슷한 수준으로 문제를 생성하였으므로 시간을 정해두고 문제를 풀어나가는 연습을 하기에 적합합니다. 꼼꼼하게 표시한 기출연도도 반드시 확인하세요!

상세한 해설

많은 문제를 푸는 것보다 중요한 것은 1문제를 정확히 파악하고 이해하는 것입니다. 한 문제, 한 문제마다 완벽한 해설, 상세한 해설을 수록했습니다.

2023년 제21회 기출문제 및 해설

사회복지사는 시험범위가 방대한 만큼 많은 문제와 지문을 접해보는 것이 중요합니다. 기출문제 풀이를 통해 난이도를 파악하고 자신의 실력을 체크해보세요. 수험생 여러분의 실력을 한층 더 업그레이드할 수 있습니다.

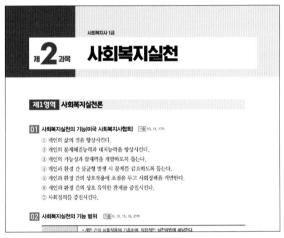

빨리보는 간단한 키워드 '빨간키'

사회복지사 1급 자격시험은 과목도 많고 범위도 넓어서 학습해야 할 양이 방대합니다. 그렇다고 그 많은 이론들을 무조건 다 외울 수는 없겠지요. SD에듀의 오랜 경험과 분석을 통해 핵심만 정리한 빨간키(빨리보는 간단한 키워드)로 시험에 자주 나왔고, 또 앞으로도 출제 가능성이 높은 핵심 이론을 머릿속에 입력하세요. 전체 흐름을 파악하는 데도 도움이 될 것 입니다.

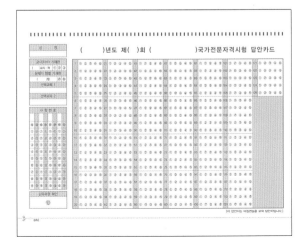

답안지로 실전감각 익히기

아무리 이론 공부를 많이 하고, 주요개념을 많이 외웠다고 하더라도 실전에서 너무 긴장하거나 시간 조절에 실패한다면 제 실력을 오롯이 발휘하기 어렵습니다. 실제 시험과 똑같은 모의 답안지를 수록하였으므로, 시간을 정해두고 마킹까지 하면서 문제를 풀어보세요. 시험장에서 긴장하지 않고 실력을 발휘한다면 더 좋은 성적을 받을 수 있습니다.

이 책의 구성과 특징

❶ 핵심적인 내용만 쏙쏙 •
뽑아내서 마무리에
딱 좋아요!

사회복지사 1급

제**3**과목 **사회복지정책과 제도**

01 사회복지정책의 목적 및 특징 기출 9, 14, 15, 19, 21회

① 국민최저수준 보장 및 삶의 질 향상을 목적으로 한다.
② 인간존엄성과 사회연대의식을 기초로 사회통합 및 질서유지를 목적으로 한다.
③ 소득재분배, 개인의 자립성 증진, 정상화 이념의 확대를 목표로 한다.
④ 사회연대의식에 기초하여 사회적 평등을 실현하며, 사회적 적절성을 확보한다.
⑤ 시장의 실패를 시정하여 자원배분의 효율화 기능을 수행한다.
⑥ 서비스의 주체는 정책을 형성 · 집행 · 제공하는 기관이며, 서비스의 객체는 서비스를 필요로 하는 사람, 나아가 전 국민이 해당된다.
⑦ 사회복지정책은 사실상 가치중립적일 수 없으며, 이를 연구하는 사회과학자도 연구주제의 선택이나 연구 결과의 해석에 있어서 가치를 배제할 수 없다.
⑧ 경기 상승 시 경기가 과열되지 않도록 막는 한편, 경기 하락 시 과도한 하락을 방지해 주는 경제의 자동안정장치 기능을 수행한다.

02 평등의 개념 기출 3, 4, 5, 11, 12, 14, 19회

① 수량적 평등(결과의 평등) : 가장 적극적인 의미로서 사회적 자원을 똑같이 배분함
② 비례적 평등(공평) : 개인의 욕구, 능력, 기여에 따라 사회적 자원을 상이하게 배분함
③ 기회의 평등 : 가장 소극적인 의미로서

기출 2, 6, 7, 9, 11, 12, 16, 19회

03 신구빈법(개정구빈법) 또는 신빈민법(1834)

① 기존 구빈제도에 대한 비판과 함께 스핀햄랜드법의 임금보조제도를 철폐하였다.
② 빈민을 가치 있는 빈민과 가치 없는 빈민으로 분류하고, 노동능력이 있는 빈민에 대한 원외구제를 폐지하여 이들에 대한 구빈을 작업장 내에서의 구빈으로 제한하였다(→ 작업장 활용의 원칙 혹은 원내구제의 원칙). 다만, 노약자, 병자 등에 한해 원외구제를 허용하였다.
③ 피구제 빈민의 생활상황이 자활의 최하급 노동자의 생활조건보다 높지 않은 수준에서 보호되도록 하였다(→ 열등처우의 원칙 혹은 최하위자격의 원칙).

빨리보는 간단한 키워드 **47**

❷ 자주 출제되는 •
이론을 확인할 수
있어요!

❸ 예상문제를 풀어보면서
실전 연습까지!

제3과목 **사회복지정책과 제도**

CHAPTER 01 ▶ 사회복지정책론

01 다음 중 보기의 내용과 연관된 사회복지정책의 분석틀의 접근방법에 해당하는 것은?

> 길버트와 테렐(Gilbert & Terrell)은 사회복지정책 분석모형에서 네 가지 선택의 차원(할당체계, 급여체계, 전달체계, 재원체계)과 세 가지 축(가치, 이론, 대안)을 이용하여 정책설계의 중요한 구성요소들을 분석하였다.

① 과정(Process)분석　　　　　　　　② 성과(Performance)분석
③ 산물(Product)분석　　　　　　　　④ 인식(Perception)분석
⑤ 집행(Implementation)분석

· 급여(Benefits) : 선정된 수혜자에게 무엇을 줄 것인가?
· 전달(Delivery) : 어떤 방법으로 급여를 줄 것인가?
· 재정(Finance) : 자원 및 재원은 어떻게 마련할 것인가?

기출 18회
02 사회복지의 가치 중 '자유'에 관한 설명으로 옳은 것은?

① 자유지상주의 관점에서는 적극적 자유를 옹호한다.
② 소극적 자유 보장을 위해서는 국가의 역할이 많을수록 좋다.

해 설　③ 물리적이고 가시적인 침탈을 자유의 침해로 간주하는 소극적 자유와 달리, 적극적 자유는 개인에게 필요한 자원이나 개인이 수행할 수 있는 행위들의 선택지 집합으로서 기회를 박탈당한 것을 자유의 침해로 간주한다.
　　　① 자유지상주의 관점에서는 소극적 자유를 옹호한다.
　　　② 소극적 자유에서는 복지에 대한 국가의 개입에 부정적인 입장을 보인다.
　　　④ 적극적 자유의 관점에서는 임차인의 주거 안정을 위해 임대인의 자유를 제약할 수 있다.
　　　⑤ 개인의 행동에 대한 외적 강제가 없는 상태는 소극적 자유의 핵심이다.

01 ③ 02 ③ **정답**

❹ 해설을 통해 이론을
더욱 정확히 파악할
수 있어요!

2023년 제21회 시험분석

1교시 사회복지기초

'1영역 인간행동과 사회환경'은 이전 시험과 마찬가지로 비교적 평이한 문제들이 주를 이루었습니다. 다만, 특징적인 것은 인간발달이론, 사회체계이론 등 다양한 학자들을 중심으로 한 이론적인 내용을 다루는 문항의 비중이 상대적으로 줄어든 반면, 발달단계별 특성을 묻는 문항들이 다수 출제되었다는 점입니다. 사실 인간발달단계는 교재에 따라 혹은 학자에 따라 약간씩 다르게 제시되고 있다는 점에서 수험생들의 혼란을 야기할 수 있는데, 다행히 이번 시험에서는 각 발달단계별 명확한 특징을 지문으로 다룸으로써 다툼의 여지를 피하고 있습니다.

'2영역 사회복지조사론'은 수험생들이 가장 어렵게 생각하는 영역인데, 그 이유는 단순히 이론의 구체적인 내용을 제시하기보다는 이를 응용하는 방식으로 출제되기 때문입니다. 이번 시험에서도 척도의 유형, 종단연구의 유형, 사회조사의 목적에 따른 연구 유형 등이 응용문제로 출제되었고, 실험설계의 유형이 사례문제로 제시되었습니다. 문항들은 전반적으로 고른 영역에서 출제되었으나, 질적 연구방법으로서 참여행동연구에 관한 문항이나 단일사례설계의 결과 분석 방법에 관한 문항과 같이 보다 심층적인 문제가 수험생들을 곤혹스럽게 만들었습니다. 또한 표집오차에 관한 문제가 사실상 출제오류이나 시행처인 한국산업인력공단에서 이를 인정하지 않은 점이 논란을 불러일으켰습니다.

2교시 사회복지실천

'3영역 사회복지실천론'은 일부 문항을 제외하고 사회복지사 시험에서 주로 출제되는 내용들이 문제로 제시되었습니다. 사회복지실천의 역사적 발달과정을 필두로 사회복지사의 자질과 역할, 사정 기술과 면접 기술, 관계의 원칙 및 개입의 원칙, 사회복지실천모델과 통합적 접근 등 출제자가 고른 영역에서 문제를 출제하기 위해 노력한 흔적이 보입니다. 다만, 최근 몇 년간 중요하게 다루어져 왔던 인권 특성이나 윤리원칙과 윤리강령에 관한 문제가 보이지 않았으며, '사회복지실천기술론' 영역과의 내용상 중복을 염려한 때문인지 가족 대상 실천이나 집단 대상 실천에 관한 문제가 상대적으로 적었습니다.

'4영역 사회복지실천기술론'은 이번 시험에서 가장 어려웠던 영역으로 보입니다. 그 이유는 특정 이론모델을 다루는 문항의 경우에도 그것의 전반적인 내용을 알아야만 풀 수 있는 방식으로 출제되었고, 단순 유추로는 풀이하기 어렵도록 선택지를 구성하였으며, 수험생들의 혼동을 유발하는 문항들도 포함하고 있기 때문입니다. 이 영역은 최근 몇 년간 사회복지실천모델을 고르게 출제하는 한편 가족 대상 실천을 중요하게 다루는 양상을 보이고 있으므로, 이점 감안하여 심화학습을 하여야 할 필요가 있겠습니다.

'5영역 지역사회복지론'은 전반적으로 고른 영역에서 비교적 쉽게 출제되었습니다. 지역사회의 기능과 이념, 우리나라와 영국의 지역사회복지 역사, 지역사회복지실천에 관한 이론, 로스만, 테일러와 로버츠, 웨일과 갬블의 지역사회복지실천모델, 지역사회복지실천의 단계 등이 어김없이 출제되었습니다. 지역주민 참여수준에 관한 문항이 처음 출제되었고 사회복지관의 사업 내용이나 사회적기업의 특징에 관한 문항이 약간 까다롭게 제시되었으나, 정부정책에 따라 수시로 변경되는 자활사업, 지역자활에 관한 문항이 출제되지 않았으므로 크게 어렵지는 않았다고 볼 수 있습니다.

3교시 **사회복지정책과 제도**

'6영역 사회복지정책론'은 전형적인 출제스타일을 그대로 따른 것으로 보입니다. 문항이 전반적으로 기존의 출제범위를 크게 벗어나지 않았고 선택지도 비교적 간략하게 제시된 만큼, 핵심내용을 충분히 숙지한 수험생들이라면 어렵지 않게 풀 수 있었을 것으로 보입니다. 다만, 사회복지전달체계 재구조화 전략에 관한 문제나 근로장려금의 계산문제가 이번 시험에 처음 등장하였으므로, 관련 내용을 점검해둘 필요가 있겠습니다. 한 가지 아쉬운 점은 출제자가 최신 사회복지정책 동향에 부합하지 않은 내용을 출제했다는 점인데, 취업성공패키지의 한계를 보완하기 위해 2021년 1월부터 국민취업지원제도가 시행되고 있습니다.

'7영역 사회복지행정론'은 지난 제20회 시험에서 다소 까다로운 양상을 보인 것과 달리, 이번 시험에서는 전반적으로 무난한 난이도를 보였습니다. 사회복지행정의 기능과 특징, 조직의 구조와 특성, 리더십 이론, 슈퍼비전, 인적자원관리, 예산모형, 비영리조직 마케팅, 프로그램 평가 등 다양한 영역에서 고른 출제비중을 보였습니다. 다만, 한 가지 기억해야 할 것은 최근 우리나라 사회복지행정의 역사 및 양상, 사회복지전달체계의 개편 과정, 사회복지행정환경의 변화 등이 사회복지사 시험에서 중요하게 다루어지고 있다는 점입니다.

'8영역 사회복지법제론'은 이번 시험에서 다소 까다롭게 출제되었습니다. 사회서비스법에서 기존에 빈번히 출제되었던 「노인복지법」, 「장애인복지법」에 관한 문제가 출제되지 않은 반면, 「건강가정기본법」, 「정신건강증진 및 정신질환자 복지서비스 지원에 관한 법률」이 처음 출제되었습니다. 또한 사회보험법에서 「고용보험법」, 「산업재해보상보험법」에 관한 문제를 시행령이나 시행규칙에서 출제함으로써 법규의 세부사항을 학습하지 않은 수험생들을 당혹스럽게 만들었습니다. 결국 출제기준이 구체적으로 명시되지 않은 가운데 학습범위만 늘어난 것은 아닌지 우려를 불러일으켰습니다.

총 평

사회복지사 1급 자격시험의 2022년 제20회 예비합격률이 '36.62%'를 기록한 반면 2023년 제21회 예비합격률은 그보다 높은 '40.7%'를 기록하였습니다. 코로나19 감염병 확산으로 사회적으로 어수선한 분위기에서 치러졌던 2021년 제19회 예비합격률이 '60.92%'였다는 점을 감안하면, 시험에서의 실패를 감염병 탓으로 돌릴 수는 없을 것입니다. 또한 사실상 출제오류로 볼 수 있는 문항들이 있었으나, 그와 같은 극히 일부의 문항들을 전체 시험 실패의 원인으로 돌릴 수도 없을 것입니다.

사실 지난 제20회 시험의 주된 감점 요인이 신출문제에 있었다면, 이번 제21회 시험에서는 앞선 시험들과 비교해 볼 때 체감상 보다 확대된 출제범위에 있는 것으로 보입니다. 특히 눈여겨보아야 할 것은 최근 자격시험의 문항들이 그와 유사한 다른 자격시험의 문항들(예) 청소년상담사 등)을 그대로 가져오거나 이를 약간 변형하여 제시하는 경우들을 종종 볼 수 있다는 점입니다.

요컨대, 올해 사회복지사 1급 자격시험은 코로나19 감염병을 어느 정도 극복한 상황에서 치러졌습니다. 오랜 기간 학습의 지장이 미친 상황에서도 이를 극복한 수험생들이 있을 것이고, 부득이한 사정으로 인해 다음 기회를 노릴 수밖에 없는 수험생들도 있을 것입니다. 그러나 성패의 여부는 본인의 노력 여하에 달려있으므로, 내일 한 걸음 더 내딛는다는 마음가짐을 가지고 나아가야 할 것입니다. 여러분은 할 수 있습니다!

사회복지사 1급 출제경향

사회복지사 1급, 역대 시험은 어떻게 출제되었나?

2023년 제21회

접수자	응시자	최종합격자	응시율	합격률
30,544명	24,119명	9,826명	79.0%	40.7%

2022년 제20회 예비합격률이 '36.62%'를 기록한 반면 2023년 제21회 예비합격률은 그보다 높은 '40.7%'를 기록하였습니다. 사실 지난 제20회 시험의 주된 감점 요인이 신출문제에 있었다면, 이번 제21회 시험에서는 앞선 시험들과 비교해 볼 때 체감상 보다 확대된 출제범위에 있는 것으로 보입니다. 특히 눈여겨보아야 할 것은 최근 자격시험의 문항들이 그와 유사한 다른 자격시험의 문항들(예 청소년상담사 등)을 그대로 가져오거나 이를 약간 변형하여 제시하는 경우들을 종종 볼 수 있다는 점입니다.

2022년 제20회

접수자	응시자	최종합격자	응시율	합격률
31,018명	24,248명	8,753명	78.2%	36.1%

2021년 제19회 예비합격률이 '60.92%'를 기록한 반면 2022년 제20회 예비합격률이 '36.62%'를 기록했다는 것은, 제20회 시험이 제19회 시험에 비해 상대적으로 어려웠음을 보여줍니다. 사실 제19회 시험의 경우 일부 문항들에서 수험생들의 혼란을 유발하는 의도적인 함정문제들이 감점의 주요 원인이었다면, 제20회 시험에서는 신출문제와 함께 보다 세부적인 내용을 묻는 문제가 감점의 주요 원인이었다고 볼 수 있습니다.

2021년 제19회

접수자	응시자	최종합격자	응시율	합격률
35,598명	28,391명	17,158명	79.8%	60.4%

전반적인 난이도 측면에서 이전 시험에 비해 쉬웠던 것으로 보입니다. 사례형 문항의 보기 내용도 비교적 짧았고, 선택지의 내용도 심화된 양상을 보이지는 않았습니다. 다만, 일부 문항들의 선택지들이 수험생들의 혼란을 유발하고 있는데, 간간이 출제자가 의도적으로 만들어놓은 함정도 눈에 띕니다. 사실 이와 같은 문제들은 평소 충분한 학습으로 해결할 수 있는데, 막상 시험장에서는 알고 있는 문제도 틀릴 수 있는 만큼 섣불리 답안을 선택하기보다는 선택지를 끝까지 살펴본 후 최종적으로 가장 적합한 답안을 선택하여야 합니다.

2020년 제18회

접수자	응시자	최종합격자	응시율	합격률
33,787명	25,462명	8,388명	75.4%	32.9%

전반적인 난이도 측면에서 이전 시험에 비해 쉬웠던 것으로 보입니다. 물론 초창기 시험에 비해 사례형 문항이나 심화된 지문내용으로 인해 문항 내용이 다소 까다로운 것처럼 보일 수 있겠으나, 이론학습이 충실히 이루어졌다면 약간의 응용으로 충분히 풀 수 있을 것으로 보입니다. 다만, 각 영역별 구분이 모호한 경우도 볼 수 있는데, 특히 5영역 지역사회복지론, 6영역 사회복지정책론, 8영역 사회복지법제론은 이를 별개의 영역으로 구분하여 학습하기보다는 서로 연관된 내용들을 교차하여 학습할 필요가 있습니다.

2019년 제17회

접수자	응시자	최종합격자	응시율	합격률
28,271명	22,646명	7,734명	80.1%	34.2%

전반적인 난이도 측면에서 이전 연도와 비슷하고, 실제 필기시험 합격률도 비슷한 수준을 나타내 보였습니다. 사례형 문항이나 심화된 지문내용으로 인해 체계적인 학습을 수행하지 않은 수험생들에게는 약간 어렵게 느껴졌을 것으로 보이나, 일부 영역을 제외하고 출제범위가 과년도와 거의 유사하며, 전반적으로 출제범위 안에서 고르게 출제되었습니다.

2018년 제16회

접수자	응시자	최종합격자	응시율	합격률
27,519명	21,975명	7,352명	79.9%	33.5%

전반적인 난이도 측면에서 이전 연도와 비슷하다고 볼 수 있으나 사례형 문제나 심화된 지문들로 인해 체계적인 학습을 수행하지 않은 수험생들에게는 약간 어렵게 느껴졌을 것으로 보입니다. 과거와 달리 중요 빈출영역에서 문제를 집중적으로 출제하기보다는 출제범위 이내에서 문제를 전반적으로 고르게 출제하려는 의도가 보였습니다.

생생 합격수기

불필요한 부분은 과감히 생략하고 중요부분은 세밀하게!

사회복지사 1급 합격자 **김 경 태**

오랜 대학 강단에서의 생활을 뒤로한 채 사회복지로의 새로운 길을 나섰을 때, 저는 따뜻한 봉사에의 열정과 냉정한 현실에의 인식 속에서 방황하였습니다. 이는 과거 시민사회단체에 몸담고 있을 당시 느꼈던 젊은 날의 패기와 사뭇 다른 것이었습니다. 사회봉사의 막연한 즐거움을 위해 제가 가진 많은 것들을 내려놓아야 한다는 것이 그리 쉽지는 않았습니다. 그로 인해 사회복지사라는 새로운 인생의 명함을 가져야겠다는 굳은 결심을 가지지는 않았습니다. 그러나 사회복지학을 공부하면서 '나'에 대한 관심이 '우리'와 '사회'로 확장하고 있음을 느꼈을 때, 이제는 막연한 행동이 아닌 보다 전문적이고 체계적인 수행의 과정이 필요함을 깨달았습니다. 그것이 바로 제가 사회복지사 1급 자격시험에 도전한 이유였습니다.

언제나 시작에는 시행착오가 따라오기 마련입니다. 더욱이 저는 뒤늦게 시험 준비를 하게 되어 과연 어디서부터 시작해야 하는지 알 수 없었습니다. 이미 2학기 시작과 함께 시험 준비에 몰두하던 동기들을 생각할 때마다 뒤쳐진 제 자신의 모습이 안타까웠습니다. 그래도 일단 결심을 굳힌 만큼 작은 목표를 향해 돌진하기로 마음먹었습니다. 8영역이나 되는 방대한 분량이 부담스럽게 다가왔지만, 대학교재와 함께 전문 학습서를 함께 이용하여 나만의 체계적인 공부법을 개발하였습니다.

한 과목에 이틀의 시간을 부여하여, 하루는 학습서에 중요한 내용들을 정리하고, 다음 하루는 정리한 내용들을 숙지하는 방식이었습니다. 공부할 내용이 많으므로 최대한 불필요한 부분을 제외하는 과정이 필요했습니다. 중요한 부분에는 나만의 표시를 해두고, 대학교재에서 관련된 내용을 점검하는 것도 잊지 않았습니다. 따로 정리노트를 만들지는 않았지만, 학습서에 정리한 내용들로 그것을 대체하였습니다. 정리한 내용들을 숙지한 이후 예상문제들을 살펴보는 것도 잊지 않았습니다.

아무래도 학습서의 내용은 요약된 것이기에, 다른 중요한 사항들을 놓칠 수도 있기 때문입니다. 아마도 시험에 응시한 다른 분들도 대부분 비슷한 방법을 이용하지 않았을까 생각해봅니다. 하지만 이미 시험을 치른 경험자로서 사회복지사 1급 시험에 합격하기 위한 기본적인 자세에 대해 이야기하고 싶습니다.

첫째, 암기는 삼가라.

방대한 공부 분량을 암기로 소화한다는 것은 무리입니다. 그것은 오히려 공부에의 열의를 떨어뜨릴 수 있는 극약이 될 수 있습니다. 더욱이 최근 시험에서는(특히 사회복지법제론의 경우) 중요부분에 대한 집중적인 질문보다는 다양한 범위에서의 매우 포괄적인 질문이 많이 제시되었습니다.

둘째, 문제를 많이 풀어보라.

사실 저는 기출문제들을 많이 접하지는 못했습니다. 다만 학습서에 있는 문제들을 풀어보며, 내용 정리에서 놓친 부분들을 많이 보완할 수 있었습니다. 그리고 무엇보다도 문제를 많이 풀어봄으로써 시험에 대한 감각을 조율할 수 있었습니다.

셋째, 시간 사용에 유의하라.

이 말은 단지 학습 진도를 효율적으로 관리하라는 의미만은 아닙니다. 고사장에서 매 교시 주어지는 시간이 문제를 세심히 살피는 데 넉넉한 것은 아니므로, 문제풀이에 몰두하는 가운데 종종 시간을 확인하는 과정이 필요하다는 것입니다. 이는 시험을 보기 전날 실전상황을 가정하여 기출문제를 풀어보는 것으로 해결되리라 생각합니다.

선택의 결과에 대한 책임이 언제나 본인에게 있듯, 합격의 여부 또한 평소 자신이 얼마나 열심히 공부에 임했는가에 달려있는 듯합니다. 저와 마찬가지로 새로운 도전에 임하여 미래를 꿈꾸는 모든 분들께 좋은 결과가 있기를 진심으로 기원합니다.

새롭게 공부를 시작한다면...
그래, 이왕 하는 거 끝을 보자!

사회복지사 1급 합격자 **최소은**

3년 전 저는 가정주부로서 반복되는 일상에 이미 지친 상태였습니다. 그리고 아이를 낳은 이후에는 점점 '나'의 존재가 작아지는 듯한 느낌에 약간의 우울증을 앓기까지 하였습니다. 오후 시간 아이를 낮잠 재우고 잠시 집안일에서 벗어날 때면, 알 수 없는 우울한 감정이 가슴 깊숙한 곳에서 올라오는 것이었습니다. 더 이상 남편도 아이도 나의 생활에 활기를 북돋워주기에는 역부족이라는 사실을 깨닫게 되었습니다.

그러던 어느 날 학창시절 절친했던 한 친구의 전화를 받았습니다. 그 친구와 마지막으로 연락을 한 것도 이미 수년이 지났습니다. 전화상 친구의 목소리는 매우 밝았습니다. 오랜 기다림 끝에 만난 연인처럼, 우린 그동안에 일어났던 사소한 일들에 대해 수다를 나누었습니다. 그러던 중 그 친구도 저와 비슷하게 우울증을 앓았음을 알게 되었습니다. 그리고 결혼하기 직전 많은 조언을 건네주었듯, 이번에도 그 친구는 제게 인생의 선배로서 자신의 경험담을 늘어놓았습니다. 자신의 삶을 찾기 위해 사회복지사를 공부하게 된 것, 그리고 지역아동센터에서 일을 하게 된 것 등… 저는 친구의 이야기를 들으면서 그것이 곧 나의 미래임을 직감하게 되었습니다. 제가 사회복지사 공부를 하기로 결심한 계기는 그와 같습니다.

오랫동안 책을 멀리 했기에 새롭게 공부를 시작한다는 것이 쉽지는 않았습니다. 더욱이 아이를 키우는 입장이라 일반대학은 생각도 할 수 없었습니다. 하지만 이미 결심을 굳힌 터라 사이버 온라인 강의를 신청하였고, 주경야독의 힘든 역경을 이겨내고자 스스로를 다독였습니다. 시험에 대한 엄청난 스트레스를 극복하고 한 학기를 무사히 마쳤습니다. 친정어머니의 도움으로 실습도 끝냈습니다. 하지만 문득 친구의 말이 떠올랐습니다. "시간만 있으면 1급 시험을 볼 텐데…"라는 아쉬움의 한숨과 함께… 저는 순간 지금의 도전을 끝까지밀고 나가고 싶은 열의에 사로잡혔습니다.

시험에 대비하기 위해서는 대학교재보다 수험서를 이용하는 것이 낫다는 주위의 충고를 듣고, SD에듀의 수험서를 구매하였습니다. 확실히 시험에 나오는 것들을 중심으로 정리가 체계적으로 되어 있었고 중요한 부분에 대한 보충설명이 비교적 상세히 나와 있어, 공부를 하는 데 훨씬 수월하였습니다. 중요한 단어나 문장에 대해 등급을 나누어 형광펜으로 체크를 해두었고, 시험 전날을 대비하기 위해 암기용 노트를 작성하기도 하였습니다. 또한 어떤 문제들이 출제되고 있는지 기출문제를 점검하고, 공부한 내용들을 재확인하기 위해 수시로 예상문제들을 살펴보았습니다.

실제 시험문제들을 접해보니, 생각보다 쉬운 게 아님을 알게 되었습니다. 온라인 강의로 들었던 내용들에서 벗어나 시사 상식이라든지 사회적인 이슈 등이 매우 포괄적으로 다루어지고 있음을 확인하게 되었습니다. 그래서 수험서 한 쪽 귀퉁이에 신문에 게재된 사회복지관련 기사들을 붙여놓고는 이론적인 내용과 접목시켜 보는 것도 잊지 않았습니다.

시험 날 아이를 남편에게 맡기고는 비장한 각오로 시험장을 향했습니다. 아마도 1년에 단 한 번인 기회라, 더욱이 친정과 남편에게 양해를 구하며 어렵게 해왔던 공부라, 이번이 아니면 끝이라는 생각이 마음을 더욱 무겁게 만들었나봅니다. 무사히 모든 시험을 마치고 집으로 향하던 길… 저는 다시금 친구의 말을 되새겨 보며 가슴 속으로 이렇게 외쳤습니다.
"이제 시작이다!"

지역아동센터에서 사회복지사로 일을 시작하게 되었을 때, 저는 남편과 아이에 대한 미안함보다는 그동안 잃어버린 그 무엇을 되찾은 듯한 마음에 들떠있기까지 하였습니다. 아마도 센터를 찾는 아이들의 밝은 미소가 제 마음에 있던 어두운 그림자를 사라지게 만든 것 같습니다. 시작이 반이라는 말이 있는 것처럼, 제 인생의 절반도 이제부터 시작하게 된 것입니다.

이것이 궁금해요

Q 사회복지사는 무슨 일을 하나요?

A 사회복지사는 개인적, 가정적, 사회적으로 어려움을 겪고 있는 사람들이 스스로 문제를 해결하여 자신이 원하는 삶을 찾고, 안정된 생활을 할 수 있도록 돕는 전문인력입니다. 사회복지사는 과거 아동보육시설과 공공부문에서만 활동하던 것에서 최근에는 기업, 학교, 군대, 병원 등으로 활동영역이 확대되었으며, 다양한 분야에서 사회복지에 대한 수요가 증가하고 있는 만큼 향후 사회 전반에서 사회복지사의 업무가 요구될 것으로 보입니다.

Q 사회복지사 자격증을 취득하기 위해 어떤 조건이 필요한가요?

A 대학에서 사회복지학을 전공하거나, 학점은행제, 평생교육원 등에서 필요한 수업을 이수하여 자격을 취득할 수 있습니다. 일정 학점의 수업이수(14과목)와 현장실습(120시간) 요건이 충족되면 사회복지사 2급 자격을 취득할 수 있으며, 1급은 사회복지학 학사학위 취득자, 대학원에서 사회복지학 또는 사회사업학을 전공한 석사 또는 박사학위 취득자가 별도의 시험을 통해 자격을 취득하게 됩니다.

사회복지사 2급 자격증을 취득하는 인력이 많아지면서 기관에 따라서 1급 자격증 소지자에 대한 요구로 차별화가 있을 수 있으며, 장기적으로 사회복지현장에서 일하며 관리자급으로 승진 및 경력을 쌓고자 한다면 사회복지사 1급 자격증을 취득하는 것이 경쟁력이 있다고 할 수 있겠지요.

Q 사회복지사는 어떤 적성을 가진 사람에게 적합할까요?

A 투철한 소명의식과 봉사정신을 갖춘 사람에게 적합하며, 관련 분야에 대한 충분한 전문지식과 직업인으로서의 사명감이 있어야 사회복지사로 활동할 수 있습니다. 복지서비스 수요자를 직접 대면하는 일이 많은 만큼 사람에 대한 공감능력과 이해심, 사회성이 요구됩니다. 직무수행 과정에서 다양한 일이 발생하므로 직관적인 대처능력도 필요합니다. 복지서비스 대상자와의 관계를 수평적으로 설정하고 파트너십을 형성하며, 사람의 삶이 변화되는 과정에 대한 책임감과 대상자에 대한 진실성 있는 자세도 중요합니다.

또한, 국민의 세금으로 복지제도가 운영되는 만큼 최소 비용으로 최대의 효과를 낼 수 있는 복지 서비스를 기획할 수 있어야 하며, 복지 대상자를 결정할 합리적 기준도 마련해야 합니다. 따라서 냉철한 판단력이 요구됩니다.

사회복지 프로그램 및 서비스를 지속적으로 개발해야 하므로 다양한 분야에 대한 호기심과 높은 창의력도 필요합니다.

Q 사회복지사 1급 시험의 응시현황과 합격률이 궁금합니다. 알려주세요.

A 사회복지사 1급 연도별 현황

구 분	응시인원(명)	합격인원(명)	합격률(%)	시험과목	문항 수
21회(2023)	24,119	9,826	40		
20회(2022)	24,248	8,753	36		
19회(2021)	28,391	17,295	60		
18회(2020)	25,462	8,457	32		
17회(2019)	22,646	7,801	34		200
16회(2018)	21,975	7,352	33		
15회(2017)	19,514	5,250	26		
14회(2016)	20,946	9,846	47		
13회(2015)	21,393	6,764	31	필수 8과목	
12회(2014)	22,600	6,364	28		
11회(2013)	20,544	5,809	28		
10회(2012)	23,627	10,254	43		
9회(2011)	21,868	3,119	14		
8회(2010)	23,050	9,700	42		
7회(2009)	22,753	7,081	31		240
6회(2008)	19,493	9,034	46		
5회(2007)	16,166	4,006	25		
4회(2006)	12,151	5,056	42		
3회(2005)	8,635	3,731	43		
2회(2004)	7,233	4,543	63	필수 6과목 선택 2과목	300
1회(2003)	5,190	3,487	67		

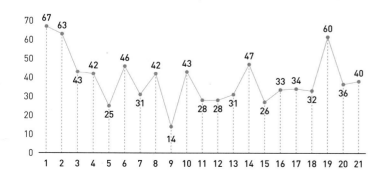

Q

정신보건사회복지사 자격증을 취득하고 싶어요!

A

정신보건사회복지사는 사회복지사 1급 자격 소지자가 보건복지부장관이 지정한 전문요원수련기관에서 1년 이상의 수련을 마치고 자격시험에 통과하면 정신보건사회복지사 2급을 취득할 수 있습니다. 사회복지학 또는 사회사업학을 전공한 석사학위 이상 소지자가 전문요원수련기관에서 3년 이상의 수련을 마치면 정신보건사회복지사 1급 자격을 취득할 수 있습니다.

이 책의 목차

CONTENTS

빨리보는
간단한 키워드

시험 전에 보는 핵심요약

행운이란 100%의 노력 뒤에 남는 것이다.

랭스턴 콜먼

제 **1** 과목 사회복지기초

1영역 인간행동과 사회환경

01 프로이트 정신분석이론의 특징 기출 5, 11, 13, 15, 16, 21회

① 정신적 결정론에 기초한다.
② 무의식을 가정한다.
③ 성적 욕구(리비도)를 강조한다.
④ 어린 시절의 경험을 강조한다.

02 프로이트 정신분석의 주요 개념 기출 7, 8, 13, 16, 20회

① **리비도** : 성본능·성충동의 본능적인 성적 에너지
② **자유연상** : 마음속의 모든 생각을 떠오르는 대로 말하게 하는 방법
③ **의식** : 어떤 순간에 우리가 알거나 느낄 수 있는 특정시점의 모든 감각과 경험
④ **전의식** : 현재는 의식하지 못하지만 조금만 노력하면 의식으로 가져올 수 있는 것
⑤ **무의식** : 의식적 사고의 행동을 전적으로 통제하는 힘
⑥ **원초아(Id)** : 쾌락의 원리에 의한 성격의 기초로서 기본적 욕구 및 충동
⑦ **자아(Ego)** : 현실원리에 따라 작동하는 성격의 의사결정 요소, 원초아 현실의 중재 역할
⑧ **초자아(Superego)** : 양심과 자아이상의 두 측면, 무엇이 옳고 그른가에 대한 사회적 기준을 통합하는 성격의 요소

03 프로이트 정신분석에 의한 성격발달단계 기출 2, 3, 5, 6, 13, 14, 16, 19회

구강기 (0~1세)	• 빨기·삼키기에서 자애적 쾌락 경험 • 어머니에 대한 최초의 양가감정 경험 • 이 시기에 고착되는 경우 손가락 빨기, 손톱 깨물기, 과음, 과식 등의 행동이 나타날 수 있음
항문기 (1~3세)	• 배변훈련을 통한 사회화의 기대에 직면 • 자기조절, 자립, 자존 등을 배움 • 이 시기에 고착되는 경우 결벽증이나 인색함 등이 나타날 수 있음
남근기 (3~6세)	• 부모와의 동일시 및 적절한 역할습득 • 양심과 자아이상의 발달, 초자아의 성립 • 오이디푸스 콤플렉스, 엘렉트라 콤플렉스 경험

잠복기 (6~12세)	• 성적 욕구가 억압되어 성적 충동 등이 잠재되어 있는 시기 • 초자아 기능의 발달 • 활발한 지적 탐색 및 신체적 활동이 이루어짐
생식기 (12세 이후)	• 잠복되어 있던 성 에너지가 무의식에서 의식의 세계로 나옴 • 사춘기 및 2차 성징 경험 • 이성에 대한 성적 욕구 및 다른 활동(운동, 독서, 봉사활동 등)으로의 승화

04 주요 방어기제 기출 1, 2, 3, 5, 6, 7, 9, 10, 15, 16, 17, 18, 21회

억압 (Repression)	죄의식이나 괴로운 경험, 수치스러운 생각을 의식에서 무의식으로 밀어냄(선택적 망각) 예 숙제를 싫어하는 아이가 어머니에게 깜빡 잊었다고 하는 것
합리화 (Rationalization)	정당하지 못한 자기 행동에 그럴듯한 이유를 붙여 그 행동을 정당화함 예 여우와 신 포도
반동형성 (Reaction Formation)	자신이 갖고 있는 죄의식을 본래의 행동과 완전히 반대되는 방향으로 바꾸는 것 예 미혼모가 아이를 가졌을 때 그 아이에 대해 과도한 애정을 가지는 경우
투사 (Projection)	사회적으로 인정받을 수 없는 자신의 행동과 생각을 마치 다른 사람의 것인 양 생각하고 남을 탓함 예 어떤 일의 잘못된 결과에 대해 상사나 아랫사람에게 그 책임을 전가하는 경우
퇴행 (Regression)	생의 초기에 성공적으로 사용했던 생각이나 감정, 행동에 의지하여 자기 자신의 불안이나 위협을 해소하려는 것 예 대소변을 잘 가리던 아이가 동생이 태어난 후 밤에 오줌을 싸는 경우
전치 (Displacement)	자신이 어떤 대상에 대해 느낀 감정을 보다 덜 위협적인 다른 대상에게 표출하는 것 예 종로에서 뺨맞고 한강에서 눈 흘긴다.
보상 (Compensation)	어떤 분야에서 탁월하게 능력을 발휘하여 인정을 받음으로써 다른 분야의 실패나 약점을 보충하여 자존심을 고양하는 것 예 작은 고추가 맵다.
승화 (Sublimation)	정서적 긴장이나 원시적 에너지의 투입을 사회적으로 인정될 수 있는 행동방식으로 표출하는 것 예 예술가가 자신의 성적 욕망을 예술로 승화하는 경우
동일시 (Identification)	자기가 좋아하거나 존경하는 대상과 자기 자신 또는 그 외의 대상을 같은 것으로 인식하는 것 예 좋아하는 연예인의 옷차림을 따라하는 경우

05 에릭슨 심리사회이론의 특징 기출 2, 7, 10, 12, 13, 14, 16, 18, 21회

① 인간의 전 생애에 걸친 발달과 변화를 강조하였다.
② 인간을 합리적인 존재이자 창조적인 존재로 보았다.
③ 인간의 행동이 자아에 의해 동기화된다고 보았다.
④ 인간의 행동이 개인의 심리적 요인과 사회문화적 영향의 상호작용에 의해 형성된다고 보았다.

⑤ 기존의 정신분석적 방법과 달리 인간에 대해 병리적인 측면이 아닌 정상적인 측면에서 접근하였다.

⑥ 창조성과 자아정체감의 확립을 강조하였다.

⑦ 점성원리를 제시하여 인간의 성장은 기초안을 토대로 발달한다고 보았다.

06 에릭슨 심리사회이론에 의한 성격발달단계 기출 2, 3, 5, 6, 7, 8, 9, 12, 14, 15, 16, 17, 19, 20회

유아기 (0~18개월)	• 기본적 신뢰감 대 불신감 – 희망 대 공포 • 부모의 보살핌이 결정적인 시기로, 부모의 자신감 결여에 의해 유아가 불신감을 느끼며, 이것이 이후 타인과의 신뢰관계 형성에 영향을 미친다.
초기아동기 (18개월~3세)	• 자율성 대 수치심 · 회의 – 의지력 대 의심 • 배변훈련을 통해 자기통제 감각을 익히며, 독립심과 존중감을 기르는 데 기초를 마련한다.
학령전기 또는 유희기 (3~6세)	• 주도성 대 죄의식 – 목적의식 대 목적의식 상실 • 기초적인 양심과 목적의식이 형성되지만, 지나친 처벌이나 의존성이 역효과를 불러오기도 한다.
학령기 (6~12세)	• 근면성 대 열등감 – 능력감 대 무능력감 • 또래집단과 학교의 역할이 중시되며, 성취과업을 통해 성취감이나 열등감을 경험한다.
청소년기 (12~19세)	• 자아정체감 대 정체감 혼란 – 성실성 대 불확실성 • 자아정체감을 형성하며, 자신의 인생관과 가치관의 확립에 심한 갈등을 경험한다.
성인초기 (20~24세)	• 친밀감 대 고립감 – 사랑 대 난잡함 • 사회적 친밀감을 형성하며, 성적 · 사회적인 관계형성이 이루어진다.
성인기 (24~65세)	• 생산성 대 침체 – 배려 대 이기주의 • 가정과 사회에서 중요한 역할을 수행하며, 다른 사람을 보호하거나 양보하는 미덕을 보인다.
노년기 (65세 이후)	• 자아통합 대 절망 – 지혜 대 인생의 무의미함 • 죽음을 앞둔 채 지나온 생을 반성하며, 삶에 대한 부정적인 인식을 가지기도 한다.

07 스키너 행동주의이론의 주요 개념 기출 2, 5, 8, 10, 13, 14회

① **소거** : 강화물을 계속 주지 않을 때 반응의 강도가 감소하는 것

② **토큰경제** : 바람직한 행동들에 대한 체계적인 목록을 정해놓은 후, 그러한 행동이 이루어질 때 그에 상응하는 보상(토큰)을 하는 것

③ **타임아웃** : 특정행동의 발생을 억제하기 위해 이전의 강화를 철회하는 일종의 벌

④ **체계적 둔감법(탈감법)** : 혐오스러운 느낌이나 불안한 자극에 대한 위계목록을 작성한 다음, 낮은 수준의 자극에서 높은 수준의 자극으로 상상을 유도함으로써 혐오나 불안에서 서서히 벗어나도록 하는 것

08 **아들러 개인심리이론의 특징** 기출 4, 5, 7, 8, 9, 10, 11, 12, 13, 16, 19회

① 인간을 통합적인 관점으로 보며, 무의식이 아닌 의식을 성격의 중심으로 보았다.

② 인간은 자신의 삶을 만들어가는 창조적 자기(Creative Self)를 형성한다.

③ 인간은 성적 동기보다 사회적 동기에 의해 동기화된다.

④ 인간의 행동은 목적적이고 목표지향적이다.

⑤ 열등감과 보상이 개인발달의 동기가 된다.

⑥ 인간은 우월성을 추구함으로써 자기 향상과 완성을 향해 나아간다.

⑦ 사회적 관심은 한 개인의 심리적 건강을 측정하는 유용한 척도이다.

⑧ 인간은 미래에 대한 기대로서 가상적 목표를 가진다.

⑨ 인간을 하나의 통합된 유기체로 보았다.

⑩ 출생순서가 성격에 영향을 미친다.

09 **칼 융 분석심리이론의 주요 개념** 기출 1, 2, 5, 6, 7, 8, 9, 10, 11, 13, 14, 15, 18, 19, 20, 21회

① **자아(Ego)** : 지각 · 기억 · 사고 · 감정으로 구성, 의식의 개성화 과정에서 생김

② **자기(Self)** : 인생의 궁극적 목표로서, 성격의 모든 국면의 통일성 · 통합성 · 전체성을 향해 노력함. 중년기에 이르기까지 표면화되지 않음

③ **리비도(Libido)** : 인생 전반에 작동하는 생활에너지로 간주

④ **개성화(Individuation)** : 모든 콤플렉스와 원형을 끌어들여 성격을 조화하고 안정성을 유지하는 것

⑤ **집단무의식** : 원시적 감정, 공포, 사고, 원시적 성향 등을 포함하는 무의식

⑥ **원형** : 심상들에 대한 하나의 모델 또는 본보기

⑦ **페르소나** : 개인이 외부에 표출하는 이미지 또는 가면

⑧ **음영(그림자)** : 인간 내부의 동물적 본성이나 부정적 측면

⑨ **콤플렉스** : 의식의 질서를 교란하는 무의식 속의 관념덩어리

⑩ **아니마** : 무의식에 존재하는 남성의 여성적인 측면

⑪ **아니무스** : 무의식에 존재하는 여성의 남성적인 측면

10 **강화와 처벌** 기출 6, 7, 8, 9, 10, 11회

구 분	제 시	철 회
유쾌 자극	① 정적 강화	② 부적 처벌
불쾌 자극	③ 정적 처벌	④ 부적 강화

① **정적 강화** : 예 교실 청소를 하는 학생에게 과자를 준다.

② **부적 처벌** : 예 방청소를 소홀히 한 아이에게 컴퓨터를 못하게 한다.

③ **정적 처벌** : 예 장시간 컴퓨터를 하느라 공부를 소홀히 한 아이에게 매를 가한다.

④ **부적 강화** : 예 발표자에 대한 보충수업 면제를 통보하여 학생들의 발표를 유도한다.

11 **반두라 사회학습이론의 특징** 기출 1, 3, 6, 7, 8, 9, 12, 13, 14, 16, 17, 20, 21회

① 인간의 인지능력에 관심을 가지며, 직접경험에 의한 학습보다는 모델링을 통한 관찰학습과 모방학습을 강조한다.

② 학습은 모델의 행동을 모방하거나 대리적 조건형성을 통해 이루어진다.

③ 인간이 자기강화, 자기효율성(자기효능감), 자기조절을 통해 자신의 행동을 유지ㆍ변화ㆍ 동기화ㆍ평가할 수 있음을 강조한다.

④ 관찰과 모방에 의한 사회학습을 통해 클라이언트의 문제행동이 제거될 수 있음을 보여주었다.

12 **반두라 관찰학습의 과정** 기출 1, 2, 5, 18, 19회

주의집중과정 → 보존과정(기억과정) → 운동재생과정 → 동기화과정(자기강화과정)

13 **피아제 인지발달이론에 의한 인지발달단계** 기출 1, 2, 3, 4, 5, 6, 9, 10, 12, 13, 14, 15, 16, 17, 18, 20, 21회

감각운동기 (0~2세)	• 자신과 외부대상을 구분하지 못한다. • 대상영속성을 이해하기 시작한다. • 목적지향적인 행동을 한다.
전조작기 (2~7세)	• 사고는 가능하나 직관적인 수준이며, 아직 논리적이지 못하다. • 언어기술을 획득하며, 대상영속성을 확립한다. • 상징놀이, 물활론, 자아중심성을 특징으로 한다.
구체적 조작기 (7~12세)	• 구체적 사물을 중심으로 한 논리적 사고가 발달한다. • 자아중심성 및 비가역성을 극복한다. • 유목화, 서열화, 보존개념을 획득한다.
형식적 조작기 (12세 이상)	• 추상적 사고가 발달한다. • 가설의 설정, 연역적 사고가 가능하다. • 실제 경험하지 않은 영역에 대해 논리적인 활동계획을 수립한다.

14 **칼 로저스 현상학이론의 특징** 기출 2, 3, 7, 8, 10, 11, 15, 16, 18, 19, 20, 21회

① 인간의 주관적 경험을 강조하였으며, 인간을 통합적 존재로 규정하였다.

② 인간은 스스로 자신의 삶의 의미를 능동적으로 창조하며 주관적 자유를 실천해 나간다.

③ 모든 인간행동은 개인이 세계를 지각하고 해석한 결과이며, 인간의 주관적 경험은 '현상학적 장(Phenomenal Field)'에서 이루어진다.

④ 자기(Self)는 현재 자신의 모습에 대한 인식으로서의 '현실적 자기(Real Self)'와, 앞으로 자신이 어떤 존재가 되어야 하며 어떤 존재가 되기를 원하고 있는지에 대한 인식으로서의 '이상적 자기(Ideal Self)'로 구분된다.

⑤ 인간은 유목적적 존재로 인간의 자기실현경향, 즉 미래지향성은 인간행동의 가장 기본적인 동기이다.

15 로저스가 제시한 '완전히 기능하는 사람(Fully Functioning Person)'의 특징 [기출] 1, 5, 7, 14회

① 경험에 대해 개방적이다.

② 실존적인 삶을 사는 사람이다.

③ '자신'이라는 유기체에 대해 신뢰한다.

④ 선택과 행동에 있어서 자유롭다.

⑤ 창조적으로 살아간다.

16 매슬로우의 욕구 5단계 [기출] 1, 4, 6, 9, 15, 18, 19, 20, 21회

① 1단계 욕구 : 생리적 욕구

② 2단계 욕구 : 안전에 대한 욕구

③ 3단계 욕구 : 애정과 소속에 대한 욕구

④ 4단계 욕구 : 자기존중의 욕구

⑤ 5단계 욕구 : 자아실현의 욕구

17 인간발달의 원리 [기출] 1, 4, 5, 6, 7, 9, 10, 13, 14, 15, 16, 17, 18, 19, 20, 21회

① **일정한 순서 및 방향성** : 상부에서 하부, 중심부위에서 말초부위, 전체활동에서 특수활동으로 진행

② **연속성** : 인간의 전 생애를 통해 연속적으로 진행

③ **유전 및 환경과의 상호작용** : 인간의 유전적 특성은 물론 외부환경에 의해서도 영향을 받음

④ **개인차의 존재** : 개인마다 발달의 속도 및 진행 정도에서 차이를 보임

⑤ **분화와 통합의 과정** : 발달은 분화와 통합의 양상을 보임

⑥ **점성원리** : 발달은 기존의 기초를 토대로 다음의 발달이 이루어짐

⑦ **결정적 시기의 존재** : 발달이 가장 용이하게 이루어지는 결정적 시기가 있음

18 인간의 성장에 따른 주요 발달과정 [기출] 매회

① **태아기(출생 이전)**

- 임신 초기에 해당하는 1~3개월은 임산부의 영양상태, 약물복용에 가장 영향을 받기 쉽다.
- 임신 중기에 해당하는 4~6개월은 손가락, 발가락, 피부, 지문, 머리털이 형성된다.

② **영아기(출생~18개월 또는 2세)**

- 프로이트의 구강기, 에릭슨의 유아기, 피아제의 감각운동기에 해당한다.
- 제1성장급등기로서 남아가 여아보다 키와 몸무게에서 약간 우세하다.
- 목적지향적인 행동을 하며, 애착관계 및 대상영속성을 이해하기 시작한다.

③ 유아기(18개월 또는 2~4세)
- 프로이트의 항문기, 에릭슨의 초기아동기, 피아제의 전조작기 초기에 해당한다.
- 발달이 머리 부분에서 점차 신체의 하부로 확산된다.
- 배변훈련을 통한 사회화에 직면하며, 정신적 표상에 의한 상징놀이가 가능하다.

④ 전기아동기(4~6세)
- 프로이트의 남근기, 에릭슨의 학령전기, 피아제의 전조작기 중·후기에 해당한다.
- 초기적 형태의 양심인 초자아가 발달한다.
- 오이디푸스 콤플렉스, 엘렉트라 콤플렉스의 경향을 보인다.
- 성 역할을 학습하며, 집단놀이를 통해 사회적 관계를 형성한다.

⑤ 후기아동기(6~12세)
- 프로이트의 잠복기, 에릭슨의 학령기, 피아제의 구체적 조작기에 해당한다.
- 사고력·추리력·판단력이 발달하며, 서열화·유목화·보존의 개념을 획득한다.
- 단체놀이를 통해 협동·경쟁·협상·분업의 원리를 체득한다.

⑥ 청소년기(12~19세)
- 프로이트의 생식기, 에릭슨의 청소년기, 피아제의 형식적 조작기 초기에 해당한다.
- 질풍노도의 시기, 심리적 이유기, 심리사회적 유예기에 해당한다.
- 제2성장급등기로서 2차 성징과 함께 생식기관의 성숙이 뚜렷하다.
- 상상적 청중, 개인적 우화와 같은 자아중심성이 나타나기도 한다.
- 11~13세에는 여자가 남자보다 키와 몸무게에서 우세하지만, 이후에는 남자가 여자보다 우세해진다.

⑦ 청년기(19~29세)
- 에릭슨의 성인 초기, 피아제의 형식적 조작기 전기에 해당한다.
- 신체적 황금기로서 가장 건강한 시기에 해당한다.
- 직업준비 등 다양한 역할 탐색과 선택을 하며, 부모에게서 독립하여 자율적인 삶을 모색한다.
- 자아정체감과 관련된 정체감 유실 현상이 나타나기도 한다.

⑧ 중년기 또는 장년기(30~65세)
- 에릭슨의 성인기, 피아제의 형식적 조작기 중·후기에 해당한다.
- 갱년기를 경험하며, 남성의 갱년기가 여성의 갱년기에 비해 늦게 시작되어 서서히 진행된다.
- 통합적인 사고능력이 향상되며, 오랜 경험을 통해 얻은 지혜로 문제해결능력을 높인다.
- 개성화를 통해 자아의 에너지를 외적·물질적인 차원에서 내적·정신적인 차원으로 전환한다.
- 노화가 점차 진행되며 신체적 능력과 건강이 약해진다.
- 호르몬의 변화로 성적 능력이 저하되며 빈둥지증후군(Empty Nest Syndrome)이 나타날 수 있다.

⑨ 노년기(65세 이후)

- 내향성 · 수동성 · 조심성 · 의존성이 증가하며, 우울증 경향이 두드러진다.
- 급속한 노화가 이루어지는 시기이며, 경제적인 위기와 불안정한 생활에 빠지기도 한다.
- 친근한 사물에 애착을 가지며, 옛것을 회상한다.
- 조부모로서의 새로운 역할을 부여받으며, 유산을 남기려는 경향이 증가한다.
- 자신에게 익숙한 습관적 태도와 방법을 고수하려는 경향 때문에 학습능력과 문제해결능력이 떨어지는 것이 일반적이다.

19 태아 관련 질환 기출 7, 9, 11, 13, 14, 18, 19, 20회

① 다운증후군(Down's Syndrome) : '몽고증'이라고도 하며, 대부분(약 95%)은 21번째 염색체가 3개(정상은 2개) 있어서 전체가 47개(정상은 46개)로 되어 있는 기형이다. 나이가 많은 초산부(35세 이상)의 태아에게서 잘 발생하며, 600~700명 중 1명꼴로 있다.

② 에드워드증후군(Edward's Syndrome) : 18번 염색체가 3개로 선천적 기형증후군이다. 다운증후군 다음으로 흔하여 약 8,000명당 1명의 빈도로 발생한다. 장기의 기형 및 정신지체장애가 생기며, 대부분 출생 후 10주 이내에 사망한다.

③ 클라인펠터증후군(Klinefelter's Syndrome) : 정상인의 성염색체는 남성 XY, 여성 XX를 나타내지만, 이 증후군에서는 XXY, XXYY, XXXY 등의 여러 가지 이상한 형태를 나타낸다. 남성염색체가 있음에도 불구하고 유방이 발달하는 등 여성의 신체적 특성을 보인다.

④ 터너증후군(Turner's Syndrome) : 성염색체 이상으로 X염색체가 1개이며, 전체 염색체 수가 45개로 외견상 여성이지만 2차적 성적 발달이 없고 목이 짧은 것이 특징이다.

⑤ 혈우병(Hemophilia) : X염색체의 유전적 돌연변이에 의한 유전질환으로서, 정상적인 혈액에 존재하는 혈액응고인자가 없거나 부족하여 발병하는 출혈성 질환이다. 거의 대부분 남성에게서 발병한다.

⑥ 페닐케톤뇨증(Phenylketonuria) : 단백질 대사 이상 장애로 음식물에 들어 있는 필수 아미노산의 일종인 페닐알라닌(Phenylalanine)을 분해하는 효소가 부족하여 발생한다. 출생 즉시 특수한 식이요법으로 정상생활을 유지할 수 있다.

20 마르시아(J. Marcia)의 자아정체감 범주 기출 2, 3, 5, 7, 8, 12, 16, 18회

구 분	① 정체감 성취	② 정체감 유예	③ 정체감 유실	④ 정체감 혼란
위 기	+	+	−	−
전 념	+	−	+	−

① **정체감 성취** : 정체성 위기와 함께 정체감 성취에 도달하기 위한 격렬한 결정과정을 경험한다.
② **정체감 유예** : 정체성 위기로 격렬한 불안을 경험하지만 아직 명확한 역할에 전념하지 못한다.
③ **정체감 유실** : 정체성 위기를 경험하지 않았음에도 사회나 부모의 요구와 결정에 따라 행동한다.
④ **정체감 혼란(혼미)** : 정체성 위기를 경험하지 않았으며 명확한 역할에 대한 노력도 없다.

21 퀴블러-로스(Kübler-Ross)의 죽음의 적응단계 기출 4, 5, 12, 14, 15, 16, 18, 19회

부정단계 → 분노단계 → 타협단계 → 우울단계 → 수용단계

2영역 사회복지조사론

01 연역법과 귀납법 기출 2, 3, 4, 6, 10, 11, 15회

① 연역법
- 법칙과 이론으로부터 어떤 현상에 대한 설명과 예측을 도출하는 방법
- 가설설정 → 조작화 → 관찰 · 경험 → 검증

② 귀납법
- 관찰과 자료의 수집을 통해 보편성과 일반성이 있는 하나의 결론을 도출하는 방법
- 주제선정 → 관찰 → 유형의 발견 → 임시결론(이론)

02 사회과학과 자연과학 방법론 비교 기출 7, 8, 19회

① 사회과학
- 일반화가 용이하지 않고 명확한 결론을 내리기 어렵다.
- 인간의 형태와 사고를 대상으로 한다.
- 사회문화적 특성에 영향을 받는다.
- 기존의 이론과는 단절되지 않은 성격을 가진다.
- 독창적이고 유일한 성격의 학문이다.
- 연구자의 개성, 가치관, 세계관 등에 의해 영향을 받는다.

② 자연과학
- 일반화가 용이하며 명확한 결론을 얻을 수 있다.
- 동 · 식물이나 자연현상을 대상으로 한다.
- 사회문화적인 특성에 영향을 거의 받지 않는다.
- 기존의 이론과는 전혀 다른 새로운 이론이 빈번히 대두된다.
- 누적적인 성격을 가진 학문이다.
- 연구자의 개성, 가치관, 세계관 등에 영향을 받지 않는다.

03 가설의 유형 기출 2, 4, 10, 13, 14, 15, 16, 18, 21회

① 연구가설
- 연구문제에 대한 잠정적인 대답
- "A는 B보다 ~이다"라고 잠정적으로 기술함

② 귀무가설(영가설)
- 연구가설과 반대의 입장으로서 처음부터 버릴 것을 예상함
- "~의 차이가 없다"라고 기술함

③ 대립가설
- 영가설에 대립되는 가설로서 영가설이 거짓일 때 채택함
- "~의 차이가 있을 것이다"라고 기술함

04 변수의 종류 기출 2, 4, 5, 7, 8, 9, 10, 11, 12, 13, 14, 15, 17, 18, 19, 20회

① **독립변수** : 원인을 가져다주는 기능을 하는 변수
② **종속변수** : 결과를 나타내는 기능을 하는 변수
③ **통제변수** : 제3의 변수를 통제하는 변수
④ **매개변수** : 두 변수의 중간에서 매개자 역할을 하는 변수
⑤ **외생변수** : 두 개의 변수 간 상관관계가 있는 것처럼 가식적인 관계를 만드는 제3의 변수
⑥ **왜곡변수** : 두 개의 변수 간의 관계를 정반대의 관계로 나타나게 하는 제3의 변수
⑦ **억압변수** : 두 개의 변수 간에 상관관계가 있으나 관계가 없는 것처럼 보이게 하는 제3의 변수
⑧ **조절변수** : 종속변수에 영향을 미치는 독립변수의 인과관계를 조절할 수 있는 또 다른 독립변인

05 타당도의 검증방법 기출 6, 8, 11, 14, 15, 16, 17, 18, 21회

① **내용타당도(논리적 타당도)** : 측정도구에 포함된 지표가 모집단의 내용에 있어서 어느 정도 수준의 대표성을 나타내고 있는가를 의미한다.
② **기준타당도(실용적 타당도, 경험적 타당도)**
- 특정한 측정도구의 측정값을 이미 타당도가 경험적으로 입증된 기준이 되는 측정도구의 측정값과 비교하여 나타난 관련성의 정도를 의미한다.
- 동시적 타당도와 예측적 타당도로 구분된다.
③ **개념타당도(구성타당도)**
- 연구자가 측정하고자 하는 추상적 개념이 실제로 측정도구에 의하여 제대로 측정되었는가의 정도를 의미한다.
- 수렴타당도(집중타당도), 변별타당도(판별타당도), 요인분석으로 분석할 수 있다.

06 조사연구의 시간적 차원에 따른 분류 기출 1, 5, 6, 8, 9, 10, 12, 13, 15, 16회

횡단 조사	종단 조사
• 어느 한 시점에서 다수의 분석단위에 대한 자료를 수집하는 연구이다. • 표본조사이다. • 측정이 단 한 번 이루어진다. • 정태적 조사이다. • 표본의 크기가 클수록 좋다. 예 현황조사, 상관적 연구 등	• 둘 이상의 시점에서 동일한 분석단위를 연구하는 것을 말한다. • 현장조사이다. • 반복적으로 측정이 이루어진다. • 동태적 조사이다. • 표본의 크기가 작을수록 좋다. 예 경향분석, 코호트조사, 패널조사 등

07 조사연구의 자료수집 성격에 따른 분류 기출 2, 3, 4, 8, 10, 11, 13, 14, 15, 19, 21회

양적 조사	질적 조사
• 정형화된 측정도구를 사용하여 객관적인 조사를 수행한다. • 연역법에 기초하며 조사 결과의 일반화가 용이하다. 예 질문지조사, 실험조사, 통계자료분석 등	• 조사자의 개인적인 준거 틀을 사용하여 비교적 주관적인 조사를 수행한다. • 귀납법에 기초하며 조사 결과의 일반화에 어려움이 있다. 예 현지조사, 사례연구, 참여관찰 등

08 조사연구의 연구목적에 따른 분류 기출 2, 4, 6, 7, 9, 12회

① 탐색적 조사
  • 조사설계를 확정하기 이전 타당성을 검증하거나, 연구문제에 대한 사전지식이 부족한 경우 실시한다.
  • 문헌조사, 경험자조사, 특례조사 등이 해당한다.
② 기술적 조사
  • 현상을 정확하게 기술하는 것을 주목적으로 한다.
  • 횡단조사와 종단조사로 분류한다.
③ 설명적 조사
  • 기술적 조사연구 결과의 축적을 토대로 어떤 사실과의 관계를 파악하여 인과관계를 규명하거나 미래를 예측하는 조사이다.
  • '왜(Why)'에 대한 대답을 제공하는 조사이다.

09 신뢰도의 검증방법 <small>기출 2, 8, 10, 13, 14, 16, 19, 20, 21회</small>

① 검사-재검사 신뢰도
- 가장 기초적인 신뢰도 추정방법으로서, 동일한 대상에 동일한 측정도구를 서로 상이한 시간에 두 번 측정한 다음 그 결과를 비교하는 것이다.
- 안정성을 강조하는 방법이지만 반복검사로 인한 주시험효과(검사요인효과)가 크므로, 대부분의 검사에서 신뢰도를 찾기 위한 방법으로는 부적합하다.

② 동형검사 신뢰도(대안법)
- 두 개 이상의 유사한 측정도구를 사용하여 동일한 표본에 적용한 결과를 서로 비교하여 신뢰도를 추정하는 방법이다.
- 동형검사의 개발에 있어서 각 검사의 동등성을 보장하는 것이 중요하다.

③ 반분신뢰도
- 검사를 한 번 실시한 후 이를 적절한 방법에 의해 두 부분의 점수로 분할하여 그 각각을 독립된 두 개의 척도로 사용함으로써 신뢰도를 추정한다.
- 단 한 번의 시행으로 신뢰노를 구할 수 있으나, 반분하는 방식에 따라 각기 나른 신뢰도를 측정하므로 단일의 측정치를 산출하지 못한다.

④ 문항내적합치도(내적 일관성 분석법)
- 단일의 신뢰도 계수를 계산할 수 없는 반분법의 문제점을 고려하여, 가능한 한 모든 반분신뢰도를 구한 다음 그 평균값을 신뢰도로 추정한다.
- 크론바흐 알파계수의 경우 크론바흐 알파 값은 '0~1'의 값을 가지며, 값이 클수록 신뢰도가 높다.

⑤ 관찰자 신뢰도(Observer Reliability)
- '재검사적 관찰자 신뢰도(관찰자 내 신뢰도)'와 '대안적 관찰자 신뢰도(관찰자 간 신뢰도)'로 구분된다.
- 관찰자 신뢰도는 주로 탐색적인 목적을 위해 사용된다.

10 타당도와 신뢰도의 관계 <small>기출 1, 4, 5, 6, 8, 9, 10, 12, 15, 16, 20회</small>

① 신뢰도가 높다고 하여 반드시 타당도가 높은 것은 아니다.
② 타당도가 낮다고 하여 반드시 신뢰도가 낮은 것은 아니다.
③ 타당도가 없어도 신뢰도를 가질 수 있다.
④ 타당도가 있으면 반드시 신뢰도가 있다.
⑤ 타당도는 신뢰도의 충분조건이고, 신뢰도는 타당도의 필요조건이다.
⑥ 타당도와 신뢰도는 비대칭적 관계이다.

11 척도의 유형 기출 1, 2, 4, 5, 7, 8, 9, 10, 11, 12, 13, 15, 16, 17, 18, 19, 20, 21회

① 명목척도
- 단순한 분류의 목적을 위한 것으로 가장 낮은 수준의 측정에 해당한다.
- 성별, 인종, 종교, 결혼 여부, 직업 등의 구별이 해당한다.

② 서열척도
- 서열이나 순위를 매길 수 있도록 수치를 부여한 척도로 서열 간의 간격이 동일하지 않다.
- 사회계층, 선호도, 수여 받은 학위, 변화에 대한 평가, 서비스 효율성(만족도) 평가, 사회복지사 자격등급 등의 측정에 이용된다.

③ 등간척도
- 서열을 정할 수 있을 뿐만 아니라 분류된 범주 간의 간격까지 측정할 수 있는 척도이다.
- 지능, 온도, 시험점수, 학점, 물가지수 등이 해당된다.

④ 비율척도
- 척도를 나타내는 수가 등간일 뿐만 아니라 의미 있는 절대영점을 가지고 있는 경우에 이용되는 척도이다.
- 연령, 무게, 키, 수입, 출생률, 사망률, 이혼율, 가족 수, 사회복지학과 졸업생 수 등이 해당된다.

⑤ 리커트척도
- 서열척도의 일종으로 척도의 신뢰도와 타당도를 높이기 위해 일련의 수 개 문항들을 하나의 척도로 사용한다.
- 사회과학에서 널리 사용된다.

⑥ 거트만척도
- 서열척도의 일종으로 '척도도식법'이라고도 하며, 단일차원적이고 예측성이 있다.
- 두 개 이상의 변수를 동시에 측정하는 다차원적 척도로서, 사용되기는 거의 불가능하다.

⑦ 보가더스의 사회적 거리척도
- 소수민족, 사회계급 등에 대한 사회적 거리감의 정도를 측정하기 위해 연속적인 문항들을 동원한다.
- 단순히 사회적 거리의 원근 순위만을 표시한 것으로 친밀한 정도의 크기를 나타내지는 않는다.

⑧ 서스톤척도
- 등간-비율척도의 일종으로서 가장 긍정적인 태도와 가장 부정적인 태도를 나타내는 양 극단을 등간적으로 구분하여 수치를 부여한다.
- 리커트척도의 단점을 극복하기 위한 것으로 중요성이 있는 항목에 가중치를 부여한다.

⑨ 요인척도
- 등간-비율척도의 하나로 변수들 간에 존재하는 상호관계의 유형을 밝히고 상호 간에 밀접하게 연관되어 있는 변수들의 묶음을 발견하여 이를 보다 적은 수의 가설적 변수, 즉 요인들로 축소시키기 위한 방법이다.
- 분석을 위한 분석이 될 수 있다는 단점이 있다.

⑩ Q 분류척도
- 특정 자극에 대한 비슷한 태도를 가진 사람이나 대상을 분류하기 위한 방법이다.
- 한 가지 현상을 설명하기 위해서 단일현상을 여러 가지 현상으로 세분한다.

⑪ 소시오메트리
- 집단 내의 선택, 커뮤니케이션 및 상호작용의 패턴에 관한 자료를 수집하고 분석하는 방법이다.
- 한정된 집단성원 간의 관계를 도출함으로써 집단의 성질, 구조, 역동성, 상호관계를 분석하는 일련의 방법이다.

⑫ 의미분화척도(어의적 분화척도)
- 어떤 대상이 개인에게 주는 주관적인 의미를 측정하는 방법이다.
- 척도의 양 극점에 서로 상반되는 형용사나 표현을 제시하여 정도의 차이에 의한 일련의 형용사 쌍을 만들며, 이에 응답자의 주관적인 판단이나 느낌을 반영하도록 한다.

12 자료수집방법 기출 2, 4, 5, 6, 7, 8, 9, 11, 12, 15, 16, 18, 19, 21회

① 관찰법
- 귀납적인 방법으로서 조사자가 현장에서 즉시 포착하는 방법이다.
- 대상자가 비협조적이거나 면접을 거부하는 경우에도 가능하며, 대상자의 무의식적인 행동을 포착할 수 있지만 관찰자의 선택적 관찰이 문제가 되며 시간과 비용, 노력이 많이 소요된다.

② 면접법
- 면접자와 대상자 간의 질문과 대답에 의해 자료를 수집하는 방법으로 다양한 조사내용을 비교적 장기간에 걸쳐 조사할 수 있다.
- 질문지를 사용하며 적절한 질문을 현장에서 결정할 수 있는 융통성이 있다.
- 비용과 시간이 많이 소요되며 응답자에 대한 편의가 제한적이다.

③ 질문지법
- 질문을 위해 제작된 설문지를 이용하여 응답자가 직접 작성하도록 하는 방법이다.
- 시간과 비용이 절약되며 조사자의 편견이 배제될 수 있다.
- 융통성이 낮고, 회수율이 떨어지며, 응답자의 비언어적인 행위를 기록할 수 없다.
- 다항선택식 질문은 응답범주들 중에서 하나 또는 그 이상을 선택하도록 하는 것이다.

④ 전화조사법
- 전문 전화조사원이 전화를 이용하는 방법이다.
- 비용과 신속성 측면에서 매우 경제적이며, 표본의 대표성과 넓은 분포도를 가진다.
- 조사 분량이 제한되며 응답자의 주변상황이나 표정, 태도를 확인할 수 없다.

⑤ 우편조사법
- 조사자와 응답자가 우편으로 교류하는 방법이다.
- 시간과 공간에 제약이 없고 조사자의 편견이 배제되며 응답자의 익명성이 보장된다.
- 회수율이 낮고 융통성이 부족한 것이 단점이다.

⑥ 인터넷조사법
- 인터넷 네트워킹을 이용하여 정보를 수집하는 방법이다.
- 조사가 신속히 이루어지며 쌍방향 소통이 가능하다.
- 고정비용이 발생하며, 표본의 대표성 문제가 제기될 수 있다.

13 설문지 작성요령 [기출] 4, 6, 8, 9, 12, 13, 16, 18회

① 하나의 문항에 두 가지 이상의 중복된 질문을 삼간다.
② 응답자가 이해하기 어려운 전문용어나 방언을 삼간다.
③ 질문의 내용은 간단명료해야 한다.
④ 질문은 사실적이고 객관적이어야 한다.
⑤ 부정적 질문이나 유도질문은 피한다.
⑥ 답변하기 쉬운 질문이나 일반적인 질문은 앞쪽에 배치한다.
⑦ 개방질문이나 특수한 질문은 뒤쪽에 배치한다.
⑧ 신뢰도를 평가하는 질문들을 서로 떨어진 상태로 배치한다.
⑨ 일정한 유형의 응답이 나오지 않도록 문항을 적절히 배치한다.
⑩ 폐쇄형 질문의 응답범주는 상호배타적이어야 한다.

14 내적 타당도와 외적 타당도를 저해하는 요인 [기출] 1, 2, 4, 5, 6, 8, 9, 11, 12, 14, 15, 16, 18, 19, 21회

내적 타당도 저해요인	• 성숙 또는 시간의 경과 • 선별요인(선택요인) • 통계적 회귀요인 • 도구요인 • 인과적 시간-순서(인과관계 방향의 모호성)	• 우연한 사건 또는 역사요인 • 상실요인(실험대상의 탈락) • 검사요인(테스트 효과) • 모방(개입의 확산)
외적 타당도 저해요인	• 연구표본의 대표성	• 조사반응성(반응효과)

15 순수실험설계의 유형 기출 1, 2, 5, 6, 7, 11, 14, 15, 16, 18, 19회

① 통제집단 전후 비교설계
- 무작위할당으로 실험집단과 통제집단을 구분한 후 실험집단에 대해서는 독립변수 조작을 가하고, 통제집단에 대해서는 아무런 조작을 가하지 않은 채 두 집단 간의 차이를 전후로 비교하는 방법이다.
- 두 집단의 동질성을 확보할 수 있으며 외생변수를 통제할 수 있다.
- 검사요인을 통제할 수 없으며, 내적 타당도는 높으나 외적 타당도가 낮다.

② 통제집단 후 비교설계
- 통제집단 전후 비교설계의 단점을 보완하기 위해 실험대상자를 무작위로 할당한 뒤, 사전조사 없이 실험집단에 대해서는 조작을 가하고 통제집단에 대해서는 아무런 조작을 가하지 않은 채 그 결과를 서로 비교하는 방법이다.
- 사전검사를 실시하지 않으므로 검사효과가 발생하지 않는다.
- 실험집단과 통제집단의 동질성을 확신할 수 없다.

③ 솔로몬 4집단설계
- 연구대상을 4개의 집단으로 무작위 할당한 것으로, 통제집단 전후 비교설계와 통제집단 후 비교설계를 혼합해 놓은 방법이다.
- 사전검사의 영향을 제거하고 사전검사와 실험처치의 상호작용의 영향을 배제하여 타당도를 높일 수 있다.
- 4개의 집단에 대한 무작위할당 및 관리에 어려움이 있으며 비경제적이다.

④ 요인설계
- 독립변수가 복수인 경우 적용하는 방법으로서, 실험집단에 둘 이상의 프로그램을 실시한다.
- 둘 이상의 독립변수가 상호작용에 의해 종속변수에 미치는 영향을 파악할 수 있다.
- 독립변수가 많은 경우 시간 및 비용의 측면에서 비경제적이다.

16 유사실험설계(준실험설계)와 전실험설계 기출 3, 4, 13, 14, 17, 20회

① 유사실험설계(준실험설계)
- 무작위할당에 의한 실험집단 및 통제집단의 동등화가 불가능한 경우 무작위할당 대신 실험집단과 유사한 비교집단을 구성하는 설계방법이다.
- 순수실험설계에 비해 윤리적인 문제가 덜하지만 엄격한 통제가 이루어지지 않으므로 연구에 있어서 정확성을 보장하기 어렵다(내적 타당도가 낮다).
- 단순시계열설계, 복수시계열설계, 비동일 통제집단설계 등이 해당된다.

② 전실험설계
- 무작위할당에 의해 연구대상을 나누지 않고, 비교집단 간의 동질성이 없으며, 독립변수의 조작에 따른 변화의 관찰이 제한된 경우에 실시하는 설계유형이다.
- 인과적 추론이 어려운 설계로서, 내적·외적 타당도를 거의 통제하지 못한다.
- 1회 사례연구, 단일집단 전후 검사설계, 정태적 집단비교설계 등이 해당된다.

17 **단일사례연구의 특징** 기출 1, 6, 7, 8, 13, 16회

① 사례가 하나이며 주로 개인, 가족 및 소집단을 대상으로 한다.
② 어떤 표적행동에 대한 개입의 효과를 관찰하여 분석한다.
③ 시계열적인 반복관찰을 통해 개입 전과 개입 후의 상태를 비교한다.
④ 연구조사와 실천을 통합하고 실천 지향의 연구조사를 한다.
⑤ 외적 타당도가 낮으며, 일반화의 가능성도 낮다.

18 **단일사례연구 유형** 기출 1, 2, 7, 8, 9, 12, 19, 21회

① AB설계 : 개입 전과 개입 후에 측정하는 평가설계
② ABA설계 : 개입의 영향을 테스트하기 위해 일정 기간 이후에 개입을 중단함
③ ABAB설계 : 기초선(기준선)이 측정된 후에 특정기간 동안 개입을 하고 그 후 잠시 동안 멈춘
후에 다시 개입함
④ BAB설계 : 곧바로 개입으로 시작해서 기초선(기준선) 수립을 위해 개입을 중지했다가 재차
개입함
⑤ 복수요인설계(ABCD설계) : 일련의 종류가 다른 개입들의 영향을 평가하기 위한 설계
⑥ 복수기초선설계 : 개입중단의 문제점을 개선하면서 AB설계를 여러 가지 문제, 상황, 사람에
게 적용하여 같은 효과를 얻음으로써 개입의 인과적 효과에 대한 확신을 높임

19 **자료수집방법** 기출 매회

① **사회지표조사방법** : 일정 인구가 생활하는 지역의 지역적 · 생태적 · 사회적 · 경제적 및 인구
적 특성에 근거하여 지역사회의 욕구를 추정할 수 있다는 전제하에 사회지표를 분석한다.
예 소득수준, 실업률, 주택보급률, 범죄율 등
② **2차 자료분석** : 지역주민을 대상으로 직접 자료를 수집하는 것이 아닌 지역사회 내의 사회복
지기관의 서비스 수혜자에 관련된 기록을 검토하여 욕구를 파악한다.
예 인테이크 자료, 기관의 각 부서별 업무일지 등
③ **주요정보제공자 조사** : 지역사회 전반의 문제에 대해 잘 알고 있는 기관의 서비스 제공자, 인
접 직종의 전문직 종사자, 공직자 등을 대상으로 질문하여 그 표적집단의 욕구 및 서비스 이
용 실태 등을 파악하는 방법이다.
④ **지역사회 서베이** : 지역사회의 일반 인구 또는 특정 인구의 욕구를 조사하기 위하여 이들 전
체 인구를 대표할 수 있는 표본을 선정하고 이들이 생각하거나 느끼는 욕구를 조사하여 조사
대상 전체의 욕구를 측정한다.
⑤ **지역사회 공개토론회** : 지역사회의 욕구나 문제를 잘 알고 있는 지역사회구성원을 중심으로
공개적인 모임 및 자유로운 토론을 통해 욕구나 문제들을 파악하는 것이다.
⑥ **델파이기법** : 전문가 · 관리자들로부터 우편으로 의견이나 정보를 수집하여 그 결과를 분석한
후 그것을 다시 응답자들에게 보내어 의견을 묻는 식으로 만족스러운 결과를 얻을 때까지 계
속하는 방법이다.

20 확률표본추출의 방법 [기출] 매회

단순무작위 표집	난수표, 제비뽑기, 컴퓨터를 이용한 난수의 추출방법 등을 사용하여 추출하는 방법이다.
계통표집 (체계적 표집)	• 모집단 목록에서 구성요소에 대해 일정한 순서에 따라 매 K번째 요소를 추출하는 방법이다. • 목록 자체가 일정한 주기성을 가지고 배열되어 있는 경우 편향된 표본이 추출될 수 있는 단점을 지닌다.
층화표집	모집단을 집단 내 구성이 동질적인 몇 개의 집단으로 나눈 후 각 계층별로 단순무작위 또는 체계적인 표집을 하는 방법이다(집단 내 동질적, 집단 간 이질적).
집락표집 (군집표집)	모집단 목록에서 구성요소에 대해 여러 가지 이질적인 구성요소를 포함하는 여러 개의 집락 또는 집단으로 구분한 후 집락을 표집단위로 하여 무작위로 몇 개의 집락을 표본으로 추출한 다음 표본으로 추출된 집락에 대해 그 구성요소를 전수조사하는 방법이다(집단 내 이질적, 집단 간 동질적).

21 비확률표본추출의 방법 [기출] 2, 3, 5, 7, 10, 11, 16, 17, 18, 19, 21회

편의표집 (임의표집)	• 표본선정의 편리성에 기준을 두고 임의로 표본을 선정하는 방법이다. • 비용이 적게 들고 시간을 절약할 수 있으나, 표본의 대표성이 떨어진다.
판단표집 (유의표집)	• 연구자의 주관적인 판단 기준에 따라 연구목적 달성에 도움이 될 수 있는 구성요소를 의도적으로 추출하는 방법이다. • 연구자의 주관적 판단의 타당성 여부가 표집의 질을 결정한다.
할당표집	• 연구자의 모집단에 대한 사전지식을 기초로 하여 모집단의 특성을 나타내는 하위 집단별로 표본 수를 할당한 다음 표본을 추출하는 방법이다. • 모집단의 대표성이 비교적 높으나, 분류의 과정에서 편견이 개입될 소지가 많다.
누적표집 (눈덩이표집)	• 연속적인 추천과정을 통해 표본을 선정하는 방법이다. • 일반화의 가능성이 적고 계량화가 곤란하므로 질적 조사에 적합하다.

22 연구의 분석단위와 관련된 오류 [기출] 2, 3, 15회

① **환원주의적 오류** : 광범위한 인간의 사회적 행위를 이해하는 데 필요한 변수 또는 개념의 종류를 지나치게 한정시킴으로써 발생하는 오류

② **개인주의적 오류** : 분석단위를 개인에 두고 얻어진 연구 결과를 집단에도 동일하게 적용함으로써 발생하는 오류

③ **생태학적 오류** : 분석단위를 집단에 두고 얻어진 연구 결과를 개인에게도 동일하게 적용함으로써 발생하는 오류

23 질적 연구방법론과 양적 연구방법론 기출 2, 5, 6, 8, 9, 14, 16, 17, 18, 19회

① 질적 연구방법론

- 현상학적 인식론을 바탕으로 연구자와 대상자 간의 긴밀한 상호작용을 통해 진행한다.
- 언어, 몸짓, 행동 등의 상황과 환경적 요인들을 조사한다.
- 탐색적 연구에 효과적이며 사회과학에서 많이 사용한다.
- 귀납적 방법에 해당하며 신뢰도와 타당도가 낮은 편이다.

② 양적 연구방법론

- 대상의 속성을 계량적으로 표현하고 그들의 관계를 통계분석을 통해 밝혀낸다.
- 연역적 방법에 해당하며 가설에서 설정한 관계를 확률적으로 규명한다.
- 실증주의적 인식론에 바탕을 두며 객관성과 보편성을 강조한다.
- 일반화 가능성이 높지만 구체화에 문제가 있다.

③ 혼합 연구방법론

- 양적 연구와 질적 연구에 대한 전문적 지식이 모두 필요하다.
- 연구에 따라 양적 연구와 질적 연구의 상대적 비중이 상이할 수 있다.
- 질적 연구의 결과에 기반하여 양적 연구를 시작할 수 있다.
- 상충되는 패러다임들도 수용할 수 있어야 한다.

24 사회복지조사의 윤리성 문제 기출 3, 6, 9, 11, 13, 15, 18, 21회

① 조사대상자의 사생활을 보호하고 익명성을 보장해야 한다.
② 조사대상자에게 조사의 목적 및 내용, 범위와 절차, 조사결과의 활용계획, 개인정보보호 등에 관한 내용을 사전에 충분히 알려주어야 한다.
③ 조사과정 중 본인이 원하면 언제라도 중단할 수 있음을 알려주어야 한다.
④ 조사대상자를 속이거나 특정 답변을 유도해서는 안 된다.

제2과목 사회복지실천

1영역 사회복지실천론

01 사회복지실천의 기능(미국 사회복지사협회) 기출 10, 14, 17회

① 개인의 삶의 질을 향상시킨다.
② 개인의 문제해결능력과 대처능력을 향상시킨다.
③ 개인의 가능성과 잠재력을 개발하도록 돕는다.
④ 개인과 환경 간 불균형 발생 시 문제를 감소하도록 돕는다.
⑤ 개인과 환경 간의 상호작용에 초점을 두고 사회정책을 개발한다.
⑥ 개인과 환경 간의 상호 유익한 관계를 증진시킨다.
⑦ 사회정의를 증진시킨다.

02 사회복지실천의 기능 범위 기출 6, 13, 15, 16, 21회

미시적 수준	• 개인 간의 상호작용에 기초하며, 직접적인 실천방법에 해당한다. • 부부관계, 자녀관계 등 개인 간의 심리상태에 문제가 있는 경우 사회복지사가 클라이언트와 일대일로 접근하여 문제해결을 돕는다.
중간적 또는 중시적 수준	• 미시적 수준과 거시적 수준의 중간단계이다. • 지역사회를 중심으로 지역의 자원을 발굴하거나 관련 단체 간의 연계활동을 조정하며, 자조집단, 치료집단 등의 조직을 관리·운영한다.
거시적 수준	• 국가 또는 사회 전체 혹은 지역사회 전체를 대상으로 하며, 간접적인 실천방법에 해당한다. • 특정 클라이언트에 대해 서비스를 제공하는 것이 아닌 사회복지정책개발 및 정책대안 등을 제시하여 간접적인 사회복지서비스를 제공한다.

03 사회복지사 윤리강령 중 사회복지사의 기본적 윤리기준 기출 3, 5, 6, 9, 10, 11, 15, 16회

① 전문가로서의 자세
• 전문가로서의 품위와 자질 유지
• 업무에 대한 책임성
• 클라이언트에 대한 차별 금지
• 업무 수행상 부당한 간섭 또는 압력의 배제

② 전문성 개발을 위한 노력
   - 지식과 기술의 개발, 클라이언트의 비밀보장 및 신체적 · 정신적 위험으로부터의 보호
   - 제반 교육에의 적극적 참여
③ 경제적 이득에 대한 태도
   - 클라이언트의 지불능력과 상관없는 서비스 제공
   - 필요한 경우 공정하고 합리적인 이용료 책정
   - 업무와 관련한 부당이득의 취득 금지

04 우리나라 사회복지실천의 주요 발달과정 기출 5, 9, 10, 11, 12, 13, 14, 15, 19회

① 1921년 태화여자관 설립
② 1947년 이화여자대학교 기독교 사회사업학과 개설
③ 1957년 한국사회사업학회 창설
④ 1967년 한국사회복지사협회의 전신인 한국사회사업가협회 창설
⑤ 1983년 사회복지사 명칭 사용
⑥ 1987년 사회복지전문요원 배치
⑦ 1997년 정신보건사회복지사 자격시험 도입
⑧ 2000년 일반직 사회복지전담공무원으로의 전환
⑨ 2003년 사회복지사 1급 국가시험 실시
⑩ 2005년 지역사회복지협의체 시행
⑪ 2007년 사회적기업 육성법 제정, 제1기 지역사회복지계획 수립
⑫ 2008년 가족관계등록제도 시행, 기초노령연금제도 시행, 노인장기요양보험제도 시행
⑬ 2010년 장애인연금법 제정, 사회복지통합관리망 '행복e음' 구축
⑭ 2011년 사회보험 징수 통합제도 시행
⑮ 2013년 사회보장정보시스템 구축
⑯ 2014년 기초연금제도 시행(기초노령연금제도 폐지)

05 자선조직협회와 인보관운동 기출 매회

구 분	자선조직협회(1869)	인보관운동(1884)
사회문제의 원인	개인적인 속성	환경적인 요소
이데올로기	사회진화론	자유주의, 급진주의
참여자	상류층과 중산층	지식인과 대학생
접근방법	빈민개조, 역기능의 수정	빈민과 함께 거주, 사회행동
역점분야	기관들의 서비스 조정	교육적 사업
성 격	사회질서 유지 강조	사회개혁 강조

06 사회복지실천현장의 분류 기출 2, 3, 5, 6, 9, 13, 14, 15, 16, 17, 18, 19, 20회

① 기관의 운영목적에 따른 분류
- 1차 현장 : 기관의 일차적 기능이 사회복지서비스의 제공에 있으며, 사회복지사가 중심이 되어 활동하는 실천현장(종합사회복지관, 노인복지관, 여성복지관, 사회복귀시설 등)
- 2차 현장 : 사회복지전문기관이 아니지만 사회복지사가 간접적으로 개입하여 사회복지서비스에 영향을 미치는 실천현장(병원, 학교, 교정시설, 정신보건시설, 주민자치센터 등)

② 주거 제공 여부에 따른 분류
- 생활시설 : 사회복지서비스에 주거서비스가 포함된 시설(노인요양시설, 장애인생활시설, 그룹 홈, 청소년쉼터 등)
- 이용시설 : 사회복지서비스에 주거서비스가 포함되지 않으며, 자신의 집에 거주하는 클라이언트를 대상으로 서비스를 제공하는 시설(종합사회복지관, 노인복지관, 장애인복지관, 지역아동센터, 재가복지봉사센터, 노인주간보호센터, 장애인주간보호센터, 쪽방상담소 등)

07 기능 수준에 따른 사회복지사의 역할 기출 3, 12, 13, 19, 21회

① 직접 서비스 제공자의 역할 : 개별상담자, 집단상담자(지도자), 정보제공자, 교육자
② 체계와 연결하는 역할 : 중개자, 사례관리자, 조정자, 중재자, 클라이언트 옹호자
③ 체계 유지 및 강화 역할 : 조직분석가, 촉진자, 팀 성원, 자문가
④ 연구자 및 조사활용자 역할 : 프로그램 평가자, 조사자
⑤ 체계 개발 역할 : 프로그램 개발자, 기획가(계획가), 정책 및 절차개발자

08 개입수준에 따른 사회복지사의 역할 기출 1, 4, 5, 7, 8, 13, 16, 17, 18회

개입수준	단 위	사회복지사의 역할
미시차원	개인, 가족	조력자, 중개자, 옹호자, 교사
중범위차원	조직, 공식적 집단	촉진자, 중재자, 훈련가
거시차원	지역사회, 사회	계획가, 행동가, 현장개입가
전문가집단 차원	사회복지전문가집단	동료, 촉매자, 연구자·학자

09 통합적 접근방법의 주요 특징 기출 11, 15, 16, 18, 19회

① 일반주의(Generalist) 실천에서 활용하는 접근방법이다.
② 개인과 체계 간의 양면적 상호작용에 초점을 둔다.
③ 실천의 유용한 이론적 틀로서 생태체계적 관점에 기초한다.
④ 인간과 환경의 공유영역에 사회복지사가 개입할 것을 강조한다.
⑤ 사회복지사는 미시적 수준에서부터 거시적 수준의 실천까지 다양한 체계에 개입한다.
⑥ 병리보다 강점을 강조한다.
⑦ 클라이언트의 참여와 자기결정, 클라이언트와의 협동노력을 강조한다.

⑧ 클라이언트의 잠재성 개발을 위한 미래지향적인 접근을 강조한다.

⑨ 다양한 모델과 기술을 활용하며, 다양한 클라이언트의 체계와 수준에 접근할 수 있다.

⑩ 문제에 따라 다른 접근법을 펼치되, 경험적으로 검증된 개입방법을 우선 적용한다.

10 집단의 분류 기출 3, 4, 7, 9, 13, 14회

치료집단	교육집단	청소년 성교육집단, 부모역할 훈련집단
	성장집단	청소년 대상의 가치명료화집단, 잠재력 개발 집단, 부부를 위한 참만남집단
	치유집단	공황장애 치료를 받는 외래환자로 구성된 집단, 금연집단, 약물중독자집단
	사회화집단	정신장애인 사회복귀집단, 자기주장 훈련집단
	지지집단	이혼가정의 취학아동모임, 암환자 가족모임
과업집단	조직욕구 해결집단	위원회, 행정집단, 협의체
	성원욕구 해결집단	팀, 치료회의, 사회행동집단
자조집단		단주모임, 단도박모임, 치매노인가족모임, 정신장애인 가족모임, 참교육을 위한 학부모연대

11 사회복지실천에서 통합적 접근방법의 주요 등장배경 기출 4, 5, 6, 9, 18회

① 특정 문제를 중심으로 개입하는 전통적인 방법은 다양한 문제에 효과적으로 대처할 수 없었다.

② 전통적 방법이 너무 분화·전문화되어 왔기 때문에 서비스의 파편화 현상을 초래하였다.

③ 전문화 중심의 교육훈련은 사회복지사들의 분야별 직장 이동에 도움이 되지 못했다.

④ 공통기반을 전제로 하지 않은 분화와 전문화가 각각 별개의 사고와 언어 및 과정을 보여줌으로써 사회사업 전문직의 정체성 확립에 장애가 되었다.

12 체계이론의 주요 개념 기출 1, 3, 6, 8, 12회

① **경계** : 체계를 구성하는 소단위로서 물리적 또는 개념적인 공간

② **균형** : 외부환경으로부터 새로운 에너지의 투입 없이 현상을 유지하려는 속성

③ **항상성** : 끊임없는 변화와 운동의 과정 속에서 균형을 회복하려는 경향

④ **안정상태** : 부분들 간의 관계를 유지시키고, 쇠퇴로 인해 붕괴되지 않도록 에너지를 계속 사용하는 상태

⑤ **엔트로피** : 체계가 소멸해 가거나, 무질서해지고 비조직화되는 과정

⑥ **네겐트로피(역엔트로피)** : 체계의 외부로부터 에너지를 가져옴으로써 이용 불가능한 에너지가 감소되는 것

13 체계의 특성 기출 1, 5, 6, 7, 8, 11, 12, 13, 15, 16회

① 체계의 구조적 특성

경 계	• 체계를 구성하는 소단위로서 물리적 또는 개념적 공간에 해당한다. • 한 체계를 다른 체계와 구분해 주는 눈에 보이지 않는 테두리로서, 이와 같은 경계에 의해 체계와 환경의 구분이 가능하다.
홀 론	• 전체와 부분을 별개로 나눌 수 없다는 사실을 전제로 한다. • 작은 체계들 속에서 그들을 둘러싼 큰 체계의 특성이 발견되기도 하고 작은 체계들이 큰 체계에 동화되기도 하는 체계의 이중적 성격을 나타낸다.
개방체계	• 환경과의 에너지 교환이 활발히 이루어지는 체계이다. • 투입을 받아들이고 산출을 생산하여 환경으로 보낸다. • 목적지향적이고 적응능력이 높다.
폐쇄체계	• 환경과의 에너지 교환이 거의 없는 체계이다. • 투입을 받아들이지 않고 산출도 생산하지 않는다. • 목적지향성이 낮고, 행동을 수정할 수 있는 능력도 낮다.

② 체계의 진화적 특성

균 형	• 외부환경으로부터 새로운 에너지의 투입 없이 현상을 유지하려는 속성을 말한다. • 주로 외부환경과 수평적 상호작용으로 내부균형만 이루는 폐쇄체계에서 나타난다.
항상성	• 환경과 지속적으로 소통하면서 역동적인 균형을 이루는 상태를 말한다. • 항상성 상태에서 체계의 구조는 크게 달라지지 않으며, 항상성으로 인해 체계는 행동방식의 규칙성을 갖게 된다.
안정상태	• 부분들 간에 관계를 유지하면서 체계가 붕괴되지 않도록 에너지를 계속 사용하는 상태를 말한다. • 사회복지실천은 네겐트로피를 유지 또는 증가함으로써 바람직한 안정상태를 얻고자 하는 원조체계를 포함한다.
엔트로피	• 체계가 외부로부터 에너지 유입 없이 소멸되어가는 상태를 말한다. • 폐쇄체계를 구성하고 있는 부분들은 시간이 지남에 따라 서로 간의 구별이 없어지게 되고 점차 동일성을 띠게 되므로, 그 구성 및 기능이 쇠퇴하게 된다.
네겐트로피	• 체계 내에 질서, 형태, 분화가 있는 상태를 말한다. • 체계 외부로부터 에너지가 유입됨으로써 체계 내부의 불필요한 에너지가 감소하게 되는데, 이는 체계를 유지하고 발전을 도모하여 생존하는 힘이 된다.

14 사회복지실천을 구성하는 6가지 사회체계유형(Compton & Galaway) 기출 4, 8, 10, 14, 17, 19, 21회

① **변화매개체계** : 사회복지사와 사회복지사를 고용하고 있는 기관 및 조직

② **클라이언트체계** : 서비스나 도움을 필요로 하는 사람

③ **표적체계** : 목표를 달성하기 위해 변화시키는 것이 필요한 사람

④ **행동체계** : 변화노력을 달성하기 위해 상호작용하는 사람

⑤ **전문가체계** : 전문가 단체, 전문가를 육성하는 교육체계 등

⑥ **문제인식체계(의뢰-응답체계)** : 잠재적 클라이언트를 사회복지사의 관심영역으로 끌어들이기 위해 행동하는 체계

15 면접의 주요 기술 기출 1, 2, 5, 8, 9, 10, 14, 16, 18, 19, 20회

① 관찰 : 선입관을 버리며, 클라이언트의 표정 및 억양 등 비언어적인 부분도 살핀다.
② 경청 : 클라이언트의 잠재적인 감정 및 반응에 주목하며, 클라이언트의 이야기에 집중하고 있음을 표시한다.
③ 질문 : 복합질문, 모호한 질문, 유도질문이나 '왜'로 시작하는 질문은 삼가며, 개방형 질문과 폐쇄형 질문을 적절히 혼합한다.
④ 감정이입 : 클라이언트에 대한 몰입이 아닌 충분히 분리된 상태에서 객관적인 정보를 확보할 수 있도록 한다.

16 관계형성의 7대 원칙(Biestek) 기출 1, 2, 3, 4, 5, 8, 9, 10, 11, 13, 14, 15, 16, 19, 21회

① 개별화 : 개인으로서 처우 받고 싶은 욕구
② 의도적인 감정표현 : 감정을 표명하고 싶은 욕구
③ 통제된 정서적 관여 : 문제에 대한 공감을 얻고 싶은 욕구
④ 수용 : 가치 있는 개인으로 인정받고 싶은 욕구
⑤ 비심판적 태도 : 심판 받지 않으려는 욕구
⑥ 자기결정의 원칙 : 스스로 선택과 결정을 내리고 싶은 욕구
⑦ 비밀보장의 원칙 : 스스로 비밀을 간직하려는 욕구

17 사회복지실천과정상 접수단계에서 다루어야 할 사항 기출 5, 6, 7, 9, 10, 12, 16, 19, 20회

① 클라이언트의 문제와 욕구를 확인한다.
② 클라이언트의 가족관계, 학교 및 직장생활, 주위환경 등에 대한 적응상태를 확인한다.
③ 클라이언트가 기관을 찾게 된 상황을 파악한다.
④ 클라이언트가 문제를 보고 느끼는 방식을 파악한다.
⑤ 원조 목적과 원조에서 기대하는 바를 명확히 한다.
⑥ 클라이언트의 욕구가 기관의 자원 정책과 부합되는지의 여부를 판단하며, 부합하지 않을 경우 욕구에 적합한 기관으로 의뢰한다.
⑦ 클라이언트에게 기관의 기능에 대해 설명한다.

18 자료수집 및 사정에서 주요 도구 [기출] 매회

① 가족 차원의 사정도구

가계도	클라이언트의 3세대 이상에 걸친 가족관계를 도표화하여 가족의 구조, 가족 및 구성원의 관계(정서적 관계 포함), 동거가족현황, 세대 간의 반복유형, 과거의 결혼관계 등에 대한 상세한 정보를 제공한다.
생태도	환경 속의 클라이언트에 초점을 두고 클라이언트의 상황에서 의미 있는 체계들과의 역동적 관계를 그림으로 표현함으로써 특정 문제에 대한 개입계획을 세우는 데 유효한 정보를 제공한다.
생활력표 또는 생활력도표	각각의 가족구성원의 삶에 있어서 중요한 사건이나 시기별로 중요한 문제의 전개 상황을 시계열적으로 도표화함으로써 현재 역기능적인 문제 등을 특정 시기의 어려움이나 경험 등과 연관시켜 이해할 수 있도록 해 준다.
생활주기표	클라이언트의 생활주기와 가족성원의 발달단계별 과업을 도표화한 것이다.
사회적 관계망표 또는 사회적 관계망 격자	클라이언트의 환경 내에 영향을 미치는 중요한 사람이나 체계로부터 물질적 · 정서적 지지, 원조 방향, 충고와 비판, 접촉 빈도 및 시간 등에 관한 정보를 제공한다.

② 집단 차원의 사정도구

소시오그램	집단 내에 있어서 집단성원 간의 견인과 반발, 선호도와 무관심의 형태를 분석하고 그 강도와 빈도를 측정함으로써 집단 내 개별성원의 관계위치를 비롯하여 집단 그 자체의 구조 또는 상태를 발견하여 평가한다.
소시오메트리	특정 활동에 대해 개별성원들이 상호작용하기를 원하는 정도를 평가하도록 집단성원들에게 요청함으로써 집단성원들의 호감도 및 집단응집력 수준에 관한 정보를 제공한다.
네트워크 분석	중심성은 네트워크 분석의 핵심 구성개념으로서, 집단(혹은 조직) 간 전달체계 분석에 적절하다. 네트워크 구조분석에는 개체들의 내재된 특성과 관련된 속성형 변수가 아닌 개체 간의 연결 특성을 강조하는 관계형 변수를 주로 사용한다.
의의차별척도	본래 어떤 대상이 개인에게 주는 주관적인 의미를 측정하는 방법으로서, 집단 사정을 위해서는 두 개의 상반된 입장에서 하나를 선택하도록 하여 집단성원들로 하여금 각자 동료성원에 대해 평가하도록 하는 것이다.

19 사례관리의 필요성 [기출] 5, 6, 7, 11, 13, 14, 15, 19, 20, 21회

① 클라이언트 욕구의 다양화 · 복잡화

② 통합적인 서비스의 요구

③ 클라이언트 및 그 가족의 과도한 책임부담

④ 탈시설화 및 재가복지서비스의 경향

⑤ 서비스 공급의 중복 및 누수 방지에 대한 필요성

⑥ 사회복지서비스 공급주체의 다원화

⑦ 산업화에 따른 가족 기능의 약화

⑧ 사회적 지지체계의 중요성에 대한 인식

⑨ 노령화 등의 인구사회학적 변화

20 사례관리의 서비스 과정 [기출] 3, 10, 11, 14, 15, 16, 18, 20, 21회

접수	• 클라이언트의 확인 및 등록(의뢰) • 클라이언트의 문제 및 욕구에 대한 개략적 파악 • 원조의 내용에 대한 상세한 설명 • 원조 수령 여부의 확인 및 계약의 체결
사정	• 클라이언트의 신체적·정서적 상태 및 욕구에 대한 광범위하고 구조화된 평가 • 클라이언트의 현재 기능수준 및 강점에 대한 사정 • 자원에 대한 사정 및 자원 이용의 장애물 찾기 • 클라이언트의 욕구 및 문제의 목록화
계획	• 클라이언트의 문제 및 욕구를 해결하기 위한 구체적인 목표 설정 • 목표 실행을 위한 서비스 목록 작성 및 우선순위 정하기 • 목표달성을 위한 전략 및 구체적인 서비스 계획 수립 • 전략 실행 후 성공여부에 대한 평가를 통해 미달성 목표를 다시 계획 단계로 환류
개입	• 내부자원의 획득을 위한 직접적 서비스의 제공 　예 클라이언트에 대한 교육, 클라이언트의 결정 및 행동에 대한 격려·지지, 위기에의 적절한 개입, 클라이언트의 동기화 등 • 외부자원의 획득을 위한 간접적 서비스의 제공 　예 클라이언트에게 필요한 자원체계의 연계 또는 서비스의 중개, 클라이언트를 대신하여 다양한 체계에 대한 클라이언트의 욕구 옹호 등
점검	• 서비스 및 자원의 전달과정에 대한 추적을 통해 목표의 계획적인 진행여부 점검 • 사회적 지지의 정도 파악 및 사회적 지지의 산출 검토 • 클라이언트의 욕구 변화 유무에 대한 점검 • 서비스 계획 변경의 필요성 파악
평가 및 종결	• 서비스 계획, 서비스 구성요소, 서비스 활동 등의 가치성 유무에 대한 측정 • 사례관리 목표달성에 대한 평가 • 사례관리의 전반적인 체계 및 효과성, 클라이언트의 긍정적 변화에 대한 평가 • 종결유형에 따른 종결 시기의 조정 • 혼합된 정서적 반응 정리 및 사후관리

21 사례관리의 기본원칙 [기출] 3, 4, 9, 10, 12, 13, 14, 16, 20, 21회

① 개별화 : 클라이언트의 특성에 맞는 서비스 제공
② 포괄성 : 클라이언트의 다양한 욕구에의 충족
③ 지속성(연속성) : 클라이언트 및 주위환경에 대한 지속적인 점검
④ 연계성 : 분산된 서비스 체계들의 상호 연계
⑤ 접근성 : 기관 및 자원에 대한 접근성 확보
⑥ 자율성 : 클라이언트의 자율성 극대화
⑦ 체계성 : 서비스 및 자원의 효율적 조정·관리

01 전문직으로서 사회복지사가 지녀야 할 속성 기출 1, 5, 7, 10, 19회

예술적 속성	과학적 속성
• 사랑(동정)과 용기 • 전문적 관계형성 • 창의성과 상상력 • 희망과 에너지 • 판단력, 사고력, 직관적 능력 • 개인적인 가치관 • 자신만의 전문가로서의 스타일 • 감정이입적 의사소통, 진실성, 융통성	• 사회문제에 대한 인식 • 사회현상에 대한 인식 • 사회복지전문직에 대한 지식 • 사회복지실천방법에 대한 지식 예 관찰, 자료수집, 분석, 실험조사 등 • 사회제도 및 정책에 대한 지식 • 사회서비스 및 프로그램에 대한 지식

02 사회복지사의 역할에 따른 기술 기출 매회

① **조력자(Enabler)** : 클라이언트의 당면 문제를 정확히 인식하며, 클라이언트 문제해결능력을 발달시켜줄 수 있는 기술

② **중개자(Broker)** : 클라이언트의 욕구에 부합하는 서비스를 연결시켜줄 수 있는 기술

③ **중재자(Mediator)** : 이해당사자 간의 분쟁 상황을 파악하고 서로 타협에 이를 수 있도록 조정하는 기술

④ **옹호자(Advocate)** : 클라이언트의 욕구가 집단이나 사회로부터 거부당할 때 해당 서비스를 확보 · 확장할 수 있도록 원조하는 기술

⑤ **교육자(Educator)** : 클라이언트가 사실을 인식하도록 하고, 필요한 기술을 제공해줄 수 있는 기술

⑥ **행동가(Activist)** : 클라이언트가 불평등, 박탈 등으로 심각한 권리 침해를 당하는 경우 이에 맞서 대항 · 협상할 수 있는 기술

⑦ **계획가(Planner)** : 지역사회구성원의 사회복지에 대한 욕구를 충족시킬 수 있도록 지역의 특성에 맞는 효과적인 계획을 수립할 수 있는 기술

⑧ **평가자(Evaluator)** : 서비스 자원과 욕구 충족의 정도를 평가하고, 새로운 대안을 모색할 수 있는 기술

⑨ **행동변화가(Behavior Changer)** : 클라이언트의 부적행동을 변화시킬 수 있는 기술

⑩ **행정가(Administrator)** : 계획된 프로그램을 체계적인 절차에 따라 수행할 수 있는 기술

03 개별사회복지실천모델 중 임파워먼트모델의 특징 기출 2, 8, 9, 11, 13, 16, 17, 18, 19, 21회

① 클라이언트가 생활상의 문제에 직면하여 스스로의 삶에 대해 결정을 내리고 행동에 옮길 수 있도록 힘을 부여한다.

② 클라이언트가 스스로의 능력을 발휘하는 데 있어서 장애가 되는 요소들을 제거하고 자신의 능력을 육성하여 권한을 획득하도록 돕는다.

③ 클라이언트가 자신의 생활과 경험에 있어서 전문가임을 강조한다.

④ 클라이언트의 문제는 기회와 도전의 계기이기도 하다.

⑤ 임파워먼트모델의 개입과정은 대화(Dialogue), 발견(Discovery), 발전(Development)의 단계로 이어진다.

⑥ 사회복지사는 클라이언트와 동맹관계를 맺는다.

04 개별사회복지실천모델 중 정신역동모델의 특징 기출 9, 10, 13, 14, 15, 19회

① 인간심리에 대한 구조적 가정 및 여러 가지 형태의 부적응 행동에 대한 역동적 이해 등의 이론적 배경에 기초를 둔다.

② 클라이언트의 과거의 외상적 경험, 과거 경험이 현재 증상과의 관계가 있을 때 사용되는 모델로, 현재의 문제원인을 과거의 경험에서 찾는다.

③ 심리적 결정론에 근거하며, 개인의 성격이 심리성적 발달단계에 따라 형성된다고 본다.

④ 개인은 원초아와 초자아 사이에 발생하는 불안과 긴장 해소를 위해 방어기제를 사용한다.

⑤ 정신역동모델의 개입목표는 클라이언트의 불안과 무의식적 갈등을 의식화한 뒤, 이것이 현재의 행동에 어떠한 영향을 주고 있는지를 통찰하도록 돕고, 결국 새로운 반응형태를 모색하고 습득하도록 돕는 데 있다.

⑥ 클라이언트의 통찰력을 제고하기 위해 클라이언트의 꿈, 자유연상의 의미를 해석한다.

⑦ 정신역동모델은 자기분석을 통한 성장에의 의지가 높은 클라이언트에게 효과적이다.

⑧ 비교적 장기적인 개입모델이다.

05 개별사회복지실천모델 중 심리사회모델의 개입기법 기출 4, 5, 6, 7, 8, 11, 14, 15, 18, 20, 21회

직접적 개입기법	• 지 지 • 지시(직접적 영향주기) • 탐색-기술(묘사)-환기 • 발달적 고찰 • 인간-상황에 대한 고찰 • 유형-역동에 대한 고찰
간접적 개입기법	• 클라이언트가 필요로 하는 자원의 발굴 및 연계 • 클라이언트에 대한 옹호 및 중재활동 • 클라이언트의 주변환경 변화를 위한 원조

06 개별사회복지실천모델 중 과제중심모델(과업중심모델)의 특징 [기출] 3, 4, 6, 8, 9, 10, 11, 13, 14, 15, 17, 19회

① 시간제한적 단기치료로써 문제해결을 위한 개입의 책무성이 강조된다.
② 클라이언트가 인식한 문제중심적 접근을 한다.
③ 치료초점이 2~3가지 문제로 구체화된다.
④ 클라이언트의 심리 내적인 과정보다 현재의 활동을 강조한다.
⑤ 객관적인 조사연구를 강조하는 경험지향형 모델에 해당한다.
⑥ 단계별 구조화 및 고도의 구조성을 보인다.
⑦ 통합적이고 체계적인 접근을 시도한다.
⑧ 클라이언트의 참여증진 및 자기결정권의 극대화를 추구한다.

07 개별사회복지실천모델 중 위기개입모델의 특징 [기출] 11, 13, 15, 17, 19, 20, 21회

① 위기개입은 즉시 이루어져야 하며, 가급적 위기상태 직후부터 6주 이내에 해결되어야 한다.
② 위기개입은 위기 이전의 기능수준으로 회복하도록 돕는 것을 주된 개입 원칙으로 한다.
③ 위기개입은 위기와 더불어 그 위기에 대한 클라이언드의 반응에 초점을 둔다.
④ 위기개입은 위기상황과 관련된 현재의 구체적인 문제에 초점을 두며, 클라이언트의 과거에 대한 탐색에 몰두하지 않는다.
⑤ 위기개입의 목표와 실천과정은 간결하고 구체적이어야 한다.
⑥ 위기개입에서 사회복지사는 적극적이고 직접적인 역할을 수행한다.
⑦ 위기개입은 정보제공, 정서적 지지, 사회적 지지체계 개발 등을 포함한다.
⑧ 사회복지사는 위기로 인해 절망적 감정을 느끼는 클라이언트에게 희망을 고취해 주어야 한다.
⑨ 사회복지사는 클라이언트와 신뢰관계를 조성한다.

08 개별사회복지실천모델 중 인지행동모델에 입각한 치료방법 [기출] 4, 7, 10, 13, 14, 19회

엘리스(Ellis)의 합리적 · 정서적 행동치료	벡(Beck)의 인지치료
• 인간은 본래 비합리적으로 생각을 하지만, 그러한 비합리적인 사고를 바꿀 수 있는 힘이 있다. • 인간의 부정적 감정과 증상들은 비합리적 신념에서 비롯된다. • 비합리적 신념에 초점을 두어 이를 재구조화하는 것을 목표로 한다. • ABCDE모델로 개입의 과정을 설명하였다.	• 인지치료는 개인이 정보를 수용하여 처리하고 반응하기 위한 지적인 능력을 개발시키는 방법을 말한다. • 자신과 세계에 관한 개인의 정보처리 과정에 나타나는 오류와 왜곡이 문제의 핵심이다. • 역기능적이고 자동적인 사고 및 스키마, 신념, 가정 등을 수정하여 클라이언트의 정서나 행동을 변화시키는 데 역점을 둔다.

해결중심모델에서 사용하는 주요 질문기법 기출 5, 7, 9, 10, 11, 12, 14, 15, 17, 18, 19, 20, 21회

① **기적질문** : "잠자는 동안 기적이 일어나 당신을 여기에 오게 한 그 문제가 극적으로 해결됩니다. 아침에 일어나서 지난밤 기적이 일어나 모든 문제가 해결되었다는 것을 어떻게 알 수 있을까요?"

② **예외질문** : "문제가 일어나지 않을 때는 어떤 상황인가요?"

③ **척도질문** : "치료를 받으러 왔을 때 스트레스 수준이 10점이라고 하고 스트레스가 완전히 해소된 상태를 0점이라고 한다면, 지금 당신의 스트레스 상태는 몇 점인가요?"

④ **대처질문** : "어려운 상황 속에서도 더 나빠지지 않고 견뎌낼 수 있었던 것은 무엇 때문이라고 생각하십니까?"

⑤ **관계성질문** : "만약 당신의 아버지가 지금 여기에 있다고 가정할 때, 당신의 아버지는 당신의 문제가 해결될 경우 무엇이 달라질 거라 말씀하실까요?"

10 **가족생활주기** 기출 6, 7, 8, 10, 14, 15회

발달단계	발달과업
결혼전기 가족	• 부모–자녀 관계로부터 분리하기 • 이성관계의 긴밀한 발전을 유지하기
결혼적응기 가족	• 부부체계 형성에 따른 새로운 역할에 적응하기 • 배우자 가족과의 관계 및 친족망 형성하기
학령전자녀 가족	• 자녀를 수용하고 가족으로 통합하기 • 부모의 역할을 통해 새로운 행동유형 발전시키기
학령기자녀 가족	• 사회제도를 흡수하기 위해 가족의 경계를 개방적으로 만들기 • 새로운 역할변화 수용하기 • 자녀의 변화하는 발달적 요구에 효과적으로 대응하기
십대자녀 가족	• 자녀의 독립 및 자율성에 대한 새로운 상황에 대처하기 • 노년을 위한 준비를 시작하기
자녀독립 가족	• 성장한 자녀가 직업활동을 수행할 수 있도록 준비시키기 • 자녀와의 관계를 성인과의 관계로 전환하기 • 자녀의 결혼을 통해 새로운 가족구성원을 받아들임으로써 가족범위 확대시키기
중년기 가족	• 자신의 부모의 죽음에 대처하기 • 빈둥지증후군에 대처하기 • 쇠퇴하는 신체적 · 정신적 기능에 대처하기
노년기 가족	• 은퇴에 대처하기 • 자녀의 배우자와 손자녀와의 새로운 관계를 형성하기 • 배우자, 형제, 친구의 죽음에 대처하기 • 자신의 삶을 회고하고 죽음 준비하기

11 다세대적 가족치료모델(Bowen) [기출] 8, 10, 11, 12, 15회

① 개인이 가족자아로부터 분화되어 확고한 자신의 자아를 수립할 수 있도록 한다.
② 가족을 일련의 상호관련된 체계와 하위체계로 이루어진 복합적 총체로 인식하여 한 부분의 변화가 다른 부분의 변화를 야기한다고 본다.
③ 삼각관계를 가장 불안정한 관계체계로 보며 탈삼각화를 강조한다.

12 구조적 가족치료모델(Minuchin) [기출] 2, 9, 10, 11, 14, 15, 17, 19회

① 가족구조를 재구조화하여 가족이 적절한 기능을 수행할 수 있도록 돕는다.
② 경직된 경계선에서의 분리와 혼돈된 경계선에서의 밀착이 모두 가족의 문제를 유발할 수 있다고 본다.
③ 가족 간의 명확한 경계를 강조하며, 특히 하위체계 간에 개방되고 명확한 경계를 수립하는 것을 치료의 목표로 삼는다.
④ 긴장 고조시키기, 균형 깨뜨리기, 실연 등의 기법을 사용한다.

13 전략적 가족치료모델(Haley) [기출] 5, 8, 10, 14, 15, 17회

① 인간행동의 원인보다는 문제행동 변화를 위한 해결방법에 초점을 둔다.
② 이해보다는 변화에, 이론보다는 기법에 더 많은 관심을 가지며, 가족 문제 해결을 위한 다양한 전략을 모색한다.
③ 단기치료에 해당하며 역설적 지시(증상처방), 순환적 질문, 가장기법 등을 사용한다.

14 경험적 가족치료모델(Satir) [기출] 1, 3, 4, 5, 7, 8, 10, 11, 14, 15, 16, 18, 19, 20회

① 가족관계의 긍정적 측면에 초점을 두며, 모호하고 간접적인 가족 내 의사소통의 명확화를 강조한다.
② 가족의 안정보다는 성장을 목표로 하여 가족에게 통찰이나 설명을 해주기보다는 가족의 특유한 갈등과 행동양식에 부합하는 경험을 제공하려고 노력한다.
③ 치료의 목적은 성장에 있으며 자아실현, 개인의 통합, 선택의 자유 등을 목표로 한다.
④ 의사소통 유형을 회유형(자신 무시, 타인 존중, 상황 존중), 비난형(자신 존중, 타인 무시, 상황 존중), 초이성형(자신 무시, 타인 무시, 상황 존중), 산만형(자신 무시, 타인 무시, 상황 무시), 일치형(자신 존중, 타인 존중, 상황 존중)으로 분류하였다.
⑤ 가족조각, 가족그림, 역할연습(역할극) 등의 개입기법을 사용한다.

15 순환적 인과성 [기출] 10, 12, 13, 16, 18회

① 가족체계를 원인에 따른 결과 또는 자극에 따른 반응과 같은 선형적 유형으로 보는 것이 아닌 가족체계의 상호작용 패턴에 초점을 두는 순환적 반응으로 보는 것이다.

② 가족체계 내의 한 구성원의 변화는 다른 구성원을 자극하여 반응을 이끌어내게 되고, 이것이 또 다시 다른 구성원을 자극함으로써 가족 전체에 영향을 미치게 된다.

③ 가족 문제를 해결하기 위해서는 문제의 원인 그 자체보다는 문제가 유지되는 가족의 상호작용 과정을 살펴보아야 한다.

④ 문제를 일으키거나 증상을 표출하는 성원 또는 다른 성원의 변화를 통해 가족의 역기능적 문제가 해결된다. 즉, 가족체계 내의 한 구성원의 긍정적인 변화는 곧 가족 전체의 긍정적인 변화로 이어지면서 문제가 해결될 수 있다.

⑤ 상호 영향을 주고받는 과정에서 나타나는 현상이므로, 가족구성원이 많을수록 더욱 복잡한 양상을 띤다.

16 가족사정의 도구 기출 매회

① 가계도

- 보웬(Bowen)이 고안한 것으로 클라이언트의 3세대 이상에 걸친 가족관계를 도표로 제시함으로써 현재 제시된 문제의 근원을 찾는다.
- 가족의 구조, 가족 및 구성원의 관계, 동거가족현황, 세대 간의 반복유형, 과거의 결혼관계 등에 대한 상세한 정보를 제공한다.
- 출생연도와 사망연도를 함께 기입하며, 남성은 ㅁ, 여성은 ○, 중심인물은 回 또는 ◎, 임신은 △ 등으로 나타낸다. 또한 실선은 긍정적 관계, 점선은 소원한 관계를 나타낸다.

② 생태도

- 하트만(Hartman)이 고안한 것으로 가족관계를 비롯하여 가족의 자원, 가족과 외부환경의 상호작용을 묘사한다.
- 환경 속의 클라이언트에 초점을 두므로 클라이언트를 생태학적 관점에서 이해하는 데 도움을 준다.
- 생태도 중앙에 클라이언트에 해당하는 원을 위치시킨 후 클라이언트의 주요 환경적 요소들을 중앙의 원 주변에 배치한다. 실선으로 긍정적인 관계를, 점선으로 빈약하고 불확실한 관계를 묘사한다.

③ 생활력도표

- 각각의 가족구성원의 삶에 대해 중요한 사건이나 시기별로 중요한 문제의 전개에 대해 표로 나타내는 방법이다.
- 현재 역기능적인 문제 등을 특정 시기의 어려움이나 경험 등과 연관시켜 이해할 수 있다.
- 중요한 사건이나 시기를 중심으로 연대기적으로 작성한다.
- 생태도나 가계도처럼 원이나 화살표 등의 기호가 이용되지 않고 도표로 제시된다.

④ 사회적 관계망 격자(Social Network Grid)
- '사회관계망표'라고도 하며, 클라이언트 개인이나 가족의 사회적 지지체계를 사정하기 위한 도구이다.
- 클라이언트의 환경 내에 영향을 미치는 중요한 사람이나 체계로부터의 물질적·정서적 지지, 정보 또는 조언, 원조 방향, 접촉 빈도 및 시간 등에 관한 정보를 제공한다.
- 특히 사정 과정에서 지지가 제공되는 생활영역, 지지의 종류, 지지의 제공간격, 지지제공자와의 거리 및 접촉 빈도 등을 고려해야 한다.

17 집단역동성의 구성요소 [기출] 2, 4, 5, 7, 16회

① 집단구조 및 의사소통
② 집단 내 상호작용
③ 집단응집력
④ 집단규범과 가치
⑤ 집단구성원의 지위와 역할
⑥ 집단지도력 및 집단문화갈등

18 집단의 치료적 효과(Yalom) [기출] 5, 6, 7, 10, 11, 12, 16, 17회

① 희망의 고취
② 보편성(일반화)
③ 정보전달
④ 이타심(이타성)
⑤ 1차 가족집단의 교정적 재현
⑥ 사회기술의 개발
⑦ 모방행동
⑧ 대인관계학습
⑨ 집단응집력
⑩ 정화(Catharsis)
⑪ 실존적 요인들

19 집단과정을 촉진시키기 위한 사회복지사의 실천 활동 [기출] 11, 13, 16, 18, 19회

① 자기노출
- 자신의 경험, 감정, 생각 등을 집단성원에게 솔직하게 노출한다.
- 지속적으로 상세하게 노출하거나 너무 많이 노출하지 않도록 주의한다.
② 직면하기
- 집단성원이 말과 행동 간에 불일치를 보이는 경우 혹은 전달하는 메시지의 내용들 사이에 불일치를 보이는 경우 그 집단성원을 직면한다.
- 종종 오해를 불러일으키거나 역효과를 낳을 수 있으므로 사용 시 주의를 기울인다.
③ 피드백
- 집단성원들에게 그들의 역할수행이나 혹은 서로를 어떻게 바라보는지에 대해 명확한 정보를 제공한다.
- 피드백은 구체적이며, 클라이언트의 장점에 초점을 두도록 한다. 지나치게 많은 피드백을 동시에 제공하는 것은 효과적이지 못하다.

20 집단단계별 사회복지실천 기출 3, 4, 7, 8, 10, 13, 14, 15, 16, 17, 19, 20, 21회

① 준비단계
- 집단의 목적 및 목표 설정, 사전계획 수립
- 잠재적 성원 확인 및 성원 모집
- 집단의 크기 및 유형(공동지도자 참여 여부 결정)
- 집단의 지속기간 및 회합의 빈도(회기별 주제 결정)

② 초기(시작)단계
- 집단목적 및 기관에 대한 설명
- 성원의 소개, 집단 목적 명확화하기, 집단 참여에 대한 동기부여

③ 사정단계
- 집단구성원들이 반복적으로 나타내는 역기능적인 행동패턴과 인식에 초점을 둠
- 성원의 특성, 대인관계, 환경을 비롯하여 개별성원의 장단점을 모두 사정함

④ 중간단계
- 집단 과정 및 프로그램 진행상황의 모니터링
- 장애요소를 극복할 수 있도록 원조하며, 집단의 역동을 촉진함

⑤ 종결단계
- 종결에 대한 감정적 반응 다루기
- 집단에 대한 의존성 감소시키기

21 공집단사정의 주요 도구 기출 6, 9, 10, 11, 12, 14, 16, 18, 20회

① 소시오그램(Sociogram)
- 집단 내에 있어서 집단성원들 간의 견인과 반발의 형태를 분석하고 그 강도와 빈도를 측정함으로써 집단 내 개별성원의 관계위치를 비롯한 집단 그 자체의 구조 또는 상태를 발견하여 평가한다.
- 집단성원들 간의 관계와 패턴화된 제휴관계를 설명하며, 영향관계, 의사소통관계, 지배관계, 갈등관계를 기호를 사용하여 그림으로 표시한다.
- 집단성원들에 대한 선호도(호감도), 무관심, 친화력, 반감 등 관계 방향과 정도, 하위집단의 형성 여부, 원근관계의 유형, 배척의 정도와 유형 등을 파악할 수 있다.
- 집단성원들 간의 상호작용을 도식화하여 구성원의 지위, 구성원 간의 관계, 하위집단은 물론 집단성원 간 결탁, 수용, 거부 등을 파악하는 데 유용하다.

② 소시오메트리(Sociometry)
- 집단성원들이 서로 간의 관계에 대해 인식하고 있는 정도, 즉 집단성원 간 관심 정도를 사정하는 방법이다.
- 특정 활동에 대해 개별성원들이 상호작용하기를 원하는 정도를 평가하도록 집단성원들에게 요청한다.

- 사회복지사는 집단성원들로 하여금 다른 성원들의 이름을 적도록 한 후 각 성원에 대한 호감도를 5점 척도를 활용하여 1점(가장 선호하지 않음 또는 가장 싫어함)에서 5점(가장 선호함 또는 가장 좋아함)으로 평가하도록 한다.

③ **의의차별척도(Semantic Differential Scale)**
- 두 개의 상반된 입장 중 하나를 선택하도록 요청하는 척도이다.
- 동료 성원에 대한 평가, 동료 성원의 잠재력에 대한 인식, 동료 성원의 활동력에 대한 인식 등을 평가하는 데 활용될 수 있다.

④ **상호작용차트(Interaction Chart)**
- 집단성원과 사회복지사 또는 집단성원 간의 상호작용 빈도를 확인하여 기록하는 것이다.
- 특정 행동을 중심으로 그것이 발생할 때마다 기록하는 방법, 한정된 시간 동안 특정 행동이 어느 정도 빈번히 발생하고 있는지 기록하는 방법이 있다.

22 기록의 목적 및 활용 기출 2, 4, 9, 13, 14, 16, 19회

① 기관의 서비스 수급자격을 입증할 문서를 구비한다.
② 클라이언트의 욕구를 확인한다.
③ 서비스 내용을 보고한다.
④ 서비스의 연속성 혹은 사례의 지속성을 유지한다.
⑤ 학제 간 혹은 전문가 간 의사소통을 원활하게 한다.
⑥ 클라이언트와 정보를 공유한다.
⑦ 서비스의 과정 및 효과를 점검한다.
⑧ 학생과 다른 관련자들에 대한 교육용 자료(슈퍼비전 도구)로 활용한다.
⑨ 행정적 과업을 위한 자료를 제공한다.
⑩ 연구 · 조사를 위한 자료를 제공한다.
⑪ 지도감독, 자문, 동료검토를 활성화한다.
⑫ 프로그램 실시를 위한 예산을 확보한다.

23 기록의 주요 유형 기출 1, 2, 3, 4, 7, 9, 10, 17, 18, 19, 20, 21회

① **과정기록(Process Recording)**
- 사회복지사와 클라이언트의 상호작용을 구체적으로 기록하며 직접적인 의사소통의 내용은 물론 비언어적인 표현까지 기록한다.
- 클라이언트가 실제로 말한 내용을 정확하게 상기할 수 있도록 대화 형태를 그대로 기록한다.
- 사회복지사와 클라이언트의 상호작용 과정을 분석하기 위해 사용되며, 지도 · 감독 및 교육적 목적으로 활용된다.
- 시간과 비용이 많이 소요되며, 기억의 복원에 의한 왜곡의 우려가 있다.

② 요약기록(Summary Recording)
- 사회복지기관에서 널리 사용되는 기록형태이다.
- 시간의 경과에 따라 일정한 간격을 두어 특정 행동이나 사실을 기록할 때, 또는 주제별로 조직화하여 기록 내용을 구분적으로 표시하고자 할 때 유용하게 활용된다.
- 클라이언트의 변화에 초점을 두어 기록한다.
- 전체 서비스 과정을 이해하기 쉬우며, 사례가 장기간에 걸쳐 진행되는 경우 유용하다.
- 클라이언트나 사회복지사의 생각 또는 느낌이 잘 드러나지 않으며, 면담 내용이 지나치게 단순화되는 단점이 있다.

③ 이야기체기록(Narative Recording)
- 면담 내용이나 서비스 제공 과정에 대해 이야기하듯 서술체로 기록하는 방법이다.
- 일정한 양식이나 틀이 없으므로 총괄적인 기록이 가능하며, 클라이언트의 상황이나 서비스 교류의 특성이 잘 나타난다.
- 사례마다 주제를 정하여 정리함으로써 문서들을 조직화할 수 있다.
- 중요한 것과 그렇지 않은 것을 구분하여 융통성 있게 기록할 수 있으며, 특수한 상황을 반영할 수 있다.
- 지나치게 단순화하거나 초점이 흐려질 우려가 있으며, 기록자의 관점에 크게 좌우될 수 있다.

④ 문제중심기록(Problem-oriented Recording)
- 클라이언트의 현재 문제에 초점을 두어, 각각의 문제 영역에 대한 사정을 통해 문제해결을 위한 계획 및 진행 상황을 기록한다.
- 의학 및 정신보건 분야에서 널리 사용되며, 학제 간 협력 증진 차원에서 유용하게 활용된다.
- 타 전문직 간의 효율적인 의사소통 및 정보교류가 필요하다.
- S(주관적 정보, Subjective Information), O(객관적 정보, Objective Information), A(사정, Assessment), P(계획, Plan)의 형태를 취한다.
- 클라이언트의 능력과 자원이 드러나지 않는 단점이 있다.

01 **지역사회의 개념** 기출 1, 6, 7, 13, 14, 15, 16, 17, 19회

① **지리적인 의미의 지역사회** : 지역적 특성에 의한 특수성 및 분리성 강조

② **사회적 동질성을 띤 지역사회** : 지역주민들의 합의성·일체감·공동생활양식·공동관심 및 가치·공동노력 등에 대한 강조

③ **지리적·사회적 동질성을 강조하는 지역사회** : 지리적 특성 및 지역주민 간 상호작용에 있어서의 동질성 강조

④ **기능적인 의미의 지역사회** : 공통적인 관심과 이해관계에 의해 형성된 공동체

⑤ **갈등의 장으로서의 지역사회** : 지역사회에 존재하는 갈등현상과 불평등한 배분관계에 주목

02 **지역사회의 기능**(Gilbert & Specht) 기출 10, 14, 16, 18, 21회

① **생산·분배·소비** : 1차적 분배의 기능으로서 경제제도와 연관되며, 지역사회 주민들이 일상생활에 필요한 물자와 서비스를 생산하고 소비하는 과정과 관련된 기능을 말한다.

② **상부상조** : 2차적 분배(재분배)의 기능으로서 사회복지제도와 연관되며, 사회제도에 의해 지역주민들이 자신들의 욕구를 스스로 충족할 수 없는 경우에 필요로 하는 사회적 기능을 말한다.

③ **사회화** : 가족제도와 연관되며, 사회가 향유하고 있는 일반적 지식, 사회적 가치, 행동양식을 그 지역사회 구성원에게 전달하는 과정을 말한다.

④ **사회통제** : 정치제도와 연관되며, 지역사회가 그 구성원들에게 사회규범에 순응하도록 행동을 규제하는 것을 말한다.

⑤ **사회통합** : 사회참여의 기능이라고도 하며, 종교제도와 연관된다. 사회체계를 구성하는 사회단위 조직들 간의 관계와 관련된 기능을 말한다.

03 **지역사회분석에 관한 생태학적 관점** 기출 4, 6, 9, 11, 13, 16회

① 지역사회와 환경 간의 상호 교류와 생태체계로서 지역사회의 변환 과정에 초점을 두고 지역사회 현상을 설명한다.

② '환경 속의 인간'이라는 사회복지실천의 기본 관점을 반영한다.

③ 지역사회의 변환 과정을 역동적 진화 과정으로 설명한다. 즉, 지역사회를 환경의 요소들 간의 지속적인 상호 교류에 의해 적응·진화해 나가는 하나의 체계로 간주한다.

④ 사람과 사회환경 간에 질서 있고 건설적인 방식으로 변화가 일어날 때 지역사회의 역량이 커지고 지역주민들이 필요로 하는 자원을 원활히 제공할 수 있게 된다고 본다.

⑤ 지역사회의 변환 과정을 역동적으로 설명하기 위해 경쟁, 중심화, 분산, 집결, 분리, 우세 등 다양한 개념들을 사용한다.

04 지역사회복지실천의 이념 기출 2, 7, 9, 11, 13, 14, 20, 21회

① **정상화** : 1952년 덴마크의 지적장애인 부모들의 모임에서 비롯됨. 지역주민이 지역사회와 관계를 맺고 사회의 온갖 다양한 문제들에서 벗어나 사회적으로 가치 있는 역할을 수행할 수 있도록 함
② **주민참여** : 지역주민이 자신의 욕구와 문제를 주체적으로 해결할 수 있도록 함
③ **탈시설화** : 기존의 대규모 시설 위주에서 그룹 홈, 주간보호시설 등 소규모로 확대 발전
④ **사회통합** : 지역사회 내의 갈등이나 지역사회 간의 차이 또는 불평등을 뛰어넘어 사회 전반의 통합을 이룸
⑤ **네트워크** : 이용자 중심의 서비스를 위한 공급체계의 네트워크화 및 관련기관 간의 연계

05 지역사회복지실천의 9단계 과정(Kettner, Daley & Nichol) 기출 13, 15회

변화기회 확인 → 변화기회 분석 → 목적 및 목표 설정 → 변화노력 설계 및 구조화 → 자원계획 → 변화노력 실행 → 변화노력 점검 → 변화노력 평가 → 재사정 및 변화노력 안정화

06 지역사회복지실천의 원칙 기출 12, 15, 20, 21회

① 지역사회의 갈등 해결을 위해 추진위원회를 구성한다.
② 지역사회 내 풀뿌리 지도자를 발굴하고 참여시킨다.
③ 공동의 목표를 수립하고 이를 실천할 수 있는 방법을 수립한다.
④ 지역주민들이 의사를 자유롭게 표현하도록 효과적인 의사소통을 개발하고 유지한다.
⑤ 합리적인 절차를 준수하고 리더십을 개발한다.
⑥ 지역사회 문제의 구조적 요인을 고려하여 개입한다.
⑦ 지역사회는 있는 그대로 이해되고 수용되어야 하며, 개인과 집단처럼 지역사회도 서로 상이하므로 지역사회의 특성과 문제들을 개별화하여야 한다.

07 로스만(Rothman)의 지역사회복지실천모델 기출 2, 3, 4, 6, 7, 8, 9, 11, 13, 14, 16, 17, 18, 20, 21회

① **지역사회개발모델**
 • 지역주민의 자조, 적극적인 참여, 강력한 주도권을 강조함
 • 민주적인 절차, 자발적인 협동, 토착적인 지도자의 개발, 교육 등을 기초로 하며, 과정지향적인 활동목표를 가짐
 • 사회복지사는 조력자, 조정자, 교육자, 능력부여자로서의 역할을 수행함
  예 새마을운동, 지역복지관의 지역개발사업, 자원봉사운동 등

② 사회계획모델
- 실업, 비행, 범죄, 주거문제 등 사회문제를 해결하고자 하는 기술적인 과정을 강조함
- 고도의 숙련된 전문가를 중심으로, 합리적인 계획과 기술적인 통제를 강조함
- 사회복지사는 계획가, 분석가, 전문가, 프로그램기획자로서의 역할을 수행함
  예 정부 관련 부서, 도시계획국, 지역사회복지협의회 등
③ 사회행동모델
- 사회정의와 민주주의에 입각하여 지역사회의 소외된 계층에 대한 처우개선을 목표로 함
- 권력이나 자원의 재분배, 지역사회정책 결정에 대한 참여를 주장함
- 사회복지사는 옹호자, 행동가로서의 역할을 수행함
  예 인권운동, 학생운동, 여권신장운동, 환경보호운동, 노동조합, 급진정당 등

08 웨일과 갬블(Weil & Gamble)의 지역사회복지실천모델에서 사회복지사의 역할

기출 4, 5, 8, 10, 11, 13, 15, 16, 17, 21회

① 근린지역사회조직모델 : 조직가, 교사, 코치, 촉진자
② 기능적 지역사회조직모델 : 조직가, 옹호자, 정보전달자, 촉진자
③ 지역사회의 사회 · 경제개발모델 : 협상자, 촉진자, 교사, 계획가, 관리자
④ 사회계획모델 : 조사자, 관리자, 정보전달자, 제안서 작성자
⑤ 프로그램개발 및 지역사회연계모델 : 대변자, 계획가, 관리자, 제안서 작성자
⑥ 정치적 · 사회적 행동모델 : 옹호자, 조직가, 조사자, 조정자
⑦ 연대활동모델(연합모델) : 중개자, 협상자, 대변자
⑧ 사회운동모델 : 옹호자, 촉진자

09 지역사회복지실천모델에 따른 사회복지사의 역할 기출 2, 3, 4, 5, 7, 10, 11, 13, 17회

지역사회개발모델	로스만	안내자, 조력자, 전문가, 사회치료자
사회계획모델	모리스와 빈스톡	계획가
	샌더스	분석가, 계획가, 조직가, 행정가
사회행동모델	그로서	조력가, 중개자, 옹호자, 행동가
	그로스만	조직가

10 지역사회복지실천 과정에서 욕구사정 기출 9, 10, 14, 15, 16회

① 욕구사정은 욕구의 상대적 중요성을 확인하고, 욕구의 우선순위를 결정하는 데 목적이 있다.
② 지역사회복지실천 활동을 수행하기 위한 예비적인 안내역할로서의 의미를 갖는다.
③ 지역사회의 다양한 이슈와 문제를 포괄해야 하며, 욕구사정에 대한 다양한 방법론을 이해해야 한다.

④ 지역사회에 영향을 미치는 사회문제를 확인하고 문제해결의 우선순위를 결정하는 데 주안점을 둔다.

⑤ 욕구사정의 초점은 서비스의 이용가능성, 서비스체계의 조정, 서비스의 차이, 서비스의 접근가능성 등에 있다.

⑥ 지역사회의 욕구사정을 위해 초점집단기법, 명목집단기법 등 다양한 기법들이 사용된다.

초점집단기법	• 소수의 이해관계자를 모아 자유롭게 의견을 개진하고 토론하게 하여 문제를 깊이 파악할 수 있는 욕구조사 방법이다. • 지역사회집단의 이해관계를 가장 잘 대표할 수 있는 참여자들을 선택한다. • 선택된 사람들은 한곳에 모여 특정 문제에 대한 의견을 집단으로 토론한다. • 의사소통은 개방형 질문으로 진행한다.
명목집단기법	• 비교적 짧은 시간 안에 다양한 배경을 가진 지역사회 내 집단의 이익을 수렴하는 욕구조사 방법이다. • 욕구의 배경이나 결정과정보다 욕구내용 결정에 초점을 둔다. • 모든 참여자가 직접 만나서 욕구에 대한 우선순위를 결정한다. • 욕구순위에 대한 합의의 과정이 반복시행을 거쳐 이루어질 수 있다.

11 사회복지사의 실천기술 [기출] 4, 6, 7, 9, 10, 11, 13, 15, 16, 17, 19, 20회

① **옹호기술** : 다양한 수준의 클라이언트가 문제해결에 적극적으로 참여할 수 있도록 돕고 그들의 이익을 대변하는 핵심기술이다.

② **연계기술** : 서비스 중복 방지 및 자원의 효율적 관리를 위해 합당한 능력을 갖춘 둘 이상의 개인이나 기관 혹은 조직의 특성을 파악하여 이들을 한 체계로 엮어 놓는 기술이다.

③ **조직화기술** : 클라이언트의 문제해결을 위해 필요로 하는 인력이나 서비스를 규합하고 나아가 조직의 목표를 성취하도록 합당하게 운영하는 기술이다.

④ **자원개발·동원기술** : 개인, 현금, 물품, 시설, 조직, 기관, 정보 등 다양한 인적 자원 및 물적 자원을 지원하는 기술이다.

⑤ **임파워먼트기술** : 조직구성원 개개인에게 능력과 권한이 있다는 확신을 심어줌으로써 스스로 역량을 강화할 수 있도록 격려하는 기술이다.

12 사회행동을 위한 타 집단과의 협력 전략 [기출] 4, 5, 11, 13회

협 조	타 집단과의 일시적인 협력. 최소한의 관계 유지
연 합	참여조직들 간에 이슈와 전략을 합동으로 선택. 조직적 자율성에 기반을 둔 계속적 협력구조
동 맹	조직들 간 공동목표 달성을 위한 보다 전문적이고 영구적인 협력관계 수립

13 지방분권이 지역사회복지에 미치는 영향 [기출] 9, 12, 15, 18, 19, 20회

긍정적 영향	• 복지의 분권화를 통해 효율적인 복지집행체계의 구축이 용이해질 수 있다. • 지방정부의 지역복지에 대한 자율성 및 책임의식을 증대시킬 수 있다. • 지방정부 간 경쟁으로 복지프로그램의 이전 및 확산이 이루어진다. • 지역주민의 실제적 욕구에 기반을 둔 독자적이고 차별화된 복지정책을 추진할 가능성이 높아진다. • 지방행정부서의 역할을 강화하고 비정부조직(NGO)의 자원을 활용함으로써 분권형 복지사회를 실현할 수 있다.
부정적 영향	• 지방자치단체장의 의지에 따라 복지서비스의 지역 간 불균형이 나타날 수 있다. • 사회복지 행정업무와 재정을 지방에 이양함으로써 중앙정부의 사회적 책임성을 약화시킬 수 있다. • 지방정부가 사회개발정책에 우선을 두는 경우 지방정부의 복지예산이 감소될 수 있다. • 지방정부 간의 재정력 격차로 복지수준의 차이가 나타날 수 있다. • 지방정부 간의 경쟁이 심화되어 지역 이기주의가 나타날 수 있다. • 복지행정의 전국적 통일성을 저해할 수 있다.

14 지역사회보장협의체의 목적 및 기능 [기출] 5, 7, 8, 13, 15, 16, 19회

시장·군수·구청장은 지역의 사회보장을 증진하고, 사회보장과 관련된 서비스를 제공하는 관계 기관·법인·단체·시설과 연계·협력을 강화하기 위하여 해당 시·군·구에 지역사회보장협의체를 둔다(사회보장급여의 이용·제공 및 수급권자 발굴에 관한 법률 제41조 참조).

15 지역사회보장계획의 기본원칙 [기출] 13, 15, 16, 19회

① **참여의 원칙** : 계획의 수립·집행·평가 과정에 지역복지 활동주체들의 참여를 적극 조장한다.
② **지역성의 원칙** : 지역 및 지역주민의 문제와 욕구를 이해하고 해결하는 방향으로 접근함으로써 다른 지역과 차별화되는 고유의 계획을 수립한다.
③ **과학성·객관성의 원칙** : 과학적·객관적인 기초자료에 근거하여 계획을 수립하며, 계획 시행의 현실성과 타당성을 담보하기 위해 과학적·객관적인 평가계획의 토대를 마련한다.
④ **연속성 및 일관성의 원칙** : 사후평가 및 피드백을 통해 계획의 이행실태를 점검하고 시행착오를 최소화함으로써 계획과 집행의 연속성을 확보한다. 또한 상위계획이나 타 부문 계획 혹은 관련 연구와의 일관성을 유지하는 방향으로 계획을 수립한다.
⑤ **실천성의 원칙** : 계획에 관여하는 모든 사업주체의 역할 및 기능을 명확히 함으로써 계획의 원활한 실천을 담보한다.

16 사회복지협의회 [기출] 9, 14, 17, 18, 19회

① 지역사회복지에 관심을 가진 민간단체 또는 개인의 연합체로서, 지역사회의 복지욕구를 효과적으로 달성하기 위한 상호협력 및 조정단체이자, 사회복지시설 및 기관 중심의 지역사회복지 증진을 위한 법정단체이다.

② 사회복지기관이나 시설 간의 상호연계 및 협력을 통해 민간복지의 역량을 강화하는 중간 조직으로서의 성격을 가진다.

③ 구호활동을 하던 민간사회사업기관들의 자주적인 모임에서 비롯된 것으로, 민간과 공공기관이 상호 협의하는 기구인 지역사회보장협의체와 차이가 있다.

④ 「사회복지사업법」에 설립 근거를 두고 있으나, 사회복지협의회의 설치를 필요에 따라 둘 수 있는 임의규정으로 정해놓고 있다.

⑤ 지역사회복지실천 기관 중 간접 서비스 기관으로서, 지역주민에게 직접 서비스를 제공하지는 않는다.

17 사회적경제 기출 12, 16, 19, 20회

① 사각지대에 놓인 사회적 약자들에게 재화와 서비스를 공급하는 '제3부문'으로서, 시장 및 정부의 영역과 일부 긴밀히 연계되어 있으면서도 독자적인 운영을 통해 사회적 재화와 서비스를 공급하는 경제활동을 말한다.

② 자본주의 시장경제가 사적 이윤의 극대화를 추구하는 경제시스템인 반면, 사회적경제는 사회적 가치에 기반을 두고 공동 이익을 목적으로 하는 경제시스템이다.

③ 사회적경제의 주체는 사회적기업, 마을기업, 협동조합, 자활기업 등을 포함한다.

18 사회적기업 기출 14, 16, 17, 20, 21회

① 취약계층에게 사회서비스 또는 일자리를 제공하거나 지역사회에 공헌함으로써 지역주민의 삶의 질을 높이는 등의 사회적 목적을 추구하면서 재화 및 서비스의 생산·판매 등 영업활동을 하는 기업이다(사회적기업 육성법 제2조 제1호 참조).

② 국가는 사회서비스 확충 및 일자리 창출을 위하여 사회적기업에 대한 지원대책을 수립하고 필요한 시책을 종합적으로 추진하여야 하며, 지방자치단체는 지역별 특성에 맞는 사회적기업 지원시책을 수립·시행하여야 한다(동법 제3조 제1항 및 제2항).

③ 사회적기업을 운영하려는 자는 법령에 따른 인증 요건을 갖추어 고용노동부장관의 인증을 받아야 하며, 고용노동부장관은 인증을 하려면 고용정책심의회의 심의를 거쳐야 한다(동법 제7조 제1항 및 제2항).

④ 사회적기업은 사회적 일자리 창출 등 사회적 가치 실현을 중요시하는 만큼, 특히 상법상 회사의 경우 이윤을 사회적 목적에 재투자하는 것을 인증 요건으로 한다.

19 사회복지공동모금회의 필요성 기출 2, 5, 9, 10, 11회

① 무분별한 자선사업의 난립에 따른 불신을 막고 신뢰할 수 있는 민간모금단체의 도입 필요성
② 지역주민의 참여기회 확대 및 자원봉사활동 활성화
③ 공동모금과정의 전문화 제고

④ 사회복지체계 전반의 서비스 수준 향상

⑤ 사회복지에 대한 국민의 인식 개선

⑥ 사회복지 발전을 위한 정부와 민간의 동반자 관계 형성

20 자원봉사활동 [기출] 5, 6, 7, 10, 14, 16회

① **자원봉사활동의 원칙** : 무보수성, 자발성, 공익성, 비영리성, 비정파성, 비종파성

② **자원봉사활동의 과정**

활동과제 및 목표의 설정 → 자원봉사자의 모집 → 자원봉사자의 교육 및 배치 → 자원봉사자의 지지 및 개입 → 자원봉사자의 평가

21 사회복지관 사업의 내용 [기출] 3, 4, 5, 6, 7, 10, 12, 15, 16, 17, 20회

① **사례관리 기능** : 사례발굴, 사례개입, 서비스연계

② **서비스제공 기능**

- 가족기능 강화 : 가족관계증진사업, 가족기능보완사업, 가정문제해결 · 치료사업, 부양가족지원사업, 다문화가정 · 북한이탈주민 등 지역 내 이용자 특성을 반영한 사업 등
- 지역사회보호 : 급식서비스, 보건의료서비스, 경제적 지원, 일상생활지원, 정서서비스, 일시보호서비스, 재가복지봉사서비스 등
- 교육문화 : 아동 · 청소년 사회교육, 성인기능교실, 노인 여가 · 문화, 문화복지사업 등
- 자활지원 등 기타 : 직업기능훈련, 취업알선, 직업능력개발, 그 밖의 특화사업

③ **지역조직화 기능**

- 복지네트워크 구축 : 지역사회연계사업, 지역욕구조사, 실습지도 등
- 주민조직화 : 주민복지증진사업, 주민조직화 사업, 주민교육 등
- 자원 개발 및 관리 : 자원봉사자 개발 · 관리, 후원자 개발 · 관리 등

22 지역사회복지운동 [기출] 9, 15, 18, 19, 21회

① 지역주민의 주체성 및 역량을 강화하고 지역사회의 변화를 주도하는 조직운동이다.

② 주민참여 활성화에 의해 복지에 대한 권리의식과 시민의식을 배양하는 사회권(복지권) 확립의 운동이다.

③ 지역주민의 삶의 질과 관련된 생활영역에 주된 관심을 두므로, 지역사회복지의 확산과 발전을 위한 생활운동으로서의 의미를 가진다.

④ 지역사회의 다양한 자원 활용 및 관련 조직들 간의 유기적인 협력이 이루어지는 동원운동(연대운동)이다.

⑤ 인간성 회복을 위한 인도주의 정신과 사회적 가치로서 사회정의를 실현하고자 하는 사회개혁운동이다.

제3과목 사회복지정책과 제도

1영역 사회복지정책론

01 사회복지정책의 목적 및 특징 [기출] 9, 14, 15, 19, 21회

① 국민최저수준 보장 및 삶의 질 향상을 목적으로 한다.
② 인간존엄성과 사회연대의식을 기초로 사회통합 및 질서유지를 목적으로 한다.
③ 소득재분배, 개인의 자립성 증진, 정상화 이념의 확대를 목표로 한다.
④ 사회연대의식에 기초하여 사회적 평등을 실현하며, 사회적 적절성을 확보한다.
⑤ 시장의 실패를 시정하여 자원배분의 효율화 기능을 수행한다.
⑥ 서비스의 주체는 정책을 형성·집행·제공하는 기관이며, 서비스의 객체는 서비스를 필요로 하는 사람, 나아가 전 국민이 해당된다.
⑦ 사회복지정책은 사실상 가치중립적일 수 없으며, 이를 연구하는 사회과학자도 연구주제의 선택이나 연구 결과의 해석에 있어서 가치를 배제할 수 없다.
⑧ 경기 상승 시 경기가 과열되지 않도록 막는 한편, 경기 하락 시 과도한 하락을 방지해 주는 경제의 자동안정장치 기능을 수행한다.

02 평등의 개념 [기출] 3, 4, 5, 11, 12, 14, 19회

① 수량적 평등(결과의 평등) : 가장 적극적인 의미로서 사회적 자원을 똑같이 배분함
② 비례적 평등(공평) : 개인의 욕구, 능력, 기여에 따라 사회적 자원을 상이하게 배분함
③ 기회의 평등 : 가장 소극적인 의미로서 과정상의 기회만을 똑같이 제공함

03 신구빈법(개정구빈법) 또는 신빈민법(1834) [기출] 2, 6, 7, 9, 11, 12, 16, 19회

① 기존 구빈제도에 대한 비판과 함께 스핀햄랜드법의 임금보조제도를 철폐하였다.
② 빈민을 가치 있는 빈민과 가치 없는 빈민으로 분류하고, 노동능력이 있는 빈민에 대한 원외구제를 폐지하여 이들에 대한 구빈을 작업장 내에서의 구빈으로 제한하였다(→ 작업장 활용의 원칙 혹은 원내구제의 원칙). 다만, 노약자, 병자 등에 한해 원외구제를 허용하였다.
③ 피구제 빈민의 생활상황이 자활의 최하급 노동자의 생활조건보다 높지 않은 수준에서 보호되도록 하였다(→ 열등처우의 원칙 혹은 최하위자격의 원칙).

④ 빈민의 유형이나 거주지에 관계없이 균일한 행정서비스를 받을 수 있도록 구빈행정의 전국적 통일을 기하였다(→ 전국 균일처우의 원칙 혹은 전국적 통일의 원칙).

⑤ 20세기 사회보장제도가 성립될 때까지 영국 공공부조의 기본원리가 되었다.

04 에스핑-앤더슨(Esping-Andersen)의 복지국가 유형 [기출] 4, 5, 10, 11, 12, 13, 14, 15, 16, 19, 20, 21회

자유주의 복지국가	• 노동력의 상품화 강조, 소득조사에 의한 공공부조 수용 • 노동력의 탈상품화 정도 최소화 • 계급 및 신분의 계층화 정도가 높음 예 미국, 영국, 호주 등
조합주의(보수주의) 복지국가	• 전통적 가족과 교회의 기능 및 역할 강조, 사회보험 수용 • 노동력의 탈상품화에 한계가 있음 • 산업별 · 직업별 · 계층별로 다른 종류의 복지급여 제공 예 프랑스, 독일, 오스트리아 등
사회민주주의 복지국가	• 보편주의에 입각, 평등 지향 • 노동력의 탈상품화 효과가 가장 큼 • 복지급여로 인한 계층화가 발생하지 않음 예 스웨덴, 덴마크, 노르웨이 등

05 사회복지정책 발달이론 [기출] 매회

① 사회양심이론
- 사회구성원들의 집단양심을 사회복지의 변수로 보며, 사회복지정책을 국가의 자선활동으로 간주함
- 사회진화론적 관점에서 개선의 역전을 부정함

② 사회통제이론(음모이론)
- 구빈제도는 노동을 규제하고 재생산을 촉진하는 데 일차적인 목표를 둠
- 사회복지정책은 경우에 따라 후퇴할 수 있다고 봄

③ 산업주의이론(수렴이론)
- 경제성장과 복지프로그램이 상호영향 하에서 수렴됨
- 기술발전을 사회복지제도의 수렴에 있어서 중요한 요인으로 봄

④ 확산이론(전파이론)
- 사회복지정책의 발달이 국가 간 교류 및 소통의 과정에서 이루어진다고 봄
- 사회복지정책의 도입을 모방의 과정으로 인식함

⑤ 조합주의이론(코포라티즘)
- 정부와 노사 간 삼자협동체제를 구축함
- 노조와 자본가단체는 거대한 힘을 가진 통치기구로 변모됨

⑥ 엘리트이론
- 사회복지정책이 소수 엘리트들에 의해 결정된다고 봄
- 사회복지정책이 대중에게 일방적 · 하향적으로 전달 · 집행됨

⑦ 이익집단이론
- 사회복지정책을 이익단체들 간의 대립과 타협의 산물로 봄
- 이익집단의 집단이익 논리에 의해 복지비의 증대를 가져오기도 함

⑧ 사회민주주의이론(권력자원이론)
- 시장실패 교정 · 보완 등을 특징으로 정부의 시장개입을 인정함
- 국가의 상대적 자율성, 노동계급의 정치적 세력화를 강조함

⑨ 시민권이론
- 마샬(Marshall)은 진화론적 관점에서 불평등한 현실과 평등지향적 이념 간의 긴장이 사회발전의 동력이 된다고 봄
- 시민권으로서의 복지권이 문명화된 삶뿐만 아니라 사회적 연대에도 기여한다고 봄

06 신자유주의(신보수주의) 기출 1, 5, 7, 11, 13, 14회

① 경제위기를 극복하기 위해 국가개입을 축소시킴으로써 '작은 정부'를 지향한다.
② 자유주의적 시장경제의 원리를 복원하고자 한다.
③ 시장자유화, 탈규제화, 민영화, 개방화, 복지지출제한 등을 강조한다.
④ 영국의 대처리즘(Thatcherism)과 미국의 레이거노믹스(Reaganomics)에 영향을 미쳤다.

07 사회복지정책 대안의 비교분석기법 기출 5, 9, 13회

비용−편익분석법	• 모든 비용과 편익을 화폐가치로 환산한다. • 비화폐적 요소에 대한 측정에 한계가 있다. • 경제적 합리성에 따른 장기계획에 유리하다.
비용−효과분석법	• 비용은 화폐단위로, 효과는 재화단위나 용역단위 등의 유효한 단위로 환산한다. • 다른 단위를 사용하기 때문에 직접적인 증거로 제시하기가 곤란하다. • 사회복지정책 대안 비교분석에 보다 유효하다.

08 정책평가 기출 5, 11, 14, 15, 17회

① 정책평가의 일반적인 단계
정책평가 목표 및 평가 대상 결정 → 정책의 내용 및 구조 파악 → 평가 설계(평가기준 결정) → 자료의 수집 · 분석 · 해석 → 평가보고서 작성 및 제출

② 목적 및 필요성
- 정책프로그램의 효과성 증진
- 정책 활동에 대한 책임성 확보
- 정책 활동 통제 및 감사의 필요성
- 정책 개선에 필요한 정보획득
- 관련 이익집단에 대한 설득력 있는 자료 마련
- 새로운 정책대안 개발을 위한 기초자료 제시
- 학문적 · 이론적 발전에의 기여(주의 : 정책결정이론 형성은 아님)

09 할당의 기본원칙으로서 선별주의와 보편주의 기출 5, 10, 11, 12, 13, 14, 17, 19회

① 선별주의(Selectivism)
- 개인의 욕구에 근거하여 도움을 필요로 하는 사람들에게만 급여를 제공한다. 즉, 개인과 가족이 사회복지 혜택을 받을 욕구가 있음을 증명해야 한다고 생각한다.
- 도움을 필요로 하는 사람인지 아닌지를 판별하는 것은 자산조사에 의해 결정되어야 한다는 가치이다.
- 사회복지를 잔여적 개념(Residual Conception)으로 파악한다.
- 선별주의에 입각한 제도로 생계급여, 의료급여, 주거급여, 자활사업, 기초연금, 장애인연금 등이 있다.

② 보편주의(Universalism)
- 사회복지급여는 사회적 권리로서 모든 국민을 대상으로 골고루 주어야 한다는 가치이다.
- 사회구성원을 '주는 자'와 '받는 자'의 두 집단으로 나누지 않으며, 별도의 자산조사를 요구하지 않는다.
- 사회복지를 제도적 개념(Institutional Concept)으로 파악한다.
- 보편주의에 입각한 제도로 실업급여, 누리과정 등이 있다.

10 사회복지 급여의 형태 기출 매회

① 현금급여
- 수급자의 자기결정권 보장, 수치심 · 낙인감 감소
- 문제욕구에 사용되지 않는 등 오용의 위험

② 현물급여
- 오용의 위험 방지, 규모의 경제에 의한 정책의 효과성에 유리
- 수급자의 개인적 선택에 제약, 관리에 따른 행정비용 발생

③ 이용권 또는 증서(Voucher)
- 현금급여와 현물급여의 중간형태
- Food Stamp, 고운맘 카드 등

④ 기 회
- 사회 불이익 집단에 유리한 기회 제공, 시장경쟁에 적응 유도
- 농어촌특별전형, 장애인 의무고용제도, 여성고용할당제도 등

⑤ 권 력
- 정책결정의 권력을 수급자에게 부여
- 정책결정에 있어서 수급자의 이익을 최대한 반영

11 사회복지정책의 공공재원 [기출] 5, 6, 7, 10, 14, 18회

① **소득세** : 소득능력에 따른 부과, 고소득자에 대한 누진세율 적용, 저소득자에 대한 감면 혜택 등으로 일반세 중 소득계층 간 소득재분배 효과가 가장 큼

② **소비세** : 일반적으로 모든 상품에 대한 단일 세율 부과로 인해 기본적으로 역진성이 큼

③ **재산세** : 지방정부의 재원으로서, 보통 단일세율이 적용되며 재산의 가치평가액이 실질 시장가격의 변화에 대응하지 못하여 역진성이 있음

④ **목적세** : 특정 목적을 충당하기 위해 거두어들이는 조세

⑤ **사회보장성 조세** : 사회보장의 목적을 위해 거두어들이는 사회보험료가 해당되며, 세금은 아니지만 세금과 같은 기능을 함

⑥ **조세비용** : '조세지출'이라고도 하며, 특정 집단에게 조세를 감면하여 조세 부과 및 수혜대상자 선별에 드는 시간적·인적 비용을 줄일 수 있는 반면, 주로 조세를 많이 납부한 자에게 혜택이 돌아가므로 역진적이라 할 수 있음

12 사회복지재화 및 서비스의 국가 제공의 필요성 [기출] 6, 10, 11, 12, 17, 18, 19, 20회

① **공공재 성격** : 교육, 국방 등 재화의 속성으로 인해 공익이나 사회적 필요성에 따라 공급해야 하는 공공재의 경우 국가가 일정하게 책임을 지고 공급할 필요가 있다.

② **소득분배의 불공평** : 시장경제에서는 소득분배에 있어서 불공평 또는 불공정에 의해 가치가 있는 자원을 가진 사람과 그렇지 못한 사람 간에 격차가 발생하며, 그로 인해 사회적 불평등이 야기된다.

③ **불완전한 시장정보** : 시장은 본래 공정한 경쟁과 교환을 원칙으로 해야 하지만 실제로는 일방에 유리하거나 불리하게 정보의 수급이 비대칭적으로 이루어지는 경우가 있다. 특히 특정 정보의 이용이 시장의 불균형을 야기하는 경우 국가가 직접 개입하는 것이 바람직하다.

④ **시장의 불완전성** : 시장은 완전경쟁이 성립되지 않은 상태에서 독점이나 과점 등이 나타나며, 시장의 자동조절기능이 약화된다.

⑤ **외부효과** : 어떠한 경제적 활동이 본래의 의도와는 달리 제삼자에게 특정한 혜택을 주거나(→ 긍정적 외부효과), 손해를 주는 경우(→ 부정적 외부효과)를 말한다. 국가는 부정적 외부효과에 대해 적절한 규제를 가하는 대신 긍정적 외부효과를 창출하기 위해 직접적으로 개입하는 것이 바람직하다.

⑥ **규모의 경제** : 생산시장에 있어서 대규모 생산의 경우 평균적인 생산비용의 절감효과를 가져오므로 경제의 효율성과 이윤의 극대화를 위해 국가 차원에서 관리하는 것이 유리한 경우가 있다.

⑦ **도덕적 해이** : 보험계약에 있어서 도덕적 해이로 인해 보험료가 올라가게 되는 경우 보험가입자 수가 감소하게 되어 민간보험을 통한 제공이 어렵게 된다. 따라서 수혜자에 대한 충분한 정보를 토대로 이들의 행위를 적절히 통제할 수 있는 강제적인 방식이 효율적일 수 있다.

⑧ **역의 선택** : 보험계약에 있어서 역의 선택은 보험금을 타내기 위해 의도적으로 자신의 건강상태를 속이거나 위장사고를 일으킨다는 점, 보험회사의 경우 위험군 선택을 통해 저위험 집단만 보험에 가입시킨다는 점에서 도덕적 해이와 구분된다.

⑨ **위험발생의 비독립성** : 민간 보험시장에서 어떤 위험에 대비한 보험 상품이 제공되기 위해서는 재정 안정이 이루어져야 한다. 그러나 만약 어떤 사람의 위험발생이 다른 사람의 위험발생과 연계되어 있는 경우 재정 안정을 유지하기 어렵다.

13 사회복지정책의 전달체계 [기출] 5, 6, 10, 11, 12회

공공전달 체계	중앙정부	• 통일성, 지속성, 안정성 • 규모의 경제, 평등지향적 서비스 공급, 프로그램 포괄 · 조정 • 수급자 욕구 반영의 한계, 접근성 결여 • 공급의 독점성으로 인한 서비스 질 저하
	지방정부	• 지역적 특수성 및 지역주민의 욕구 반영 • 지방정부 간 경쟁에 따른 가격 및 질적 측면에서의 유리 • 지역 간 불평등 야기 • 지속성, 안정성, 프로그램의 지역 간 연계에 있어서의 불리
민간전달체계		• 신속성, 접근성, 창의성, 융통성, 서비스의 다양성 및 전문성 • 비수급자에게까지 서비스 확대 적용 가능 • 자원봉사 등 민간의 사회복지의 참여 욕구 반영 • 중앙정부나 지방정부의 사회복지 활동에 대한 압력단체로서의 역할 • 국가의 사회복지 예산 감축 • 공공재적 성격의 재화공급에의 어려움, 규모의 경제에서의 불리 • 재정체계의 불안정성, 프로그램의 지속성에서의 불리

14 사회복지정책결정에 관한 주요 이론모형 기출 5, 7, 8, 10, 12, 13, 14, 16, 20회

① 합리모형 : 인간의 이성과 합리성을 전제로 정책결정 과정을 설명하며, 주어진 상황 속에서 주어진 목표를 해결하기 위해 최선의 정책대안을 찾을 수 있다고 가정한다.

② 만족모형 : 인간의 제한적 합리성을 인정하는 것으로서, 합리모형의 비현실성을 완화시킨 보다 현실적이고 경험적인 정책결정 모형이다.

③ 점증모형 : 인간의 비합리성을 전제로 정책결정을 설명하고, 점증모형에 따른 부분적·분산적 결정은 정책결정의 평가기준을 모호하게 만든다.

④ 혼합모형 : 합리모형과 점증모형의 혼합으로 볼 수 있으며, 정책결정을 기본적 결정과 세부적 결정의 수준으로 구분하여 이 둘 사이의 관계를 극복함으로써 합리모형의 지나친 이상성과 점증모형의 지나친 보수성을 극복하고자 한다.

⑤ 최적모형 : 체계론적 관점에서 정책결정의 최적화에 관심을 두고, 정책결정에 있어 합리적인 요소와 초합리적인 요소를 동시에 고려하는 질적 모형이다.

⑥ 쓰레기통모형 : 정책결정이 합리성이나 타협에 의해 이루어지는 것이 아닌 조직화된 무정부 상태 속에서 나타나는 몇 가지 흐름에 의해 우연히 이루어진다고 본다.

15 정책분석의 3P 기출 9, 10, 11, 12, 14, 18, 19회

① 과정분석(Studies of Process) : 정책형성 과정에 대한 사회정치적·기술적·방법적 분석
- 정책 사정이 어떻게 이루어지는지를 이해하기 위한 목적에서 이루어진다.
- 복지정책의 계획과 관련된 각종 정보와 함께 다양한 정치집단, 정부조직, 그리고 이익집단 간의 관계 및 상호작용이 정책형성에 어떻게 영향을 미치는가를 분석하는 데 초점을 둔다.

② 산물분석 또는 산출분석(Studies of Product) : 정책선택의 형태와 내용에 대한 분석
- 기획 과정을 통해 얻게 되는 산물은 일련의 정책선택이다. 이러한 정책선택은 프로그램안(案)이나 법률안 혹은 확정적 계획의 형태를 띨 수도 있다.
- 산물분석은 정책선택과 관련된 여러 가지 쟁점들을 분석하는 데 초점을 둔다.

③ 성과분석(Studies of Performance) : 정책 프로그램의 집행결과에 대한 평가 분석
- 특정한 정책선택에 의해 실행된 프로그램이 산출한 결과를 기술하고 평가하는 데 초점을 둔다.
- 성과분석에서는 두 가지 형태의 질문, 즉 "프로그램이 얼마나 잘 실행되었는가?"와 "프로그램을 실시하여 얻은 영향은 무엇인가?"에 대한 답을 구한다.

16 불평등지수 기출 3, 4, 8, 10, 11, 12, 15, 16, 17, 18, 20회

① 십분위 분배율(10분위 분배지수)
- 소득이 낮은 하위 40% 가구의 소득이 전체 소득에서 차지하는 비중을 소득이 높은 상위 20% 가구의 소득의 합으로 나눈 값이다.
- 십분위 분배율이 클수록 소득격차가 작으며, 그에 따라 소득분배가 평등한 상태임을 반영한다.

② 오분위 분배율(5분위 분배지수)
- 소득이 높은 상위 20% 가구의 소득의 합을 소득이 낮은 하위 20% 가구의 소득의 합으로 나눈 값이다.
- 오분위 분배율이 클수록 소득격차가 크며, 그에 따라 소득분배가 불평등한 상태임을 반영한다.

③ 로렌츠 곡선
- 소득 불평등을 측정하는 지니계수는 로렌츠 곡선에서 도출된다.
- 소득금액의 누적백분율과 소득자의 누적백분율을 대비시킨 것이다.
- 모든 개인이 동일한 수준의 소득을 가지고 있다면, 로렌츠 곡선은 대각선의 형태가 된다.
- 로렌츠 곡선이 45°선과 일치하면, 즉 완전평등선(균등분포선)과 일치하면 소득분포가 완전히 균등하다. 반면, 완전평등선(균등분포선)과 멀수록, 즉 아래로 볼록할수록 소득은 불균등하게 분배되었음을 나타낸다.

④ 지니계수
- 소득분배의 불균형 수치로서, 로렌츠 곡선을 숫자로 표현한 것이다.
- 로렌츠 곡선에서 완벽하게 평등한 분배 상태를 나타내는 직각삼각형의 전체 면적 중 현실의 분배 상태를 나타내는 볼록한 부분이 차지하는 비중의 값을 나타낸다.
- 소득분배의 불평등 정도에 따라 0~1까지의 값을 가진다.
- 완전평등 상태에서 지니계수는 0, 완전불평등 상태에서 지니계수는 1이며, 그 값이 클수록 소득분배가 불평등한 상태임을 나타낸다.

⑤ 센 지수
- 기존의 빈곤율과 빈곤갭 개념의 단점을 보완하고자 새롭게 고안된 것으로서, 특히 빈곤집단 내의 불평등 정도를 반영한다.
- 빈곤율, 빈곤갭 비율(소득갭 비율), 그리고 빈곤선에 있는 계층들 간의 소득불평등 정도를 의미하는 저소득층 지니계수로 구성된다.
- 0~1까지의 값을 가지며, 그 값이 1에 가까워질수록 빈곤의 정도가 심한 상태임을 나타낸다.

17 소득재분배(이차적 소득분배) 기출 2, 9, 13, 16, 19, 20회

① **단기적 재분배** : 현재의 자원을 동원하여 사회적 욕구를 충족시키는 재분배 형태이다.
② **장기적 재분배** : 여러 세대에 걸친 자원의 동원 및 소득재분배가 동시에 이루어지는 재분배 형태이다.
③ **수직적 재분배** : 소득수준을 기준으로 한 소득계층 간 재분배 형태로서, 대체적으로 소득이 높은 계층으로부터 소득이 낮은 계층으로 재분배가 이루어진다(고소득층 대 저소득층).
④ **수평적 재분배** : 소득수준과 관계없이 특정한 사회적 기준을 토대로 해당 조건을 갖춘 사람들에게 재분배가 이루어지는 것으로, 특히 위험 미발생집단에서 위험 발생집단으로 소득이 이전되는 경우이다(고위험집단 대 저위험집단).
⑤ **세대 간 재분배** : 현 근로세대와 노령세대 또는 현 세대와 미래세대 간의 소득을 재분배하는 형태이다.
⑥ **세대 내 재분배** : 동일한 세대 내에서 소득이 재분배되는 형태로서, 젊은 시절 소득을 적립해 놓았다가 노년기에 되찾는 방식이다.
⑦ **우발적 재분배** : 재해, 질병 등 특정한 우발적 사고로 고통 받는 자로의 소득이전이 이루어지는 형태이다.

18 사회보장제도의 구분 기출 3, 7, 11, 12, 17, 20, 21회

구 분	사회보험	공공부조	사회서비스
주 체	정 부	정부 및 지방자치단체	정부 및 지방자치단체, 민간단체 및 사회복지법인
객 체	전 국민	저소득층	요보호자
목 적	빈곤 예방	빈곤 치료	사회적 적응
내 용	• 국민연금 • 국민건강보험 • 산업재해보상보험 • 고용보험 • 노인장기요양보험	• 국민기초생활보장 • 의료급여 • 긴급복지지원 • 기초연금 • 장애인연금	• 아동복지 • 노인복지 • 장애인복지 • 모자복지 • 재가복지
재 정	• 기여금(근로자) • 부담금(사용자) • 지원금(정부)	조 세	• 국가보조금 • 민간재원

19 사회보험과 민간보험의 비교 기출 2, 3, 6, 8, 10, 17회

구 분	사회보험	민간보험
원 리	사회적 적합성	개인적 형평성
참 여	강제적 · 비선택적	임의적 · 선택적 · 자발적
보험료 · 기여금 부과 기준	평균적 위험정도, 소득수준	개별적 위험정도, 급여수준
보호 수준	최저보호수준	요구와 능력에 의해 결정
급여 근거	법	계 약
운 영	정부독점	보험시장에서의 경쟁
비용예측	비교적 어려움	비교적 용이함
인플레이션	인플레이션에 대한 대책 가능	인플레이션에 취약

20 연금재정방식 기출 5, 6, 12, 15, 19회

적립방식	• 가입자 세대가 가입 시점에서부터 자신이 납부한 보험료 금액과 함께 기금에서 발생한 이자수입을 합한 총액을 적립하였다가 이를 미래에 그 세대가 수급하도록 하는 방식 • 세대 간 공평한 보험료 부담 가능
부과방식	• 한 해의 지출액 정도에 해당하는 미미한 보유잔고만을 남겨두고 그 해 연금보험료 수입을 그 해 급여의 지출로 써버리는 방식 • 노령화 등 인구학적 위험에 취약

01 사회복지행정의 특성 [기출] 10, 11, 16, 18, 21회

① 지역사회의 욕구를 충족시키기 위한 활동으로서, 이를 위해 조직관리 기술을 필요로 한다.

② 모든 구성원들이 조직운영 과정에 참여하여 일정 부분 영향을 미친다.

③ 조직들 간의 체계적인 관련성을 위해 개방적 조직구조 및 통합과 연계를 중시하며, 역동적 환경변화에 대응하는 조직관리를 강조한다.

④ 사회복지조직은 외부환경에 대한 의존성이 높으므로, 사회복지조직의 관리자는 조직의 운영을 지역사회와 연관시킬 책임이 있다.

⑤ 클라이언트와의 전문적 상호작용을 위해 참여적·수평적 조직구조로부터 창의성과 역동성을 추구한다.

⑥ 서비스 이용자와 제공자 간 공동생산의 가치를 높여야 한다.

⑦ 대립적인 가치로 인한 갈등을 조정해야 한다.

⑧ 일선 사회복지사는 클라이언트에게 재량권을 행사할 수 있다.

02 사회복지행정의 고전적 이론 [기출] 2, 5, 6, 7, 12, 15, 16, 18, 19회

① 관료제이론(Weber)
- 위계적 권위구조 및 규칙의 강조
- 분업화와 전문화, 합리적인 의사결정과 행정의 능률성 강조
- 사적인 감정의 배제
- 비민주성·비인간성, 경직성 및 창조성 결여, 형식주의·서면주의, 선례주의·무사안일주의, 할거주의, 동조과잉 및 목적전도, 크리밍 현상 등의 부작용 발생
- 수행해야 할 과업이 일률적인 경우 효율적

② 과학적 관리론(Taylor)
- 객관적 기준 및 목표 규정
- 분업의 강조
- 조직구성원의 업무 과학적 분석, 시간 및 동작연구
- 이율성과급제
- 조직구성원 간 교류문제 소홀 등의 부작용 발생
- 인간의 감정적·심리적 요소, 조직에 영향을 미치는 외적 요소에 대한 경시

03 사회복지행정의 인간관계이론 기출 2, 4, 6, 9, 13, 15, 16, 21회

인간관계이론 (Mayo)		• 조직구성원들의 사회적·심리적 욕구 및 조직 내 비공식집단 중시 • 인간관계가 작업능률 및 생산성에 영향을 미친다고 봄 • 호손실험(조명실험, 계전기조립실험, 면접실험, 배선기권선실험)
X·Y이론 (McGregor)	X이론	• 고전적 이론과 상통하는 것으로 사람은 본래 일하는 것을 싫어한다고 가정함 • 조직의 목표를 성취하려면 통제와 지시가 필요함
	Y이론	• 인간은 본래 일하는 것을 좋아한다고 가정함 • 인간은 일을 스스로 할 능력과 창의성이 있으므로 적절한 자기책임을 부여함
Z이론 (Lundstedt)		• X·Y 이론의 결함을 보완하기 위해 제시한 이론 • 과학자나 학자 등은 자율적인 분위기에서 효율적인 업무 수행이 이루어지므로, 관리자는 조직구성원이 자유의지에 따라 행동하도록 분위기만 조성함

04 사회복지행정의 목표관리이론(MBO ; Management By Objectives) 기출 3, 9, 10, 11, 13회

① 목표 중심의 참여적 관리기법이다.

② 참여의 과정을 통해 조직단위와 구성원들이 실천해야 할 생산활동의 단기적 목표를 명확하고 체계적으로 설정한다.

③ 단기적 목표에 따라 생산활동을 수행하며, 활동의 결과를 평가·환류한다.

④ 목표는 직원들과 함께 설정한다.

05 총체적 품질관리(TQM ; Total Quality Management) 기출 8, 10, 11, 13, 14, 15, 16, 18, 20회

① 품질에 중점을 둔 관리기법이다.

② 산출과 서비스의 질을 개선하기 위한 포괄적이고 고객중심적인 관리체계이다.

③ 최고관리층에서 하위계층에 이르기까지 전원참여에 의해 고객만족과 조직구성원 및 사회에 대한 이익창출로 장기적인 성공에 목표를 두는 조직 전체의 체계적인 노력에 해당한다.

④ 품질은 초기단계부터 고려되며, 품질의 개선을 위해 지속적인 개선의 노력과 전 직원의 적극적인 참여가 요구된다.

⑤ 최고관리층의 절대적 관심은 총체적 품질관리의 기본요소이다.

06 서비스 품질에 관한 SERVQUAL 모형의 구성차원(Parasuraman, Zeithaml & Berry) 기출 17, 20회

신뢰성	생산과 서비스에 있어서 지속성 및 예측성과 연관됨 예 믿음직하고 정확하게 약속한 서비스를 이행함
반응성 또는 응답성	생산과 서비스 제공의 시기적절성과 연관됨 예 신속한 서비스를 제공하여 고객들을 도움
확신성	직원에 의해 수행되는 지원 및 능력에 대한 느낌과 연관됨 예 신용과 자신감 고취
공감성	직원으로부터 개인적인 보호나 관심을 받는다는 느낌과 연관됨 예 고객들에게 개별적인 관심을 갖고 서비스를 제공함

유형성	서비스 제공 혹은 상품생산을 위해 사용된 장비나 물리적인 시설 등의 외형(외관) 혹은 미적 상태와 연관됨 예 물리적인 시설 및 장비 능력, 종업원의 외모(용모), 통신장비의 이해와 활용의 용이성 등

07 사회복지서비스 전달체계 구축의 원칙 기출 2, 4, 10, 11, 12, 13, 14, 15, 16, 17, 19회

① **전문성** : 사회복지서비스의 핵심적인 업무는 반드시 자격요건이 객관적으로 인정되고 전문적인 업무에 대한 권위와 자율적 책임성을 지닌 전문가가 담당해야 한다.

② **적절성** : 사회복지서비스는 그 양과 질, 제공하는 기간이 클라이언트나 소비자의 욕구충족과 서비스의 목표달성에 충분해야 한다.

③ **포괄성** : 사람들의 욕구와 문제는 다양하고 복잡하기 때문에 이러한 문제들을 동시에 또는 순서적으로 해결하기 위해 포괄적인 서비스를 제공해야 한다.

④ **지속성** : 한 개인이 필요로 하는 다른 종류의 서비스와 질적으로 다른 서비스를 지역사회 내에서 계속적으로 받을 수 있도록 상호 연계한다.

⑤ **통합성** : 클라이언트의 문제는 매우 복합적이고 상호 연관되어 있기 때문에 이러한 문제를 해결하기 위해 기관 간의 서비스를 통합화한다.

⑥ **평등성** : 사회복지서비스는 기본적으로 성별, 연령, 소득, 지역, 종교, 지위에 관계없이 모든 국민에게 평등하게 제공되어야 한다.

⑦ **책임성** : 사회복지조직은 복지국가가 시민의 권리로 인정한 사회복지서비스를 전달하도록 위임 받은 조직이므로 사회복지서비스의 전달에 대하여 책임을 져야 한다.

⑧ **접근용이성** : 사회복지서비스는 그것을 필요로 하는 사람들이면 누구나 쉽게 받을 수 있어야 한다.

⑨ **경쟁성** : 사회복지서비스는 여러 공급자의 경쟁을 통해 소비자에게 유리한 방식으로 공급이 이루어져야 한다.

08 수직조직, 수평조직, 행렬조직 기출 1, 5, 6, 10, 17회

① 수직조직
- 명령과 복종의 관계
- 임무에 대한 책임의 한계가 명확하며, 통제력 발휘
- 정책결정이 신속하며, 조직의 안정성 확보에 유리
- 책임자에게 부여되는 과중한 업무량, 독단적 의사결정, 조직의 경직화 등의 부작용 발생

② 수평조직
- 자문, 협의, 조정, 정보수집 등의 기능 수행
- 전문적인 지식과 경험을 활용하며, 합리적인 지시와 명령 가능
- 수평적인 업무 조정과 신축성으로 대규모 조직에 유리
- 책임소재에 의한 갈등, 운영과 행정의 지연, 의사소통 경로의 혼란 등의 부작용 발생

③ 행렬조직(매트릭스조직)
- 두 개 이상의 권한계통이 중첩되는 이중의 권한구조를 가짐
- 조직 내 기능별 부문에서 차출된 인력으로 행렬조직 내의 과업집단 구성
- 분업과 통합이 가능한 구조로서 안정성과 탄력성을 가짐
- 역할 · 권한관계 · 책임소재의 모호, 업무수행 평가의 어려움 등의 부작용 발생

09 사회복지조직의 환경 [기출] 1, 2, 4, 10, 11, 15, 16, 17, 19회

① **일반환경** : 조직의 거시적인 사회환경으로서 직접적이기보다는 업무환경을 통해 간접적으로 조직에 영향을 미치는 영역
- 경제적 조건 : 조직의 재정적 기반 마련과 관련이 있음. 경기호황 또는 불황, 경제성장률, 실업률 등
- 사회인구 통계학적 조건 : 연령과 성별분포, 가족구성, 거주지역, 사회적 계급 등
- 문화적 조건 : 사회의 우세한 문화적 가치 및 규범
- 정치적 조건 : 선 성장 후 분배 또는 성장과 분배의 균형 등 정부정책기조
- 법적 조건 : 조직의 활동을 인가하는 기준. 법률, 명령, 규칙, 특히 사회복지관계법 등
- 기술적 조건 : 의료, 정신건강, 교육, 사회개혁 분야 등의 기술개발정도
② **과업환경** : 조직이 업무활동을 통해 직접적으로 관련을 맺고 있는 영역
- 재정자원의 제공자 : 중앙정부 및 지방정부, 공적 · 사적단체, 외국단체, 개인, 법인 등
- 합법성과 권위의 제공자 : 법률, 정부, 의회, 지역사회, 시민단체, 전문가집단, 클라이언트 옹호집단 등
- 클라이언트 제공자 : 개인, 가족, 의뢰기관, 정부기관 등
- 보충적 서비스 제공자 : 학교, 병원, 종교단체, 청소년단체, 사회복지조직, 사회복지전담공무원 등
- 조직이 산출한 것을 소비 · 인수하는 자 : 클라이언트 자신, 가족, 지역사회 등
- 경쟁조직 : 자원과 클라이언트를 놓고 경쟁하거나 자원에 대한 접근에 있어서 영향을 미치는 조직

10 리더십이론 [기출] 2, 3, 5, 6, 10, 11, 14, 16, 18, 20, 21회

① 행동이론
- "지도자는 어떤 행동을 하며, 어떻게 행동을 하는가"라는 관점에 초점을 두고 적합한 지도자의 행동 유형을 규명하고자 한다.
- 구성원의 자존감을 높여주며, 그들과 상호협력적인 관계를 맺는다. 또한 구성원들의 입장을 고려한 의사결정을 하며, 과업수행의 목표를 구체적으로 설정한다.
- 오하이오 연구, 미시간 연구, 블레이크와 머튼의 관리격자론 등

② 상황이론
- 지도자의 행동은 상황에 따라 달라질 수 있다는 가정에 기초하고 있다.
- 지도자가 속한 집단, 집단 목표, 구조, 성격, 사회문화적 요인, 시간적·공간적 요인, 리더의 지위권력 정도, 직원과의 관계, 과업의 구조화, 직원의 성숙도 등에 영향을 받는다.
- 한 조직에서 성공한 리더가 타 조직에서도 반드시 성공하는 것은 아니다.
- 상황적합이론, 목표−경로이론, 다차원이론, 상황적 리더십이론 등

11 리더십(Leadership)의 유형 [기출] 2, 4, 7, 10, 15, 16, 19, 20회

① 지시적 리더십
- 명령·복종 강조, 지도자는 독선적이며, 조직성원들을 보상·처벌의 연속선에서 통제한다.
- 정책에 일관성이 있고 신속한 결정이 가능하며, 위기시에 기여하지만, 조직성원들의 사기가 저하되며, 조직의 경직성을 초래하는 단점이 있다.

② 참여적 리더십
- 민주적 리더십에 해당하는 것으로서, 의사결정 과정에 부하직원을 참여시킨다.
- 의사소통 경로의 개방을 통해 정보교환이 활발히 이루어지도록 한다.
- 동기유발적이며 집단의 지식과 기술을 활용하는 데 유리하다.
- 책임이 분산되고 긴급한 결정을 내리기 어려운 단점이 있다.

③ 자율적 리더십
- 방임적 리더십에 해당하며, 대부분의 의사결정권을 부하직원에게 위임한다.
- 전문가 조직에 적합하며, 일정한 한계 내에서 자유로운 활동이 허용된다.
- 지도자는 자문가로서의 역할을 수행하므로 지시나 감독 등을 통해 명확한 설명을 제공하지 못하며, 내부 갈등에 개입이 어려워 혼란을 야기할 수 있다.

12 기획의 필요성 기출 2, 5, 7, 10, 12, 13, 14회

① 효율성 증진
② 효과성 증진
③ 책임성 증진
④ 합리성 증진
⑤ 미래의 불확실성 감소
⑥ 조직성원의 사기진작

13 프로그램 기획의 기법 기출 2, 3, 4, 5, 7, 8, 10, 11, 13, 15, 16, 17, 18, 19회

시간별 활동계획 도표 (Gantt Chart)	• 세로 바에는 목표, 활동 및 프로그램을 기입하고 가로 바에는 시간을 기입하여 사업의 소요시간을 막대로 나타내는 도표 • 비교적 단순 명료하고 전체 작업의 진행상황을 점검할 수 있으며, 과업 완성 시간을 단축할 수 있음 • 작업 간의 연결성에 대한 파악이 어려움
프로그램 평가 검토기법 (PERT)	• 미국 폴라리스(Polaris) 잠수함 건조계획에 도입된 것으로, 주요 세부목표와 프로그램의 상호관계 및 시간계획을 연결시켜 도표화한 것 • '임계통로(Critical Path)'는 프로그램 시작부터 모든 활동의 종료까지 소요되는 최소한의 시간 경로를 찾는 방법
월별 활동계획카드 (Shed-U Graph)	• 바탕종이의 위쪽 가로에는 월별이 기록되어 있고 특정 활동이나 업무를 조그만 카드에 기입하여 월별 아래 공간에 삽입하거나 붙이는 방식 • 이 카드는 업무의 시간에 따라 변경하여 이동시키는 것이 편리함
방침관리기획 (PDCA Cycle)	• '계획(Plan) – 실행(Do) – 확인(Check) – 조정(Act)'의 일련의 절차를 프로그램 기획과정으로 보는 것 • 계획을 실행한 후 발견되는 문제점에 대해서는 즉각적인 수정을 거쳐 보완해 나가는 방식

14 직무기술서와 직무명세서 기출 2, 5, 10, 15, 19, 20, 21회

① 직무기술서
• 맡은 일과 그에 따른 책임의 내용을 구체적으로 기술한 문서, 직무분석의 기초자료로 사용
• 기록사항 : 직무명칭, 직무개요 및 내용, 직무수행에 필요한 각종 도구, 직무수행 방법 및 절차, 작업조건, 핵심 과업 등

② 직무명세서
• 직무분석의 결과를 인사관리의 특정한 목적에 맞도록 직무의 내용과 직무에 요구되는 자격요건에 중점을 두어 정리한 문서
• 기록사항 : 적성 및 교육수준, 지식 및 기능·기술 수준, 정신적 특성 및 육체적 능력, 작업경험 및 자격요건, 책임정도 등

15 슈퍼바이저의 역할(Kadushin) [기출] 2, 4, 8, 9, 16회

① 행정적인 상급자로서의 역할

② 교육자로서의 역할

③ 상담자로서의 역할

16 동기위생이론에서 위생요인과 동기부여요인(Herzberg) [기출] 3, 4, 10회

① 위생요인 : 불만을 일으키는 요인

- 인간의 동물적 · 본능적 측면 또는 욕구계층상 하위욕구와 연관됨

- 조직의 정책과 관리, 감독, 보수, 대인관계, 근무조건 등

② 동기부여요인 : 만족을 일으키는 요인

- 인간의 정신적 측면이나 자기실현욕구 등 상위욕구와 연관됨

- 직무 그 자체, 직무상의 성취, 직무성취에 대한 인정, 승진, 책임, 성장 및 발달 등

17 욕구의 4가지 유형(Bradshaw) [기출] 5, 8, 10, 13회

① 규범적 욕구

- 기준 또는 규범의 개념에 욕구를 대입한 것으로서, 관습이나 권위 또는 일반적 여론의 일치로 확립된 표준 또는 기준의 존재를 가정한다.

- 일반적으로 기존의 자료나 유사한 지역사회 조사, 전문가의 판단에 의해 제안된 욕구에 해당한다.

② 인지적 욕구(체감적 욕구)

- 욕구는 사람들이 그들의 욕구로 생각하는 것 또는 욕구로 되어야 한다고 느끼는 것으로 정의될 수 있다.

- 일반적으로 사회조사를 통해 응답자가 선호하는 대상에 대해 질문함으로써 욕구를 파악한다.

③ 표현적 욕구(표출적 욕구)

- 욕구를 가진 당사자가 욕구를 충족시키기 위해 행위로 표현하는 욕구를 말한다.

- 서비스에 대한 수요에 기초하여 느껴진 욕구가 표출되는 것으로서, 개인이 서비스를 얻기 위해 어떠한 노력을 기울이고 있는지가 핵심적인 변수에 해당한다.

④ 비교적 욕구(상대적 욕구)

- 욕구는 한 지역사회에 존재하는 서비스 수준과 함께 다른 유사한 지역사회나 지리적 영역에 존재하는 서비스 수준 간의 차이로 측정된다.

- 해당 지역사회가 다른 유사한 지역사회에서 제공하는 것과 흡사한 서비스를 제공하고 있지 않은 경우 욕구가 있는 것으로 볼 수 있다.

18 예산체계의 모형 　기출　매회

① 품목별 예산(항목별 예산)
- 지출항목별 회계와 전년도 예산에 기초하여 점증적으로 작성
- 통제중심의 예산으로서 회계자에게 유리한 방식
- 예산 통제에 용이하며, 회계 책임 명확
- 예산의 신축성이 저해되며, 신규사업이 위축됨

② 성과주의예산
- 매년 성과 결과에 대한 평가를 통해 다음 회계연도에 반영
- 과정중심의 예산으로서 관리자에게 유리한 방식
- 합리적인 자원배분과 신축적인 예산집행 가능
- 예산 통제가 곤란하며, 비용 산출의 단위 설정에 어려움이 있음

③ 프로그램기획예산(계획예산)
- 장기적인 계획수립과 단기적인 예산편성을 프로그램 작성을 통해 유기적으로 결합시킴
- 목표달성을 위한 각종 대안의 비용-효과분석을 통해 체계적으로 검토
- 합리적인 자원배분과 효과적인 통합 운영 가능
- 중앙집권화를 초래하며, 달성 성과에 대한 계량화 및 환산작업에 어려움이 있음

④ 영기준예산
- 점증적 예산 책정방식에서 벗어나 조직의 모든 사업활동에 영기준을 적용
- 매년 목표달성을 위해 새로운 프로그램을 고려하는 것으로, 소비자에게 유리한 방식
- 사업의 전면적 평가가 가능하며, 효율적이고 탄력적인 재정 운영 가능
- 우선순위 결정에서 주관적 편견이 개입될 수 있으며, 장기계획에 의한 프로그램 수행이 곤란함

19 마케팅 전략의 4P(Marketing Mix) 　기출　5, 6, 14, 16, 17, 19, 21회

① 제품정책(Product) : 소비자가 제품으로부터 향유하는 제품의 모든 측면을 다룸
② 가격정책(Price) : 소비자가 실질적으로 제품을 구매함으로써 부담하는 비용 및 제품을 판매하는 도매상과 소매상에게 부과하는 가격을 다룸
③ 유통정책(Place) : 도·소매상 등 회사와 최종 소비자를 연결하는 중간매개업체의 정책을 다룸
④ 촉진정책(Promotion) : 광고, 인적 판매, 홍보 등의 활동에 대한 정책

20 마케팅의 주요기법 `기출` 5, 6, 9, 10, 12, 15, 16, 18, 20회

① **다이렉트 마케팅(DM)** : 후원을 요청하는 편지를 잠재적 후원자들에게 발송함으로써 후원자를 개발하는 가장 전통적인 마케팅 방법

② **고객관계관리 마케팅(CRM)** : 고객과 관련된 자료를 분석하여 고객 특성에 기초한 맞춤서비스를 지속적으로 제공함으로써 가치 있는 고객을 파악 · 획득 · 유지하는 방법

③ **공익연계 마케팅 또는 기업연계 마케팅(CRM)** : 기업의 기부 또는 봉사활동을 사회복지와 연계함으로써 기업이 이윤을 사회에 환원하는 것을 통한 긍정적 기업이미지 확보와 함께 사회복지조직의 프로그램 운영효율성을 동시에 달성하고자 하는 방법

④ **데이터베이스 마케팅(DBM)** : 고객정보, 경쟁사정보, 산업정보 등 시장에 관한 각종 정보를 직접 수집 · 분석하고 이를 데이터베이스화하여 마케팅전략을 수립하는 방법

⑤ **사회마케팅** : 사회문제로부터 도출된 사회적 목표를 달성하기 위해 사회적 아이디어를 개발하고 이를 일반인들에게 수용시키기 위한 마케팅 방법

21 프로그램 평가의 기준 `기출` 2, 5, 11, 12, 13, 15, 16, 17, 19, 20회

노력성	• 목표 달성을 위하여 필요한 프로그램 활동의 양과 종류 • 프로그램에 투입된 노력(인력 · 비용 등)의 양과 생산량
효과성	프로그램을 시작하였을 때 기대된 것이 프로그램 실시 후 실제 달성된 정도
효율성	투입과 산출의 비율
서비스의 질	서비스의 우월성과 관련된 클라이언트의 전반적인 평가나 태도
영 향	서비스 제공 이전과 이후를 비교함으로써 프로그램의 순효과를 파악할 수 있도록 해 줌
공평성	프로그램의 효과와 비용이 사회집단 또는 지역 간에 공평하게 배분되었는지를 평가

22 프로그램 평가의 논리모델 `기출` 13, 14, 16, 17, 19회

투 입	프로그램에 투여되거나 프로그램에 의해 소비되는 인적 · 물적 · 기술적 자원
전환(활동)	임무를 수행하기 위해 프로그램에서 투입으로 활동하는 것
산 출	프로그램 활동의 직접적인 산물(실적)
성과(결과)	프로그램 활동 중 또는 활동 이후의 참여자들이 얻은 이익
영 향	프로그램 활동의 결과로 인해 원래 의도했던 혹은 의도하지 않았던 변화의 여부

01 헌법상 사회권적 기본권 　기출 5, 9, 14, 15, 17, 20, 21회

① **제10조(행복추구권)** : 국민의 인간으로서의 행복을 추구할 권리, 국가의 개인에 대한 기본적 인권보장에 대한 의무

② **제31조(교육권)** : 국민의 능력에 따라 균등하게 교육을 받을 권리, 초등교육 등에 대한 무상 의무교육, 교육의 자주성 · 전문성 · 정치적 중립성 및 대학의 자율성 보장, 평생교육의 진흥

③ **제32조(근로권)** : 국민의 근로에 대한 권리 및 의무, 최저임금제 시행, 근로조건의 인간 존엄성 보장, 근로에 있어서 여성 및 연소자에 대한 특별한 보호, 국가유공자 및 유가족 등에 대한 우선적 근로의 기회 부여

④ **제33조(근로3권)** : 근로자의 근로3권 보장(자주적 단결권, 단체교섭권, 단체행동권)

⑤ **제34조(복지권)** : 모든 국민이 인간다운 생활을 할 권리, 국가의 사회보장 · 사회복지의 증진을 위한 노력, 여성 · 노인 · 청소년의 복지와 권익 향상을 위한 노력, 신체장애자 및 생계 곤란자에 대한 보호, 재해 예방 및 국민의 위험으로부터의 보호

⑥ **제35조(건강권 · 환경권)** : 국민이 건강하고 쾌적한 환경에서 생활할 권리, 국가와 국민의 환경보전을 위한 노력, 국민의 쾌적한 주거생활을 위한 국가의 노력

⑦ **제36조(혼인 · 가족생활 · 모성보호 · 보건권)** : 혼인과 가족생활은 개인의 존엄과 양성의 평등에 기초하여 성립 · 유지되어야 하며, 국가는 이를 보장, 모성보호를 위한 노력, 모든 국민은 보건에 관하여 국가의 보호를 받음

02 우리나라의 사회복지법 제정연도 　기출 6, 8, 9, 10, 13, 14, 15, 17, 19, 20, 21회

산업재해보상보험법(1963) – 사회복지사업법(1970) – 의료보호법(1977) – 아동복지법(1981) – 노인복지법(1981) – 국민연금법(1986) – 장애인복지법(1989) – 영유아보육법(1991) – 고용보험법(1993) – 사회보장기본법(1995) – 정신보건법(1995) – 국민건강보험법(1999) – 국민기초생활보장법(1999) – 건강가정기본법(2004) – 저출산 · 고령사회기본법(2005) – 자원봉사활동기본법(2005) – 노인장기요양보험법(2007) – 다문화가족지원법(2008) – 장애인연금법(2010) – 장애아동복지지원법(2011) – 사회보장급여의 이용 · 제공 및 수급권자 발굴에 관한 법률(2014)

03 사회보장위원회 기출 5, 6, 9, 15, 16, 18, 21회

① **목적** : 사회보장에 관한 주요 시책의 심의·조정(국무총리 소속)

② **구 성**
- 위원장 1명, 부위원장 3명, 행정안전부장관, 고용노동부장관, 여성가족부장관, 국토교통부장관을 포함한 30명 이내로 구성된다.
- 위원장은 국무총리, 부위원장은 기획재정부장관, 교육부장관 및 보건복지부장관이 된다.
- 위원의 임기 : 2년(단, 공무원인 위원의 임기는 재임 기간)

③ **위원회의 업무로서 심의·조정 사항**
- 사회보장 증진을 위한 기본계획
- 사회보장 관련 주요 계획
- 사회보장제도의 평가 및 개선
- 사회보장제도의 신설 또는 변경에 따른 우선순위
- 둘 이상의 중앙행정기관이 관련된 주요 사회보장정책
- 사회보장급여 및 비용 부담
- 국가와 지방자치단체의 역할 및 비용 분담
- 사회보장의 재정추계 및 재원조달 방안
- 사회보장 전달체계 운영 및 개선
- 사회보장통계
- 사회보장정보의 보호 및 관리
- 그 밖에 위원장이 심의에 부치는 사항

④ **사회보장에 관한 기본계획의 수립 기간**
5년마다(사회보장위원회와 국무회의의 심의를 거쳐 확정)

04 사회보장수급권의 신청, 보호, 제한 및 포기 기출 3, 4, 5, 8, 10, 13, 14, 16, 19회

① **신청** : 사회보장급여를 받으려는 사람은 관계 법령에서 정하는 바에 따라 국가나 지방자치단체에 신청하여야 한다. 다만 관계 법령에서 따로 정하는 경우에는 국가나 지방자치단체가 신청을 대신할 수 있다.

② **압류금지** : 사회보장수급권은 일신전속적 권리로서 관계법령이 정하는 바에 따라 다른 사람에게 양도하거나 담보로 제공할 수 없으며, 이를 압류할 수 없다.

③ **제한 및 정지** : 사회보장수급권은 원칙적으로 제한과 정지가 불가능하지만 법령에서 따로 정하는 바에 의해 제한되거나 정지될 수 있으며, 이 경우 최소한의 범위에 그쳐야 한다.

④ **포기** : 사회보장수급권은 정당한 권한이 있는 기관에 서면으로 통지하여 이를 포기할 수 있지만 그와 같은 포기가 타인에게 피해를 주거나 관계법령에 위반되는 경우 포기가 불가능하다. 또한 사회보장수급권의 포기는 취소할 수 있다.

05 **사회복지법인** 기출 3, 5, 6, 8, 10, 11, 13, 14, 16, 17회

① **사회복지법인의 설립** : 시 · 도지사의 허가와 주된 사무소 소재지에서의 설립등기
② **정관의 변경** : 시 · 도지사의 인가(단, 보건복지부령으로 정하는 경미한 사항은 제외)
③ **사회복지법인의 구성**
  • 임원의 구성
    − 대표이사를 포함한 이사 7명 이상과 감사 2명 이상
    − 법인은 이사 정수의 3분의 1 이상을 사회보장위원회나 지역사회보장협의체가 3배수로 추천한 사람 중에서 선임
    − 대통령령으로 정하는 특별한 관계에 있는 사람이 이사 현원의 5분의 1을 초과할 수 없음
    − 이사의 임기는 3년으로 하고 감사의 임기는 2년으로 하며, 각각 연임할 수 있음
    − 외국인인 이사는 이사 현원의 2분의 1 미만이어야 함
  • 법인은 임원을 임면하는 경우에는 보건복지부령으로 정하는 바에 따라 지체 없이 시 · 도지사에게 보고하여야 함
  • 감사는 이사와 특별한 관계에 있는 사람이 아니어야 하며, 감사 중 1명은 법률 또는 회계에 관한 지식이 있는 사람 중에서 선임하여야 함
④ **사회복지법인의 재산**
  • 기본재산 : 목적사업용 기본재산과 수익용 기본재산으로 구분하며, 목록과 가액을 정관에 적어야 함. 기본재산의 매도 · 증여 · 교환 · 임대 · 담보제공 · 용도변경 등의 경우 시 · 도지사의 허가를 받아야 함
  • 보통재산 : 기본재산 이외의 재산

06 **사회복지시설** 기출 5, 6, 7, 8, 16, 17회

① **사회복지시설의 설립** : 시장 · 군수 · 구청장에게 신고(국가 또는 지방자치단체 외의 자의 경우)
② **사회복지시설의 운영상 의무**
  • 보험가입의 의무   • 시설의 안전점검
  • 시설 장의 상근   • 시설 서류의 비치
③ **사회복지시설 수용인원의 제한** : 수용인원 300명 초과금지(단, 노인주거복지시설 중 양로시설과 노인복지주택, 노인의료복지시설 중 노인요양시설 등 예외)

④ 운영위원회
- 운영위원회의 구성 : 위원장을 포함하여 5명 이상 15명 이하의 위원
- 운영위원회 위원의 임기 : 3년
- 운영위원회의 심의사항
  - 시설운영계획의 수립 · 평가에 관한 사항
  - 사회복지 프로그램의 개발 · 평가에 관한 사항
  - 시설 종사자의 근무환경 개선에 관한 사항
  - 시설 거주자의 생활환경 개선 및 고충 처리 등에 관한 사항
  - 시설 종사자와 거주자의 인권보호 및 권익증진에 관한 사항
  - 시설과 지역사회의 협력에 관한 사항
  - 그 밖에 시설의 장이 운영위원회의 회의에 부치는 사항
⑤ 시설의 평가
- 보건복지부장관 및 시 · 도지사가 3년마다 1회 이상 평가
- 시설의 평가기준 : 서비스 최저기준을 고려하여 보건복지부장관이 선정
- 서비스 최저기준에 포함되어야 하는 사항
  - 시설 이용자의 인권   - 시설의 환경
  - 시설의 운영   - 시설의 안전관리
  - 시설의 인력관리   - 지역사회 연계
  - 서비스의 과정 및 결과   - 그 밖에 서비스 최저기준 유지에 필요한 사항

07 지역사회보장계획 기출 3, 4, 5, 6, 9, 11, 16, 17, 18회

① 지역사회보장계획의 수립과정
- 시장 · 군수 · 구청장 : 시 · 군 · 구의 지역사회보장계획을 지역사회보장협의체(지역사회복지협의체)의 심의와 해당 시 · 군 · 구 의회의 보고를 거쳐 시 · 도지사에게 제출
- 시 · 도지사 : 제출받은 시 · 군 · 구의 지역사회보장계획을 수립하여 시 · 도 사회보장위원회의 심의와 시 · 도 의회의 보고를 거쳐 보건복지부장관에게 제출

② 지역사회보장계획의 내용

시·군·구 지역사회 보장계획	• 지역사회보장 수요의 측정, 목표 및 추진전략 • 지역사회보장지표의 설정 및 목표 • 지역사회보장의 분야별 추진전략, 중점 추진사업 및 연계협력 방안 • 지역사회보장 전달체계의 조직과 운영 • 사회보장급여의 사각지대 발굴 및 지원 방안 • 지역사회보장에 필요한 재원의 규모와 조달 방안 • 지역사회보장에 관련한 통계 수집 및 관리 방안 • 지역 내 부정수급 발생 현황 및 방지대책 • 그 밖에 대통령령으로 정하는 사항
특별시·광역시·도·특별자치도 지역사회 보장계획	• 시·군·구의 사회보장이 균형적이고 효과적으로 추진될 수 있도록 지원하기 위한 목표 및 전략 • 지역사회보장지표의 설정 및 목표 • 시·군·구에서 사회보장급여가 효과적으로 이용 및 제공될 수 있는 기반 구축 방안 • 시·군·구 사회보장급여 담당 인력의 양성 및 전문성 제고 방안 • 지역사회보장에 관한 통계자료의 수집 및 관리 방안 • 시·군·구의 부정수급 방지대책을 지원하기 위한 방안 • 그 밖에 지역사회보장 추진에 필요한 사항
특별자치시 지역사회 보장계획	• 시·군·구 지역사회보장계획의 각 사항 • 사회보장급여가 효과적으로 이용 및 제공될 수 있는 기반 구축 방안 • 사회보장급여 담당 인력의 양성 및 전문성 제고 방안 • 그 밖에 지역사회보장 추진에 필요한 사항

08 국민연금법 기출 매회

① **목적** : 국민의 노령, 장애 또는 사망에 대하여 연금급여를 실시함으로써 국민의 생활 안정과 복지 증진에 이바지한다.

② **관장** : 보건복지부장관(국민연금공단에 위탁)

③ **가입 대상**
 • 국내에 거주하는 18세 이상 60세 미만의 국민(공무원, 군인, 교직원 및 별정우체국 직원 등 제외)
 • 국민연금법의 적용을 받는 사업장에 사용되고 있는 외국인과 국내에 거주하는 외국인으로서 대통령령으로 정하는 자 외의 외국인

④ **가입자의 종류** : 사업장가입자, 지역가입자, 임의가입자 및 임의계속가입자

⑤ **급여의 유형**
 • 노령연금(노령연금, 조기노령연금, 분할연금)
 • 장애연금　　　　　　　　　　　　• 유족연금
 • 반환일시금　　　　　　　　　　　• 사망일시금

⑥ 심사청구 및 재심사청구
- 심사청구 : 처분이 있음을 안 날부터 90일 이내 공단(국민연금공단 또는 국민건강보험공단)에 청구
- 재심사청구 : 결정통지를 받은 날부터 90일 이내 국민연금재심사위원회에 청구

09 국민건강보험법 [기출] 매회

① **목적** : 국민의 질병·부상에 대한 예방·진단·치료·재활과 출산·사망 및 건강증진에 대하여 보험급여를 실시함으로써 국민보건을 향상시키고 사회보장을 증진한다.
② **관장** : 보건복지부장관(국민건강보험공단에 위탁)
③ **보험자 및 가입자**
- 보험자 : 국민건강보험공단
- 가입자 : 직장가입자, 지역가입자, 임의계속가입자
④ **보험료**

직장가입자	• 보수월액보험료액 = 보수월액 × 보험료율 • 소득월액보험료액 = 소득월액 × 보험료율
지역가입자	월별 보험료액 = 보험료부과점수 × 보험료부과점수당 금액

⑤ **보험급여**
- 현물급여 : 요양급여, 건강검진
- 현금급여 : 요양비, 장애인 보조기기 급여비, 본인부담상한액 상환
- 이용권 : 임신·출산 진료비(부가급여)

10 고용보험법 [기출] 2, 5, 8, 9, 10, 11, 12, 13, 14, 16, 17, 18, 19, 20회

① **목적** : 고용보험의 시행을 통해 실업의 예방, 고용의 촉진 및 근로자의 직업능력의 개발과 향상을 꾀하고, 국가의 직업지도와 직업소개 기능을 강화하며, 근로자가 실업한 경우에 생활에 필요한 급여를 실시하여 근로자의 생활안정과 구직 활동을 촉진함으로써 경제·사회 발전에 이바지한다.
② **관장** : 고용노동부장관(고용노동부 고용센터, 근로복지공단 등에 업무 위탁)
③ **가입자** : 당연가입자, 임의가입자
④ **고용보험법의 내용**
- 국가는 매년 보험사업에 드는 비용의 일부를 일반회계에서 부담하여야 한다(제5조 제1항).
- 취업촉진 수당의 종류로는 조기재취업 수당, 직업능력개발 수당, 광역 구직활동비, 이주비 등이 있다(제37조 제2항).
- 고용보험기금은 고용노동부장관이 관리·운용한다(제79조 제1항).

⑤ 고용보험의 급여

실업급여	• 구직급여 • 취업촉진 수당(조기재취업 수당, 직업능력개발 수당, 광역 구직활동비, 이주비)
모성보호	• 육아휴직 급여 • 육아기 근로시간 단축 급여 • 출산전후휴가 급여

⑥ 실업급여
- 실업급여는 구직급여와 취업촉진 수당으로 구분한다. 취업촉진 수당의 종류로 조기재취업 수당, 직업능력개발 수당, 광역 구직활동비, 이주비가 있다.
- 실업급여를 받을 권리는 양도 또는 압류하거나 담보로 제공할 수 없다.
- 실업급여로서 지급된 금품에 대하여는 국가나 지방자치단체의 공과금을 부과하지 아니한다.
- 구직급여를 지급받으려는 사람은 이직 후 지체 없이 직업안정기관에 출석하여 실업을 신고하여야 한다.
- 구직급여는 수급자격자가 실업한 상태에 있는 날 중에서 직업안정기관의 장으로부터 실업의 인정을 받은 날에 대하여 지급한다.
- 구직급여는 원칙적으로 수급자격과 관련된 이직일의 다음 날부터 계산하기 시작하여 12개월 내에 다음의 소정급여일수를 한도로 하여 지급한다.

11 산업재해보상보험법 기출 3, 5, 6, 7, 8, 9, 11, 12, 13, 14, 16, 17, 19, 20회

① **목적** : 산업재해보상보험 사업을 시행하여 근로자의 업무상의 재해를 신속하고 공정하게 보상하며, 재해근로자의 재활 및 사회 복귀를 촉진하기 위하여 이에 필요한 보험시설을 설치·운영하고, 재해 예방과 그 밖에 근로자의 복지 증진을 위한 사업을 시행하여 근로자 보호에 이바지한다.
② **관장** : 고용노동부장관(근로복지공단에 위탁)
③ **보험자 및 피보험자**
- 보험자 : 고용노동부장관
- 피보험자 : 사업주
④ **적용대상** : 근로자를 사용하는 모든 사업 또는 사업장
⑤ **보험료** : 사업주가 경영하는 사업에 종사하는 근로자의 개인별 보수총액에 산재보험료율을 곱한 금액을 합한 금액(다만, 특수형태근로종사자의 경우 사업주와 근로자가 보험료의 $\frac{1}{2}$을 각각 부담)

⑥ 급여의 종류

- 요양급여
- 장해급여
- 유족급여
- 장례비
- 휴업급여
- 간병급여
- 상병보상연금
- 직업재활급여

⑦ 업무상 사고

- 근로자가 근로계약에 따른 업무나 그에 따르는 행위를 하던 중 발생한 사고
- 사업주가 제공한 시설물 등을 이용하던 중 그 시설물 등의 결함이나 관리소홀로 발생한 사고
- 사업주가 주관하거나 사업주의 지시에 따라 참여한 행사나 행사준비 중에 발생한 사고
- 휴게시간 중 사업주의 지배관리하에 있다고 볼 수 있는 행위로 발생한 사고
- 그 밖에 업무와 관련하여 발생한 사고

12 노인장기요양보험법 기출 6, 8, 9, 10, 11, 12, 14, 15, 16, 17, 20회

① 목적 : 고령이나 노인성 질병 등의 사유로 일상생활을 혼자서 수행하기 어려운 노인 등에게 제공하는 신체활동 또는 가사활동 지원 등의 장기요양급여에 관한 사항을 규정하여 노후의 건강증진 및 생활안정을 도모하고 그 가족의 부담을 덜어줌으로써 국민의 삶의 질을 향상하도록 한다.

② 관장 : 보건복지부장관(국민건강보험공단에 위탁)

③ 노인장기요양보험법상 '노인'의 정의 : 65세 이상의 노인 또는 65세 미만의 자로서 치매 · 뇌혈관성질환 등 노인성 질병을 가진 자

④ 장기요양급여 제공의 기본원칙

- 장기요양급여는 노인 등이 자신의 의사와 능력에 따라 최대한 자립적으로 일상생활을 수행할 수 있도록 제공하여야 한다.
- 장기요양급여는 노인 등의 심신상태 · 생활환경과 노인 및 그 가족의 욕구 · 선택을 종합적으로 고려하여 필요한 범위 안에서 이를 적정하게 제공하여야 한다.
- 장기요양급여는 노인 등이 가족과 함께 생활하면서 가정에서 장기요양을 받는 재가급여를 우선적으로 제공하여야 한다.
- 장기요양급여는 노인 등의 심신상태나 건강 등이 악화되지 아니하도록 의료서비스와 연계하여 이를 제공하여야 한다.

⑤ 보험료의 징수 및 관리 : 국민건강보험법에 따른 보험료와 통합 징수, 독립회계로 관리

⑥ 장기요양급여의 종류

- 재가급여 : 방문요양, 방문목욕, 방문간호, 주 · 야간보호, 단기보호, 기타 재가급여
- 시설급여
- 특별현금급여 : 가족요양비, 특례요양비, 요양병원간병비

13 국민기초생활보장법 기출 매회

① **목적** : 생활이 어려운 사람에게 필요한 급여를 실시하여 이들의 최저생활을 보장하고 자활을 돕는다.

② **국민기초생활보장법상 용어의 정의**
- 보장기관 : 이 법에 따른 급여를 실시하는 국가 또는 지방자치단체
- 부양의무자 : 수급권자를 부양할 책임이 있는 사람으로서 수급권자의 1촌의 직계혈족 및 그 배우자(사망한 1촌의 직계혈족 배우자 제외)
- 최저보장수준 : 국민의 소득·지출 수준과 수급권자의 가구유형 등 생활실태, 물가상승률 등을 고려하여 급여의 종류별로 공표하는 금액이나 보장수준
- 최저생계비 : 국민이 건강하고 문화적인 생활을 유지하기 위해 필요한 최소한의 비용
- 차상위계층 : 수급권자에 해당하지 아니하는 계층으로서 소득인정액이 기준 중위소득의 100분의 50 이하인 사람

③ **급여의 종류** : 생계급여, 주거급여, 의료급여, 교육급여, 해산급여, 장제급여, 자활급여

14 의료급여법 기출 3, 4, 7, 8, 10, 11, 13, 14, 15, 16, 20회

① **목적** : 생활이 어려운 사람에게 의료급여를 실시함으로써 국민보건의 향상과 사회복지의 증진에 이바지한다.

② **보장기관** : 수급권자의 거주지를 관할하는 특별시장·광역시장·도지사·시장·군수·구청장

③ **수급권자** : 의료급여 수급자, 이재민, 의사상자 등 예우 및 지원에 관한 법률에 따라 의료급여를 받는 사람, 국내에 입양된 18세 미만의 아동, 독립유공자 또는 국가유공자와 그 가족, 국가 무형문화재의 보유자(명예보유자 포함)와 그 가족, 새터민, 5·18 민주화운동 관련자 및 그 가족, 노숙인, 그 밖에 생활유지 능력이 없거나 생활이 어려운 사람 등

④ **의료급여의 내용**
- 진찰·검사
- 약제·치료재료의 지급
- 처치·수술과 그 밖의 치료
- 예방·재활
- 입 원
- 간 호
- 이송과 그 밖의 의료목적 달성을 위한 조치

⑤ **의료급여기관의 분류**

1차 의료급여기관	• 의료법에 따라 시장·군수·구청장에게 개설신고를 한 의료기관 • 지역보건법에 따라 설치된 보건소·보건의료원 및 보건지소 • 농어촌 등 보건의료를 위한 특별조치법에 따라 설치된 보건진료소 • 약사법에 따라 개설등록된 약국 및 한국희귀·필수의약품센터
2차 의료급여기관	의료법에 따라 시·도지사의 개설허가를 받은 의료기관
3차 의료급여기관	제2차 의료급여기관 중에서 보건복지부장관이 지정하는 의료기관

기초연금법 기출 3, 6, 7, 8, 10, 11, 13, 14, 18, 19, 20회

① **목적** : 노인에게 기초연금을 지급하여 안정적인 소득기반을 제공함으로써 노인의 생활안정을 지원하고 복지를 증진한다.

② **수급권자의 범위**

- 기초연금은 65세 이상인 사람으로서 소득인정액이 보건복지부장관이 정하여 고시하는 선정기준액 이하인 사람에게 지급한다.
- 보건복지부장관은 선정기준액을 정하는 경우 65세 이상인 사람 중 기초연금 수급자가 100분의 70 수준이 되도록 한다.
- 공무원, 사립학교교직원, 군인, 별정우체국직원 등 직역연금 수급권자 및 그 배우자로서 법령에 따른 연금의 수급권자와 그 배우자는 원칙적으로 기초연금 수급대상에서 제외한다. 다만, 직역재직기간 10년 미만인 연계연금 수급권자의 경우 기초연금 수급이 가능하다.

③ **기초연금액의 감액**

- 부부 감액 : 본인과 그 배우자가 모두 기초연금 수급권자인 경우에는 각각의 기초연금액에서 기초연금액의 100분의 20에 해당하는 금액을 감액한다.
- 소득역전방지 감액 : 소득인정액과 기초연금액(본인과 그 배우자가 모두 기초연금 수급권자인 경우 부부 감액이 반영된 금액)을 합산한 금액이 선정기준액 이상인 경우에는 선정기준액을 초과하는 금액의 범위에서 기초연금액의 일부를 감액할 수 있다.

④ **수급권의 상실** : 기초연금 수급권자는 다음의 어느 하나에 해당하게 된 때에 기초연금 수급권을 상실한다.

- 사망한 때
- 국적을 상실하거나 국외로 이주한 때
- 기초연금 수급권자에 해당하지 아니하게 된 때

16 긴급복지지원법 [기출] 7, 8, 11, 12, 14, 17, 19회

① **목적** : 생계곤란 등의 위기상황에 처하여 도움이 필요한 사람을 신속하게 지원함으로써 이들이 위기상황에서 벗어나 건강하고 인간다운 생활을 하도록 한다.

② **보장기관** : 국가 및 지방자치단체

③ **긴급복지지원법상 위기상황에 대한 정의**
  - 주소득자가 사망, 가출, 행방불명, 구금시설에 수용되는 등의 사유로 소득을 상실한 경우
  - 중한 질병 또는 부상을 당한 경우
  - 가구구성원으로부터 방임 또는 유기되거나 학대 등을 당한 경우
  - 가정폭력을 당하여 가구구성원과 함께 원만한 가정생활을 하기 곤란하거나 가구구성원으로부터 성폭력을 당한 경우
  - 화재 또는 자연재해 등으로 인하여 거주하는 주택 또는 건물에서 생활하기 곤란하게 된 경우
  - 주소득자 또는 부소득자의 휴업, 폐업 또는 사업장의 화재 등으로 인하여 실질적인 영업이 곤란하게 된 경우
  - 주소득자 또는 부소득자의 실직으로 소득을 상실한 경우
  - 보건복지부령으로 정하는 기준에 따라 지방자치단체의 조례로 정한 사유가 발생한 경우
  - 그 밖에 보건복지부장관이 정하여 고시하는 사유가 발생한 경우

④ **긴급지원의 기본원칙**
  - 선지원 후처리 원칙 : 위기상황에 처한 자 등의 지원요청 또는 신고가 있는 경우 긴급지원 담당공무원 등의 현장 확인을 통해 긴급한 지원의 필요성을 포괄적으로 판단하여 우선 지원을 신속하게 실시하고 나중에 소득, 재산 등을 조사하여 지원의 적정성을 심사한다.
  - 단기 지원 원칙 : 위기상황에 처한 사람에게 일시적으로 신속하게 지원하는 것을 원칙으로 한다.
  - 타법률 지원 우선의 원칙 : 다른 법률에 의하여 긴급지원과 동일한 내용의 구호 · 보호나 지원을 받고 있는 경우 긴급지원에서 제외한다.
  - 가구단위 지원의 원칙 : 가구단위로 산정하여 지원하는 것을 원칙으로 한다. 다만, 의료지원, 교육지원 등의 경우 필요한 가구구성원에 한하여 개인단위로 지원한다.

⑤ 긴급지원의 종류 및 내용

금전 또는 현물 등의 직접지원	• 생계지원 : 식료품비 · 의복비 등 생계유지에 필요한 비용 또는 현물 지원 • 의료지원 : 각종 검사 및 치료 등 의료서비스 지원 • 주거지원 : 임시거소 제공 또는 이에 해당하는 비용 지원 • 사회복지시설 이용 지원 : 사회복지시설 입소 또는 이용 서비스 제공이나 이에 필요한 비용 지원 • 교육지원 : 초 · 중 · 고등학생의 수업료, 입학금, 학교운영지원비 및 학용품비 등 필요한 비용 지원 • 그 밖의 지원 : 연료비나 그 밖에 위기상황의 극복에 필요한 비용 또는 현물 지원
민간기관 · 단체와의 연계 등의 지원	• 대한적십자사, 사회복지공동모금회 등의 사회복지기관 · 단체와의 연계 지원 • 상담 · 정보제공, 그 밖의 지원

17 노인복지법 기출 3, 8, 9, 10, 11, 13, 18, 19, 20회

① **목적** : 노인의 질환을 사전예방 또는 조기발견하고 질환상태에 따른 적절한 치료 · 요양으로 심신의 건강을 유지하고, 노후의 생활안정을 위하여 필요한 조치를 강구함으로써 노인의 보건복지증진에 기여한다.

② 노인복지시설의 종류

노인주거복지시설	양로시설, 노인공동생활가정, 노인복지주택
노인의료복지시설	노인요양시설, 노인요양공동생활가정
노인여가복지시설	노인복지관, 경로당, 노인교실
재가노인복지시설	방문요양서비스, 주 · 야간보호서비스, 단기보호서비스, 방문 목욕서비스, 재가노인지원서비스, 방문간호서비스, 복지용구지원서비스 등의 서비스 중 어느 하나 이상의 서비스를 제공함을 목적으로 하는 시설
노인보호전문기관	노인학대에 관한 업무 담당
노인일자리지원기관	노인일자리의 개발 · 지원, 창업 · 육성, 노인에 의한 재화의 생산 · 판매 등
학대피해노인 전용쉼터	학대피해노인을 일정기간 보호하고 심신 치유 프로그램 제공

③ **노인학대의 신고** : 누구든지 노인학대를 알게 된 때에는 노인보호전문기관 또는 수사기관에 신고할 수 있다.

④ **요양보호사 자격의 취소** : 시 · 도지사는 요양보호사가 거짓이나 그 밖의 부정한 방법으로 자격증을 취득한 경우 그 자격을 취소하여야 한다.

18 아동복지법 [기출] 6, 9, 10, 11, 18회

① **목적** : 아동이 건강하게 출생하여 행복하고 안전하게 자랄 수 있도록 아동의 복지를 보장한다.

② **아동정책조정위원회, 아동권리보장원, 아동복지심의위원회**

- 아동정책조정위원회 : 아동의 권리증진과 건강한 출생 및 성장을 위하여 종합적인 아동정책을 수립하고 관계 부처의 의견을 조정하며 그 정책의 이행을 감독하고 평가하기 위하여 국무총리 소속으로 아동정책조정위원회를 둔다.
- 아동권리보장원 : 보건복지부장관은 아동정책에 대한 종합적인 수행과 아동복지 관련 사업의 효과적인 추진을 위하여 필요한 정책의 수립을 지원하고 사업평가 등의 업무를 수행할 수 있도록 아동권리보장원을 설립한다.
- 아동복지심의위원회 : 시 · 도지사, 시장 · 군수 · 구청장은 법령에 따른 아동의 보호 및 지원서비스에 대해 필요하다고 인정하는 사항을 심의하기 위하여 그 소속으로 아동복지심의위원회를 각각 둔다.

③ **아동복지시설의 종류**

- 아동양육시설
- 아동보호치료시설
- 자립지원시설
- 아동전용시설
- 아동보호전문기관
- 아동권리보장원
- 아동일시보호시설
- 공동생활가정
- 아동상담소
- 지역아동센터
- 가정위탁지원센터
- 자립지원전담기관

19 영유아보육법 [기출] 7, 8, 13회

① **목적** : 영유아의 심신을 보호하고 건전하게 교육하여 건강한 사회구성원으로 육성함과 아울러 보호자의 경제적 · 사회적 활동이 원활하게 이루어지도록 함으로써 영유아 및 가정의 복지 증진에 이바지한다.

② **보육 실태 조사** : 보건복지부장관은 이 법의 적절한 시행을 위하여 보육 실태 조사를 3년마다 하여야 한다.

③ **어린이집의 종류**

- 국공립어린이집
- 법인 · 단체 등 어린이집
- 가정어린이집
- 민간어린이집
- 사회복지법인어린이집
- 직장어린이집
- 협동어린이집

④ **국공립어린이집 외의 어린이집의 설치**

국공립어린이집 외의 어린이집을 설치 · 운영하려는 자는 특별자치시장 · 특별자치도지사 · 시장 · 군수 · 구청장의 인가를 받아야 한다.

20 장애인복지법 기출 3, 5, 8, 10, 18회

① **목적** : 장애인의 인간다운 삶과 권리보장을 위한 국가와 지방자치단체 등의 책임을 명백히 하고, 장애발생 예방과 장애인의 의료·교육·직업재활·생활환경개선 등에 관한 사업을 정하여 장애인복지대책을 종합적으로 추진하며, 장애인의 자립생활·보호 및 수당지급 등에 관하여 필요한 사항을 정하여 장애인의 생활안정에 기여하는 등 장애인의 복지와 사회활동 참여 증진을 통하여 사회통합에 이바지한다.

② **장애인의 종류**

- 지체장애인
- 시각장애인
- 언어장애인
- 자폐성장애인
- 신장장애인
- 호흡기장애인
- 안면장애인
- 뇌전증장애인
- 뇌병변장애인
- 청각장애인
- 지적장애인
- 정신장애인
- 심장장애인
- 간장애인
- 장루·요루장애인

③ **장애인복지시설의 종류**

- 장애인 거주시설
- 장애인 직업재활시설
- 장애인 쉼터
- 피해장애인 쉼터
- 장애인 지역사회재활시설
- 장애인 의료재활시설
- 장애인 생산품판매시설

④ **장애인자립생활지원센터**

- 국가와 지방자치단체는 장애인의 자립생활을 실현하기 위하여 장애인자립생활지원센터를 통하여 필요한 각종 지원서비스를 제공한다.
- 장애인자립생활지원센터의 의사결정, 서비스제공 및 운영 등은 장애인 주도로 이루어져야 하며, 의사결정기구의 과반수를 장애인으로 구성하여야 한다.

21 한부모가족지원법 <u>기출</u> 10, 14, 17, 19회

① **목적** : 한부모가족이 안정적인 가족 기능을 유지하고 자립할 수 있도록 지원함으로써 한부모 가족의 생활 안정과 복지 증진에 이바지한다.

② **정 의**

- 모 또는 부 : 다음의 어느 하나에 해당하는 자로서 아동인 자녀를 양육하는 자를 말한다.

> – 배우자와 사별 또는 이혼하거나 배우자로부터 유기된 자
> – 정신이나 신체의 장애로 장기간 노동능력을 상실한 배우자를 가진 자
> – 교정시설 · 치료감호시설에 입소한 배우자 또는 병역복무 중인 배우자를 가진 사람
> – 미혼자(사실혼 관계에 있는 자는 제외)
> – 배우자의 생사가 분명하지 아니한 자
> – 배우자 또는 배우자 가족과의 불화 등으로 인하여 가출한 자

- 청소년 한부모 : 24세 이하의 모 또는 부를 말한다.
- 한부모가족 : 모자가족 또는 부자가족을 말한다.
- 모자가족 : 모가 세대주(세대주가 아니더라도 세대원을 사실상 부양하는 자를 포함)인 가족을 말한다.
- 부자가족 : 부가 세대주(세대주가 아니더라도 세대원을 사실상 부양하는 자를 포함)인 가족을 말한다.
- 아동 : 18세 미만(취학 중인 경우에는 22세 미만을 말하되, 병역법에 따른 병역의무를 이행하고 취학 중인 경우에는 병역의무를 이행한 기간을 가산한 연령 미만)의 자를 말한다.

③ **실태조사** : 여성가족부장관은 한부모가족 지원을 위한 정책수립에 활용하기 위하여 3년마다 한부모가족에 대한 실태조사를 실시하고 그 결과를 공표하여야 한다.

사회복지사 1급

실제 기출문제

2023년

제21회 실제 기출문제

행운이란 100%의 노력 뒤에 남는 것이다.

랭스턴 콜먼

제1과목 사회복지기초

1영역 ▶ 인간행동과 사회환경

01

인간발달에 관한 설명으로 옳지 않은 것은?

① 영아기에서 노년기까지 시간 흐름의 과정이다.
② 일정한 순서와 방향성이 있어 예측이 가능하다.
③ 생애 전 과정에 걸쳐 진행되는 환경적, 유전적 상호작용의 결과이다.
④ 각 발달단계별 인간행동의 특성이 있다.
⑤ 발달에는 개인차가 있다.

02

생태체계이론의 유용성에 관한 설명으로 옳지 않은 것은?

① 문제에 대한 총체적 이해와 조망을 제공한다.
② 각 체계들로부터 다양하고 객관적인 정보획득이 용이하다.
③ 각 환경 수준별 개입의 근거를 제시한다.
④ 구체적인 방법과 기술 제시에는 한계가 있다.
⑤ 개인보다 가족, 집단, 공동체 등의 문제에 적용하는 데 유용하다.

03

인간발달이론과 사회복지실천에 관한 설명으로 옳지 않은 것은?

① 다양한 연령층의 클라이언트와 일할 수 있는 토대가 된다.
② 발달단계별 욕구를 기반으로 사회복지서비스를 개발할 수 있다.
③ 발달단계별 발달과제는 문제해결의 목표와 방법 설정에 유용하다.
④ 발달단계별 발달 저해 요소들을 이해하는 데 유용하다.
⑤ 인간발달이론은 문제 사정단계에서만 유용하다.

04

생태체계이론의 주요 개념에 관한 설명으로 옳은 것은?

① 시너지는 폐쇄체계 내에서 체계 구성요소들 간 유용한 에너지의 증가를 의미한다.
② 엔트로피는 체계 내 질서, 형태, 분화 등이 정돈된 상태이다.
③ 항상성은 모든 사회체계의 기본 속성으로 체계의 목표와 정체성을 유지하려는 의도적 노력에 의해 수정된다.
④ 피드백은 체계의 순환적 성격을 반영하는 개념으로 안정 상태를 유지하는 데 필요하다.
⑤ 적합성은 인간의 적응욕구와 환경자원의 부합정도로서 특정 발달단계에서 성취된다.

05

에릭슨(E. Erikson)의 이론으로 옳지 않은 것은?

① 개인의 성격은 전 생애를 통하여 발달한다.
② 청소년기의 주요 발달과업은 자아정체감 형성이다.
③ 각 단계의 발달은 이전 단계의 발달을 토대로 이루어진다.
④ 성격발달에 있어서 환경과의 상호작용이 중요하다고 본다.
⑤ 학령기(아동기)는 자율성 대 수치와 의심의 심리사회적 위기를 겪는다.

06

프로이트(S. Freud)의 정신분석이론에 관한 설명으로 옳은 것은?

① 인간이 가진 자유의지의 중요성을 강조하였다.
② 거세불안과 남근선망은 주로 생식기(Genital Stage)에 나타난다.
③ 성격구조를 원초아, 자아, 초자아로 구분하였다.
④ 초자아는 현실원리에 지배되며 성격의 실행자이다.
⑤ 성격의 구조나 발달단계를 제시하지 않았다.

07

매슬로우(A. Maslow)의 이론으로 옳지 않은 것은?

① 인간에 대해 희망적이고 낙관적인 관점을 갖는다.
② 자아존중감의 욕구는 욕구위계에서 가장 높은 단계이다.
③ 일반적으로 욕구 위계서열이 높을수록 욕구의 강도가 낮다.
④ 인간은 삶을 유지하려는 동기와 삶을 창조하려는 동기를 가진다.
⑤ 인간은 자아실현을 이루려고 노력하는 존재이다.

08

반두라(A. Bandura)의 사회학습이론의 주요 개념으로 옳지 않은 것은?

① 모델이 관찰자와 유사할 때 관찰자는 모델을 더욱 모방하는 경향이 있다.
② 자신이 통제할 수 있는 보상을 자신에게 줌으로써 자기 행동을 유지시키거나 개선시킬 수 있다.
③ 학습은 사람, 환경 및 행동의 상호작용에 의해 이루어짐을 강조한다.
④ 조작적 조건화에 의해 행동은 습득된다.
⑤ 관찰학습은 주의집중과정 → 보존과정(기억과정) → 운동재생과정 → 동기화과정을 통해 이루어진다.

09

영아기(0~2세)에 관한 설명으로 옳지 않은 것은?

① 인지발달은 감각기관과 운동기능을 통해 이루어지며 언어나 추상적 개념은 포함되지 않는다.
② 정서발달은 긍정적 정서를 표현하는 것에서 시작하여 점차 부정적 정서까지 표현하게 된다.
③ 언어발달은 인지 및 사회성 발달과 밀접한 관련이 있다.
④ 영아와 보호자 사이에 애착관계 형성이 중요하다.
⑤ 낯가림이 시작된다.

10

중년기(40~64세)에 관한 설명으로 옳은 것은?

① 여성만이 우울, 무기력감 등 심리적 증상을 경험한다.
② 여성은 에스트로겐의 분비가 감소되고 남성은 테스토스테론의 분비가 증가된다.
③ 인지적 반응속도가 최고조에 달한다.
④ 외부세계에 쏟았던 에너지가 자신의 내부로 향한다.
⑤ 친밀감 형성이 주요 과업이며 사회관계망이 축소된다.

11

유아기(3~6세)에 관한 설명으로 옳은 것은?

① 남아는 오이디푸스 콤플렉스를 경험하고 여아는 엘렉트라 콤플렉스를 경험한다.
② 콜버그(L. Kohlberg)에 의하면 인습적 수준의 도덕성 발달단계를 보인다.
③ 피아제의 구체적 조작기에 해당되며 상징적 사고가 가능하다.
④ 인지발달은 상위개념과 하위개념을 구분하여 완전한 수준의 분류능력을 보인다.
⑤ 영아기에 비해 성장 속도가 빨라지며 지속적으로 성장한다.

12

로저스(C. Rogers)의 인본주의이론에 관한 설명으로 옳은 것을 모두 고른 것은?

ㄱ. 인간의 주관적 경험을 강조한다.
ㄴ. 인간은 자아실현경향을 가지고 있다.
ㄷ. 인간의 욕구발달단계를 제시했다.
ㄹ. 완전히 기능하는 사람은 자신의 경험에 개방적이다.

① ㄱ, ㄹ
② ㄴ, ㄷ
③ ㄱ, ㄴ, ㄹ
④ ㄴ, ㄷ, ㄹ
⑤ ㄱ, ㄴ, ㄷ, ㄹ

13

융(C. Jung)의 이론으로 옳은 것을 모두 고른 것은?

ㄱ. 무의식을 개인무의식과 집단무의식으로 구분하였다.
ㄴ. 그림자(Shadow)는 인간에게 있는 동물적 본성을 포함하는 부정적인 측면이다.
ㄷ. 페르소나(Persona)는 개인이 외부세계에 보여주는 이미지 혹은 가면이다.
ㄹ. 남성의 여성적 면은 아니무스(Animus), 여성의 남성적 면은 아니마(Anima)이다.

① ㄱ, ㄴ
② ㄷ, ㄹ
③ ㄱ, ㄴ, ㄷ
④ ㄱ, ㄴ, ㄹ
⑤ ㄱ, ㄴ, ㄷ, ㄹ

14

브론펜브레너(U. Bronfenbrenner)의 사회환경체계에 관한 설명으로 옳은 것은?

① 문화, 정치, 교육정책 등 거시체계는 개인의 삶에 직접적이고 강력한 영향을 미친다.
② 인간을 둘러싼 사회환경을 미시체계, 중간체계, 내부체계, 거시체계로 구분했다.
③ 중간체계는 상호작용하는 둘 이상의 미시체계 간의 관계로 구성된다.
④ 내부체계는 개인이 직접 참여하거나 관여하지는 않으나 개인에게 영향을 미치는 체계로 부모의 직장 등이 포함된다.
⑤ 미시체계는 개인이 새로운 환경으로 이동할 때마다 형성되거나 확대된다.

15

집단에 관한 설명으로 옳은 것은?

① 2차 집단은 인간의 성격형성을 목적으로 한다.
② 개방집단은 구성원의 개별화와 일정 수준 이상의 심도 깊은 목적 달성에 적합하다.
③ 구성원의 상호작용이 중요하므로 최소 단위는 4인 이상이다.
④ 형성집단은 특정 목적 없이 만들 수 있다.
⑤ 집단활동을 통해 집단에 관한 정체성인 '우리의식'이 형성된다.

16

문화에 관한 설명으로 옳은 것은?

① 선천적으로 습득된다.
② 개인행동에 대한 규제와 사회통제의 기능은 없다.
③ 고정적이며 구체적이다.
④ 다른 사회의 구성원과 구별되는 공통적 속성이 있다.
⑤ 다양성은 차별을 의미한다.

17

피아제(J. Piaget)의 인지발달이론에 관한 설명으로 옳은 것은?

① 전 생애의 인지발달을 다루고 있다.
② 문화적 · 사회경제적 · 인종적 차이를 고려하였다.
③ 추상적 사고의 확립은 구체적 조작기의 특징이다.
④ 인지는 동화와 조절의 과정을 통하여 발달한다.
⑤ 전조작적 사고 단계에서 보존개념이 획득된다.

18

행동주의 이론에 관한 설명으로 옳은 것을 모두 고른 것은?

ㄱ. 인간행동에 대한 환경의 결정력을 강조한다.
ㄴ. 강화계획은 행동의 반응 가능성을 증가시키고 유지시키기 위한 방법이다.
ㄷ. 행동조성(Shaping)은 복잡한 행동의 점진적 습득을 설명하는 개념이다.
ㄹ. 고정간격 강화계획은 정해진 수의 반응이 일어난 후 강화를 주는 것이다.

① ㄱ, ㄴ   ② ㄱ, ㄹ
③ ㄴ, ㄹ   ④ ㄷ, ㄹ
⑤ ㄱ, ㄴ, ㄷ

19

다문화에 관한 설명으로 옳지 않은 것은?

① 대표적인 사회문제로 인종차별이 있다.
② 다양한 문화를 수용하고 문화의 단일화를 지향한다.
③ 서구화, 근대화, 세계화는 다문화의 중요성을 표면으로 부상시켰다.
④ 동화주의는 이민을 받는 사회의 문화적 우월성을 전제로 한다.
⑤ 용광로 개념은 동화주의와 관련이 있다.

20

노년기(65세 이상)에 관한 설명으로 옳지 않은 것은?

① 주요 과업은 이제까지의 자신의 삶을 수용하는 것이다.
② 생에 대한 회상이 증가하고 사고의 융통성이 증가한다.
③ 친근한 사물에 대한 애착이 많아진다.
④ 치매의 발병 가능성이 다른 연령대에 비해 높아진다.
⑤ 내향성이 증가한다.

21

신생아기(출생~1개월)의 반사운동에 관한 설명으로 옳지 않은 것은?

① 바빈스키반사(Babinski Reflect)는 입 부근에 부드러운 자극을 주면 자극이 있는 쪽으로 입을 벌리는 반사운동이다.
② 파악반사(Grasping Reflect)는 손에 닿는 것을 움켜쥐고 놓지 않으려는 반사운동이다.
③ 연하반사(Swallowing Reflect)는 입 속에 있는 음식물을 삼키려는 반사운동이다.
④ 모로반사(Moro Reflect)는 갑작스러운 외부 자극에 팔과 다리를 쭉 펴면서 껴안으려고 하는 반사운동이다.
⑤ 원시반사(Primitive Reflect)에는 바빈스키, 모로, 파악, 걷기 반사 등이 있다.

22

청소년기(13~19세)에 관한 설명으로 옳지 않은 것은?

① 친밀감 형성이 주요 발달과업이다.
② 신체적 발달이 활발하여 제2의 성장 급등기로 불린다.
③ 특징적 발달 중 하나로 성적 성숙이 있다.
④ 정서의 변화가 심하며 극단적 정서를 경험하기도 한다.
⑤ 추상적 이론과 관념적 사상에 빠져 때로 부정적 정서를 경험한다.

23

아동기(7~12세)에 관한 설명으로 옳은 것을 모두 고른 것은?

ㄱ. 제1의 반항기이다.
ㄴ. 조합기술의 획득으로 사칙연산이 가능해진다.
ㄷ. 객관적, 논리적 사고가 가능해진다.
ㄹ. 정서적 통제와 분화된 정서표현이 가능해진다.
ㅁ. 타인의 입장을 고려하지 못한다.

① ㄴ, ㄷ
② ㄱ, ㄴ, ㄹ
③ ㄴ, ㄷ, ㄹ
④ ㄷ, ㄹ, ㅁ
⑤ ㄱ, ㄷ, ㄹ, ㅁ

24

생애주기별 특징으로 옳은 것을 모두 고른 것은?

ㄱ. 유아기(3~6세)는 성역할을 인식하기 시작한다.
ㄴ. 아동기(7~12세)는 자기중심성을 보이며 자신의 시각에서 사물을 본다.
ㄷ. 성인기(20~35세)는 신체적 기능이 최고조에 달하며 이 시기를 정점으로 쇠퇴하기 시작한다.
ㄹ. 노년기(65세 이상)는 단기기억보다 장기기억의 감퇴 속도가 느리다.

① ㄱ, ㄴ
② ㄱ, ㄹ
③ ㄴ, ㄷ
④ ㄱ, ㄷ, ㄹ
⑤ ㄴ, ㄷ, ㄹ

25

이상행동과 사회복지실천에 관한 설명으로 옳지 않은 것은?

① 사회문화적 규범에서 벗어나거나 개인과 타인에게 불편과 고통을 유발하는 행동이다.
② 유일한 진단분류체계로 '정신질환 진단 및 통계편람(DSM)'이 있다.
③ 이상행동의 개념은 사회문화, 역사진행과정의 영향을 받는다.
④ 정신건강사회복지사가 전문실천가로 활동한다.
⑤ 이상행동은 클라이언트들이 겪는 문제의 원인이나 결과가 되기도 한다.

2영역 ▶ 사회복지조사론

26

사회조사과정에서 준수해야 할 연구윤리로 옳지 않은 것은?

① 참여자의 익명성과 비밀을 보장한다.
② 참여자가 원할 경우 언제든지 참여를 중단할 수 있음을 사전에 고지한다.
③ 일반적으로 연구의 공익적 가치가 연구윤리보다 우선해야 한다.
④ 참여자가 연구에 참여하여 얻을 수 있는 혜택은 사전에 고지한다.
⑤ 참여자의 연구 참여는 자발적이어야 한다.

27

사회과학의 패러다임에 관한 설명으로 옳지 않은 것은?

① 실증주의는 연구결과를 해석할 때 정치적 가치나 이데올로기의 영향을 적극적으로 고려한다.

② 해석주의는 삶에 관한 심층적이고 주관적인 이해를 얻고자 한다.

③ 비판주의는 사회변화를 목적으로 사회의 본질적이고 구조적 측면의 파악에 주목한다.

④ 후기실증주의는 객관적인 지식에 대한 직접적 확증은 불가능하다고 본다.

⑤ 포스트모더니즘은 객관적 실재와 진리의 보편적 기준을 거부한다.

28

종단연구(Longitudinal Study)에 관한 설명으로 옳은 것은?

① 베이비붐세대를 시간변화에 따라 연구하는 것은 추이연구(Trend Study)이다.

② 일정 기간 센서스 자료를 비교하여 전국 인구의 성장을 추적하는 것은 동류집단연구(Cohort Study)이다.

③ 매번 동일한 집단을 관찰하는 연구는 패널연구(Panel Study)이다.

④ 시간에 따른 변화를 가장 정확하게 알려주는 것은 동류집단연구(Cohort Study)이다.

⑤ 일반 모집단의 변화를 시간변화에 따라 연구하는 것은 동류집단연구(Cohort Study)이다.

29

영가설에 관한 설명으로 옳은 것을 모두 고른 것은?

> ㄱ. 연구가설에 대한 반증가설이 영가설이다.
> ㄴ. 영가설은 변수 간에 관계가 없음을 뜻한다.
> ㄷ. 대안가설을 검증하여 채택하는 가설이다.
> ㄹ. 변수 간의 관계가 우연이 아님을 증명한다.

① ㄱ, ㄴ   ② ㄱ, ㄹ

③ ㄴ, ㄷ   ④ ㄱ, ㄷ, ㄹ

⑤ ㄴ, ㄷ, ㄹ

30

사회조사의 목적에 관한 설명으로 옳지 않은 것은?

① 지난 해 발생한 데이트폭력사건의 빈도와 유형을 자세히 보고하는 것은 기술적 연구이다.

② 외상후스트레스로 퇴역한 군인을 위한 서비스개발의 가능성을 파악하기 위한 초기면접은 설명적 연구이다.

③ 사회복지협의회가 매년 실시하는 사회복지기관 통계조사는 기술적 연구이다.

④ 지방도시에 비해 대도시의 아동학대비율이 높은 이유를 보고하는 것은 설명적 연구이다.

⑤ 지역사회대상 설문조사를 통해 사회복지서비스의 만족도를 조사하는 것은 기술적 연구이다.

31

다음 연구과제의 변수들을 측정할 때 ㄱ~ㄹ의 척도 유형을 바르게 짝지은 것은?

> 장애인의 성별(ㄱ)과 임금수준의 관계를 정확하게 파악하기 위해서는 장애유형(ㄴ), 거주지역(ㄷ), 직업종류(ㄹ)와 같은 변수들의 영향력을 적절히 통제해야 한다.

① ㄱ : 명목, ㄴ : 명목, ㄷ : 명목, ㄹ : 명목

② ㄱ : 명목, ㄴ : 서열, ㄷ : 서열, ㄹ : 명목

③ ㄱ : 명목, ㄴ : 서열, ㄷ : 명목, ㄹ : 비율

④ ㄱ : 명목, ㄴ : 등간, ㄷ : 명목, ㄹ : 명목

⑤ ㄱ : 명목, ㄴ : 등간, ㄷ : 서열, ㄹ : 비율

32

조사설계의 내적 타당도와 외적 타당도에 관한 설명으로 옳은 것은?

① 어떤 변수가 다른 변수의 원인임을 정확하게 기술하는 것이 외적 타당도이다.
② 연구결과를 연구조건을 넘어서는 상황이나 모집단으로 일반화하는 정도가 내적 타당도이다.
③ 내적 타당도는 외적 타당도의 필요조건이지만 충분조건은 아니다.
④ 실험대상의 탈락이나 우연한 사건은 외적 타당도 저해요인이다.
⑤ 외적 타당도가 낮은 경우 내적 타당도 역시 낮다.

33

피면접자를 직접 대면하는 면접조사가 우편설문에 비해 갖는 장점이 아닌 것은?

① 응답자의 익명성 보장 수준이 높다.
② 보충적 자료수집이 가능하다.
③ 대리응답의 방지가 가능하다.
④ 높은 응답률을 기대할 수 있다.
⑤ 조사내용에 대한 심층적 이해가 가능하다.

34

다음 변수의 측정 수준에 따른 분석 방법이 옳지 않은 것은?

　ㄱ. 출신지역 : 도시, 도농복합, 농어촌, 기타
　ㄴ. 교육수준 : 무학, 초등학교 졸업, 중학교 졸업, 고등
　　 학교 졸업, 대졸 이상
　ㄷ. 가출경험 : 유, 무
　ㄹ. 연간기부금액 : (　　　)만원
　ㅁ. 연령 : 10대, 20대, 30대, 40대, 50대, 60대 이상

① ㄱ : 최빈값　　　　② ㄴ : 중위수
③ ㄷ : 백분율　　　　④ ㄹ : 범위
⑤ ㅁ : 산술평균

35

델파이조사에 관한 설명으로 옳지 않은 것은?

① 전문가 패널을 대상으로 견해를 파악한다.
② 되풀이 되는 조사 과정을 통해 합의를 도출한다.
③ 반대 의견에 대한 패널 참가자들의 감정적 충돌을 줄일 수 있다.
④ 패널 참가자의 익명성 보장에 어려움이 있다.
⑤ 조사 자료의 정리에 연구자의 편향이 발생할 수 있다.

36

관찰을 통한 자료수집에 관한 설명으로 옳은 것은?

① 피관찰자에 의해 자료가 생성된다.
② 비언어적 상황의 자료수집이 용이하다.
③ 자료수집 상황에 대한 통제가 용이하다.
④ 내면적 의식의 파악이 용이하다.
⑤ 수집된 자료를 객관화하는 최적의 방법이다.

37

다음의 연구에서 활용한 질적 연구방법에 관한 설명으로 옳은 것은?

> A사회복지사는 가정 밖 청소년들의 범죄피해와 정신건강의 문제를 당사자의 관점에서 이해하고 주체적으로 해결하기 위해 연구를 시작하였다. 연구에 참여한 가정 밖 청소년들은 A사회복지사와 함께 범죄피해와 정신건강과 관련된 사회 구조적인 문제를 해결하기 위한 다양한 방안들을 스스로 만들고 수행하였다.

① 개방코딩-축코딩-선택코딩의 방법을 활용한다.
② 범죄피해와 정신건강을 설명하는 이론 개발에 초점을 둔다.
③ 단일사례에 대한 깊이 있는 분석에 초점을 둔다.
④ 관찰대상의 개인적 설화(Narrative)를 만드는 것에 초점을 둔다.
⑤ 사회변화와 임파워먼트에 초점을 둔다.

38

다음의 연구에서 활용한 연구설계에 관한 설명으로 옳은 것은?

> 청소년의 자원봉사의식 향상 프로그램의 효과성을 검증하기 위하여 청소년 200명을 무작위로 두 개의 집단으로 나눈 후 A측정도구를 활용하여 사전검사를 실시하였다. 하나의 집단에만 프로그램을 실시한 후 두 개의 집단 모두를 대상으로 A측정도구를 활용하여 사후검사를 실시하였다.

① 테스트 효과의 발생 가능성이 낮다.
② 집단 간 동질성의 확인 가능성이 낮다.
③ 사전검사와 프로그램의 상호작용 효과의 통제가 가능하다.
④ 자연적 성숙에 따른 효과의 통제가 가능하다.
⑤ 실험집단의 개입 효과가 통제집단으로 전이된다.

39

연구의 외적 타당도를 저해하는 상황으로 옳은 것은?

① 연구대상의 건강 상태가 시간 경과에 따라 회복되는 상황
② 자아존중감을 동일한 측정도구로 사전-사후 검사하는 상황
③ 사회적 지지를 다른 측정도구로 사전-사후 검사하는 상황
④ 실험집단과 통제집단 간 연령 분포의 차이가 크게 발생하는 상황
⑤ 자발적 참여자만을 대상으로 연구표본을 구성하게 되는 상황

40

단일사례설계에 관한 설명으로 옳은 것을 모두 고른 것은?

> ㄱ. BA설계는 개입의 긴급성이 있는 상황에 적합하다.
> ㄴ. ABAC설계는 선행 효과의 통제가 가능하다.
> ㄷ. ABAB설계는 AB설계에 비해 외부사건의 영향력에 대한 통제력이 크다.
> ㄹ. 복수기초선디자인은 AB설계에 비해 외부사건의 영향력에 대한 통제력이 크다.

① ㄱ, ㄴ   ② ㄴ, ㄹ
③ ㄷ, ㄹ   ④ ㄱ, ㄴ, ㄷ
⑤ ㄱ, ㄷ, ㄹ

41

단일사례설계의 결과 분석 방법에 관한 설명으로 옳지 않은 것은?

① 시각적 분석은 변화의 수준, 파동, 경향을 고려해야 한다.
② 통계적 분석을 할 때 기초선이 불안정한 경우 평균 비교가 적합하다.
③ 평균 비교에서는 평균과 표준편차를 함께 고려해야 한다.
④ 경향선 분석에서는 기초선의 측정값을 두 영역으로 나누어 경향선을 구한다.
⑤ 임상적 분석은 결과 판단에 주관적 요소의 개입 가능성이 크다.

42

측정의 오류에 관한 설명으로 옳지 않은 것은?

① 연구자의 의도가 포함된 질문은 체계적 오류를 발생시킨다.
② 사회적으로 바람직한 응답은 체계적 오류를 발생시킨다.
③ 측정의 오류는 연구의 타당도를 낮춘다.
④ 타당도가 낮은 척도의 사용은 무작위 오류를 발생시킨다.
⑤ 측정의 다각화는 측정의 오류를 줄여 객관성을 높인다.

43

변수의 조작적 정의에 관한 설명으로 옳은 것을 모두 고른 것은?

ㄱ. 개념적 정의를 실제로 관찰할 수 있는 수준으로 전환시키는 것이다.
ㄴ. 조작적 정의를 하면 개념의 의미가 다양하고 풍부해진다.
ㄷ. 조작적 정의를 통해 개념이 더욱 추상화된다.
ㄹ. 조작적 정의가 없이도 가설 검증이 가능하다.

① ㄱ
② ㄱ, ㄴ
③ ㄴ, ㄷ
④ ㄱ, ㄴ, ㄷ
⑤ ㄱ, ㄷ, ㄹ

44

표집오차(Sampling Error)에 관한 설명으로 옳지 않은 것은?

① 신뢰수준을 높이면 표집오차는 감소한다.
② 모집단의 모수와 표본의 통계치 간의 차이이다.
③ 표본의 크기가 커지면 표집오차는 커진다.
④ 모집단의 동질성에 영향을 받는다.
⑤ 표본으로 추출될 기회가 동등하면 표집오차는 감소한다.

45

「마을만들기 사업 참여경험에 관한 연구」의 엄격성을 높이는 방법으로 옳은 것을 모두 고른 것은?

ㄱ. 삼각측정(Triangulation)
ㄴ. 예외사례 표본추출
ㄷ. 장기적 관찰
ㄹ. 연구윤리 강화

① ㄱ, ㄴ
② ㄷ, ㄹ
③ ㄱ, ㄴ, ㄷ
④ ㄱ, ㄴ, ㄹ
⑤ ㄱ, ㄴ, ㄷ, ㄹ

46

표본추출에 관한 설명으로 옳은 것은?

① 모집단을 가장 잘 대표하는 표본추출방법은 유의표집이다.
② 모집단이 이질적인 경우에는 표본의 크기를 줄여야 한다.
③ 전수조사에서는 모수와 통계치의 구분이 필요하다.
④ 표집오류를 줄이기 위해 층화표집방법(Stratified Sampling)을 사용할 수 있다.
⑤ 체계적 표집방법(Systematic Sampling)은 모집단에서 유의표집을 실시한 후 일정한 표본추출 간격으로 표본을 선정한다.

47

척도에 관한 설명으로 옳은 것은?

① 리커트(Likert) 척도는 개별문항의 중요도를 차등화한다.
② 보가더스(Bogardus)의 사회적 거리척도는 누적척도이다.
③ 평정(Rating) 척도는 문항의 적절성 평가가 용이하다.
④ 거트만(Guttman) 척도는 다차원적 내용을 분석할 때 사용된다.
⑤ 의미차별(Semantic Differential)척도는 느낌이나 감정을 나타내는 한 쌍의 유사한 형용사를 사용한다.

48

타당도에 관한 설명으로 옳은 것을 모두 고른 것은?

ㄱ. 특정 개념에 포함되어 있는 의미를 포괄하는 정도는 내용타당도(Content Validity)이다.
ㄴ. 개발된 측정도구의 측정값을 현재 사용되고 있는 측정도구와 비교하는 것은 동시타당도(Concurrent Validity)이다.
ㄷ. 예측타당도(Predict Validity)의 하위타당도는 기준관련타당도(Criterion-related Validity)와 동시타당도이다.
ㄹ. 측정하려는 개념이 포함된 이론체계 안에서 다른 변수와 관련된 방식에 기초한 타당도는 구성타당도(Construct Validity)이다.

① ㄱ, ㄴ   ② ㄴ, ㄷ
③ ㄷ, ㄹ   ④ ㄱ, ㄴ, ㄹ
⑤ ㄱ, ㄴ, ㄷ, ㄹ

49

신뢰도를 측정하는 방법으로 옳지 않은 것은?

① 동일한 상황에서 동일한 측정도구로 동일한 대상을 다시 측정하는 방법
② 측정도구를 반으로 나누어 두 개의 독립된 척도로 구성한 후 동일한 대상을 측정하는 방법
③ 상관관계가 높은 문항들을 범주화하여 하위요인을 구성하는 방법
④ 동질성이 있는 두 개의 측정도구를 동일한 대상에게 측정하는 방법
⑤ 전체 척도와 척도의 개별항목이 얼마나 상호연관성이 있는지 분석하는 방법

50

할당표집방법에 관한 설명으로 옳지 않은 것은?

① 모집단의 주요 특성에 대한 정보를 활용한다.
② 모집단을 구성하는 주요 변수별로 표본을 할당한 후 확률표집을 실시한다.
③ 지역주민 조사에서 전체주민의 연령대별 구성 비율에 따라 표본을 선정한다.
④ 표본추출 시 할당틀을 만들어 사용한다.
⑤ 우발적 표집보다 표본의 대표성이 높다.

사회복지실천

01

사회복지실천의 역사적 발달과정을 발생한 순서대로 옳게 나열한 것은?

> ㄱ. 밀포드(Milford) 회의에서 사회복지실천의 공통요소를 발표하였다.
> ㄴ. 사회복지사업법에 따라 국내에서 사회복지사 명칭을 사용하기 시작하였다.
> ㄷ. 태화여자관이 설립되었다.
> ㄹ. 사회복지전문요원이 국내 행정기관에 배치되었다.

① ㄱ - ㄴ - ㄷ - ㄹ
② ㄱ - ㄷ - ㄴ - ㄹ
③ ㄱ - ㄷ - ㄹ - ㄴ
④ ㄷ - ㄱ - ㄴ - ㄹ
⑤ ㄷ - ㄱ - ㄹ - ㄴ

02

양자 간의 논쟁에 개입하여 중립을 지키면서 상호합의를 이끌어내는 사회복지사의 역할은?

① 중개자   ② 조정자
③ 중재자   ④ 옹호자
⑤ 교육자

03

다음에서 설명하는 것은?

> 사회복지사가 자신의 가치, 신념, 행동습관, 편견 등이 사회복지실천에 어떤 영향을 미치는지 정확하게 이해하는 것이다.

① 자기지시   ② 자기규제
③ 자기노출   ④ 자기인식
⑤ 자기결정

04

사회복지실천 면접의 질문기술에 관한 내용으로 옳은 것은?

① 클라이언트가 방어적인 태도를 취할 수 있기에 '왜'라는 질문은 피한다.
② 클라이언트가 자유롭게 대답할 수 있도록 폐쇄형 질문을 활용한다.
③ 사회복지사가 의도하는 특정방향으로 이끌기 위해 유도질문을 사용한다.
④ 클라이언트에게 이중 또는 삼중 질문을 한다.
⑤ 클라이언트가 개인적으로 궁금해 하는 사적인 질문은 거짓으로 답한다.

05

생태도 작성에 관한 내용으로 옳은 것을 모두 고른 것은?

> ㄱ. 용지의 중앙에 가족 또는 클라이언트체계를 나타내는 원을 그린다.
> ㄴ. 중심원 내부에 클라이언트 또는 동거가족을 그린다.
> ㄷ. 중심원 외부에 클라이언트 또는 가족과 상호작용하는 외부체계를 작은 원으로 그린다.
> ㄹ. 자원의 양은 '선'으로, 관계의 속성은 '원'으로 표시한다.

① ㄹ   ② ㄱ, ㄷ
③ ㄴ, ㄹ   ④ ㄱ, ㄴ, ㄷ
⑤ ㄱ, ㄴ, ㄷ, ㄹ

06

다음에서 설명하고 있는 면접 기술은?

- 클라이언트가 말하는 것만으로도 치료효과를 얻을 수 있다.
- 클라이언트의 억압된 또는 부정적인 감정이 문제해결을 방해하거나 감정자체에 문제가 있는 경우 이를 표출하게 하여 감정을 해소시키려 할 때 활용한다.

① 해 석　　　　② 환 기
③ 직 면　　　　④ 반 영
⑤ 재보증

07

다음에서 설명하고 있는 사회복지사의 자질은?

- 클라이언트의 감정을 잘 관찰하는 것과 경청하는 과정에서 비롯된다.
- 클라이언트가 언어적으로 표현한 것뿐만 아니라 표현하지 않은 비언어적 내용들도 파악한다.

① 민감성　　　　② 진실성
③ 헌 신　　　　④ 수 용
⑤ 일치성

08

자선조직협회(COS) 활동에 관한 설명으로 옳지 않은 것은?

① 민간 사회복지기관의 활동을 체계적으로 조정하기 위해 등장하였다.
② 적자생존에 기반한 사회진화론을 구빈의 이론적 기반으로 삼았다.
③ 빈민지역에 거주하며 지역사회 문제에 대한 집합적이고 개혁적인 해결을 강조하였다.
④ 과학적이고 적절한 자선활동을 수행하기 위해 클라이언트 등록체계를 실시하였다.
⑤ 자선조직협회 활동은 개별사회사업의 초석이 되었다.

09

개인주의가 사회복지실천에 미친 영향으로 옳은 것을 모두 고른 것은?

ㄱ. 개별화
ㄴ. 개인의 권리와 의무 강조
ㄷ. 최소한의 수혜자격 원칙
ㄹ. 사회적 책임 중시

① ㄱ, ㄴ, ㄷ　　　　② ㄱ, ㄴ, ㄹ
③ ㄱ, ㄷ, ㄹ　　　　④ ㄴ, ㄷ, ㄹ
⑤ ㄱ, ㄴ, ㄷ, ㄹ

10

거시 수준의 사회복지실천에 관한 내용으로 옳지 않은 것은?

① 다문화 청소년을 위한 조례 제정을 추진한다.
② 부모와 자녀의 관계증진을 위한 소집단프로그램을 진행한다.
③ 피학대 노인 보호를 위한 제도 개선을 제안한다.
④ 장애인복지에 필요한 정부 예산 증액을 촉구한다.
⑤ 고독사 문제 해결을 위해 정책 토론회를 개최한다.

11

다음에서 설명하고 있는 사회복지실천모델은?

- 비장애인이 대부분인 사회에서 장애인 클라이언트의 취약한 권리에 주목하였다.
- 사회복지사와 클라이언트 집단은 장애인의 권익을 옹호하는 데 협력하였다.
- 대화, 발견, 발전의 단계를 통해 클라이언트 집단은 주도적으로 불평등한 사회제도를 개선하였다.

① 의료모델
② 임파워먼트모델
③ 사례관리모델
④ 생활모델
⑤ 문제해결모델

12

통합적 접근의 특징에 관한 내용으로 옳지 않은 것은?

① 생태체계 관점에서 인간과 환경 체계를 고려한다.
② 미시 수준에서 거시 수준에 이르는 다차원적 접근을 한다.
③ 개입에 적합한 이론과 방법을 폭넓게 활용한다.
④ 다양하고 복합적인 원인으로 발생하는 문제를 해결하기 위한 접근이다.
⑤ 서비스 영역별로 분화되고 전문화된 접근이다.

13

사회복지 실천현장과 분류의 연결로 옳지 않은 것은?

① 사회복지관 – 1차 현장
② 종합병원 – 2차 현장
③ 발달장애인지원센터 – 이용시설
④ 노인보호전문기관 – 생활시설
⑤ 사회복지공동모금회 – 비영리기관

14

콤튼과 갤러웨이(B. Compton & B. Galaway)의 사회복지실천 구성체계 중 '사회복지사협회'가 해당되는 체계는?

① 변화매개체계
② 클라이언트체계
③ 표적체계
④ 행동체계
⑤ 전문가체계

15

사회복지실천의 전문적 관계에 관한 설명으로 옳지 않은 것은?

① 사회복지사와 클라이언트가 합의하여 목적을 설정한다.
② 사회복지사는 소속된 기관의 특성에 영향을 받는다.
③ 사회복지사의 이익과 욕구 충족을 위한 일방적 관계이다.
④ 사회복지사는 전문성에 바탕을 둔 권위를 가진다.
⑤ 계약에 의해 이루어지는 시간제한적인 특징을 갖는다.

16

비스텍(F. Biestek)의 관계의 원칙 중 '의도적 감정표현'에 해당하는 것은?

① 클라이언트의 부정적 감정을 자유롭게 표현할 수 있도록 지지한다.
② 클라이언트의 감정이나 태도를 있는 그대로 받아들이고 존중한다.
③ 목적달성을 위한 방안들의 장·단점을 설명하고 클라이언트가 스스로 선택하도록 한다.
④ 공감을 받고 싶어 하는 클라이언트의 욕구에 따라 클라이언트에게 공감하는 반응을 표현한다.
⑤ 사회복지사 자신의 생각과 느낌, 개인적인 경험을 이야기한다.

17

다음에서 설명하고 있는 사례관리 개입 원칙은?

- 변화하는 클라이언트 욕구에 반응하여 장기적으로 서비스를 제공해야 한다.
- 클라이언트에게 필요한 서비스를 중단하지 않고 제공해야 한다.

① 서비스의 체계성
② 서비스의 접근성
③ 서비스의 개별화
④ 서비스의 연계성
⑤ 서비스의 지속성

18

원조관계에서 사회복지사의 태도에 관한 내용으로 옳은 것은?

① 개선의 여지가 있다고 판단된 경우에 한해서 클라이언트와 전문적 관계를 형성하였다.
② 클라이언트의 감정에 이입되어 면담을 지속할 수 없었다.
③ 자신의 생각과 다른 클라이언트의 의견은 관계형성을 위해 즉시 수정하도록 지시하였다.
④ 법정으로부터 정보공개 명령을 받고 관련된 클라이언트 정보를 제공하였다.
⑤ 클라이언트 특성이나 상황이 일반적인 경우와 다르지만 획일화된 서비스를 그대로 제공하였다.

19

자료수집을 위한 자료 출처에 해당하는 것을 모두 고른 것은?

ㄱ. 문제, 사건, 기분, 생각 등에 관한 클라이언트 진술
ㄴ. 클라이언트와 직접 상호작용한 사회복지사의 경험
ㄷ. 심리검사, 지능검사, 적성검사 등의 검사 결과
ㄹ. 친구, 이웃 등 클라이언트의 중요한 타인으로부터 수집한 정보

① ㄱ, ㄴ, ㄷ
② ㄱ, ㄴ, ㄹ
③ ㄱ, ㄷ, ㄹ
④ ㄴ, ㄷ, ㄹ
⑤ ㄱ, ㄴ, ㄷ, ㄹ

20

레비(C. Levy)가 제시한 사회복지 전문직의 가치 중 결과 우선 가치에 해당하는 것은?

① 자기결정권 존중
② 인간 존엄성에 대한 믿음
③ 비심판적 태도
④ 동등한 사회참여 기회 제공
⑤ 개별성에 대한 인정

21

사회복지실천 개입기술에 관한 설명으로 옳은 것을 모두 고른 것은?

ㄱ. 재보증은 어떤 문제에 대해 클라이언트가 부여하는 의미를 수정해 줌으로써 클라이언트의 시각을 긍정적인 방향으로 변화시키려는 전략이다.
ㄴ. 모델링은 실제 다른 사람의 행동을 직접 관찰함으로써만 시행 가능하다.
ㄷ. 격려기법은 주로 클라이언트 행동이 변화에 장애가 되거나 타인에게 위협이 될 때, 이를 인식하도록 하기 위한 목적으로 사용한다.
ㄹ. 일반화란 클라이언트 혼자만이 겪는 문제가 아니라는 것을 인식하게 하는 기법이다.

① ㄱ
② ㄹ
③ ㄱ, ㄹ
④ ㄱ, ㄴ, ㄷ
⑤ ㄴ, ㄷ, ㄹ

22

사례관리 등장배경에 관한 설명으로 옳지 않은 것은?

① 탈 시설화로 인해 많은 정신 장애인이 지역사회 내에서 생활하게 되었다.
② 지역사회 내 서비스 간 조정이 필요하게 되었다.
③ 복지비용 절감에 관심이 커지면서 저비용 고효율을 지향하게 되었다.
④ 인구·사회적 변화에 따라 다양하고, 복합적이며 만성적인 욕구를 가진 클라이언트가 증가하였다.
⑤ 사회복지서비스 공급주체가 지방정부에서 중앙정부로 변화하였다.

23

사회복지실천의 간접적 개입에 해당하는 것은?

① 의사소통 교육
② 프로그램 개발
③ 부모교육
④ 가족상담
⑤ 사회기술훈련

24

다음에서 설명하고 있는 사례관리 과정은?

- 계획 수정 여부 논의
- 클라이언트 욕구 변화 검토
- 서비스 계획의 목표 달성 정도 파악
- 서비스가 효과적으로 제공되고 있는지 확인

① 점 검
② 계 획
③ 사후관리
④ 아웃리치
⑤ 사 정

25

사례관리자 역할과 그 예의 연결로 옳지 않은 것은?

① 조정자(Coordinator) : 사례회의를 통해 독거노인 지원서비스가 중복 제공되지 않도록 하였다.
② 옹호자(Advocate) : 사례회의에서 장애아동의 입장을 대변하였다.
③ 협상가(Negotiator) : 사례회의를 통해 생활 형편이 어려운 가정의 아동에게 재정 후원자를 연결해 주었다.
④ 평가자(Evaluator) : 사례 종결 여부를 결정하기 위해 목표 달성 여부를 확인하였다.
⑤ 기획가(Planner) : 욕구사정을 통해 클라이언트에게 필요한 자원을 설계하고 체계적인 개입 계획을 세웠다.

26

사회복지실천현장의 지식 유형에 관한 설명으로 옳지 않은 것은?

① 이론은 현상을 설명하기 위한 가설이나 개념의 집합체이다.
② 관점은 개인과 사회에 관한 주관적 인식의 차이를 보여주는 사고체계이다.
③ 실천지혜는 실천활동의 원칙과 방식을 구조화한 것이다.
④ 패러다임은 역사와 사상의 흐름에 영향을 받는 추상적 개념 틀이다.
⑤ 모델은 실천과정에 직접적으로 필요한 기술적 적용방법을 제시한 것이다.

27

위기개입모델에 관한 설명으로 옳지 않은 것은?

① 클라이언트에게 실용적 정보를 제공하고 지지체계를 개발하도록 한다.
② 단기개입 서비스를 제공한다.
③ 구체적이고 관찰 가능한 문제에 초점을 둔다.
④ 위기 발달은 촉발요인이 발생한 후에 취약단계로 넘어간다.
⑤ 사회복지사는 다른 개입모델에 비해 적극적이고 직접적인 역할을 수행한다.

28

해결중심모델에 관한 설명으로 옳은 것은?

① 클라이언트에게 대처행동을 가르치고 훈련함으로써 부적응을 해소하도록 한다.
② 탈이론적이고 비규범적이며 클라이언트의 견해를 존중한다.
③ 문제의 원인을 클라이언트의 심리 내적 요인에서 찾는다.
④ 클라이언트의 문제를 자원 혹은 기술 부족으로 본다.
⑤ 문제와 관련이 있는 환경과 자원을 사정하고 개입 방안을 강조한다.

29

인지적 오류(왜곡)에 관한 예로 옳지 않은 것은?

① 임의적 추론 : 내가 뚱뚱해서 지나가는 사람들이 나만 쳐다봐.
② 개인화 : 그때 내가 전화만 받았다면 동생이 사고를 당하지 않았을 텐데. 나 때문이야.
③ 이분법적 사고 : 이 일을 완벽하게 하지 못하면 실패한 것이야.
④ 과잉일반화 : 시험보는 날인데 아침에 미역국을 먹었으니 나는 떨어질 거야.
⑤ 선택적 요약 : 지난번 과제에 나쁜 점수를 받아서. 이건 내가 꼴찌라는 것을 의미해.

30

인지행동모델에 관한 설명으로 옳지 않은 것은?

① 개인의 주관적 경험의 독특성을 중시한다.
② 클라이언트의 강점과 자원이 문제해결의 주요 요소이다.
③ 제한된 시간 내에 특정 문제에 초점을 두고 접근한다.
④ 과제 활용과 교육적인 접근으로 자기 치료가 가능하도록 한다.
⑤ 클라이언트의 적극적 참여와 협조적 태도를 중시한다.

31

사회복지실천의 개입기법에 관한 설명으로 옳지 않은 것은?

① 소거 : 부적 처벌의 원리를 이용하여 바람직하지 않은 행동을 중단시키는 것
② 시연 : 클라이언트가 힘들어하는 행동에 대해 실생활에서 실행 전에 반복적으로 연습하는 것
③ 행동조성 : 특정 행동 수준까지 끌어올리기 위해 작은 단위의 행동으로 나누어 과제를 주는 것
④ 체계적 둔감법 : 두려움이 적은 상황부터 큰 상황까지 단계적으로 노출시켜 문제를 극복하도록 하는 것
⑤ 내적 의사소통의 명료화 : 클라이언트가 자신의 생각을 말로 표현하고, 피드백을 통해 사고의 명료화를 돕는 것

32

사회복지실천모델에 관한 설명으로 옳은 것을 모두 고른 것은?

ㄱ. 위기개입모델에서는 사건에 대한 클라이언트의 주관적인 인식보다 사건 자체를 중시한다.
ㄴ. 클라이언트중심모델에서는 현재 직면한 문제와 앞으로의 문제를 극복할 수 있도록 성장 과정을 도와준다.
ㄷ. 임파워먼트모델에서는 클라이언트가 자신의 삶을 스스로 통제할 수 있도록 원조한다.
ㄹ. 과제중심모델에서는 클라이언트가 인식한 문제에 초점을 두고, 클라이언트의 욕구를 최대한 반영한다.

① ㄱ
② ㄴ, ㄷ
③ ㄱ, ㄴ, ㄷ
④ ㄴ, ㄷ, ㄹ
⑤ ㄱ, ㄴ, ㄷ, ㄹ

33

해결중심모델에서 사용하는 질문기법과 그에 관한 예로 옳은 것은?

① 관계성질문 : 재혼하신 아버지는 이 문제를 어떻게 생각하실까요?
② 기적질문 : 처음 상담했을 때와 지금의 스트레스 수준을 비교한다면 지금은 몇 점인가요?
③ 대처질문 : 어떻게 하면 그 문제가 발생하지 않을 것 같나요?
④ 예외질문 : 당신은 그 어려운 상황에서 어떻게 견딜 수 있었나요?
⑤ 척도질문 : 처음 상담을 약속했을 때와 지금은 무엇이 어떻게 달라졌는지 말씀해 주세요.

34

다음 사례에서 활용한 심리사회모델의 개입기법은?

"지금까지의 방법이 효과적이지 않다면 다른 방법을 시도해 보면 어떨까요? 제 생각에는 지금쯤 변화가 필요하니 가족상담에 참여해 보시면 어떨까 합니다."

① 지지하기
② 직접적 영향주기
③ 탐색-기술-환기
④ 인간-환경에 관한 고찰
⑤ 유형-역동성 고찰

35

정신역동모델의 개입기법에 관한 설명으로 옳은 것을 모두 고른 것은?

ㄱ. 직면 : 클라이언트의 이야기와 행동 간 불일치를 보일 때 자기모순을 직시하게 한다.
ㄴ. 해석 : 치료적 관계에서 나타나는 클라이언트의 특정 생각이나 행동의 의미를 설명한다.
ㄷ. 전이분석 : 클라이언트가 과거의 중요한 인물에 대해 느꼈던 감정을 치료사에게 재현하는 현상을 분석하여 과거 문제를 해석하고 통찰하도록 한다.
ㄹ. 명료화 : 저항이나 전이에 대한 이해를 심화·확장하여 통합적으로 이해하도록 한다.

① ㄱ
② ㄴ, ㄹ
③ ㄷ, ㄹ
④ ㄱ, ㄴ, ㄷ
⑤ ㄱ, ㄴ, ㄷ, ㄹ

36

클라이언트와의 면접 중에 주제를 전환하기 위한 목적으로 사용하는 실천기술은?

① 반영
② 요약
③ 해석
④ 직면
⑤ 초점화

37

가족개입을 위한 전제조건에 관한 설명으로 옳지 않은 것은?

① 한 사람의 문제는 가족성원 모두에게 영향을 미친다.
② 한 가족성원의 개입노력은 가족 전체에 영향을 준다.
③ 가족성원의 행동은 순환적 인과성의 특성을 갖는다.
④ 가족문제의 원인은 단선적 관점으로 파악한다.
⑤ 한 가족성원이 보이는 증상은 가족의 문제를 대신해서 호소하는 것으로 본다.

38

다음 가족사례에 적용된 실천기법은?

• 클라이언트 : "저희 딸은 제 말은 안 들어요. 저희 남편이 뭐든 대신 다 해 주거든요. 아이가 남편 말만 들어요. 결국 아이문제로 인해 부부싸움으로 번지거든요."
• 사회복지사 : "아버지가 아이를 대신해서 다 해 주시는군요. 어머니는 그 사이에서 소외된다고 느끼시네요. 자녀가 스스로 할 수 있도록 아버지는 기다려 주고 어머니와 함께 지켜보는 것이 어떨까요?"

① 합 류
② 역설적 지시
③ 경계선 만들기
④ 증상처방
⑤ 가족조각

39

다음 사례에서 사회복지사가 우선적으로 개입해야 하는 것은?

A씨는 25세로 알코올 중독진단을 받았으나 문제에 대한 본인의 인식은 부족한 상황이다. 현재 A씨는 부모와 함께 살고 있으나 몇 년 전부터 대화가 단절되어 있다. A씨가 술을 마실 때면 아버지로부터 학대도 발생하고 있는 상황이다.

① 경직된 가족경계를 재구조화한다.
② 단절된 의사소통의 문제를 해결한다.
③ 알코올 중독 문제에 관여한다.
④ 술 문제의 원인으로 보이는 부모를 대상으로 상담한다.
⑤ 부모 간 갈등으로부터 벗어나도록 자아분화를 촉진한다.

40

가족경계(Boundary)에 관한 설명으로 옳은 것은?

① 하위체계의 경계가 경직된 경우에는 지나친 간섭이 증가한다.
② 하위체계의 경계가 희미한 경우에는 감정의 합일 현상이 증가한다.
③ 하위체계의 경계가 경직된 경우에는 가족의 보호기능이 강화된다.
④ 하위체계의 경계가 희미한 경우에는 가족 간 의사소통이 감소한다.
⑤ 하위체계의 경계가 경직된 경우에는 가족구성원이 독립적으로 행동하기 어렵다.

41

가족사정에 관한 설명으로 옳은 것을 모두 고른 것은?

ㄱ. 가족체계가 어떻게 기능하는지 발견하는 것이 목적이다.
ㄴ. 가족 상호작용 유형에 적합한 방법을 찾는 것이다.
ㄷ. 가족사정과 개입과정은 상호작용적이며 순환적이다.
ㄹ. 가족이 제시하는 문제, 생태학적 사정, 세대 간 사정, 가족 내부 간 사정으로 이루어진다.

① ㄱ, ㄴ   ② ㄷ, ㄹ
③ ㄱ, ㄴ, ㄷ   ④ ㄱ, ㄴ, ㄹ
⑤ ㄱ, ㄴ, ㄷ, ㄹ

42

가족실천 모델과 주요 개념, 기법의 연결로 옳지 않은 것은?

① 보웬 모델 – 자아분화 – 탈삼각화
② 구조적 모델 – 하위체계 – 균형깨뜨리기
③ 경험적 모델 – 자기대상 – 외현화
④ 전략적 모델 – 환류고리 – 재구성
⑤ 해결중심모델 – 강점과 자원 – 예외질문

43

집단 대상 실천의 장점으로 옳지 않은 것은?

① 타인의 문제에 관심을 갖고 공감하면서 이타심이 커진다.
② 유사 경험을 가진 사람들을 만나면서 문제의 보편성을 경험한다.
③ 다양한 성원들로부터 새로운 행동을 학습하면서 정화 효과를 얻는다.
④ 사회복지사나 성원의 행동을 모방하면서 사회기술이 향상된다.
⑤ 성원 간 관계를 통해 원가족과의 갈등을 탐색하는 기회를 갖는다.

44

집단을 준비 또는 계획하는 단계에서 고려할 사항으로 옳은 것을 모두 고른 것은?

ㄱ. 집단성원의 참여 자격
ㄴ. 공동지도자 참여 여부
ㄷ. 집단성원 모집방식과 절차
ㄹ. 집단의 회기별 주제

① ㄱ   ② ㄱ, ㄷ
③ ㄴ, ㄹ   ④ ㄱ, ㄷ, ㄹ
⑤ ㄱ, ㄴ, ㄷ, ㄹ

45

집단의 성과를 평가하는 방법으로 옳지 않은 것은?

① 사전사후 검사
② 개별인터뷰
③ 단일사례설계
④ 델파이조사
⑤ 초점집단면접

46

사회기술훈련의 단계를 순서대로 옳게 나열한 것은?

ㄱ. 역할극   ㄴ. 적 용
ㄷ. 시 연   ㄹ. 평 가

① ㄱ → ㄷ → ㄴ → ㄹ
② ㄱ → ㄷ → ㄹ → ㄴ
③ ㄴ → ㄷ → ㄹ → ㄱ
④ ㄷ → ㄱ → ㄴ → ㄹ
⑤ ㄷ → ㄱ → ㄹ → ㄴ

47

집단발달의 초기단계에 적합한 실천기술에 해당하는 것을 모두 고른 것은?

> ㄱ. 집단성원이 신뢰감을 갖고 참여할 수 있는 분위기를 조성한다.
> ㄴ. 집단성원이 수행한 과제에 대해 솔직하고 구체적인 피드백을 준다.
> ㄷ. 집단역동을 촉진하기 위해 사회복지사가 의도적인 자기노출을 한다.
> ㄹ. 집단성원의 행동과 태도가 불일치하는 경우에 직면을 통해 지적한다.

① ㄱ
② ㄱ, ㄷ
③ ㄴ, ㄹ
④ ㄱ, ㄷ, ㄹ
⑤ ㄱ, ㄴ, ㄷ, ㄹ

48

사회목표모델에 관한 내용에 해당하지 않는 것은?

① 자원 개발의 과제
② 민주적 의사결정 방식
③ 인본주의이론에 근거
④ 사회복지사의 촉진자 역할
⑤ 성원 간 소속감과 결속력 강조

49

다음에 해당되는 기록방법은?

> • 교육과 훈련의 중요한 수단이며, 자문의 근거자료로 유용
> • 면담전개 과정을 시간의 흐름에 따라 기술하는 방식
> • 사회복지사 자신의 행동분석을 통해 사례에 대한 개입능력 향상에 도움

① 과정기록
② 문제중심기록
③ 이야기체기록
④ 정보시스템을 이용한 기록
⑤ 요약기록

50

다음에 해당하는 단일사례설계의 유형은?

> 친구를 사귀는 데 어려움을 갖고 있는 여름이와 겨울이는 사회복지기관을 찾아가 대인관계향상 프로그램에 참여하게 되었다. 먼저 두 사람은 대인관계 수준을 측정하였으며, 여름이는 곧바로 대인관계 훈련을 시작하여 변화정도를 측정하고 있다. 3주간 시간차를 두고 겨울이의 대인관계 훈련을 시작하고 그 변화를 관찰하였다.

① AB
② BAB
③ ABC
④ ABAB
⑤ 다중기초선설계

51

다음은 길버트와 스펙트(N. Gilbert & H. Specht)의 지역사회 기능 중 무엇에 해당되는가?

구성원들이 지역사회의 다양한 사회적 규범을 준수하고 순응하게 하는 것

① 생산·분배·소비 기능
② 의사소통 기능
③ 사회치료 기능
④ 상부상조 기능
⑤ 사회통제 기능

52

다음의 설명에 해당하는 지역사회복지 이념은?

• 개인의 자유와 권리 증진의 순기능이 있다.
• 의견수렴 과정을 통해 합리적 의사결정을 할 수 있다.
• 지역주민의 공동체의식을 강화한다.

① 정상화   ② 주민참여
③ 네트워크   ④ 전문화
⑤ 탈시설화

53

한국의 지역사회복지 역사에 관한 설명으로 옳은 것은?

① 1960년대 – 지역자활센터 설치·운영
② 1970년대 – 사회복지관 운영 국고보조금 지원
③ 1980년대 – 희망복지지원단 설치·운영
④ 1990년대 – 재가복지봉사센터 설치·운영
⑤ 2010년대 – 사회복지사무소 시범 설치·운영

54

영국의 지역사회복지 역사에 관한 설명으로 옳지 않은 것은?

① 중복구호 방지를 위해 자선조직협회가 설립되었다.
② 1884년에 토인비 홀(Toynbee Hall)이 설립되었다.
③ 정신보건법 제정에 따라 지역사회보호가 법률적으로 규정되었다.
④ 하버트(Harbert) 보고서는 헐 하우스(Hull House) 건립의 기초가 되었다.
⑤ 그리피스(Griffiths) 보고서는 지역사회보호의 일차적 책임주체가 지방정부임을 강조하였다.

55

갈등이론에 관한 설명으로 옳은 것은?

① 이익과 보상으로 사회적 관계가 유지된다.
② 특정 집단이 지닌 문화의 의미를 해석한다.
③ 지역사회는 상호의존적인 부분들로 구성되어 있다.
④ 조직구조 개발에 자원동원 과정을 중요하게 여긴다.
⑤ 이해관계의 대립을 불평등한 분배로 설명한다.

56

다음 A지역의 변화를 분석하기 위한 지역사회복지 실천이론은?

A지역은 외국인 노동자의 유입으로 특정 국적의 외국인 주거 공동체가 형성되기 시작하면서 주민 간 갈등이 발생하였다.

① 생태학이론
② 사회학습이론
③ 엘리트주의이론
④ 교환이론
⑤ 다원주의이론

57

지역사회복지를 권력의존이론의 관점에서 설명한 것을 모두 고른 것은?

> ㄱ. 장애인 편의시설 설치를 위해 다양한 장애인 단체가 의사결정에 참여하도록 한다.
> ㄴ. 노인복지관은 은퇴 노인의 재능을 활용한 봉사활동을 기획한다.
> ㄷ. 사회복지관은 지방정부로부터 보조금 집행에 대한 지도점검을 받았다.

① ㄱ
② ㄷ
③ ㄱ, ㄴ
④ ㄱ, ㄷ
⑤ ㄱ, ㄴ, ㄷ

58

지역사회복지실천의 원칙으로 옳지 않은 것은?

① 지역사회 기관 간 협력관계 구축
② 지역사회 특성을 반영한 계획 수립
③ 지역사회 문제 인식의 획일화
④ 욕구 가변성에 따른 실천과정의 변화 이해
⑤ 지역사회 변화에 초점을 둔 개입

59

다음에서 설명하는 웨일과 갬블(M. Weil & D. Gamble)의 지역사회복지 실천모델은?

> • 공통 관심사나 특정 이슈에 대한 정책, 행위, 인식의 변화에 초점
> • 일반대중 및 정부기관을 변화의 표적체계로 파악
> • 조직가, 촉진자, 옹호자, 정보전달자를 사회복지사의 주요 역할로 인식

① 사회계획
② 기능적 지역사회조직
③ 프로그램 개발과 지역사회연계
④ 연 합
⑤ 정치사회행동

60

로스만(J. Rothman)의 지역사회복지 실천모델에 관한 설명으로 옳은 것을 모두 고른 것은?

> ㄱ. 지역사회개발모델은 지역사회 구성원의 조직화를 주요 실천과정으로 본다.
> ㄴ. 지역사회개발모델의 변화 매개체는 공식적 조직과 객관적 자료이다.
> ㄷ. 사회계획모델에서 사회복지사의 핵심 역할은 협상가, 옹호자이다.
> ㄹ. 사회행동모델에서는 지역사회 내 집단들이 갈등관계로 인해 타협과 조정이 어렵다고 본다.

① ㄱ, ㄷ
② ㄱ, ㄹ
③ ㄴ, ㄷ
④ ㄱ, ㄴ, ㄹ
⑤ ㄱ, ㄷ, ㄹ

61

테일러와 로버츠(S. Taylor & R. Roberts)의 지역사회복지 실천모델에 관한 설명으로 옳지 않은 것은?

① 프로그램 개발과 조정 : 지역주민의 역량강화 및 지도력 개발에 관심
② 계획 : 구체적 조사전략 및 기술 강조
③ 지역사회연계 : 지역사회 문제해결을 위한 관계망 구축 강조
④ 지역사회개발 : 지역주민의 참여와 자조 중시
⑤ 정치적 역량강화 : 상대적으로 권력이 약한 시민의 권한 강화에 관심

62

지역사회복지 실천과정에서 다음 과업이 수행되는 단계는?

- 재정자원의 집행
- 추진인력의 확보 및 활용
- 협력과 조정을 위한 네트워크 구축

① 문제발견 및 분석단계
② 사정 및 욕구 파악단계
③ 계획단계
④ 실행단계
⑤ 점검 및 평가단계

63

지역사회 욕구사정 방법에 관한 설명으로 옳은 것은?

① 명목집단기법 : 지역주민으로부터 설문조사를 통해 직접적으로 자료를 획득
② 초점집단기법 : 전문가 패널을 대상으로 반복된 설문을 통해 합의에 이를 때까지 의견을 수렴
③ 델파이기법 : 정부기관이나 사회복지관련 조직에 의해 수집된 기존 자료를 활용
④ 지역사회포럼 : 지역주민이 참여할 수 있는 공개모임을 개최하여 구성원의 의견을 모색
⑤ 사회지표분석 : 지역사회 문제를 잘 파악하고 있는 사람들을 대상으로 정보를 확보

64

다음에 제시된 사회복지사의 핵심 역할은?

A지역은 저소득가구 밀집지역으로 방임, 결식 등 취약계층 아동 비율이 높은 곳이다. 사회복지사는 지역사회 아동의 안전한 보호와 부모의 양육부담 완화를 위해 아동돌봄시설 확충을 위한 서명운동 및 조례제정 입법 활동을 하였다.

① 옹호자   ② 교육자
③ 중재자   ④ 자원연결자
⑤ 조정자

65

지역사회복지 실천기술 중 연계에 관한 내용으로 옳지 않은 것은?

① 인적·물적 자원의 효율적 관리
② 사회복지사의 자원 네트워크 확장
③ 지역의 사회적 자본 확대
④ 클라이언트 중심의 통합적 서비스 제공
⑤ 지역주민 권익향상을 위한 사회행동

66

다음 사례에서 사회복지사가 활용한 기술은?

A사회복지사는 독거노인이 따뜻한 겨울을 보낼 수 있도록 지역 내 종교단체에 예산과 자원봉사자를 지원해 줄 것을 요청하였다.

① 조직화
② 옹호
③ 자원개발 및 동원
④ 협상
⑤ 교육

67

지방분권에 관한 설명으로 옳은 것은?

① 사회보험제도의 지방분권이 확대되고 있다.
② 주민참여로 권력의 재분배가 이루어진다.
③ 지역주민의 욕구에 대한 민감성이 약화된다.
④ 복지수준의 지역 간 균형이 이루어진다.
⑤ 중앙정부의 사회적 책임성이 강화된다.

68

시 · 군 · 구 지역사회보장계획에 관한 설명으로 옳은 것을 모두 고른 것은?

> ㄱ. 시 · 군 · 구 지역사회보장협의체의 보고와 의회의 심의를 거쳐야 한다.
> ㄴ. 사회보장급여의 이용 · 제공 및 수급권자 발굴에 관한 법률에 의거한다.
> ㄷ. 시행연도의 전년도 11월 30일까지 수립하여 제출하여야 한다.
> ㄹ. 4년마다 수립하고 매년 연차별 시행계획을 수립해야 한다.

① ㄱ, ㄴ   ② ㄱ, ㄷ
③ ㄴ, ㄹ   ④ ㄱ, ㄴ, ㄹ
⑤ ㄴ, ㄷ, ㄹ

69

지역사회보장협의체의 실무협의체 운영에 관한 설명으로 옳은 것은?

① 사회보장업무를 담당하는 공무원은 제외된다.
② 위원장 1명을 포함하여 10명 미만의 위원으로 구성한다.
③ 지역사회보장계획과 관련된 조례를 제정한다.
④ 시 · 군 · 구의 사회보장급여 제공에 관한 사항을 심의 · 자문한다.
⑤ 전문성 원칙에 따라 현장전문가를 중심으로 구성한다.

70

자원봉사활동 추진체계의 역할로 옳지 않은 것은?

① 보건복지부 : 자원봉사활동의 진흥을 위한 국가기본계획 수립
② 지방자치단체 : 자원봉사센터 운영을 위한 예산 지원
③ 중앙자원봉사센터 : 자원봉사센터 정책 개발 및 연구
④ 시 · 도 자원봉사센터 : 자원봉사 프로그램 개발 및 보급
⑤ 시 · 군 · 구 자원봉사센터 : 지역 자원봉사 거점역할 수행

71

사회복지관 사업 내용 중 지역사회조직화 기능에 해당하는 것은?

① 독거노인을 위한 도시락 배달
② 한부모 가정 아동을 위한 문화 프로그램 제공
③ 아동 자립생활 지원을 위한 후원자 개발
④ 학교 밖 청소년을 위한 직업기능 교육
⑤ 장애인 일상생활 지원을 위한 서비스 제공

72

사회적기업에 관한 설명으로 옳은 것을 모두 고른 것은?

ㄱ. 유급근로자를 고용하여 영업활동을 해야 사회적기업으로 인증받을 수 있다.
ㄴ. 조직형태는 민법에 따른 조합, 상법에 따른 회사, 특별법에 따른 법인 등이 있다.
ㄷ. 보건복지부로부터 사회적기업으로 인증을 받아야 활동할 수 있다.
ㄹ. 서비스 수혜자, 근로자 등 이해관계자가 참여하는 의사결정 구조를 갖추어야 한다.

① ㄱ, ㄴ   ② ㄱ, ㄷ
③ ㄴ, ㄷ   ④ ㄱ, ㄴ, ㄹ
⑤ ㄱ, ㄷ, ㄹ

73

지역사회복지실천에서 지역주민 참여수준이 높은 것에서 낮은 것 순서로 옳게 나열한 것은?

ㄱ. 계획단계에 참여
ㄴ. 조직대상자
ㄷ. 단순정보수혜자
ㄹ. 의사결정권 행사

① ㄴ - ㄷ - ㄹ - ㄱ
② ㄷ - ㄱ - ㄴ - ㄹ
③ ㄷ - ㄴ - ㄱ - ㄹ
④ ㄹ - ㄱ - ㄴ - ㄷ
⑤ ㄹ - ㄴ - ㄱ - ㄷ

74

지역사회복지운동에 관한 설명으로 옳은 것은?

① 사회복지전문가 중심의 활동으로 이루어진다.
② 목적지향적인 조직적 활동이다.
③ 운동의 초점은 정치권력의 장악이다.
④ 지역사회의 구조적 문제는 배제된다.
⑤ 지역사회복지운동단체는 서비스제공 활동을 하지 않는다.

75

최근 복지전달체계의 동향으로 옳지 않은 것은?

① 사회복지 전담인력의 확충
② 수요자 중심 복지서비스 제공
③ 통합사례관리의 축소
④ 민·관 협력의 활성화
⑤ 보건과 연계한 서비스의 통합성 강화

제3과목　사회복지정책과 제도

1영역 ▶ 사회복지정책론

01

1942년 베버리지 보고서에서 규정한 5대 악에 해당되지 않는 것은?

① 무 지   ② 질 병
③ 산업재해   ④ 나 태
⑤ 결핍(궁핍)

02

사회복지정책 평가가 갖는 특징으로 옳지 않은 것은?

① 정치적이다.
② 실용적이다.
③ 종합학문적이다.
④ 기술적이다.
⑤ 가치중립적이다.

03

롤스(J. Rawls)의 정의론(공정으로서의 정의)에 관한 설명으로 옳은 것은?

① 제1원칙은 기본적 자유에 대한 동등한 권리이다.
② 기회의 균등보다는 결과의 평등이 더 중요하다.
③ 사회경제적 불평등은 어떠한 경우라도 허용될 수 없다.
④ 최대다수의 최대행복을 추구한다.
⑤ 정당한 소유와 합법적인 이전은 정의로운 결과를 가져온다.

04

다음 중 사회복지정책이 필요한 이유를 모두 고른 것은?

> ㄱ. 국민의 생존권 보장
> ㄴ. 사회통합의 증진
> ㄷ. 개인의 자립성 증진
> ㄹ. 능력에 따른 분배

① ㄱ, ㄴ
② ㄴ, ㄷ
③ ㄴ, ㄹ
④ ㄱ, ㄴ, ㄷ
⑤ ㄱ, ㄷ, ㄹ

05

사회복지정책의 발달이론 중 의회민주주의의 정착과 노동자 계급의 조직화된 힘을 강조하는 이론은?

① 산업화론
② 권력자원이론
③ 확산이론
④ 사회양심이론
⑤ 국가중심이론

06

영국 구빈제도의 역사에 관한 설명으로 옳지 않은 것은?

① 1601년 엘리자베스 빈민법은 빈민을 노동능력 있는 빈민, 노동능력 없는 빈민, 빈곤 아동으로 분류하였다.
② 1662년 정주법은 부랑자들의 자유로운 이동을 금지하였다.
③ 1782년 길버트법은 원외구제를 허용하였다.
④ 1795년 스핀햄랜드법은 열등처우의 원칙을 명문화하였다.
⑤ 1834년 신빈민법은 노동능력이 있는 빈민에 대한 원외구제를 폐지하였다.

07

조지(V. George)와 윌딩(P. Wilding)이 제시한 이념 중 소극적 집합주의에 관한 설명으로 옳은 것은?

① 시장에 대한 국가 개입을 최소화하고 개인의 소극적 자유를 극대화하는 것이 바람직하다.
② 개인의 적극적 자유를 보장하기 위해서는 철저한 계획경제와 생산수단의 국유화가 필요하다.
③ 환경과 생태의 관점에서 자본주의의 성장과 복지국가의 확대는 지속 가능하지 않다.
④ 복지국가는 노동의 성(Gender) 분업과 자본주의 가부장제를 고착화시키는 역할을 한다.
⑤ 시장의 약점을 보완하고 불평등과 빈곤에 대응하기 위하여 실용적인 국가 개입이 필요하다.

08

에스핑-안데르센(G. Esping-Andersen)의 복지국가 유형에 관한 설명으로 옳지 않은 것은?

① 탈상품화 정도, 계층화 정도 등에 따라 복지국가를 3가지 유형으로 분류하였다.
② 탈상품화는 돌봄이나 서비스 부담을 가족에게 의존하지 않는 정도를 의미한다.
③ 사회민주주의 복지국가는 탈상품화 정도가 높고 보편적 사회서비스를 제공한다.
④ 보수주의 복지국가에서 사회보험은 직업집단 등에 따라 분절적으로 운영된다.
⑤ 자유주의 복지국가는 공공부조의 역할이 크고 탈상품화 정도는 낮다.

09

우리나라 의료보장제도(국민건강보험, 의료급여)에서 시행하고 있는 것 중 의료비 절감효과와 관련이 가장 적은 것은?

① 포괄수가제
② 의료급여 사례관리제도
③ 건강보험급여 심사평가제도
④ 행위별수가제
⑤ 본인일부부담금

10

조세특례제한법상의 '총급여액 등'을 기준으로 근로장려금 산정방식을 다음과 같이 설계하였다고 가정할 때, 총급여액 등에 따른 근로장려금 계산 결과로 옳지 않은 것은?

- 총급여액 등 1,000만원 미만 : 근로장려금 = 총급여액 등 × 100분의 20
- 총급여액 등 1,000만원 이상 1,200만원 미만 : 근로장려금 200만원
- 총급여액 등 1,200만원 이상 3,200만원 미만 : 근로장려금 = 200만원 − (총급여액 등 − 1,200만원) × 100분의 10

※ 재산, 가구원 수, 부양아동 수, 소득의 종류 등 다른 조건은 일체 고려하지 않음

① 총급여액 등이 500만원 일 때, 근로장려금 100만원
② 총급여액 등이 1,100만원 일 때, 근로장려금 200만원
③ 총급여액 등이 1,800만원 일 때, 근로장려금 150만원
④ 총급여액 등이 2,200만원 일 때, 근로장려금 100만원
⑤ 총급여액 등이 2,700만원 일 때, 근로장려금 50만원

11

최근 10년간 국민기초생활보장제도의 변화에 관한 설명으로 옳은 것을 모두 고른 것은?

> ㄱ. 수급자격 중 부양의무자 기준은 완화되었다.
> ㄴ. 기준 중위소득은 2015년 이후 지속적으로 인상되었다.
> ㄷ. 교육급여가 신설되었다.
> ㄹ. 근로능력평가 방식이 변화되었다.

① ㄱ, ㄴ ② ㄱ, ㄷ
③ ㄱ, ㄹ ④ ㄴ, ㄹ
⑤ ㄱ, ㄴ, ㄹ

12

사회보험과 비교하여 공공부조제도의 장점으로 옳은 것은?

① 대상효율성이 높다.
② 가입률이 높다.
③ 수급자에 대한 낙인을 예방할 수 있다.
④ 행정비용이 발생하지 않는다.
⑤ 수평적 재분배 효과가 크다.

13

우리나라가 시행하고 있는 취약계층 취업지원 제도에 관한 설명으로 옳은 것은?

① 노인일자리사업의 총괄 운영기관은 대한노인회이다.
② 장애인고용의무제도는 모든 사업체에 적용된다.
③ 맞춤형 취업지원서비스로 취업성공패키지가 운영되고 있다.
④ 모든 국민기초생활보장 수급자는 반드시 자활사업에 참여해야 한다.
⑤ 고령자를 채용하지 않는 기업은 정부에 부담금을 납부해야 한다.

14

우리나라 고용보험과 산업재해보상보험에 관한 설명으로 옳은 것은?

① 소득활동 중 발생할 수 있는 소득상실 위험에 대한 사회안전망이라는 공통점을 가지고 있다.
② 구직급여는 구직활동 여부와 관계없이 지급된다.
③ 고용형태 및 근로시간에 관계없이 모든 근로자는 두 보험의 적용을 받는다.
④ 장해급여는 산업재해를 입은 모든 근로자에게 지급된다.
⑤ 두 보험의 가입자 보험료율은 동일하다.

15

다음 중 상대적 빈곤선을 설정(측정)하는 방식으로 옳은 것을 모두 고른 것은?

> ㄱ. 중위소득의 일정 비율
> ㄴ. 라이덴(Leyden) 방식
> ㄷ. 반물량 방식
> ㄹ. 라운트리(Rowntree) 방식
> ㅁ. 타운센드(Townsend) 방식

① ㄱ, ㄴ ② ㄱ, ㅁ
③ ㄴ, ㅁ ④ ㄷ, ㄹ
⑤ ㄱ, ㄷ, ㄹ

16

우리나라 사회보험의 운영 원리에 관한 설명으로 옳지 않은 것은?

① 수익자 부담 원칙을 전제로 하고 있다.
② 사회보험은 수평적 또는 수직적 재분배 기능이 있다.
③ 가입자의 보험료율은 사회보험 종류별로 다르다.
④ 사회보험 급여는 피보험자와 보험자 간 계약에 의해 규정된 법적 권리이다.
⑤ 모든 사회보험 업무가 통합되어 1개 기관에서 운영된다.

17

우리나라 사회보험방식의 공적연금에 관한 설명으로 옳은 것을 모두 고른 것은?

ㄱ. 국민연금과 특수직역연금으로 구분하여 운영되고 있다.
ㄴ. 국민연금이 가장 먼저 시행되었다.
ㄷ. 2022년 12월말 기준 공적연금 수급개시연령은 동일하다.
ㄹ. 가입자의 노령(퇴직), 장애(재해), 사망으로 인한 소득중단 시 급여를 지급한다.

① ㄱ, ㄴ   ② ㄱ, ㄹ
③ ㄱ, ㄴ, ㄹ   ④ ㄱ, ㄷ, ㄹ
⑤ ㄴ, ㄷ, ㄹ

18

길버트(N. Gilbert)와 테렐(P. Terrell)이 주장한 사회복지전달체계 재구조화 전략으로 옳지 않은 것은?

① 수급자 수요 강화
② 기관들의 동일 장소 배치
③ 사례별 협력
④ 관료적 구조로부터의 전문가 이탈
⑤ 시민참여

19

사회복지정책의 주체 및 그 역할에 관한 설명으로 옳지 않은 것은?

① 긍정적 외부효과가 큰 영역은 민간부문이 담당하는 것이 바람직하다.
② 사회복지정책의 주체는 국가, 지방자치단체, 공공복지기관 등 다양하다.
③ 공공재적 성격이 강한 재화나 서비스는 공공부문이 개입하는 것이 바람직하다.
④ 정보의 비대칭성이 강한 영역은 정부가 개입하는 것이 바람직하다.
⑤ 민간복지기관은 정부 및 공공기관에 의하여 권한을 위임받은 경우 사회복지정책의 주체가 될 수 있다.

20

사회복지정책 분석에서 산물(Product) 분석의 한계에 관한 설명으로 옳은 것은?

① 정해진 틀에 따라 사회복지정책 내용을 분석함으로써 적용된 사회적 가치를 평가하기 쉽다.
② 사회복지정책의 방향성을 제시하기가 용이하다.
③ 현행 사회복지정책에서 배제되고 차별받는 사람들의 욕구를 파악하기 쉽다.
④ 산물분석 결과는 기존의 사회주류적 입장을 대변할 가능성이 높다.
⑤ 사회복지정책의 구체적인 대안을 담아내기 쉽다.

21

길버트(N. Gilbert)와 테렐(P. Terrell)이 제시한 사회적 효과성에 관한 설명으로 옳은 것은?

① 수급자격을 얻기 위해 개인의 특수한 욕구가 선별적인 세밀한 조사에 노출될 수밖에 없다.
② 사람들이 사회의 평등한 구성원으로 어느 정도나 대우받는가에 따라 판단하는 것이다.
③ 시민권은 수급권을 얻을 수 있는 자격이 안 된다.
④ 급여를 신청할 때 까다로운 행정절차가 반드시 필요하다.
⑤ 사회적 효과성은 단기적 비용절감을 목표로 한다.

22

정책결정 모형 중 드로어(Y. Dror)가 제시한 최적모형에 관한 설명으로 옳은 것을 모두 고른 것은?

> ㄱ. 합리모형과 점증모형의 단순혼합이 아닌 정책성과를 최적화하려는 데 초점을 둔다.
> ㄴ. 합리적 요소와 초합리적 요소를 다 고려하는 질적 모형이다.
> ㄷ. 초합리성의 구체적인 달성 방법에 대한 명확한 설명이 제시되었다.
> ㄹ. 정책결정을 체계론적 시각에서 파악한다.
> ㅁ. 정책결정 과정에서 실현가능성이 낮다는 비판이 있다.

① ㄱ, ㄴ ② ㄱ, ㄷ, ㄹ
③ ㄱ, ㄴ, ㄹ, ㅁ ④ ㄱ, ㄷ, ㄹ, ㅁ
⑤ ㄴ, ㄷ, ㄹ, ㅁ

23

사회복지정책 급여의 적절성에 관한 설명으로 옳지 않은 것은?

① 인간다운 생활을 할 수 있는 수준의 급여를 제공하는 것을 말한다.
② 기초연금 지급액 인상은 적절성 수준을 높여줄 수 있다.
③ 급여를 받는 사람의 삶의 질에 대한 관심의 표현이다.
④ 일정한 수준의 물질적, 정신적 복지를 제공해야 한다는 것과 관련된다.
⑤ 적절성에 대한 기준은 시간과 환경에 따라 변하지 않는다.

24

사회복지운동에 관한 설명으로 옳은 것을 모두 고른 것은?

> ㄱ. 민간이 사회복지에 대한 특정 견해를 가지고 이를 관철시키려는 실천이다.
> ㄴ. 노동운동 · 시민운동 · 여성운동 단체 등 다양한 주체들이 관심과 역량을 투여하는 사회운동의 한 분야이다.
> ㄷ. 사회복지종사자들이 갖고 있는 전문성을 실현하는 중요한 통로의 하나이다.
> ㄹ. 우리나라의 사회복지역사에서 정부는 사회복지운동단체의 의견을 모두 수용하였다.

① ㄱ, ㄷ ② ㄴ, ㄹ
③ ㄱ, ㄴ, ㄷ ④ ㄴ, ㄷ, ㄹ
⑤ ㄱ, ㄴ, ㄷ, ㄹ

25

우리나라에서 시행 중인 소득보장제도에 관한 설명으로 옳지 않은 것은?

① 기초연금은 노인의 생활안정 지원을 목적으로 한다.
② 장애 정도가 심하지 않은 장애인은 장애인연금을 받을 수 없다.
③ 장애수당은 장애로 인해 발생하는 추가비용을 보전하기 위해 도입되었다.
④ 만 10세 아동은 아동수당을 받을 수 있다.
⑤ 저소득 한부모가족에게는 아동양육비가 지급될 수 있다.

26

한국 사회복지행정의 역사에 관한 설명으로 옳지 않은 것은?

① 1950~1960년대 사회복지서비스는 주로 외국 원조단체들에 의해 제공되었다.
② 1970년대 사회복지사업법 제정으로 사회복지시설에 대한 제도적 지원과 감독의 근거가 마련되었다.
③ 1980년대에 사회복지전문요원제도가 도입되었다.
④ 1990년대에 사회복지시설 평가제도가 도입되었다.
⑤ 2000년대에 사회복지관에 대한 정부 보조금 지원이 제도화되었다.

27

사회복지행정의 기능에 관한 설명으로 옳은 것을 모두 고른 것은?

> ㄱ. 기획(Planning) : 조직의 목적과 목표달성 방법을 설정하는 활동
> ㄴ. 조직화(Organizing) : 조직의 활동을 이사회와 행정기관 등에 보고하는 활동
> ㄷ. 평가(Evaluating) : 설정된 목표에 따라 성과를 평가하는 활동
> ㄹ. 인사(Staffing) : 직원 채용, 해고, 교육, 훈련 등의 활동

① ㄱ, ㄴ
② ㄱ, ㄷ
③ ㄱ, ㄷ, ㄹ
④ ㄴ, ㄷ, ㄹ
⑤ ㄱ, ㄴ, ㄷ, ㄹ

28

사회복지행정의 특징에 관한 설명으로 옳은 것은?

① 서비스 성과를 평가하기 어렵다.
② 사회복지행정가는 가치중립적이어야 한다.
③ 서비스 효율성은 고려하지 않는다.
④ 재정관리는 사회복지행정에 포함되지 않는다.
⑤ 직무환경에 관계없이 획일적으로 운영된다.

29

다음에서 설명하는 조직이론은?

> • 인간의 사회적, 심리적, 정서적 욕구 강조
> • 조직 내 비공식 집단의 중요성 인식
> • 조직 내 개인은 감정적이며 비물질적 보상에 민감하게 반응

① 과학적 관리론
② 관료제론
③ 인간관계론
④ 행정관리론
⑤ 자원의존론

30

베버(M. Weber)가 제시한 이상적 관료제형으로 옳지 않은 것은?

① 공식적 위계와 업무처리 구조
② 전문성에 근거한 분업구조
③ 전통적 권위에 의한 조직 통제
④ 직무 범위와 권한의 명확화
⑤ 조직의 기능은 규칙에 의해 제한

31

신공공관리론(New Public Management)에 관한 설명으로 옳지 않은 것은?

① 공공서비스 공급에 있어 정부실패를 해결하기 위해 대두하였다.
② 신자유주의에 이론적 기반을 둔다.
③ 시장의 경쟁원리를 공공행정에 도입하였다.
④ 민간이 공급하던 서비스를 정부가 직접 공급하도록 하였다.
⑤ 정부, 시장, 시민사회의 협치를 추구한다.

32

하센펠트(Y. Hasenfeld)가 제시한 휴먼서비스 조직의 특성으로 옳지 않은 것은?

① 인간을 원료(Raw Material)로 한다.
② 클라이언트와의 직접적 관계 속에서 활동한다.
③ 조직의 목표가 불확실하며 모호해지기 쉽다.
④ 조직의 업무과정에서 주로 전문가에 의존한다.
⑤ 목표달성을 위해 명확한 지식과 기술을 사용한다.

33

조직구조에 관한 설명으로 옳은 것은?

① 조직규모가 커질수록 공식화 정도가 낮아진다.
② 공식화 정도가 높을수록 직원의 재량권이 줄어든다.
③ 과업의 종류가 많을수록 수직적 분화가 늘어난다.
④ 분권화 정도가 높을수록 최고관리자에게 조직 통제권한이 집중된다.
⑤ 집권화 정도가 높을수록 직원의 권한과 책임의 범위가 모호해진다.

34

다음 사례에 해당하는 현상은?

A사회복지기관은 프로그램 운영 성과를 높이기 위해 기부금 모금실적을 직원 직무평가에 반영하기로 했다. 직원들이 직무평가에서 높은 점수를 받기 위해 모금활동에 더 많은 시간과 노력을 기울이게 되면서 오히려 프로그램 운영 성과는 저조하게 되었다.

① 리스트럭처링(Restructuring)
② 목적전치(Goal Displacement)
③ 크리밍(Creaming)
④ 소진(Burn Out)
⑤ 다운사이징(Downsizing)

35

리더십 이론에 관한 설명으로 옳지 않은 것은?

① 상황이론에 의하면 상황에 따라 적합하게 대응하는 리더십이 효과적이다.
② 행동이론에서 컨트리클럽형(Country Club Management)은 사람에 대한 관심과 일에 대한 관심이 모두 높은 리더이다.
③ 행동이론에서 과업형은 일에만 관심이 있고 사람에 대해서는 전혀 관심이 없는 리더이다.
④ 서번트 리더십(Servant Leadership)은 사회복지 조직 관리에 적합한 리더십이 될 수 있다.
⑤ 생산성 측면에서 서번트 리더십은 자발적 행동의 정도를 중시한다.

36

사회복지조직의 인적자원관리에 관한 설명으로 옳지 않은 것은?

① 동기부여를 위한 보상관리는 해당되지 않는다.
② 직원채용, 직무수행평가, 직원개발을 포함한다.
③ 목표관리법(MBO)으로 직원을 평가할 수 있다.
④ 직무수행 과정에서 경력을 개발해 나갈 수 있도록 한다.
⑤ 직무만족도 개선과 소진관리가 포함된다.

37

직무기술서에 관한 설명으로 옳은 것을 모두 고른 것은?

ㄱ. 작업조건을 파악해서 작성한다.
ㄴ. 직무수행을 위한 책임과 행동을 명시한다.
ㄷ. 종사자의 교육수준, 기술, 능력 등을 포함한다.
ㄹ. 직무의 성격, 내용, 수행 방법 등을 정리한 문서이다.

① ㄱ, ㄴ
② ㄱ, ㄷ
③ ㄱ, ㄴ, ㄹ
④ ㄴ, ㄷ, ㄹ
⑤ ㄱ, ㄴ, ㄷ, ㄹ

38

사회복지 슈퍼비전에 관한 설명으로 옳지 않은 것은?

① 행정적 기능, 교육적 기능, 지지적 기능이 있다.
② 소진 발생 및 예방에 영향을 미친다.
③ 동료집단 간에는 슈퍼비전이 수행되지 않는다.
④ 슈퍼바이저는 직속상관이나 중간관리자가 주로 담당한다.
⑤ 직무를 수행하면서 훈련을 받을 수 있다는 장점이 있다.

39

예산에 관한 설명으로 옳은 것은?

① 영기준 예산(Zero Based Budgeting)은 전년도 예산 내역을 반영하여 수립한다.
② 계획예산(Planning Programming Budgeting System)은 국가의 단기적 계획수립을 위한 장기적 예산편성 방식이다.
③ 영기준 예산(Zero Based Budgeting)은 비용−편익분석, 비용−효과분석을 거치지 않고 수립한다.
④ 성과주의 예산(Performance Budgeting)은 전년도 사업의 성과를 고려하지 않고 수립한다.
⑤ 품목별 예산(Line Item Budgeting)은 수입과 지출을 항목별로 명시하여 수립한다.

40

한국 사회복지행정 체계에 관한 설명으로 옳지 않은 것은?

① 읍·면·동 중심의 서비스 제공에 노력하고 있다.
② 사회서비스는 단일한 공급주체에 의해 제공된다.
③ 위험관리는 위험의 사전예방과 사후관리를 모두 포함한다.
④ 지역사회 통합돌봄(커뮤니티케어) 시행으로 지역사회 내 보건복지 서비스 제공이 확대되고 있다.
⑤ 사회서비스의 개념이 기존의 사회복지서비스를 포괄하고 있다.

41

사회복지조직의 서비스 질 관리에 관한 설명으로 옳은 것은?

① 서비스 질 관리를 위하여 위험관리가 필요하다.
② 총체적 품질관리(TQM)는 기업의 소비자 만족을 극대화하기 위한 기법이므로 사회복지기관에 적용하기에는 적합하지 않다.
③ 총체적 품질관리는 지속적인 개선보다는 현상유지에 초점을 둔다.
④ 서브퀄(SERVQUAL)의 요소에 확신성(Assurance)은 포함되지 않는다.
⑤ 서브퀄에서 유형성(Tangibles)은 고객 요청에 대한 즉각적 반응을 말한다.

42

한국의 사회복지전달체계 개편 순서를 올바르게 나열한 것은?

ㄱ. 주민생활지원서비스 전달체계
ㄴ. 사회복지통합관리망(행복e음) 개통
ㄷ. 읍·면·동 복지허브화
ㄹ. 지역사회 통합돌봄

① ㄱ − ㄴ − ㄷ − ㄹ
② ㄱ − ㄴ − ㄹ − ㄷ
③ ㄱ − ㄷ − ㄴ − ㄹ
④ ㄴ − ㄱ − ㄷ − ㄹ
⑤ ㄴ − ㄷ − ㄱ − ㄹ

43

사회복지조직의 의사결정모형에 관한 설명으로 옳은 것은?

① 점증모형은 여러 대안을 평가하여 합리적 평가 순위를 정하는 모형이다.
② 연합모형은 경제적·시장 중심적 시각에서 이루어지는 모형이다.
③ 만족모형은 주로 해결해야 할 문제가 분명하고 단순한 의사결정에 적용된다.
④ 쓰레기통 모형은 조직의 목표가 모호하고, 조직의 기술이 막연한 경우에 적용되는 모형이다.
⑤ 공공선택모형은 시민들을 공공재의 생산자로 규정하고 정부를 소비자로 규정한다.

44

사회복지정보화에 관한 설명으로 옳지 않은 것은?

① 조직의 업무효율성을 증대시킬 수 있다.
② 대상자 관리의 정확성, 객관성을 확보할 수 있다.
③ 클라이언트에 대한 사생활침해 가능성이 높아졌다.
④ 학습조직의 필요성이 감소하였다.
⑤ 사회복지행정가가 정보를 체계적으로 다룰 수 있다.

45

비영리조직 마케팅의 특성으로 옳지 않은 것은?

① 이윤추구보다는 사회적 가치 실현에 주안점을 둔다.
② 마케팅에서 교환되는 것은 유형의 재화보다는 무형의 서비스가 대부분이다.
③ 영리조직에 비해 인간의 태도나 행동을 변화시키는 것이 어렵다.
④ 서비스의 생산과 소비의 동시성을 고려한다.
⑤ 조직의 목표 달성과 측정이 용이하다.

46

마케팅 믹스 4P에 관한 설명으로 옳은 것을 모두 고른 것은?

> ㄱ. 유통(Place) : 고객이 서비스를 쉽게 이용할 수 있도록 하는 조직적 활동
> ㄴ. 가격(Price) : 판매자가 이윤 극대화를 위하여 임의로 설정하는 금액
> ㄷ. 제품(Product) : 고객의 욕구를 충족시키기 위하여 제공하는 재화나 서비스
> ㄹ. 촉진(Promotion) : 판매 실적에 따라 직원을 승진시키는 제도

① ㄱ, ㄴ
② ㄱ, ㄷ
③ ㄱ, ㄴ, ㄷ
④ ㄴ, ㄷ, ㄹ
⑤ ㄱ, ㄴ, ㄷ, ㄹ

47

프로그램 평가에 관한 설명으로 옳은 것을 모두 고른 것은?

> ㄱ. 비용–효과 분석은 프로그램의 비용과 결과의 금전적 가치를 고려하지 않는다.
> ㄴ. 비용–편익 분석은 프로그램의 비용과 결과를 금전적 가치로 환산하여 평가한다.
> ㄷ. 노력성 평가는 프로그램 수행에 투입된 인적·물적 자원 등을 기준으로 평가한다.
> ㄹ. 효과성 평가는 프로그램의 목표달성 정도를 평가한다.

① ㄱ, ㄴ
② ㄱ, ㄷ
③ ㄴ, ㄹ
④ ㄴ, ㄷ, ㄹ
⑤ ㄱ, ㄴ, ㄷ, ㄹ

48

사회복지조직의 혁신에 관한 설명으로 옳은 것은?

① 변혁적 리더십은 부하직원의 변화를 필요로 하지 않는다.
② 혁신은 목표를 더 효과적으로 달성하기 위한 인위적이고 계획적인 활동이다.
③ 사회환경 변화와 조직혁신은 무관하다.
④ 조직 내부환경을 고려하지 않고 변화를 추진할 때 혁신이 성공한다.
⑤ 변혁적 리더십은 조직보다는 개인의 사적 이익을 강조한다.

49

비영리 사회복지조직에 관한 설명으로 옳지 않은 것은?

① 수익성과 서비스 질을 고려하지 않고 조직을 운영한다.
② 정부조직에 비해 관료화 정도가 낮다.
③ 국가와 시장이 공급하기 어려운 서비스를 제공할 수 있다.
④ 특정 이익집단을 위한 서비스를 제공할 수 있다.
⑤ 개입대상 선정과 개입방법을 특화할 수 있다.

50

사회복지행정환경의 변화에 관한 설명으로 옳지 않은 것은?

① 책임성 요구가 높아지고 있다.
② 서비스 이용자의 소비자 주권이 강해지고 있다.
③ 빅데이터 활용이 증가하고 있다.
④ 사회서비스 공급에 민간의 참여가 증가하고 있다.
⑤ 기업의 경영관리기법 도입이 줄어들고 있다.

3영역 ▶ 사회복지법제론

51

법률의 제정연도가 빠른 순서대로 옳게 나열된 것은?

> ㄱ. 국민기초생활보장법
> ㄴ. 산업재해보상보험법
> ㄷ. 사회복지사업법
> ㄹ. 고용보험법
> ㅁ. 노인복지법

① ㄱ - ㄴ - ㄷ - ㄹ - ㅁ
② ㄴ - ㄱ - ㅁ - ㄷ - ㄹ
③ ㄴ - ㄷ - ㅁ - ㄹ - ㄱ
④ ㄷ - ㄱ - ㄹ - ㅁ - ㄴ
⑤ ㄷ - ㅁ - ㄴ - ㄹ - ㄱ

52

헌법 제34조 규정의 일부이다. ㄱ~ㄷ에 들어갈 내용으로 옳은 것은?

> • 국가는 (ㄱ)·(ㄴ)의 증진에 노력할 의무를 진다.
> • 신체장애자 및 질병·노령 기타의 사유로 생활능력이 없는 국민은 (ㄷ)이 정하는 바에 의하여 국가의 보호를 받는다.

① ㄱ : 사회보장, ㄴ : 사회복지, ㄷ : 법률
② ㄱ : 사회보장, ㄴ : 공공부조, ㄷ : 법률
③ ㄱ : 사회복지, ㄴ : 공공부조, ㄷ : 헌법
④ ㄱ : 사회복지, ㄴ : 사회복지서비스, ㄷ : 헌법
⑤ ㄱ : 공공부조, ㄴ : 사회복지서비스, ㄷ : 법률

53

사회복지법의 역사적 변천에 관한 설명으로 옳은 것을 모두 고른 것은?

ㄱ. 2014년 기초노령연금법이 제정되면서 기초연금법은 폐지되었다.
ㄴ. 1999년 제정된 국민의료보험법은 국민건강보험법을 대체한 것이다.
ㄷ. 1973년 제정된 국민복지연금법은 1986년 국민연금법으로 전부개정 되었다.

① ㄱ
② ㄴ
③ ㄷ
④ ㄱ, ㄴ
⑤ ㄴ, ㄷ

54

사회보장기본법상 국가와 지방자치단체의 사회보장 운영원칙에 관한 설명으로 옳지 않은 것은?

① 사회보험은 지방자치단체의 책임으로 시행하는 것을 원칙으로 한다.
② 공공부조와 사회서비스는 국가와 지방자치단체의 책임으로 시행하는 것을 원칙으로 한다.
③ 사회보장제도의 급여 수준과 비용 부담 등에서 형평성을 유지하여야 한다.
④ 사회보장제도를 필요로 하는 모든 국민에게 적용하여야 한다.
⑤ 국민의 다양한 복지 욕구를 효율적으로 충족시키기 위하여 연계성과 전문성을 높여야 한다.

55

사회보장기본법상 사회보장수급권에 관한 설명으로 옳지 않은 것은?

① 사회보장급여를 받으려는 사람은 국가나 지방자치단체에 신청하는 것을 원칙으로 하고 있다.
② 사회보장수급권은 다른 사람에게 양도하거나 담보로 제공할 수 없다.
③ 사회보장수급권은 원칙적으로 제한되거나 정지될 수 없다.
④ 사회보장수급권은 구두로 통지하여 포기할 수 있다.
⑤ 사회보장수급권의 포기는 취소할 수 있다.

56

사회보장기본법상 사회보장위원회에 관한 설명으로 옳은 것은?

① 대통령 소속의 위원회이다.
② 위원장 1명, 부위원장 2명과 행정안전부장관, 고용노동부장관을 포함한 40명 이내의 위원으로 구성한다.
③ 위원의 임기는 3년으로 하되, 공무원인 위원의 임기는 그 재임 기간으로 한다.
④ 고용노동부에 사무국을 둔다.
⑤ 관계 중앙행정기관의 장은 위원회의 심의·조정 사항을 반영하여 사회보장제도를 운영 또는 개선하여야 한다.

57

자치법규에 관한 설명으로 옳지 않은 것은?

① 지방의회는 규칙 제정권을 갖고 지방자치단체의 장은 조례 제정권을 갖는다.

② 시·군 및 자치구의 조례는 시·도의 조례를 위반해서는 아니 된다.

③ 사회복지시설의 설치·운영 및 관리는 주민의 복지증진과 관련된 지방자치단체의 사무이다.

④ 지방자치단체는 법령의 범위 안에서 자치에 관한 규정을 제정할 수 있다.

⑤ 주민은 지방자치단체의 조례를 제정할 것을 청구할 수 있다.

58

사회보장급여의 이용·제공 및 수급권자 발굴에 관한 법률의 내용으로 옳은 것은?

① 시장·군수·구청장은 중앙생활보장위원회를 둔다.

② 보건복지부장관은 사회보장급여 부정수급 실태조사를 3년마다 실시하고 그 결과를 공개하여야 한다.

③ "수급권자"란 사회보장급여를 제공하는 국가기관과 지방자치단체를 말한다.

④ 보장기관의 업무담당자는 지원대상자가 심신미약 등 대통령령으로 정하는 경우에 해당하면 지원대상자의 동의하에서만 직권으로 사회보장급여의 제공을 신청할 수 있다.

⑤ 보장기관의 장은 지원대상자 발굴체계의 운영 실태를 3년마다 점검하고 개선방안을 마련하여야 한다.

59

사회복지사업법상 사회복지서비스 제공의 원칙에 관한 설명으로 옳지 않은 것은?

① 사회복지서비스는 현물로 제공하는 것이 원칙이다.

② 지방자치단체는 사회복지서비스의 품질향상을 위하여 필요한 시책을 마련하여야 한다.

③ 지방자치단체는 사회복지시설의 서비스 환경 등을 평가할 수 있다.

④ 시장·군수·구청장은 보호대상자에게 사회복지서비스 이용권을 지급할 수 있다.

⑤ 보건복지부장관은 사회복지서비스 품질 평가를 위한 전문기관을 직접 설치·운영해야 하며, 관계기관 등에 위탁하여서는 아니 된다.

60

사회복지사업법상 사회복지사에 관한 설명으로 옳지 않은 것은?

① 사회복지사의 등급은 1급·2급으로 한다.

② 보건복지부장관은 정신건강사회복지사·의료사회복지사·학교사회복지사의 자격을 부여할 수 있다.

③ 보건복지부장관은 사회복지사가 거짓이나 그 밖의 부정한 방법으로 자격을 취득한 경우 그 자격을 1년의 범위에서 정지할 수 있다.

④ 사회복지법인에 종사하는 사회복지사는 정기적으로 보수교육을 받아야 한다.

⑤ 자신의 사회복지사 자격증은 타인에게 빌려주어서는 아니 된다.

61

사회복지사업법상 사회복지시설에 관한 설명으로 옳은 것은?

① 사회복지시설 운영위원회는 심의·의결기구이다.
② 사회복지시설은 손해배상책임의 면책사업자이다.
③ 사회복지시설의 장은 비상근으로 근무할 수 있다.
④ 사회복지시설은 둘 이상의 사회복지사업을 통합하여 수행할 수 있다.
⑤ 지방자치단체는 사회복지시설을 설치·운영하여서는 아니 된다.

62

국민기초생활보장법상 급여의 종류와 방법에 관한 설명으로 옳은 것은?

① 부양의무자가 「병역법」에 따라 징집되거나 소집된 경우 부양능력이 있는 것으로 본다.
② 보장기관은 차상위자의 가구별 생활여건을 고려하여 예산의 범위에서 급여의 전부 또는 일부를 실시할 수 있다.
③ 생계급여 선정기준은 기준 중위소득의 100분의 50 이상으로 한다.
④ 생계급여는 상반기·하반기로 나누어 지급하여야 한다.
⑤ 주거급여는 주택 매입비, 수선유지비 등이 포함된다.

63

국민기초생활보장법상 급여의 기본원칙을 모두 고른 것은?

> ㄱ. 근로능력 활용
> ㄴ. 보충급여
> ㄷ. 타법 우선
> ㄹ. 수익자부담

① ㄱ, ㄴ
② ㄷ, ㄹ
③ ㄱ, ㄴ, ㄷ
④ ㄴ, ㄷ, ㄹ
⑤ ㄱ, ㄴ, ㄷ, ㄹ

64

긴급복지지원법상 "위기상황"에 해당하는 사유를 모두 고른 것은?

> ㄱ. 주소득자가 사망, 가출, 행방불명 등으로 소득을 상실하여 생계유지가 어렵게 된 경우
> ㄴ. 본인이 중한 질병 또는 부상을 당하여 생계유지가 어렵게 된 경우
> ㄷ. 본인이 가구구성원으로부터 방임 등을 당하여 생계유지가 어렵게 된 경우
> ㄹ. 본인이 가구구성원으로부터 성폭력을 당하여 생계유지가 어렵게 된 경우

① ㄱ, ㄴ, ㄷ
② ㄱ, ㄴ, ㄹ
③ ㄱ, ㄷ, ㄹ
④ ㄴ, ㄷ, ㄹ
⑤ ㄱ, ㄴ, ㄷ, ㄹ

65

건강가정기본법에 관한 설명으로 옳지 않은 것은?

① "가족"이라 함은 혼인·혈연·입양으로 이루어진 사회의 기본단위를 말한다.
② 모든 국민은 혼인과 출산의 사회적 중요성을 인식하여야 한다.
③ "1인가구"라 함은 성인 1명 또는 그와 생계를 같이 하는 미성년자녀로 구성된 생활단위를 말한다.
④ 국가는 양성이 평등한 육아휴직제 등의 정책을 적극적으로 확대 시행하여야 한다.
⑤ 국가는 생애주기에 따르는 가족구성원의 종합적인 건강증진대책을 마련하여야 한다.

66

사회복지사업법령상 보건복지부장관이 시설에서 제공하는 서비스의 최저기준을 마련하지 않아도 되는 시설은?

① 사회복지관
② 자원봉사센터
③ 아동양육시설
④ 장애인 지역사회재활시설
⑤ 부자가족복지시설

67

국민기초생활보장법상 보장기관에 관한 설명으로 옳은 것은?

① 교육급여 및 의료급여는 시·도 교육감이 실시한다.
② 생계급여는 수급자의 거주지를 관할하는 시·도지사와 시장·군수·구청장이 실시한다.
③ 보장기관은 위기개입상담원을 배치하여야 한다.
④ 생활보장위원회는 자문기구이다.
⑤ 소관 중앙행정기관의 장은 5년마다 기초생활보장 시행계획을 수립하여야 한다.

68

고용보험법령상 중대한 귀책사유로 해고된 피보험자로서 구직급여 수급자격의 제한사유에 해당되는 것을 모두 고른 것은?

ㄱ. 「형법」을 위반하여 금고 이상의 형을 선고받은 경우
ㄴ. 정당한 사유 없이 근로계약을 위반하여 장기간 무단 결근한 경우
ㄷ. 사업기밀을 경쟁관계에 있는 사업자에게 제공한 경우

① ㄱ
② ㄷ
③ ㄱ, ㄴ
④ ㄴ, ㄷ
⑤ ㄱ, ㄴ, ㄷ

69

산업재해보상보험법령상 유족급여에 관한 설명으로 옳지 않은 것은?

① 근로자가 업무상의 사유로 사망한 경우 유족에게 지급한다.
② 유족보상연금 수급권자가 2명 이상 있을 때 그 중 1명을 대표자로 선임할 수 있다.
③ 근로자와 「주민등록법」상 세대를 같이 하고 동거하던 유족으로서 근로자의 소득으로 생계의 상당 부분을 유지하고 있던 사람은 유족에 해당한다.
④ 근로자의 소득으로 생계의 전부를 유지하고 있던 유족으로서 학업으로 주민등록을 달리하였거나 동거하지 않았던 사람은 유족에 해당되지 않는다.
⑤ 유족보상연금 수급 권리는 배우자·자녀·부모·손자녀·조부모 및 형제자매의 순서로 한다.

70

정신건강증진 및 정신질환자 복지서비스 지원에 관한 법률상 정신질환자의 보호의무자가 될 수 있는 사람은?

① 후견인
② 파산선고를 받고 복권되지 아니한 사람
③ 해당 정신질환자를 상대로 소송 중인 사람
④ 행방불명자
⑤ 미성년자

71

다음이 설명하는 한부모가족지원법상의 한부모가족 복지시설은?

> 배우자(사실혼 관계에 있는 사람을 포함한다)가 있으나 배우자의 물리적·정신적 학대로 아동의 건전한 양육이나 모의 건강에 지장을 초래할 우려가 있을 경우 일시적 또는 일정 기간 동안 모와 아동 또는 모에게 주거와 생계를 지원하는 시설

① 일시지원복지시설
② 부자가족복지시설
③ 모자가족복지시설
④ 한부모가족복지상담소
⑤ 미혼모자가족복지시설

72

의족 파손에 따른 요양급여 청구사건 대법원 판례 (2012두20991)의 내용으로 옳지 않은 것은?

> (개요) 의족을 착용하고 아파트 경비원으로 근무하던 갑이 제설작업 중 넘어져 의족이 파손되는 등의 재해를 입고 요양급여를 신청하였으나, 근로복지공단이 '의족 파손'은 요양급여 기준에 해당하지 않는다는 이유로 요양불승인처분을 한 사안에 대하여 요양불승인처분 취소

① 업무상 재해로 인한 부상의 대상인 신체를 반드시 생래적 신체에 한정할 필요는 없다.
② 의족 파손을 업무상 재해로 보지 않을 경우 장애인 근로자에 대한 보상과 재활에 상당한 공백을 초래한다.
③ 신체 탈부착 여부를 기준으로 요양급여 대상을 가르는 것이 합리적이라 할 수 없다.
④ 의족 파손을 업무상 재해에서 제외한다면, 사업자들로 하여금 의족 착용 장애인들의 고용을 소극적으로 만들 우려가 있다.
⑤ 업무상의 사유로 근로자가 장착한 의족이 파손된 경우는 「산업재해보상보험법」상 요양급여의 대상인 근로자의 부상에 포함되지 않는다.

73

다음의 역할을 하는 노인장기요양보험법상 기구는?

- 장기요양요원의 권리 침해에 관한 상담 및 지원
- 장기요양요원의 역량강화를 위한 교육지원
- 장기요양요원에 대한 건강검진 등 건강관리를 위한 사업

① 장기요양위원회
② 등급판정위원회
③ 장기요양심사위원회
④ 장기요양요원지원센터
⑤ 공표심의위원회

74

다음과 같은 역할을 하는 사회복지시설은?

- 아동의 안전한 보호
- 안전하고 균형 있는 급식 및 간식의 제공
- 등 · 하교 전후, 야간 또는 긴급상황 발생 시 돌봄서비스 제공
- 체험활동 등 교육 · 문화 · 예술 · 체육 프로그램의 연계 · 제공
- 돌봄 상담, 관련 정보의 제공 및 서비스의 연계

① 장애인 지역사회재활시설
② 다함께돌봄센터
③ 아동보호전문기관
④ 지역장애아동지원센터
⑤ 노인공동생활가정

75

아동복지법상 보호가 필요한 아동을 발견하고 양육환경을 개선할 수 있도록 지원하기 위하여 이용할 수 있는 자료와 정보에 해당하는 것을 모두 고른 것은?

- ㄱ. 「국민건강보험법」 제41조 제1항 각 호에 따른 요양급여 실시 기록
- ㄴ. 「국민건강보험법」 제52조에 따른 영유아건강검진 실시 기록
- ㄷ. 「초 · 중등교육법」 제25조에 따른 학교생활기록 정보
- ㄹ. 「전기사업법」 제14조에 따른 단전 가구정보

① ㄱ, ㄴ, ㄷ
② ㄱ, ㄴ, ㄹ
③ ㄱ, ㄷ, ㄹ
④ ㄴ, ㄷ, ㄹ
⑤ ㄱ, ㄴ, ㄷ, ㄹ

제1과목 사회복지기초

01	02	03	04	05	06	07	08	09	10
①	⑤	⑤	④	⑤	③	②	④	②	④
11	12	13	14	15	16	17	18	19	20
①	③	③	③	⑤	④	④	⑤	②	②
21	22	23	24	25	26	27	28	29	30
①	①	③	④	②	③	①	③	①	②
31	32	33	34	35	36	37	38	39	40
③	①	③	⑤	④	②	⑤	④	⑤	⑤
41	42	43	44	45	46	47	48	49	50
②	④	①	③	④	⑤	④	②	③	②

01

① 인간발달은 모체 내에 수태되는 순간부터 죽음에 이르는 순간까지 긴 인생과정에 걸쳐 일어나는 모든 변화를 포함한다.

02

⑤ 생태체계이론은 인간과 사회환경 사이의 관계를 이해하는 준거틀을 제시한다. 기존의 사회복지가 '환경 속의 인간'에 관심을 가져왔음에도 불구하고 개인, 가족, 집단을 중심으로 한 직접적인 실천에 초점을 맞추었다면, 생태체계이론은 보다 폭넓은 관점에서 인간과 사회환경, 문화와의 상호관계에도 관심을 기울인다.

03

⑤ 인간행동 및 발달이론은 사회복지실천에서 인간행동의 역동적 인과관계를 이해하고 향후 행동이 어떻게 변화될 것인지를 예측하며, 이를 변화시킬 수 있는 개입방안을 모색하는 데 도움이 된다. 즉, 인간을 보다 정확히 이해하고 전문적 실천행동의 방향을 설정하며, 특정한 개입을 위한 지침이 되는 개념적 틀을 제공한다는 점에서 유용하다.

04

① 시너지(Synergy)는 개방체계적인 속성으로서, 체계 구성요소들 간 상호작용이 증가하면서 체계 내 유용한 에너지가 증가하는 것이다.

② 엔트로피(Entropy)는 폐쇄체계적인 속성으로서, 체계 내부의 에너지만 소모하여 유용한 에너지가 감소하는 상태를 말한다. 체계가 소멸해가거나, 무질서해지고 비조직화 되는 과정을 의미한다.

③ 항상성(Homeostasis)은 개방체계적인 속성으로서, 환경과 지속적으로 소통하면서 역동적인 균형을 이루는 상태를 의미한다. 참고로 체계의 목표와 정체성을 유지하려는 의도적 노력에 의해 수정되는 것은 안정상태(Steady State)이다.

⑤ 적합성(Goodness-of-fit)은 인간의 적응욕구와 환경자원이 부합되는 정도로서, 다른 종(種)의 경우 진화에 의해, 인간의 경우 일생을 통해 성취된다.

05

에릭슨(E. Erikson)의 심리사회적 발달단계에서 심리사회적 위기의 결과

- 유아기(0~18개월) : 기본적 신뢰감 대 불신감
- 초기아동기(18개월~3세) : 자율성 대 수치심·회의
- 학령전기 또는 유희기(3~6세) : 주도성 대 죄의식
- 학령기(6~12세) : 근면성 대 열등감
- 청소년기(12~20세) : 자아정체감 대 정체감 혼란
- 성인 초기(20~24세) : 친밀감 대 고립감
- 성인기(24~65세) : 생산성 대 침체감
- 노년기(65세 이후) : 자아통합 대 절망감

참고

에릭슨(Erikson)의 심리사회적 발달단계에서 각 단계별 명칭 및 발달 시기, 심리사회적 위기와 그 결과 등에 대해서는 교재에 따라 약간씩 다르게 제시되고 있으므로, 이점 감안하여 학습하시기 바랍니다.

06

① 인간의 무의식의 중요성을 강조하였다.
② 거세불안과 남근선망은 주로 남근기(Phallic Stage)에 나타난다.
④ 자아는 현실원리에 지배되며 성격의 실행자이다.
⑤ 프로이트가 제시한 성격의 구조는 원초아, 자아, 초자아로 구성되어 있으며, 발달단계는 구강기, 항문기, 남근기, 잠복기, 생식기로 나뉘어져 있다.

07

② 자기실현(자아실현)의 욕구는 욕구위계에서 가장 높은 단계이다.

08

④ 대리적 조건화(Vicarious Conditioning) 혹은 대리학습(Vicarious Learning)에 의해 행동은 습득된다. 다른 사람들이 어떤 새로운 행동을 시도할 때 그 결과가 어떻게 나타나는지를 관찰함으로써 자기 자신 또한 그와 같은 행동을 할 경우 초래될 결과를 예상하게 되는데, 이때 어떤 행동이 보상의 결과를 가져오는 경우 그 행동의 빈도가 증가하는 반면, 처벌의 결과를 가져오는 경우 그 행동의 빈도는 감소하게 된다.

09

② 영아기의 정서발달은 긍정적 정서에서 부정적 정서를 표현하는 것으로 발달하기보다는 분화가 덜 된 정서에서 점차 분화된 정서를 표현하는 방식으로 발달하게 된다. 또한 기쁨, 분노, 공포 등 기본적인 정서로서 1차 정서를 표현하는 것에서 당황, 수치, 죄책감, 질투, 자긍심 등 한 가지 이상의 정서적 표현을 통합하는 2차 정서를 표현하는 방식으로 발달하게 된다.

10

④ 융(Jung)에 따르면, 중년기는 외부세계에 쏟았던 에너지를 자신의 내부에 초점을 두며 개성화의 과정을 경험하는 시기이다.
① 남녀 모두 '중년의 위기'로 인해 불안이나 우울, 무기력감 등 심리적 증상을 경험한다.
② 여성은 에스트로겐의 분비가 감소되고 남성은 테스토스테론의 분비가 감소된다.
③ 인지능력의 감소는 크지 않은 반면, 인지적 반응속도는 늘어지는 경향이 있다. 다만, 일상생활에 지장을 초래할 정도로 늘어지는 것은 아니다.
⑤ 친밀감 형성은 청년기의 주요 과업이며, 사회관계망 축소로 사회적 역할이 감소하게 되는 것은 노년기의 특징에 해당한다.

참고

인간발달단계와 관련하여 문제상에 제시되는 각 발달단계별 연령은 학자에 따라 혹은 교재에 따라 약간씩 다르게 제시되고 있습니다. 예를 들어, 중년기(장년기)의 연령은 '30~65세', '36~64세' 혹은 '40~64세'로 구분하기도 하며, 아동기(후기아동기)의 연령은 '6~12세' 혹은 '7~12세'로 구분하기도 합니다.

11

① 오이디푸스 콤플렉스(Oedipus Complex) 또는 엘렉트라 콤플렉스(Electra Complex)를 해결하는 과정에서 동성의 부모를 동일시함에 따라 도덕성 발달이 이루어지는 시기는 대략 4~6세경으로, 이는 프로이트(Freud)의 '남근기'에 해당한다.
② 콜버그(Kohlberg)에 의하면 유아기는 전인습적 수준(4~10세)의 도덕성 발달단계를 보인다. 참고로 사회적인 기대나 규범, 관습으로서의 인습에 순응적인 양상을 보이는 인습적 수준은 10~13세에 해당한다.
③ 피아제(Piaget)의 전조작기(대략 2~7세)에 해당되며, 상징적 사고가 가능하다.
④ 전조작적 사고단계에서는 상위개념과 하위개념을 완전히 구분하지 못하므로 분류능력이 불완전하다.
⑤ 영아기는 인간의 일생에 있어서 신체적 성장이 가장 빠른 속도로 이루어지는 '제1성장 급등기'에 해당한다.

참고

유아기는 독립적인 보행이 가능한 이른바 걸음마기(18개월 또는 2세~4세)를 말하지만, 걸음마기 후반(3~4세)에서 전기아동기(4~6세)까지를 포함하는 것으로 보기도 합니다. 최근 사회복지사 시험에서는 유아기를 3~6세로 포괄적으로 다루는 경향이 있으므로, 걸음마기와 전기아동기의 특성을 서로 구분하는 동시에 이를 통합적으로 학습할 필요가 있습니다.

12

ㄷ. 인간의 욕구발달단계를 제시한 대표적인 인본주의이론의 학자로 매슬로우(Maslow)가 있다.

13

ㄹ. 남성의 여성적인 면은 '아니마(Anima)', 여성의 남성적인 면은 '아니무스(Animus)'이다.

14

③ 중간체계는 개인이 참여하는 둘 이상의 미시체계 간의 상호작용으로서, 미시체계 간의 연결망을 의미한다.
① 문화, 정치, 교육정책 등 거시체계는 개인의 생활에 직접적으로 개입하지는 않지만 간접적으로 영향력을 행사하며, 하위체계에 지지기반과 가치준거를 제공한다.
② 인간을 둘러싼 사회환경을 미시체계, 중간체계, 외부체계(외체계), 거시체계, 시간체계로 구분했다.
④ 외부체계(외체계)는 개인이 직접 참여하거나 관여하지는 않으나 개인에게 영향을 미치는 체계로 부모의 직장 등이 포함된다.
⑤ 미시체계는 개인에게 가장 근접한 환경으로, 개인의 특성과 성장 시기에 따라 달라진다.

15

⑤ 집단 구성원은 전체로서의 집단에 대한 정체성을 갖는데, 이는 다양한 집단활동을 통해 형성되는 '우리의식(We-feeling)'이라 할 수 있다.
① 2차 집단은 인위적으로 형성된 집단으로 특정 목적 달성을 위해 구성된다.
② 개방집단은 신규 구성원을 계속 받아들이기 때문에 일정 수준 이상의 심도 깊은 목적 달성에 접합하지 않다.
③ 공동의 목적이나 관심사를 가진 최소 2명 이상의 일정한 구성원을 집단이라 한다.
④ 형성집단은 특정 위원회나 팀처럼 일정한 목적을 달성하기 위해 개인들이나 사회기관, 학교, 회사 등과 같은 조직에 의해 구성된 집단이다.

16

④ 문화는 다른 사회구성원들과 구별되는 어떤 공통
적인 경향으로서, 자연환경보다 인간의 정신활동
을 중요시한다.
① 문화는 선천적으로 소유하는 것이 아닌 후천적인
습득의 과정을 통해 얻어진다.
② 문화는 사회규범이나 관습을 통해 개인의 행동을
적절히 규제함으로써 사회악을 최소화하는 사회통
제의 기능을 가진다.
③ 문화는 고정되어 있지 않으며, 새로운 문화 특성
이 추가되는 등 시대적 환경에 따라 끊임없이 변
화한다.
⑤ 다양성은 차이를 의미한다. 인간사회의 문화 형태
는 매우 상이한데, 이는 국가별, 지역별, 개인별로
지니는 다양한 문화로부터 짐작할 수 있다.

17

④ 피아제(Piaget)는 인지발달을 개인과 환경의 상호
작용에서 이루어지는 적응과정으로 간주하였으며,
그러한 적응능력이 동화(Assimilation)와 조절
(Accommodation)의 평형화 과정에 의해 발달한
다고 보았다.
① 피아제는 성인기 이후의 발달을 다루고 있지 않다.
② 피아제는 문화적 · 사회경제적 · 인종적 차이를 충
분히 고려하지 않았다.
③ 추상적 사고의 확립은 형식적 조작기의 특징이다.
⑤ 전조작기는 보존개념을 어렴풋이 이해하기 시작하
지만 아직 획득하지 못한 단계이다.

18

ㄹ. 일정한 횟수의 바람직한 반응이 나타난 다음에 강
화를 부여하는 것은 '고정비율 강화계획'에 해
당한다(예 성과급 등). 반면, '고정간격 강화계획'
은 요구되는 행동의 발생빈도에 상관없이 일정한
시간 간격에 따라 강화를 부여하는 것이다(예 주
급, 월급 등).

19

② 다문화사회복지실천은 문화적 상이성에 대한 수용
과 존중을 지향한다. 다문화사회복지실천에서는
다양한 인종이나 민족 집단들의 문화를 지배적인
하나의 문화에 동화시키지 않은 채 서로 인정하고
존중하면서 공존하도록 하는 데 목적을 두므로,
다양한 문화를 지닌 소수자들의 삶을 보장하는 데
초점을 맞춘다.

20

② 옛것을 회상하며 사고의 경직성 경향이 증가한다.

21

영아기 반사운동의 주요 유형
생존반사

젖찾기반사 (탐색반사)	영아는 입 부근에 부드러운 자극을 주면 자극이 있는 쪽으로 입을 벌린다.
연하반사 (삼키기반사)	영아는 음식물이 목에 닿으면 식도를 통해 삼킨다.
빨기반사	영아는 입에 닿는 것은 무엇이든 빤다.

원시반사(비생존반사)

바빈스키반사	영아의 발바닥을 간질이면 발가락을 발등을 향해 부채 모양으로 편후 다시 오므린다.
모로반사 (경악반사)	영아는 큰 소리가 나면 팔과 다리를 벌리고 마치 무엇인가 껴안으려는 듯 몸 쪽으로 팔과 다리를 움츠린다.
걷기반사 (걸음마반사)	바닥에 영아의 발을 닿게 하여 바른 자세가 갖추어지면 영아는 걷는 것처럼 두 발을 번갈아 떼어놓는다.
쥐기반사 (파악반사)	영아의 손바닥에 무엇을 올려놓으면 손가락을 쥐는 것과 같은 반응을 한다.

22

① 친밀감(Intimacy)은 자신의 정체성을 잃을지도 모른다는 두려움 없이 타인과 개방적이고 지지적이며 조화로운 관계를 형성하는 능력을 말한다. 이와 같은 친밀감의 형성은 청년기(20~35세)의 주요 발달과업으로, 청년기에는 타인과의 관계에서 친밀감을 형성하면서 결혼과 부모됨을 고려하게 된다.

23

ㄱ. 유아기의 특징에 해당한다. '제1의 반항기'는 자기주장적이고 반항적인 행동이 절정에 달하는 대략 3~4세경의 걸음마기에 해당하며, '제2의 반항기'는 부모의 권위에 노선하는 청소년기에 해당한다.

ㅁ. 유아기의 특징에 해당한다. 유아기의 자기중심적 사고는 모든 사물을 자기의 입장에서만 보고, 타인의 입장을 고려하지 못한다.

24

ㄴ. 유아기의 특징에 해당한다. 전조작기 유아의 자기중심성(Egocentrism)은 다른 사람의 관점과 역할을 고려하지 않은 채 자신의 입장에서 세계를 지각하는 유아의 사고 특성에 해당한다. 참고로 청소년기의 자기중심성은 현실과 환상을 구분하지 못하는 양상으로 나타난다.

25

② 이상행동 및 정신장애의 진단분류체계로 널리 사용되고 있는 것으로 미국 정신의학협회(APA ; American Psychiatric Association)에서 발간하는 『정신질환 진단 및 통계편람(DSM ; Diagnostic and Statistical Manual of Mental Disorders)』과 세계보건기구(WHO ; World Health Organization)에서 발간하는 『국제질병분류(ICD ; International Classification of Diseases)』가 있다.

26

③ 연구의 진실성과 사회적 책임은 연구윤리의 기준이 된다. 물론 연구자가 연구를 통해 사회적 이익을 증진시키는 것은 바람직하나 이는 공익의 기준에 부합하는 것이어야 하며, 연구자는 자신의 연구가 사회에 미칠 영향을 자각하고 전문가로서 책임을 다하여야 한다.

27

① 실증주의(초기실증주의)가 연구의 가치중립성을 강조한다면, 후기실증주의는 연구가 결코 정치적 가치나 이데올로기로부터 완전히 자유로울 수 없음을 인정한다. 다만, 후기실증주의는 비합리적인 행동조사도 합리적으로 연구할 수 있다고 가정하는데, 이는 연구결과에 미치는 한 개인의 가치관의 영향을 줄이는 논리적 장치와 관찰기법을 활용함으로써 가능하다는 것이다.

28

③ 패널연구(Panel Study)는 동일한 대상을 반복적으로 관찰하기 때문에 일정 기간에 걸쳐 나타나는 변화에 대한 가장 포괄적인 자료를 제공한다.

① 베이비붐세대를 시간변화에 따라 연구하는 것은 동류집단연구(Cohort Study)에 해당한다.

② 일정 주기별 인구변화에 대한 조사는 추이연구 또는 경향분석(Trend Study)에 해당한다.

④ 종단연구 중 시간에 따른 변화를 가장 정확하게 알려주는 것은 패널연구이다.

⑤ 일반 모집단 내의 변화를 일정 기간에 걸쳐 연구하는 것은 추이연구(경향분석)에 해당한다.

29

ㄱ·ㄷ. 영가설은 연구가설을 반증하기 위해 사용되는 것으로, 처음부터 버릴 것을 예상하는 가설이다.

ㄴ·ㄹ. 영가설은 변수 간 관계가 우연에서 비롯될 수 있는 확률, 즉 영가설이 참일 수 있는 확률을 의미한다.

30

② 체계적인 본조사를 실시하기에 앞서 그 조사가 과연 실행 가능한가를 초기면접을 통해 예비적으로 알아보는 것이므로 탐색적 연구로 볼 수 있다.

사회조사의 목적에 다른 분류

탐색적 연구	예비조사(Pilot Study)라고도 하며, 연구문제에 대한 사전지식이 결여된 경우 문제영역을 결정하기 위해 예비적으로 실시한다.
기술적 연구	특정 현상을 사실적으로 묘사하려는 조사로, 현상이나 주제를 정확하게 기술(Description)하는 것을 주목적으로 한다.
설명적 연구	변수 간의 인과관계를 규명하려는 조사, 즉 특정 변수에 영향을 미치는 요인에 대한 조사이다.

31

척도의 주요 적용 범주

명목척도	성별, 결혼유무, 종교, 인종, 직업유형, 장애유형, 혈액형, 거주지역, 계절 등
서열척도	사회계층, 선호도, 석차, 학점(A/B/C/D/F), 교육수준(중졸 이하/고졸/대졸 이상), 수여 받은 학위(학사/석사/박사), 자격등급, 장애등급 등
등간척도	지능지수(IQ), 온도, 시험점수(0~100점), 물가지수, 사회지표, 학년 등
비율척도	연령, 무게, 신장, 수입, 매출액, 출생률, 사망률, 이혼율, 경제성장률, 백신 접종률, 졸업생 수, 교육연수(정규교육을 받은 기간) 등

32

③ 내적 타당도는 외적 타당도를 위한 필요조건이지만 충분조건은 아니다. 특정한 연구에서 내적 타당도가 매우 높을 때조차도 여러 문제가 외적 타당도를 제한할 수 있다.

① 원인변수로서 독립변수의 조작이 결과변수로서 종속변수의 변화를 초래한 원인이 된 정도를 나타내는 것은 내적 타당도이다.

② 변수들 간의 인과관계에 대한 조사결과를 일반화시킬 수 있는 정도를 나타내는 것은 외적 타당도이다.

④ 실험대상의 탈락(상실요인)이나 우연한 사건(역사요인)은 내적 타당도 저해요인이다.

⑤ 내적 타당도와 외적 타당도는 상충관계(Trade-off)를 가진다. 내적 타당도를 높이기 위해 각종 인위적인 통제들을 실시할 경우 일반적인 환경조건과 더욱 멀어지게 되므로 외적 타당도를 떨어뜨리는 결과를 초래할 수 있다.

33

① 응답자의 익명성이 결여되어 피면접자가 솔직한 응답을 회피할 수 있다.

34

ㅁ. 일반적인 연령(만 나이)은 비율변수이나, 연령대(10대/20대/30대/40대/50대/60대 이상) 혹은 연령층(아동/청장년/노인)은 서열변수에 해당한다. 반면, 산술평균은 등간성을 지닌 척도(예 등간척도, 비율척도)를 이용하여 측정한 변수에만 적용될 수 있다.

35

델파이조사(전문가 의견조사)의 장단점

장점	• 직접 전문가들을 방문할 필요가 없으며, 전문가들이 응답하기 편리한 시간에 자유롭게 응답할 수 있다. • 익명으로 응답하므로 참여하는 사람들의 영향력을 배제할 수 있다.
단점	• 반복하여 응답을 받아내는 데 시간이 많이 소요된다. • 조사를 반복하는 동안 응답자 수가 줄어들 수 있다.

36

② 관찰은 비언어적 상황의 자료수집이 용이하므로, 말로 표현될 수 없는 행동이나 말을 할 수 없는 대상자에 대한 자료를 수집하는 데 적합하다.

① 서베이(Survey)에서는 응답자(피관찰자)에 의해 자료가 생성되는 반면, 관찰에서는 조사자(관찰자)에 의해 자료가 생성된다.

③ 관찰은 비교적 자연스러운 환경에서 자료를 도출한다는 점이 장점이나, 이는 다른 한편으로 자료수집 상황에 대한 통제가 어렵다는 단점도 유발한다.

④ 서베이가 인간의 내면적 가치나 태도에 관한 자료를 수집하는 데 효과적이라면, 관찰은 인간의 외부적 행동에 관한 자료를 수집하는 데 효과적이다.

⑤ 관찰은 관찰자의 눈과 의식에 의해 자료가 도출되므로, 관찰자의 주관에 의한 편향성이 개입될 우려가 있다.

37

참여행동연구(Participatory Action Research)

사회 변화(Social Change)와 임파워먼트(Empowerment)를 목적으로, 단순히 개인이나 지역사회의 문제를 밝히는 데 그치지 않고 급진적인 변화를 시도하는 질적 연구방법이다. 참여, 권력 및 권한 강화, 평가와 행동을 핵심요소로 하며, 사회적 약자나 소수집단을 대상으로 집합적인 교육, 분석, 조사, 행동을 전개한다.

38

④ 통제집단 사전사후 검사설계(통제집단 전후 비교설계)에서 실험집단과 통제집단은 개입만을 제외한 모든 면에서 동등한 환경을 가지므로, 외부사건(우연한 사건)이나 자연적 성숙에 따른 효과 등 제반 대립 설명들이 통제집단에도 그대로 적용된다.

① 통제집단 사전사후 검사설계는 실험대상자들에게 사전과 사후에 두 번의 검사를 실시하므로, 테스트(검사) 효과나 도구효과가 발생할 가능성이 있다.

② 통제집단 사전사후 검사설계는 무작위 집단 할당을 통해 통계학적 혹은 확률적으로 두 집단이 동질적일 가능성을 극대화할 수 있다.

③ 통제집단 사전사후 검사설계는 사전검사와 프로그램의 상호작용 효과를 통제하기 어렵다. 사전검사 후 개입을 실시하는 방식은 실험집단의 대상자들로 하여금 이미 개입에 반응할 준비가 된 상태로 임하게 함으로써 실험 개입의 효과가 증폭되어 나타날 가능성이 있다.

⑤ 통제집단 사전사후 검사설계에서는 실험집단의 개입 효과가 통제집단으로 전이되지 않도록 하기 위해 이 두 집단을 엄격한 통제하에 분리시킨다.

39

외적 타당도를 저해하는 요인으로서 표본의 대표성

표본이 모집단의 일반적인 성격에서 크게 벗어난 특이한 일부인 경우 해당 표본에서 조사된 결과를 전체 집단으로 확대 해석하기가 어렵다.

예 한 대학에서 자원봉사의식 고취를 위한 교육과정 프로그램을 개발하였고, 여기에 평소 자원봉사에 대해 관심을 가진 자발적 참여자들만을 참여시켰다고 하자. 그 프로그램의 효과가 자원봉사에 대해 무관심할 것 같은 전체 일반 대학생들에게서도 동일하게 나타날 것이라고 기대하기는 어렵다.

40

ㄴ. ABAC설계가 새로운 기초선으로 인해 C의 효과를 앞선 B의 효과와 섞지 않고 볼 수 있다고 해도, 효과성이 섞이는 문제를 완전히 극복하기는 어렵다. 각각의 개입방법에 대한 독자적인 효과의 인과관계를 명확히 하려면 개별적인 AB설계가 필요하다.

41

② 통계적 분석을 할 때 기초선이 불안정한 경우 경향선 접근(경향선 분석)이 적합하다.

경향선(Celeration Line) 접근
단일사례설계에서 기초선이 불안정하게 형성되어 있는 경우, 기초선의 변화의 폭과 기울기까지 고려하여 결과를 분석한다. 경향선은 기초선에서 발생하는 변화를 기울기로 나타낸 것으로, 개입이 없는 상태에서 기초선이 연장될 경우 어떤 결과가 나올 것인지를 보여 주는 일종의 예측선이다.

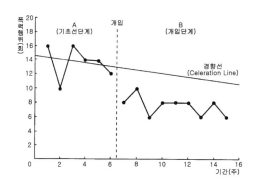

42

④ 체계적 오류가 측정의 타당도와 관련이 있다면, 무작위 오류는 측정의 신뢰도와 관련이 있다. 즉, 신뢰도가 낮은 척도의 사용은 무작위 오류를 발생시킨다.

43

ㄱ. 조작적 정의는 추상적인 개념적 정의를 실증적·경험적으로 측정이 가능하도록 구체화하여 정의 내리는 것이다.
ㄴ. 조작적 정의는 어떤 개념을 측정이 가능하도록 경험적으로 관찰이 가능한 수준까지 세밀하게 규정한다.
ㄷ. 조작적 정의를 통해 개념이 더욱 구체화된다.
ㄹ. 가설 검증을 위해서는 관계에 동원된 변수들에 대한 경험적 측정이 가능해야 하므로 조작적 정의가 필요하다.

44

③ 동일한 조건이라면 표본의 크기가 커질수록 표집오차가 감소한다. 다만, 표본의 크기가 커질수록 작아지던 오차는 일정 수준에 도달하게 되면 더 이상 줄어들지 않게 된다.

참고
이 문제는 시행처인 한국산업인력공단의 출제오류로 보아야 하나, 가답안을 정정하지 않음으로써 논란이 된 문제이기도 합니다. 문제상 논란이 된 것은 선택지 ①번으로, 이는 이전 기출문제에서 이미 옳지 않은 내용으로 다루어져 왔습니다.

45

질적 연구방법의 엄격성(Rigor)을 높이는 주요 전략
• 장기적 관여 혹은 관찰(Prolonged Engagement)을 위한 노력(ㄷ)
• 동료 보고와 지원(동료집단의 조언 및 지지)
• 연구자의 원주민화(Going Native)를 경계하는 노력
• 해석에 적합하지 않은 부정적인(예외적인) 사례(Negative Cases) 찾기(ㄴ)
• 삼각측정 또는 교차검증(Triangulation)(ㄱ)
• 감사(Auditing)
• 연구윤리 강화(ㄹ) 등

46

④ 층화표집은 단순무작위 표집보다 대표성이 높은 표본을 추출하는 방법으로 알려져 있다.
① 유의표집(판단표집)은 연구자의 주관적 판단에 따라 의도적인 표집이 이루어지는 방식이므로 표본의 대표성을 보장할 수 없다.
② 모집단이 이질적인 경우에는 표본의 크기를 늘려야 한다.
③ 전수조사에서는 모수와 통계치의 구분이 불필요하다.
⑤ 체계적 표집(계통표집)은 첫 번째 요소를 무작위로 선정하여 최초의 표본으로 삼은 후 일정한 표본추출 간격으로 표본을 선정한다.

47

② 보가더스(Bogardus)의 사회적 거리척도(Social Distance Scale)는 서열척도이자 누적척도의 일종으로, 서로 다른 인종이나 민족, 사회계층 간의 사회심리적 거리감을 측정하기 위해 사용한다.
① 리커트 척도(Likert Scale)의 문항들은 거의 동일한 태도가치를 가진다고 인정된다.
③ 평정 척도(Rating Scale)는 문항의 적절성 여부를 평가할 방법이 없다.
④ 거트만 척도(Guttman Scale)는 두 개 이상의 변수를 동시에 측정하는 다차원적 척도로 사용되기 어렵다.
⑤ 의미차별척도(Semantic Differential Scale)는 척도의 양 극점에 느낌이나 감정을 나타내는 서로 상반되는 형용사나 표현을 배열한다.

48

ㄷ. 기준관련타당도(기준타당도)의 주요 하위유형으로 동시타당도(공인타당도)와 예측타당도(예언타당도)가 있다. 이 두 하위유형 간의 차이는 미래에 발생할 기준을 예측하는 능력(→ 예측타당도) 혹은 동시발생적으로 알려진 기준에 대한 부합도(→ 동시타당도)에 의해 척도가 검증되고 있는지 여부와 관련이 있다.

49

③ 검사를 구성하는 문항들의 상관관계를 분석하여 상관이 높은 문항들을 묶어주는 통계적 방법은 요인분석(Factor Analysis)으로서, 이는 구성타당도 혹은 개념타당도(Construct Validity)를 측정하는 방법에 해당한다.
① 신뢰도를 측정하는 방법 중 재검사법(검사-재검사 신뢰도)에 해당한다.
② 신뢰도를 측정하는 방법 중 반분법(반분신뢰도)에 해당한다.
④ 신뢰도를 측정하는 방법 중 대안법(동형검사 신뢰도)에 해당한다.
⑤ 신뢰도를 측정하는 방법 중 내적 일관성 분석법(문항내적합치도)에 해당한다.

50

② 할당표집은 비확률표집방법으로서, 무작위 표집을 전제로 하지 않는다. 전체 모집단에서 직접 표본을 추출하는 것이 아닌, 모집단을 일정한 카테고리(예 연령 집단)로 나눈 다음, 이들 카테고리에서 정해진 요소 수(예 각각 100명씩)를 작위적으로 추출한다.

01	02	03	04	05	06	07	08	09	10
④	③	④	①	④	②	①	③	①	②
11	12	13	14	15	16	17	18	19	20
②	⑤	④	⑤	③	①	⑤	④	⑤	④
21	22	23	24	25	26	27	28	29	30
②	⑤	②	①	③	③	④	②	④	②
31	32	33	34	35	36	37	38	39	40
①	④	①	②	④	②	④	③	③	②
41	42	43	44	45	46	47	48	49	50
⑤	③	③	⑤	④	⑤	①	③	①	⑤
51	52	53	54	55	56	57	58	59	60
⑤	②	④	④	⑤	①	②	③	②	②
61	62	63	64	65	66	67	68	69	70
①	④	④	①	⑤	③	②	③	⑤	①
71	72	73	74	75					
③	④	④	②	③					

01

ㄷ. 1921년 우리나라 최초의 사회복지관으로서 '태화 기독교사회복지관'의 전신인 '태화여자관'이 설립 되었다.

ㄱ. 1929년 밀포드 회의(Milford Conference)에서 개별사회사업방법론을 기본으로 하는 사회복지실 천의 공통요소가 정리되어 발표되었다.

ㄴ. 1983년 사회복지사업법이 개정됨에 따라 기존 '사회복지사업종사자' 대신 '사회복지사' 명칭을 사용하기 시작하였다.

ㄹ. 1987년 사회복지전문요원제도가 시행되어 공공 영역에 사회복지전문요원이 배치되었다.

02

③ 중재자(Mediator)로서 사회복지사는 서로 다른 조 직이나 집단 간 이해관계 갈등을 해결하여 서로 간 에 만족스러운 결과를 얻을 수 있도록 돕는다. 특 히 의사소통의 갈등이나 의견 차이를 조정하되, 어느 한쪽의 편을 들지 않은 채 서로의 입장을 명 확히 밝히도록 돕는다.

① 중개자(Broker)로서 사회복지사는 클라이언트로 하여금 지역사회 내에 있는 서비스체계나 자원을 활용할 수 있도록 돕거나 안내해 주는 역할을 한다.

② 조정자(Coordinator)로서 사회복지사는 원조를 수행하는 과정에서 클라이언트의 욕구와 자원과의 관계, 클라이언트와 원조자들 간의 관계에서 필요 한 조정 및 타협을 수행하는 역할을 한다.

④ 옹호자(Advocate)로서 사회복지사는 클라이언트 개인이나 집단의 권익을 변호하여 새로운 자원이 나 서비스 제공을 촉구하는 정치적 역할을 한다.

⑤ 교육자(Educator)로서 사회복지사는 클라이언트 로 하여금 문제를 예방하거나 사회적 기능을 향상 하는 데 필요한 지식과 기술을 갖추도록 돕는 역할 을 한다.

03

사회복지사의 자기인식(Self-awareness)

• 사회복지사의 자기인식은 자신의 가치, 신념, 태 도, 행동습관, 편견 등이 사회복지실천에서의 관계 형성 및 의사결정에 어떠한 영향을 미치는지를 깨 닫는 것이다.

• 사회복지사는 끊임없는 성찰을 통해 사회복지실천 에 있어서 자신의 강점과 약점을 명확히 인식하고 있어야 한다.

• 사회복지사의 자기인식은 클라이언트와의 전문적 관계형성에 필수적이며, 필요 이상으로 클라이언트 에게 개입하는 것을 방지한다.

04

면접 시 피해야 할 질문

유도질문	사회복지사는 클라이언트로 하여금 바람직한 결과를 나타내보이도록 하려는 의도에서 간접적으로 특정한 방향으로의 응답을 유도할 수 있다. 이때 클라이언트는 자신의 진정한 의향과 달리 사회복지사가 원하거나 기대하는 방향으로 거짓응답을 할 수 있다. **예** "당신의 행동이 잘못됐다고 생각해보지는 않았나요?"
모호한 질문	클라이언트가 질문의 방향을 명확히 인지하지 못하거나 받아들이지 못하는 형태의 질문이다. **예** "당신은 어렸을 때 어땠나요?"
이중질문 (복합형 질문)	한 번에 두 가지 이상의 내용을 질문하는 것으로서, 클라이언트는 복수의 질문 가운데 어느 하나를 선택하여 답변할 수도, 아니면 어느 쪽에 답변을 해야 하는지 알 수 없어 머뭇거릴 수도 있다. **예** "당신은 선생님께는 어떻게 말했고, 부모님께는 어떻게 말했나요?"
왜(Why) 질문	'왜(Why)' 의문사를 남용함으로써 클라이언트로 하여금 비난을 받고 있다는 느낌을 갖도록 하는 질문이다. **예** "그 민감한 상황에서 왜 그런 말을 하셨지요?"
폭탄형 질문	클라이언트에게 한꺼번에 너무 많은 질문을 쏟아내는 것이다. **예** "당신은 친구에게 절교를 당했을 때 어떤 느낌이 들었나요? 혹시 당신이 친구에게 나쁜 행동을 했다고 생각해보진 않았나요? 그렇게 친구가 절교선언을 했을 때 당신은 어떤 반응을 보였나요?"

05

ㄹ. 자원의 양은 '원'으로, 관계의 속성(혹은 정도)은 '선'으로 표시한다.

06

② 환기(Ventilation)는 클라이언트로 하여금 이해와 안전의 분위기 속에서 자신의 슬픔, 불안, 분노, 증오, 죄의식 등 억압된 감정을 자유롭게 털어놓을 수 있도록 돕는 기술이다. 특히 클라이언트의 억압된 감정이나 부정적 감정이 문제해결을 방해하거나 감정 자체가 문제가 되는 경우 이를 표출하도록 함으로써 감정의 강도를 약화시키거나 해소시킨다.

① 해석(Interpretation)은 클라이언트가 이야기한 내용에 사회복지사가 새로운 의미와 관계성을 부여하여 언급하는 것이다.
③ 직면(Confrontation)은 클라이언트의 감정, 사고, 행동의 모순을 깨닫도록 하는 기술이다.
④ 반영(Reflection)은 클라이언트의 말과 행동에서 표현된 기본적인 생각, 감정, 태도를 사회복지사가 다른 참신한 말로 부연해 주는 기술이다.
⑤ 재보증(Reassurance)은 클라이언트의 능력이나 자질에 대해 사회복지사가 신뢰를 표현함으로써 클라이언트의 불안을 제거하고 위안을 주는 기술이다.

07

사회복지사의 자질 요소로서 민감성

• 사회복지사는 특정한 단서 없이도 클라이언트의 내면세계를 느끼고 감지할 수 있는 능력을 갖추어야 한다. 특히 적극적 경청을 통해 클라이언트가 언어적으로 표현한 것뿐만 아니라 표현하지 않은 비언어적 내용들도 파악할 수 있어야 한다.
• 사회복지사가 새로운 것에 대한 개방성 및 변화에 대한 준비 자세를 갖추고 있는지와 연관된 것으로, 어떠한 선입견이나 고정관념의 틀에서 벗어나 클라이언트의 사고와 감정에 자신을 적절히 투입시킬 수 있는 능력을 필요로 한다.

08

③ 빈민지역에 거주하며 지역사회 문제에 대한 집합적이고 개혁적인 해결을 강조한 것은 인보관 운동에 대한 내용이다.

09

ㄹ. 개인주의는 사회복지에 있어서 각 개인의 권리와 의무를 강조하면서 클라이언트의 개인적 특성, 즉 개별화를 중시한다. 빈곤문제에 있어서 개인의 책임을 강조하면서, 최소한의 수혜자격 원칙을 표방한다.

10

② 미시적 수준의 사회복지실천에 관한 내용이다. 미시적 수준의 사회복지실천은 부부관계, 자녀관계 등 개인 간의 심리상태에 문제가 있는 경우 사회복지사가 클라이언트와 일대일로 접근하여 문제해결을 돕는다.

11

임파워먼트모델(Empowerment Model)

• 클라이언트 개인이 지니는 고통의 원인을 사회경제적 지위, 연령, 성역할과 성정체성, 육체 혹은 정신적 기능 등의 차별성에 근거한 외부적 억압에서 비롯되는 것으로 이해한다. 따라서 임파워먼트모델은 클라이언트로 하여금 그와 같은 차별성으로 인한 장벽들에 직면하도록 돕는 데 초점을 맞춘다.
• 이와 같이 개인의 변화를 통해 잠재력을 발현시키는 한편, 사회적·정치적 측면에서의 변화를 이끌어내어 불평등한 사회제도를 개선하도록 하는 이중초점적인 특징을 지닌다.

12

⑤ 통합적 접근은 기존의 전통적인 방법이 지나치게 세분화·전문화되어 서비스의 파편화 현상을 초래했고, 그로 인해 다양한 문제와 욕구를 가지고 있는 클라이언트로 하여금 다양한 기관이나 사회복지사들을 찾아다녀야 하는 부담을 안겨주었으며, 그와 같이 공통기반을 전제로 하지 않은 분화와 전문화가 각각 별개의 사고와 언어 및 과정을 보여줌으로써 사회사업 전문직의 정체성 확립에 장애가 되었다는 문제인식에서 비롯되었다.

13

④ 노인보호전문기관 – 이용시설

14

6체계 모델(Compton & Galaway)

• 표적체계 : 목표를 달성하기 위해 변화시키는 것이 필요한 사람(체계)이다.
• 클라이언트체계 : 서비스나 도움을 필요로 하는 사람이다.
• 변화매개체계 : 사회복지사와 사회복지사를 고용하고 있는 기관 및 조직을 의미한다.
• 행동체계 : 변화노력을 달성하기 위해 상호작용하는 사람이다.
• 전문체계(전문가체계) : 전문가단체, 전문가를 육성하는 교육체계, 전문적 실천의 가치와 인가 등을 의미한다(예 사회복지사협회 등).
• 문제인식체계(의뢰–응답체계) : 잠재적 클라이언트를 사회복지사의 관심영역으로 끌어들이기 위해 행동하는 체계로, 서비스를 요청한 체계(→ 의뢰체계)와 그러한 요청으로 서비스기관에 오게 된 체계(→ 응답체계)를 의미한다.

15

사회복지실천에서 전문적 관계의 특성

• 서로 합의된 의식적 목적이 있다.
• 클라이언트의 욕구가 중심이 된다.(③)
• 시간적인 제한을 둔다.
• 전문가 자신의 정서를 통제하는 관계이다.
• 사회복지사는 특화된 지식 및 기술, 그리고 전문적 윤리강령에서 비롯되는 권위를 가진다.

16

① '의도적 감정표현'은 클라이언트가 자신의 긍정적 · 부정적인 감정을 자유로이 표명하고자 하는 욕구에 대한 인식이다. 사회복지사는 주의 · 집중하여 클라이언트의 말에 주의를 기울여야 하고 비난조의 어투를 피하며 격려하는 태도를 보여야 한다.

② '수용'의 원칙에 해당한다. 사회복지사는 클라이언트의 장점과 약점, 긍정적인 감정과 부정적인 감정 등 클라이언트의 다양한 특징들을 있는 그대로 이해하고 다루어야 한다.

③ '자기결정'의 원칙에 해당한다. 문제의 해결자는 클라이언트이므로, 사회복지사는 클라이언트 스스로 해결책을 선택할 수 있도록 한다.

④ '통제된 정서적 관여'의 원칙에 해당한다. 사회복지사는 클라이언트의 감정에 민감성과 이해로 반응하되, 완전한 관여가 아닌 통제된 관여로써 임해야 한다.

⑤ 사회복지사의 자기노출은 진실성을 보여주는 중요한 방법으로서 클라이언트의 자기노출을 유도할 수 있지만, 클라이언트에 대한 부정적 감정까지 노출하게 되는 경우 갈등을 일으킴으로써 오히려 변화를 방해할 수도 있다.

17

⑤ 서비스는 지속성(연속성)의 원칙에 따라 일회적이거나 단편적으로 제공되지 않고 지속적으로 제공되어야 한다.

① 서비스는 체계성의 원칙에 따라 공식적 지원체계와 비공식적 지원체계를 기능적으로 연결하여 체계적인 지지망을 구축하여야 한다.

② 서비스는 접근성의 원칙에 따라 클라이언트가 서비스를 이용하는 데 있어서 장애가 되는 요소들을 살피며, 이를 최소화하여야 한다.

③ 서비스는 개별화의 원칙에 따라 클라이언트 개개인의 신체적 · 정서적 특성 및 사회적 상황에 맞게 제공되어야 한다.

④ 서비스는 연계성의 원칙에 따라 분산된 서비스 체계들을 서로 연계하여 서비스 전달체계의 효율성을 도모하여야 한다.

18

④ 사회복지사는 법원의 정보공개 명령이 있는 경우 클라이언트에 대한 기본적인 정보를 공개하며, 더 많은 사항을 공개해야 하는 경우 사전에 클라이언트에게 알려줄 필요가 있다.

① 사회복지사는 클라이언트의 능력에 대한 신념을 가져야 한다. 상황은 달라질 수 있고, 클라이언트 스스로 사고와 행동의 변화를 이끌어낼 수 있다는 인식을 개발하여야 한다.

② 사회복지사는 클라이언트의 감정에 빠져드는 것이 아니라 클라이언트에게 관심을 가지고 그가 지각하는 것을 들으며, 경청과 이해로써 소통할 수 있는 능력을 길러야 한다.

③ 사회복지사는 클라이언트를 자기문제 및 상황의 전문가로 인식하고, 클라이언트의 의견과 선호를 존중하여야 한다.

⑤ 사회복지사는 클라이언트 특성이나 상황이 서로 다름을 인식하면서 차별화된 서비스를 제공하도록 노력하여야 한다.

19

자료수집의 정보원
- 클라이언트의 이야기(ㄱ)
- 클라이언트의 심리검사 결과(ㄷ)
- 클라이언트에 대한 비언어적 행동관찰
- 클라이언트가 직접 작성한 양식
- 중요한 사람과의 상호작용 및 가정방문
- 클라이언트에 대한 사회복지사의 개인적 경험(주관적 관찰 내용)(ㄴ)
- 부수정보(가족, 이웃, 친구, 친척, 학교, 다른 기관으로부터 얻게 되는 정보) 등(ㄹ)

20

①·③ 수단 우선 가치, ②·⑤ 사람 우선 가치

사회복지 전문직의 가치(Levy)

사람 우선 가치	전문직 수행의 대상인 사람 자체에 대해 전문직이 갖추고 있어야 할 기본적인 가치 예 "개인의 가치와 존엄성 존중, 개인의 건설적 변화에 대한 능력과 열망, 상호책임성, 소속의 욕구, 인간의 공통된 욕구 및 개별성(독특성) 인정 등
결과 우선 가치	개인이 성장할 기회를 제공하고, 욕구를 충족시킬 수 있는 서비스를 제공하는 것에 역점을 두는 가치 예 "개인의 기본적 욕구 충족, 교육이나 주택문제 등의 사회문제 제거, 동등한 사회참여 기회 제공 등
수단 우선 가치	서비스를 수행하는 방법 및 수단과 도구에 대한 가치 예 "클라이언트의 자기결정권 존중, 비심판적인 태도 등

21

ㄱ. 재보증(Reassurance)은 클라이언트의 능력이나 자질에 대해 사회복지사가 신뢰를 표현함으로써 클라이언트의 불안을 제거하고 위안을 주는 기법이다. 참고로 클라이언트가 부여하는 의미를 수정해서 클라이언트의 시각을 변화시키는 기법은 재명명 또는 재구성(Reframing)에 해당한다.

ㄴ. 모델링(Modeling)은 실제 모델을 사용하기도 하고, 상징화된 모델(예 비디오 등)을 사용하기도 한다.

ㄷ. 격려(Encouragement)는 클라이언트의 행동이나 태도 등을 인정하고 칭찬함으로써 클라이언트의 문제해결 능력과 동기를 최대화시켜 주는 기법이다. 참고로 클라이언트의 행동이 변화에 장애가 되거나 타인에게 위협이 될 때, 이를 인식하도록 하기 위한 목적으로 사용되는 기법은 직면(Confrontation)에 해당한다.

22

⑤ 사회복지서비스 공급주체가 중앙정부에서 지방정부로 변화하였다.

23

간접적 개입기술

• 서비스 조정

• 프로그램(자원) 계획 및 개발

• 환경조작

• 옹 호

24

사례관리의 일반적인 과정

• 접수(제1단계) : 클라이언트의 장애나 욕구를 개략적으로 파악하여 기관의 서비스에 부합하는지의 여부를 판단한다.

• 사정(제2단계) : 클라이언트의 현재 기능에 관한 광범위하고 구조화된 평가과정으로, 현재 기능수준과 욕구를 파악한다.

• 계획(제3단계) : 확인된 클라이언트의 문제, 성취될 결과, 목표달성을 위해 추구되는 서비스 등에 대해 클라이언트, 사회적 관계망, 다른 전문가, 사례관리자가 합의를 발달시켜 나가는 일련의 과정이다.

• 개입 또는 계획의 실행(제4단계) : 필요한 양질의 서비스나 자원을 확보하여 이를 제공하는 것으로, 사례관리자에 의한 서비스 제공방식에 따라 직접적 개입과 간접적 개입으로 구분된다.

• 점검 및 재사정(제5단계) : 클라이언트에게 제공되는 서비스의 적시성, 적절성, 충분성, 연속성을 보장하기 위해 서비스 제공체계의 서비스 전달 및 실행을 추적하고 이를 점검 및 재사정하는 과정이다.

• 평가 및 종결(제6단계) : 서비스 계획, 서비스 구성요소, 사례관리자에 의해 동원·조정된 서비스 활동이 가치 있는 것인지의 여부를 결정하기 위해 이용되는 과정이다.

참고

사례관리의 과정은 학자에 따라 혹은 교재에 따라 다양하게 제시되고 있으며, 보통 5~6가지 단계로 구분하고 있습니다. 사회복지사 시험에서도 문제가 다양하게 제시되고 있으므로, 위의 해설의 일반적인 과정을 기억해 두시기 바랍니다.

25

③ 지역사회 자원이나 서비스 체계를 연계하는 것은 사례관리자의 중개자(Broker)로서의 역할에 해당한다.

26

실천지식의 차원

실천지식은 실천에 영향을 미치는 구체성의 정도에 따라 다음과 같이 구분된다.

패러다임 (Paradigm)	추상적인 수준의 개념적 틀로서, 세계관과 현실에 대한 인식의 방향을 결정한다.
관점/시각 (Perspective)	개념적 준거틀로서, 관심영역과 가치, 대상들을 규정하는 사고체계이다.
이론 (Theory)	특정 현상을 설명하기 위한 가설이나 개념 혹은 의미의 집합체이다. 현실을 구조화 · 객관화하는 과정에서 추상적 수준의 관점이 한 단계 구체적인 이론이 된다.
모델 (Model)	일관된 실천활동의 원칙 및 방식을 구조화시킨 것이다. 특히 실천과정에 직접적으로 필요한 기술적 적용방법을 제시한다.
실천지혜 (Practice Wisdom)	'직관/암묵적 지식'이라고도 하며, 실천현장에서 귀납적으로 만들어진 지식의 종류를 의미한다. 이는 의식적으로 표현하거나 구체적으로 명시할 수 없는 지식으로, 개인의 가치체계 및 경험으로부터 얻어진다.

27

위기반응의 단계(Golan)

- 제1단계 : 위험한 사건
- 제2단계 : 취약 상태
- 제3단계 : 위기촉진요인(위기촉발요인)
- 제4단계 : 실제 위기 상태
- 제5단계 : 재통합

28

해결중심모델의 주요 원칙

- 병리적인 것 대신 건강한 것에 초점을 둔다.
- 클라이언트의 강점과 자원, 건강한 특성을 발견하여 이를 치료에 활용한다.
- 탈이론적이고 비규범적이며 클라이언트의 견해를 존중한다.(②)
- 변화는 항상 일어나며 불가피하다.
- 현재와 미래를 지향한다.
- 클라이언트의 자율적인 협력을 중요시한다.

29

④ 임의적 추론(Arbitrary Inference)의 예에 해당한다. 임의적 추론은 어떤 결론을 지지하는 증거가 없거나 그 증거가 결론에 위배됨에도 불구하고 그와 같은 결론을 내리는 것이다.

30

② 모든 사람은 강점과 자원, 능력과 잠재력을 가지고 있다고 가정하면서, 클라이언트의 강점과 자원 등을 문제해결의 주요 요소로 간주하는 것은 해결중심모델에 해당한다. 해결중심모델은 클라이언트의 병리적 측면에 관심을 기울이기보다는 건강한 측면에 초점을 둔다.

31

① 소거(Exitinction)는 강화물을 계속 주지 않을 때 반응의 강도가 감소하는 것을 말한다. 예를 들어, 파블로프(Pavlov)의 개에게 아무런 음식을 주지 않은 채 종소리만 반복해서 제시하면, 개는 종소리를 듣고도 더 이상 아무런 반응을 나타내지 않게 된다.

32

ㄱ. 위기개입모델에서는 위기사건 자체보다는 위기에 대한 반응으로서 클라이언트의 주관적인 인식을 중시한다.

위기개입모델(Crisis Intervention Model)

- 위기상황에 처해 있는 개인이나 가족을 초기에 발견하여 그 구체적이고 관찰 가능한 문제에 초점을 두고 초기단계에서 원조활동을 수행하는 단기적 개입모델이다.
- 위기개입은 위기와 더불어 그 위기에 대한 클라이언트의 반응에 초점을 둔다. 즉, 외적 사건들에 대한 정서적 반응은 무엇이며, 어떻게 그 반응들을 합리적으로 통제해야 할 것인지에 초점을 둔다.

33

① 관계성질문은 클라이언트와 중요한 관계에 있는 사람들이 갖고 있는 생각, 의견, 지각 등에 대해 묻는 것으로, 그들의 관점에서 클라이언트 자신의 문제에 대해 어떻게 생각할지 추측해 보도록 하는 것이다.

② 척도질문, ③ 예외질문, ④ 대처질문, ⑤ 상담 전 변화질문

34

② '직접적 영향주기'는 클라이언트의 행동을 촉진하거나 기능을 향상시키기 위한 조언, 충고, 제안 등을 통해 사회복지사의 의견을 클라이언트가 받아들이도록 하는 기법이다.

① '지지하기'는 사회복지사가 클라이언트를 수용하고 원조하려는 의사와 클라이언트의 문제해결능력에 대한 확신을 표현함으로써 클라이언트의 불안을 줄이고 자기존중감을 증진시키는 기법이다.

③ '탐색-기술(묘사)-환기'는 클라이언트로 하여금 자기 상황과 감정을 말로 표현하게 함으로써 감정 전환을 도모하는 기법이다.

④ '인간-상황(개인-환경)에 대한 고찰'은 클라이언트를 둘러싼 최근 사건에 대해 '상황 속 인간'의 관점에서 고찰하는 것으로서, 사건에 대한 클라이언트의 지각방식 및 행동에 대한 신념, 외적 영향력 등을 평가하는 기법이다.

⑤ '유형-역동성 고찰'은 클라이언트로 하여금 성격, 행동, 감정의 주요 경향에 관한 자기이해를 돕는 기법이다.

35

ㄹ. 훈습 : 저항이나 전이에 대한 이해를 심화·확장하여 통합적으로 이해하도록 한다.

36

② 요약(Summarizing)은 면접을 시작하거나 마칠 때 혹은 새로운 주제로 전환하려고 할 때 이전 면접에서 언급된 내용을 간략히 요약하여 기술하는 것이다.

① 반영(Reflection)은 클라이언트의 말과 행동에서 표현된 기본적인 생각, 감정, 태도를 사회복지사가 다른 참신한 말로 부연해 주는 기술이다.

③ 해석(Interpretation)은 클라이언트가 이야기한 내용에 사회복지사가 새로운 의미와 관계성을 부여하여 언급하는 것이다.

④ 직면(Confrontation)은 클라이언트의 감정, 사고, 행동의 모순을 깨닫도록 하는 기술이다.

⑤ 초점화(Focusing)는 클라이언트와의 의사소통에 있어서 중요한 부분을 강조하거나 집중시키고자 할 때 사용하는 표현적 의사소통기술이다.

37

④ 가족문제의 원인은 순환적 관점으로 파악한다.

순환적 인과관계(Circular Causality)

단선적(직선적) 인과관계와 대립되는 개념으로서, 결과로 나타난 한 현상이 선행 원인변수에 의해 한 방향으로 영향을 받아서 나타난 것이라기보다는 상호영향을 주고받는 순환과정에 의해 나타난 현상이라는 것이다. 특히 가족에 관한 체계론적 관점에서는 가족문제의 원인을 구성원 간 상호작용에서 찾는 순환적 인과관계로 파악한다.

38

경계(선) 만들기(Boundary Making)

- 개인체계뿐만 아니라 하위체계 간의 경계를 명확히 함으로써 가족성원 간 상호지지의 분위기 속에서 독립과 자율을 허용하도록 하는 것이다.
- 밀착된 가족의 경우 하위체계 간 경계를 보다 강화하여 개별성원의 독립성을 고양시키는 반면, 유리된(분리된) 가족의 경우 하위체계 간 교류를 촉진하여 경직된 경계를 완화시킨다.
- 예 '부모-자녀' 체계에서 부모는 자녀에게 권위를 지켜야 하고 부부 중 어느 한쪽이 자녀와 배우자보다 더 친하지 말아야 함을 강조한다.

39

③ 사회복지사는 가장 중요하고 반드시 신속하게 행해져야 하는 일에 우선적으로 개입해야 한다. 이를 성취하는 경우 특별한 결과를 얻게 되는 반면, 성취하지 못하는 경우 심각하고 치명적인 결과를 낳게 된다.

개입의 우선순위 가치 매기기(Mancini)

- A : 가장 중요하고 반드시 신속하게 행해져야 하는 일
- B : 처리가 지연될 경우 A의 상태에 이르는 일
- C : 처리가 지연된다고 해도 큰 지장은 없으나 경우에 따라 A나 B의 상태에 이를 수도 있는 일
- D : 달성하면 이득이 있지만 무시한다고 해도 큰 지장은 없는 일

40

① 하위체계의 경계가 희미한(애매한) 경우에는 지나친 간섭이 증가한다.

③ 하위체계의 경계가 명확한(분명한) 경우에는 가족의 보호 기능이 강화된다.

④ 하위체계의 경계가 경직된 경우에는 가족 간 의사소통이 감소한다.

⑤ 하위체계의 경계가 희미한(애매한) 경우에는 가족 구성원이 독립적으로 행동하기 어렵다.

41

가족사정(Family Assessment)

- 가족사정은 가족이 현재 겪고 있는 어려움은 무엇인지, 그 어려움을 지속시키고 있는 가족의 상호직용 양상은 어떠한지, 그리고 가족은 자신들의 상호작용 유형 중 어떤 점을 변화시키기를 원하는지를 알아내는 것이다.
- 가족사정의 주요 목적(혹은 기능) 중 하나는 가족체계가 어떻게 기능하는지 발견하는 것이고, 다른 하나는 가족체계의 상호작용 유형에 개입하기 위한 적합한 방법을 찾는 것이다.(ㄱ・ㄴ)
- 가족사정은 가족 내부 구성원 간 행동양상을 파악하기 위한 표출문제의 탐색과 가족구성원의 의미체계 탐색, 가족의 역사적 맥락을 살피는 세대 간 사정, 주변 환경과의 상호작용을 파악하기 위한 생태학적 사정 등 다양한 방식으로 이루어진다.(ㄷ・ㄹ)

42

③ 자기대상(Self-object)은 대상관계이론, 외현화(Externalization)는 이야기치료의 주요 개념에 해당한다.

자기대상과 외현화

자기대상 (Self-object)	• 아동은 자신의 잠재적 능력과 그것에 적절히 반응하는 중요한 타인(예 부모)의 응답이 합치되는 경험을 통해 원초적인 불안정한 자기에서 안정적인 자기를 형성할 수 있게 된다. • 아동이 자기중심적인 욕구를 만족시키기 위해서는 중요한 타인을 필요로 하는데, 아동이 마치 자신의 신체의 일부이자 연장인 것처럼 느끼는 외적 대상을 '자기대상(自己對象)'이라고 한다.
외현화 (Externalization)	• 가족의 문제가 가족구성원 개인이나 가족 자체의 문제가 아닌 가족에게 부정적인 영향을 미치는 별개의 존재로서 이야기하도록 하는 것이다. • 문제의 외현화 작업을 통해 클라이언트 가족으로 하여금 가족과 문제가 동일한 것이 아님을 깨닫도록 하며, 가족과 문제 사이에 일정한 공간을 만듦으로써 그 관계를 재조명하고 수정할 수 있도록 한다.

43

③ 다양한 성원들로부터 새로운 행동을 학습하면서 자신의 행동을 생각함은 물론 다른 성원들의 행동을 관찰하는 과정에서 치료적 효과를 얻는 것은 모방행동(Imitative Behavior)에 해당한다. 반면, 정화(Catharsis)는 집단 내의 비교적 안전한 분위기 속에서 집단성원이 그동안 억압되어온 감정을 자유롭게 발산함으로써 내적 구속감에서 벗어나 해방감을 느끼게 되는 것이다.

44

집단 준비 또는 계획 단계에서 고려할 사항

• 집단의 목적 및 목표 설정
• 잠재적 성원 확인(참여 자격, 모집방식과 절차 결정)(ㄱ · ㄷ)
• 집단 구성의 동질성과 이질성
• 집단의 크기 및 유형(공동지도자 참여 여부 결정)(ㄴ)
• 집단의 지속기간 및 회합의 빈도(회기별 주제 결정)(ㄹ)
• 그 밖에 물리적 환경, 기관의 승인 등

45

④ 델파이조사(전문가 의견조사)는 익명의 전문가들을 패널로 활용하는 방법으로, 특히 탐색적 연구로 널리 사용된다. 특정 연구주제에 대해 다양한 전문가들에게서 우편이나 이메일(E-mail)로 기초적인 정보와 의견 등을 수집한 후, 이를 다시 정리하여 질문지로 만든 다음 전문가 패널에게 재발송하여 의견을 수렴한다. 이와 같이 델파이조사는 여러 전문가들로부터 정보를 얻어서 문제형성이나 연구방향을 결정하는 데 적합한 반면, 집단의 성과나 프로그램의 만족도 등을 평가하는 데는 부적합하다.

46

사회기술훈련의 단계

• 제1단계 : 사회기술훈련의 필요성과 함께 표적사회기술에 대해 설명한다.
• 제2단계 : 표적사회기술의 구성요소들을 밝힌다.
• 제3단계 : 표적사회기술을 시연한다.(ㄷ)
• 제4단계 : 역할극을 통해 표적사회기술의 각 요소를 연습한다.(ㄱ)
• 제5단계 : 역할극에 대한 평가를 실시한다.(ㄹ)
• 제6단계 : 역할극에 기술적인 요소를 결합한다.
• 제7단계 : 표적사회기술을 실제상황에 적용한다.(ㄴ)

47

ㄱ. 집단발달의 초기단계에서는 집단성원의 불안감, 저항감을 감소시키면서, 집단성원으로 하여금 사회복지사나 집단에 대해 신뢰감을 가질 수 있도록 분위기를 조성한다.

ㄴ·ㄷ·ㄹ. 자기노출, 직면하기, 피드백은 집단발달의 중간단계(개입단계)에서 집단과정을 촉진하기 위한 사회복지사의 실천 활동에 해당한다.

48

③ 집단사회복지실천모델로서 인본주의적 접근을 강조하는 것은 상호작용모델이다. 상호작용모델은 집단성원이나 집단의 문제를 해결하기 위한 상호원조체계 개발에 초점을 두는 것으로, 사회복지사는 개인과 집단의 조화를 도모하며, 상호원조체계가 이루어지도록 집단성원과 집단 사이의 '중재자(Mediator)' 역할을 한다.

49

① 과정기록 : 클라이언트가 실제로 말한 내용을 정확하게 상기할 수 있도록 대화 형태를 그대로 기록하는 방법

② 문제중심기록 : 클라이언트의 현재 문제에 초점을 두어, 문제해결을 위한 계획 및 진행 상황을 기록하는 방법

③ 이야기체기록 : 면담 내용이나 서비스 제공 과정에 대해 이야기하듯 서술체로 기록하는 방법

④ 정보시스템을 이용한 기록 : 실천과정에 따라 정해진 양식에 내용을 입력함으로써 정보검색이 용이하고 관련 정보를 한 번에 보다 수월하게 조회할 수 있도록 하는 방법

⑤ 요약기록 : 사회복지기관에서 널리 사용되는 기록방식으로서, 클라이언트와의 면담 내용을 요약체로 기록하는 방법

50

다중기초선설계 또는 복수기초선설계

• 복수의 단순 AB 설계들로 구성된 것으로서, 특정 개입방법을 여러 사례, 여러 클라이언트, 여러 표적행동, 여러 다른 상황에 적용하는 것이다.

• 둘 이상의 기초선과 둘 이상의 개입 단계를 사용하며, 각 기초선의 서로 다른 관찰점에서 개입이 도입된다.

• 복수의 사례들에 대해 개입의 시점을 달리함으로써 우연한 사건 등 내적 타당도 저해요인을 통제할 수 있다.

51

지역사회의 기능(Gilbert & Specht)

• 생산·분배·소비(경제제도) : 지역사회 주민들이 일상생활에 필요한 물자와 서비스를 생산하고 소비하는 과정과 관련된 기능을 말한다.

• 상부상조(사회복지제도) : 사회제도에 의해 지역주민들이 자신들의 욕구를 스스로 충족할 수 없는 경우에 필요로 하는 사회적 기능을 말한다.

• 사회화(가족제도) : 사회가 향유하고 있는 일반적 지식, 사회적 가치, 행동양식을 그 지역사회 구성원에게 전달하는 과정을 말한다.

• 사회통제(정치제도) : 지역사회가 그 구성원들에게 사회규범에 순응하도록 행동을 규제하는 것을 말한다.

• 사회통합(종교제도) : 사회체계를 구성하는 사회단위 조직들 간의 관계와 관련된 기능을 말한다.

52

지역사회복지 이념

• 정상화 : 지역주민이 지역사회와 관계를 맺고 사회의 온갖 다양한 문제들에서 벗어나 사회적으로 가치 있는 역할을 수행할 수 있도록 한다.

• 탈시설화 : 지역사회복지의 확대 발전에 따라 기존의 대규모 시설 위주에서 그룹홈, 주간 보호시설 등의 소규모로 전개되는 것을 말한다.

- 주민참여 : 지역주민이 자신의 욕구와 문제를 주체적으로 해결할 수 있도록 하는 것으로서, 지역주민과 지자체와의 동등한 파트너십을 형성하는 방법이기도 하다.
- 사회통합 : 지역사회 내의 갈등이나 지역사회 간의 차이 또는 불평등을 뛰어넘어 사회 전반의 통합을 이루는 것이다.
- 네트워크 : 지역사회복지실천의 측면에서 기존의 공급자 중심의 서비스에서 탈피하여 이용자 중심의 서비스로 발전하기 위한 공급체계의 네트워크화 및 관련기관 간의 연계를 말한다.

53

④ 1990년대 재가복지가 정부 차원의 지원을 받아 종합적인 프로그램으로 발전하게 되었다. 특히 1991년 '재가복지봉사센터의 설치·운영계획'이 마련되어, 이듬해 1992년 '재가복지봉사센터 설치·운영지침'이 제정되었다.
① 2006년 12월 28일 국민기초생활보장법 일부개정에 따라 2007년 7월 1일부로 기존의 '자활후견기관'이 '지역자활센터'로 개편되었다.
② 1983년 사회복지사업법 개정으로 사회복지관 운영 국고보조가 이루어졌으며, 1986년 '사회복지관 운영·국고보조사업지침'이 마련되었다.
③ 2012년 4월 희망복지지원단이 각 지방자치단체에 설치되어 5월부터 공식적으로 운영되었다.
⑤ 2004년 7월부터 2006년 6월까지 2년간 사회복지사무소 시범사업이 실시되었다.

54

④ 헐 하우스(Hull House)는 미국의 초창기 인보관으로서, 아담스(Adams)가 1889년 시카고(Chicago)에 건립하였다. 참고로 하버트 보고서(Harbert Report)는 1971년《지역사회에 기초한 사회적 보호(Community-based Social Care)》의 제명으로 발표되었다.

55

⑤ 갈등이론은 지역사회에 존재하는 갈등 현상에 주목하며, 갈등을 사회발전의 요인과 사회통합의 관점에서 다룬다. 특히 지역사회 내의 각 계층들이 이해관계에 의해 형성되며, 지역사회 구성원들 간에 경제적 자원, 권력, 권위 등이 불평등한 배분관계에 놓일 때 갈등이 발생한다고 본다.
① 사회교환이론의 내용에 해당한다. 사회교환이론은 인간관계에 대한 경제적 관점을 토대로 이익이나 보상에 의한 긍정적인 이득을 최대화하는 한편, 비용이나 처벌의 부정적인 손실을 최소화하는 교환의 과정을 분석한다.
② 사회구성주의이론의 내용에 해당한다. 사회구성주의이론은 모든 현상에 대한 객관적 진실이 존재한다는 점에 의구심을 던지면서, 개인이 속한 사회나 문화에 따라 현실의 상황을 재구성할 수 있다고 본다.
③ 사회체계이론의 내용에 해당한다. 사회체계이론은 지역사회를 지위·역할·집단·제도들로 이루어진 하나의 체계로 보고 다양한 체계들 간의 상호작용을 강조하며, 지역사회와 환경의 관계를 설명한다.
④ 자원동원이론의 내용에 해당한다. 자원동원이론은 조직의 발전과 더 나아가 사회운동의 발전을 위해 구성원 모집, 자금 확충, 직원 고용에 힘쓰며, 참여자들의 적극적인 참여를 강조한다.

56

생태학이론(생태학적 관점)
- 지역사회의 변화 과정을 역동적 진화 과정으로 설명하며, 이를 위해 경쟁, 중심화, 분산, 집결, 분리, 우세, 침입, 계승 등 다양한 개념들을 사용한다.
  예 외국인 노동자 유입에 따른 특정 국적의 외국인 주거 공동체 형성과 그로 인한 원주민과의 갈등 → 집결(Concentration)과 침입(Invasion)에 따른 사회적 층화 현상

- 생태학이론을 토대로 지역사회의 인구적 발달과 변화 등 다양한 지역사회 현상을 분석할 수 있다. 즉, 지역사회 구성원들의 특징, 상호 접촉 빈도 및 접촉의 성격, 교환관계, 의사소통 및 상호의존 정도, 인구밀도와 스트레스의 관계 등을 파악할 수 있으며, 연령·성별·종교·인종·경제적 위치 등 지역사회의 사회적 층화 현상의 역동적 과정을 분석할 수 있다.

57

ㄷ. 권력의존이론(힘 의존이론)은 재정지원자에 대한 사회복지조직의 지나친 의존에 따른 자율성 제한의 문제를 다룬다.

자원동원이론과 권력의존이론의 차이점

자원동원이론	• 사회운동의 역할과 한계에 주목하면서 사회운동의 활성화를 위해 정치적·경제적 자원, 인적·물적 자원 등 자원의 확보와 함께 회원들의 적극적인 참여를 강조한다. • 지역사회 현장에서 사회적 약자의 권리를 옹호하기 위한 활동을 전개하거나, 그들을 대변하고자 사회운동을 조직하고 이를 행동화하는 데 있어서 중요한 이론적 토대가 된다.
권력의존이론 (힘 의존이론)	• 지역사회는 자원의 희소성으로 인해 구성원 모두가 자원을 충분히 확보하기 어려우므로 자원이 부족한 집단이 자원을 많이 가진 집단에게 종속·의존할 수밖에 없다. • 사회복지조직과 수급자, 재정지원자 간 상호관계를 설명해 주는 역할을 한다.

58

③ 지역사회는 있는 그대로 이해되고 수용되어야 하며, 개인과 집단처럼 지역사회도 서로 상이하므로 지역사회의 특성과 문제들을 개별화하여야 한다.

59

② 기능적 지역사회조직모델은 동일한 정체성이나 이해관계를 가진 사람들의 인위적인 조직을 통해 구성원들의 역량을 강화하며, 특정 관심사에 대한 사회적 변화를 유도한다. 특히 행위와 태도의 옹호 및 변화에 초점을 둔 사회정의를 위한 행동 및 서비스 제공을 목표로 한다.

① 사회계획모델은 선출된 기관이나 인간서비스계획협의회가 지역복지계획을 마련하는 등 행동을 하기 위한 제안을 하는 것을 목표로 한다.
③ 프로그램 개발과 지역사회연계모델은 지역사회서비스의 효과성 증진을 위해 새로운 프로그램을 개발하는 동시에 기존 프로그램을 확대 혹은 재조정하는 것을 목표로 한다.
④ 연합모델(연대활동모델)은 연합의 공통된 이해관계에 대응할 수 있도록 자원을 동원하며, 영향력 행사를 위해 다조직적인 권력기반을 형성하는 것을 목표로 한다.
⑤ 정치·사회행동모델은 정책 및 정책입안자의 변화에 초점을 둔 사회정의실현 활동의 전개를 목표로 한다.

60

ㄴ. 지역사회개발모델의 변화 매개체는 과업지향의 소집단이다.
ㄷ. 사회계획모델에서 사회복지사의 핵심 역할은 분석가, 전문가이다.

61

① 시민참여에 기초한 자조적 활동, 시민역량 개발, 자체적 리더십 개발 등을 통해 지역사회개발을 추구하는 것은 지역사회개발모델이다. 참고로 프로그램 개발 및 조정모델은 지역사회의 변화를 효과적이고 효율적으로 유도하기 위해 프로그램을 개발 및 조정해 나가는 데 초점을 둔다.

62

지역사회복지 실천과정에서 실행단계의 주요 과업

- 재정자원의 집행
- 추진인력의 확보 및 활용
- 참여자 간 저항과 갈등 관리
- 참여자 적응 촉진
- 협력과 조정을 위한 네트워크 구축 등

63

④ 지역사회포럼(Community Forum)은 지역사회에 실제 거주하거나 지역사회를 위해 활동하는 사람들을 대상으로 공개적인 모임을 주선하여 지역문제에 대한 설명을 듣는 것은 물론, 직접 지역사회 내의 문제에 대해 의견을 피력할 수 있도록 하는 방법이다.

① 지역사회 서베이(Community Survey)의 내용에 해당한다.

② 델파이기법(Delphi Technique)의 내용에 해당한다.

③ 사회지표분석(Social Indicator Analysis) 또는 2차 자료 분석(Secondary Data Analysis)의 내용에 해당한다.

⑤ 주요정보제공자 조사(Key Informant Method)의 내용에 해당한다.

64

① 옹호자(Advocate)는 근본적으로 사회정의를 지키기 위한 목적으로 개인이나 집단의 입장을 지지하고 대변하는 것은 물론 사회적인 행동을 제안하는 적극적인 활동을 펼치는 역할을 말한다. 특히 기존 조직이 원조가 필요한 클라이언트에게 무관심하거나 부정적 혹은 적대적인 경우에 필요한 역할로서, 필요한 경우 대중운동을 전개하거나 정치적인 과정에 영향을 미친다.

② 교육자(Educator)는 클라이언트로 하여금 문제를 예방하거나 사회적 기능을 향상하는 데 필요한 지식과 기술을 갖추도록 돕는 역할을 말한다.

③ 중재자(Mediator)는 관련된 사람들 사이의 분쟁에 개입하여 타협점을 찾고 서로의 차이를 화해시킴으로써 상호 만족의 상태에 이르도록 하는 역할을 말한다.

④ 자원연결자 혹은 중개자(Broker)는 클라이언트로 하여금 지역사회 내에 있는 서비스체계나 자원을 활용할 수 있도록 돕거나 안내해 주는 역할을 말한다.

⑤ 조정자(Coordinator)는 원조를 수행하는 과정에서 클라이언트의 욕구와 자원과의 관계, 클라이언트와 원조자들 간의 관계에서 필요한 조정 및 타협을 수행하는 역할을 말한다.

65

⑤ 옹호(Advocacy) 기술의 내용에 해당한다. 옹호는 클라이언트의 이익 혹은 권리를 위해 싸우거나 대변하거나 방어하는 활동을 말하는 것으로서, 특히 사회행동모델에서 강조되는 실천가의 역할이기도 하다. 이와 같은 옹호 기술은 지역사회복지실천 과정에서 지역주민, 특히 억압된 집단 입장의 정당성을 주장하고 지도력과 자원을 제공해야 한다는 점에서 매우 중요하다.

66

자원개발 및 동원

• 자원(Resources)은 사회복지실천에서 클라이언트의 변화나 그들의 생활을 향상시키는 데 유용하게 사용할 수 있는 인력, 물질, 조직, 정보 등을 의미한다.

• 자원개발 및 동원 기술은 지역주민의 욕구 충족 및 문제 해결을 위해 자원이 필요한 경우 자원을 발굴하고 동원하는 기술이다.

• 특히 인적 자원을 동원하기 위해 기존 조직(집단)이나 네트워크를 활용하며, 개별적 접촉을 통해 지역사회실천에 동참하도록 유도한다.

67

② 지방분권으로 주민참여의 기회가 확대되며, 지방자치단체의 역할과 책임을 강화시킬 수 있다.

① 우리나라의 사회보험제도는 사회보험법을 법적 근거로 하여 사회연대성의 원칙에 따라 중앙집권적 관리 · 감독 하에 시행되고 있다.

③ 지역주민의 실제적 욕구에 기반을 둔 독자적이고 차별화된 복지정책을 추진할 가능성이 높아진다.

④ 지방자치단체장의 의지에 따라 복지서비스의 지역 간 불균형이 나타날 수 있다.

⑤ 사회복지 행정업무와 재정을 지방에 이양함으로써 중앙정부의 사회적 책임성을 약화시킬 수 있다.

68

ㄱ. 시장 · 군수 · 구청장은 해당 시 · 군 · 구의 지역사회보장계획(연차별 시행계획을 포함)을 지역주민 등 이해관계인의 의견을 들은 후 수립하고, 지역사회보장협의체의 심의와 해당 시 · 군 · 구 의회의 보고를 거쳐 시 · 도지사에게 제출하여야 한다(사회보장급여의 이용 · 제공 및 수급권자 발굴에 관한 법률 제35조 제2항 참조).

ㄷ. 시장 · 군수 · 구청장은 지역사회보장협의체의 심의와 해당 시 · 군 · 구 의회에 대한 보고를 거쳐 확정된 시 · 군 · 구 지역사회보장계획을 시행연도의 전년도 9월 30일까지, 그 연차별 시행계획을 시행연도의 전년도 11월 30일까지 각각 시 · 도지사에게 제출하여야 한다(동법 시행령 제20조 제3항).

69

① · ⑤ 실무협의체의 위원은 사회보장에 관한 실무지식과 경험이 풍부한 사람으로서 지역의 사회보장 활동을 수행하거나 서비스를 제공하는 기관 · 법인 · 단체 · 시설 또는 공익단체의 실무자, 사회보장에 관한 업무를 담당하는 공무원, 「비영리민간단체지원법」에 따른 비영리민간단체에서 추천한 사람, 그 밖에 학계 등 사회보장 관련 분야 종사자 중 어느 하나에 해당하는 사람을 지역사회보장협의체의 위원장이 성별을 고려하여 임명하거나 위촉한다(사회보장급여의 이용 · 제공 및 수급권자 발굴에 관한 법률 시행규칙 제6조 제2항 참조).

② 실무협의체는 위원장 1명을 포함하여 10명 이상 40명 이하의 위원으로 구성한다(동법 시행규칙 제6조 제1항).

③ 조례는 지방의회의 의결로써 하는 자치입법의 한 형식으로, 해당 지방자치단체가 사무의 처리를 위하여 제정한다.

④ 지역사회보장협의체의 대표협의체에서 시 · 군 · 구의 사회보장급여 제공에 관한 사항을 심의 · 자문한다.

70

① 행정안전부장관은 관계 중앙행정기관의 장과 협의하여 자원봉사활동의 진흥을 위한 국가기본계획을 5년마다 수립하여야 한다(자원봉사활동기본법 제9조 제1항).

71

③ 아동 자립생활 지원을 위한 후원자 개발은 사회복지관의 지역(사회)조직화 기능 중 자원 개발 및 관리 분야에 해당한다.

① 독거노인을 위한 도시락 배달은 사회복지관의 서비스제공 기능 중 지역사회보호 분야에 해당한다.

② 한부모 가정 아동을 위한 문화 프로그램 제공은 사회복지관의 서비스제공 기능 중 교육문화 분야에 해당한다.

④ 학교 밖 청소년을 위한 직업기능 교육은 사회복지관의 서비스제공 기능 중 자활지원 분야에 해당한다.

⑤ 장애인 일상생활 지원을 위한 서비스 제공은 사회복지관의 서비스제공 기능 중 지역사회보호 분야에 해당한다.

72

ㄷ. 사회적기업을 운영하려는 자는 「사회적기업 육성법」에 따른 인증 요건을 갖추어 고용노동부장관의 인증을 받아야 한다(사회적기업 육성법 제7조 제1항).

73

지역사회복지실천에서 지역주민 참여수준(Brager & Specht)

참여수준	참여자 위상
높음 ↑ 낮음	기획과 집행에서 책임과 권한 부여
	의사결정권 보유 · 행사
	계획단계에 참여
	자문담당자
	조직대상자
	단순정보수혜자

74

② 지역주민의 주체성 및 역량을 강화하고 지역사회의 변화를 주도하는 조직운동으로서, 지역사회의 역량을 강화하는 데 목적이 있다.

① 지역주민, 지역사회활동가, 사회복지전문가는 물론 사회복지시설 종사자 및 사회복지서비스 이용자도 사회복지운동의 주체가 될 수 있다.

③ 지역주민의 복지권리 확보 및 시민의식 고취를 통한 지역사회 통합을 목표로, 특히 사회적 약자의 생존권 보장에 우선적인 초점을 둔다.

④ · ⑤ 지역사회복지운동단체는 미시적 차원으로 빈곤사각지대, 저소득 · 빈곤계층에 대한 서비스제공 등 직접지원 사업을 실시하는 한편, 거시적 차원으로 지역복지정책의 개선 및 제안, 지역주민과 사회적 약자의 복지권 실현을 위한 사회복지운동을 전개한다.

75

③ 통합사례관리의 확대가 옳다. 최근 복지제도의 기본적인 사회안전망 틀은 구축되었으나 정작 국민의 복지체감도는 낮아 복지서비스의 효율적인 전달체계를 구축할 필요성이 제기되어 왔다. 이에 2012년 시 · 군 · 구 희망복지지원단 설치를 시작으로 2016년 읍 · 면 · 동 복지허브화를 추진하였으며, 2017년부터 주민자치형 공공서비스의 일환으로 찾아가는 보건 · 복지서비스를 시행하고 있다.

사회복지정책과 제도

01	02	03	04	05	06	07	08	09	10
③	⑤	①	④	②	④	⑤	②	④	③
11	12	13	14	15	16	17	18	19	20
⑤	①	③	①	③	⑤	②	①	①	④
21	22	23	24	25	26	27	28	29	30
②	③	⑤	③	④	⑤	③	①	③	③
31	32	33	34	35	36	37	38	39	40
④	⑤	②	②	③	①	③	③	⑤	②
41	42	43	44	45	46	47	48	49	50
①	④	④	④	⑤	②	④	②	①	⑤
51	52	53	54	55	56	57	58	59	60
③	①	③	②	④	③	①	③	②	③
61	62	63	64	65	66	67	68	69	70
④	②	③	⑤	②	②	②	⑤	②	①
71	72	73	74	75					
①	⑤	④	②	⑤					

01

베버리지 보고서(Beveridge Report)에서 규정한 영국 사회의 5대 악 및 해결방안
- 불결(Squalor) → 주택정책
- 궁핍 또는 결핍(Want) → 소득보장(연금)
- 무지(Ignorance) → 의무교육
- 나태(Idleness) → 노동정책
- 질병(Disease) → 의료보장

02

⑤ 정책평가는 기술적 · 실용적 · 정치적 · 가치지향적 성격을 띠며, 개별사례적인 동시에 종합학문적인 특성을 가진다.

03

① 롤스(Rawls)의 정의론에서 제1원칙은 모든 개인의 평등한 기본적 자유 보장의 권리를 담고 있으며(→ 평등한 자유의 원칙), 제2원칙은 사회적 · 경제적 불평등에 있어서 공평한 기회의 평등(→ 공평한 기회의 원칙)과 최소 수혜자의 최대 편익(→ 차등의 원칙)을 담고 있다.
② 공평한 기회의 원칙, 즉 기회의 균등이 결과의 평등보다 더 중요하다.
③ 사회에서 가장 불리한 처지에 있는 사람의 복지를 증진시키는 데 도움이 되는 경우에 한하여 사회경제적 불평등이 허용될 수 있다고 주장한다.
④ 최대다수의 최대행복을 실현하는 것이 사회의 목표가 되어야 한다고 주장한 것은 벤담(Bentham)의 공리주의이다.
⑤ 모든 개인이 정당한 과정을 통해 얻은 노동의 대가를 보유할 권리를 가진다고 주장하면서 획득의 정의(→ 정당한 소유)와 이전의 정의(→ 합법적인 이전)를 강조한 것은 노직(Nozick)의 자유지상주의이다.

04

ㄹ. 사회복지정책은 사회연대의식에 기초하여 사회적 평등을 실현하며, 사회적 적절성을 확보하는 것을 원칙으로 한다.

사회복지정책의 일반적인 기능
- 사회통합과 정치적 안정(ㄴ)
- 사회문제 해결과 사회적 욕구 충족
- 개인의 자립 및 성장, 잠재능력 향상을 통한 재생산의 보장(ㄷ)
- 기회의 재분배를 통한 사회구성원의 사회화
- 소득재분배와 최저생활 확보(ㄱ)

05

② 권력자원이론(사회민주주의이론)은 사회복지정책의 발달에 있어서 정치적인 면을 중요하게 여기며, 사회복지정책의 발달을 노동자 계급 혹은 노동조합의 정치적 세력의 확대 결과로 본다.

① 산업화이론(수렴이론)은 산업화가 촉발시킨 사회문제에 대한 대응으로 사회복지제도가 확대된다고 주장한다.

③ 확산이론(전파이론)은 사회복지정책의 발달이 국가 간 교류 및 소통의 과정에서 이루어진다고 본다.

④ 사회양심이론은 사회구성원들의 집단양심을 사회복지의 변수로 보면서, 사회복지를 이타주의가 제도화된 것으로 간주한다.

⑤ 국가중심이론은 적극적 행위자로서 국가를 강조하고 사회복지정책의 발전을 국가 관료제의 영향으로 설명한다.

06

④ 피구제 빈민의 생활상황이 자활의 최하급 노동자의 생활조건보다 높지 않은 수준에서 보호되어야 한다는 '열등처우의 원칙'을 명문화한 것은 신빈민법(1834년)이다. 참고로 스핀햄랜드법(1795)은 빈민의 노동에 대한 임금을 보충해 주기 위한 제도로서, 오늘날 가족수당 또는 최저생활보장의 기반이 되었다.

07

⑤ 소극적 집합주의(Reluctant Collectivism)는 자본주의 혹은 시장경제의 효율적인 운용을 위해, 즉 시장체계의 약점을 보완하기 위해 복지에 대한 정부의 개입을 조건부로 인정한다.

① 반집합주의(Anti-collectivism)의 수정이데올로기 모형으로서 신우파(The New Right)의 내용에 해당한다. 신우파는 복지국가가 개인의 자유를 침해할 수밖에 없다고 주장하면서, 자유를 개인중심

의 단순히 강제가 없는 상태를 의미하는 소극적인 개념으로 파악한다.

② 마르크스주의(Marxism)의 내용에 해당한다. 마르크스주의는 산업민주주의와 생산수단의 국유화, 정부의 개입에 의한 철저한 계획경제가 경제적 평등과 함께 적극적 자유를 실현시킨다고 본다.

③ 녹색주의(Greenism)의 내용에 해당한다. 녹색주의는 경제성장과 소비의 지속 확대가 가능하며 바람직하다는 신념에 입각한 복지국가는 잘못되었다고 비판한다.

④ 페미니즘(Feminism)의 내용에 해당한다. 페미니즘은 가부장적 복지국가를 비판하지만 양성평등을 위한 사회복지정책의 역할도 인정한다.

08

• 에스핑-안데르센(Esping-Andersen)은 탈상품화 정도, 사회계층화(계층화) 유형, 국가와 시장의 상대적 비중 등 세 가지 기준을 토대로 복지국가를 '자유주의 복지국가', '보수주의(조합주의) 복지국가', '사회민주주의(사민주의) 복지국가'의 세 가지 형태로 구분하였다.

• 복지국가 유형화 기준의 핵심개념으로서 '탈상품화'는 근로자가 자신의 노동력을 상품으로 시장에 내다 팔지 않고도 살아갈 수 있는 정도를 말한다.

• 자유주의 복지국가는 노동력의 탈상품화 정도가 최소화되어 나타나는 반면, 사회민주주의(사민주의) 복지국가는 노동력의 탈상품화 정도가 가장 높게 나타난다.

참고

'Esping-Andersen'은 교재에 따라 '에스핑-안데르센', '에스핑-앤더슨' 등으로도 제시되고 있습니다. 우리말 번역에 의한 발음상 차이일 뿐 동일인물에 해당합니다.

09

④ 행위별수가제에서는 의료진의 진료행위 하나하나가 의료기관의 수익에 직결되므로 과잉진료를 유도할 수 있다.

① 포괄수가제에서는 행위별수가제에서 보험이 적용되지 않던 처치, 약제, 재료 등을 보험으로 적용함으로써 환자의 본인부담금이 평균 21% 줄어든다는 연구 결과도 있다.

② 의료급여 사례관리제도를 통해 장기이용환자의 의료이용 실태와 의약품 남용 실태를 파악함으로써 과다의료이용이나 중복투약 등 건강상 위해하고 의료급여 재정에도 악영향을 미치는 사례들을 줄일 수 있다.

③ 건강보험급여 심사평가제도를 통해 급여비용을 심사하고 급여의 적정성을 평가할 수 있다.

⑤ 본인일부부담금을 통해 의료서비스 수요자의 도덕적 해이를 감소시킴으로써 의료비를 절감할 수 있다.

10

③ 총급여액 등이 1,800만원 일 때, 근로장려금은 140만원이다.

> 총급여액 등이 '1,200만원 이상 3,200만원 미만'의 범위에 해당하므로,
>
> 근로장려금 = 200만원 − (1,800만원 − 1,200만원)× $\frac{10}{100}$ = 200만원 − 60만원 = 140만원

11

ㄷ. 1979년 생계보호의 일환으로서 교육비 지원사업이 중학생의 수업료과 입학금을 지원하는 것으로 시작되었다가, 1982년 생활보호법 전부개정으로 교육보호가 생계보호로부터 분리되어 별도의 프로그램으로 독립되었다. 이후 빈곤층을 위한 교육지원정책으로서 현재의 교육급여가 2000년 10월 1일 시행된 국민기초생활보장법에 의해 이루어지고 있다.

12

① 사회복지정책은 목표로 하는 대상자들에게 자원을 얼마나 집중적으로 할당하였는지(→ 대상효율성), 정책을 운영하는 데 비용을 얼마나 유효적절하게 투입하였는지(→ 운영효율성) 등을 고려한다. 공공부조는 대상효율성은 높지만 운영효율성은 낮은 반면, 사회보험은 운영효율성은 높지만, 대상효율성은 상대적으로 낮다.

② 사실상 의무가입을 원칙으로 하는 사회보험과 달리, 공공부조는 사회적 취약계층을 대상으로 하므로 가입률이 상대적으로 낮다.

③ 공공부조의 차별적인 자산조사와 자격조사는 수급자에 대한 낙인을 유발한다.

④ 공공부조는 자산조사와 자격조사에 따른 불필요한 행정비용이 발생한다.

⑤ 공공부조는 고소득층에서 저소득층으로 수직적 재분배가 이루어지며, 상대적으로 소득재분배 효과가 크다.

13

③ 취업취약계층에 대한 고용안전망 사각지대를 획기적으로 해소하고, 기존 취업성공패키지의 한계를 보완하기 위해 2021년 1월부터 국민취업지원제도가 도입되었다.

① 노인일자리사업의 주무부처는 보건복지부이며, 보건복지부 산하 한국노인인력개발원에서 전국 노인일자리사업을 총괄·지원한다.

② 원칙적으로 상시 50명 미만의 근로자를 고용하는 사업주에 대해서는 장애인고용의무제도가 적용되지 않는다(장애인고용촉진 및 직업재활법 제28조 제1항 참조).

④ 모든 국민기초생활보장 수급자가 반드시 자활사업에 참여해야 하는 것은 아니다. 다만, 자활사업 참여를 조건으로 생계급여를 지급받는 조건부수급자는 의무참여자에 해당한다.

⑤ 장애인 고용부담금에 관한 내용은 「장애인고용촉진 및 직업재활법」에 규정되어 있으나, 노인 고용부담금에 관한 내용은 별도의 법령으로 규정되어 있지 않다.

참고

이 문제는 사실상 출제오류로 볼 수 있습니다. 그 이유는 2009년 도입된 취업성공패키지 사업을 대체하여 2021년부터 한국형 실업부조로서 '국민취업지원제도'가 시행 · 운영되고 있기 때문입니다.

14

① 고용보험과 산업재해보상보험은 일차적 사회안전망으로서, 보험의 원리 또는 공급의 원리를 토대로 운영된다는 점에서 공통적이다.

② 구직급여는 구직자의 재취업을 위한 적극적인 노력을 전제조건으로 한다.

③ 고용보험과 산업재해보상보험은 원칙적으로 근로자를 사용하는 모든 사업 또는 사업장에 적용하나 대통령령으로 정하는 일부 사업에 대해서는 적용하지 아니 한다.

④ 장해급여는 근로자가 업무상의 사유로 부상을 당하거나 질병에 걸려 치유된 후 신체 등에 장해가 있는 경우에 그 근로자에게 지급한다(산업재해보상보험법 제57조 제1항).

⑤ 두 보험의 가입자 보험료율은 동일하지 않다. 예를 들어, 고용보험의 고용안정 · 직업능력개발 사업의 보험료율은 사업장 규모에 따라, 산업재해보상보험의 보험료율은 사업종류에 따라 차등을 두고 있다.

15

빈곤선 설정(측정)의 접근 방식

절대적 측정 방식	재화의 장바구니 측면에서 욕구를 확인한 다음 이를 구매하기 위한 비용이 얼마인지를 추정하는 방식으로서, 절대적 빈곤의 개념에 근거한다. 예 전물량 방식, 반물량 방식 등
상대적 측정 방식	중위소득의 특정 비율과 같은 상대적 방식으로 기준을 설정하는 방식으로서, 상대적 빈곤의 개념에 근거한다. 예 타운센드(Townsend) 방식, 소득과 지출을 이용한 상대적 추정 방식 등
주관적 측정 방식	최소소득기준에 대한 공동체적 인식에 기초하는 방식으로서, 주관적 빈곤의 개념에 근거한다. 예 라이덴(Leyden) 방식 등

16

⑤ 사회보험 통합징수에 따라 2011년 1월 1일부로 보험료징수에 관한 업무가 국민건강보험공단에 통합되었으나, 모든 사회보험 업무가 통합된 것은 아니다.

우리나라 사회보험제도의 운영

구 분	국민연금	국민건강보험 (노인장기요양보험)	고용보험	산업재해보상보험
관 장	보건복지부	보건복지부	고용노동부	고용노동부
사업수행	국민연금공단	국민건강보험공단	근로복지공단	근로복지공단
보험료징수	국민건강보험공단 (사회보험 통합징수)			

17

ㄴ. 공적연금 중 가장 먼저 시행된 것은 공무원연금이다. 공무원연금은 1960년 도입되었으며, 국민연금은 1988년 1월부터 시행되어 1999년 4월 전 국민을 대상으로 확대되었다.

ㄷ. 2022년 12월말 기준 공적연금 수급개시연령은 동일하지 않다. 예를 들어, 공무원연금의 경우 수급개시연령이 1996년 이후 임용자부터 65세로 단계적으로 연장되어, 2016년~2021년 퇴직한 경우 60세부터, 2022년~2023년 퇴직한 경우 61세부터 연금이 지급되며, 2033년 이후 퇴직한 경우 65세부터 연금이 지급된다.

18

사회복지전달체계 재구조화 전략(Gilbert & Terrell)

• 정책결정권한 재구조화 전략

조정	- 행정적 단일화(집권화 또는 집중화)(②) - 기관 간 연합(연합화) - 사례별 협력(③)
시민참여	- 비분배적 참여(유사참여) - 명목적 참여 - 재분배적 참여(⑤)

• 과업할당(업무배치) 재조직화 전략
 - 역할부여
 - 전문가 이탈(전문가 분리)(④)
• 전달체계 구성변화 전략
 - 전문화된 접근구조
 - 의도적인 중복

19

① 외부효과는 어떠한 경제적 활동이 본래의 의도와는 달리 제삼자에게 특정한 혜택을 주거나(→ 긍정적 외부효과), 손해를 주는 경우(→ 부정적 외부효과)를 말한다. 국가는 부정적 외부효과에 대해 적절한 규제를 가하는 대신 긍정적 외부효과를 창출하기 위해 직접적으로 개입하는 것이 바람직하다.

20

산물(Product) 분석으로서 기존 사회복지정책 내용분석의 한계

• 정해진 틀에 따라 사회복지정책 내용을 분석함으로써 적용된 사회적 가치를 평가하기 어려우며, 사회복지정책의 방향성을 명확히 제시하지 못한다.
• 산물분석 결과는 기존의 사회주류적 입장을 대변할 가능성이 높다.(④)
• 현행 사회복지정책에서 배제되고 차별받는 사람들의 욕구를 제대로 파악할 수 없으며, 이들을 위한 구체적인 대안을 담아내지 못한다.

21

② 비용효과성(Cost Effectiveness)이 개인주의적 가치를 강조하면서 사회복지 수급자와 비수급자, 빈민과 빈민이 아닌 자로 사회를 분리하는 결과를 초래한다면, 사회적 효과성(Social Effectiveness)은 집합주의적 가치를 강조하면서 모든 사람을 사회의 평등한 구성원으로 처우하여 사회를 통합하는 결과를 이끌어낸다.

① · ④ 수급자를 선정하는 데 있어서 자산조사 등 엄격한 기준과 까다로운 행정절차를 거치는 것은 비용효과성과 연관된다.

③ 시민권에 근거한 보편적 급여는 모든 사람에게 상징적 시민권을 부여함으로써 사회적 평등을 이룰 수 있다.

⑤ 비용효과성은 단기적 비용절감을 목표로 하는 반면, 사회적 효과성은 사회통합을 목표로 한다.

22

최적모형의 장단점

장 점	• 초합리성의 개념을 도입함으로써 합리모형을 한 층 체계적으로 발전시켰다. • 사회적 변동 상황에서의 혁신적 정책결정이 거시적으로 정당화될 수 있는 이론적 근거를 제시해준다.
단 점	• 정책결정에 있어서 사회적 과정에 대한 고찰이 불충분하다. • 초합리성의 구체적인 달성 방법이 불명확하여 신비주의에 빠질 가능성이 있으며, 정책결정 과정에서 실현가능성이 낮다.

23

사회복지정책 급여의 적절성(Adequacy)

• 급여 수준이 육체적 · 정신적으로 인간다운 삶을 보장할 수 있는가에 초점을 두는 것이다.
• 적절성에 대한 기준은 시간과 환경에 따라 변한다. 예를 들어, 중세에는 농노들에게 생산활동에 참여할 수 있을 정도의 건강과 생계수준을 보장해 주는 것이 적절성의 기준이었다면, 현대에 이르러서는 인간의 기본 욕구를 충족시킬 수 있는 정도의 경제적 수준으로 구체화되었으며 점차 경제적 측면은 물론 정신적 측면을 강조하는 양상으로 발전하고 있다.

24

ㄹ. 우리나라의 사회복지역사에서 정부가 사회복지운동단체의 의견을 모두 수용하지는 못하였다. 예를 들어, 김대중 정부는 1997년 말에 닥친 경제위기를 극복하고자 이른바 '생산적 복지'를 추진하였으나, 시장경제와 사회적 평등을 조화시키고자 한 본래 취지와 달리 여러 시민단체와 노동단체의 반발을 불러일으킴으로써 포괄적인 지지를 이끌어내는 데 실패하였다.

25

④ 아동수당은 8세 미만의 아동에게 매월 10만원을 지급한다(아동수당법 제4조 제1항). 참고로 2021년

12월 14일 「아동수당법」 개정에 따라 2022년 4월 1일부터 아동수당의 지급대상 연령이 기존 "7세 미만"에서 "8세 미만"으로 상향 조정되었다.

① 기초연금법은 노인에게 기초연금을 지급하여 안정적인 소득기반을 제공함으로써 노인의 생활안정을 지원하고 복지를 증진함을 목적으로 한다(기초연금법 제1조).

② 장애 정도가 심한 장애인은 장애인연금, 장애 정도가 심하지 않은 장애인은 장애수당의 지급대상자가 될 수 있다.

③ 「장애인복지법」에 따라 지급되는 장애수당 등은 장애인의 장애 정도와 경제적 수준을 고려하여 장애인의 자립을 위한 소득보전 및 추가비용 보전을 위해 지급되는 것이므로, 이외의 목적으로 사용을 금하고 있다.

⑤ 「한부모가족지원법」에 따른 지원대상자가 「국민기초생활보장법」 등 다른 법령에 따라 지원을 받고 있는 경우에는 그 범위에서 「한부모가족지원법」에 따른 급여를 하지 아니한다. 다만, 아동양육비는 지급할 수 있다(한부모가족지원법 제12조 제2항).

26

⑤ 1980년대의 내용에 해당한다. 1983년 사회복지사업법 개정으로 사회복지관 운영 국고보조가 이루어졌으며, 1986년 '사회복지관 운영 · 국고보조사업지침'이 마련되었다.

27

ㄴ. 사회복지행정가가 직원, 지역사회, 이사회, 행정기관, 후원자 등에게 조직의 활동 및 조직에서 일어나는 상황을 알려주는 과정은 '보고(Reporting)'에 해당한다. 참고로 '조직화(Organizing)'는 조직의 공식구조를 통해 업무를 규정하는 것으로, 과업이 할당 · 조정되는 과정이다.

28

① 사회복지행정은 인간의 욕구충족과 관련된 정책의 결정, 조직의 관리, 서비스의 제공 등에 관한 모든 활동을 관리하는 것이다. 그러나 인간의 욕구는 주관적이고 가변적이며, 이를 객관적으로 측정하기 어려우므로, 제공된 서비스를 통해 욕구가 충족되었는지를 제대로 평가하기 어렵다.

② 사회복지행정은 서비스 대상으로서 인간을 도덕적 가치를 지닌 존재로 가정한다. 따라서 서비스 기술은 도덕적으로 정당화될 수 있는 것이어야 하며, 그 효과성은 인간적 가치의 측면에서 고려되어야 한다.

③ 사회복지조직은 한정된 재원으로 조직이 추구하는 복지행정을 펼쳐야 하므로 서비스 효율성을 고려한다.

④ 재정관리는 필요한 재원을 합리적이고 계획적으로 동원·배분하고, 이를 효율적으로 사용·관리하는 과정으로, 사회복지행정에 포함된다.

⑤ 사회복지행정은 전문 사회복지사의 직무수행 역량에 의존하며, 서비스 이용자들의 욕구에 대한 판단과 적절한 서비스의 결정을 위해 전문 사회복지사의 재량권이 요구된다.

29

인간관계이론(Human Relations Theory)

• 조직의 생산성 향상을 위해 인간의 정서적인 요인과 함께 심리사회적 요인, 비공식적 요인에 역점을 두어 인간을 관리하는 기술 또는 방법을 강조한다.

• 인간관계가 작업능률과 생산성을 좌우하며, 조직 내 비공식 집단이 개인의 생산성에 영향을 미친다고 본다.

• 조직구성원의 자율성과 책임성을 강조하며, 조직의 목표와 조직구성원들의 목표 간의 균형유지를 위한 민주적·참여적 관리방식을 지향한다.

30

베버(Weber)가 제시한 이상적 관료제형

• 고도의 전문화에 따른 업무의 분업화(②)

• 계층화(Hierarchy)에 따른 공식적 위계와 업무처리 구조(①)

• 조직의 기능을 제한하는 성문화된 규칙(⑤)

• 조직구성원 간 비정의적 관계

• 실적과 기술적 지식에 따른 관리 임명

• 직무 범위와 권한의 명확화(④)

• 정책과 행정 결정의 분리 등

31

④ 신공공관리론(NPM)은 신보수주의·신자유주의에 이론적 기반을 둔 것으로, 시장주의와 신관리주의(Neo-managerialism)를 결합한 것이다. 전통적 공공관리가 형평성을 중심적인 가치로 삼은 반면, 신공공관리는 성과 중심의 효율성을 중심적인 가치로 한다. 특히 정부서비스의 독점적 제공 방식을 지양하고 경쟁원리를 도입함으로써 행정의 효율성을 높이고자 한다.

32

⑤ 사회복지행정은 서비스 대상으로서 인간을 도덕적 가치를 지닌 존재로 가정한다. 사회복지조직은 휴먼서비스(Human Service) 조직으로, 그 원료가 인간이기 때문에 인간의 도덕적·윤리적 가치판단이 강조됨으로써 사용되는 기술 자체가 불확실하며, 목표달성의 효과성 및 효율성을 측정하는 데 있어서도 어려움이 있다.

참고

'Hasenfeld'은 교재에 따라 '하센펠트', '하젠펠트', '하센필드' 등으로도 제시되고 있습니다. 우리말 번역에 의한 발음상 차이일 뿐 동일인물에 해당합니다.

33

② 공식화는 조직 내 직무에 대한 표준화 정도를 의미하는 것으로, 공식화 정도가 높을수록 직원의 재량권이 줄어드는 반면, 그 정도가 낮을수록 직원의 재량권이 늘어난다.

① 조직규모가 커질수록 공식화 정도가 높아지는 경향이 있다. 이는 조직이 인원 수 및 업무량의 증가에 따른 문제를 대체적으로 조직의 공식화를 통해 해결하려고 시도하기 때문이다.

③ 조직 내에서 전문된 지식 및 기술을 요구하는 특징적 과업들이 많을수록 수평적 분화가 많이 일어나며, 이로써 조직의 복잡성이 증대된다.

④ 분권화 정도가 높을수록 직원의 재량권이 강화된다.

⑤ 분권화 정도가 높을수록 직원의 권한과 책임의 범위가 모호해진다.

34

② 목적전치 또는 목표전치(Goal Displacement)는 조직의 규칙과 규정이 전체 목표달성을 위한 수단으로 간주되지 않은 채 규칙과 규정 그 자체가 목적이 되거나, 본래 목적이 다른 목적으로 변질되거나 대체되는 현상이다.

① 리스트럭처링(Restructuring)은 조직의 경쟁력 확보를 위해 중복사업을 통합하는 것이다.

③ 크리밍(Creaming)은 보다 유순하고 성공 가능성이 높은 클라이언트를 선발하기 위해 비협조적이거나 어려울 것으로 예상되는 클라이언트들을 배척하고자 하는 현상이다.

④ 소진 또는 직무소진(Burnout)은 과도한 스트레스에 노출되어 신체적 · 정신적 기력이 고갈됨으로써 직무수행능력이 떨어지고 단순 업무에만 치중하게 되는 현상이다.

⑤ 다운사이징(Downsizing)은 조직의 효율성을 향상시키기 위해 의도적으로 조직 내의 인력, 계층, 작업, 직무, 부서 등의 규모를 축소시키는 것이다.

35

② 리더십에 관한 행동이론으로서 블레이크와 머튼(Blake & Mouton)의 관리격자모형 중 컨트리클럽형(Country Club Management)은 사람에 대한 관심은 높은 반면, 일(생산)에 대한 관심은 낮은 리더이다.

36

① 인적자원관리는 인적자원의 확보와 조직구성원에 대한 훈련 · 교육의 개발관리, 그 밖에 성과관리 및 보상관리 등을 포함한다.

37

ㄷ. 직무명세서에 포함되는 내용이다.

직무기술서 및 직무명세서에 포함되는 주요 내용

직무기술서	· 직무 명칭 및 내용 · 직무수행에 필요한 각종 장비 및 도구 · 직무수행 과제 및 방법(책임과 행동) · 직무수행의 환경적 조건(작업조건) 등
직무명세서	· 직무수행에 요구되는 지식 · 기술 · 능력 수준 · 종사자의 성격 · 흥미 · 가치 · 태도 · 작업경험, 자격요건 등

38

③ 동료집단 슈퍼비전(Peer-group Supervision)은 특정한 슈퍼바이저 없이 모든 구성원들이 동등한 자격으로 참여한다.

39

⑤ 품목별 예산 또는 항목별 예산(LIB)은 가장 기본적인 예산수립의 유형으로, 기관운영을 위해 필요한 예산을 수입과 지출의 항목별로 구체적으로 제시하는 방식이다.

① 영기준 예산(ZBB)은 전년도 예산과 무관하게 매년 프로그램 우선순위에 따라 예산을 편성하는 방식이다.

② 계획예산 또는 기획예산(PPBS)은 장기적인 계획 수립과 단기적인 예산편성을 프로그램 작성을 통해 유기적으로 결합시키는 방식이다.

③ 영기준 예산(ZBB)은 모든 사업을 막론하고 그 효율성(능률성), 효과성, 사업의 계속성, 축소 및 확대 여부 등을 새롭게 분석·검토한 후 사업의 우선순위를 결정한다.

④ 성과주의 예산(PB)은 각 기관이 예산사업의 성과목표와 달성 방법을 제시하고, 예산 당국이 매년 성과 결과를 평가하여 다음 회계연도에 반영하는 방식이다.

40

② 사회서비스는 다양한 공급주체에 의해 제공된다. 참고로 1997년 사회복지사업법 개정으로 사회복지시설의 설치·운영이 허가제에서 신고제로 전환됨에 따라 법인이 아닌 개인도 신고에 의해서 사회복지사업을 할 수 있게 되었다.

41

① 위험관리(Risk Management)는 서비스 관리 측면에서 고객과 이용자에 대한 안전 확보가 서비스의 질과 연결되어 있으며, 조직관리 측면에서 작업환경의 안전과 사고 예방책이 마련되어야 한다는 점을 강조한다.

② 총체적 품질관리(TQM)는 기업조직의 품질관리를 위해 도입된 기법이지만, 최근 정부 및 공공기관을 비롯하여 사회복지기관과 같은 비영리조직에게도 그 활용 가능성이 높은 것으로 평가받고 있다.

③ 총체적 품질관리(TQM)는 조직운영, 제품, 서비스의 지속적인 개선을 통해 고품질과 경쟁력을 확보하기 위한 전 종업원의 체계적인 노력, 즉 조직구성원의 집단적 노력을 강조한다.

④ 서비스 품질에 관한 서브퀄(SERVQUAL) 모형의 구성차원으로 신뢰성(Reliability), 반응성 또는 응답성(Responsiveness), 확신성(Assurance), 공감성(Empathy), 유형성(Tangibles) 등이 포함된다.

⑤ 서브퀄에서 유형성(Tangibles)은 서비스 제공 혹은 상품생산을 위해 사용된 장비나 물리적인 시설 등의 외형(외관) 혹은 미적 상태와 연관된다. 참고로 고객 요청에 즉각적으로 반응하여 신속한 서비스를 제공하는 것은 반응성 또는 응답성(Responsiveness)과 연관된다.

42

ㄱ. 2004년 7월부터 시범운영에 있던 사회복지사무소를 개편하여 2006년 7월부터 주민생활지원국을 시·군·구에 설치함으로써 본격적인 주민생활지원서비스가 실시되었다.

ㄴ. 사회복지통합관리망(행복e음)은 2010년 1월 사회복지 급여·서비스의 지원대상자 자격 및 이력에 관한 정보를 통합적으로 관리하고 지방자치단체의 복지업무처리를 지원하기 위해 구축되었다.

ㄷ. 2014년 7월 읍·면·동 복지허브화 시범사업을 시작으로 2016년부터 읍·면·동에 맞춤형 복지전담팀이 구성되고, 2017년부터 주민자치형 공공서비스를 통해 서비스 확대가 이루어지고 있다.

ㄹ. 2019년 6월부터 주거, 보건의료, 요양, 돌봄, 일상생활의 지원이 통합적으로 확보되는 지역주도형 정책으로서 지역사회 통합돌봄(커뮤니티케어) 선도사업이 실시되어 2026년 통합돌봄의 보편적 실행을 목표로 추진 중이다.

43

④ 쓰레기통 모형은 의사결정 상황을 고도로 불확실한 상황이라 전제하면서, 그와 같은 상황을 '조직화된 무정부상태(Organized Anarchy)'로 규정한다.

① 점증모형은 완전히 새로운 정책을 모색하는 것이 아니라 기존의 정책에서 수정 또는 변화된 상황을 중심으로 모색하며, 소수의 핵심적인 대안들에 대해서만 제한적으로 평가한다.

② 연합모형은 경제적·시장 중심적 시각을 벗어나 조직의 구조, 목표의 변동이나 기대의 형성과 선택의 관점에서 조직의 형태를 파악하려고 하는 모형이다.

③ 만족모형은 제한된 인적·물적 자원과 사회환경의 불완전한 요소를 포함한 여러 제약조건하에서 만족할만한 의사결정이 이루어진다고 보는 모형이다.

⑤ 공공선택모형은 정부를 공공재의 생산자로 규정하고, 시민들을 공공재의 소비자로 규정한다.

44

학습조직의 발달배경

- 급속한 환경변화와 불확실성의 증가 : 산업사회에서 지식정보사회로 변화하면서 급속한 환경변화에 따른 불확실성에 대비해야 한다는 인식이 확산되었다.
- 경영혁신의 초점변화 : 벤치마킹, 고객만족경영, 성과중시경영 등 기존의 경영기법만으로 조직 전체의 장기적인 변화를 가져올 수 없다는 인식이 확산되었다.
- 효율적인 조직형태의 등장 : 창의성을 발휘하려는 조직구성원의 욕구와 함께 그러한 창의성을 필요로 하는 조직의 욕구가 높아졌다.

45

⑤ 영리조직은 이윤을 추구하기 위해 마케팅을 하는 반면, 비영리조직은 조직이 추구하는 목표를 효과적으로 달성하기 위해 마케팅을 한다. 영리조직은 목표가 하나(→ 이윤추구)이기 때문에 마케팅이 단순하지만, 비영리조직은 목표가 하나 이상일 경우가 많으므로 마케팅이 복잡할 수 있다. 비영리조직 마케팅은 서비스의 다양성과 복잡성에서 영리조직 마케팅과 차이가 있으므로, 조직의 목표 달성과 측정이 상대적으로 어렵다.

46

ㄴ. 가격(Price)은 재화나 서비스를 구입하기 위해 지불하는 대가를 말한다. 판매자(혹은 생산자)는 소비자가 제품에 얼마만큼의 가치를 부여하는지를 사전에 파악하여 가격을 책정하게 된다.

ㄹ. 촉진(Promotion)은 고객의 마음에 관심을 자극하여 구매의도를 높이는 조직적 활동을 말한다. 이러한 촉진은 이벤트, 광고, 홍보, 개별판매, 전시회 등 다양한 방법으로 이루어진다.

47

비용-편익 분석 및 비용-효과 분석

비용-편익 분석	• 목표달성에 가장 효과적인 대안을 찾기 위해 각 대안이 초래할 비용과 편익을 비교·분석하는 기법이다. • 어떤 프로그램과 관련된 편익, 비용들을 모두 화폐적 가치로 환산한 후 그 결과를 토대로 프로그램의 효율성을 평가한다.
비용-효과 분석	• 목표달성에 가장 효과적인 대안을 찾기 위해 각 대안이 초래할 비용과 산출 효과를 비교·분석하는 기법이다. • 프로그램에 투입되는 비용들은 화폐적 가치로 환산하나, 프로그램으로부터 얻게 되는 편익 또는 산출은 화폐적 가치로 환산하지 않고 산출물 그대로 분석에 활용한다.

48

② 사회복지조직의 혁신은 사회복지행정체제를 서비스 욕구와 수요의 변화에 적절히 대응하도록 개선함으로써 목표를 더 효과적으로 달성하기 위한 인위적이고 계획적인 활동이다.

① 변혁적 리더십은 부하직원의 변화를 필요로 한다. 변혁적 리더는 추종자들에게 권한부여(Empowerment)를 통해 개혁적·변화지향적인 모습과 함께 비전을 제시함으로써 그들에게 높은 수준의 동기를 부여한다.

③ 사회환경 변화는 혁신이 필요하다는 단서를 조직에게 줌으로써 조직혁신에 영향을 준다.

④ 조직의 성공적인 혁신을 위해서는 조직을 둘러싼 내·외부 환경을 이해하고 환경의 변화에 적응해 나가는 것이 필요하다.

⑤ 변혁적 리더십은 조직의 이익과 목적을 위해 개인의 사적 이익을 초월할 것을 강조한다.

49

① 비영리 사회복지조직은 필요에 따라 수익사업을 실시하기도 한다. 다만, 영리추구를 목적으로 하지 않으므로 수익성보다는 서비스의 질을 중시한다.

50

최근 사회복지조직의 환경변화
• 사회복지 공급주체의 다양화
• 시설복지에서 지역복지로의 전환
• 소비자 주권에 대한 인식 강화(②)
• 욕구(Need) 충족에서 수요(Demand) 충족을 위한 복지제공으로의 관점 전환
• 원조 중심에서 자립(자활) 중심으로의 전환
• 조직의 개방화와 투명화, 책임성에 대한 요구 증가 (①)
• 민영화와 경쟁성 강화 노력의 증가(④)
• 기업의 경영관리기법 도입(⑤)
• 그 밖에 성과에 대한 강조, 마케팅 활성화, 품질관리의 강화, 빅데이터 활용의 증가(③) 등

51

ㄴ. 산업재해보상보험법 : 1963년 11월 5일 제정, 1964년 1월 1일 시행
ㄷ. 사회복지사업법 : 1970년 1월 1일 제정, 1970년 4월 2일 시행
ㅁ. 노인복지법 : 1981년 6월 5일 제정, 같은 날 시행
ㄹ. 고용보험법 : 1993년 12월 27일 제정, 1995년 7월 1일 시행
ㄱ. 국민기초생활보장법 : 1999년 9월 7일 제정, 2000년 10월 1일 시행

52

생존권 및 협의의 복지권에 관한 규정(헌법 제34조)
• 제1항 : 모든 국민은 인간다운 생활을 할 권리를 가진다.
• 제2항 : 국가는 사회보장 · 사회복지의 증진에 노력할 의무를 진다.
• 제3항 : 국가는 여자의 복지와 권익의 향상을 위하여 노력하여야 한다.
• 제4항 : 국가는 노인과 청소년의 복지향상을 위한 정책을 실시할 의무를 진다.
• 제5항 : 신체장애자 및 질병 · 노령 기타의 사유로 생활능력이 없는 국민은 법률이 정하는 바에 의하여 국가의 보호를 받는다.
• 제6항 : 국가는 재해를 예방하고 그 위험으로부터 국민을 보호하기 위하여 노력하여야 한다.

53

ㄷ. 1973년 12월 24일 「국민복지연금법」이 제정되었으나 시행되지 못하고, 1986년 12월 31일 「국민연금법」으로 전부개정 되어 1988년 1월 1일부터 시행되었다.
ㄱ. 2014년 5월 20일 「기초연금법」이 제정되면서 「기초노령연금법」은 폐지되었다.
ㄴ. 1999년 2월 8일 제정된 「국민건강보험법」은 「국민의료보험법」을 대체한 것이다.

54

① · ② 사회보험은 국가의 책임으로 시행하고, 공공부조와 사회서비스는 국가와 지방자치단체의 책임으로 시행하는 것을 원칙으로 한다. 다만, 국가와 지방자치단체의 재정 형편 등을 고려하여 이를 협의 · 조정할 수 있다(사회보장기본법 제25조 제5항).
③ 동법 제25조 제2항
④ 동법 제25조 제1항
⑤ 동법 제25조 제4항

55

④ 사회보장수급권은 정당한 권한이 있는 기관에 서면으로 통지하여 포기할 수 있다(사회보장기본법 제14조 제1항).

① 사회보장급여를 받으려는 사람은 관계 법령에서 정하는 바에 따라 국가나 지방자치단체에 신청하여야 한다. 다만, 관계 법령에서 따로 정하는 경우에는 국가나 지방자치단체가 신청을 대신할 수 있다(동법 제11조 제1항).

② 사회보장수급권은 관계 법령에서 정하는 바에 따라 다른 사람에게 양도하거나 담보로 제공할 수 없으며, 이를 압류할 수 없다(동법 제12조).

③ 사회보장수급권은 제한되거나 정지될 수 없다. 다만, 관계 법령에서 따로 정하고 있는 경우에는 그러하지 아니하다(동법 제13조 제1항).

⑤ 동법 제14조 제2항

56

⑤ 관계 중앙행정기관의 장과 지방자치단체의 장은 사회보장위원회의 심의 · 조정 사항을 반영하여 사회보장제도를 운영 또는 개선하여야 한다(사회보장기본법 제20조 제4항).

① 사회보장에 관한 주요 시책을 심의 · 조정하기 위하여 국무총리 소속으로 사회보장위원회를 둔다(동법 제20조 제1항).

② 사회보장위원회는 위원장 1명, 부위원장 3명과 행정안전부장관, 고용노동부장관, 여성가족부장관, 국토교통부장관을 포함한 30명 이내의 위원으로 구성한다(동법 제21조 제1항).

③ 위원의 임기는 2년으로 한다. 다만, 공무원인 위원의 임기는 그 재임 기간으로 하고, 기관 · 단체의 대표자 자격으로 대통령이 위촉하는 위원의 임기는 대표의 지위를 유지하는 기간으로 한다(동법 제21조 제4항 참조).

④ 사회보장위원회의 사무를 효율적으로 처리하기 위하여 보건복지부에 사무국을 둔다(동법 제21조 제8항).

57

① 자치법규는 지방자치단체가 제정하는 법령으로서, 지방의회의 의결을 거친 조례(條例)와 지방자치단체의 장이 제정한 규칙(規則)이 있다.

② 시 · 군 및 자치구의 조례나 규칙은 시 · 도의 조례나 규칙을 위반해서는 아니 된다(지방자치법 제30조).

③ 지방자치단체는 관할 구역의 주민복지에 관한 사업, 사회복지시설의 설치 · 운영 및 관리, 생활이 어려운 사람의 보호 및 지원, 노인 · 아동 · 장애인 · 청소년 및 여성의 보호와 복지증진 등 주민의 복지증진에 관한 자치사무를 처리한다(동법 제13조 참조).

④ 지방자치단체는 주민의 복리에 관한 사무를 처리하고 재산을 관리하며, 법령의 범위 안에서 자치에 관한 규정을 제정할 수 있다(헌법 제117조 제1항).

⑤ 주민은 지방자치단체의 조례를 제정하거나 개정하거나 폐지할 것을 청구할 수 있다(지방자치법 제19조 제1항).

58

② 보건복지부장관은 속임수 등의 부정한 방법으로 사회보장급여를 받거나 타인으로 하여금 사회보장급여를 받게 한 경우에 대하여 보장기관이 효과적인 대책을 세울 수 있도록 그 발생 현황, 피해사례 등에 관한 실태조사를 3년마다 실시하고, 그 결과를 공개하여야 한다(사회보장급여의 이용 · 제공 및 수급권자 발굴에 관한 법률 제19조의2 제1항).

① 중앙생활보장위원회는 「국민기초생활보장법」에 따라 기초생활보장 주요 정책을 심의 · 의결하는 정부 위원회로, 보건복지부장관이 위원장이며 관계 부처 고위공무원, 전문가 및 공익위원 등으로 구성된다.

③ "수급권자"란 「사회보장기본법」에 따른 사회보장급여를 제공받을 권리를 가진 사람을 말한다(동법 제2조 제2호).

④ 보장기관의 업무담당자는 지원대상자가 심신미약 또는 심신상실 등 대통령령으로 정하는 경우에 해당하면 지원대상자의 동의 없이 직권으로 사회보장급여의 제공을 신청할 수 있다(동법 제5조 제3항).
⑤ 보건복지부장관은 지원대상자 발굴체계의 운영 실태를 매년 정기적으로 점검하고 개선방안을 마련하여야 한다(동법 제12조의2 제2항).

59

⑤ 보건복지부장관은 사회복지서비스 품질 평가를 위하여 평가기관을 설치 · 운영하거나, 평가의 전부 또는 일부를 관계 기관 또는 단체에 위탁할 수 있다(사회복지사업법 제5조의2 제5항).
① 보호대상자에 대한 서비스 제공은 현물(現物)로 제공하는 것을 원칙으로 한다(동법 제5조의2 제1항).
② 국가와 지방자치단체는 사회복지서비스의 품질향상과 원활한 제공을 위하여 필요한 시책을 마련하여야 한다(동법 제5조의2 제3항).
③ 국가와 지방자치단체는 사회복지서비스의 품질을 관리하기 위하여 사회복지서비스를 제공하는 기관 · 법인 · 시설 · 단체의 서비스 환경, 서비스 제공 인력의 전문성 등을 평가할 수 있다(동법 제5조의2 제4항).
④ 시장 · 군수 · 구청장은 국가 또는 지방자치단체 외의 자로 하여금 서비스 제공을 실시하게 하는 경우에는 보호대상자에게 사회복지서비스 이용권을 지급하여 국가 또는 지방자치단체 외의 자로부터 그 이용권으로 서비스 제공을 받게 할 수 있다(동법 제5조의2 제2항).

60

③ 보건복지부장관은 사회복지사가 거짓이나 그 밖의 부정한 방법으로 자격을 취득한 경우 그 자격을 취소하여야 한다(사회복지사업법 제11조의3 제1항 참조).
① · ② 보건복지부장관은 사회복지에 관한 전문지식과 기술을 가진 사람에게 사회복지사 자격증을 발급할 수 있다. 사회복지사의 등급은 1급 · 2급으로 하되, 정신건강 · 의료 · 학교 영역에 대해서는 영역별로 정신건강사회복지사 · 의료사회복지사 · 학교사회복지사의 자격을 부여할 수 있다(동법 제11조 제1항 및 제2항 참조).
④ 사회복지법인 또는 사회복지시설에 종사하는 사회복지사는 정기적으로 인권에 관한 내용이 포함된 보수교육을 받아야 한다(동법 제13조 제2항).
⑤ 사회복지사 자격증을 발급받은 사람은 다른 사람에게 그 자격증을 빌려주어서는 아니 되고, 누구든지 그 자격증을 빌려서는 아니 된다(동법 제11조 제6항).

61

④ 사회복지시설을 설치 · 운영하려는 경우에는 지역특성과 시설분포의 실태를 고려하여 시설을 통합하여 하나의 시설로 설치 · 운영하거나 하나의 시설에서 둘 이상의 사회복지사업을 통합하여 수행할 수 있다(사회복지사업법 제34조의2 제1항 참조).
① 사회복지시설 운영위원회는 심의기구이나 의결기구는 아니다(동법 제36조 제1항 참조).
② 사회복지시설의 운영자는 화재로 인한 손해배상책임, 화재 외의 안전사고로 인하여 생명 · 신체에 피해를 입은 보호대상자에 대한 손해배상책임을 이행하기 위하여 손해보험회사의 책임보험에 가입하거나 한국사회복지공제회의 책임공제에 가입하여야 한다(동법 제34조의3 제1항).
③ 사회복지시설의 장은 상근하여야 한다(동법 제35조 제1항).
⑤ 국가나 지방자치단체는 사회복지시설을 설치 · 운영할 수 있다(동법 제34조 제1항).

62

② 국민기초생활보장법 제7조 제3항

① 부양의무자가 「병역법」에 따라 징집되거나 소집되어 부양불능상태인 경우 부양의무자가 있어도 부양을 받을 수 없는 것으로 본다(동법 제8조의2 제2항 참조).

③ 생계급여 선정기준은 기준 중위소득의 100분의 30 이상으로 한다(동법 제8조 제2항 참조).

④ 생계급여는 매월 정기적으로 지급하여야 한다. 다만, 특별한 사정이 있는 경우에는 그 지급방법을 다르게 정하여 지급할 수 있다(동법 제9조 제2항).

⑤ 주택 매입비는 주거급여에 포함되지 않는다. 주거급여는 수급자에게 주거 안정에 필요한 임차료, 수선유지비, 그 밖의 수급품을 지급하는 것으로 한다(동법 제11조 제1항).

63

국민기초생활보장제도의 급여에 관한 기본원칙

- 최저생활보장의 원칙
- 보충급여의 원칙(ㄴ)
- 자립지원의 원칙(ㄱ)
- 개별성의 원칙
- 가족부양 우선의 원칙
- 타급여 우선의 원칙(ㄷ)
- 보편성의 원칙

64

위기상황의 정의(긴급복지지원법 제2조)

이 법에서 "위기상황"이란 본인 또는 본인과 생계 및 주거를 같이 하고 있는 가구구성원이 다음 각 호의 어느 하나에 해당하는 사유로 인하여 생계유지 등이 어렵게 된 것을 말한다.

1. 주소득자가 사망, 가출, 행방불명, 구금시설에 수용되는 등의 사유로 소득을 상실한 경우(ㄱ)
2. 중한 질병 또는 부상을 당한 경우(ㄴ)
3. 가구구성원으로부터 방임 또는 유기되거나 학대 등을 당한 경우(ㄷ)
4. 가정폭력을 당하여 가구구성원과 함께 원만한 가

정생활을 하기 곤란하거나 가구구성원으로부터 성폭력을 당한 경우(ㄹ)
5. 화재 또는 자연재해 등으로 인하여 거주하는 주택 또는 건물에서 생활하기 곤란하게 된 경우
6. 주소득자 또는 부소득자의 휴업, 폐업 또는 사업장의 화재 등으로 인하여 실질적인 영업이 곤란하게 된 경우
7. 주소득자 또는 부소득자의 실직으로 소득을 상실한 경우
8. 보건복지부령으로 정하는 기준에 따라 지방자치단체의 조례로 정한 사유가 발생한 경우
9. 그 밖에 보건복지부장관이 정하여 고시하는 사유가 발생한 경우

65

③ "1인가구"라 함은 1명이 단독으로 생계를 유지하고 있는 생활단위를 말한다(건강가정기본법 제3조 제2의2호).

① 동법 제3조 제1호

② 동법 제8조 제1항

④ 국가 및 지방자치단체는 자녀를 양육하는 가정에 대하여 자녀양육으로 인한 부담을 완화하고 아동의 행복추구권을 보장하기 위하여 보육, 방과후 서비스, 양성이 평등한 육아휴직제 등의 정책을 적극적으로 확대 시행하여야 한다(동법 제22조 제1항).

⑤ 국가 및 지방자치단체는 영·유아, 아동, 청소년, 중·장년, 노인 등 생애주기에 따르는 가족구성원의 종합적인 건강증진대책을 마련하여야 한다(동법 제24조).

66

①·③·④·⑤ 「사회복지사업법」에 따른 사회복지관, 「아동복지법」에 따른 아동양육시설, 「장애인복지법」에 따른 장애인 지역사회재활시설, 「한부모가족지원법」에 따른 부자가족복지시설은 사회복지사업법령상 서비스 최저기준 대상시설의 범위에 포함된다(사회복지사업법 시행규칙 제27조 제2항 참조).

② 「자원봉사활동기본법」에 따른 자원봉사센터는 사회복지사업법령상 서비스 최저기준 대상시설의 범위에 포함되지 않는다.

67

①·② 국민기초생활보장법에 따른 급여는 수급권자 또는 수급자의 거주지를 관할하는 시·도지사와 시장·군수·구청장(교육급여인 경우 시·도 교육감)이 실시한다. 다만, 주거가 일정하지 아니한 경우에는 수급권자 또는 수급자가 실제 거주하는 지역을 관할하는 시장·군수·구청장이 실시한다(국민기초생활보장법 제19조 제1항).

③ 보장기관은 수급권자·수급자·차상위계층에 대한 조사와 수급자 결정 및 급여의 실시 등 이 법에 따른 보장업무를 수행하게 하기 위하여 「사회복지사업법」에 따른 사회복지 전담공무원을 배치하여야 한다(동법 제19조 제4항).

④ 생활보장위원회는 심의·의결기구이다(동법 제20조 제1항 참조).

⑤ 소관 중앙행정기관의 장은 수급자의 최저생활을 보장하기 위하여 3년마다 소관별로 기초생활보장 기본계획을 수립하여 보건복지부장관에게 제출하여야 한다(동법 제20조의2 제1항).

68

중대한 귀책사유로 해고된 피보험자로서 구직급여 수급자격의 제한사유(고용보험법 제58조, 시행규칙 제101조 및 별표1의2 참조)

- 「형법」 또는 직무와 관련된 법률을 위반하여 금고 이상의 형을 선고받은 경우(ㄱ)
- 정당한 사유 없이 근로계약 또는 취업규칙 등을 위반하여 장기간 무단 결근한 경우(ㄴ)
- 사업에 막대한 지장을 초래하거나 재산상 손해를 끼친 경우로서 고용노동부령으로 정하는 다음의 기준에 해당하는 경우

- 납품업체로부터 금품이나 향응을 받고 불량품을 납품받아 생산에 차질을 가져온 경우
- 사업의 기밀이나 그 밖의 정보를 경쟁관계에 있는 다른 사업자 등에게 제공한 경우(ㄷ)
- 거짓 사실을 날조·유포하거나 불법 집단행동을 주도하여 사업에 막대한 지장을 초래하거나 재산상 손해를 끼친 경우
- 직책을 이용하여 공금을 착복·장기유용·횡령하거나 배임한 경우
- 제품이나 원료 등을 절취하거나 불법 반출한 경우
- 인사·경리·회계담당 직원이 근로자의 근무상황 실적을 조작하거나 거짓 서류 등을 작성하여 사업에 막대한 지장을 초래하거나 재산상 손해를 끼친 경우
- 사업장의 기물을 고의로 파손하여 사업에 막대한 지장을 초래하거나 재산상 손해를 끼친 경우
- 영업용 차량을 사업주의 위임이나 동의 없이 다른 사람에게 대리운전하게 하여 교통사고를 일으킨 경우

69

근로자와 생계를 같이 하고 있던 유족의 판단 기준(산업재해보상보험법 시행령 제61조 참조)

"근로자와 생계를 같이 하고 있던 유족"이란 근로자가 사망할 당시에 다음 각 호의 어느 하나에 해당하는 사람을 말한다.

1. 근로자와 「주민등록법」에 따른 주민등록표상의 세대를 같이 하고 동거하던 유족으로서 근로자의 소득으로 생계의 전부 또는 상당 부분을 유지하고 있던 사람

2. 근로자의 소득으로 생계의 전부 또는 상당 부분을 유지하고 있던 유족으로서 학업·취업·요양, 그 밖에 주거상의 형편 등으로 주민등록을 달리하였거나 동거하지 않았던 사람(④)

3. 제1호 및 제2호에 따른 유족 외의 유족으로서 근로자가 정기적으로 지급하는 금품이나 경제적 지원으로 생계의 전부 또는 대부분을 유지하고 있던 사람

70

보호의무자(정신건강증진 및 정신질환자 복지서비스 지원에 관한 법률 제39조 제1항)

「민법」에 따른 후견인 또는 부양의무자는 정신질환자의 보호의무자가 된다. 다만, 다음 각 호의 어느 하나에 해당하는 사람은 보호의무자가 될 수 없다.

1. 피성년후견인 및 피한정후견인
2. 파산선고를 받고 복권되지 아니한 사람(②)
3. 해당 정신질환자를 상대로 한 소송이 계속 중인 사람 또는 소송한 사실이 있었던 사람과 그 배우자(③)
4. 미성년자(⑤)
5. 행방불명자(④)
6. 그 밖에 보건복지부령으로 정하는 부득이한 사유로 보호의무자로서의 의무를 이행할 수 없는 사람

71

② 부자가족복지시설 : 부자가족에게 기본생활지원, 공동생활지원, 자립생활지원 중 어느 하나 이상의 편의를 제공하는 시설

③ 모자가족복지시설 : 모자가족에게 기본생활지원, 공동생활지원, 자립생활지원 중 어느 하나 이상의 편의를 제공하는 시설

④ 한부모가족복지상담소 : 한부모가족에 대한 위기·자립 상담 또는 문제해결 지원 등을 목적으로 하는 시설

⑤ 미혼모자가족복지시설 : 미혼모자가족과 출산 미혼모 등에게 기본생활지원, 공동생활지원 중 어느 하나 이상의 편의를 제공하는 시설

72

⑤ 의족은 단순히 신체를 보조하는 기구가 아니라 신체의 일부인 다리를 기능적·물리적·실질적으로 대체하는 장치로서, 업무상의 사유로 근로자가 장착한 의족이 파손된 경우는 산업재해보상보험법상 요양급여의 대상인 근로자의 부상에 포함된다(대법원 2012두20991).

73

④ 보기의 내용은 장기요양요원지원센터의 업무에 해당한다. 국가와 지방자치단체는 장기요양요원의 권리를 보호하기 위하여 장기요양요원지원센터를 설치·운영할 수 있다(노인장기요양보험법 제47조의2 참조).

① 장기요양보험료율, 가족요양비·특례요양비 및 요양병원간병비의 지급기준, 재가 및 시설 급여비용 등을 심의하기 위하여 보건복지부장관 소속으로 장기요양위원회를 둔다(동법 제45조).

② 장기요양인정 및 장기요양등급 판정 등을 심의하기 위하여 국민건강보험공단에 장기요양등급판정위원회를 둔다(동법 제52조 제1항).

③ 장기요양인정·장기요양등급·장기요양급여·부당이득·장기요양급여비용 또는 장기요양보험료 등에 관한 국민건강보험공단의 처분에 이의가 있는 자가 제기한 심사청구 사항을 심사하기 위하여 국민건강보험공단에 장기요양심사위원회를 둔다(동법 제55조 제3항).

⑤ 보건복지부장관 또는 특별자치시장·특별자치도지사·시장·군수·구청장은 장기요양기관의 법령에 따른 위반사실 등의 공표 여부 등을 심의하기 위하여 공표심의위원회를 설치·운영할 수 있다(동법 제37조의3 제3항).

74

② 다함께돌봄센터는 아동복지법상 아동에 대한 지원 서비스로서, 양육환경의 변화로 돌봄에 대한 사회적 요구가 증가하고 있는 현실 및 초등학생의 방과 후 심각한 돌봄공백 문제 해결을 위해 시 · 도지사 및 시장 · 군수 · 구청장이 설치 · 운영하는 사회복지시설이다(아동복지법 제44조의2 참조).

① 장애인 지역사회재활시설은 장애인을 전문적으로 상담 · 치료 · 훈련하거나 장애인의 일상생활, 여가활동 및 사회참여활동 등을 지원하는 사회복지시설이다(장애인복지법 제58조 제1항 제2호).

③ 아동보호전문기관은 학대받은 아동의 치료, 아동학대의 재발 방지 등 사례관리 및 아동학대예방을 담당하는 사회복지시설이다(아동복지법 제45조 및 제46조 참조).

④ 지역장애아동지원센터는 장애의 조기발견을 위한 홍보, 장애아동의 복지지원 사업에 관한 정보 및 자료 제공, 장애아동과 그 가족에 대한 복지지원 제공기관의 연계, 장애아동의 사례관리, 장애아동 및 그 가족을 지원하기 위한 가족상담 및 교육의 실시 등의 업무를 수행하는 사회복지시설이다(장애아동복지지원법 제9조 참조).

⑤ 노인공동생활가정은 노인들에게 가정과 같은 주거여건과 급식, 그 밖에 일상생활에 필요한 편의를 제공함을 목적으로 하는 사회복지시설이다(노인복지법 제32조 제1항 제2호).

75

아동보호 사각지대 발굴 및 실태조사를 위한 자료 또는 정보(아동복지법 제15조의4 제1항 참조)

• 「국민건강보험법」에 따른 요양급여 실시 기록(ㄱ)
• 「국민건강보험법」에 따른 영유아건강검진 실시 기록(ㄴ)
• 「초 · 중등교육법」에 따른 학교생활기록 정보(ㄷ)
• 「사회보장급여의 이용 · 제공 및 수급권자 발굴에 관한 법률」에 따른 다음의 정보

> − 「전기사업법」에 따른 단전, 「수도법」에 따른 단수, 「도시가스사업법」에 따른 단가스 가구정보(ㄹ)
> − 「초 · 중등교육법」에 따른 학교생활기록 정보 중 담당교원이 위기상황에 처하여 있다고 판단한 학생의 가구정보
> − 「국민건강보험법」에 따른 보험료를 3개월 이상 체납한 사람의 가구정보
> − 「국민기초생활보장법」 또는 「긴급복지지원법」에 따른 신청 또는 지원 중 탈락가구의 가구정보
> − 「사회복지사업법」에 따른 시설의 장이 입소 탈락자나 퇴소자 중 위기상황에 처하여 있다고 판단한 사람의 가구정보
> − 「신용정보의 이용 및 보호에 관한 법률」에 따른 종합신용정보집중기관과 개별신용정보집중기관이 보유하고 있는 개인신용정보 중 보건복지부장관이 위기상황에 처하여 있다고 판단한 사람의 연체정보(대출금 · 신용카드대금 · 통신요금 등을 말한다)로서 금융위원회 위원장과 협의하여 정하는 개인신용정보
> − 「공공주택특별법」에 따른 공공주택사업자가 보유하고 있는 정보로서 공공임대주택의 임대료를 3개월 이상 체납한 임차인의 가구정보
> − 「공동주택관리법」에 따른 관리주체가 보유하고 있는 정보로서 공동주택의 관리비를 3개월 이상 체납한 입주자의 가구정보
> − 그 밖에 지원대상자의 발굴을 위하여 필요한 정보로서 대통령령으로 정하는 정보

사회복지사 1급

적중예상문제

행운이란 100%의 노력 뒤에 남는 것이다.

랜스턴 콜먼

제1회 적중예상문제

제1과목 사회복지기초

1영역 ▶ 인간행동과 사회환경

01 인간발달에 관한 설명으로 옳은 것은?

① 발달과정에 문화적 · 환경적 요인은 중요하지 않다.

② 일정한 방향으로 이루어지므로 개인적 차이는 없다.

③ 태아기에서 노년기에 이르기까지 시간적 흐름에 따라 일어나는 변화이다.

④ 특정단계에서 발달은 이전 단계의 발달과업 성취와 무관하다.

⑤ 하부에서 상부로, 말초에서 중심으로, 복잡한 것에서 단순한 것으로 나타난다.

> **해 설** 인간발달의 원리
> • 일정한 순서 및 방향성 : 상부에서 하부로, 중심부위에서 말초부위로 진행된다.
> • 연속성 : 인간의 전 생애를 통해 연속적으로 진행된다.
> • 유전 및 환경과의 상호작용 : 인간의 유전적 특성은 물론 외부환경에 의해서도 영향을 받는다.
> • 개인차의 존재 : 개인마다 발달의 속도 및 진행 정도에서 차이를 보인다.
> • 분화와 통합의 과정 : 분화와 통합의 양상을 보인다.
> • 점성원리 : 기존의 기초를 토대로 다음의 발달이 이루어진다.
> • 결정적 시기의 존재 : 신체발달 및 심리발달의 각 단계에 있어서 발달이 가장 용이하게 이루어지는 결정적인 시기가 있다.

02 다음 중 콜버그(L. Kohlberg)의 도덕성 발달이론에 대한 평가로 옳지 않은 것은?

① 도덕성 발달에 있어서 상황적 · 환경적 영향력을 간과하고 있다.

② 도덕적 사고와 도덕적 행동 간의 일치성 문제가 제기된다.

③ 도덕적 사고를 지나치게 강조한 반면, 정의적인 측면을 소홀히 다룬다.

④ 남성이 여성보다 도덕수준이 낮다는 성차별적 관점을 지닌다.

⑤ 모든 문화권에 보편적으로 적용하기에 한계가 있다.

콜버그(L. Kohlberg) 도덕성 발달이론의 평가
- 첫째, 콜버그가 주장한 도덕성의 단계적 발달과정이 과연 불변적인 순서로 진행되는가의 문제가 제기된다.
- 둘째, 콜버그는 발달단계의 순서에서 퇴행이란 없다고 주장하였으나 일부 연구에서 퇴행이 발견되었다.
- 셋째, 콜버그는 단계에서 단계로의 이행을 아동의 자발적인 행동의 결과로 간주함으로써, 도덕성 발달에 영향을 미칠 수 있는 교육이나 사회화의 상황적 · 환경적 영향력을 간과하였다.
- 넷째, 콜버그의 이론은 모든 문화권에 보편적으로 적용하기에 한계가 있다.
- 다섯째, 콜버그의 이론은 아동의 도덕적 사고에 관한 것이지 도덕적 행동에 관한 것은 아니므로, 도덕적 사고와 도덕적 행동 간의 일치성에 의문이 제기된다.
- 여섯째, 콜버그는 도덕적 사고를 지나치게 강조한 반면, 도덕의 원천으로서 이타심이나 사랑 등의 정의적인 측면을 소홀히 다루고 있다.
- 일곱째, 콜버그는 여성이 남성보다 도덕수준이 낮다는 성차별적 관점을 가지고 있다.

03 다음 중 성격이론이 사회복지실천에 미친 영향으로 옳지 않은 것은?

① 프로이트(Freud) 이론은 과거의 정신적 외상이 현재 어떤 영향을 주는지에 대한 통찰력을 갖게 한다.
② 에릭슨(Erikson) 이론은 자아규제와 자아효능감 증진 개입의 중요성을 강조한다.
③ 로저스(Rogers) 이론의 감정이입, 진실성 등은 원조관계에 매우 유용하다.
④ 아들러(Adler) 이론의 창조적 자아개념과 사회적 영향에 대한 인식은 집단치료의 원동력이 된다.
⑤ 피아제(Piaget) 이론은 아동의 인지발달을 위한 프로그램 개발 및 적용을 가능하게 한다.

② 반두라(Bandura) 사회학습이론의 내용에 해당한다. 반면, 에릭슨(Erikson)의 심리사회이론은 인간의 성격이 생물학적 요인과 개인의 심리 · 사회문화의 상호작용에 의해 결정된다고 봄으로써, 사회문화적 환경이 성격발달에 어떤 영향을 주는지에 대한 통찰력을 갖게 한다.

04 행동주의의 주요 개념에 관한 설명으로 옳은 것을 모두 고른 것은?

> ㄱ. 인간의 행동은 환경적 자극에 의해 동기화된다.
> ㄴ. 변별자극은 어떤 반응이 보상될 것이라는 단서 혹은 신호로 작용하는 자극이다.
> ㄷ. 강화에는 즐거운 결과를 의미하는 정적 강화와 혐오적 결과를 제거하는 부적 강화가 있고 이 두 가지는 모두 행동의 빈도를 증가시킨다.

① ㄱ   ② ㄴ
③ ㄱ, ㄴ   ④ ㄴ, ㄷ
⑤ ㄱ, ㄴ, ㄷ

해 설 ㄱ. 스키너(Skinner)는 인간의 행동은 환경적 자극에 의해 동기화되고, 행동에 따르는 강화에 의해 전적으로 결정된다고 보았다.

ㄴ. 변별은 보다 정교하게 학습이 이루어지는 것으로서, 유사한 자극에서 나타나는 조그만 차이에 따라 다른 반응을 보이는 것이다. 예를 들어, 어려서 어른에게 인사하는 법과 친구에게 인사하는 법을 구별하여 학습하게 되는 것은, 친구들과 인사하는 방식으로 어른에게 인사했을 때 그 결과가 달랐기 때문에 변별학습한 것이다.

ㄷ. 정적 강화는 유쾌 자극을 제시하여 행동의 빈도를 증가시키는 것이며, 부적 강화는 불쾌 자극을 철회하여 행동의 빈도를 증가시키는 것이다.

05 다음 중 보기의 내용과 연관된 방어기제의 유형으로 가장 적절한 것은?

> A씨는 2년 전 성격차이를 이유로 남편과 이혼을 하였고, 이후 새로운 남자를 만나게 되었다. 그러나 A씨의 아들은 자신의 어머니가 새로운 남자와 만나는 것에 대해 반대하였고, 결국 아들의 고집에 의해 그 남자와 헤어지게 되었다. 이후 A씨는 자신의 재혼에 방해가 되는 아들을 무의식적으로 죽이고 싶은 욕망을 가지게 되었다. 그러나 A씨는 이런 자신의 욕망과 달리 아들을 병적일 정도로 끔찍하게 사랑하는 모습을 보이게 되었다.

① 승 화
② 전 환
③ 투 사
④ 합리화
⑤ 반동형성

해 설 ⑤ 반동형성(Reaction Formation)은 자신이 가지고 있는 무의식적 소망이나 충동을 본래의 의도와 달리 반대되는 방향으로 바꾸는 것이다. 예 "미운 놈에게 떡 하나 더 준다."

① 승화(Sublimation)는 정서적 긴장이나 원시적 에너지의 투입을 사회적으로 인정될 수 있는 행동방식으로 표출하는 것이다. 예 예술가가 자신의 성적 욕망을 예술로 승화하는 경우

② 전환(Conversion)은 심리적인 갈등이 신체 감각기관이나 수의근육계의 증상으로 바뀌어 표출되는 것이다. 예 글쓰기에 심한 갈등을 느끼는 소설가에게서 팔의 마비가 나타나는 경우

③ 투사(Projection)는 사회적으로 인정받을 수 없는 자신의 행동과 생각을 마치 다른 사람의 것인 양 생각하고 남을 탓하는 것이다. 예 어떤 일의 잘못된 결과에 대해 상사나 아랫사람에게 그 책임을 전가하는 경우

④ 합리화(Rationalization)는 현실에 더 이상 실망을 느끼지 않기 위해 또는 정당하지 못한 자신의 행동에 그럴듯한 이유를 붙이기 위해 자신의 말이나 행동에 대해 정당화하는 것이다. 예 여우와 신 포도

06 다음 중 아들러(Adler)의 창조적 자기(Creative Self)에 대한 설명으로 옳은 것은?

① 성격형성에서 개인의 자유와 선택을 강조하는 개념이다.
② 성격형성에서 자아(Ego)의 중요성을 강조하는 개념이다.
③ 인간행동에서 초기경험의 중요성을 강조하는 개념이다.
④ 인간행동에서 유전보다 환경의 영향력을 강조하는 개념이다.
⑤ 인간행동에서 동료 인간에 대한 관심과 인류의 복지를 강조하는 개념이다.

> **해 설** **아들러(Adler)의 창조적 자기(Creative Self)**
> • '창조적 자기'는 아들러의 개인심리이론을 특징짓는 개념으로서, 인간이 스스로 자신의 삶을 만들어 나간다는 것을 의미한다.
> • 자유와 선택을 강조하는 개념으로서, 개인이 생(生)의 의미로서 목표를 설정하고 이를 달성하기 위해 노력을 기울이는 과정을 담고 있다.
> • 자아의 창조적인 힘이 인생의 목표와 목표추구 방법을 결정하며, 사회적 관심을 발달시킨다.
> • 개인은 유전과 경험을 토대로 창조적 자기를 형성하며, 자신의 고유한 생활양식을 형성한다.

07 다음 중 스키너의 행동주의 이론에 대한 내용으로 옳은 것은?

① 인간의 행동은 내적 충동에 의해 동기화된다.
② 행동목록에 있지 않은 것이 나타나는 것이 행동형성이다.
③ 반응적 행동은 구체적 자극을 통해 나타나는 구체적 행동이다.
④ 변별자극은 외부세계를 통제할 수 없게 한다.
⑤ 관찰학습은 행동을 기계적으로 모방하는 것이다.

> **해 설** ① 인간의 행동은 내적 충동보다는 외적 자극에 의해 동기화된다.
> ② 행동형성은 기존의 행동목록에 있는 것 중 목표하는 바람직한 행동에 가까운 것을 찾아내는 것을 시작으로 복잡한 행동이나 기술을 학습시키는 과정을 말한다.
> ④ 변별자극을 통해 외부세계를 예측하고 통제할 수 있다.
> ⑤ 관찰학습은 타인의 행동을 관찰함으로써 학습하는 것이다.

기출 16회

08 피아제(J. Piaget)의 인지발달이론에 관한 설명으로 옳지 않은 것은?

① 인지발달은 동화기제와 조절기제를 활용하여 환경에 적응하는 것이다.
② 인지발달을 감각운동기, 전조작기, 구체적 조작기, 형식적 조작기로 구분한다.
③ 구체적 조작기에는 추상적 사고가 가능하다.
④ 인지발달은 개인과 환경의 상호작용에서 이루어지는 적응과정이다.
⑤ 상위단계는 이전 하위단계를 기초로 형성되며 하위단계를 통합한다.

> **해 설** ③ 구체적 조작기(7~12세)에는 구체적 사물을 중심으로 한 이론적·논리적 사고가 가능하다. 그러나 가설·연역적 사고, 추상적 사고가 가능한 것은 형식적 조작기(12세 이상)에 이르러서이다.

09 반두라(A. Bandura)가 설명한 자기효능감의 형성요인이 아닌 것은?

① 대리경험 ② 언어적 설득

③ 정서적 각성 ④ 행동조성

⑤ 성취경험

> **해 설** **자기효능감 또는 자기효율성의 형성요인**
> - 성취경험 : 어떤 사람이 목표를 달성하기 위해 시도한 결과 성공과 실패를 얼마나 많이 했느냐에 따라 자기 효능감이 달라질 수 있다.
> - 대리경험 : 타인의 성공과 실패를 얼마나 그리고 절실하게 목격했느냐에 따라 자기효능감이 달라질 수 있다.
> - 언어적 설득 : 타인으로부터 무엇인가를 잘 해낼 수 있다는 말을 얼마나 자주 듣느냐에 따라 자기효능감이 달라질 수 있다.
> - 정서적 각성 : 불안, 좌절 등 정서적 반응을 얼마나 적절히 조절할 수 있느냐에 따라 자기효능감이 달라질 수 있다.

10 다음 중 매슬로우의 욕구이론에서 욕구의 특성으로 옳은 것은?

① 욕구위계에서 상위에 있는 욕구가 더 강하고 우선적이다.

② 욕구위계에서 하위의 욕구는 전 생애 발달과정 중 후반에 점차 나타난다.

③ 욕구위계에서 하위욕구의 만족은 지연될 수 있다.

④ 상위욕구는 생존에 필요하고, 하위욕구는 성장에 필요하다.

⑤ 욕구를 충족시키기 위한 행동은 선천적인 것이 아니라 학습에 의한 것이며 사람마다 차이를 보인다.

> **해 설** **인간욕구의 특성(Maslow)**
> - 욕구위계에서 하위에 있는 욕구가 더 강하고 우선적이다.
> - 욕구위계에서 상위의 욕구는 전 생애 발달과정에서 후반에 점차적으로 나타난다.
> - 욕구위계에서 상위의 욕구의 만족은 지연될 수 있다.
> - 하위욕구는 생존에 필요하고 상위욕구는 성장에 필요하다.
> - 욕구를 충족시키기 위한 행동은 선천적인 것이 아닌 학습에 의한 것이며, 사람마다 차이가 있다.
> - 제1형태의 욕구로서 '결핍 욕구'는 생존적인 경향이 강한 욕구인 반면, 제2형태의 욕구로서 '성장 욕구'는 잠재 능력, 기능, 재능을 발휘하려는 경향이 강한 욕구이다.

11 유아기의 주요 반사운동 중 '경악반응'이라고도 부르며 갑자기 큰 소리를 듣게 되면 자동적으로 팔과 다리를 쫙 펴는 것은 물론 손가락을 펴고 머리를 뒤로 제치는 반응은 무엇인가?

① 탐색반사
② 모로반사
③ 쥐기반사
④ 바빈스키반사
⑤ 빨기반사

<blockquote>

해설 **영아기의 주요 반사운동**

- 모로반사 : 신생아를 갑자기 치거나 신생아에게 큰 소리를 듣게 하면 깜짝 놀라서 팔다리를 쫙 폈다가 오므리는 현상을 말한다. 생후 2~3개월경에 사라진다.
- 쥐기반사 : 신생아에게 무엇을 쥐어주면 빼내기 힘들 정도로 그 물건을 꼭 쥐는 현상을 말한다. 이 현상은 2~3개월 후에 사라진다.
- 바빈스키반사 : 신생아의 발바닥을 살살 긁어보면 발가락을 쭉 폈다가 다시 오므리는 현상을 말한다. 보통 생후 4~6개월이면 사라지는데, 만약 늦도록 이 현상이 사라지지 않으면 신경발달 지체 여부를 의심해봐야 한다.
- 탐색(탐지)반사 : 아기가 배고파할 때 뺨에 손을 대면 아기는 입을 벌리고 좌우로 입을 움직이면서 먹을 것을 찾는다. 생후 3~4개월경에 사라진다.
- 빨기반사 : 배고파하는 신생아의 입가에 무엇을 갖다 대면 재빨리 이를 물고 빠는 현상을 말한다.
- 수영반사 : 생후 6개월 이내의 아기를 물에 넣으면 스스로 얼굴을 물속에 숙이고 반사적으로 수영을 하는 현상이다. 이는 양수 속에서 하던 배냇짓으로 호흡을 길게 내쉴 뿐 들여 마시지 않고도 어느 정도 견딜 수 있다.

</blockquote>

12 다음 중 퀴블러-로스(Kübler-Ross)가 제시한 죽음의 적응단계를 올바르게 연결한 것은?

① 1단계 – "그럴 리가 없어"라며, 자신이 곧 죽는다는 사실을 부인한다.
② 2단계 – 병의 진행에 따른 절망감과 상실감을 토로한다.
③ 3단계 – 하필 다른 사람이 아닌 자신이 죽게 된다는 사실에 대해 분노한다.
④ 4단계 – 죽음에 대해 담담하게 생각하고 이를 수용하게 된다.
⑤ 5단계 – 죽음을 피할 수 없음을 깨달은 채 인생과업을 마칠 때까지 생이 지속되기를 희망한다.

해설 **퀴블러-로스(Kübler-Ross)의 죽음의 적응단계**

제1단계 – 부정 (Denial)	• "그럴 리가 없어"라며, 자신이 곧 죽는다는 사실을 부인한다. • 이와 같은 반응은 갑작스런 심리적 충격에 대한 완충작용을 한다.
제2단계 – 분노 (Anger)	• "왜 하필이면 나야"라며, 다른 사람들은 멀쩡한데 자신만 죽게 된다는 사실에 대해 분노한다. • 이와 같은 분노의 감정은 치료진이나 가족에게 투사된다.
제3단계 – 타협 (Bargaining)	• "우리 딸 결혼식 날까지 살 수 있도록 해 주세요"라며, 죽음을 피할 수 없음을 깨달은 채 인생과업을 마칠 때까지 생이 지속되기를 희망한다. • 절대적인 존재나 초자연적인 힘에 의지하기도 하며, 치료진이나 가족에게 협력적인 태도를 보이기도 한다.
제4단계 – 우울 (Depression)	• 병의 진행에 의한 절망감과 함께 세상의 모든 것들과의 결별에서 오는 상실감을 토로한다. • 이미 죽음을 실감하기 시작하면서 극심한 우울상태에 빠진다.
제5단계 – 수용 (Acceptance)	• 죽음에 대해 담담하게 생각하고 이를 수용하게 된다. • 세상으로부터 초연해지면서 마치 마음의 평화를 회복한 듯한 모습을 보인다.

13 문화에 관한 설명으로 옳은 것은?

① 동화(Assimilation)는 원문화의 가치를 유지하면서 주류사회의 문화에 소극적으로 참여하는 유형이다.

② 인간행동에 영향을 주는 미시체계이다.

③ 개인의 생리적 욕구와 심리적 욕구 충족에 영향을 준다.

④ 예술, 도덕, 제도 등이 각기 독립적으로 존재하며, 서로 영향을 주지 않는다.

⑤ 지속적으로 누적되기 때문에 항상 같은 형태를 지닌다.

해 설 ③ 문화는 자녀양육, 사회화, 교육을 통해 개인의 성격형성에 영향을 준다. 즉, 자녀양육은 가정생활의 유형 및 관습적인 양육 방식을 따르는 것이며, 사회화는 개인의 욕구충족 방식을 배우는 과정이다. 또한 교육은 사회구성원으로서 개인의 성격을 그 문화가 규정하고 있는 기준에 부합되도록 하는 과정이다.

① 동화(Assimilation)는 원문화(고유문화)의 정체감 및 특성을 유지하지 않은 채 새로 접한 문화에 녹아들어가는 현상으로서, 주류사회의 문화에 지속적으로 다가가 흡수되려는 경향을 말한다.

② 문화는 인간행동에 영향을 주는 거시체계이다.

④ 문화는 지식, 신앙, 예술, 도덕, 법률, 관습 그리고 사회구성원으로서 인간이 습득한 모든 능력과 습성의 복합적인 총체이다.

⑤ 문화는 시대적 환경에 따라 끊임없이 변화하는 역동성(가변성)을 특징으로 한다.

14 청소년기(13~19세)의 발달특성으로 옳지 않은 것은?

① 극단적인 정서변화를 경험하게 된다.

② 성적 성숙과 자아정체감이 형성되는 시기이다.

③ 피아제(J. Piaget)의 형식적 조작기에 해당한다.

④ 힘과 기술이 향상되지만 신체적 성장 속도는 둔화된다.

⑤ 이상적 자아와 현실적 자아의 괴리로 인해 갈등과 고민이 많은 시기이다.

해 설 ④ 아동기(7~12세)의 발달적 특성에 해당한다. 이 시기에는 이전 단계들에서처럼 급속한 신체적 성장이 나타나지 않지만 점진적이고 지속적인 발달이 이루어진다. 또한 힘과 기술이 향상되고 운동능력이 발달하며, 다양한 운동을 통해 신체 각 부분을 조정 및 통합하고자 한다.

15 다음 중 보기에서 로저스(Rogers)가 제시한 '완전히 기능하는 사람'의 특징에 해당하는 것을 올바르게 모두 고른 것은?

> ㄱ. 창조적으로 살아간다.
> ㄴ. 자신보다 타인을 신뢰한다.
> ㄷ. 선택과 행동에 있어서 자유롭다.
> ㄹ. 타인의 경험을 수용하지 않는다.

① ㄱ, ㄴ, ㄷ   ② ㄱ, ㄷ
③ ㄴ, ㄹ   ④ ㄹ
⑤ ㄱ, ㄴ, ㄷ, ㄹ

> **해 설** 로저스가 제시한 '완전히 기능하는 사람(Fully Functioning Person)'의 특징
> • 경험에 대해 개방적이다.
> • 실존적인 삶을 사는 사람이다.
> • '자신'이라는 유기체에 대해 신뢰한다.
> • 선택과 행동에 있어서 자유롭다.
> • 창조적으로 살아간다.

16 다음 태아진단검사 중 융모생체표본검사에 대한 설명으로 옳은 것은?

① 임신 9~11주에 가능하며 염색체 이상이 의심되거나 35세 이상 임산부에 한해 제한적으로 실시하는 방법이다.
② 임신 15~20주 사이에 시행하며 임산부의 복부에 긴 바늘을 삽입하여 자궁 내 양수를 추출하는 방법이다.
③ 임신 초기 · 중기 · 후기에 시행하며 초음파를 이용하여 산모의 자궁 상태나 양수량을 파악하는 방법이다.
④ 임신 15~20주 사이에 시행하며 임산부의 혈액을 채취하여 삼중 표지물질검사나 사중 표지물질검사를 통해 다운증후군이나 에드워드증후군 등을 검사한다.
⑤ 임신 진단 직후에 시행하며 일과성 질환으로서 풍진으로 인한 태아의 수직감염 위험을 방지하기 위해 실시한다.

> **해 설** ① '융모생체표본검사' 또는 '융모막 융모검사'는 보통 임신 9~13주 사이에 시행한다. 복부 또는 자궁경부를 통해 태반 조직을 채취하여 태아의 염색체를 분석하거나 기타 태아 관련 질환을 검사하는 방법이다. 초음파 영상을 확인하면서 작은 튜브를 복부 또는 자궁경부에 삽입하여 태반 조직 일부를 채취하며, 이렇게 채취한 태반 조직세포를 배양하여 염색체 이상 유무를 진단한다. 이 검사는 임신 초기에 시행하는 방법이므로 태아의 이상을 조기에 발견할 수 있는 장점이 있으나, 이후에 실시하는 양수 검사에 비해 유산의 위험성이 대략 1.5~3% 정도로 높으므로 제한적으로 실시된다.
> ② 양수검사, ③ 초음파검사, ④ 산모혈액검사, ⑤ 풍진감염검사

17 다음 중 에릭슨의 발달과업과 중요한 사회관계가 바르게 연결된 것은?

① 근면성 대 열등감 – 이성친구
② 자아정체감 대 정체감 혼란 – 가족
③ 친밀감 대 고립감 – 핵가족
④ 생산성 대 침체성 – 직장동료
⑤ 자아통합 대 자아절망 – 학교

해 설 에릭슨의 심리사회이론에 의한 성격발달단계

유아기(0~18개월) 기본적 신뢰감 대 불신감	• 어머니와의 관계가 중요하다. • 부모의 자신감 결여에 의해 유아가 불신감을 느끼며, 이것이 이후 타인과의 신뢰관계 형성에 영향을 미친다.
초기아동기(18개월~3세) 자율성 대 수치심·회의	• 부모와의 관계가 중요하다. • 이 시기의 발달은 독립심과 존중감을 기르는 데 기초가 된다.
학령전기 또는 유희기 (3~6세) 주도성 대 죄의식	• 가족과의 관계가 중요하다. • 이 시기에 계획을 세우고 목표를 달성하고자 하는 목적의식이 형성되기도 하지만, 지나친 처벌이나 의존성이 역효과를 가져오기도 한다.
학령기(6~12세) 근면성 대 열등감	• 이웃, 학교와의 관계가 중요하다. • 이 시기에는 성취기회와 성취과업의 인정과 격려를 통해 성취감이 길러지지만, 반대의 경우 좌절감이나 열등감을 야기할 수 있다.
청소년기(12~20세) 자아정체감 대 정체감 혼란	• 또래집단, 지도력 모델과의 관계가 중요하다. • 자아정체감 혼미가 직업 선택이나 성 역할 등에 혼란을 가져오기도 하며, 나아가 인생관과 가치관의 확립에 심한 갈등을 야기하기도 한다.
성인초기(20~24세) 친밀감 대 고립감	• 우정·애정·경쟁·협동 대상들과의 관계가 중요하다. • 이 시기에 친밀감이 형성되지 못하면 대인관계를 기피하며 융통성이 없는 성격을 보인다.
성인기(24~65세) 생산성 대 침체성	• 직장동료, 확대가족과의 관계가 중요하다. • 이 시기에 생산성이 결핍되면 사회의 발전에 대한 헌신보다는 자기중심적인 성향을 가지게 된다.
노년기(65세 이후) 자아통합 대 절망	• 인류, 동족과의 관계가 중요하다. • 이 시기에는 삶에 대한 긍정적인 인식을 통해 죽음에 맞선 용기를 가지기도 하지만, 그것에 대한 부정적인 인식에 의해 절망에 이르기도 한다.

18 노년기(65세 이상)의 발달특성으로 옳지 않은 것은?

① 생에 대한 회상이 증가하고 융통성이 증가한다.

② 이 시기의 위기를 잘 극복하면 지혜라는 자아특질을 얻게 된다.

③ 친근한 사물에 대한 애착심이 강하고 수동성이 증가한다.

④ 자아통합의 과업을 달성해야 하는 시기이기도 하다.

⑤ 전반적인 성취도는 떨어지지만 지적 능력이 전적으로 떨어지지는 않는다.

> **해설**　① 생에 대한 회상, 옛것에 대한 회상이 증가하며, 보수성·경직성 또한 증가한다.
> **노년기(65세 이상)의 특징**
> • 조부모로서의 새로운 역할을 부여받는다.
> • 우울증 경향이 두드러진다.
> • 변화를 두려워하는 보수성·경직성 경향이 증가한다.
> • 친근한 사물에 애착을 가지며, 옛것을 회상한다.
> • 성 역할에 대한 지각이 변화한다.
> • 시간에 대한 전망이 변화한다.
> • 유산을 남기려는 경향이 증가한다.
> • 내향성, 의존성이 증가한다.

기출 18회

19 집단에 관한 설명으로 옳은 것은?

① 1차 집단(Primary Group)은 목적달성을 위해 인위적으로 만들어진 집단이다.

② 2차 집단(Secondary Group)은 혈연이나 지연을 바탕으로 자연발생적으로 이루어진 집단이다.

③ 자연집단(Natural Group)은 특정 위원회나 팀처럼 일정한 목적을 갖는 것이 특징이다.

④ 자조집단(Self-help Group)은 유사한 어려움과 관심사를 가진 구성원들의 경험을 나누며 바람직한 변화를 추구한다.

⑤ 개방집단(Open-end Group)은 집단이 진행되는 동안 새로운 구성원의 입회가 불가능하다.

> **해설**　①·② 1차 집단은 혈연이나 지연을 바탕으로 자연발생적으로 이루어지는 집단인 반면, 2차 집단은 목적달성을 위해 인위적인 계약으로 만들어진 집단이다.
> ③ 자연집단은 상호 호감이 있는 사람들끼리 혹은 공통적인 배경이나 관심사 등을 바탕으로 자연스럽게 형성된 집단인 반면, 형성집단(Formed Group)은 특정 위원회나 팀처럼 일정한 목적을 달성하기 위해 개인들이나 사회기관, 학교, 회사 등과 같은 조직에 의해 구성된 집단이다.
> ⑤ 개방집단은 집단이 진행되는 동안 구성원들의 가입과 탈퇴가 자유로운 집단인 반면, 폐쇄집단은 구성원의 자격을 먼저 분명하게 설정한 후 구성원들이 처음부터 동시에 들어와 집단이 운영되는 동안 새로운 구성원의 유입 없이 끝까지 일정하게 운영되는 집단이다.

20 다음 중 보기의 내용과 연관된 체계이론의 개념에 해당하는 것은?

> 동일한 집단 프로그램에 참여한 청소년들이라 해도 부모나 교사와의 상호작용 과정에 따라 프로그램의 효과가 다르게 나타나게 된다.

① 홀론(Holon)
② 시너지(Synergy)
③ 다중종결성(Multifinality)
④ 엔트로피(Entropy)
⑤ 안정상태(Steady State)

해 설 다중종결성(Multifinality)은 체계를 구성하는 요소들의 상호작용 성격에 따라 유사한 조건이라도 각기 다른 결과를 초래하는 경우를 말한다. 반면, 동등종결성(Equifinality)은 서로 다른 조건이라도 유사한 결과를 초래하는 경우를 말한다.

기출 15회
21 개방형 가족체계에 관한 설명으로 옳은 것을 모두 고른 것은?

> ㄱ. 가족체계 내 엔트로피 상태가 지속된다.
> ㄴ. 외부로부터 정보를 통해 체계의 기능을 발전시킨다.
> ㄷ. 지역사회와의 교류가 활발하다.
> ㄹ. 투입과 산출이 거의 없는 상태이다.

① ㄱ, ㄴ
② ㄱ, ㄷ
③ ㄴ, ㄷ
④ ㄱ, ㄷ, ㄹ
⑤ ㄴ, ㄷ, ㄹ

해 설 ㄱ. 외부의 투입이 없는 폐쇄체계의 속성을 가질 경우 '엔트로피(Entropy) 상태'가 된다. 반면, 개방체계는 역(부적)엔트로피 또는 네겐트로피(Negentropy) 상태로 외부로부터 에너지가 유입된다.
ㄹ. 투입과 산출이 거의 없는 상태는 폐쇄체계의 속성에 해당한다. 반면, 개방체계는 침투성이 있는 경계선을 가지고 있으며, 외부환경과 활발한 에너지 교환을 한다.

기출 17회
22 청년기(20~35세)에 관한 설명으로 옳지 않은 것은?

① 부모로부터의 독립에 대한 양가감정에서 해방된다.
② 직업의 준비와 선택은 주요한 발달과업이다.
③ 사랑하고 보살피는 능력이 심화되는 시기이다.
④ 사회적 성역할 정체감이 확립되는 시기이다.
⑤ 친밀감 형성과 성숙한 사회관계 성취가 중요하다.

해 설 ① 청년기에는 부모로부터 분리 및 독립하여 자율성을 찾는 과정에서 양가감정을 갖게 된다. 이는 부모로부터의 독립에 대한 갈망과 함께 부모로부터 분리되는 것에 대한 불안감에서 비롯된다.

23 다음 브론펜브레너(Bronfenbrenner)의 생태학적 체계모델에 의한 환경체계의 구분 중 중간체계에 해당하는 것은?

① 부모와 자녀 간의 관계
② 가족과 학교 간의 관계
③ 부모의 직장과 사회적 관계망
④ 학교와 학교의 상급기관 간의 관계
⑤ 부모의 청소년 자녀에 대한 양육관

> **해 설** ② 중간체계는 둘 이상의 미시체계 간의 연결이나 상호작용으로 이루어지는 환경을 말한다. 예를 들어 아동의 학업성취는 학교와 가정의 상호교류에 의해 영향을 받는다.
> ① 미시체계, ③ · ④ 외체계(외부체계), ⑤ 거시체계

기출 15회
24 청년기 혹은 장년기의 발달과제의 학자와 내용의 연결이 옳지 않은 것은?

① 레빈슨(D. Levinson) - 직업 선택, 사회적 역할
② 펙(R. Peck) - 자아분화, 친밀한 관계 활동
③ 굴드(R. Gould) - 자신의 삶에 대한 책임 있는 행동
④ 에릭슨(E. Erikson) - 타인과 조화로운 관계 형성
⑤ 하비거스트(R. Havighurst) - 배우자 선택, 가정관리

> **해 설** ② 펙(Peck)은 '자아분화(Ego Differentiation) 대 직업역할 몰두(Work-role Preoccupation)'를 노년기의 주요 이슈이자 발달과제로 보았다. 이는 은퇴의 영향에 관한 것으로서, 오랫동안 종사해 온 직업에서 떠나 새롭게 시작하는 활동들에서 만족을 얻을 수 있도록 개인적 가치가 재정의 되어야 한다는 것이다. 만약 사람들이 자신을 단지 직업생활이나 가족생활에서 자신들이 하는 일로만 규정한다면, 그들은 은퇴나 실직 등으로 직업을 잃거나 자녀가 떠나게 될 때 방향을 잃게 된다.

기출 18회
25 다음 학자의 주요 이론과 기법의 연결이 옳은 것은?

① 스키너(B. Skinner) - 행동주의이론 - 강화계획
② 프로이트(S. Freud) - 정신분석이론 - 타임아웃기법
③ 피아제(J. Piaget) - 분석심리이론 - 합리정서치료
④ 매슬로우(A. Maslow) - 인본주의이론 - 자유연상
⑤ 융(C. Jung) - 개인심리이론 - 행동조성

> **해 설** ② 타임아웃(Time-out)은 문제행동이 어떠한 상황으로 인해 강화되는 경우 행위자를 상황으로부터 격리시키는 것으로 행동주의 기법에 해당한다.
> ③ 분석심리이론을 주창한 학자는 융(Jung)이며, 합리정서치료의 대표적인 학자는 엘리스(Ellis)이다.
> ④ 자유연상(Free Association)은 클라이언트로 하여금 의식에 떠오르는 것이면 모든 것을 이야기하도록 하는 것으로, 프로이트(Freud)의 정신분석이론과 연관된 기법이다.
> ⑤ 개인심리이론을 주창한 학자는 아들러(Adler)이며, 목표행동을 세분화하여 연속적 · 단계적으로 강화하는 행동조성(Shaping)은 행동주의 기법에 해당한다.

01 다음 중 보기의 빈칸에 들어갈 내용으로 알맞은 것은?

> 과학에서 객관성은 과학자 공동체에 속한 모든 사람의 동의가 아니라 그 문제에 대하여 관심을 가
> 지고 이해할 수 있는 사람들 간의 동의를 말한다. 즉, 일부가 자기들끼리 동의한 것이라는 의미에서
> (   )(이)라고 부른다.

① 간주관성   ② 재생가능성
③ 체계성   ④ 패러다임
⑤ 경험성

해 설 ① 과학적 지식은 간주관성(Intersubjective)을 특징으로 한다. 간주관성은 '상호주관성'이라고도 불리는 것으
로, 과학적 지식이 다른 연구자들에게도 연구과정과 결과가 이해되어야 한다는 것이다. 다시 말해 비록 연
구자들이 주관을 달리할지라도 같은 방법을 사용했을 경우 같은 해석 또는 설명에 도달할 수 있어야 한다
는 것이다.
② 재생가능성(Reproducibility)은 일정한 절차, 방법을 되풀이 했을 때 누구나 같은 결론을 내릴 수 있는 가능
성을 말한다. 즉, 과학적 지식은 동일한 조건 하에서 동일한 결과가 재현되어야 한다는 것이다.
③ 체계성(Systematic)은 과학적 연구가 내용의 전개과정이나 조사과정에서 일정한 틀, 순서, 원칙에 입각하여
진행되어야 한다는 것이다. 이러한 체계성을 통해 과거로부터의 업적들을 지속적으로 축적함으로써 확고
한 이론을 정립하는 것이 가능해진다.
④ 패러다임(Paradigm)은 각 학문의 이론과 법칙, 일반화와 연구방법, 그리고 평가·측정과 관찰에 사용되는
도구를 말하는 것으로서, 토마스 쿤(T. S. Kuhn)이 강조한 개념이다. 이러한 패러다임은 각 학문분과에서 대
상을 바라보는 세계관의 구조와 결합하며, 과학적 연구 및 이론 형성에 있어서 일관성의 효과를 유도한다.
⑤ 경험성(Empiricism)은 연구대상이 궁극적으로 인간의 감각에 의해 지각될 수 있는 것이어야 한다는 말이
다. 추상적인 개념도 구체적인 사실들로부터 여과하여 생성된 것인 만큼 그 자체로는 추상적일지라도 궁극
적으로는 경험적으로 인식이 가능한 것이라고 할 수 있다.

02 양적 연구의 가설에 관한 설명으로 옳지 않은 것은?

① 변수 간 관계를 검증 가능한 형태로 서술한 문장이다.

② 가설은 연구문제 해결에 도움을 줄 수 있다.

③ 영(Null)가설은 독립변수가 종속변수에 영향을 미치지 않는다고 설정한다.

④ 하나의 가설에 변수가 많을수록 가설 검증에 유리하다.

⑤ 탐색적 조사는 가설을 설정할 필요가 없다.

해 설 ④ 하나의 가설에 변수가 많을수록 가설 검증에 불리하다. 가설 설정 시에는 조건부에서나 종결부에서 가급적 단순변수를 포용하는 것이 바람직하다. 예를 들어, "한 국가에서 구성원들 간의 이익분쟁이 심하면 심할수록, 지역적 격차가 크면 클수록, 역사적 대결 경험이 많으면 많을수록, 가치 배분상의 불평등이 심하면 심할수록 정치의 안정도를 달성하기 어렵다"고 가정하자. 이 경우 조건부상에 규정된 독립변수(이익분쟁, 지역적 격차, 역사적 대결 경험, 가치 배분상의 불평등) 자체가 다수이므로, 과연 무엇이 한 사회의 정치 안정도에 절대적인 영향을 미치는 인자인지를 가늠하기 어렵게 만든다.

03 변수의 측정 종류가 바르게 짝지어진 것은?

ㄱ. 사회복지사의 근무지역 동(洞)
ㄴ. 사회복지사가 이수한 보수교육 시간(분)
ㄷ. 사회복지사의 근무기관 평가등급 점수(A, B, C, D)

① ㄱ : 명목측정, ㄴ : 서열측정, ㄷ : 비율측정

② ㄱ : 비율측정, ㄴ : 서열측정, ㄷ : 명목측정

③ ㄱ : 서열측정, ㄴ : 비율측정, ㄷ : 서열측정

④ ㄱ : 명목측정, ㄴ : 비율측정, ㄷ : 서열측정

⑤ ㄱ : 서열측정, ㄴ : 명목측정, ㄷ : 비율측정

해 설 측정의 4등급

명목측정	일반적으로 변수의 속성에서 그 차이점 및 유사점에 따라 범주화하는 것으로, 어떤 일정한 순서 없이 포괄적이고 상호배타적으로 범주화한다. **예** 성별(남성/여성), 계절(봄/여름/가을/겨울) 등
서열측정	측정하고자 하는 변수의 속성들 간에 서열을 매길 수 있으나, 그 서열 간의 간격은 동일하지 않다. **예** 학력(중졸 이하, 고졸, 대졸 이상), 서비스 만족도 평가(A, B, C, D) 등
등간측정	서열뿐만 아니라 속성 사이의 거리에 대해 측정이 가능하며, 속성 간 간격이 동일하다. **예** 지능지수(…80 …100 …120 …), 온도(…−20℃ …0℃ …20℃ …40℃ …) 등
비율측정	측정 중 가장 높은 수준의 등급으로, 등간측정의 모든 특성에 절대영(Zero) 값이 추가된다. **예** 연령(0세 …20세 …40세 …), 교육연수 기간(0개월 …3개월 …6개월 …) 등

04 다음 중 설문지 작성과정에서 사전검사(Pre-test)를 실시하는 이유로 옳지 않은 것은?

① 본조사 집행에 필요한 자료를 수집한다.

② 연구하려는 문제의 핵심적인 요소가 무엇인지 확인한다.

③ 응답의 내용이 일관성 있는가를 검토해 본다.

④ 질문 순서가 바뀌었을 때 응답에 실질적 변화가 일어나는지 검토해 본다.

⑤ 무응답, 기타 응답이 많은 경우를 확인한다.

> **해 설**　조사연구 문제의 요소를 정확하게 알지 못하는 경우 핵심적인 요점 및 요소가 무엇인가를 명백히 하기 위해
> 실시하는 탐색적 성격의 조사는 '예비조사(Pilot Test)'에 해당한다. 반면, '사전검사(Pre-test)'는 본조사 집행에
> 필요한 자료를 수집하고 질문어구를 시정하기 위해 실시한다.

05 다음 중 과학적 조사의 과정을 순서대로 바르게 나열한 것은?

① 문제의 정립 → 조사설계 → 가설의 구성 → 자료의 수집 → 자료의 분석 → 결과보고

② 문제의 정립 → 자료의 분석 → 가설의 구성 → 자료의 수집 → 조사설계 → 결과보고

③ 문제의 정립 → 가설의 구성 → 조사설계 → 자료의 수집 → 자료의 분석 → 결과보고

④ 문제의 정립 → 자료의 수집 → 자료의 분석 → 가설의 구성 → 조사설계 → 결과보고

⑤ 문제의 정립 → 자료의 수집 → 가설의 구성 → 조사설계 → 자료의 분석 → 결과보고

> **해 설**　**과학적 조사의 과정**
> - 연구문제의 정립 : 조사의 주제, 이론적 배경, 중요성 등을 파악하고 이를 체계적으로 정립하는 과정이다.
> - 가설의 구성 : 선정된 조사문제를 조사가 가능하고 실증적으로 검증이 가능하도록 구체화하는 과정이다.
> - 조사설계 : 조사연구를 효과적 · 효율적 · 객관적으로 수행하기 위한 논리적인 전략이다.
> - 자료의 수집 : 자료는 관찰, 면접, 설문지 등 여러 가지 방법을 통해 수집되는데 과학적 조사자료는 조사자
>   가 직접 수집하는 1차 자료와, 다른 주체에 의해 이미 수집 · 공개된 2차 자료로 구분된다.
> - 자료의 분석(해석) : 수집된 자료의 편집과 코딩과정이 끝나면 통계기법을 이용하여 자료의 분석이 이루어
>   진다.
> - 보고서의 작성 : 연구결과를 객관적으로 증명하고 경험적으로 일반화하기 위해 일정한 형식으로 기술하여
>   타인에게 전달하기 위한 보고서를 작성한다.

06 다음 중 현장연구조사(Field Research)의 특성으로 옳은 것은?

① 모수(Parameter)를 추정하는 것을 목적으로 한다.
② 원하는 변수를 미리 설정하여 측정한다.
③ 연구대상자를 자연적 상황에서 탐구할 수 있다.
④ 가설을 계량적으로 검증할 수 있는 양적 연구방법이다.
⑤ 인간을 대상으로 하는 문제를 다루기에 부적합하다.

> **해 설** ③ 현장연구조사는 현실생활에 가장 가까운 연구조사로서, 실험연구에서와 같은 인위적인 조작이 배제되며, 연구대상자를 자연적인 상황에서 탐구할 수 있다.
> ① 모집단의 특성인 모수를 추정하는 것을 목적으로 하는 것은 표본조사이다. 표본조사에서는 모집단에서 표본을 추출하여 표본에서 구한 통계량을 토대로 모수를 추정한다.
> ② 원하는 변수를 미리 설정하여 측정하는 것은 실험조사 방법에 해당한다. 실험조사는 독립변수의 효과를 측정하거나, 독립변수가 종속변수에 영향을 미치는 인과관계에 대한 가설을 검증하는 조사방법이다.
> ④ 현장연구조사는 질적 연구방법으로서, 가설을 계량적으로 검증할 수 있는 실험설계, 서베이(Survey), 통계분석 등의 양적 연구방법에 해당하지 않는다.
> ⑤ 현장연구조사는 범죄, 편견, 사회적 태도, 불평등, 권위주의 등 인간을 대상으로 하는 문제를 다루기에 용이하다.

07 다음 보기의 내용과 연관된 표집방법에 해당하는 것은?

> 서울의 종합사회복지관에 근무하는 사회복지사들의 직무만족도를 조사하기 위하여 설문조사를 실시하였다. 표본은 서울의 각 구별로 종합사회복지관에 근무하는 사회복지사들의 비율에 따라 결정된 인원수를 작위적으로 모집하였다.

① 군집표집
② 할당표집
③ 계통표집
④ 판단표집
⑤ 눈덩이표집

> **해 설** 특정 지역의 종합사회복지관에 근무하는 사회복지사들의 직무만족도를 조사하기 위해 직업 또는 직무를 기준으로 카테고리를 분류한 후 일정 비율로 결정된 인원수를 작위적으로 추출하는 것은 '할당표집(Quota Sampling)'에 해당한다. 할당표집은 비확률표집방법의 일종으로서, 모집단을 일정한 카테고리로 나눈 다음, 이들 카테고리에서 정해진 요소 수를 작위적으로 추출하는 방법이다. 이때 카테고리의 분류기준은 직업 또는 직무 외에도 연령, 성별, 교육정도, 소득 등 다양하다.

08 다음 중 우편조사법과 비교하여 인터넷조사법의 장점이 아닌 것은?

① 시간이 절약된다.
② 자료수집이 용이하다.
③ 비용이 절약된다.
④ 대표성을 확보하기 쉽다.
⑤ 부가적 질문이 용이하다.

> **해 설** 인터넷조사법은 컴퓨터와 인터넷을 사용할 수 있는 사람만을 대상으로 하므로 표본의 대표성 문제가 제기될 수 있다.

09 다음 중 신뢰도 계수에 대한 설명으로 옳지 않은 것은?

① 신뢰도 계수는 개인차가 클수록 커진다.
② 신뢰도 계수는 결과의 일관성을 보여주는 값이다.
③ 관찰변수 변량에 대한 진점수 변량을 비율로 나타낸 것이다.
④ 신뢰도 계수는 신뢰도 추정방법에 따라서 달라질 수 있다.
⑤ 신뢰도 계수는 문항 수가 증가함에 따라 정비례하여 커진다.

> **해 설** ⑤ 문항 수가 많은 경우 신뢰도는 어느 정도 높아진다. 그러나 문항 수를 무작정 늘린다고 해서 검사의 신뢰도가 정비례하여 커지는 것은 아니다.
> ① 검사대상이 되는 집단의 개인차가 클수록 검사점수의 변량은 커지며, 그에 따라 신뢰도 계수도 커지게 된다.
> ② 신뢰도는 측정도구가 측정하고자 하는 현상을 일관성 있게 측정하는 능력을 말한다. 따라서 신뢰도 계수는 측정결과의 일관성을 보여주는 값을 의미한다.
> ③ 신뢰도 계수는 관찰변수 변량에 대한 진점수 변량을 비율로 나타낸 것으로, 예를 들어 신뢰도 계수가 0.90인 경우 관찰점수 변량의 90%가 진점수 변량에 의한 것이라고 해석한다. 이때 진점수(True Score)란 동일한 검사를 동일한 피험자에게 무한히 반복하여 실시해서 얻은 점수의 평균치를 통계적으로 추정한 것으로서, 이론적으로 측정오차 없이 검사에서 얻을 수 있는 가상적 능력점수를 말한다.
> ④ 신뢰도를 추정하는 각 방법은 오차를 포함하는 내용이 서로 다르므로 동일한 검사에 여러 가지 방법을 동시에 사용하여 얻어진 신뢰도 계수는 다를 수밖에 없다.

제1회

10 다음 중 표집유형에 대한 설명으로 옳은 것은?

① 눈덩이표집은 확률표집이다.
② 단순무작위표집은 모집단의 명부를 확보해야 한다.
③ 할당표집은 표집오차의 추정이 가능하다.
④ 유의표집은 표본의 대표성 확보에 유리하다.
⑤ 극단적 사례표집과 전형적 사례표집은 편의표집에 해당한다.

> **해 설** ① 눈덩이표집은 조사자나 면접자의 주관적인 판단에 의하여 모집단에서 표본의 구성원들을 추출하는 비확률표집방법에 해당한다.
> ③ 할당표집은 비확률표집방법으로서, 이와 같은 비확률표집방법은 모집단 구성원이 표본에 포함될 확률을 사전에 알 수 없으므로 표본이 모집단을 어떻게 대표하는지 알 수 없으며, 따라서 표본오차도 평가할 수 없다.
> ④ 유의표집(판단표집)은 조사자가 그 조사의 성격상 요구하고 있는 사항을 충족시킬 수 있도록 적절한 판단과 전략을 세워, 그에 따라 모집단을 대표하는 제 사례를 표본추출하는 방법이다. 이러한 유의표집은 표본추출에 있어서 비용이 적게 들고 편리하지만, 표본의 대표성을 확신할 방법이 없다.
> ⑤ 특이하고 예외적인 사례를 표본추출하는 극단적(예외적) 사례표집, 전형적인 사례를 표본추출하는 전형적 사례표집 등은 유의표집(판단표집)에 해당한다.

11 다음 중 장애인의 등급 분류와 같이 순위비교를 하는 척도에 해당하는 것은?

① 명목척도　　　　　　　　　　　　② 서열척도
③ 등간척도　　　　　　　　　　　　④ 비율척도
⑤ 리커트척도

　해 설　① 단순한 분류의 목적을 위한 것으로, 가장 낮은 수준의 측정에 해당한다. 성, 인종, 종교, 결혼 여부, 직업 등의 구별이 해당된다.
　　　　③ 서열을 정할 수 있을 뿐만 아니라 분류된 범주 간의 간격까지도 측정할 수 있는 척도이다. 지능, 온도, 시험점수 등이 해당된다.
　　　　④ 척도를 나타내는 수가 등간일 뿐만 아니라 의미 있는 절대영점을 가지는 척도이다. 연령, 무게, 키, 수입, 출생률, 사망률, 이혼율, 가족 수, 사회복지학과 졸업생 수 등이 해당된다.
　　　　⑤ '총화평정척도' 또는 '다문항척도'라고도 하며, 일련의 수 개 문항들을 하나의 척도로 사용하는 다문항척도로서 사회과학에서 널리 사용된다.

기출 18회

12 다음에 해당하는 표집방법은?

> 빈곤노인을 위한 새로운 사회복지서비스 개발을 위해 사회복지관의 노인 사례관리담당자에게 의뢰하여 자신의 욕구를 잘 표현할 수 있는 빈곤노인을 조사대상으로 선정하였다.

① 층화표집　　　　　　　　　　　　② 할당표집
③ 의도적 표집　　　　　　　　　　　④ 우발적 표집
⑤ 체계적 표집

　해 설　③ 의도적 표집은 비확률표집 방법으로서, 조사자의 직관적 판단에 기초하여 관찰표본을 선정하는 방법이다. 조사자는 조사 의도에 맞는 대상을 표집하며, 이때 조사 목적을 가장 잘 반영하는 사람들을 조사대상으로 선정한다. 예를 들어, 빈곤노인을 위한 사회복지서비스 개발 연구의 조사대상으로 자신의 욕구를 잘 표현할 수 있는 빈곤노인을 선정할 수 있다.
　　　　① 층화표집은 확률표집 방법으로서, 모집단을 보다 동질적인 몇 개의 층으로 나눈 후, 이러한 각 층으로부터 단순 무작위 표집을 하는 방법이다.
　　　　② 할당표집은 비확률표집 방법으로서, 모집단을 일정한 카테고리로 나눈 다음, 이들 카테고리에서 정해진 요소 수를 작위적으로 추출하는 방법이다.
　　　　④ 우발적 표집은 비확률표집 방법으로서, 시간과 공간을 정해 두고 표본을 우발적으로 선택하는 방법이다.
　　　　⑤ 체계적 표집은 확률표집 방법으로서, 모집단 목록에서 구성요소에 대해 일정한 순서에 따라 매 K번째 요소를 추출하는 방법이다.

13 다음에서 사용한 타당도는?

새로 개발된 주관적인 행복감 측정도구를 사용하여 측정한 결과와 이미 검증되고 널리 사용되고 있는 주관적인 행복감 측정도구의 결과를 비교하여 타당도를 확인한다.

① 내용(Content)타당도　　　　　　　　② 동시(Concurrent)타당도
③ 예측(Predictive)타당도　　　　　　　④ 요인(Factor)타당도
⑤ 판별(Discriminant)타당도

해 설　② 동시타당도는 새로운 검사를 제작했을 때 새로 제작한 검사의 타당도를 위해 기존에 타당도를 보장받고 있는 검사와의 유사성 혹은 연관성에 의해 타당도를 검증하는 방법이다.
　① 내용타당도는 측정항목이 연구자가 의도한 내용대로 실제로 측정되고 있는가 하는 문제와 연관된다. 즉, 측정도구의 내용타당도는 문항구성 과정이 그 개념을 얼마나 잘 반영하고 있는지, 그리고 해당 문항들이 각 내용 영역들의 독특한 의미를 얼마나 잘 나타내 주고 있는지를 의미한다.
　③ 예측타당도 또는 예언타당도는 어떠한 행위가 일어날 것이라고 예측한 것과 실제대상자 또는 집단이 나타낸 행위 간의 관계를 측정하는 것이다.
　④ 요인타당도 또는 요인분석은 검사를 구성하는 문항들의 상관관계를 분석하여 상관이 높은 문항들을 묶어주는 것이다.
　⑤ 판별타당도 또는 변별타당도는 검사 결과가 이론적으로 해당 속성과 관련 없는 변수들과 어느 정도 낮은 상관관계를 가지고 있는지를 측정하는 것이다.

14 다음 중 ABAB설계에 대해서 옳게 설명하고 있는 것은?

① 선개입설계라고도 한다.
② 기초선 단계 없이 개입을 먼저 한 형태이다.
③ 개입의 효과에 대한 확신의 수준은 낮다.
④ 개입 외의 다른 요인에 의해 변화가 일어났을 가능성도 고려한다.
⑤ ABA설계와 함께 윤리적 문제를 발생시킨다.

해 설　ABA설계는 AB설계에서 개입 이후에 제2기초선을 추가한 것이고, ABAB설계는 여기에 제2개입을 추가한 것이다. ABA설계나 ABAB설계는 개입의 효과를 평가하기 위해 개입을 중단하는 것에서 윤리적인 문제가 있을 수 있다.

15 다음 중 보기의 내용과 연관된 질문 유형에 해당하는 것은?

> 당신은 흡연을 한 경험이 있습니까?
> ㅁ 예(1~3번 질문에 답해 주십시오)
> ㅁ 아니요(1~3번 질문을 건너뛰고 4번 질문으로 바로 가십시오)

① 수반형 질문
② 행렬식 질문
③ 동일유형 질문
④ 복수응답 유발형 질문
⑤ 개방형 질문

해 설 ① 수반형 질문은 앞선 질문에 대한 특정 응답을 제공하는 사람들에 한해 대답하도록 하는 질문방법이다. 이러한 수반형 질문은 응답자 본인의 입장에서 무의미한 질문에 대해 응답을 요청하는 수고를 덜어준다는 점에서 매우 유용하다.
②·③ 동일유형 질문 또는 행렬식 질문은 표준화된 폐쇄형 응답범주 모음이 여러 문항의 응답에 사용되는 것으로서, 문항의 제시와 완성을 촉진하기 위한 질문방법이다.
④ 복수응답 유발형 질문은 하나의 항목으로 두 가지 이상의 내용을 질문하는 것으로서, 측정도구 개발 시 이와 같은 질문은 가급적 삼가는 것이 바람직하다.
⑤ 개방형 질문은 응답자에게 가능한 답을 제한 없이 자유롭게 제시하도록 하는 질문방법이다.

16 다음 중 연구가설에서 설정된 변수 간 관계를 부정하는 형태로 설정되며, 통계적 방법에 의해 기각하기 위해 설정하는 가설에 해당하는 것은?

① 연구가설
② 실험가설
③ 영가설
④ 작업가설
⑤ 검증가설

해 설 **영가설(귀무가설)**
• 연구가설과 논리적으로 반대의 입장을 취하는 처음부터 버릴 것을 예상하는 가설이다.
• 연구가설은 영가설이 직접 채택될 수 없을 때 자동적으로 받아들여지는 가설로서 직접 검증할 필요가 없는 반면, 영가설은 직접 검증을 거쳐야 하는 가설이다.
• 가설검정 시 일반적으로 연구가설을 직접 증명하기보다는 반대되는 의미를 가진 영가설을 설정한 후 해당 영가설이 기각되는 경우 연구가설을 채택한다.
• 보통 "A는 B와 관계(차이)가 없다"는 식으로 표현된다.

17 다음 대표값 중 널리 사용되는 것으로서 극단값의 영향을 가장 많이 받는 것은?

① 산술평균

② 최빈값

③ 중앙값

④ 백분위

⑤ 사분위수

> **해설** ① '평균'은 보편적인 중심경향(집중경향) 척도로서, 일반적으로 산술평균을 말한다. 자료(점수)의 무게중심 또는 기댓값으로 계산과정이 간편하여 모집단의 평균을 추론할 때 사용하나 극단값(Extreme Value)의 영향을 심각하게 받는 단점이 있다. 여기서 극단값이란 일반적인 기대 영역 바깥에 놓인 관측값을 의미한다.
> ② '최빈값'은 가장 많은 빈도를 지닌 값으로서, 연속형 자료보다는 범주형 자료를 제시할 경우 적합하며, 표본분포가 알려지지 않는 단점이 있다.
> ③ '중앙값'은 자료를 크기순으로 나열했을 때 이를 이등분하는 값으로서, 극단값의 영향을 덜 받는 반면, 대부분의 자료들이 무시되고 표본분포가 복잡한 단점이 있다.
> ④ '백분위'는 전체 백분율 분포에서 특정 점수가 어디에 위치하는지를 나타내 주는 측정치로서, 극단값의 영향을 덜 받는 반면, 표본의 크기가 작은 경우 산출할 수 없는 단점이 있다.
> ⑤ '사분위수'는 자료를 크기순으로 배열하고 이를 누적 백분율에 의해 4등분하였을 때 그 위치하는 값을 말한다.

18 다음 중 설문문항 작성 시 유의해야 할 사항에 해당하지 않는 것은?

① 민감한 문제나 개방형 질문은 설문지 뒷부분에 배치한다.

② 신뢰도를 측정하기 위한 문항은 몰아서 배치한다.

③ 질문문항을 정확하게 하고 쌍열질문은 피한다.

④ 부정적 질문은 피하는 것이 좋다.

⑤ 일정한 유형의 응답경향이 조성되지 않도록 문항을 배치한다.

> **해설** **설문문항 작성 시 고려사항**
> • 질문은 명확해야 하며, 하나의 문항에 두 가지 이상의 중복된 질문을 삼간다.
> • 응답자가 이해하기 어려운 전문용어나 방언을 삼간다.
> • 질문의 내용은 간단명료해야 한다.
> • 질문은 사실적이고 객관적이어야 한다.
> • 부정적 질문이나 유도질문은 피한다.
> • 답변하기 쉬운 질문이나 일반적인 질문은 앞쪽에 배치한다.
> • 개방질문이나 특수한 질문은 뒤쪽에 배치한다.
> • 신뢰도를 평가하는 질문들을 서로 떨어진 상태로 배치한다.
> • 일정한 유형의 응답이 나오지 않도록 문항을 적절히 배치한다.

19 다음에서 설명하는 오류는?

> 17개 시·도를 조사하여 대학 졸업 이상의 인구비율이 높은 지역이 낮은 지역에 비해 중위소득이
> 더 높음을 알게 되었다. 이를 통해 학력수준이 높은 사람이 낮은 사람에 비해 소득수준이 높다는 결
> 론에 도달했다.

① 무작위오류   ② 체계적 오류

③ 환원주의 오류   ④ 생태학적 오류

⑤ 개체주의적 오류

해 설 ④ 보기에서 소득수준이 높은 사람은 대학 졸업 이상의 인구비율이 높은 지역에 거주하는 대학 졸업 이상의
사람일 수도 혹은 고등학교 졸업 이하의 사람일 수도 있다. 이와 같은 문제는 17개 각 시·도의 주민집단을
분석단위로 하여 관찰이 이루어졌음에도 불구하고, 이를 특정 학력수준의 개인에 대한 결론을 내리려고 한
것에서 비롯됐다. 이와 같이 분석단위를 집단에 두고 얻어진 연구결과를 개인에 동일하게 적용함으로써 발
생하는 오류를 '생태학적 오류(Ecological Fallacy)'라고 한다.

20 다음 중 보기의 내용과 연관된 조사설계의 유형에 해당하는 것은?

> • 전실험설계의 일종으로서, 일회 사례연구보다 진일보한 설계이다.
> • 시간적 우선성과 비교의 기준이 존재한다.
> • 외부변수들의 개입 여부를 배제하지 못한다.

① 통제집단 사후검사설계   ② 플라시보 통제집단설계

③ 비동일 통제집단설계   ④ 단일집단 사전사후검사설계

⑤ 통제집단 사전사후검사설계

해 설 ④ 단일집단 사전사후검사설계(단일집단 전후 비교설계)는 일회 사례연구의 한계를 보완한 것이다. 조사대상
에 대해 사전검사를 한 다음 독립변수를 도입하며, 이후 사후검사를 하여 인과관계를 추정하는 방법이다.
실험조치의 전후에 걸친 일정 기간의 측정상 차이를 실험에 의한 영향으로 확신하기 어려우며, 역사요인
(우연한 사건), 성숙요인 등의 외생변수를 통제할 수 없는 단점이 있다.

① 통제집단 사후검사설계(통제집단 후 검사설계)는 순수실험설계의 일종으로, 실험대상자를 무작위로 할당
하고 사전검사 없이 실험집단에 대해서는 조작을 가하는 반면, 통제집단에 대해서는 아무런 조작을 가하지
않은 채 그 결과를 서로 비교하는 방법이다.

② 플라시보 통제집단설계는 순수실험설계의 일종으로, 플라시보 효과가 의심되는 실험연구에서 주로 사용되
는 방법이다. 이 설계는 통제집단 사전사후검사설계나 통제집단 사후검사설계에 플라시보 효과를 측정할
수 있는 한 집단을 추가로 배치한다.

③ 비동일 통제집단설계는 유사실험설계의 일종으로, 통제집단 사전사후검사설계와 유사하지만 단지 무작위
할당에 의해 실험집단과 통제집단이 선택되지 않는다는 점이 다르다. 임의적인 방법으로 양 집단을 선정하
고 사전사후검사를 실시하여 종속변수의 변화를 비교하는 것이다.

⑤ 통제집단 사전사후검사설계(통제집단 전후 검사설계)는 순수실험설계의 일종으로, 무작위할당에 의해 실
험집단과 통제집단을 구분한 후 실험집단에 대해서는 독립변수 조작을 가하고, 통제집단에 대해서는 아무
런 조작을 가하지 않은 채 두 집단 간의 차이를 전후로 비교하는 방법이다.

21 다음 중 보기의 내용과 연관된 타당도의 저해요인에 해당하는 것은?

> 좌절감이나 우울증의 정도가 매우 심한 사람들을 대상으로 상담을 하는 경우, 그들은 감정상 극단
> 적인 반응을 보일 가능성이 높다. 그러나 그들을 대상으로 심리측정을 반복할 때 처음과 같은 측정
> 값이 나타날 확률은 감소한다.

① 통계적 회귀요인   ② 성숙효과
③ 조사반응성   ④ 도구효과
⑤ 테스트효과

해 설 ① '통계적 회귀'는 극단적인 측정값을 갖는 사례들을 재측정할 때, 평균값으로 회귀하여 처음과 같은 극단적
측정값을 나타낼 확률이 줄어드는 현상이다. 즉, 종속변수의 값이 극단적으로 높거나 낮은 경우, 프로그램
실행 이후 검사에서는 독립변수의 효과가 없더라도 높은 집단은 낮아지고 낮은 집단은 높아지는 현상을
의미한다.
② '성숙효과'는 시간의 흐름에 따라 발생하는 조사대상집단의 신체적·심리적 특성의 변화 또는 실험이 진행
되는 기간으로 인해 실험집단이 성숙하게 되어 독립변수의 순수한 영향 이외의 변화가 종속변수에 미치게
되는 경우이다.
③ '조사반응성'은 외적 타당도를 저해하는 요인 중 하나로서, 실험대상자 스스로 실험의 대상이 되고 있음을
인식하는 경우 평소와는 다른 행동과 반응을 보이게 되는 현상이다.
④ '도구효과'는 프로그램 집행 전과 집행 후에 측정자의 측정기준이 달라지거나 측정수단이 변화함에 따라 정
책효과가 왜곡되는 현상이다.
⑤ '테스트효과'는 프로그램의 실시 전과 실시 후에 유사한 검사를 반복하는 경우 프로그램 참여자들의 시험
에 대한 친숙도가 높아져서 측정값에 영향을 미치는 현상이다.

22 표집에 관한 설명으로 옳지 않은 것은?

① 신뢰수준은 표집오차와 관련된다.
② 표본의 크기를 결정한 후 모집단을 정한다.
③ 확률표집은 조사자의 주관성을 배제할 수 있다.
④ 표집은 모집단으로부터 조사대상을 선정하는 과정이다.
⑤ 표집은 연구목적, 문제형성 등 연구과정을 고려하여 실시해야 한다.

해 설 표집의 과정
- 모집단 확정(제1단계) : 연구결과의 일반화를 위한 대상을 확정하는 것으로서, 모집단은 조사대상이 되는 집
단을 의미한다. 모집단을 확정하기 위해서는 연구대상, 표본단위, 연구범위, 기간 등을 명확히 한정해야 한다.
- 표집틀 선정(제2단계) : 표집틀은 모집단 내에 포함된 조사대상자들의 명단이 수록된 목록을 말한다. 표집틀
은 모집단의 구성요소를 모두 포함하는 반면 각각의 요소가 이중으로 포함되지 않는 것이 좋다.
- 표집방법 결정(제3단계) : 표집틀이 선정되면 모집단의 대표성을 확보할 수 있는 표집방법을 결정한다. 표집
방법에는 크게 확률표본추출방법과 비확률표본추출방법이 있다.
- 표집크기 결정(제4단계) : 표집방법이 결정되면 표본의 크기 또는 표집크기를 결정한다. 모집단의 성격, 시
간 및 비용, 조사원의 능력 등은 물론 표본오차를 나타내는 정확도와 신뢰도를 고려하여 표본의 크기를 결
정한다.
- 표본추출(제5단계) : 결정된 표집방법을 통해 본격적으로 표본을 추출한다. 추출방식에 따라 난수표 등을 이
용할 수 있으며, 결과의 일반화 가능성을 항상 염두에 두어야 한다.

23 다음 중 솔로몬 4집단설계에 대한 설명으로 옳은 것을 모두 고른 것은?

> ㄱ. 4개의 집단을 모두 무작위로 선정한다.
> ㄴ. 사전검사와 실험처치의 상호작용의 영향을 배제할 수 있다.
> ㄷ. 집단의 선별 및 통제에 많은 비용이 소요된다.
> ㄹ. 통제집단 사전사후검사설계와 비동일 비교집단설계를 합한 형태이다.

① ㄱ, ㄴ, ㄷ   ② ㄱ, ㄷ
③ ㄴ, ㄹ   ④ ㄹ
⑤ ㄱ, ㄴ, ㄷ, ㄹ

해설 ㄹ. 솔로몬 4집단설계는 '통제집단 사전사후검사설계'와 '통제집단 사후검사설계'를 합한 형태이다.
ㄱ. 솔로몬 4집단설계는 연구대상을 4개의 집단으로 무작위할당한 것으로서, 사전검사를 한 2개의 집단 중 하나와 사전검사를 하지 않은 2개의 집단 중 하나를 실험조치하여 실험집단으로 하며, 나머지 2개의 집단에 대해서는 실험조치를 하지 않은 채 통제집단으로 한다.
ㄴ. 솔로몬 4집단설계는 사전검사의 영향을 제거하여 내적 타당도를 높일 수 있는 동시에, 사전검사와 실험처치의 상호작용의 영향을 배제하여 외적 타당도를 높일 수 있다.
ㄷ. 솔로몬 4집단설계는 실험집단 및 통제집단의 선정, 처치의 상호작용에 따른 문제가 발생할 수 있으며, 실험적 상황과 일상적 상황의 차이에 의한 실험배치의 반동효과가 나타날 수 있다. 또한 실험 과정 및 결과의 분석이 매우 복잡하며, 관리가 어렵고 비경제적이다.

기출 15회

24 양적 연구와 비교한 질적 연구의 특성으로 옳지 않은 것은?

① 연구자의 역할이 더 중요하다.
② 소수의 사례를 깊이 있게 관찰할 수 있다.
③ 연구결과의 일반화가 목표가 아니다.
④ 일반적으로 신뢰도가 더 높다.
⑤ 귀납적 추론의 경향이 더 강하다.

해설 ④ 실증주의적 인식론에 근거한 양적 연구는 연구자의 객관성과 함께 동일한 조건하에서 동일한 결과를 기대하는 신뢰성을 강조하는 반면, 현상학적 인식론에 근거한 질적 연구는 연구자의 주관성과 함께 상황적 변화를 강조한다. 따라서 질적 연구는 양적 연구에 비해 신뢰도가 낮다. 또한 질적 연구는 소수의 사례를 깊이 있게 관찰하는 방식이므로 양적 연구에 비해 외적 타당도 확보에 어려움이 있으며, 연구결과의 일반화 가능성도 낮다.

25 다음 중 변수에 대한 설명으로 옳지 않은 것은?

① 독립변수는 다른 변수의 변화를 일으키는 변수로서 인과에서 원인을 나타낸다.

② 종속변수는 결과변수, 피설명변수, 피예측변수, 가설적변수라고도 부른다.

③ 매개변수는 독립변수의 결과인 동시에 종속변수의 원인이 되는 변수이다.

④ 이산변수는 명목척도, 서열척도로 측정되는 변수이다.

⑤ 논리적으로 독립변수가 종속변수에 선행할 필요는 없다.

> **해설** ⑤ 독립변수 및 종속변수의 원인-결과의 관계의 성립을 위해서는 독립변수가 논리적으로 종속변수에 시간적으로 선행하여야 한다.

제2과목	**사회복지실천**

1영역 ▶ 사회복지실천론

01 다음 중 우리나라 사회복지실천현장의 역사에 대한 설명으로 가장 옳은 것은?

① 사회복지전담공무원은 2000년대 중반부터 공공영역에서 활동하기 시작하였다.

② 건강가정지원센터는 1990년대 중반부터 운영되기 시작하였다.

③ 한국사회복지사협회는 1990년대 후반에 설립되었다.

④ 정신보건사회복지사 자격제도는 2000년대 중반부터 실시되었다.

⑤ 종합사회복지관은 1980년대 중반부터 시 · 도 단위로 설립되기 시작하였다.

> **해설** ⑤ 1983년 사회복지사업법의 개정으로 사회복지관의 설립 · 운영을 지원하는 근거를 마련하게 되었으며, 지역
> 중심 사회복지실천 정착운동의 일환으로 1985년부터 시 · 도 단위로 종합사회복지관이 설립되기 시작하였다.
> ① 1987년 사회복지전문요원제도가 시행되어 공공영역에 사회복지전문요원이 배치되었으며, 1999년 당시 행
> 정자치부의 '사회복지전문요원의 일반직 전환 및 신규 채용지침'에 따라 2000년 1월부터 별정직 사회복지
> 전문요원이 일반직 사회복지전담공무원으로 전환되었다.
> ② 건강가정지원센터는 2004년 2월 9일에 제정된 건강가정기본법에 따라 2004년 6월부터 용산, 여수, 김해
> 등 3개소에서 시범사업을 운영하였으며, 2005년 1월 24일 중앙건강가정지원센터의 개소에 따라 본격적인
> 사업을 시작하였다.
> ③ 한국사회복지사협회의 전신인 '한국사회사업가협회'가 창립된 것은 1967년이며, '한국사회복지사협회'로
> 개칭된 것은 1985년이다.
> ④ 정신보건사회복지사제도가 시행된 것은 1997년으로, 당시 1년 동안 수련을 받은 수련생들이 이듬해인
> 1998년에 2급 자격시험을 치렀다. 이후 1998년부터 2002년까지 5년간의 수련을 거친 수련생들을 대상으
> 로 2002년 1급 승급시험이 치러졌다.

기출 16회

02 **민주주의(Democracy)가 사회복지실천에 미친 영향으로 옳지 않은 것은?**

① 서비스 제공자와 소비자의 동등한 관계 강조

② 최소한의 수혜자격 강조

③ 빈곤에 대한 사회적 책임 중시

④ 대상자의 서비스 선택권 강조

⑤ 서비스 이용자의 정책결정 참여

> **해설** ② 최소한의 수혜자격을 강조하는 것은 사회복지실천의 이념적 배경으로서 개인주의와 연관된다. 사회복지실
> 천에서 개인주의는 두 가지 형태로 나타나는데, 하나는 개인의 권리 존중이며, 다른 하나는 수혜자격의 축
> 소이다. 요컨대, 개인의 권리와 의무가 강조되면서 빈곤의 문제도 빈곤한 자의 책임으로 돌아갔다. 빈곤한
> 수혜자는 빈곤하게 살 수밖에 없어야 한다는 최소한의 수혜자 원칙이 등장하였으며, 저임금 노동자보다 더
> 낮은 보조를 받도록 하는 정책이 펼쳐지게 되었다.

03 **다음 중 사회복지실천의 목적으로 옳은 것을 모두 고르면?**

ㄱ. 개개인의 삶의 질 향상

ㄴ. 개인의 문제해결능력 향상

ㄷ. 사회정책의 개발에 기여

ㄹ. 자원연계

① ㄱ, ㄴ, ㄷ   ② ㄱ, ㄷ

③ ㄴ, ㄹ   ④ ㄹ

⑤ ㄱ, ㄴ, ㄷ, ㄹ

> **해설** 핀커스와 미나한(Pincus & Minahan)이 제시한 사회복지실천의 목적
> • 개인의 문제해결능력과 대처능력의 향상을 도모한다.
> • 사회자원과 서비스, 기회를 제공하며 체계와 연결한다.
> • 체계들을 효과적·인도적으로 운영하도록 한다.
> • 사회정책 개발과 발전에 기여한다.

04 다음 중 통합적 접근모델로서 핀커스와 미나한(Pincus & Minahan)이 제시한 4체계 모델의 4가지 체계유형에 포함되지 않는 것은?

① 표적체계
② 행동체계
③ 클라이언트체계
④ 변화매개체계
⑤ 의뢰−응답체계

해 설 | 통합적 접근모델의 4체계 모델과 6체계 모델의 체계유형
- 4체계 모델(Pincus & Minahan) : 표적체계, 클라이언트체계, 변화매개체계, 행동체계
- 6체계 모델(Compton & Galaway) : 4체계 모델의 체계유형 + 전문가체계, 문제인식체계(의뢰−응답체계)

기출 18회

05 다음 중 1차 현장이면서 이용시설에 해당하는 것은?

① 장애인복지관, 보건소
② 노인복지관, 지역아동센터
③ 아동양육시설, 사회복지관
④ 노인요양시설, 장애인공동생활가정
⑤ 정신건강복지센터, 학교

해 설 | ① 장애인복지관은 1차 현장이면서 이용시설인 반면, 보건소는 2차 현장이면서 이용시설에 해당한다.
③ 아동양육시설은 1차 현장이면서 생활시설인 반면, 사회복지관은 1차 현장이면서 이용시설에 해당한다.
④ 노인요양시설과 장애인공동생활가정은 2차 현장이면서 생활시설에 해당한다.
⑤ 정신건강복지센터와 학교는 2차 현장이면서 이용시설에 해당한다.

참고

기관의 운영목적에 따른 분류로서 1차 현장 및 2차 현장은 활동의 양상에 따라 달리 분류될 수 있습니다. 즉, 사회복지서비스를 제공하는 것이 그 기관의 일차적인 목적인 경우 1차 현장으로, 교육서비스나 의료서비스 등을 제공하는 것이 그 기관의 일차적인 목적인 경우 2차 현장으로 분류됩니다. 다만, 제공되는 서비스의 양상을 명확히 구분하기 어려운 경우도 있으므로, 이와 같은 분류가 교재에 따라 달리 제시될 수도 있습니다.

06 다음 중 **통합적 접근방법이 사회복지실천에 미친 영향**으로 옳지 않은 것은?

① 전통적 실천방법을 해체하고 새로운 실천방법을 제시하였다.
② 사회복지전문직의 정체성 확립에 기여하였다.
③ 사회복지실천 내의 공통성을 발견하는 데에 박차를 가했다.
④ 개인, 가족, 지역사회 등 다양한 체계에 대한 사정과 개입이 가능하게 되었다.
⑤ 개인적 사례분석에서 나아가 사회정책에까지 분석을 확대하게 되었다.

> **해설** ① 통합적 접근방법은 개인, 집단, 지역사회에서 제기되는 다양한 사회문제에 활용할 수 있는 공통된 원리나 개념을 제공하는 것으로서 유효한 방법들을 서로 통합하는 것이다. 이는 전통적 실천방법의 해체를 의미하는 것이 아닌 개방적인 입장에서 기존의 의료모델이나 정신역동적 이론, 일반체계이론 등 다양한 이론들을 통합하는 것이다.

기출 14회

07 강점관점에 관한 내용으로 옳은 것을 모두 고른 것은?

ㄱ. 의료모델의 강조	ㄴ. 역량강화(Empowerment)의 활용
ㄷ. 전문가 중심주의	ㄹ. 희망과 용기의 강조

① ㄱ, ㄴ, ㄷ   ② ㄱ, ㄷ
③ ㄴ, ㄹ   ④ ㄹ
⑤ ㄱ, ㄴ, ㄷ, ㄹ

> **해설** ㄱ·ㄴ. 1920년대 전후 진단주의 학파에 의해 채택된 의료모델은 클라이언트를 치료받아야 할 질병이 있는 병리적 인간으로 취급하였다. 그러나 1990년대 이후 강점관점이 대두되면서 클라이언트의 강점을 기반으로 한 역량강화접근법이 발달하게 되었다. 강점관점은 본래 기능주의 학파의 성장모델에 근거한 것으로서, 클라이언트를 변화와 성장의 능력을 스스로 가지고 있는 존재로 본다.
> ㄷ·ㄹ. 강점관점은 모든 인간이 고유하게 가지는 독창성, 다양성, 가능성 등을 발견하고 숙지함으로써 변화에 대한 잠재력을 활성화시킬 수 있다고 본다. 이러한 강점관점은 인간의 책임성 있고 독립적인 행동에 대한 기대들을 포함하며, 이는 변화를 위한 전략을 실행하는 데 있어서 필요한 희망과 용기, 자기존중감, 소명의식 등을 고취시키려는 노력으로 나타난다.

08 개입 계획을 수립하는 과정 순서로 옳은 것은?

> ㄱ. 문제의 우선순위를 정한다.
> ㄴ. 표적문제를 찾는다.
> ㄷ. 개입의 성과목표를 정한다.
> ㄹ. 클라이언트의 과업을 구체화한다.

① ㄱ → ㄴ → ㄹ → ㄷ   ② ㄱ → ㄹ → ㄴ → ㄷ

③ ㄴ → ㄱ → ㄷ → ㄹ   ④ ㄴ → ㄱ → ㄹ → ㄷ

⑤ ㄴ → ㄷ → ㄱ → ㄹ

해 설 **과제중심모델(과업중심모델)의 개입과정**
- 시작하기(제1단계) : 클라이언트의 문제와 우선순위 확인 · 탐색
- 표적문제 규정(제2단계) : 표적문제의 우선순위 정하기
- 계약(제3단계) : 클라이언트와의 동의하에 계약 체결[계약 내용 : 주요 표적문제, 구체적인 목표, 사회복지사와 클라이언트의 과제(과업) 설정하기, 개입일정 및 기간, 면접 날짜 및 장소, 참여자 등]
- 실행(제4단계) : 구체적 과제수행의 장애물을 찾아내어 이를 제거 · 완화 · 변경
- 종결(제5단계) : 향후 전망에 대한 검토, 사후지도 수행

09 다음 중 가족치료의 실천모델의 특징으로 옳지 않은 것은?

① 전략적 모델은 문제해결의 방법보다 문제의 원인을 밝히는 데 주력한다.
② 행동주의모델은 가족 상호 간의 보상 교환을 증가시키며 서로 간의 조화와 적응을 갖추려고 노력한다.
③ 보웬모델은 미분화된 자아의 분화에 초점을 둔다.
④ 정신분석학적 모델은 문제의 원인으로 개인 내적인 심리의 파악에 초점을 두어 구조적 모델과는 상치되는 양상을 보인다.
⑤ 경험적 모델은 가족 구성원 개인의 참된 나를 깨닫도록 한다.

해 설 **전략적 모델(Haley)**
- 인간행동의 원인보다는 문제행동 변화를 위한 해결방법에 초점을 둔다.
- 이해보다는 변화에, 이론보다는 기법에 더 많은 관심을 가지며, 가족 문제 해결을 위한 다양한 전략을 모색한다.
- 단기치료에 해당하며 역설적 지시, 순환적 질문, 재구성기법, 가장기법 등을 사용한다.

10 다음 중 자료수집에 포함되는 내용을 올바르게 모두 고른 것은?

> ㄱ. 원가족의 가족관계
> ㄴ. 클라이언트의 대인관계능력
> ㄷ. 클라이언트의 한계
> ㄹ. 클라이언트가 현재 이용하고 있는 서비스

① ㄱ, ㄴ, ㄷ   ② ㄱ, ㄷ

③ ㄴ, ㄹ   ④ ㄹ

⑤ ㄱ, ㄴ, ㄷ, ㄹ

해설 자료수집 내용에 포함되는 클라이언트에 대한 기본적인 정보
- 문제에 관한 깊이 있는 정보 : 문제에 영향을 미치는 요인, 문제를 지속시키거나 악화시키는 요인 등
- 개인력 : 인간의 생활주기에 따른 인간관계, 생활사건, 클라이언트의 감정 등
- 가족력 : 원가족의 가족관계 및 가족상황, 현재의 가족구성 등
- 클라이언트의 기능 : 클라이언트의 신체적 · 정서적 · 지적 · 행동적 기능, 대인관계능력, 문제해결능력 등
- 클라이언트의 자원 : 현재 이용하고 있는 서비스, 활용 가능한 자원 등
- 클라이언트의 한계 및 장점 : 문제해결에 있어서 클라이언트 개인 혹은 그를 둘러싼 환경 속에서의 한계, 장점, 동기 등

11 다음 중 자선조직협회와 인보관에 대한 설명으로 가장 옳은 것은?

① 자선조직협회는 집단사회사업에 기여하였다.
② 인보관은 개별사회사업에 기여하였다.
③ 자선조직협회는 젊은 지식인을 중심으로 지역사회의 교육활동을 전개하였다.
④ 자선조직협회는 빈곤의 원인에 대해 사회경제제도의 결과임을 강조하였다.
⑤ 인보관은 개인의 변화보다는 사회환경의 변화에 무게를 더 두었다.

해설 ① 자선조직협회는 개별사회사업 및 지역사회조직사업에 기여하였다.
　　② 인보관은 집단사회사업에 기여하였다.
　　③ 자선조직협회는 주로 중산층 부인들로 구성된 우애방문원의 개별방문 활동으로 전개되었다. 젊은 지식인과 대학생들이 직접 빈민가로 들어가 빈민들과 함께 생활하면서 지역사회의 교육 및 문화활동을 주도한 것은 인보관운동에 해당한다.
　　④ 자선조직협회는 사회진화론에 영향을 받아 빈곤의 문제를 개인적인 속성에서 기인한 것으로 보았다.

12 다음 보기의 내용에 해당하는 사회복지실천기술로 가장 적절한 것은?

> 준수야! 너는 공부는 하지 않고서 성적만 좋기를 바라는구나!

① 직 면   ② 강 화
③ 격 려   ④ 재구성
⑤ 재보증

> **해 설**   **의사소통기술로서의 직면**
> - 직면은 클라이언트에게 말과 행동 사이의 불일치나 모순을 직접적으로 지적하는 기술이다.
> - 클라이언트는 직면에 처했을 때 강한 감정적 반응을 나타낼 수 있으므로 직면의 기술을 사용하는 경우 매우 신중해야 한다.
> - 직면은 클라이언트가 표현한 가치와 실행 사이의 모순을 클라이언트 스스로 주목할 수 있도록 해준다.

13 다음 중 상담 과정에서 지켜야 할 내담자에 대한 비밀보장에 관한 설명으로 옳지 않은 것은?

① 일반적으로 상담 과정에서 내담자에 대해 알게 된 사실을 다른 사람들에게 말하면 안 된다.
② 아동 내담자의 경우에도 아동에 관한 정보를 부모에게 알려서는 안 된다.
③ 자살 우려가 있는 경우 내담자의 비밀을 지키는 것보다는 가족에게 알려 자살예방 조치를 취하는 것이 더 중요하다.
④ 상담 도중 알게 된 내담자의 중요한 범죄 사실에 대해서는 비밀을 지킬 필요가 없다.
⑤ 법원의 정보공개 명령이 있는 경우 내담자에 대한 기본적인 정보를 공개한다.

> **해 설**   ② 상담의 윤리적 원칙으로서 비밀보장은 내담자의 사생활을 보호하는 것은 물론 상담자와 내담자 간의 신뢰관계 형성을 통해 상담관계(Rapport)를 촉진하는 역할을 한다. 하지만 아동상담과 같이 미성년자인 아동을 대상으로 하는 경우, 비밀보장의 원칙은 "아동에게 무엇이 최선인가"에 따라 상담자가 결정을 내리는 것이 일반적이다. 그러나 법적인 보호자로서 부모의 알 권리 또한 부정할 수 없으므로, 이 경우 사전에 비밀보장에 대한 한계를 부모와 아동에게 알려주며, 아동의 동의하에 정보를 부모에게 제공하는 것이 바람직하다.

14 사례관리자의 역할로 옳은 것을 모두 고른 것은?

ㄱ. 사례관리자는 기관 정책상 클라이언트에게 서비스를 제공해 주기 어려울 때 다른 기관에 의뢰한다.
ㄴ. 사례관리자는 기관의 정책이 클라이언트에게 불리하다고 판단될 때 기관의 정책에 도전하는 옹호역할을 수행한다.
ㄷ. 복합적인 욕구를 갖는 클라이언트를 위해 다양한 서비스를 조정·연계한다.
ㄹ. 클라이언트의 자기결정이 중요하므로 사례관리자는 어떠한 상황에서도 클라이언트를 대신하여 행동해서는 안 된다.

① ㄱ, ㄷ
② ㄴ, ㄷ
③ ㄴ, ㄹ
④ ㄱ, ㄴ, ㄷ
⑤ ㄱ, ㄴ, ㄷ, ㄹ

해설 ㄱ. 중개자(Broker)로서의 역할에 해당한다. 즉, 사례관리자는 클라이언트가 필요로 하는 자원을 소정의 사회기관으로부터 제공받지 못하거나, 지식이나 능력이 부족하여 다른 유용한 자원을 활용하지 못할 경우에 다른 유용한 자원과 클라이언트를 연결시킨다.
ㄴ. 옹호자(Advocate)로서의 역할에 해당한다. 클라이언트가 스스로 자신을 대변하고 옹호할 수 있는 능력이 부족할 때 그들을 대변하여 요구사항을 만들어내고, 가능한 한 자원이 적절히 공급될 수 있도록 노력한다.
ㄷ. 조정자(Coordinator)로서의 역할이다. 사례관리자는 클라이언트의 문제와 원조자들로부터 도움이 필요한 욕구를 사정하고, 원조를 수행하는 과정에서 클라이언트의 욕구와 자원과의 관계, 클라이언트와 원조자들 간의 관계에서 필요한 조정과 타협의 책임이 있다.
ㄹ. 클라이언트가 지적·정신적·신체적 장애로 인해 스스로 결정할 능력이 없는 경우, 클라이언트의 결정이 법과 도덕에 어긋날 경우에 자기결정의 원리는 제한을 받는다.

15 다음 중 사회복지사의 역할과 기능에 대한 설명으로 옳지 않은 것은?

① 중개인으로서의 사회복지사 – 클라이언트에게 적절한 인적 서비스와 자원을 연결한다.
② 옹호자로서의 사회복지사 – 클라이언트가 자원과 서비스를 받을 권리를 유지하도록 돕거나 부정적 효과를 주는 프로그램 정책을 변화시키는 운동을 적극적으로 지지한다.
③ 교사로서의 사회복지사 – 클라이언트가 문제를 예방하거나 사회적 기능을 향상시키는 데 필요한 지식과 기술을 갖추도록 준비한다.
④ 상담가로서의 사회복지사 – 클라이언트가 자신의 감정을 보다 잘 이해하고 행동을 수정하며, 문제 상황에 대처하기 위해 학습하도록 도움으로써 그들의 사회적 기능수행 능력을 향상하도록 돕는다.
⑤ 행동가로서의 사회복지사 – 서비스를 필요로 하는 개인들을 파악하여 직접 지역사회로 들어가 적극적으로 활동한다.

해설 ⑤ 현장개입가로서의 사회복지사의 역할에 해당한다. 참고로 행동가로서의 사회복지사는 사회적 불의, 불평등, 박탈 등에 관심을 가지고 갈등, 대면, 협상 등을 활용하여 사회적 환경이 개인의 욕구를 보다 잘 충족하도록 변화시키는 역할을 수행한다.

16 다음 사회복지실천모델 중 과제중심모델의 특징에 해당하지 않는 것은?

① 사회복지사는 클라이언트가 과제를 수행할 수 있도록 원조한다.
② 클라이언트와 사회복지사 간의 동의가 계약의 형태로 구체화된다.
③ 시간의 제한 없이 장기치료를 목표로 하고 있다.
④ 클라이언트가 스스로 실행 가능한 과제로 대치되도록 인도한다.
⑤ 클라이언트가 자신의 문제를 완화시킬 수 있는 활동을 하도록 원조한다.

> **해 설** **과업중심모델(과제중심모델)**
> • 리드와 엡스타인(Reid & Epstein)에 의해 체계화된 것으로, 이론보다는 경험으로써 시간 제한적인 단기치료를 추구한다.
> • 치료초점이 특정화되어 2~3가지 문제로 구체화된다.
> • 클라이언트와의 계약을 통해 클라이언트의 참여증진 및 자기결정권의 극대화를 도모한다.
> • 클라이언트의 현재의 활동에 초점을 두며, 객관적인 조사연구를 강조한다.

기출 18회

17 다음은 사정결과를 요약한 것이다. 사회복지사가 이후 단계에서 가장 먼저 수행해야 할 과업은?

경제적 도움을 요청하여 기관에 접수된 클라이언트는 성장기 학대경험과 충동적인 성격 때문에 가족 및 이웃과의 갈등문제를 심각하게 겪고 있다. 배우자와는 이혼 위기에 있고, 근로능력은 있으나 근로의지가 거의 없어서 실직한 상태이다.

① 이혼위기에 접근하기 위해 부부 상담서비스를 제공한다.
② 이웃과의 갈등 문제해결을 위하여 분쟁조정위원회에 의뢰한다.
③ 원인이 되는 성장기 학대경험에 관한 치료부터 시작한다.
④ 근로의욕을 높이기 위해 집단 프로그램에 참여하도록 한다.
⑤ 클라이언트와 함께 다루고자 하는 문제의 우선순위를 정한다.

> **해 설** **사정결과에 따른 목표설정**
> • 사회복지실천에서 자료수집 및 사정이 이루어진 다음 사정결과를 토대로 계획을 세우고 그 과정에서 목표를 설정하게 된다.
> • 클라이언트는 보기의 사례와 같이 경제적인 어려움, 정서적인 문제, 이혼 위기, 실업 상태 등 복합적인 문제를 나타내 보이기도 하는데, 이와 같이 목표가 여러 가지인 경우 시급성과 달성가능성을 따져 우선순위를 정해야 한다.
> • 일반적으로 목표설정의 최우선 순위는 가장 시급하게 해결해야 할 문제에 초점이 주어진다.

18 다음 중 감정적 · 정서적으로 억압된 클라이언트의 감정표현을 돕기 위해 잘 들어주는 면접기법은?

① 경 청
② 환 기
③ 수 용
④ 격 려
⑤ 이 해

해 설   경 청

- 면접에서 가장 중요한 기술로서, 클라이언트의 어려움에 공감하면서 어떻게 질문에 반응하는지 듣는 것이다.
- 클라이언트의 이야기에 간간히 짧고 적절한 의견이나 질문을 던져 주거나 이해의 말을 덧붙이거나 하여 자기 이야기의 요점을 파악했다는 것을 나타낸다.
- 클라이언트가 말한 단어의 뜻 자체보다는 클라이언트의 잠재적인 감정에 주목한다.

19 사례관리의 개입원칙 중 옳은 것을 모두 고른 것은?

ㄱ. 클라이언트에게 필요한 서비스 확보를 위한 클라이언트의 책임성을 강조한다.
ㄴ. 클라이언트 및 주위환경에 대한 지속적인 점검을 수행한다.
ㄷ. 클라이언트의 문제를 효율적으로 해결하기 위하여 클라이언트의 의존성을 강화시킨다.
ㄹ. 클라이언트에게 필요한 서비스가 분산되어 있을 때 다른 기관의 서비스를 포괄적으로 받도록 한다.

① ㄱ, ㄴ, ㄷ
② ㄱ, ㄷ
③ ㄴ, ㄹ
④ ㄹ
⑤ ㄱ, ㄴ, ㄷ, ㄹ

해 설   사례관리의 개입 원칙

- 개별화 : 클라이언트 개개인의 신체적 · 정서적 특성 및 사회적 상황에 맞는 서비스를 제공한다.
- 포괄성 : 클라이언트의 다양한 욕구를 충족시킬 수 있도록 포괄적인 서비스를 제공한다.
- 지속성(연속성) : 클라이언트 및 주위환경에 대한 지속적인 점검을 통해 클라이언트의 사회적 적응을 향상시킨다.
- 연계성 : 분산된 서비스 체계들을 서로 연계하여 서비스 전달체계의 효율성을 도모한다.
- 접근성 : 클라이언트가 쉽게 기관 및 자원에 접근할 수 있도록 돕는다.
- 자율성 : 서비스 과정에 있어서 클라이언트의 자율성을 극대화하며, 자기결정권을 보장한다.
- 체계성 : 서비스와 자원을 효율적으로 조정 · 관리함으로써 서비스 간 중복을 줄이고 자원의 낭비를 방지한다.

20 다음 기록의 유형은?

> 사회복지사 : 어떻게 여기 오시게 되었죠?
> 클라이언트 : 남편이 일을 하지 않아서요.
> 사회복지사 : 실직을 하셨나요? 아니면 일하기 싫어하시는 것인가요?
> 클라이언트 : 둘 다인 것 같아요. 병원만 다니면서…

> 문제가 단순하지 않다는 생각에 약간 혼란스러웠지만, 문제의 가닥을 잡기위해 차근차근 질문해 가기로 했다.

① 이야기체기록
② 문제중심기록
③ 과정기록
④ 요약기록
⑤ 상호작용기록

해 설 **과정기록(Process Recording)**
- 사회복지사와 클라이언트의 상호작용을 있는 그대로 세밀하게 기록하는 방식이다.
- 클라이언트가 실제로 말했던 것을 정확히 상기할 수 있도록 그대로 기록하며, 언어적 · 비언어적 표현 모두가 포함된다.
- 최근에는 많이 사용하고 있지 않으며, 지도 · 감독 및 교육적 목적 등을 위해 부분적으로 활용한다.

21 사회복지실천에서 전문적 관계의 특성에 관한 설명으로 옳지 않은 것은?

① 클라이언트의 욕구가 중심이 된다.
② 시간적인 제한을 둔다.
③ 전문가 자신의 정서를 통제하는 관계이다.
④ 전문가가 설정한 목적 달성을 위해 형성된다.
⑤ 전문가는 전문성에 기반을 둔 권위를 가진다.

해 설 ④ 전문적 관계는 항상 목적성을 지니고 있다. 목적(혹은 목표)은 클라이언트에 의해 확인되고, 그 목적 설정에는 클라이언트의 동의가 있어야 한다. 사회복지실천에서는 클라이언트의 자기결정권이 존중되며, 전문적 원조관계의 목적은 클라이언트의 문제를 해결하는 데 있다.

22 다음 중 기능주의 학파와 진단주의 학파에 대한 설명으로 옳은 것은?

① 기능주의 학파는 인간의 성장 가능성을 중시하였다.
② 기능주의 학파는 프로이트(Freud)의 정신분석이론에 영향을 받았다.
③ 기능주의 학파는 클라이언트의 생활력(Life History)을 강조하였다.
④ 진단주의 학파는 현재의 경험과 개인의 동기에 대한 이해를 중시하였다.
⑤ 기능주의 학파의 이론은 홀리스(Hollis)의 심리사회모델로 발전하게 되었다.

> **해설** ① 기능주의는 1930년대 미국 펜실베니아 대학교(University of Pennsylvania)의 타프트, 스몰리, 로빈슨(Taft, Smally & Robinson)에 의해 제기된 것으로서, 전통적 정신분석이론에 근거한 진단주의 학파에 대한 비판에서 비롯되었다. 인간에 대한 낙관적인 견해를 가진 랭크(Rank)의 심리학에 영향을 받아 인간의 성장 가능성과 함께 문제해결에 있어서 클라이언트의 '의지(Will)'를 강조하였다.
> ② 진단주의 학파는 1920년대를 전후로 프로이트(Freud)의 정신분석이론과 리치몬드(Richmond)의 『사회진단 (Social Diagnosis)』에 영향을 받아 발달하게 되었다. 반면, 기능주의 학파는 1930년대 후반 제2차 세계대전과 대공황으로 인해 대량실업이 발생하고 빈민이 사회문제로 제기되는 과정에서 기존의 진단주의에 대한 비판으로 발달하게 되었다.
> ③ 클라이언트의 생활력(Life History)을 강조한 것은 진단주의 학파이다. 진단주의 학파는 과거에서 현재에 이르는 생활력의 분석을 통해 클라이언트의 문제를 확인하고, 현재의 생활상황을 토대로 자아의 기능을 해명하고자 하였다.
> ④ 기능주의는 과거의 사건에 얽매이기보다는 현재의 경험과 개인의 동기에 대한 이해를 중시하였다.
> ⑤ 홀리스(Hollis)의 심리사회모델로 발전한 것은 진단주의 학파의 이론이다.

기출 17회

23 사회복지사 윤리에 관한 설명으로 옳은 것을 모두 고른 것은?

> ㄱ. 사회복지사는 원조과정에서 자신의 이익을 위해 행동해서는 안 됨
> ㄴ. 로웬버그와 돌고프의 윤리원칙 준거틀은 생명보호를 최우선으로 함
> ㄷ. 윤리강령은 윤리적 갈등이 생겼을 때 법적 제재의 근거를 제공함
> ㄹ. 사회복지사는 국가자격이므로 사회복지사 윤리강령은 국가가 채택함

① ㄱ, ㄴ   ② ㄱ, ㄷ
③ ㄱ, ㄴ, ㄷ   ④ ㄱ, ㄴ, ㄹ
⑤ ㄴ, ㄷ, ㄹ

> **해설** ㄷ. 윤리강령은 법적 제재의 힘, 즉 법적 구속력을 가지지 않는 특징이 있다.
> ㄹ. 사회복지사 윤리강령은 민간기관인 한국사회복지사협회가 채택하고 있다.

24 다음 중 가계도를 통해 얻을 수 있는 정보에 해당하지 않는 것은?

① 동거가족
② 가족의 구조
③ 세대 간 반복유형
④ 세대 간 생물학적 · 법적 관련성
⑤ 클라이언트 가족에게 유용한 자원이나 환경

> **해 설** ⑤ 생태도를 통해 얻을 수 있는 정보에 해당한다.
>
> **가계도를 통해 알 수 있는 정보**
> • 가족구성원에 대한 정보(성별, 나이, 출생 및 사망 시기, 직업 및 교육수준, 결혼 및 동거관계 등)
> • 가족구조 및 가족관계의 양상(자연적 혈연관계 또는 인위적 혈연관계)
> • 가족 내 하위체계 간 경계의 속성
> • 가족성원 간의 단절 또는 밀착 정도
> • 가족 내 삼각관계
> • 가족성원의 역할 및 기능의 균형상태
> • 가족양상의 다세대적 전이 파악 등

25 다음 사회복지실천과정 중 사정의 특성으로 옳은 것을 모두 고른 것은?

ㄱ. 사정은 지속적인 과정이다.
ㄴ. 사정은 클라이언트를 이해하는 완전한 수단이다.
ㄷ. 사정 과정에는 클라이언트의 관여가 필요하다.
ㄹ. 사정 과정에서는 사회복지사의 판단이 보류된다.

① ㄱ, ㄴ, ㄷ   ② ㄱ, ㄷ
③ ㄴ, ㄹ   ④ ㄹ
⑤ ㄱ, ㄴ, ㄷ, ㄹ

> **해 설** ㄴ. 클라이언트를 완전히 이해한다는 것은 사실상 어렵다. 다시 말해 사정으로 클라이언트를 완벽하게 이해할
> 수는 없으며, 그로 인해 사정은 클라이언트를 이해하는 보조적인 수단으로서의 기능을 한다.
> ㄹ. 사정 과정에서는 수집한 정보에 대한 분석과 함께 사회복지사의 전문적 시각에 의한 판단 과정이 수행된다.

기출 18회

01 토스랜드와 리바스(R. Toseland & R. Rivas)가 분류한 성장집단에 관한 설명으로 옳지 않은 것은?

① 촉진자로서의 전문가 역할이 강조된다.

② 성원 간의 상호작용이 중요한 도구가 된다.

③ 개별 성원의 자기표출을 긍정적으로 인식한다.

④ 공동과업의 성공적 수행이 일차적인 목표이다.

⑤ 공감과 지지를 얻기 위해 동질성이 높은 성원으로 구성한다.

해 설 ④ 성장집단은 집단성원들의 자기인식을 증진시키며, 각 성원들의 잠재력을 최대화하는 것을 목표로 한다. 참고로 공동과업의 성공적 수행을 일차적인 목표로 하는 것은 과업집단이다.

02 다음 기능 수준에 따른 사회복지사의 역할 중 직접 서비스 제공자의 역할에 해당하는 것을 모두 올바르게 나열한 것은?

① 프로그램 평가자, 조사자　　　　② 팀 성원, 자문가

③ 중개자, 중재자　　　　　　　　　④ 사례관리자, 클라이언트 옹호자

⑤ 개별상담자, 정보제공자

해 설 **기능 수준에 따른 사회복지사의 역할**
- 직접 서비스 제공자의 역할 : 개별상담자, 집단상담자(지도자), 정보제공자, 교육자
- 체계와 연결하는 역할 : 중개자, 사례관리자, 조정자, 중재자, 클라이언트 옹호자
- 체계 유지 및 강화 역할 : 조직분석가, 촉진자, 팀 성원, 자문가
- 연구자 및 조사활용자 역할 : 프로그램 평가자, 조사자
- 체계 개발 역할 : 프로그램 개발자, 기획가(계획가), 정책 및 절차개발자

03 다음의 사례에 나타난 가족 의사소통 내용은?

> 아버지는 아들에게 "가족회의에서는 자신의 의견을 소신 있게 밝힐 줄 알아야 한다."라고 평소에 강조한다. 그런데 막상 가족회의에서 아들이 자신의 의견을 말하면, "너는 아직 어리니 가만히 있어!"라고 하면서 면박을 준다.

① 구두점   ② 이중구속

③ 피드백   ④ 역설적 지시

⑤ 이중질문

해 설   ② 이중구속은 한 사람이 다른 사람에게 논리적으로 상호 모순되고 일치하지 않는 두 가지 메시지를 동시에 전달하는 것을 말한다. 가족성원들의 상호 모순된 메시지를 혼란된 상황에 놓이게 함으로써 유대관계 형성에 악영향을 미치는 것으로, 역설적 의사소통의 대표적인 유형에 해당한다.

        ① 구두점은 연속적인 의사소통의 흐름 가운데 어느 지점에 구두점을 찍느냐에 따라 원인과 결과가 달라지는 것을 상징한다.

        ③ 가족 의사소통에서 피드백은 가족의 항상성 유지에 결정적인 역할을 하는 것으로, 정적 피드백과 부적 피드백이 있다. 정적 피드백은 현재의 상황이 지속되도록 하는 정보환류 과정인 반면, 부적 피드백은 지금까지의 행동을 중단하도록 하는 정보환류 과정이다.

        ④ 역설적 지시 또는 증상처방은 문제행동을 계속하도록 지시하여 역설적 치료 상황을 조장하는 것이다.

        ⑤ 이중질문은 한 번에 클라이언트에게 두 가지 이상의 내용을 질문하는 것이다.

04 사회복지실천기술의 예시가 옳은 것을 모두 고른 것은?

> ㄱ. 격려기술 – 계약기간 동안 업무를 잘 해내셨군요. 이번에도 잘 감당할 수 있을 것이라 믿어요.
> ㄴ. 재보증기술 – 염려하지 마세요. 상황은 좋아질 거예요.
> ㄷ. 환기기술 – 힘드셨을 것 같네요. 그 때 기분이 어떠셨나요?
> ㄹ. 직면기술 – 잠시 무엇을 했는지 한 번 살펴봅시다. 지난 번 하겠다고 한 것과는 반대의 일을 하고 있네요.

① ㄱ, ㄴ   ② ㄴ, ㄷ

③ ㄷ, ㄹ   ④ ㄱ, ㄷ, ㄹ

⑤ ㄱ, ㄴ, ㄷ, ㄹ

해 설   ㄱ. 격려(Encouragement)는 클라이언트의 행동이나 태도 등을 인정하고 칭찬함으로써 클라이언트의 문제해결 능력과 동기를 최대화시켜 주는 기법이다.

        ㄴ. 재보증(Reassurance)은 자신의 능력이나 자질에 대해 무력감을 느끼고 있는 클라이언트에게 사회복지사가 그의 능력과 자질을 재확인하고 다시 보증하는 기법이다. 이러한 재보증은 클라이언트의 낙담, 좌절, 의기소침, 무력감, 자신감 결여 등의 심적 상태를 건강하고 자신감 있는 상태로 회복시키고 불건전한 정서를 적절히 해소하도록 함으로써 자아기능을 회복하도록 돕는 것을 목표로 한다.

        ㄷ. 환기(Ventilation)는 클라이언트로 하여금 이해와 안전의 분위기 속에서 자신의 슬픔, 불안, 분노, 증오, 죄의식 등 억압된 감정을 자유롭게 털어놓을 수 있도록 돕는 기법이다.

        ㄹ. 직면(Confrontation)은 클라이언트의 말이나 행동이 일치하지 않은 경우 또는 클라이언트의 말에 모순점이 있는 경우 사회복지사가 그것을 지적해 주는 기법이다.

05 다음 중 보기의 사례에 대해 사회구성주의로 접근하는 경우 우선적으로 고려해야 할 사항에 해당하는 것은?

> 3대가 살고 있는 한 가정에서 시어머니와 며느리 간에 고부갈등이 심화되고 있다. 그 주된 이유는 3대 독자인 외동아들의 교육문제와 관련해서 시어머니가 자신의 의사를 강하게 주장하고 있었던 것이다. 며느리는 이러한 시어머니를 이해하지 못하였고, 그로 인해 시댁 식구들과도 소원해진 상태이다.

① 원가족과의 관계를 파악한다.
② 가족구조와 가족 내 상호작용을 파악하는 데 초점을 둔다.
③ 남편과 시어머니 간의 자아분화 정도를 사정한다.
④ 가족 내 믿음으로서 가족신화의 양상을 파악한다.
⑤ 시어머니가 가족의 문제를 어떻게 인식하는지 확인한다.

해설 사회구성주의는 가족 내 대화환경에서 가족구성원이 의미를 재구성하는 과정에 초점을 둔다. 즉, 사회구성주의적 관점에서는 가족의 문제상황에 대해 가족구조의 상호작용이나 의사소통 유형 등을 파악하기보다는 가족구성원이 가족의 문제에 대해 어떻게 인식하고 있는지를 우선적으로 고려한다.

06 다음 보기의 내용과 관련된 것은?

> • 다른 성원이 이야기하는 동안 방해하지 않고 경청하기
> • 집단의 토의를 독점하지 않기
> • 다른 성원들의 생각과 감정을 존중하기
> • 진지하고 솔직하게 다른 성원들의 생각과 감정에 대해 이야기하기
> • 서로 신뢰하고 협력하기

① 집단개입기술
② 집단규칙
③ 집단행동기술
④ 집단지도자의 역할
⑤ 집단문화

해설 집단을 운영하기 위해서는 지도자와 집단성원이 합의하여 만든 규칙이 필요하다. 이러한 규칙은 집단에 대한 성원의 구체적인 행동지침으로서 상호통제하고 집단과 타인을 배려하는 기준이 된다.

07 다음 중 순환적 인과성에 대한 설명으로 옳지 않은 것은?

① 체계적 관점에서 개인들 간의 상호작용 패턴에 주목한다.
② '왜(Why)'가 아닌 '무엇(What)'에 초점을 둔다.
③ 문제의 외현화(Externalization)를 위해 사용되는 개념이다.
④ 파문효과(Ripple Effect)와 관련이 있다.
⑤ 문제를 일으킨 성원 또는 다른 성원의 변화를 통해 가족의 역기능적 문제가 해결된다.

해설 '순환적 인과성(Circular Causality)'은 체계이론 관점의 가족치료와 관련된 개념인데 반해, '문제의 외현화(Externalization)'는 사회구성주의 관점의 가족치료와 연관된 개념이다. 특히 사회구성주의 관점의 가족치료에서 사용하는 외현화 기법은 가족치료의 후기 모델로서 최근 각광받고 있는 이야기치료를 통해 가족의 문제가 가족구성원 개인이나 가족 자체의 문제가 아닌 가족에게 부정적인 영향을 미치는 별개의 존재로서 이야기하도록 하는 것이다. 그에 반해 순환적 인과성을 강조하는 체계이론 관점의 가족치료는 호수에 돌을 던질 때 파문이 동심원을 그리면서 멀리 퍼져 나가는 파문효과(Ripple Effect)를 통해 체계의 어느 한 요소에 변화를 주는 경우 그 효과가 다른 요소에 영향을 주어 결국 전체 체계에 영향을 미치게 된다는 점을 강조한다.

기출 15회

08 가정폭력 가해자를 대상으로 다음의 훈련을 실시하였다. 평가 시 '암시적 행동에 대한 개별측정 척도'를 활용하지 않는 것은?

① 폭력을 유발하는 단서를 식별하는 훈련
② 긴장고조 상황에서 타임아웃 하는 훈련
③ 분노를 피하는 자기대화훈련
④ 시각적 현상화 훈련
⑤ 사회기술훈련

해설 '암시적 행동(내현적 행동)'이란 직접 관찰할 수 없는 개인의 내면적인 행동특성으로서 지식, 가치관, 동기체계 등이 해당한다. 특정 훈련을 통한 개입을 실시 후 훈련이 잘 이뤄졌는지를 평가할 때 개인의 암시적 행동에 대한 측정척도를 활용할 수 있다. 그러나 사회기술훈련의 경우 클라이언트가 원만한 대인관계 및 사회적 관계를 맺을 수 있도록 사회기술을 향상시키기 위해 실시하는 훈련이다. 이는 클라이언트의 내면적 특성에 초점을 두기보다는 외현적 행동에 초점을 두고 모델링, 역할연습, 행동시연, 강화, 코칭, 숙제부여 등 다양한 행동주의기법을 사용한다. 따라서 평가 시 주로 암시적 행동이 아닌 '명시적 행동(외현적 행동)'에의 측정척도를 활용한다.

09 다음 중 가족 사정의 도구인 생활력도표에 대한 설명으로 옳지 않은 것은?

① 발달단계상 특정시기의 생활경험을 이해하는 데 도움이 되었다.
② 아동과 청소년을 대상으로 한 활동에서 특히 유용하게 사용되었다.
③ 가족의 다양한 시기에 관련된 자료를 조직화하고 표현한 방법이다.
④ 종이와 연필을 사정 도구로 일련의 원, 선으로 도식화하였다.
⑤ 가족구성원의 삶에서 중요한 사건이나 문제를 시계열적으로 나열한 것이다.

해설 생활력도표(Life History Grid)는 각각의 가족구성원의 삶에 대해 중요한 사건(주요 생애경험)이나 시기별로 중요한 문제의 전개에 대해 표로 나타내는 방법이다. 중요한 사건이나 시기를 중심으로 연대기적으로 작성하므로, 현재 역기능적인 문제 등을 특정 시기의 어려움이나 경험 등과 연관시켜 이해할 수 있도록 한다. 이러한 생활력도표는 생태도나 가계도처럼 원이나 화살표 등의 기호를 이용하지 않고 다음과 같이 도표로 제시된다.
예 클라이언트 : 이영희(여, 42세)

연 도	나 이	장 소	가 족	사 건	문 제
1996	28	울 산	첫째 자녀	출 산	조산에 의한 저체중
1998	30	서 울	남 편	실 직	회사의 경영난에 의한 정리해고
2000	32	울 산	가 족	이 사	생활고에 의한 친정으로의 이주

10 다음 중 집단수준의 사회복지실천에서 공동지도력의 장점에 해당하지 않는 것은?

① 지도자의 탈진을 예방할 수 있다.
② 초보 사회복지사의 훈련에 효과적이다.
③ 역전이를 어느 정도 방지할 수 있다.
④ 지도자 한 명이 빠져도 대체할 사람이 있다.
⑤ 비용을 절약할 수 있다.

해설 ⑤ 공동지도력의 경우 지도자가 두 사람 이상이 되므로 비용이 많이 드는 단점이 있다.

11 다음 중 실천기록방법에 대한 내용으로 가장 옳은 것은?

① 면접 전에 클라이언트의 동의를 얻어 기록한다.
② 정확한 기록을 위해 면담시간을 최대한 활용한다.
③ 사례의 종결 후에 클라이언트의 사생활 보호를 위해 기록을 소각한다.
④ 클라이언트가 기분 나빠할 수 있으므로 몰래 녹음한다.
⑤ 사회복지사의 관점을 위주로 작성해야 하며 클라이언트의 관점은 배제한다.

> **해 설** **기록 시의 유의사항**
> • 사전에 클라이언트의 동의를 얻어 기록한다.
> • 면담이 끝난 직후 잊어버리기 쉬운 사실을 간단하게 기록한다.
> • 면담 중 메모하는 것은 최소한으로 줄인다.
> • 사실적인 내용이나 약속 등은 정확하게 메모하는 것이 더 유익하다.
> • 기록 중간이라도 클라이언트가 이를 불편하게 여기는 경우에는 기록을 중단한다.
> • 보관에 유의하여야 한다.

12 다음 중 면담기술에 대한 설명으로 옳지 않은 것은?

① 해석기술 – 클라이언트의 행동 저변의 단서를 발견하고 결정적 요인을 찾도록 돕는 기술
② 경청기술 – 클라이언트의 감정과 사고가 어떤 것인지 이해하며 파악하고 듣는 기술
③ 표현촉진기술 – 클라이언트의 정보노출을 위하여 말을 계속하도록 하는 기술
④ 초점제공기술 – 클라이언트가 말하고 행동하는 것에 주의를 기울이는 기술
⑤ 직면기술 – 클라이언트의 감정, 사고, 행동의 모순을 깨닫도록 하는 기술

> **해 설** ④ 관찰기술의 내용에 해당한다. 반면, 초점제공기술은 언어표현에 있어서 산만하거나 모호한 것을 명확히 하는 능력과 연관된 것으로서, 제한된 시간에 최대의 효과를 이끌어내야 하는 전문적 관계에 있어서 불필요한 방황과 시간낭비를 방지하는 기술이다.

13 다음 중 인지적 왜곡에 대한 설명으로 옳지 않은 것은?

① 이분법적 사고 – 실패나 성공 등 극단적인 흑과 백으로 구분하려는 성향
② 개인화 – 자신과 관계없는 외부의 사건을 자신의 탓으로 여기는 경우
③ 과잉일반화 – 단일 사건에 기초하여 극단적인 신념을 가지고 그것들과 유사하지 않은 사건들이나 장면에 부적절하게 적용하는 것
④ 임의적 유추 – 충분하고 적절한 증거가 없는데도 결론에 도달하는 것
⑤ 선택적 요약 – 사건의 의미나 크기를 왜곡하는 것

> **해 설** ⑤ 선택적 요약이란 상황에 대한 특성을 무시하고 맥락에서 벗어난 세부적 내용에 초점을 두는 것을 말한다. 사건의 의미나 크기를 왜곡하는 것은 '과장/축소'이다.

14 비어스텍(Biestek)이 제시한 사회복지사와 클라이언트의 관계형성 7대 원칙 중 '통제된 정서적 관여'는 클라이언트와의 면접이 주로 정서적인 면에 관계되어 있으므로 사회복지사가 이들 감정에 호응하기 위해 통제된 정서를 유지하고 관여해야 한다는 것이다. 다음 중 정서적 관여의 구성요소에 해당하는 것을 올바르게 모두 고른 것은?

ㄱ. 수 용 　　　　　　　　　ㄴ. 관 찰
ㄷ. 동 정 　　　　　　　　　ㄹ. 민감성

① ㄱ, ㄴ, ㄷ 　　　　　　　　② ㄱ, ㄷ
③ ㄴ, ㄹ 　　　　　　　　　　④ ㄹ
⑤ ㄱ, ㄴ, ㄷ, ㄹ

해 설 　정서적 관여의 구성요소

민감성 (Sensitivity)	사회복지사가 클라이언트의 감정을 관찰 및 경청을 통해 파악하는 것을 의미한다. 사회복지사는 클라이언트의 생각을 민감하게 파악하여 그에 대해 적절히 대처해야 한다.
이 해 (Understanding)	사회복지사가 클라이언트 문제에 대해 클라이언트 자신이 가지고 있는 감정의 의미를 이해하는 것을 의미한다. 사회복지사는 클라이언트의 주관적 경험 및 감정을 인지하며, 그것의 정확한 의미를 포착하여야 한다.
반 응 (Response)	사회복지사가 클라이언트 문제와 관련된 감정을 파악하고 감정의 의미를 이해하며, 그에 대해 적절히 대응하는 것을 의미한다. 사회복지사는 클라이언트의 감정적인 변화에 호응하여 적극성을 유지하도록 해야 한다.

15 다음 임파워먼트모델의 실천단계 중 발전(Development) 단계에서의 과업으로 옳은 것은?

① 성공을 인식하기 　　　　　② 해결책 고안하기
③ 현재 상황을 명확히 하기 　　④ 수집된 정보를 조직화하기
⑤ 클라이언트와의 파트너십 형성하기

해 설 　임파워먼트모델(역량강화모델)의 개입과정 및 과업

제1단계 대화(Dialogue)	• 클라이언트와 상호협력적인 관계를 수립하며, 초기방향으로서 목표를 설정한다. • 클라이언트와의 파트너십(협력관계) 형성하기, 현재 상황을 명확히 하기(도전들을 자세히 설명하기), 방향 설정하기(일차적 목표 설정하기) 등
제2단계 발견(Discovery)	• 클라이언트가 가지고 있는 강점을 확인하고 대인 상호적인 정보를 연결하며, 자원역량에 대한 사정을 통해 해결방안을 모색한다. • 강점 확인하기, 자원체계 조사하기(잠재적 자원을 사정하기), 자원역량 분석하기(수집된 정보를 조직화하기), 해결책 고안하기(구체적인 행동계획을 수립하기) 등
제3단계 발전 또는 발달 (Development)	• 클라이언트가 가진 기존의 자원을 활성화시키고 새로운 자원 및 기회를 창출하며, 목표에 도달하기 위한 새로운 대안들을 개발한다. • 자원을 활성화하기, 동맹관계를 창출하기, 기회를 확장하기, 성공을 인식(인정)하기, 결과(달성한 것)를 통합하기 등

16 인지행동모델에 관한 설명으로 옳은 것은?

① 탈이론적이다.
② 비구조화된 접근을 강조한다.
③ 주관적 경험과 인식을 중시한다.
④ 클라이언트가 수동적으로 참여한다.
⑤ 클라이언트의 무의식적 언행에 초점을 맞춘다.

> **해 설** ③ 인지행동모델은 클라이언트 각 개인이 갖는 삶의 사건과 정서 반응의 독특한 의미, 현실을 조직하는 데 작용하는 정보전달 과정, 신념구조와 같은 주관적 경험의 독특성을 가정한다.
> ① 인지행동모델은 인지이론과 행동주의이론을 통합한 것으로, 통합적 이론과 지식이 결여된 기존 실천모델의 무이론적 경향을 비판하면서 새로운 대안의 관점으로 등장하게 되었다.
> ② · ④ 인지행동모델은 클라이언트의 문제해결을 위한 구조적인 절차를 가지고 있으며, 사회복지사와 클라이언트 간의 협조적인 관계와 노력, 적극적인 참여를 기반으로 구조화된 접근을 펼친다.
> ⑤ 정신역동모델의 내용에 해당한다. 정신역동모델은 클라이언트의 불안과 무의식적 갈등을 의식화한 뒤, 이것이 현재의 행동에 어떠한 영향을 주고 있는지를 통찰하도록 돕고, 결국 새로운 반응형태를 모색하고 습득하도록 돕는 것을 개입목표로 한다.

17 다음 중 개별사회복지의 시스템 모델에서 변화매개자들이 그들의 목표를 달성하기 위해 영향을 주거나 변화시키는 것이 필요한 사람들을 가리키는 체계에 해당하는 것은?

① 클라이언트체계   ② 표적체계
③ 행동체계   ④ 전문가체계
⑤ 문제인식체계

> **해 설** 사회복지실천을 구성하는 6가지 사회체계유형(Compton & Galaway)
> • 변화매개체계 : 사회복지사와 사회복지사를 고용하고 있는 기관 및 조직
> • 클라이언트체계 : 서비스나 도움을 필요로 하는 사람
> • 표적체계 : 목표를 달성하기 위해 변화시키는 것이 필요한 사람
> • 행동체계 : 변화노력을 달성하기 위해 상호작용하는 사람
> • 전문가체계 : 전문가 단체, 전문가를 육성하는 교육체계 등
> • 문제인식체계 : 잠재적 클라이언트를 사회복지사의 관심영역으로 끌어들이기 위해 행동하는 체계

18 다음 해결중심모델에서 사용하는 질문의 유형 중 대처질문에 해당하는 것은?

① 문제가 일어나지 않을 때는 어떤 상황인가요?

② 만약 당신의 아버지가 지금 여기에 있다고 가정할 때, 당신의 아버지는 당신의 문제가 해결될 경우 무엇이 달라질 거라 말씀하실까요?

③ 치료를 받으러 왔을 때 스트레스 수준이 10점이라고 하고 스트레스가 완전히 해소된 상태를 0점이라고 한다면 지금 당신의 스트레스 상태는 몇 점인가요?

④ 어려운 상황 속에서도 더 나빠지지 않고 견뎌 낼 수 있었던 것은 무엇 때문이라고 생각하십니까?

⑤ 간밤에 기적이 일어나 걱정했던 문제가 해결되었다고 한다면 당신은 무엇을 보고 기적이 일어난 것을 알 수 있을까요?

> **해 설** ④ '대처질문'은 어려운 상황에서의 적절한 대처 경험을 상기시키도록 함으로써 클라이언트로 하여금 스스로의 강점을 발견하도록 돕는 것이다.
> ① '예외질문'에 해당한다. 예외질문은 한두 번의 중요한 예외를 찾아내어 계속 강조하면서 클라이언트의 성공을 확대하고 강화시키며, 클라이언트가 행한 우연적인 성공을 찾아내어 의도적으로 계속 실시하도록 격려하는 것이다.
> ② '관계성질문'에 해당한다. 관계성질문은 클라이언트와 중요한 관계에 있는 사람들의 관점에서, 그들이 클라이언트 자신의 문제에 대해 어떻게 생각할지 추측해보도록 하는 것이다.
> ③ '척도질문'에 해당한다. 척도질문은 숫자를 이용하여 내담자에게 자신의 문제, 문제의 우선순위, 성공에 대한 태도, 정서적 친밀도, 자아존중감, 치료에 대한 확신, 변화를 위해 투자할 수 있는 노력, 진행에 관한 평가 등의 수준을 수치로 표현하도록 하는 방법이다.
> ⑤ '기적질문'에 해당한다. 기적질문은 문제 자체를 제거하거나 감소하지 않고 문제와 떨어져서 해결책을 상상하게 하는 것으로서, 이를 통해 사회복지사는 클라이언트가 바꾸고 싶어 하는 것을 스스로 설명하게 하여 문제에 대한 집착으로부터 벗어나 해결 중심 영역으로 들어가게 한다.

19 다음 중 사회복지사의 실천이론과 그에 대한 모델을 잘못 연결한 것은?

① 정신역동이론 – 초점은 과거 경험보다는 '여기-지금'이다.

② 행동주의이론 – 새로운 행동을 학습하고, 문제행동을 감소시키도록 원조한다.

③ 인지행동이론 – 우울증, 낮은 자존감과 자아가 고갈된 사고와 행동을 가진 클라이언트에게 효과적이다.

④ 상호작용모델 – 사람들 간의 상호작용 중재를 통해 사회기능을 증진시킨다.

⑤ 구조적 모델 – 개인의 욕구에 더 잘 부합되도록 환경을 먼저 개선시키는 것을 목적으로 한다.

> **해 설** 정신역동이론은 과거결정론적 가정을 가지며, '과거의 그때' 있었던 일과 경험을 중시한다.

20 다음 가계도의 상징적 예시 중 융합 및 갈등 관계를 반영하는 것은?

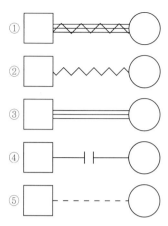

> **해 설** ② 갈등 · 불신 관계, ③ 밀착 관계, ④ 이별 · 단절 관계, ⑤ 소원한 관계

21 다음 중 중범위수준의 사회복지실천에 대한 설명으로 옳은 것을 모두 고르면?

> ㄱ. 지역사회, 기관이나 조직 등을 대상으로 한다.
> ㄴ. 사회계획과 지역사회조직과정을 포함한다.
> ㄷ. 사회복지사는 주로 클라이언트와 1 : 1로 접촉하면서 직접서비스를 전달한다.
> ㄹ. 클라이언트에게 직접적인 영향을 미치는 가족, 또래집단, 학급과 같은 체계를 변화시키는 것이다.

① ㄱ, ㄴ, ㄷ   ② ㄱ, ㄷ
③ ㄴ, ㄹ   ④ ㄹ
⑤ ㄱ, ㄴ, ㄷ, ㄹ

> **해 설** ㄱ · ㄴ. 거시수준의 실천에 해당한다.
> ㄷ. 미시수준의 실천에 해당한다.
> **클라이언트 체계수준에 따른 사회복지실천**
> • 미시수준 : 개인, 부부, 가족을 포함하는 다양한 클라이언트 체계를 대상으로 하며, 사회복지사는 클라이언트와 1:1로 접촉하면서 직접 서비스를 전달한다.
> • 중범위수준 : 대인관계, 의미 있는 관계 등 학교나 직장, 이웃, 동료, 또래관계에 사회복지사가 개입한다. 클라이언트에게 직접적 영향을 미치는 가족, 또래집단, 학급과 같은 체계를 변화시키는 것이다.
> • 거시수준 : 서비스의 직접전달과는 거리가 멀다. 전체사회, 지역사회, 기관이나 조직 등을 대상으로 사회계획, 지역사회조직과정을 포함한다.

22 다음 사례에서 사회복지사의 개입방법에 관한 설명으로 옳은 것은?

> 가정폭력으로 이혼한 영미 씨의 전 남편은 딸의 안전을 확인해야 양육비를 주겠다며 딸의 휴대폰 번호도 못 바꾸게 하였다. 영미 씨는 아버지의 언어폭력으로 인한 고통을 호소하는 딸에게 전화를 계속하여 받도록 하였다. 사회복지사는 이에 대한 사정평가 후, 경제적 어려움에 대한 불안감이 가정폭력을 사실상 지속시킨다고 판단하여 양육비이행지원서비스를 받을 수 있도록 지원하고 아버지의 전화를 차단하도록 하였다.

① 가족 옹호
② 가족 재구성
③ 재정의하기
④ 탈삼각화기법
⑤ 균형 깨트리기

해설 ① 가족 옹호(Family Advocacy)는 가족을 위한 기존의 서비스 혹은 서비스 전달을 향상시키거나 새로운 혹은 변화된 형태의 서비스를 개발하도록 하는 것으로, 가족의 사회환경을 향상시키고 사회정의를 증진시키기 위한 과정으로 볼 수 있다. 보기의 사례에서 사회복지사는 이혼가정의 양육비 문제와 가정폭력 문제 사이에서 변화를 가져오기 위해 문제를 정확히 진단하고 그에 대한 새로운 전략을 세우고 있다.
② · ③ 재구성 또는 재정의(Reframing)는 가속성원의 문제를 나른 시각에서 보거나 다른 방법으로 이해하도록 돕는 방법이다.
④ 탈삼각화(Detriangulation)는 가족 내 삼각관계를 교정하여 미분화된 가족자아 집합체로부터 벗어나도록 돕는 방법이다.
⑤ 균형 깨뜨리기(Unbalancing)는 가족 내 하위체계들 간의 역기능적 균형을 깨뜨리기 위한 방법이다.

23 사회기술훈련에서 사용되는 행동주의모델기법을 모두 고른 것은?

> ㄱ. 정적 강화
> ㄴ. 역할 연습
> ㄷ. 직 면
> ㄹ. 과제를 통한 연습

① ㄱ, ㄴ
② ㄱ, ㄷ
③ ㄱ, ㄴ, ㄹ
④ ㄴ, ㄷ, ㄹ
⑤ ㄱ, ㄴ, ㄷ, ㄹ

해설 ㄷ. 직면(Confrontation)은 클라이언트의 행동변화(행동수정)나 사회기술 향상을 위해 사용되는 기법이 아닌 클라이언트의 인지능력 향상 및 상황에 대한 인식을 돕기 위해 사용되는 기법에 해당한다.

24 다음 중 가족관계에서 가족구조의 개념에 대한 설명으로 가장 적절한 것은?

① 체계로서의 가족이 구조와 기능에 균형을 유지하려는 속성
② 가족들 간에 지켜야 할 의무나 태도에 대한 지침·권리
③ 가족 내 체계들 간의 구분이나 가족체계와 외부체계를 구분해 주는 선
④ 가족원끼리의 상호작용법과 연속성, 반복, 예측되는 가족행동 등을 조직하는 것
⑤ 가족 내 성원의 변화는 다른 성원들과 가족 전체에 영향을 미침

해 설 ① 가족항상성, ② 가족규칙, ③ 경계, ⑤ 가족순환성

25 다음 중 문제해결모델에 대한 설명으로 가장 옳은 것은?

① 사회복지사는 클라이언트를 문제해결이 부족한 자로 보고 잠재능력 향상을 도모한다.
② 기능주의의 입장에서 진단주의를 적용한다.
③ 사회진단과 사회적 치료를 중요시한다.
④ 클라이언트의 체험이나 퍼스낼리티를 중요시하여 진단과 치료를 한다.
⑤ 표적문제의 명확화와 시간제한을 강조한다.

해 설 **문제해결모델**
- 펄만(Perlman)이 진단주의 입장에서 기능주의를 도입하였다.
- 문제해결모델은 문제해결과정을 강조하며, 치료가 아니라 현재의 문제에 대처하는 개인의 문제해결능력을 회복시키는 데 그 목적이 있으며 인간생활을 문제해결과정으로 보고 기술을 가르치는 것으로 본다.
- 사회복지사는 클라이언트를 문제해결이 부족한 사람으로 보고 잠재능력의 향상을 도모한다.
- 문제해결모델의 구성요소인 4대 요소(4P)는 사람(Person), 문제(Problem), 장소(Place), 과정(Process)이고, 6대 요소는 4P에 전문가(Professional Person), 제공(Provision)을 포함한다.
- 대표적인 학자로는 펄만(Perlman), 에릭슨(Erikson), 화이트(White) 등이 있다.

01 다음 중 지역사회복지와 관련된 개념에 대한 설명으로 가장 옳은 것은?

① 지역사회 자체는 지역사회복지의 실천이 될 수 없다.
② 지역사회보호는 시설보호의 강점을 유지하기 위해서 등장한 개념이다.
③ 지역사회조직사업은 민간조직이 아닌 공공조직을 통하여 달성되는 영역이다.
④ 지역사회복지가 궁극적으로 추구하는 것은 지역경제의 활성화이다.
⑤ 지역사회복지실천은 지역사회의 복지증진을 위한 모든 전문적 · 비전문적 활동을 포함한다.

해 설 ① 지역사회복지실천은 지역사회를 대상으로 하는 사회복지실천을 의미하므로, 지역사회 자체가 개입의 대상이자 사회복지실천의 장이 된다.
② 지역사회보호(Community Care)는 기존의 시설보호 위주의 서비스에서 탈피하여 지역사회와 상호 보완하여 서비스를 개선시키고자 등장한 개념이다.
③ 지역사회조직사업(Community Organization)은 공공 및 민간 사회복지기관의 전문사회복지사에 의해 계획적 · 조직적으로 이루어지며, 과학적 · 전문적 기술을 활용한다는 점에서 지역사회복지 활동과 구별된다.
④ 지역사회복지가 궁극적으로 추구하는 것은 이상적인 지역사회(Ideal Community)의 건설이다.

기출 18회
02 갈등이론에 관한 설명으로 옳은 것을 모두 고른 것은?

ㄱ. 갈등 현상을 사회적 과정의 본질로 간주한다.
ㄴ. 사회나 조직을 지배하는 특정 소수집단의 역할이 중요하다.
ㄷ. 사회관계는 교환적인 활동을 통해 이익이나 보상이 주어질 때 유지된다.
ㄹ. 사회문제는 사회변화가 아닌 개인의 사회적응을 통해 해결할 수 있다.

① ㄱ   ② ㄱ, ㄴ
③ ㄴ, ㄷ   ④ ㄱ, ㄴ, ㄷ
⑤ ㄴ, ㄷ, ㄹ

해 설 ㄱ. 갈등이론은 지역사회에 존재하는 갈등 현상에 주목하며, 갈등을 사회발전의 요인과 사회통합의 관점에서 다룬다. 특히 지역사회 내의 각 계층들이 이해관계에 의해 형성되며, 지역사회 구성원들 간에 경제적 자원, 권력, 권위 등이 불평등한 배분관계에 놓일 때 갈등이 발생한다고 본다.
ㄴ. 갈등이론은 대중 혹은 사회적 약자가 조직적 결성과 대항을 통해 소수 기득권층과의 갈등을 해결하고 타협을 하는 과정을 강조한다.
ㄷ. 사회교환이론(교환이론)의 내용에 해당한다. 사회교환이론은 물질적 또는 비물질적인 자원의 교환을 인간의 기본적인 상호작용의 형태로 간주하며, 인간관계에 대한 경제적 관점을 토대로 이익이나 보상에 의한 긍정적인 이득을 최대화하는 한편, 비용이나 처벌의 부정적인 손실을 최소화하는 교환의 과정을 분석한다.
ㄹ. 갈등이론은 지역사회가 갈등을 겪으면서 보다 역동적이고 민주적인 지역사회로 변화할 수 있다고 본다.

03 다음 중 워렌(Warren)이 제시한 좋은 지역사회의 기준에 해당하지 않는 것은?

① 권력이 분산되지 않도록 해야 한다.
② 지역주민들의 자율권은 충분히 보장되어야 한다.
③ 다양한 소득, 인종, 종교, 이익집단이 포함되어 있어야 한다.
④ 구성원 사이에 인격적 관계가 이루어질 수 있어야 한다.
⑤ 정책형성 과정에서 갈등을 최소화하면서 협력을 최대화해야 한다.

> **해 설** 좋은 지역사회의 기준(Warren)
> • 구성원 사이에 인격적 관계가 이루어질 수 있어야 한다.
> • 권력이 폭넓게 분산되어 있어야 한다.
> • 다양한 소득, 인종, 종교, 이익집단이 포함되어 있어야 한다.
> • 지역주민들의 자율권은 충분히 보장되어야 한다.
> • 정책형성 과정에서 갈등을 최소화하면서 협력을 최대화해야 한다.

기출 14회

04 지역사회에 관한 기능주의 관점을 설명한 것으로 옳은 것을 모두 고른 것은?

ㄱ. 사회는 항상 불안하다고 전제한다.
ㄴ. 조화, 적응, 안정, 균형을 중시한다.
ㄷ. 소수엘리트에 의한 주도적 가치판단을 중시한다.
ㄹ. 사회변화가 점진적으로 이루어진다고 전제한다.

① ㄱ, ㄴ, ㄷ   ② ㄱ, ㄷ
③ ㄴ, ㄹ   ④ ㄹ
⑤ ㄱ, ㄴ, ㄷ, ㄹ

> **해 설** 지역사회에 관한 기능주의 관점과 갈등주의 관점의 비교

구 분	기능주의 관점	갈등주의 관점
주요 내용	체계의 안정을 위한 구조적 적응	갈등의 긍정적 측면에 대한 인식 (사회발전의 요인)
사회의 형태	안정지향적	집단 간의 갈등
각 요소의 관계	조화, 적응, 안정, 균형	경쟁, 대립, 투쟁, 갈등
대상요인	사회부적응	사회불평등
중요 가치 결정	합의에 의한 결정	지배계급의 이데올로기
지위 배분	개인의 성취	지배계급에 유리
변 화	점진적, 누진적	급진적, 비약적

05 다음 중 미국 지역사회복지의 발달 과정을 시기상 빠른 연대순으로 올바르게 나열한 것은?

> ㄱ. 자선조직협회 창설
> ㄴ. 헐 하우스(Hull House) 건립
> ㄷ. 공정노동기준법 제정
> ㄹ. '작은 정부' 지향으로 복지에 대한 지방정부 책임 강조
> ㅁ. '빈곤과의 전쟁' 선포로 사회복지에 대한 연방정부 역할 증대

① ㄱ - ㄴ - ㄷ - ㄹ - ㅁ   ② ㄱ - ㄷ - ㄴ - ㅁ - ㄹ
③ ㄱ - ㄷ - ㄴ - ㄹ - ㅁ   ④ ㄱ - ㄴ - ㄷ - ㅁ - ㄹ
⑤ ㄴ - ㄷ - ㄱ - ㅁ - ㄹ

> **해 설**   ㄱ. 영국 성공회의 거틴(Gurteen) 목사는 1869년 영국에서 처음 만들어진 자선조직협회(COS ; Charity Orga-
> nization Societies)를 본받아 1877년 뉴욕주 버팔로시에 미국 최초의 자선조직협회를 창설하였다.
> ㄴ. 헐 하우스(Hull House)는 미국의 초창기 인보관으로서 아담스(Adams)가 1889년 시카고에 건립하였다.
> ㄷ. 현대적인 의미의 전국 최저임금제도의 시행을 골자로 한 공정노동기준법(Fair Labor Standards Act)이 제
> 정된 것은 1938년이다.
> ㅁ. 1964년 미국의 존슨(Johnson) 행정부는 '빈곤과의 전쟁(War on Poverty)'을 선언하였으며, 이를 계기로 지
> 역사회개혁프로그램(CAP ; Community Action Program)을 실시하였다.
> ㄹ. 1980년대 레이건(Reagan) 행정부는 '작은 정부' 지향으로 사회복지에 대한 지원을 연방정부 책임 하에서
> 지방정부, 민간기업, 가족에 중심을 두는 방향으로 전환하였다.

06 다음 중 펄만과 구린(Perlman & Gurin)이 제시한 지역사회복지실천의 목적 분류와 그 대표적인
학자를 올바르게 모두 고른 것은?

> ㄱ. Ross – 사회조건 및 서비스의 향상
> ㄴ. Lippitt – 문제대처 능력의 고양
> ㄷ. Morris & Binstock – 지역사회 참여와 통합의 강화
> ㄹ. Grosser – 불이익집단의 이익 증대

① ㄱ, ㄴ, ㄷ   ② ㄱ, ㄷ
③ ㄴ, ㄹ   ④ ㄹ
⑤ ㄱ, ㄴ, ㄷ, ㄹ

> **해 설**   ㄱ. 지역사회복지실천의 목적으로서 사회조건 및 서비스의 향상에 초점을 둔 대표적인 학자로 모리스와 빈스
> 톡(Morris & Binstock)을 들 수 있다.
> ㄷ. 지역사회복지실천의 목적으로서 지역사회 참여와 통합의 강화에 초점을 둔 대표적인 학자로 로스(Ross)
> 를 들 수 있다.

07 다음 내용에 적합한 실천모델은?

- 순환적 원인론 적용
- 환경 속의 인간 개념 활용
- 공통의 문제해결 과정의 도출
- 서비스 분화 및 파편화 문제의 해결

① 통합적 모델   ② 해결중심모델
③ 기능주의모델   ④ 진단주의모델
⑤ 인지행동모델

해 설   **통합적 모델(통합적 접근방법)**
- 1960~1970년대에 대두된 것으로서, 기존의 전통적인 사회복지실천이 개별사회사업, 집단사회사업, 지역사회조직사업 등 개별적인 접근법을 통해 주로 특정 문제 중심으로 개입함으로써 다양한 문제에 효과적으로 대처하는 것이 어려웠다는 점을 부각시킨다.
- 개인, 집단, 지역사회에서 제기되는 사회문제에 활용할 수 있는 공통된 원리나 개념을 제공하기 위해 제반 방법들을 통합한 것이다.
- '환경 속의 인간'을 기본적인 관점으로 하여 인간과 환경을 단선적인 관계가 아닌 순환적인 관계로 이해하는 일반체계이론의 관점, 개인·집단·조직·지역사회 등 보다 구체적이고 역동적인 체계들 간의 관계를 가정하는 사회체계이론의 관점, 유기체와 환경 간의 상호교류 및 역학적 관계를 중시하는 생태체계이론의 관점 등을 포괄한다.

08 다음 설명에 해당하는 지역사회복지 실천기술은?

A사회복지사는 지역사회 내 저소득 장애인의 취업 문제를 해결하는 과정에서 당사자들이 문제의식을 갖게 하고, 그들 스스로 문제해결능력을 향상시키기 위해 노력하였다.

① 중 개   ② 연 계
③ 옹 호   ④ 조직화
⑤ 자원개발

해 설   **조직화**
- 클라이언트의 문제를 해결하기 위해 필요한 인력이나 서비스를 규합하고 조직의 목표를 성취하도록 합당하게 운영해 나가는 과정으로서, 전체 지역주민을 대표하는 일정 수의 주민을 선정하여 지역사회의 당면문제 해결을 도모하는 과정이다.
- 사회복지사는 지역사회가 처한 상황과 해결 방향에 따라 목표를 세우고 관련 당사자들로 하여금 문제의식을 갖게 하여 모임을 만들도록 하며, 그 조직이 지역사회의 욕구나 문제를 해결해 나가도록 돕는다.

09 다음 중 테일러와 로버츠(Taylor & Roberts)의 지역사회복지실천모델에 대한 설명으로 옳지 않은 것은?

① 로스만(Rothman)의 기본 3가지 모델을 분화하여 지역사회복지실천모델을 5가지 유형으로 구분하였다.
② 프로그램 개발 및 조정모델은 자선조직협회운동 및 인보관운동에 근거한다.
③ 지역사회연계모델은 후원자가 클라이언트보다 더 많은 결정 권한이 있다.
④ 정치적 권력강화모델은 로스만의 사회행동모델과 유사하다.
⑤ 계획모델은 조사연구, 과학적 분석 등 기술적 능력에 큰 비중을 둔다.

> **해설** ③ 지역사회연계모델은 클라이언트의 요구와 후원자의 판단 모두에 근거하여 문제해결을 위해 다양한 연계 노력을 전개하는 모델로서, 후원자와 클라이언트의 영향력이 비교적 동등하게 적용된다.
> ① 테일러와 로버츠(Taylor & Roberts)는 로스만(Rothman)의 기본 3가지 모델을 분화하여 지역사회복지실천 모델을 지역사회개발모델, 프로그램 개발 및 조정모델, 계획모델, 지역사회연계모델, 정치적 행동 및 역량 강화모델의 5가지 유형으로 구분하였다.
> ② 프로그램 개발 및 조정모델은 지역사회복지의 모체인 자선조직협회운동 및 인보관운동에 근거한다. 특히 지역사회의 변화를 효과적이고 효율적으로 유도하기 위해 프로그램을 개발 및 조정해 나간다.
> ④ 정치적 권력강화모델은 로스만 모델의 사회행동모델과 유사하여 특히 사회적으로 배제된 집단의 권리 확보를 강조한다.
> ⑤ 계획모델은 조사연구, 과학적 분석 등 기술적 능력에 큰 비중을 두는 방식으로서, 합리성, 중립성, 객관성의 원칙에 따라 공식적 구조 및 과정을 통해 지역사회의 문제를 해결해 나간다.

10 지역사회복지기관은 설립주체에 따라 정부기관과 민간기관으로 구분된다. 다음 중 정부기관과의 비교 관점에 따른 민간기관의 특징으로 옳지 않은 것은?

① 민간기관은 전 지역사회 혹은 특수집단을 대상으로도 지역의 복지를 추구할 수 있다.
② 민간기관은 보통 보편주의적 접근을 통해 전 지역주민을 복지의 대상으로 한다.
③ 민간기관은 상대적으로 시범적이고 봉사적이며, 전문적이고 융통적인 특징을 가진다.
④ 민간기관은 정부의 복지정책에 대한 보충적인 역할을 담당할 수 있다.
⑤ 민간기관은 민주주의에 입각한 주민의 참여를 보다 강조하는 경향이 있다.

> **해설** ② 지역사회복지정책에 있어서 복지 대상자의 범위를 어떻게 설정하느냐에 따라 보편주의적 접근과 선별주의적 접근으로 구분할 수 있다. 보편주의적 접근은 보통 전 지역사회의 주민들을 복지의 대상으로 하여 무차별적으로 서비스를 제공하는 데 반해, 선별주의적 접근은 특수한 요구를 가진 취약계층에 대해 보다 집중적인 서비스를 제공하는 방식이다. 일반적으로 정부의 지역복지기관들이 보편주의적인 성격을 나타내 보이는 데 반해, 민간기관에 의한 복지활동은 선별주의적인 양상을 보인다.

11 다음 중 지역사회복지실천에 있어서 과업중심의 목표에 해당하는 것을 모두 고르면?

> ㄱ. 노인주간보호센터의 건립
> ㄴ. 여성, 장애인이 취업할 수 있도록 하는 고용지원
> ㄷ. 학교급식 조례 제정
> ㄹ. 지역사회문제 해결을 위한 주민참여 유도

① ㄱ, ㄴ, ㄷ   ② ㄱ, ㄷ
③ ㄴ, ㄹ   ④ ㄹ
⑤ ㄱ, ㄴ, ㄷ, ㄹ

해설   던햄의 지역사회복지활동의 목표

과업중심목표	지역사회의 특정 욕구를 충족시키거나 특정 문제를 해결하기 위해서 취하는 구체적인 과업의 완수에 역점을 두는 것이다.
과정중심목표	지역주민들의 참여, 자조, 협동능력을 개발 · 강화 · 유지하도록 도와 그들이 문제에 보다 효과적으로 대처할 수 있게 한다. 지역사회 주민들이 문제를 해결할 수 있는 능력을 갖도록 해준다.
관계중심목표	지역사회와 집단들 간의 관계와 의사결정권의 분배에 있어서 변화를 유도한다. 지역사회 구성요소 간의 사회관계에 있어서 변화를 시도하는 데 역점을 둔다.

12 다음 중 우리나라의 지역사회복지 발달에 대한 설명으로 옳은 것을 모두 고른 것은?

> ㄱ. 1950년대 – 외국공공원조단체가 한국연합회를 조직하였다.
> ㄴ. 1970년대 – 농촌의 생활환경을 개선하는 것을 목표로 새마을운동이 전개되었다.
> ㄷ. 1980년대 – 재가복지봉사센터가 설치 · 운영되었다.
> ㄹ. 1990년대 – 16개 광역 시 · 도에 사회복지공동모금회가 설립되었다.

① ㄱ, ㄴ, ㄷ   ② ㄱ, ㄷ
③ ㄴ, ㄹ   ④ ㄹ
⑤ ㄱ, ㄴ, ㄷ, ㄹ

해설   ㄱ. 1950년대 한국인에 대한 기여와 봉사를 증대하기 위해 구성된 'KAVA(Korean Association of Voluntary Agencies)'는 외국공공원조단체가 아닌 외국민간원조단체의 한국연합회였다. KAVA는 1952년 7개 기관이 모여 조직되었다가 1955년에 사무국을 둠으로써 비로소 연합회로서의 기능을 갖추게 되었다.
ㄴ. 1970년대 새마을운동은 본래 농한기 농촌마을 가꾸기 시범사업 형태로 시작되어 농촌의 생활환경개선사업으로 이어졌다.
ㄷ. 재가복지봉사센터는 1991년 설치 · 운영 지침이 마련되어 1992년에 최초로 설립되었다. 당시 전국의 사회복지관 105개에 재가복지봉사센터를 신설하였으며, 8개의 노인복지관과 16개의 장애인복지관에도 설치되어 총 129개가 설립되었다.
ㄹ. 1997년에 제정된 사회복지공동모금법은 중앙에 '전국공동모금회', 16개의 시 · 도에 '지역공동모금회'를 구성하고, 제도적으로 모금과 배분을 동일하게 할 수 있도록 규정하였다. 1998년에는 전국 16개의 광역 시 · 도에 '사회복지공동모금회'가 설립되어 전국적으로 공동모금이 실시되었으며, 같은 해 후반에 사회적 여론을 반영하여 '사회복지공동모금법'을 '사회복지공동모금회법'으로 개정하였다. 그에 따라 지역공동모금회가 중앙공동모금회의 지회로 전환되었다.

13 다음 지역사회복지실천 기관 중 직접 서비스기관에 해당하는 것은?

① 사회복지협의회　　　　　　　② 사회복지공동모금회
③ 자원봉사센터　　　　　　　　④ 지역자활센터
⑤ 사회복지관협회

> **해설** ④ 지역자활센터는 근로능력이 있는 저소득층에게 집중적 · 체계적인 자활지원서비스를 제공하여 자활의욕을
> 고취하고 자립능력 향상을 지원하는 직접 서비스기관에 해당한다.
> ① · ② · ③ · ⑤ 간접 서비스기관에 해당한다. 간접 서비스기관은 다른 기관들의 사업을 용이하게 하거나 향
> 상시킴으로써 지역주민들을 간접적으로 돕는 역할을 한다.

기출 15회
14 조선시대 흉년으로 인한 이재민과 빈민을 구제한 국가기관은?

① 향 약　　　　　　　　　　　② 활인서
③ 진휼청　　　　　　　　　　　④ 기로소
⑤ 동서대비원

> **해설** ③ 진휼청(賑恤廳)은 의창(義倉)이나 상평창(常平倉)과 같이 흉년으로 인한 이재민과 빈민을 구제하던 국가기
> 관으로서, 평상시 상평창과 함께 곡가 조절 업무를 수행하다가 흉황 시 구휼 · 진대 업무를 수행하였다.
> ① 향약(鄕約)은 지역사회의 발전과 지역주민들의 순화 · 덕화 · 교화를 목적으로 한 지식인들 간의 자치적인
> 협동조직이다.
> ② · ⑤ 대비원(大悲院)은 고려시대와 조선시대의 의료 · 구호기관으로서, 병자나 굶주린 사람을 수용하여 치
> 료 · 보호하던 일종의 국립의료기관이다. 고려시대에 개경을 중심으로 동쪽과 서쪽에 있었다고 하여 동서
> 대비원(東西大悲院)으로 불렸으며, 조선시대에 동서활인원(東西活人院), 활인서(活人署)로 개칭되었다.
> ④ 기로소(耆老所)는 연로한 고위 문신들의 친목 및 예우를 위해 설치한 기구로서, 나라의 경사가 있을 때 하
> 례(賀禮)를 행하거나 왕의 자문에 응하여 중요한 국사를 논의하는 등의 역할을 수행하였다.

15 다음 중 지역사회개발모델에서 사회복지사의 전문가로서의 역할에 해당하지 않는 것은?

① 지역사회 분석과 진단　　　　② 지역사회와의 동일시
③ 기술상의 정보 제공　　　　　④ 조사기술의 활용
⑤ 타 지역사회에 관한 정보 제공

> **해설** ② 지역사회와의 동일시는 사회복지사의 안내자로서의 역할에 해당한다.
> **지역사회개발모델에서 사회복지사의 역할(M. Ross)**
>
> | 안내자 | • 1차적인 역할
• 객관적인 입장
• 자기역할의 수용 | • 주도 능력
• 지역사회와의 동일시
• 역할에 대한 설명 |
> | --- | --- | --- |
> | 조력자 | • 불만의 집약
• 대인관계 육성 | • 조직화 격려
• 공동목표의 강조 |

전문가	• 지역사회의 진단 • 타 지역사회에 관한 정보 제공 • 기술상의 정보 제공	• 조사기술의 활용 • 방법상의 조언 제공 • 평 가
사회치료자	• 지역사회의 공동관심사를 저해하는 요소들에 대한 지역사회 수준에서의 진단 및 치료 • 지역사회의 문제에 대해 지역주민들의 인식을 재고하기 위한 노력	

16 다음 중 지역아동센터 운영의 근간이 되는 기본개념으로 옳지 않은 것은?

① 지역사회연계
② 문화서비스 제공
③ 정서적 지원
④ 교육적 기능 수행
⑤ 빈곤위기 아동의 가족 내 보호개념 실현

> **해 설** ⑤ 빈곤위기 아동의 가족 내 보호개념의 실현이 아닌 지역사회 내 보호개념의 실현이 옳다.
> **지역아동센터(아동복지법 제52조 참조)**
> 지역사회 아동의 보호·교육, 건전한 놀이와 오락의 제공, 보호자와 지역사회의 연계 등 아동의 건전한 육성을 위하여 종합적인 아동복지서비스를 제공하는 시설을 말한다.
> 이러한 지역아동센터는 아동보호(안전한 보호, 급식 등), 교육 기능(일상생활 지도, 학습능력 제고 등), 정서적 지원(상담·가족지원), 문화서비스(체험활동, 공연) 등을 지원하여 지역사회 내 아동돌봄에 대한 사전예방적 기능을 하고 사후 연계를 제공한다.

17 다음 중 지역사회문제해결의 과정과 관련하여 칸(Kahn)이 제시한 '계획과정(Planning Process)' 의 단계들을 순서대로 올바르게 나열한 것은?

ㄱ. 탐 색
ㄴ. 계획의 선동
ㄷ. 정책형성
ㄹ. 프로그램화
ㅁ. 계획과업의 결정
ㅂ. 평가의 환류

① ㄱ － ㄴ － ㄷ － ㄹ － ㅁ － ㅂ
② ㄴ － ㄱ － ㅁ － ㄷ － ㄹ － ㅂ
③ ㄱ － ㄴ － ㄹ － ㅁ － ㄷ － ㅂ
④ ㄴ － ㄱ － ㄷ － ㄹ － ㅁ － ㅂ
⑤ ㄱ － ㄴ － ㅁ － ㄷ － ㄹ － ㅂ

> **해 설** **칸(Kahn)의 계획과정(Planning Process)**
> 계획의 선동(Planning Instigators) → 탐색(Explorations) → 계획과업의 결정(Definition) → 정책형성(Policy Forming) → 프로그램화(Programming) → 평가의 환류(Feedback)

18 다음 중 사회복지사가 클라이언트를 옹호하기 위해 사용하는 구체적인 전술에 해당하지 않는 것은?

① 설 득
② 의 뢰
③ 공청회
④ 정치적 압력
⑤ 표적을 난처하게 하기

> **해 설** 옹호의 구체적 전술(Kirst-Ashman & Hull, Jr.)
> • 설득(Persuasion) : 변화표적체계로 하여금 기존의 결정과 다른 결정을 내리도록 필요한 정보를 제공한다.
> • 공청회 또는 증언청취(Fair Hearing) : 정당한 권리를 거부당한 클라이언트에게 평등한 처우가 보장되도록 정부기관 종사자 등의 외부인사로 하여금 관련 당사자들의 주장을 듣는 자리를 마련한다.
> • 표적을 난처하게 하기(Embarrassment of the Target) : 조직의 실수나 실패를 지적하고 주의를 환기시켜 당혹스럽게 만든다.
> • 정치적 압력(Political Pressure) : 바람직한 방향으로의 변화가 발생하지 않는 경우 이를 강요하기 위해 객관적이고 타당한 자료를 가지고 정치적 영향력이 있는 사람들과 접촉한다.
> • 미디어 활용(Using Media) : TV를 비롯한 각종 미디어매체를 활용하여 불평을 널리 알린다.
> • 탄원서(Petitioning) : 여러 사람들에게 탄원서를 돌리거나 서명을 받아 특정 행동을 촉구한다.

19 다음 중 자원봉사활동기본법상 자원봉사활동의 원칙에 해당하는 것을 모두 고르면?

ㄱ. 무보수성
ㄴ. 공익성
ㄷ. 비정파성
ㄹ. 보충성

① ㄱ, ㄴ, ㄷ
② ㄱ, ㄷ
③ ㄴ, ㄹ
④ ㄹ
⑤ ㄱ, ㄴ, ㄷ, ㄹ

> **해 설** 자원봉사활동기본법상 자원봉사활동의 원칙(자원봉사활동 기본법 제2조 제2호 참조)
> 무보수성, 자발성, 공익성, 비영리성, 비정파성, 비종파성

20 다음 중 지방분권이 지역사회복지에 미치는 긍정적 영향에 대한 설명으로 옳지 않은 것은?

① 지방정부 간 경쟁으로 복지프로그램의 이전 및 확산이 이루어질 수 있다.
② 지방정부의 지역복지에 대한 자율성 및 책임의식을 증대시킬 수 있다.
③ 지역주민의 실제적 욕구에 기반을 둔 독자적이고 차별화된 복지정책을 추진할 가능성이 높아진다.
④ 지역주민의 평균적인 욕구에 기반을 둔 균형 있는 복지서비스 제공이 이루어질 수 있다.
⑤ 복지의 분권화를 통해 효율적인 복지집행체계의 구축이 용이해질 수 있다.

> **해 설** ④ 지방분권은 지방자치단체장의 의지에 따라 복지서비스의 지역 간 불균형을 초래할 수 있으며, 지방정부 간의 재정력 격차로 인해 지역 간 복지수준의 차이를 유발할 수 있다.

21 다음 중 지역사회의 임파워먼트를 높이기 위한 구체적인 방법에 해당하는 것을 올바르게 모두 고른 것은?

ㄱ. 자기주장 ㄴ. 공공의제의 틀 형성
ㄷ. 권력 키우기 ㄹ. 사회자본의 창출

① ㄱ, ㄴ, ㄷ ② ㄱ, ㄷ
③ ㄴ, ㄹ ④ ㄹ
⑤ ㄱ, ㄴ, ㄷ, ㄹ

> **해 설** | **지역사회의 임파워먼트를 높이기 위한 구체적인 방법**
> - 의식 제고(Consciousness Raising) : 무력감에 빠진 개인들을 대상으로 문제의 원인이 자신들에게 있기보다는 사회구조에서 비롯된 것임을 인식시킨다.
> - 자기주장(Self-assertion) : 클라이언트로 하여금 두려움이나 위축감에서 벗어나 공개적으로 자신의 주장을 개진할 수 있도록 돕는다.
> - 공공의제의 틀 형성(Framing the Agenda) : 문제의 쟁점에 대해 일반대중의 관심을 이끌 수 있도록 이를 의제화한다.
> - 권력 키우기(Building Power) : 자원동원 및 조직화를 통해 지역주민들의 권력을 키운다.
> - 역량 건설(Capacity Building) : 클라이언트의 역량을 강화하기 위해 조직을 설립하며, 자신들의 주장을 보다 효과적으로 표출할 수 있도록 캠페인을 전개한다.
> - 사회자본의 창출(Creating Social Capital) : 사회자본은 지역사회 구성원들의 사회적 관계에 기초한 자원으로서, 이는 구성원들 간의 협력 및 연대감을 높이는 데 기여한다. 특히 사회자본은 물리적 자본과 달리 사용할수록 총량이 증가한다.

기출 16회

22 로스만(J. Rothman)의 지역사회개발모델에 관한 설명으로 옳지 않은 것은?

① 지역사회 주민의 광범위한 참여를 전제한다.
② 조력자, 촉매자, 조정자로서의 사회복지사 역할을 강조한다.
③ 과업의 성취보다는 과정중심 목표에 중점을 둔다.
④ 변화의 매개체로 과업지향적인 소집단을 활용한다.
⑤ 변화전략은 표적대상에 대한 조치를 취할 수 있도록 주민을 동원하는 것이다.

> **해 설** | ⑤ 이슈의 구체화와 함께 표적대상에 대한 조치를 취할 수 있도록 주민을 동원하는 것은 사회행동모델의 변화전략에 해당한다. 반면, 지역사회개발모델의 변화전략은 문제결정 및 해결에 다수의 사람이 참여하는 것이다.

23 다음 중 지역사회개발과 지역사회조직사업의 공통점에 해당하지 않는 것은?

① 지역사회욕구에 관심을 둔다.
② 대표나 위임을 통한 참여를 활용한다.
③ 문제해결에 관심을 둔다.
④ 기술적·전문적 원조를 행한다.
⑤ 개인·집단 상호 간의 관계를 중시한다.

> **해 설** 지역사회조직이 사업에 있어서 대표나 위임을 통한 참여를 활용하는 반면, 지역사회개발은 지역주민들의 직접적인 참여를 강조하는 경향이 있다.

24 다음 지역사회복지실천의 이념 중 보기의 내용에 해당하는 것은?

> 지역주민이 지역사회와 관계를 맺고 사회의 온갖 다양한 문제들에서 벗어나 사회적으로 가치 있는 역할을 수행할 수 있도록 한다.

① 정상화   ② 주민참여
③ 탈시설화   ④ 사회통합
⑤ 네트워크

> **해 설** **지역사회복지실천의 이념**
> • 정상화 : 지역주민이 지역사회와 관계를 맺고 사회의 온갖 다양한 문제들에서 벗어나 사회적으로 가치 있는 역할을 수행할 수 있도록 한다.
> • 주민참여 : 지역주민이 자신의 욕구와 문제를 주체적으로 해결할 수 있도록 한다.
> • 탈시설화 : 기존의 대규모 시설 위주에서 그룹 홈, 주간보호시설 등 소규모로 확대 발전해나간다.
> • 사회통합 : 지역사회 내의 갈등이나 지역사회 간의 차이 또는 불평등을 뛰어넘어 사회 전반의 통합을 이룬다.
> • 네트워크 : 이용자 중심의 서비스를 위한 공급체계의 네트워크화 및 관련기관 간의 연계를 도모한다.

25 다음에서 설명하는 웨일과 갬블(Weil & Gamble)의 지역사회복지실천모델은?

- 목표는 프로그램의 방향 또는 자원을 최대한 끌어낼 수 있는 조직 기반
- 변화의 표적체계는 선출된 공무원, 재단, 정부기관
- 일차적 구성원은 특정 이슈에 이해관계가 있는 조직
- 사회복지사의 역할은 중재자, 협상가, 대변인

① 연 합
② 정치적 권력강화
③ 근린지역사회조직
④ 기능적인 지역사회조직
⑤ 프로그램의 개발과 조정

해설
② '정치적 권력강화모델'은 테일러와 로버츠(Taylor & Roberts)의 실천모델로서, 사회적으로 배제된 집단의 사회참여를 지원 및 지지하고, 자신들의 권리를 확보할 수 있도록 집단의 역량을 강화하는 것을 목표로 한다.
③ '근린지역사회조직모델'은 웨일과 갬블의 실천모델로서, 지리적 근접성에 기초한 지역사회조직화에 초점을 두며, 구성원의 조직 능력을 개발하고 범지역적인 계획 및 외부개발에 영향과 변화를 일으킬 수 있는 능력을 개발하는 것을 목표로 한다.
④ '기능적 지역사회조직모델'은 웨일과 갬블의 실천모델로서, 동일한 정체성이나 이해관계를 가진 사람들의 인위적인 조직을 통해 구성원들의 역량을 강화하며, 특정 관심사에 대한 사회적 변화를 유도한다.
⑤ '프로그램 개발 및 조정모델'은 테일러와 로버츠의 실천모델로서, 지역사회의 변화를 효과적이고 효율적으로 유도하기 위해 프로그램을 개발 및 조정해나가는 것을 목표로 한다.

01 다음 중 보기의 내용과 연관된 사회복지정책의 분석틀의 접근방법에 해당하는 것은?

> 길버트와 테렐(Gilbert & Terrell)은 사회복지정책 분석모형에서 네 가지 선택의 차원(할당체계, 급여체계, 전달체계, 재원체계)과 세 가지 축(가치, 이론, 대안)을 이용하여 정책설계의 중요한 구성요소들을 분석하였다.

① 과정(Process)분석　　　　　　　　② 성과(Performance)분석
③ 산물(Product)분석　　　　　　　　④ 인식(Perception)분석
⑤ 집행(Implementation)분석

> **해설**　사회복지정책의 분석방법으로는 크게 과정분석, 산물분석, 성과분석이 있다. 과정분석은 사회복지정책의 형성과정을 기술적 · 방법적 관점에서 분석하고, 산물분석은 사회복지정책의 선택 형태 및 내용을 분석하며, 성과분석은 특정한 정책의 실행에 의해 나타난 결과를 기술 · 평가하여 효과성을 판단하는 것이다. 길버트, 스펙트, 테렐(Gilbert, Specht & Terrell)은 산물분석을 기본틀로 하여 사회복지정책의 선택 차원으로서 다음의 할당, 급여, 전달, 재정을 제시하였다.
> - 할당(Allocation) : 사회적 급여를 누구에게 줄 것인가?
> - 급여(Benefits) : 선정된 수혜자에게 무엇을 줄 것인가?
> - 전달(Delivery) : 어떤 방법으로 급여를 줄 것인가?
> - 재정(Finance) : 자원 및 재원은 어떻게 마련할 것인가?

기출 18회

02 사회복지의 가치 중 '자유'에 관한 설명으로 옳은 것은?

① 자유지상주의 관점에서는 적극적 자유를 옹호한다.
② 소극적 자유 보장을 위해서는 국가의 역할이 많을수록 좋다.
③ 적극적 자유의 관점에서 자유의 침해는 개인에게 필요한 자원이나 기회를 박탈당한 것을 의미한다.
④ 적극적 자유의 관점에서는 임차인의 주거 안정을 위해 임대인의 자유를 제약할 수 없다.
⑤ 개인의 행동에 대한 외적 강제가 없는 상태는 적극적 자유의 핵심이다.

> **해설**　③ 물리적이고 가시적인 침탈을 자유의 침해로 간주하는 소극적 자유와 달리, 적극적 자유는 개인에게 필요한 자원이나 개인이 수행할 수 있는 행위들의 선택지 집합으로서 기회를 박탈당한 것을 자유의 침해로 간주한다.
> ① 자유지상주의 관점에서는 소극적 자유를 옹호한다.
> ② 소극적 자유에서는 복지에 대한 국가의 개입에 부정적인 입장을 보인다.
> ④ 적극적 자유의 관점에서는 임차인의 주거 안정을 위해 임대인의 자유를 제약할 수 있다.
> ⑤ 개인의 행동에 대한 외적 강제가 없는 상태는 소극적 자유의 핵심이다.

03 국민연금 보험료 부과체계상 소득상한선과 소득하한선에 관한 설명으로 옳지 않은 것은?

① 소득하한선은 일정수준 이하의 저소득계층을 제도의 적용으로부터 제외시키는 기능을 한다.

② 소득하한선을 높게 설정할 경우 국민연금 가입자 규모가 감소할 수 있다.

③ 소득상한선을 낮게 유지할 경우 고소득계층의 부담은 그만큼 더 커지게 된다.

④ 소득상한선은 국민연금 가입자들 상호 간 연금급여의 편차를 일정수준에서 제한하는 기능을 하게 된다.

⑤ 소득상한선은 그 이상의 소득에 대해서는 더 이상 보험료가 부과되지 않는 소득의 경계선을 의미한다.

해 설 ③ 우리나라 국민연금에서 소득상한선은 법으로 정한수준의 최고소득을 기준으로 초과하는 소득에 대하여 보험료의 부담을 면제하는 것으로, 가입자의 실제 소득이 소득상한선을 초과하게 될 경우 그 이하의 소득에 대해서만 보험료를 부과하는 것이다. 만약 현행 보험료율을 그대로 유지하면서 소득상한선을 낮게 유지할 경우 고소득계층은 소득이 증가하더라도 소득상한 기준으로 보험료가 책정되므로 상대적으로 부담이 줄어드는 반면, 소득상한선을 높게 설정할 경우 그만큼 더 많은 보험료를 내야 하므로 부담이 커지게 된다.

04 1942년 베버리지 보고서에서 구상한 복지국가 모형의 특징이 아닌 것은?

① 빈곤계층을 대상으로 하는 선별적 복지를 강조한다.

② 정액부담과 정액급여의 원리를 바탕으로 한다.

③ 베버리지는 결핍(궁핍), 질병, 무지, 불결, 나태를 5대 악으로 규정한다.

④ 정액부담의 원칙은 보험료의 징수와 관련한 행정비용을 절감할 수 있는 효과가 있다.

⑤ 노령, 장애, 실업, 질병 등과 같은 사회적 위험들을 하나의 국민보험에서 통합적으로 운영한다.

해 설 베버리지 보고서(Beveridge Report)는 보편주의(Universalism)의 이념을 핵심으로 한다. 여기서 보편주의는 모든 시민을 포함하고 동일한 급여를 제공하며, 빈민에 대한 자산조사의 낙인을 없애자는 것으로서, 이는 전쟁기간 중 새롭게 형성된 평등정신을 담고 있다. 특히 베버리지는 보편적이고 통일된 사회보험체계를 제안하였으며, 사회보험의 성공을 위한 기본전제조건으로서 아동수당(가족수당), 포괄적 보건서비스, 완전고용이 이루어져야 한다고 주장하였다.

05 다음 중 퍼니스와 틸튼에 의한 복지국가의 유형에 포함되는 것을 모두 고르면?

ㄱ. 적극적 국가　　　　　　　　　　　ㄴ. 사회보장국가
ㄷ. 사회복지국가　　　　　　　　　　　ㄹ. 조합주의국가

① ㄱ, ㄴ, ㄷ　　　　　　　　　　　　② ㄱ, ㄷ
③ ㄴ, ㄹ　　　　　　　　　　　　　　④ ㄹ
⑤ ㄱ, ㄴ, ㄷ, ㄹ

해설　ㄹ. 조합주의국가는 에스핑-앤더슨(Esping-Andersen)에 의한 복지국가의 유형에 해당한다.
퍼니스와 틸튼(Furniss & Tilton)의 복지국가 유형

적극적 국가	• 정부의 경제정책에 대한 적극성(사회복지보다 경제정책에 역점) • 사회보험 강조 예 미국 등
사회보장국가	• 경제와 연관된 복지를 통한 국민의 최저생활 보장 • 사회보험의 한계 인식, 공공부조 및 사회복지서비스 도입 예 영국 등
사회복지국가	• 노동조합의 활성화, 노동자 및 여성 등의 정치적 참여 촉진 • 보편적인 사회복지서비스 제공 예 스웨덴 등

06 다음 보기의 내용에 해당하는 연금의 유형으로 적절한 것은?

스웨덴, 덴마크와 같은 복지선진국에서는 별도의 보험료 납입이나 소득에 상관없이 모든 노인들에게 국가의 조세로 연금을 지급하고 있다.

① 사회보험식 공적 연금　　　　　　　② 사회부조식 공적 연금
③ 사회수당식 공적 연금　　　　　　　④ 강제가입식 공적 연금
⑤ 사회서비스식 공적 연금

해설　**연금의 유형**

사회보험식 공적 연금	사용자와 근로자가 함께 보험료를 납입하여 재원을 마련하며, 이후 보험료 납입 실적에 따라 연금을 지급하는 방식이다.
사회부조식 공적 연금	자산조사를 통해 일정 수준 이하의 소득을 가진 자에게 보험료 납입 여부와 상관없이 국가의 조세로 연금을 지급한다.
사회수당식 공적 연금	별도의 보험료 납입이나 소득에 상관없이 특정 인구학적 범주에 해당하는 대상자에게 국가의 조세로 연금을 지급한다.
강제가입식 민간연금	국가가 직접 연금을 운영하지 않는 대신 개인이 민간 보험회사의 연금 상품을 선택하게 하여 반드시 가입하도록 하는 방식이다.

07 다음 중 엘리자베스 구빈법에 관한 설명으로 옳지 않은 것은?

① 전국적으로 통일된 구빈행정기구가 마련되었다.
② 일종의 공공부조로서 근대적 사회복지의 출발점이 되었다.
③ 빈곤구제의 국가책임주의를 인식하였다.
④ 열등처우의 원칙이 명문화되었다.
⑤ 작업장과 구빈원을 활용하였다.

해 설 ④ 열등처우의 원칙을 명문화한 것은 1834년의 개정구빈법(신구빈법)이다.

엘리자베스 구빈법(1601)
- 영국은 당시 흉작과 식량위기의 상황을 동시에 겪으며 부랑자가 급속도로 증가하여 사회문제화되었다.
- 엘리자베스 여왕은 기존의 빈민법을 집대성하여 빈민을 통제하는 동시에 노동력을 확보하고자 하였다.
- 구빈을 담당하는 행정기관을 설립하고 빈곤자를 위한 구빈세를 부과하였다.
- 빈민을 노동능력이 있는 빈민, 노동능력이 없는 빈민, 요보호아동으로 분류하였다.
- 빈곤을 개인의 결함에서 비롯된 것으로 간주하는 개인주의적 빈곤죄악관을 근거로 하며, 빈민을 경멸하고 이들을 가혹하게 다루어 근로에 참여시키고자 하였다.
- 세계 최초의 구빈법과 공공부조로 근대적 사회복지의 출발점이 되었다.
- 빈민구제의 국가책임주의를 인식하였다. 즉, 최초로 구빈의 책임을 교회가 아닌 국가가 졌다.

08 복지혼합(Welfare Mix)의 문제점을 모두 고른 것은?

ㄱ. 소득계층 간 서비스 이용의 불평등 증가
ㄴ. 공공부문의 책임성 축소
ㄷ. 재정 불안 가능성 증대
ㄹ. 욕구에 대한 탄력적 대응 가능성 증대

① ㄱ, ㄴ, ㄷ   ② ㄱ, ㄷ
③ ㄴ, ㄹ   ④ ㄹ
⑤ ㄱ, ㄴ, ㄷ, ㄹ

해 설 ㄱ. 복지혼합의 가장 큰 문제점은 서비스 수준의 불평등을 심화시킨다는 데 있다. 사회복지서비스의 공급자로서 시장의 역할을 강화하는 것은 사실상 국가의 역할을 축소하는 것이며, 이는 곧 서비스의 불평등을 초래할 수밖에 없다. 그 이유는 시장이 욕구(Needs)에 대응하는 것이 아니라 지불능력에 기초한 수요(Demands)에 대응하기 때문이다.
ㄴ. 복지혼합은 사회복지에 대한 역할과 책임이 국가로부터 다른 공급주체들에게 옮겨져야 한다고 주장한다. 다시 말해 복지혼합에서는 복지공급자이자 소득이전자로서 국가의 역할이 축소되어야 하며, 국가가 담당해왔던 대부분의 공급자로서의 역할이 가족, 지역사회, 시장 등으로 넘겨져야 한다는 것이다.
ㄷ. 복지혼합이 사회복지서비스 공급주체로서 시장의 역할을 강조하면서 복지서비스의 이용에 있어서 불평등이 가중되고, 장기적으로도 재정 불안의 가능성이 증대된다.
ㄹ. 사회복지서비스 수요자의 욕구에 대한 탄력적 대응 가능성은 복지혼합을 강조하는 사람들이 자신들의 논거를 지지하기 위해 주장한 내용으로서, 이론적으로 복지혼합의 긍정적인 측면에 해당한다.

09 다음 중 복지국가의 위기와 새로운 사회적 위험의 양상에 대한 설명으로 옳지 않은 것은?

① 세계화의 흐름에 따라 개별 국가가 자국의 고용정책, 조세정책을 수행하는 데 있어서 세계 시장의 요구를 받아들일 수밖에 없는 상황에 이르게 되었다.

② 산업구조 및 산업생산 방식의 변화로 인해 기존의 제조업에서 서비스업 중심으로 전환되었으며, 산업의 고부가가치화가 이루어지게 되었다.

③ 남성생계부양 가구모델이 한계에 도달함으로써 여성의 경제활동참여가 증가하게 되었으며, 그로 인해 일·가정 양립의 문제가 대두되었다.

④ 소득양극화로 인해 소득집단 내 차이는 좁아지는 반면, 고소득층과 저소득층의 소득집단 간 차이는 벌어지게 되었다.

⑤ 계급이념이 확대되어 노동자계급의 세력이 강화된 반면, 사용자와 정부의 영향력은 약화되었다.

> **해 설** ⑤ 복지국가는 신보수주의 이념이 확산되고 세계화가 가속화되면서, 국제적인 경제적 위기와 함께 개별국가의 재정적자가 증가하면서 촉발되었다. 또한 냉전시대의 종식으로 인해 사회주의이념이 쇠퇴하면서 위기에 봉착하게 되었다. 특히 계급이념의 쇠퇴로 인해 복지국가의 전통적 지지세력인 노동자계급의 세력이 약화된 것이 새로운 사회적 위험으로 대두되기에 이르렀다.

10 다음 중 현물급여에 대한 설명으로 가장 옳은 것은?

① 스티그마를 줄일 수 있다.
② 목표를 효율적으로 달성할 수 있다.
③ 현금급여보다 비용이 적게 든다.
④ 클라이언트의 자율성을 보장한다.
⑤ 대상자의 욕구를 잘 파악할 수 있다.

> **해 설** **현물급여의 특징**
> • 수급자에게 필요한 물품이나 서비스를 직접 급여로 제공하는 형태이다.
> • 급여대상자에게 본래의 목적대로 급여를 정확히 전달할 수 있으므로, 현금급여에 비해 보다 대상효율성이 높다.
> • 정책의 목표효율성을 높일 수 있으며, 정치적 측면에서 유리하다.
> • 규모의 경제(Economies of Scale) 효과에 의해 급여를 대량으로 비교적 저렴하게 제공할 수 있다.
> • 수급자의 개인적인 선택에 제약이 있고, 낙인감을 유발할 수 있으며, 관리에 따른 행정비용이 발생함으로써 운영효율성이 낮다.
> • 의료서비스와 교육서비스에서 큰 비중을 차지한다.

11 다음 연금재정방식 중 적립방식의 장점에 해당하는 것은?

① 연금의 실질가치를 보호한다.
② 사회경제적인 여건에 따라 적절하게 대응할 수 있다.
③ 투자위험이 적다.
④ 일정기간의 가입기간 조건이 필요 없다.
⑤ 재정의 안정화에 기여한다.

해 설 연금재정방식

적립방식	• 장래에 지급하게 될 연금급여를 제도에 가입하고 있는 동안 보험료, 국고 출연금, 누적기금 등을 적립하는 재정방식이다. • 제도시행 초기에는 지출보다 보험료의 수입이 크기 때문에 적립금이 계속 누적되고 수입이 지출을 지속적으로 상회하게 된다. • 연금지출이 적은 초기부터 제도가 성숙하여 지출액이 증가될 때까지 보험료를 평준화할 수 있어 세대 간의 공평한 보험료 부담이 가능하다는 점과 재정을 비교적 안정적으로 운영할 수 있다는 장점을 가진다. • 인플레이션과 투자위험에 취약하다는 단점이 있다.
부과방식	• 한해의 지출액 정도에 해당하는 미미한 보유잔고만을 남겨두고 그 해 연금보험료 수입을 그 해 급여의 지출로 써버리는 방식이다. • 일정 기간에 지출된 급여비를 동일기간의 보험료 수입으로 충당하는 재정운영방식이다. • 시행초기에 적은 보험료로 운영할 수 있고 투자위험에 노출되지 않으며, 인플레이션을 고려하지 않아도 되는 장점을 가진다. • 노령화 등 인구학적 위험에 취약하며 재정 운영이 불안하다는 단점이 있다.

12 다음 중 산재보험의 급여에 해당하지 않는 것은?

① 휴직급여   ② 장례비
③ 요양급여   ④ 상병보상연금
⑤ 장해급여

해 설 산업재해보상보험 급여의 종류
요양급여, 휴업급여, 장해급여, 간병급여, 유족급여, 상병보상연금, 장례비, 직업재활급여

13 사회복지정책의 발전 과정에 있어서 복지제도의 도입시기, 발전수준, 운영형태 등이 국가별로 현격한 차이를 보이고 있으며, 램퍼트(Lampert)는 이와 같은 차이를 유발하는 3가지 요인을 제시하였다. 다음 중 사회복지정책 발전의 3대 요소를 올바르게 모두 나열한 것은?

　　ㄱ. 문제해결의 긴급성　　　　　　　ㄴ. 문제해결의 융통성
　　ㄷ. 문제해결의 능력　　　　　　　　ㄹ. 문제해결의 의지
　　ㅁ. 문제해결의 상황

① ㄱ, ㄴ, ㄷ　　　　　　　　　　　　② ㄱ, ㄷ, ㄹ
③ ㄱ, ㄴ, ㅁ　　　　　　　　　　　　④ ㄴ, ㄷ, ㄹ
⑤ ㄷ, ㄹ, ㅁ

> **해 설** 사회복지정책 발전의 3대 요소(Lampert)

문제해결의 긴급성	제반 사회문제에 대한 국가의 정책적 대응 과정에서 무엇을 우선순위로 둘 것인지를 결정하는 데 있어서 중요한 요인으로 작용한다. 예를 들어 특정한 사회문제가 국민 대다수에게 심각한 고통을 초래하고 사회적인 불안을 야기할 경우, 국가는 해당 문제를 우선적으로 해결하여야 할 필요성을 인식하게 된다.
문제해결의 능력	국가는 현대사회의 다양한 사회문제에 대처하기 위해 사회복지정책의 기능을 지속적으로 확대시켜 나가야 한다. 특히 산업화에 따른 높은 수준의 경제성장은 사회복지정책의 수행능력을 향상시키는 데 기여해 왔다.
문제해결의 의지	사회복지정책의 발전을 위해서는 사회문제를 사회적 차원에서 해결하고자 하는 국민의 연대의식과 함께 이를 수용할 수 있는 정치적 민주화가 선행되어야 한다. 예를 들어 개인주의 사상이 만연한 국가나 독재국가의 경우 사회복지정책의 확대에 있어서 제약을 받을 수 있다.

14 다음 중 조지와 윌딩(George & Wilding)이 제시한 신우파(The New Right)에 대한 설명으로 가장 옳지 않은 것은?

① 사회복지서비스 공급에 있어서 국가의 역할을 의도적으로 축소하고자 한다.
② 복지다원주의를 강조한다.
③ 전통적 가치와 국가 권위의 회복을 강조하는 신보수주의와 유사하다.
④ 국가 개입은 경제적 비효율을 초래한다고 주장한다.
⑤ 민영화를 통한 정부 역할의 축소를 강조한다.

해설 ① · ② 신우파는 국가의 복지책임을 줄이고 민영화를 추진하려는 계획에서 출발하였으나, 이는 복지혼합을 통한 복지다원주의를 강조하기 위한 것이지 사회복지서비스 공급에 있어서 국가의 의도적인 역할 축소나 회피를 근본적인 목적으로 한 것은 아니다. 다시 말해 현실에 대한 정확한 분석을 통해 국가 본연의 기능에 충실할 것을 강조한 것이다.

③ 신우파는 자유시장을 옹호하면서 국가개입의 축소를 주장하는 세력인 반면, 신보수주의는 국가와 가족의 전통적 권위 회복과 사회적 규율의 강화를 보다 강조하는 세력이라는 점에서 약간의 차이가 있다. 그러나 이 둘은 차별성보다는 유사성이 매우 크므로 보통 하나의 그룹으로 취급되는 경향이 있다. 특히 전통적 가치와 국가 권위의 회복을 강조하는 것은 신보수주의의 주요 특징에 해당한다.

④ 신우파는 복지국가의 위기와 관련하여 복지국가가 투자 및 노동 유인을 감소시킴으로써 시장의 질서와 유인을 대체시키는 등 경제적 비효율을 초래한다고 보았다. 또한 비생산적 공공부문이 생산적 민간부문의 물적 및 인적 자본을 박탈하여 총량적으로 비생산성을 유발한다고 주장하였다.

⑤ 신우파는 1973년 오일쇼크로 인한 경제위기의 원인을 단순히 유가 상승에만 돌린 것이 아닌 국가의 경제개입 및 복지개입의 확대에서 찾았다. 그들은 경제성장과 고용증대를 이루기 위해 국가개입의 축소 및 복지지출의 감소를 주장하였으며, 민영화를 통해 정부 역할을 축소해야 한다고 주장하였다.

15 다음 중 경기변동이 사회복지재정에 미치는 영향으로 옳은 것은?

① 경기 후퇴 시 실업자 수가 증가하여 사회복지지출이 증가한다.
② 경기 후퇴 시 실질소득이 낮아져서 사회복지지출이 감소한다.
③ 인플레이션 시 사회보장급여의 실질가치가 감소하여 사회복지재정도 증가한다.
④ 인플레이션 시 실질소득이 감소하여 사회복지지출도 감소한다.
⑤ 인플레이션 시 소득의 실질가치가 증가하여 사회복지재정도 증가한다.

해설 경기변동이 사회복지재정에 미치는 영향

[경기 후퇴에 따른 영향]

사회복지재정수입의 감소	• 소득의 감소에 따른 보험료 수입의 감소 • 실업자 수의 증가에 따른 보험료 납부자 수의 감소 • 사회보장기금 보유자산의 가치하락
사회복지재정지출의 증가	• 실업자 수 증가에 따른 실업급여 및 공공부조의 지출 증가 • 조기 퇴직자 증가에 따른 노령연금 수급자 수의 증가

[인플레이션에 따른 영향]

사회복지재정수입의 감소	• 소득의 실질가치 감소에 따른 보험료 가치의 감소 • 사회보장기금 실질가치의 감소 • 사회보장기금 수입의 실질가치 감소
사회복지재정지출의 증가	빈곤가구소득 실질가치의 감소

16 우리나라의 근로장려세제에 관한 설명으로 옳지 않은 것은?

① 근로장려금 신청 접수는 보건복지부에서 담당한다.

② 근로능력이 있는 빈곤층에 대해 근로의욕을 고취한다.

③ 미국의 EITC를 모델로 하였다.

④ 근로장려금은 근로소득 외에 재산보유상태 등을 반영하여 지급한다.

⑤ 근로빈곤층에게 실질적 혜택을 제공하여 빈곤탈출을 지원한다.

해 설 ① 근로장려금 신청 접수는 관할 세무서에서 담당한다. 근로장려세제(EITC ; Earned Income Tax Credit)는 근로소득 수준에 따라 산정된 근로장려금을 세금 환급 형태로 지급하여 근로빈곤층의 근로유인을 제고하고 실질소득을 지원하기 위한 근로연계형 소득지원제도이다. 환급 가능한 세액공제제도의 일종이므로 일반적인 환급금과 동일하게 관할 세무서에 신청한 경우에 한하여 적용한다.

17 우리나라의 노인장기요양보험제도에 관한 설명으로 옳은 것은?

① 단기보호는 시설급여에 해당한다.

② 가족에게 요양을 받을 때 지원되는 현금급여가 있다.

③ 보험료는 건강보험료와 분리하여 징수한다.

④ 장기요양인정의 유효기간은 3개월 이상으로 한다.

⑤ 보험료율은 보건복지부령으로 정한다.

해 설 ② 우리나라 노인장기요양보험제도에는 특별현금급여로서 가족요양비가 있다. 가족요양비는 수급자가 장기요양기관이 현저히 부족한 지역(도서 · 벽지)에 거주하는 경우, 천재지변 등으로 장기요양기관이 제공하는 장기요양급여를 이용하기 어렵다고 인정되는 경우, 신체 · 정신 · 성격 등의 사유로 인하여 가족 등으로부터 방문요양에 상당한 장기요양을 받은 경우에 수급자에게 지급하는 현금급여이다.
① 단기보호는 재가급여에 해당한다.
③ 장기요양보험료는 국민건강보험법에 따른 보험료(건강보험료)와 통합하여 징수한다. 이 경우 국민건강보험공단은 장기요양보험료와 건강보험료를 구분하여 고지하여야 한다(노인장기요양보험법 제8조 제2항).
④ 장기요양인정의 유효기간은 최소 1년 이상으로서 대통령령으로 정한다(동법 제19조 제1항).
⑤ 장기요양보험료율은 장기요양위원회의 심의를 거쳐 대통령령으로 정한다(동법 제9조 제2항).

18 다음 중 의료급여에 대한 내용으로 옳은 것을 모두 고르면?

ㄱ. 조합방식에 의해 관리공단에서 관리한다.	ㄴ. 현물급여의 형태를 띤다.
ㄷ. 기여를 요구한다.	ㄹ. 재원은 일반조세로 충당한다.

① ㄱ, ㄴ, ㄷ
② ㄱ, ㄷ
③ ㄴ, ㄹ
④ ㄹ
⑤ ㄱ, ㄴ, ㄷ, ㄹ

해 설 의료급여는 일정한 소득 이하의 국민을 대상으로 의료보장을 위해 국가의 일반재원으로 운영하는 사회보장제도이다. 의료급여의 보장기관은 수급자의 거주지를 관할하는 특별시장·광역시장·도지사와 시장·군수·구청장이며, 수급권자에 대해 진찰·검사, 약제·치료재료의 지급, 처치·수술과 그 밖의 치료, 예방·재활, 입원, 간호, 이송과 그 밖의 의료목적 달성을 위한 조치 등의 현물급여를 제공한다.

19 다음 중 사회복지급여 형태로서 증서(Voucher)에 대한 설명으로 옳은 것은?

① 현물급여에 비해 서비스 제공자 간 서비스 질 경쟁을 유도하는 데 불리하다.
② 현물급여에 비해 관리운영비가 많이 든다.
③ 현물급여에 비해 오·남용의 문제가 발생할 가능성이 낮다.
④ 현금급여에 비해 소비자의 선택권이 높다.
⑤ 정치적으로 확고한 지지세력을 가지지 못한다.

해 설 ⑤ 증서 또는 이용권은 현금급여와 현물급여의 중간적 성격을 지니고 있다. 이는 어떤 정책이 채택되어 유지되기 위해 강한 정치적 지지세력을 필요로 하는 민주주의 사회에서 불리하게 작용한다. 즉, 증서는 중간적 성격으로 인해 확고한 지지세력을 가지지 못한다. 다만, 현물급여와의 유사성으로 인해 일반적으로 현금급여보다 상대적으로 많은 지지를 받고 있다.
① 현물급여에 비해 서비스 제공자 간 서비스 질 경쟁을 유도하는 데 유리하다.
② 관리에 따른 행정비용은 현물급여가 더 많이 소요된다.
③ 현물급여에 비해 오·남용의 문제가 발생할 가능성이 상대적으로 높다.
④ 현금급여에 비해 소비자의 선택권이 제한된다.

20 사회복지정책의 아젠다 형성과정에 관한 설명으로 옳은 것은?

① 아젠다 형성과정은 대안 구체화과정보다 상대적으로 정치적 성격이 약하다.

② 콥, 로스와 로스(Cobb, Ross and Ross)의 외부주도형 아젠다 형성모델은 후진국에서 자주 볼 수 있다.

③ 아젠다 형성과정에서 초기의 이슈는 변화될 가능성이 없다.

④ 정책과정에 등장한 모든 아젠다가 법이나 제도로 만들어지는 것은 아니다.

⑤ 어떤 정치체제든지 체제의 편향성을 가지며 이는 아젠다 형성을 활성화시킨다.

> **해 설** ① 아젠다 형성과정은 이슈를 중심으로 이해집단 간 정치적 성격이 강한 반면, 대안 구체화과정은 비교적 중립적인 입장에서 문제에 접근하므로 정치적 성격이 상대적으로 약하다.
> ② 외부주도형 아젠다 형성모델은 정부 외부 집단들의 주도하에 정부에게 정책의제의 채택을 강요하는 모델에 해당한다. 언론이나 정당의 역할이 강조되며, 다원화·민주화된 선진국에서 자주 볼 수 있다. 반면 동원형 아젠다 형성모델은 정부가 먼저 이슈를 창출하고 국민의 지지를 통해 공공화되는 것으로서, 특히 권력이 집중되어 있는 후진국에서 자주 볼 수 있다.
> ③ 아젠다 형성과정에서 초기의 이슈는 재정의가 이루어지는 역동적인 상황에서 다양한 하위이슈들로 구체화되거나 모호화되는 등 변화의 과정을 거친다.
> ⑤ 어떤 정치체제든지 체제 자체는 그것을 구축한 기득권자들에게 유리한 방향으로 작용하도록 편향되어 있으며, 이러한 체제의 편향성은 사회복지정책 아젠다의 형성을 억제시키는 역할을 한다.

기출 18회

21 민영화에 관한 설명으로 옳지 않은 것은?

① 1980년대 등장한 신자유주의와 관련이 있다.

② 정부가 공급하는 재화와 서비스 비용을 절감하기 위해 도입되었다.

③ 소비자 선호와 소비자 선택을 중시한다.

④ 경쟁을 유발시켜 서비스 품질을 향상시키고자 한다.

⑤ 상업화를 통해 취약계층의 서비스 접근성이 높아진다.

> **해 설** ⑤ 서비스 이용의 접근성은 지리적·재정적·문화적·기능적 측면에서 살펴볼 수 있다. 그중 재정적 접근성은 서비스 이용에 있어서 금전적인 부담 또는 재정적인 장벽을 말하는 것으로서, 특히 민영화는 서비스 이용자의 재정적 접근성에 부정적인 영향을 미칠 수 있다.

22 다음 중 불평등 지수에 대한 설명으로 옳은 것은?

① 지니계수(Gini's Coefficient)는 로렌츠 곡선을 숫자로 표현한 것이다.

② 완전평등 상태에서 지니계수는 '1'이다.

③ 로렌츠 곡선은 아래로 볼록할수록 소득이 균등하게 분배되었음을 나타낸다.

④ 오분위 분배율은 하위 40% 가구의 소득이 전체 소득에서 차지하는 비중을 상위 20% 가구의 소득이 전체 소득에서 차지하는 비중으로 나눈 값이다.

⑤ 십분위 분배율과 오분위 분배율은 그 수치가 클수록 소득이 균등하게 분배되었음을 나타낸다.

> **해설** ① 지니계수는 소득이 어느 정도 균등하게 분배되는가를 나타내는 소득분배의 불균형 수치로서, 로렌츠 곡선(Lorenz Curve)을 숫자로 표현한 것이다. 즉, 로렌츠 곡선에서 완벽하게 평등한 분배 상태를 나타내는 삼각형의 전체 면적 중 현실의 분배 상태를 나타내는 볼록한 부분이 차지하는 비중의 값을 나타낸다.
> ② 완전평등 상태에서 지니계수는 '0'인 반면, 완전불평등 상태에서 지니계수는 '1'이다.
> ③ 로렌츠 곡선은 소득금액의 누적백분율과 소득자의 누적백분율을 대비시킨 것으로서, 완전평등선(균등분포선)과 멀수록, 즉 아래쪽으로 볼록할수록 소득은 불균등하게 분배되었음을 나타낸다.
> ④ 오분위 분배율은 소득이 높은 상위 20% 가구의 소득의 합을 소득이 낮은 하위 20% 가구의 소득의 합으로 나눈 값이다.
> ⑤ 십분위 분배율은 그 수치가 클수록 소득이 균등하게 분배되었음을 나타내는 반면, 오분위 분배율은 그 수치가 클수록 소득이 불균등하게 분배되었음을 나타낸다.

23 빈곤의 개념에 관한 설명으로 옳지 않은 것은?

① 절대적 빈곤은 육체적 효율성을 유지하기 위한 최소한의 생활필수품을 소비하지 못하는 상태이다.

② 최저생계비를 계측하여 빈곤선을 설정하는 방식은 절대적 빈곤 개념을 적용한 것이다.

③ 국민기초생활보장제도는 절대적 빈곤 개념을 적용하고 있다.

④ 상대적 빈곤은 한 사회의 평균적인 생활수준과 비교하여 빈곤을 규정한다.

⑤ 중위소득을 활용하여 상대적 빈곤선을 설정할 수 있다.

> **해설** ③ 우리나라의 국민기초생활보장제도는 상대적 빈곤 문제에 보다 효과적으로 대응하기 위해 복지사업의 주요 기준으로 기존의 '최저생계비' 대신 '중위소득(기준 중위소득)'을 적용하고 있다. 즉, 최저생계비 기준의 절대적 빈곤 개념에서 중위소득 기준의 상대적 빈곤 개념으로 전환한 것이다.

24 다음 중 민간부문의 사회복지재원에 해당하는 것을 모두 고르면?

ㄱ. 기부금	ㄴ. 사회복지공동모금
ㄷ. 기업복지재원	ㄹ. 사용자부담금

① ㄱ, ㄴ, ㄷ   ② ㄱ, ㄷ

③ ㄴ, ㄹ   ④ ㄹ

⑤ ㄱ, ㄴ, ㄷ, ㄹ

> **해 설** **사회복지의 민간재원**
> • 사용자부담 : 사회복지급여를 받는 대가로 금전을 지불함으로써 사회복지서비스의 오남용을 방지할 수 있고 수급자의 낙인감을 줄일 수 있는 반면, 소득재분배에 있어서 역진적이라 할 수 있다.
> • 자발적 기여 : 기부금과 같이 자발적인 기여를 하는 것으로서, 체계적인 사업의 수립 및 집행에 불리하며, 자발적 기여에 따른 세금 감면 등의 혜택으로 오히려 역진성을 띠기도 한다.
> • 기업복지 : 고용주가 피고용자들에게 임금 상승의 효과 대신 복지 형태의 혜택을 주는 것으로서, 피고용자의 기업에 대한 소속감 확보에 유리한 반면 실업자나 비정규직이 대상에서 제외됨으로써 역진성을 띠기도 한다.
> • 수익사업 : 사회복지기관이 운영상의 어려움으로 수익사업을 통해 재원을 마련한다.
> • 가족 간 이전 : 비공식적인 재원으로서 정부의 개인복지에 대한 개입과 함께 점차 그 역할이 축소되고 있다.

<기출> 13회

25 국민기초생활보장제도에서 사회적 할당(Social Allocation)의 핵심 기준은?

① 귀속적 욕구   ② 진단적 차등

③ 경제적 기여   ④ 소득과 재산

⑤ 보상적 욕구

> **해 설** **사회복지급여의 할당원칙**
>
> | | |
> |---|---|
> | 귀속적 욕구 | 욕구의 규범적 준거를 토대로 특정집단에 소속된 사람들의 공통적 욕구에 대해 집단적 할당이 이루어진다.
예 65세 이상 노인에 대한 경로우대제도, 중학교까지의 무상교육 등 |
> | 보 상 | 형평의 규범적 준거를 토대로 사회발전에의 기여자나 사회 부당행위에 의한 피해자에 대해 집단적 할당이 이루어진다.
예 국민연금, 국민건강보험 등의 사회보험, 국토개발 등으로 인한 이주자 보상 등 |
> | 진 단
(진단적 차등) | 욕구의 기술적 진단을 토대로 신체적·정서적 장애 등 특정한 재화나 서비스가 필요한 사람에 대해 개인적 할당이 이루어진다.
예 장애인에 대한 장애등급 판정, 치매나 중풍의 노인들에 대한 의료서비스 등 |
> | 자산조사
(소득과 재산) | 욕구의 경제적 기준을 토대로 국민기초생활보장법의 수급권자나 의료보호 대상자 등에 대해 자산조사에 의한 개인적 할당이 이루어진다.
예 국민기초생활보장제도 등 |

01 사회복지행정의 특성으로 옳지 않은 것은?

① 인적 · 물적 자원을 활용하여 조직 목적과 목표를 달성한다.

② 지역사회의 욕구를 충족시키기 위한 활동이다.

③ 사회복지행정가는 대안선택 시 가치중립적이어야 한다.

④ 사회복지조직이 제공하는 서비스는 전문적인 성격을 가지고 있다.

⑤ 사회복지행정가는 조직운영에서 지역사회 협력의 중요성을 인식해야 한다.

> **해 설** ③ 사회복지조직은 가치중립적이 아닌 문화적 가치를 부여받고 사회적 · 도덕적 정체성을 가진 인간을 대상으로 한다. 그로 인해 사회복지행정은 서비스 대상으로서 인간을 사회적 · 도덕적 가치를 지닌 존재로 가정한다. 따라서 서비스 기술은 도덕적으로 정당화될 수 있는 것이어야 하며, 그 효과성은 인간적 가치의 측면에서 고려되어야 한다.

02 다음 중 사회복지사가 유순하고 변화가 쉬운 대상자를 선정하여 사업의 목적을 쉽게 달성하려고 하는 경향을 나타내는 것은?

① 소 진   ② 목적전치

③ 크리밍 현상   ④ 아웃리치

⑤ 역(逆)리치

> **해 설** 크리밍 현상이란 서비스 조직의 관료적 병폐의 하나로 서비스 조직들이 접근성 메커니즘을 조정함으로써 보다 유순하고 성공 가능성이 높은 클라이언트를 선발하고 비협조적이거나 어려울 것으로 예상되는 클라이언트들을 배척하고자 하는 것이다. 모든 전문직은 자신들의 개입전략에 부합하여 성공적인 결과를 가져올 확률이 높은 케이스를 선호하려는 자연스러운 경향이 있다. 특히 민간 사회서비스 기관들에서는 재량권 행사의 폭이 넓기 때문에 이러한 크리밍 현상의 문제는 두드러진다.

03 동기부여이론에 관한 설명으로 옳지 않은 것은?

① 인간관계이론 : 구성원들 간에 호의적인 태도를 가지는 조직은 생산성이 높다.

② 동기-위생이론 : 책임성이나 성취에 대한 인정은 동기유발요인에 해당된다.

③ Z이론 : 인간은 통제와 강제의 대상이다.

④ Y이론 : 인간은 자율성과 창조성을 지닌다.

⑤ 성취동기이론 : 인간의 동기부여 욕구를 권력욕구, 친화욕구, 성취욕구로 구분하였다.

> **해설** ③·④ 인간을 통제와 강제의 대상으로 보는 것은 맥그리거(McGregor)의 X·Y이론 중 X이론의 인간관이다.
> 반면, Y이론은 인간을 자율성과 창조성을 지닌 존재로 본다.
> ① 메이요(Mayo)의 인간관계이론에서는 인간관계가 작업능률과 생산성을 좌우한다고 본다.
> ② 허즈버그(Herzberg)의 동기-위생이론에서 직무 그 자체, 직무상의 성취, 직무성취에 대한 인정, 승진, 책임, 성장 및 발달 등은 동기부여(동기유발)요인인 반면, 조직의 정책과 관리, 감독, 보수, 대인관계, 근무조건 등은 위생요인에 해당한다.
> ⑤ 맥클리랜드(McClelland)는 성취동기이론을 통해 개인의 성격이 행위를 유발하는 잠재적인 요소들, 즉 성취욕구, 권력욕구, 친교욕구(친화욕구)로 구성되어 있다고 보았다.

04 다음 체계모델의 하위체계 중 조직의 계속성을 확보하고 조직을 안정상태로 유지하는 것은?

① 생산하위체계   ② 유지하위체계

③ 경계하위체계   ④ 적응하위체계

⑤ 관리하위체계

> **해설** 체계모델의 하위체계
>
> | 생산하위체계 | • 모든 조직은 생산과 관련된 과업을 수행한다.
• 모든 조직은 결과물로서 '생산품'을 생산하기 위해 조직·운영된다. |
> | --- | --- |
> | 유지하위체계 | • 보상체계를 확립하고, 교육·훈련 등을 통해 조직의 안정을 추구한다.
• 조직의 계속성을 확보하고 조직을 안정상태로 유지한다. |
> | 경계하위체계 | • 조직과 환경적인 요인을 강조한다.
• 외부환경의 변화에 대한 적절한 반응과 대응이 목표이다. |
> | 적응하위체계 | • 실제 조직변화를 위한 최적의 대안을 찾기 위해 연구·평가한다.
• 조직의 업무수행 능력평가 및 조직 변화의 방향을 제시한다. |
> | 관리하위체계 | • 다른 4가지의 하위체계를 조정하고 통합하기 위한 리더십을 제공한다.
• 갈등의 해결과 조정, 적절한 업무환경의 제공, 외부환경의 영향에 대한 조직의 대응책을 모색한다. |

05 다음 중 사회복지서비스 전달체계 구축의 원칙에 해당하지 않는 것은?

① 선별성 ② 포괄성
③ 전문성 ④ 연계성
⑤ 적절성

해설　**사회복지서비스 전달체계 구축의 원칙**

전문성	사회복지서비스의 핵심적인 업무는 반드시 자격요건이 객관적으로 인정되고 전문적 업무에 대한 권위와 자율적 책임성을 지닌 전문가가 담당해야 한다.
적절성	사회복지서비스는 그 양과 질, 제공하는 기간이 클라이언트나 소비자의 욕구충족과 서비스의 목표달성에 충분해야 한다.
포괄성	사람들의 욕구와 문제는 다양하고 복잡하기 때문에 이러한 문제들을 동시에 또는 순차적으로 해결하기 위해 포괄적인 서비스를 제공해야 한다.
지속성(연계성)	한 개인이 필요로 하는 다른 종류의 서비스와 질적으로 다른 서비스를 지역사회 내에서 계속적으로 받을 수 있도록 상호 연계한다.
통합성	클라이언트의 문제는 매우 복합적이고 상호 연관되어 있기 때문에 이러한 문제를 해결하기 위해 기관 간의 서비스를 통합화한다.
평등성	사회복지서비스는 기본적으로 성별, 연령, 소득, 지역, 종교, 지위에 관계없이 모든 국민에게 평등하게 제공되어야 한다.
책임성	사회복지조직은 복지국가가 시민의 권리로 인정한 사회복지서비스를 전달하도록 위임받은 조직이므로 사회복지서비스의 전달에 대하여 책임을 져야 한다.
접근용이성	사회복지서비스는 그것을 필요로 하는 사람들이면 누구나 쉽게 받을 수 있어야 한다.

06 미국 사회복지행정의 역사에 관한 설명 중 연결이 옳지 않은 것은?

① 1910년대 – 사회복지사에 대한 정규교육이 시작되었다.
② 1930년대 – 사회보장법 제정 이후 공공복지행정가에 대한 수요가 증가하였다.
③ 1950년대 – 사회복지교육협의회(CSWE)에서 사회복지행정을 교과과정으로 인정하였다.
④ 1960년대 – 사회복지행정에 관한 전문학술연구지가 처음으로 창간되었다.
⑤ 1980년대 – 민간 사회복지조직에서 재원조달의 문제와 책임성의 문제가 강조되었다.

해설　④ 사회복지행정에 관한 전문학술연구지인 〈Administration in Social Work〉가 발간된 것은 1976년이다.

07 총체적 품질관리(TQM)에 관한 설명으로 옳지 않은 것은?

① 지속적인 품질개선을 강조하는 일련의 과정이다.

② 자료와 사실에 기반한 의사결정을 중시한다.

③ 좋은 품질이 무엇인지는 고객이 결정한다.

④ 집단의 노력보다는 개인의 노력이 품질향상에 더 기여한다고 본다.

⑤ 조직구성원에 대한 훈련을 강조한다.

해 설   ④ 총체적 품질관리는 품질에 중점을 둔 관리기법으로서, 조직운영, 제품, 서비스의 지속적인 개선을 통해 고품질과 경쟁력을 확보하기 위한 전 종업원의 체계적인 노력, 즉 조직구성원의 집단적 노력을 강조한다.

08 다음 중 사회복지행정을 보는 관점에서 선별주의의 유효한 측면에 해당하는 것은?

① 형평성   ② 접근성

③ 공평성   ④ 편익성

⑤ 효율성

해 설   **사회복지행정에 관한 관점**
- 보편주의 : 사회복지대상자에게 특정 자격 또는 조건을 부여하지 않는 것으로 형평성, 접근성, 공평성, 편익성 측면에서 우월하지만 효과성 · 효율성 측면에서 문제가 있다.
- 선별주의 : 사회복지대상자에 대한 수급자격이나 조건을 부여하는 것으로 효과성 · 효율성 측면에서 우월하지만 낙인의 문제가 있다.

09 다음 보기의 내용에 해당하는 서비스 전달체계의 통합방법은?

클라이언트의 다양한 욕구를 종합적으로 평가하여 적절한 서비스 계획을 개발하도록 인테이크를 전담하는 창구를 개발한다.

① 인테이크의 단일화   ② 사례관리

③ 트래킹   ④ 종합적인 정보와 의뢰시스템

⑤ 종합서비스센터

해설 전달체계 개선에 의한 서비스 통합 방법

종합서비스센터	장애인종합복지관, 지역종합복지관처럼 하나의 서비스 분야를 두고서 복수의 서비스가 제공될 수 있도록 함
인테이크의 단일화	클라이언트의 다양한 욕구를 종합적으로 평가하여 적절한 서비스 계획을 개발하도록 인테이크를 전담하는 창구 개발
종합적인 정보와 의뢰시스템	전달체계들을 단순 조정하는 방식으로 각기 독립성을 유지하면서 서비스 제공을 강화시킴
사례관리	사례관리자가 중심이 되어 조직들 간의 네트워크를 이용하여 클라이언트를 관리하고 욕구를 충족시킴
트래킹	서로 다른 각각의 기관과 프로그램에서 다루었던 클라이언트에 대한 정보를 서로 공유할 수 있게 하는 시스템으로서, 이 시스템을 통해 클라이언트가 받은 서비스의 경로와 행적을 추적하여 정보를 획득

10 다음 보기의 내용에 해당하는 사회복지조직의 조직화 방법은?

> 사업, 재무, 총무, 인사 등과 같은 주요한 기능에 따라 동질적 업무를 묶어서 조직하는 것으로 사회복지조직에서는 모금, 홍보, 기획, 프로그램 개발 등에 배치될 수 있다. 이 방법의 단점은 업무단위 간의 협조부족과 조직의 목표보다 자신이 속한 업무단위에만 집중하는 경우가 발생할 수 있다.

① 수 기준 부문화
② 시간 기준 부문화
③ 기능 기준 부문화
④ 서비스 기준 부문화
⑤ 고객 기준 부문화

해설 사회복지조직의 조직화 방법

수 기준 부문화	• 같은 역할을 하는 사람들을 한 슈퍼바이저 아래에 소속시키는 방법이다. • '수'만 기준으로 하는 부문화는 문제가 많으므로 다른 부문화 기준과 같이 적용하는 것이 바람직하다.
시간 기준 부문화	• 업무시간을 2교대 또는 3교대로 하여 업무를 부문화하는 방법이다. • 요양시설, 의료 및 보건서비스 조직 등과 같이 1주일 또는 24시간의 서비스를 요하는 조직에서 취할 수 있는 방법이다.
기능 기준 부문화	• 사업, 재무, 총무, 인사 등과 같은 주요한 기능에 따라 동질한 업무를 묶어서 조직하는 방법이다. • 조직요원의 능력, 선호도, 관심 등에 근거하여 직무상 적성에 맞는 분야에 사람을 배치한다.

11 다음 중 공공 사회복지전달체계의 필요성에 대한 설명으로 옳은 것은?

> ㄱ. 지속적이고 안정적인 공급이 가능하다.
> ㄴ. 선도적인 사회복지서비스의 개발 및 보급이 가능하다.
> ㄷ. 규모의 경제에 유리하다.
> ㄹ. 사회적 욕구에 민감하지 못한 현상을 극복할 수 있다.

① ㄱ, ㄴ, ㄷ   ② ㄱ, ㄷ
③ ㄴ, ㄹ   ④ ㄹ
⑤ ㄱ, ㄴ, ㄷ, ㄹ

해 설   ㄴ · ㄹ. 민간 사회복지전달체계의 필요성에 해당한다.

사회복지정책의 전달체계

공공전달체계	중앙정부	• 통일성, 지속성, 안정성 • 규모의 경제, 평등지향적 서비스 공급, 프로그램 포괄·조정 • 수급자 욕구 반영의 한계, 접근성 결여 • 공급의 독점성으로 인한 서비스 질 저하
	지방정부	• 지역적 특수성 및 지역주민의 욕구 반영 • 지방정부 간 경쟁에 따른 가격 및 질적 측면에서의 유리 • 지역 간 불평등 야기 • 지속성, 안정성, 프로그램의 지역 간 연계에 있어서의 불리
민간전달체계		• 신속성, 접근성, 창의성, 융통성, 서비스의 다양성 및 전문성 • 비수급자에게까지 서비스 확대 적용 가능 • 자원봉사 등 민간의 사회복지에의 참여 욕구 반영 • 중앙정부나 지방정부의 사회복지 활동에 대한 압력단체로서의 역할 • 국가의 사회복지 예산 감축 • 공공재적 성격의 재화공급에의 어려움, 규모의 경제에서의 불리 • 재정체계의 불안정성, 프로그램의 지속성에서의 불리

12 다음 중 인사관리에서 특정 직무를 수행하는 데 요구되는 최소한의 자격요건을 규정하고 있는 것은?

① 직무명세서
② 조직도
③ 직무만족도
④ 직무평가서
⑤ 복무규정

> **해 설** 직무기술서와 직무명세서
>
> | 직무기술서 | • 맡은 일과 그에 따른 책임의 내용을 구체적으로 기술한 문서로서 직무분석의 기초 자료가 된다.
• 기록사항 : 직무명칭, 소속 · 직종, 직무내용, 직무수행에 필요한 각종 도구, 직무수행 방법 및 절차, 작업조건 등 |
> | --- | --- |
> | 직무명세서 | • 직무분석의 결과를 인사관리의 특정한 목적에 맞게 직무의 내용과 직무에 요구되는 자격요건에 중점을 두어 정리한 문서이다.
• 기록사항 : 직무명칭, 소속 · 직종, 교육수준, 기능 · 기술 수준, 지식, 정신적 특성 및 육체적 능력, 작업경험, 책임정도 등 |

13 다음 중 슈퍼바이저에게 요구되는 역할을 모두 고르면?

ㄱ. 교육자
ㄴ. 행정적 감독자
ㄷ. 상담자
ㄹ. 업무대행자

① ㄱ, ㄴ, ㄷ
② ㄱ, ㄷ
③ ㄴ, ㄹ
④ ㄹ
⑤ ㄱ, ㄴ, ㄷ, ㄹ

> **해 설** 슈퍼바이저의 역할(Kadushin)
> • 행정적인 상급자로서의 역할 : 하급자가 기관의 정책이나 과정, 규정 등을 잘 지키고 있는지를 감독하는 역할이다.
> • 교육자로서의 역할 : 직접 서비스를 제공하는 일선 사회복지사에게 전문적인 지식과 기술을 증진시키는 역할로 전통적인 교육 기능을 강조한다.
> • 상담자로서의 역할 : 사회복지사의 사기를 진작시키고, 좌절과 불만에 대해 도움을 제공하여 전문가로서의 가치를 느끼도록 하며, 기관에 대한 소속감과 직무수행에 있어 안정감을 갖도록 한다.

14 사회복지조직 평가방법에 관한 설명으로 옳은 것은?

① 형성평가는 성과발생 여부에 초점을 둔다.

② 총괄평가는 프로그램 개발과정에서 이루어진다.

③ 형성평가는 프로그램이 종결된 이후에 수행된다.

④ 총괄평가는 목표지향적인 평가이다.

⑤ 총괄평가는 형성평가에 비해 융통성이 요구된다.

> **해 설** ④ 형성평가는 과정지향적인 평가인 반면 총괄평가는 목표지향적인 평가에 해당한다.
>
> **형성평가와 총괄평가**
>
> | 형성평가
(과정평가) | • 프로그램 운영과정상 수행한다.
• 귀납적 방법을 동원한다.
• 필요한 정보의 입수를 목적으로 한다.
• 정책을 발전시키기 위해 사용한다.
• 진행 중인 프로그램을 수정·보완한다.
• 주로 내부평가자에 의한 진단으로 전개된다. |
> |---|---|
> | 총괄평가
(효과평가) | • 프로그램 종료 시 수행한다.
• 연역적 방법을 동원한다.
• 목적달성 여부 확인을 목적으로 한다.
• 정책의 장래나 채택 여부를 결정하기 위해 사용한다.
• 프로그램의 재시작 또는 종결 여부를 판단한다.
• 주로 외부평가자에 의한 결정으로 전개된다. |

기출 20회

15 동기부여 이론에 관한 설명으로 옳은 것은?

① 알더퍼(C. Alderfer)의 ERG이론은 고순위 욕구가 충족되지 못하면 저순위 욕구를 더욱 원하게 된다는 좌절퇴행(Frustration Regression) 개념을 제시한다.

② 맥그리거(D. McGregor)의 X·Y이론은 조직에 대한 기대와 현실 간 차이가 동기수준을 결정한다는 점을 강조한다.

③ 허즈버그(F. Herzberg)의 동기-위생요인이론은 불만 초래 요인을 동기요인으로 규정한다.

④ 맥클리랜드(D. McClelland)의 성취동기이론은 조직 공정성을 성취동기 고취를 위한 핵심요소로 간주한다.

⑤ 매슬로우(A. Maslow)의 욕구단계이론은 욕구가 존재, 관계, 성장욕구의 세 단계로 구성된다고 주장한다

> **해 설** ② 조직에 대한 기대와 현실 간 차이가 동기수준을 결정한다는 점을 강조한 것은 기대이론으로서 특히 앳킨슨(Atkinson) 모형과 연관된다. 앳킨슨 모형은 기대와 현실 간 차이가 크면 그 차이를 줄이는 행동이 동기화된다고 주장한다.
>
> ③ 허즈버그(Herzberg)의 동기-위생(요인)이론은 불만 초래 요인을 위생요인으로 규정한다.
>
> ④ 조직 공정성을 성취동기 고취를 위한 핵심요소로 간주한 것은 아담스(Adams)의 형평성(공정성 또는 공평성)이론이다.
>
> ⑤ 욕구가 존재, 관계, 성장욕구의 세 단계로 구성된다고 주장한 것은 알더퍼의 ERG이론이다.

16 다음 중 프로그램 목표 설정에 대한 내용으로 옳지 않은 것은?

① 목표는 정확하고 명료하며 쉽게 작성되어야 한다.

② SMART 원칙이 활용될 수 있다.

③ 세부목표는 가급적 수량화시키는 것이 좋다.

④ 목표는 효과성 평가의 기준이 된다.

⑤ 목표는 실현되지 못하더라도 원대하게 설정하는 것이 좋다.

해 설 ⑤ 프로그램 목표 설정은 구체적이고 실현가능해야 하며, 원대한 목표설정은 옳지 않다.

프로그램 목표 설정의 원칙(SMART 원칙)
- 구체적일 것(Specific)
- 측정 가능할 것(Measurable)
- 달성 가능할 것(Attainable)
- 결과지향적일 것(Result Oriented)
- 시간제한적일 것(Time Bounded)

기출 18회

17 직무소진(Burnout)에 관한 설명으로 옳은 것을 모두 고른 것은?

ㄱ. 직무에서 비롯되는 스트레스에 대한 반응이다.
ㄴ. 목적의식이나 관심을 점차적으로 상실하는 과정이다.
ㄷ. 감정이입이 업무의 주요 기술인 직무현장에서 발생하는 현상이다.

① ㄱ   ② ㄴ

③ ㄱ, ㄷ   ④ ㄴ, ㄷ

⑤ ㄱ, ㄴ, ㄷ

해 설 ㄱ. 소진 또는 직무소진은 과도한 스트레스에 노출되어 신체적·정신적 기력이 고갈됨으로써 직무수행능력이 떨어지고 단순 업무에만 치중하게 되는 현상이다.

ㄴ. 직무에 만족하지 못한 직원들은 감정의 고갈과 목적의식의 상실, 자신의 업무와 클라이언트에 대한 관심 상실 등 부정적인 태도를 보이기 쉽다.

ㄷ. 사회복지조직에서 소진은 클라이언트 중심의 실천, 감정이입적 업무 특성, 급속한 변화와 비현실적 기대, 저임금과 열악한 환경 등 다양한 원인에서 비롯된다.

18 다음 설명하는 욕구사정 자료수집 방법으로 옳은 것은?

- 욕구의 배경이나 결정과정보다 욕구내용 결정에 초점을 둔다.
- 모든 참여자가 직접 만나서 욕구에 대한 우선순위를 결정한다.
- 욕구순위에 대한 합의의 과정이 반복시행을 거쳐 이루어질 수 있다.

① 초점집단기법　　　　　　　　　② 델파이 기법
③ 지역사회포럼　　　　　　　　　④ 명목집단기법
⑤ 민속학적 조사방법

> **해설**　④ 명목집단기법은 대화나 토론 없이 어떠한 비판이나 이의제기가 허용되지 않는 가운데 각자 아이디어를 서면으로 제시하도록 하여 우선순위를 결정한 후 최종 합의를 도출하기 위한 방법이다.
> ① 초점집단기법은 소수 이해관계자들의 인위적인 면접집단 또는 토론집단을 구성하여 연구자가 토의주제나 쟁점을 제공하며, 특정한 토의 주제 또는 쟁점에 대해 여러 명이 동시에 질의 · 응답을 하거나 인터뷰를 하는 등의 방법으로 상호작용을 통해 공동의 관점을 확인하는 방법이다.
> ② 델파이 기법은 전문가 · 관리자들로부터 우편이나 이메일(E-mail)로 의견이나 정보를 수집하여 그 결과를 분석한 후 그것을 다시 응답자들에게 보내어 의견을 묻는 식으로 만족스러운 결과를 얻을 때까지 계속하는 방법이다.
> ③ 지역사회포럼은 지역사회에 실제 거주하거나 지역사회를 위해 활동하는 사람들을 대상으로 공개적인 모임을 주선하여 지역문제에 대한 설명을 듣는 것은 물론, 직접 지역사회 내의 문제에 대해 의견을 피력할 수 있도록 하는 방법이다.
> ⑤ 민속학적 조사방법 혹은 민속학적 기법은 사회적 약자계층의 문화적 규범 및 실천행위를 규명하는 데 활용할 수 있는 방법으로서, 조사자의 관찰과 심층 인터뷰가 사용되며, 발견한 내용에 대한 서술적 형태의 묘사로 이루어진다.

19 사회복지서비스 전달체계의 도입을 시대 순으로 나열한 것은?

ㄱ. 사회복지사무소 시범사업　　　　ㄴ. 희망복지지원단
ㄷ. 사회복지전문요원　　　　　　　ㄹ. 보건복지사무소 시범사업
ㅁ. 지역사회보장협의체

① ㄹ － ㄷ － ㄴ － ㄱ － ㅁ　　　　② ㄷ － ㄹ － ㄱ － ㄴ － ㅁ
③ ㄹ － ㄱ － ㄷ － ㄴ － ㅁ　　　　④ ㄱ － ㄷ － ㄹ － ㅁ － ㄴ
⑤ ㄷ － ㄹ － ㅁ － ㄴ － ㄱ

> **해설**　**사회복지서비스 전달체계의 도입**
> ㄷ. 1987년 7월 사회복지전문요원제도가 시행되어 공공영역에 사회복지전문요원이 배치되었다.
> ㄹ. 1995년 7월부터 1999년 12월까지 4년 6개월간 보건복지사무소 시범사업이 실시되었다.
> ㄱ. 2004년 7월부터 2006년 6월까지 2년간 사회복지사무소 시범사업이 실시되었다.
> ㄴ. 2012년 5월 시 · 군 · 구에 희망복지지원단을 설치하여 통합사례관리사업을 실시하였다.
> ㅁ. 2015년 7월 「사회보장급여의 이용 · 제공 및 수급권자 발굴에 관한 법률」이 시행됨에 따라 기존의 '지역사회복지협의체'가 '지역사회보장협의체'로 변경되었다.

20 다음 보기의 내용에 해당하는 것은?

조직의 규칙과 규정이 전체 목표달성을 위한 수단으로 간주되지 않고 규칙과 규정 그 자체가 목적이 되거나 원래 목적이 다른 목적으로 변질·대체되는 현상을 말한다.

① 엽관주의
② 레드 테이프
③ 크리밍 현상
④ 아웃리치
⑤ 목표전치

> **해설**　① 엽관주의(獵官主義)는 정실주의(情實主義)라고도 하며, 인사권자가 개인적인 관계나 정치적인 관계를 기준으로 인사행정을 단행하는 것을 말한다.
> ② 불필요하게 지나친 형식이나 절차를 만드는 것을 뜻한다.
> ③ 서비스 조직들이 접근성 메커니즘을 조정함으로써 보다 유순하고 성공 가능성이 높은 클라이언트를 선별하고자 하는 현상을 의미한다.
> ④ 서비스기관이나 담당자들이 적극적으로 서비스 이용자들을 찾아나서는 시도를 말하는 것으로, 아웃리치 업무자들의 역할은 전문적 휴먼서비스 직원들과 지역주민들 사이의 격차를 메우는 것이다.

21 다음 보기의 대화 내용과 연관된 리더십이론으로 가장 적절한 것은?

A : 성공적인 리더는 어떠한 자질이 있어야 하지?
B : 리더는 신체적 특성이나 성격, 지능 등의 자질이 있어야 해.
A : 너무 광범위하잖아. 리더의 자질을 명확히 제시해 봐. 그리고 위기상황에서는 어떤 리더십이 필요한 지 분명하지도 않네?

① 행동이론
② 특성이론
③ 상황이론
④ 경쟁적 가치접근에 의한 리더십이론
⑤ 거래적·변환적 리더십

> **해설**　**특성이론**
> · 1940년대의 리더십연구로 리더의 성격적 특성을 강조하는 입장이며 자질이론, 성향이론이라고 불린다.
> · 리더가 어떤 특정한 자질을 갖추면 효과적인 리더가 될 수 있다고 본다.
> · 효과적인 리더의 특성을 신체적 특성, 성격, 지능, 사회적 배경, 사회성, 과업태도 등으로 규정하였다.
> · 특성의 범위가 너무 광범위하여 성공적인 리더의 자질을 명확히 제시할 수 없으며, 상황에 따라 요구되는 리더십 특성이 다를 수 있다는 점을 간과했다는 비판을 받았다.

22 다음 중 공식적 의사전달과 관련된 내용으로 옳지 않은 것은?

① 공식적인 조직 내에서 공식적인 통로의 수단을 통해 이루어지는 의사전달이다.

② 조직구성원에 대한 지시를 전달하고 관리층에 대한 보고를 전달한다.

③ 문서 또는 구두의 형식을 빌린다.

④ 책임소재가 분명하다.

⑤ 융통성이 있고 소통이 빠르다.

해 설 공식적 의사전달과 비공식적 의사전달

구 분	공식적 의사전달	비공식적 의사전달
유 형	• 하향적 : 명령, 지시, 훈령, 편람, 핸드북, 구내방송, 직원수첩, 게시판 등 • 상향적 : 보고, 제안, 의견·설문조사, 면접, 면담 등	직접적·간접적 접촉, 소문, 풍문, 메모, 유언비어 등
장 점	• 책임소재의 명확성 • 상관의 권위 유지 • 정보의 징확싱, 징책결정에 활용 • 객관적인 의사소통 가능	• 융통성, 행동의 통일성에 기여 • 배후사정 이해의 용이 • 신속한 전달, 탁월한 적응성 • 구성원의 긴장·소외감 극복
단 점	• 형식주의로의 변질 가능성 • 배후사정 파악 곤란 • 복잡하고 다양한 의사 표현의 어려움 • 융통성, 신축성 결여	• 책임소재 불분명, 통제 곤란 • 공식적 의사전달의 왜곡, 마비 우려 • 상관의 권위 손상 가능성 • 의사결정 활용의 어려움

23 다음 보기의 내용에 해당하는 것은?

• 특수한 상황에 따라 변화를 보이는 중간적 접근이다.
• 과학자나 학자 등의 특수분야에 종사하는 사람들을 대상으로 한 이론으로 자유방임을 주장한다.

① X이론

② Y이론

③ Z이론

④ W이론

⑤ E이론

해 설 X·Y이론(McGregor), Z이론(Lundstedt)

X이론	• 사람은 본래 일하는 것을 싫어하며 가능하면 일을 하지 않으려고 한다. • 조직의 목표를 성취하려면 통제와 지시가 필요하다. • 고전적 관리이론과 상통한다.
Y이론	• 사람은 본래 일하기 좋아하는 존재이다. • 육체적·정신적 노력의 지출은 놀이나 휴식과 같이 자연스러운 것으로, 조직의 목표가 주어지면 스스로 자기통제와 자기지시를 할 수 있다. • 인간은 일을 스스로 할 능력과 창의성이 있으므로 적절한 자기책임을 부여한다.
Z이론	• X·Y이론의 결함을 보완하기 위해 제시된 이론이다. • 과학자나 학자 등은 자율적인 분위기에서 효율적인 업무 수행이 이루어지므로, 관리자는 조직구성원이 자유의지에 따라 행동하도록 분위기만 조성한다.

기출 16회

24 사회복지조직을 포함한 비영리조직 마케팅에 관한 설명으로 옳은 것은?

① 생산 후 소비의 발생이 이루어진다.

② 틈새시장 마케팅이 시장세분화 정도가 가장 높다.

③ 사회복지서비스의 표준성은 영리조직 마케팅과의 차이점 중 하나이다.

④ 마케팅 믹스의 4P는 유통(Place), 촉진(Promotion), 가격(Price), 문제(Problem)를 의미한다.

⑤ 공익연계 마케팅을 통해 참여 기업과 사회복지조직 모두 혜택을 얻을 수 있다.

해 설 ⑤ 공익연계 마케팅 또는 기업연계 마케팅은 기업의 기부 또는 봉사활동을 사회복지와 연계함으로써 기업 이윤의 사회에의 환원을 통한 긍정적 기업이미지의 확보와 함께 사회복지조직의 프로그램 운영효율성을 동시에 달성하고자 하는 방법이다.

① 사회복지부문의 서비스는 생산과 소비가 동시에 일어난다. 영리부문에서의 서비스는 생산이 선행되고 고객에 의해 소비가 발생하는 반면, 사회복지조직에서는 생산과 소비가 분리되지 않는 경우가 많다. 이는 생산자와 소비자가 서비스 생산과정에 동시에 참여한다는 것을 의미한다.

② 시장세분화는 전체 시장을 일정한 기준에 의해 동질적인 세분시장으로 구분하는 과정이다. 특히 개별적인 고객수준에서 각 고객의 욕구에 맞춰 제품과 마케팅 프로그램을 개발하여 제공하는 미시적 마케팅이 시장세분화 정도가 가장 높다.

③ 비영리조직 마케팅이 영리조직 마케팅과 다른 점은 서비스의 다양성과 복잡성에 있다.

④ 마케팅 믹스의 4P는 상품(Product), 유통(Place), 촉진(Promotion), 가격(Price)을 의미한다.

25 다음에서 설명하는 마케팅 방법은?

> A초등학교의 학부모들이 사회복지사에게 본인들의 자녀와 연령대가 비슷한 아이들을 돕고 싶다고
> 이야기하였다. 이에 사회복지사들은 월 1회 아동문화체험 프로그램을 기획하여 이들을 후원자로 참
> 여할 수 있도록 요청하였다.

① 사회 마케팅
② 공익연계 마케팅
③ 다이렉트 마케팅
④ 데이터베이스 마케팅
⑤ 고객관계관리 마케팅

해 설 ⑤ 고객관계관리 마케팅(CRM ; Customer Relationship Management Marketing)은 고객과 관련된 자료를 분
석하여 고객 특성에 기초한 맞춤서비스를 지속적으로 제공함으로써 가치 있는 고객을 파악 · 획득 · 유지하
는 방법이다.
① 사회 마케팅 또는 소셜 마케팅(Social Marketing)은 사회문제로부터 도출된 사회적 목표를 달성하기 위해
사회적 아이디어를 개발하고 이를 일반인들에게 수용시키기 위한 방법이다.
② 공익연계 마케팅 또는 기업연계 마케팅(CRM ; Cause Related Marketing)은 기업의 기부 또는 봉사활동을
사회복지와 연계함으로써 기업 이윤의 사회에의 환원을 통한 긍정적 기업이미지의 확보와 함께 사회복지
조직의 프로그램 운영효율성을 동시에 달성하고자 하는 방법이다.
③ 다이렉트 마케팅(DM ; Direct Marketing)은 후원을 요청하는 편지를 잠재적 후원자들에게 발송함으로써 후
원자를 개발하는 가장 전통적인 방법이다.
④ 데이터베이스 마케팅(DBM ; Database Marketing)은 고객정보, 경쟁사정보, 산업정보 등 시장에 관한 각종
정보를 직접 수집 · 분석하고 이를 데이터베이스화하여 마케팅전략을 수립하는 방법이다.

기출 15회

01 사회보장기본법상 사회보장 기본계획에 대한 내용이다. (   )에 들어갈 숫자로 옳은 것은?

> 보건복지부장관은 관계 중앙행정기관의 장과 협의하여 사회보장 증진을 위하여 사회보장에 관한 기본계획을 (   )년마다 수립하여야 한다.

① 1   ② 2
③ 3   ④ 4
⑤ 5

> **해 설**   사회보장 기본계획의 수립(사회보장기본법 제16조 제1항)
> 보건복지부장관은 관계 중앙행정기관의 장과 협의하여 사회보장 증진을 위하여 사회보장에 관한 기본계획을 5년마다 수립하여야 한다.

02 다음 사회복지 관련법 중 가장 최근에 제정된 것은?

① 국민연금법
② 고용보험법
③ 공무원연금법
④ 국민기초생활보장법
⑤ 사회보장급여의 이용 · 제공 및 수급권자 발굴에 관한 법률

> **해 설**   ⑤ 사회보장급여의 이용 · 제공 및 수급권자 발굴에 관한 법률(약칭 '사회보장급여법')은 2014년 12월 30일 제정되어, 2015년 7월 1일부터 시행되었다.
> ① 국민연금법은 1986년 12월 31일 국민복지연금법의 전부개정에 따라 1988년 1월 1일부터 시행되었다.
> ② 고용보험법은 1993년 12월 27일 제정되어, 1995년 7월 1일부터 시행되었다.
> ③ 공무원연금법은 1960년 1월 1일 제정 및 시행되었다.
> ④ 국민기초생활보장법은 1999년 9월 7일 제정되어, 2000년 10월 1일부터 시행되었다.

03 다음 중 사회보장법의 기능과 가장 거리가 먼 것은?

① 소득재분배 기능
② 빈곤의 예방 및 구제 기능
③ 자본주의 경제의 자동안정화 기능
④ 산업평화 유지 기능
⑤ 국민생활수준의 규정적 기능

해설 **사회보장법의 일반적인 기능**
• 정치적 기능 : 국가 체제 안정, 자본주의 체제 유지 및 안정화 등
• 경제적 기능 : 시장경제질서 보충, 소득재분배, 경제의 자동안정화, 국민생활수준의 규정적 기능 등
• 빈곤의 예방 및 구제 기능 : 사회보험에 의한 빈곤예방, 공공부조에 의한 빈곤구제 등
• 규범적 기능 : 사회보장청구권의 구체적 권리성 인정
• 노동력 보호 기능 : 고용보험, 산업재해보상보험법 등

04 다음 중 제2차 의료급여기관에 속하는 곳은?

① 지역보건법에 따라 설치된 보건의료원
② 농어촌 등 보건의료를 위한 특별조치법에 따라 설치된 보건진료소
③ 약사법에 따라 개설 등록된 약국
④ 약사법에 따라 설립된 한국희귀 · 필수의약품센터
⑤ 의료법에 따라 시 · 도지사의 개설허가를 받은 병원

해설 ⑤ 의료법에 따라 시 · 도지사의 개설허가를 받은 종합병원 · 병원 · 치과병원 · 한방병원 · 요양병원 · 정신병원은 제2차 의료급여기관에 속한다.
제1차 의료급여기관(의료급여법 제9조 제2항 참조)
• 의료법에 따라 개설된 의료기관
• 지역보건법에 따라 설치된 보건소 · 보건의료원 및 보건지소
• 농어촌 등 보건의료를 위한 특별조치법에 따라 설치된 보건진료소
• 약사법에 따라 개설 등록된 약국 및 동법에 따라 설립된 한국희귀 · 필수의약품센터

05 다음 중 사회복지사의 결격사유에 해당하지 않는 것은?

① 피성년후견인 또는 피한정후견인
② 파산된 자로서 복권되지 아니한 사람
③ 마약·대마 또는 향정신성의약품의 중독자
④ 법원의 판결에 따라 자격이 상실되거나 정지된 사람
⑤ 금고 이상의 형을 선고받고 그 집행이 끝나지 아니하였거나, 그 집행을 받지 아니하기로 확정
되지 아니한 사람

> **해 설** **사회복지사의 결격사유(사회복지사업법 제11조의2)**
> 다음의 어느 하나에 해당하는 사람은 사회복지사가 될 수 없다.
> • 피성년후견인 또는 피한정후견인
> • 금고 이상의 형을 선고받고 그 집행이 끝나지 아니하였거나 그 집행을 받지 아니하기로 확정되지 아니한
>   사람
> • 법원의 판결에 따라 자격이 상실되거나 정지된 사람
> • 마약·대마 또는 향정신성의약품의 중독자
> • 정신건강증진 및 정신질환자 복지서비스 지원에 관한 법에 따른 정신질환자. 다만, 전문의가 사회복지사로
>   서 적합하다고 인정하는 사람은 그러하지 아니하다.

06 기초연금법의 내용이다. (   )에 들어갈 숫자가 순서대로 옳은 것은?

> • 보건복지부장관은 선정기준액을 정하는 경우 65세 이상인 사람 중 기초연금 수급자가 100분의
>   (   ) 수준이 되도록 한다.
> • 본인과 그 배우자가 모두 기초연금 수급권자인 경우에는 각각의 기초연금액에서 기초연금액의
>   100분의 (   )에 해당하는 금액을 감액한다.

① 60, 40   ② 60, 50
③ 70, 20   ④ 70, 30
⑤ 80, 10

> **해 설** **기초연금 수급권자의 범위 및 기초연금액의 감액**
>
> | 기초연금법
제3조 제2항 | 보건복지부장관은 선정기준액을 정하는 경우 65세 이상인 사람 중 기초연금 수급
자가 100분의 70 수준이 되도록 한다. |
> | --- | --- |
> | 기초연금법
제8조 제1항 | 본인과 그 배우자가 모두 기초연금 수급권자인 경우에는 각각의 기초연금액에서
기초연금액의 100분의 20에 해당하는 금액을 감액한다. |

07 권리구제의 내용으로 옳은 것을 모두 고른 것은?

ㄱ. 사회보장기본법상 위법 또는 부당한 처분을 받거나 필요한 처분을 받지 못함으로써 권리 또는 이익을 침해받은 국민은 행정심판법에 따른 행정심판을 청구할 수 있다.
ㄴ. 국민건강보험법상 요양급여비용 및 요양급여의 적정성 평가 등에 관한 건강보험심사평가원의 처분에 이의가 있는 요양기관은 건강보험심사평가원에 이의신청을 할 수 있다.
ㄷ. 국민연금법상 가입자의 자격에 관한 국민연금공단의 처분에 이의가 있는 자는 그 처분을 한 국민연금공단에 심사청구를 할 수 있다.
ㄹ. 기초연금법상 기초연금 지급의 결정 등의 처분에 이의가 있는 사람은 특별자치시장·특별자치도지사·시장·군수·구청장에게 이의신청을 할 수 있다.

① ㄱ, ㄴ, ㄷ
② ㄱ, ㄷ
③ ㄴ, ㄹ
④ ㄹ
⑤ ㄱ, ㄴ, ㄷ, ㄹ

해 설　ㄱ. 위법 또는 부당한 처분을 받거나 필요한 처분을 받지 못함으로써 권리 또는 이익을 침해받은 국민은 행정심판법에 따른 행정심판을 청구하거나 행정소송법에 따른 행정소송을 제기하여 그 처분의 취소 또는 변경 등을 청구할 수 있다(사회보장기본법 제39조).
　ㄴ. 요양급여비용 및 요양급여의 적정성 평가 등에 관한 건강보험심사평가원의 처분에 이의가 있는 공단, 요양기관 또는 그 밖의 자는 건강보험심사평가원에 이의신청을 할 수 있다(국민건강보험법 제87조 제2항).
　ㄷ. 가입자의 자격, 기준소득월액, 연금보험료, 그 밖의 국민연금법에 따른 징수금과 급여에 관한 국민연금공단 또는 건강보험공단의 처분에 이의가 있는 자는 그 처분을 한 국민연금공단 또는 건강보험공단에 심사청구를 할 수 있다(국민연금법 제108조 제1항).
　ㄹ. 기초연금 지급의 결정이나 그 밖에 기초연금법에 따른 처분에 이의가 있는 사람은 특별자치시장·특별자치도지사·시장·군수·구청장에게 이의신청을 할 수 있다(기초연금법 제22조 제1항).

기출 17회

08 법률의 제정연도가 빠른 순서대로 나열된 것은?

ㄱ. 국민연금법
ㄴ. 고용보험법
ㄷ. 국민건강보험법
ㄹ. 산업재해보상보험법

① ㄱ - ㄴ - ㄷ - ㄹ
② ㄱ - ㄷ - ㄹ - ㄴ
③ ㄹ - ㄱ - ㄴ - ㄷ
④ ㄹ - ㄱ - ㄷ - ㄴ
⑤ ㄹ - ㄴ - ㄱ - ㄷ

해 설　ㄹ. 산업재해보상보험법 : 1963년 11월 5일 제정, 1964년 1월 1일 시행
　ㄱ. 국민연금법 : 1986년 12월 31일 전부개정(1973년 12월 24일 제정된 「국민복지연금법」의 전부개정), 1988년 1월 1일 시행
　ㄴ. 고용보험법 : 1993년 12월 27일 제정, 1995년 7월 1일 시행
　ㄷ. 국민건강보험법 : 1999년 2월 8일 제정, 2000년 1월 1일 시행

09 다음 중 국민기초생활보장법에서 보장기관의 공무원 또는 공무원이었던 자가 조사과정에서 알아 낸 정보와 자료를 법이 정한 보장목적 외에 다른 용도로 사용하거나 다른 사람 또는 기관에 제공 하였을 경우 법적 처분에 해당하는 것은?

① 1년 이하의 징역, 500만원 이하의 벌금, 구류 또는 과료에 처한다.
② 3년 이하의 징역 또는 3천만원 이하의 벌금에 처한다.
③ 300만원 이하의 벌금, 구류 또는 과료에 처한다.
④ 2년 이하의 징역 또는 500만원 이하의 벌금에 처한다.
⑤ 500만원 이하의 과태료에 처한다.

> **해 설** 국민기초생활보장법 제22조 제6항에 의거하여 보장기관의 공무원 또는 공무원이었던 사람은 규정에 따라 얻은 정보와 자료를 이 법에서 정한 보장목적 외에 다른 용도로 사용하거나 다른 사람 또는 기관에 제공하여서는 아니 된다. 이를 위반하여 정보 또는 자료를 사용하거나 제공한 자는 3년 이하의 징역 또는 3천만원 이하의 벌금에 처한다(국민기초생활보장법 제48조 제2항 참조).

10 다음 중 사회보장기본법령상 사회보장제도의 운영원칙에 해당하지 않는 것은?

① 보편성의 원칙　　　　　　　　　② 민주성의 원칙
③ 형평성의 원칙　　　　　　　　　④ 독립성의 원칙
⑤ 전문성의 원칙

> **해 설** 사회보장제도 운영원칙(사회보장기본법 제25조 참조)
>
> | | |
> |---|---|
> | 적용범위의 보편성 | 국가와 지방자치단체가 사회보장제도를 운영할 때에는 이 제도를 필요로 하는 모든 국민에게 적용하여야 한다. |
> | 급여 수준 및 비용 부담의 형평성 | 국가와 지방자치단체는 사회보장제도의 급여 수준과 비용 부담 등에서 형평성을 유지하여야 한다. |
> | 운영의 민주성 | 국가와 지방자치단체는 사회보장제도의 정책 결정 및 시행 과정에 공익의 대표자 및 이해관계인 등을 참여시켜 이를 민주적으로 결정하고 시행하여야 한다. |
> | 연계성 · 전문성의 강화 | 국가와 지방자치단체가 사회보장제도를 운영할 때에는 국민의 다양한 복지 욕구를 효율적으로 충족시키기 위하여 연계성과 전문성을 높여야 한다. |
> | 시행의 책임성 | 사회보험은 국가의 책임으로 시행하고, 공공부조와 사회서비스는 국가와 지방자치단체의 책임으로 시행하는 것을 원칙으로 한다. 다만, 국가와 지방자치단체의 재정 형편 등을 고려하여 이를 협의 · 조정할 수 있다. |

11 사회복지와 관련한 헌법의 내용으로 옳은 것을 모두 고른 것은?

> ㄱ. 헌법 전문에는 사회복지와 관련된 내용이 없다.
> ㄴ. 환경권의 내용과 행사에 관하여는 조례로 정한다.
> ㄷ. 모든 국민은 능력에 따라 균등하게 교육을 받을 권리를 가진다.
> ㄹ. 여자의 근로는 특별한 보호를 받으며, 고용·임금 및 근로조건에 있어서 부당한 차별을 받지 아니한다.

① ㄱ, ㄴ   ② ㄴ, ㄷ

③ ㄷ, ㄹ   ④ ㄱ, ㄷ, ㄹ

⑤ ㄴ, ㄷ, ㄹ

해 설 ㄱ. 국가는 사회보장·사회복지의 증진에 노력할 의무를 진다(헌법 제34조 제2항).
ㄴ. 환경권의 내용과 행사에 관하여는 법률로 정한다(헌법 제35조 제2항).
ㄷ. 헌법 제31조 제1항
ㄹ. 헌법 제32조 제4항

12 다음 중 국민건강보험법상 국민건강보험종합계획에 포함되어야 할 사항을 모두 고른 것은?

> ㄱ. 보험료 부과체계에 관한 사항
> ㄴ. 요양급여비용에 관한 사항
> ㄷ. 취약계층 지원에 관한 사항
> ㄹ. 건강보험에 관한 통계 및 정보의 관리에 관한 사항

① ㄱ, ㄴ   ② ㄴ, ㄹ

③ ㄱ, ㄷ, ㄹ   ④ ㄴ, ㄷ, ㄹ

⑤ ㄱ, ㄴ, ㄷ, ㄹ

해 설 국민건강보험종합계획에 포함되어야 할 사항(국민건강보험법 제3조의2 제2항 참조)
- 건강보험정책의 기본목표 및 추진방향
- 건강보험 보장성 강화의 추진계획 및 추진방법
- 건강보험의 중장기 재정 전망 및 운영
- 보험료 부과체계에 관한 사항(ㄱ)
- 요양급여비용에 관한 사항(ㄴ)
- 건강증진 사업에 관한 사항
- 취약계층 지원에 관한 사항(ㄷ)
- 건강보험에 관한 통계 및 정보의 관리에 관한 사항(ㄹ)
- 그 밖에 건강보험의 개선을 위하여 필요한 사항으로 대통령령으로 정하는 사항

13 노인장기요양보험법상 장기요양급여 제공의 기본원칙에 해당하는 것을 모두 고른 것은?

> ㄱ. 노인 등의 심신상태나 건강 등이 악화되지 아니하도록 의료서비스와 연계하여 이를 제공하여야 한다.
> ㄴ. 노인 등이 자신의 의사와 능력에 따라 최대한 자립적으로 일상생활을 수행할 수 있도록 제공하여야 한다.
> ㄷ. 노인 등이 가족과 함께 생활하면서 가정에서 장기요양을 받는 재가급여를 우선적으로 제공하여야 한다.
> ㄹ. 노인 등의 심신상태 · 생활환경과 노인 등 및 그 가족의 욕구 · 선택을 종합적으로 고려하여 필요한 범위 안에서 이를 적정하게 제공하여야 한다.

① ㄴ, ㄹ
② ㄱ, ㄴ, ㄷ
③ ㄱ, ㄷ, ㄹ
④ ㄴ, ㄷ, ㄹ
⑤ ㄱ, ㄴ, ㄷ, ㄹ

해 설 장기요양급여제공의 기본원칙(노인장기요양보험법 제3조)
- 장기요양급여는 노인 등이 자신의 의사와 능력에 따라 최대한 자립적으로 일상생활을 수행할 수 있도록 제공하여야 한다.(ㄴ)
- 장기요양급여는 노인 등의 심신상태 · 생활환경과 노인 등 및 그 가족의 욕구 · 선택을 종합적으로 고려하여 필요한 범위 안에서 이를 적정하게 제공하여야 한다.(ㄹ)
- 장기요양급여는 노인 등이 가족과 함께 생활하면서 가정에서 장기요양을 받는 재가급여를 우선적으로 제공하여야 한다.(ㄷ)
- 장기요양급여는 노인 등의 심신상태나 건강 등이 악화되지 아니하도록 의료서비스와 연계하여 이를 제공하여야 한다.(ㄱ)

14 다음 중 산재보험에서 보험가입자의 고의 또는 과실로 발생한 업무상 재해로 인하여 발생한 장애나 사망시 수급권자가 민법에 의한 손해배상청구에 갈음하여 근로자와 보험가입자 사이에 합의가 이루어진 경우에 한하여 받을 수 있는 급여는?

① 장례비
② 상병보상연금
③ 장해급여
④ 장해특별급여
⑤ 유족급여

해 설 장해특별급여(산업재해보상보험법 제78조)
- 보험가입자의 고의 또는 과실로 발생한 업무상의 재해로 근로자가 대통령령으로 정하는 장해등급 또는 진폐장해등급에 해당하는 장해를 입은 경우에 수급권자가 민법에 따른 손해배상청구를 갈음하여 장해특별급여를 청구하면 장해급여 또는 진폐보상연금 외에 대통령령으로 정하는 장해특별급여를 지급할 수 있다. 다만, 근로자와 보험가입자 사이에 장해특별급여에 관하여 합의가 이루어진 경우에 한한다.
- 수급권자가 장해특별급여를 받으면 동일한 사유에 대하여 보험가입자에게 민법이나 그 밖의 법령에 따른 손해배상을 청구할 수 없다.
- 근로복지공단은 장해특별급여를 지급하면 대통령령으로 정하는 바에 따라 그 급여액 모두를 보험가입자로부터 징수한다.

15 고용노동부장관은 실업의 급증 등의 사유가 발생한 경우 수급자격자가 실업하고 있는 날에 대하여 소정급여일수를 초과할 때 구직급여를 연장 지급할 수 있다. 이때 며칠의 범위 내에서 할 수 있는가?

① 30일 이내
② 45일 이내
③ 60일 이내
④ 90일 이내
⑤ 120일 이내

> **해 설** **특별연장급여(고용보험법 제53조 제1항)**
> 고용노동부장관은 실업의 급증 등 대통령령으로 정하는 사유가 발생한 경우에는 60일의 범위에서 수급자격자가 실업의 인정을 받은 날에 대하여 소정급여일수를 초과하여 구직급여를 연장하여 지급할 수 있다. 다만, 이직 후의 생활안정을 위한 일정 기준 이상의 소득이 있는 수급자격자 등 고용노동부령으로 정하는 수급자격자에 대하여는 그러하지 아니하다.

16 다음 중 긴급복지지원법령의 내용으로 옳지 않은 것은?

① 누구든지 긴급지원대상자를 발견한 경우에는 관할 시장·군수·구청장에게 신고할 수 있다.
② 시장·군수·구청장은 긴급지원담당공무원을 지정하여야 한다.
③ 사회복지사업법에 따라 긴급복지지원법에 따른 지원 내용과 동일한 내용의 지원을 받고 있는 경우에는 긴급복지지원법에 따른 지원을 하지 아니한다.
④ 국가 및 지방자치단체는 긴급지원 업무를 수행하기 위하여 필요한 비용을 분담하여야 한다.
⑤ 보건복지부장관은 위기상황에 처한 사람에게 상담·정보제공 및 관련 기관·단체 등과의 연계서비스를 제공하기 위하여 담당기구를 설치·운영할 수 있다.

> **해 설** ① 누구든지 긴급지원대상자를 발견한 경우에는 관할 시장·군수·구청장에게 신고하여야 한다(긴급복지지원법 제7조 제2항). 이는 "~할 수 있다"의 임의규정이 아닌 "하여야 한다"의 강행규정에 해당한다.
> ② 시장·군수·구청장은 긴급복지지원법에 따른 긴급지원사업을 수행할 담당공무원(긴급지원담당공무원)을 지정하여야 한다(동법 제6조 제3항).
> ③ 재해구호법, 국민기초생활보장법, 의료급여법, 사회복지사업법, 가정폭력방지 및 피해자보호 등에 관한 법률, 성폭력방지 및 피해자보호 등에 관한 법률 등 다른 법률에 따라 긴급복지지원법에 따른 지원 내용과 동일한 내용의 구호·보호 또는 지원을 받고 있는 경우에는 긴급복지지원법에 따른 지원을 하지 아니한다(동법 제3조 제2항).
> ④ 동법 제17조
> ⑤ 동법 제11조 제1항

17 가정폭력방지 및 피해자보호 등에 관한 법률의 내용이다. (   )에 들어갈 기간을 옳게 짝지은 것은?

> 가정폭력피해자 보호시설 중 단기보호시설은 가정폭력으로 정상적인 가정생활과 사회생활이 어렵거나 그 밖에 긴급히 보호를 필요로 하는 피해자 및 피해자가 동반한 가정구성원을 (ㄱ)의 범위에서 보호하는 시설을 말하며, 단기보호시설의 장은 그 단기보호시설에 입소한 피해자 등에 대한 보호기간을 여성가족부령으로 정하는 바에 따라 (ㄴ)의 범위에서 두 차례 연장할 수 있다.

① ㄱ : 1개월   ㄴ : 1개월
② ㄱ : 3개월   ㄴ : 2개월
③ ㄱ : 6개월   ㄴ : 3개월
④ ㄱ : 1년   ㄴ : 1년 6개월
⑤ ㄱ : 2년   ㄴ : 2년

해 설 가정폭력피해자 보호시설의 종류(가정폭력방지 및 피해자보호 등에 관한 법률 제7조의2)
- 보호시설의 종류는 다음과 같다.
  - 단기보호시설 : 피해자 등을 6개월의 범위에서 보호하는 시설
  - 장기보호시설 : 피해자 등에 대하여 2년의 범위에서 자립을 위한 주거편의 등을 제공하는 시설
  - 외국인보호시설 : 외국인 피해자 등을 2년의 범위에서 보호하는 시설
  - 장애인보호시설 : 장애인복지법의 적용을 받는 장애인 피해자 등을 2년의 범위에서 보호하는 시설
- 단기보호시설의 장은 그 단기보호시설에 입소한 피해자 등에 대한 보호기간을 여성가족부령으로 정하는 바에 따라 각 3개월의 범위에서 두 차례 연장할 수 있다.

18 다음 중 국민기초생활보장법령상 '부양의무자가 있어도 부양능력이 없는 경우'에 해당하는 것을 올바르게 고른 것은?

> ㄱ. 부양의무자가 해외이주법에 따른 해외이주자에 해당하는 경우
> ㄴ. 부양의무자가 가출로 경찰서 등 행정관청에 신고된 후 1개월이 지난 경우
> ㄷ. 부양의무자가 병역법에 따라 징집되거나 소집된 경우
> ㄹ. 부양의무자가 수급자인 경우

① ㄱ, ㄴ, ㄷ   ② ㄱ, ㄷ
③ ㄴ, ㄹ   ④ ㄹ
⑤ ㄱ, ㄴ, ㄷ, ㄹ

부양능력이 없는 경우(국민기초생활보장법 시행령 제5조의6)

부양의무자가 기준 중위소득 수준을 고려하여 대통령령으로 정하는 소득 · 재산 기준 미만인 경우 부양능력이 없는 것으로 보며, 대통령령으로 정하는 소득 · 재산 기준 미만인 경우란 부양의무자가 다음의 어느 하나에 해당하는 경우를 말한다.

- 수급자인 경우
- 다음의 어느 하나에 해당하는 사람으로서 재산의 소득환산액이 보건복지부장관이 정하여 고시하는 금액 미만인 경우
  - 실제소득에서 질병, 교육 및 가구특성을 고려하여 보건복지부장관이 정하여 고시하는 금액을 뺀 금액이 기준 중위소득 미만인 사람
  - 일용근로 등에 종사하는 사람. 이 경우 일용근로는 근로를 한 날이나 시간에 따라 근로대가를 계산하는 근로로서 고용계약기간이 1개월 미만인 근로로 한다.
- 이 외의 사람으로서 다음의 요건을 모두 충족하는 경우
  - 차감된 소득이 수급권자 기준 중위소득의 100분의 40과 해당 부양의무자 기준 중위소득을 더한 금액 미만일 것
  - 재산의 소득환산액이 보건복지부장관이 정하여 고시하는 금액 미만일 것
  - 부양의무자의 차감된 소득에서 부양의무자 기준 중위소득에 해당하는 금액을 뺀 금액의 범위에서 보건복지부장관이 정하는 금액을 수급권자에게 정기적으로 지원할 것

19 다음 중 사회서비스 이용 및 이용권 관리에 관한 법률의 내용으로 옳지 않은 것은?

① 사회서비스란 사회복지사업법에 따른 사회복지서비스, 보건의료기본법에 따른 보건의료서비스, 그 밖에 이에 준하는 서비스로서 대통령령으로 정하는 서비스를 말한다.

② 보건복지부장관은 사회서비스이용권을 통한 사회서비스사업을 원활하게 추진하기 위하여 3년마다 사회서비스 제공계획을 수립 · 시행하여야 한다.

③ 지방자치단체는 지역 여건에 맞는 사회서비스를 개발하여 시행하여야 하고, 국가는 그에 필요한 사항을 지원하여야 한다.

④ 사회서비스이용권을 통하여 사회서비스를 제공하려는 자는 제공하려는 사회서비스별로 시장 · 군수 · 구청장에게 등록하여야 한다.

⑤ 보건복지부장관 또는 시 · 도지사는 사회서비스 제공자 및 관련 종사자에게 사회서비스 제공과 관련된 교육과 훈련을 실시할 수 있다.

② 보건복지부장관은 사회서비스이용권을 통한 사회서비스사업을 원활하게 추진하기 위하여 매년 이용권의 발급기준, 비용부담 등을 포함한 계획(사회서비스 제공계획)을 수립 · 시행하고 그 주요 내용을 공표하여야 한다(사회서비스 이용 및 이용권 관리에 관한 법률 제5조 제1항).
① 동법 제2조 제1호
③ 동법 제4조 제2항
④ 동법 제16조 제1항 참조
⑤ 동법 제31조 제1항

20 장애인복지법의 내용으로 옳지 않은 것은?

① 중앙행정기관의 장은 해당 기관의 장애인정책을 효율적으로 수립·시행하기 위하여 소속공무원 중에서 장애인정책책임관을 지정할 수 있다.

② 재한외국인 처우 기본법에 따른 결혼이민자는 장애인복지법에 따른 장애인 등록을 할 수 없다.

③ 국가와 지방자치단체는 장애 정도가 심하여 자립하기가 매우 곤란한 장애인이 필요한 보호 등을 평생 받을 수 있도록 알맞은 정책을 강구하여야 한다.

④ 장애인은 장애인 관련 정책결정과정에 우선적으로 참여할 권리가 있다.

⑤ 국가는 초·중등교육법에 따른 학교에서 사용하는 교과용 도서에 장애인에 대한 인식개선을 위한 내용이 포함되도록 하여야 한다.

> **해 설** **재외동포 및 외국인의 장애인 등록(장애인복지법 제32조의2 제1항)**
> 재외동포 및 외국인 중 다음의 어느 하나에 해당하는 사람은 법령에 따라 장애인 등록을 할 수 있다.
> • 재외동포의 출입국과 법적 지위에 관한 법률에 따라 국내거소신고를 한 사람
> • 주민등록법에 따라 재외국민으로 주민등록을 한 사람
> • 출입국관리법에 따라 외국인등록을 한 사람으로서 같은 법에 따른 체류자격 중 대한민국에 영주할 수 있는 체류자격을 가진 사람
> • 재한외국인 처우 기본법에 따른 결혼이민자
> • 난민법에 따른 난민인정자

21 다음 중 사회복지사업법상 사회복지법인에 대한 설명으로 가장 옳은 것은?

① 사회복지법인을 설립하려는 자는 보건복지부장관의 허가를 받아야 한다.

② 이사는 사회복지법인이 설치한 사회복지시설의 장을 겸할 수 없다.

③ 사회복지법인 이사의 임기는 2년으로 하고 연임할 수 있다.

④ 해산한 사회복지법인의 남은 재산은 정관으로 정하는 바에 따라 다른 사회복지법인에 귀속된다.

⑤ 사회복지법인은 수익사업을 할 수 있다.

> **해 설** ⑤ 사회복지법인은 목적사업의 경비에 충당하기 위하여 필요할 때에는 법인의 설립 목적 수행에 지장이 없는 범위에서 수익사업을 할 수 있다(사회복지사업법 제28조 제1항).
> ① 사회복지법인을 설립하려는 자는 대통령령으로 정하는 바에 따라 시·도지사의 허가를 받아야 한다(동법 제16조 제1항).
> ② 이사는 법인이 설치한 사회복지시설의 장을 제외한 그 시설의 직원을 겸할 수 없다(동법 제21조 제1항).
> ③ 이사의 임기는 3년으로 하고 감사의 임기는 2년으로 하며, 각각 연임할 수 있다(동법 제18조 제4항).
> ④ 해산한 법인의 남은 재산은 정관으로 정하는 바에 따라 국가 또는 지방자치단체에 귀속된다(동법 제27조 제1항).

22 다음 중 사회보장급여의 이용 · 제공 및 수급권자 발굴에 관한 법률상 지역사회보장협의체의 위원이 될 수 있는 사람을 올바르게 모두 고른 것은?

> ㄱ. 복지위원의 대표자
> ㄴ. 사회보장에 관한 업무를 담당하는 공무원
> ㄷ. 비영리민간단체에서 추천한 사람
> ㄹ. 사회복지공동모금지회에서 추천한 사람

① ㄱ, ㄴ, ㄷ   ② ㄱ, ㄷ
③ ㄴ, ㄹ   ④ ㄹ
⑤ ㄱ, ㄴ, ㄷ, ㄹ

해 설 ㄹ. 시 · 도 사회보장위원회의 위원이 될 수 있는 사람에 해당한다.
지역사회보장협의체의 위원이 될 수 있는 사람(사회보장급여의 이용 · 제공 및 수급권자 발굴에 관한 법률 제41조 제3항 참조)
- 사회보장에 관한 학식과 경험이 풍부한 사람
- 지역의 사회보장 활동을 수행하거나 서비스를 제공하는 기관 · 법인 · 단체 · 시설의 대표자
- 비영리민간단체에서 추천한 사람
- 읍 · 면 · 동 단위 지역사회보장협의체의 위원장
- 사회보장에 관한 업무를 담당하는 공무원

23 다음 보기의 내용에 해당하는 국민기초생활보장법상의 원리로 가장 적절한 것은?

> 국민기초생활보장법에 의한 급여는 수급자가 자신의 생활의 유지 · 향상을 위하여 그 소득 · 재산 · 근로능력 등을 활용하여 최대한 노력하는 것을 전제로 한다.

① 생존권 보장의 원리   ② 보충성의 원리
③ 무차별평등의 원리   ④ 최저생활보장의 원리
⑤ 공공책임의 원리

해 설 **국민기초생활보장법상의 기본원리**

공공책임의 원리	일상생활이 어려운 국민의 생존권을 보장하는 일이 국가의 책무이므로, 국민기초생활보장법의 실시를 국가 혹은 공공책임으로 간주하는 것이다.
최저생활보장의 원리	국민기초생활보장법에 의하여 실시되는 급여는 건강하고 문화적인 최저생활을 유지할 수 있는 수준이어야 한다.
보충성의 원리	국민기초생활보장법에 의한 급여는 수급자가 자신의 생활의 유지 · 향상을 위하여 그 소득 · 재산 · 근로능력 등을 활용하여 최대한 노력하는 것을 전제로 이를 보충 · 발전시키는 것을 기본원칙으로 한다.

타법 우선의 원리	부양의무자의 부양과 다른 법령에 의한 보호는 국민기초생활보장법에 의한 급여에 우선하여 행하여지는 것으로 한다.
자립지원의 원리	국민기초생활보장법의 목적에서도 명확하게 밝히고 있듯이 자활과 자립은 동법의 급여 원칙에 중요한 요소로 받아들인다.
무차별 평등의 원리	국민기초생활보장법의 요건을 충족하는 한 급여는 평등하게 행해져야 하며, 생활 빈곤의 주관적 원인(태만이나 소행불량 등)을 묻지 않고 생활유지가 어려운 상태라는 객관적 요건만 있으면 된다.

24 다음 중 기초연금법상 본인과 그 배우자가 모두 기초연금 수급권자인 경우 각각의 기초연금액에서 얼마를 감액하는가?

① 100분의 10
② 100분의 20
③ 100분의 25
④ 100분의 30
⑤ 100분의 35

해 설 본인과 그 배우자가 모두 기초연금 수급권자인 경우에는 각각의 기초연금액에서 기초연금액의 100분의 20에 해당하는 금액을 감액한다(기초연금법 제8조 제1항).

기출 19회

25 장애인고용부담금 부과처분과 관련한 헌법재판소 결정(2001헌바96)의 내용으로 옳지 않은 것은?

① 기업의 경제상 자유는 공공복리를 위해 법률로 제한할 수 있다.
② 국가는 경제주체 간의 조화를 통한 경제민주화를 위해 규제와 조정을 할 수 있다.
③ 고용부담금제도는 장애인고용의무제의 실효성을 확보하는 수단이므로 입법목적의 정당성이 인정된다.
④ 고용부담금제도는 그 자체가 고용의무를 성실히 이행하는 사업주와 그렇지 않는 사업주 간의 경제적 부담의 불균형을 조정하는 기능을 하기 때문에 고용부담금제도 자체의 차별성은 문제가 되지 않는다.
⑤ 대통령령이 정하는 일정 수 이상의 근로자를 고용하는 사업주는 기준고용률 이상에 해당하는 장애인을 고용해야 한다고 규정한 구 장애인고용촉진등에관한법률 제35조 제1항 본문은 헌법에 불합치한다.

해 설 ⑤ 장애인고용의무조항(구 장애인고용촉진등에관한 법률 제35조 제1항 본문 중 "대통령령이 정하는 일정 수 이상의 근로자를 고용하는 사업주" 부분)에 대하여 위헌의견에 찬성한 재판관이 5인이어서 다수이기는 하지만 헌법소원에 관한 인용결정을 위한 심판정족수(6인 이상의 찬성)에는 이르지 못하여 위헌결정을 할 수 없으므로, 이 사건 심판대상조항 모두에 대하여 합헌결정을 선고한 것이다(헌재 2001헌바96).

제2회 적중예상문제

제1과목 | 사회복지기초

1영역 ▶ 인간행동과 사회환경

기출 20회

01 인간발달의 원리에 관한 설명으로 옳지 않은 것은?

① 발달에는 최적의 시기가 존재하지 않는다.

② 발달의 각 영역은 상호 밀접한 연관이 있다.

③ 일정한 순서와 방향이 있어서 예측 가능하다.

④ 대근육이 있는 중심부위에서 소근육의 말초부위 순으로 발달한다.

⑤ 연속적 과정이지만 발달의 속도는 일정하지 않다.

해 설 ① 신체발달 및 심리발달에는 발달이 용이하게 이루어지는 가장 적절한 시기, 즉 결정적 시기가 있다.

02 다음 보기의 내용에 해당하는 피아제의 인지발달이론에 의한 인지발달단계는?

> 아동의 사고는 급격한 진전을 보이며, 이때 일반적인 것으로 관점이 확대되며 내적 표상을 여러 가지 방법으로 조정할 수 있게 되어 자기중심에서 벗어나 탈중심화가 이루어진다.

① 감각운동기   ② 전조작기
③ 구체적 조작기   ④ 형식적 조작기
⑤ 계속적 조작기

해 설   **피아제의 의한 인지발달단계**

감각운동기 또는 감각적 동작기 (0~2세)	• 자신과 외부대상을 구분하지 못한다. • 대상영속성을 이해하기 시작한다. • 목적지향적인 행동을 한다.
전조작기 (2~7세)	• 사고는 가능하나 직관적인 수준이며, 아직 논리적이지 못하다. • 대상영속성을 확립한다. • 상징놀이, 물활론, 자아중심성을 특징으로 한다.
구체적 조작기 (7~12세)	• 구체적 사물을 중심으로 한 논리적 사고가 발달한다. • 자아중심성 및 비가역성을 극복한다. • 유목화 · 서열화 · 보존개념을 획득한다.
형식적 조작기 (12세 이상)	• 추상적 사고가 발달한다. • 가설의 설정, 연역적 사고가 가능하다. • 실제 경험하지 않은 영역에 대해 논리적인 활동계획을 수립한다.

03 다음 중 프로이트와 에릭슨 이론의 특징에 대한 설명으로 옳지 않은 것은?

① 프로이트와 에릭슨은 시기가 정확히 일치하지 않지만 단계적으로 설명하고 있다.
② 프로이트는 원초아를 중요시하는 반면, 에릭슨은 자아를 중요시한다.
③ 프로이트는 청소년기를 중요하게 생각하고, 에릭슨은 초기 아동기를 중요하게 생각한다.
④ 프로이트는 인간성, 즉 본능에 대하여 비관적이며, 에릭슨은 낙관적이다.
⑤ 프로이트와 에릭슨은 생물학적 이론에 기반을 두고 있다.

해 설   **프로이트와 에릭슨 이론의 비교**
• 프로이트가 원초아(Id)를 강조한 것에 반해, 에릭슨은 자아(Ego)를 강조하였다.
• 프로이트는 인간관계의 초점을 '모친 – 아동 – 부친'의 갈등적 삼각관계로 두고 발달과 적응상의 문제를 부모와의 관계에서 찾으려고 한 것에 반해, 에릭슨은 인간이 사회 속에서 맺게 되는 사회적 관계에서 찾으려고 하였다.
• 프로이트는 인간발달의 부정적인 면에 중점을 둔 것에 반해, 에릭슨은 긍정적인 면에 더 중점을 두었다.
• 발달이론에 있어 프로이트는 성적 발달 국면에, 에릭슨은 자아의 기능적 측면에 중점을 두었다.
• 프로이트는 발달단계를 5단계로 구분하여 성인을 발달이 완료된 상태로 보는 데 반해, 에릭슨은 전 생애로 단계를 확대하면서 성인도 발달과정의 한 형태에 해당한다고 보았다.
• 두 이론 모두 출생 후 인생 초기가 인생 후기 기초를 형성하는 중요한 시기로서 초기 경험을 중요하게 여겼다.

04 인간발달이론이 사회복지실천에 미친 영향으로 옳지 않은 것은?

① 피아제(J. Piaget)의 이론은 아동의 과학적, 수리적 추리과정의 발달과정을 이해할 수 있도록 준거틀을 제시하였다.

② 프로이트(S. Freud)의 이론은 클라이언트의 심리내적 갈등이 무의식의 동기에서 비롯된다는 것을 인식하도록 하였다.

③ 에릭슨(E. Erikson)의 이론은 클라이언트의 생애주기에 따른 실천개입의 지표를 제시해 주었다.

④ 스키너(B. Skinner)의 이론은 클라이언트의 모방학습의 중요성을 인식하도록 하였다.

⑤ 매슬로우(A. Maslow)의 이론은 클라이언트의 욕구를 파악하고 평가하는 데 유용하다.

해설 ④ 모델링(Modeling)을 통한 관찰학습과 모방학습을 강조한 것은 반두라(Bandura)의 사회학습이론이다. 모델링은 다른 사람이 행동하는 것을 보고 들으면서 그 행동을 따라하는 것이다. 사회학습이론에서는 직접경험에 의한 학습보다는 모델링을 통한 간접적인 강화를 강조한다.

05 다음 중 칼 융(C. Jung)의 분석심리이론에서 개인이 외부에 표출하는 이미지, 가면, 사회적 역할과 밀접하게 연관된 개념에 해당하는 것은?

① 집단무의식   ② 원 형
③ 페르소나   ④ 그림자
⑤ 아니마

해설 칼 융 분석심리이론의 주요개념

자 아	지각 · 기억 · 사고 · 감정으로 구성되며, 의식의 개성화 과정에서 생긴다.
자 기	성격의 모든 국면에 대한 통일성 · 통합성 · 전체성을 향해 노력하는 것으로서, 인생의 궁극적 목표에 해당한다.
집단무의식	조상 또는 종족 전체의 경험 및 생각과 관계가 있는 원시적 감정, 공포, 사고, 원시적 성향 등을 포함하는 무의식이다.
원 형	어떠한 것이 만들어지게 되는 기본 모형으로서 심상들에 대한 하나의 모델 혹은 본보기이다.
페르소나	개인이 외부에 표출하는 이미지 또는 가면을 말한다.
음영(그림자)	인간 내부의 동물적 본성이나 부정적 측면을 의미한다.
콤플렉스	의식의 질서를 교란하는 무의식 속의 관념덩어리를 말한다.
아니마	무의식에 존재하는 남성의 여성적인 측면을 말한다.
아니무스	무의식에 존재하는 여성의 남성적인 측면을 말한다.

06 다음 중 반두라(Bandura) 사회학습이론에 의한 모델링(Modeling) 효과의 내용으로 가장 옳은 것은?

① 아동은 여러 모델보다는 단일 모델이 수행하는 행동을 더 잘 모방한다.
② 아동은 벌을 받은 모델보다는 상을 받은 모델을 더 잘 모방한다.
③ 아동은 동성인 모델보다는 이성인 모델의 행동을 더 잘 모방한다.
④ 아동은 높은 사회경제적 지위를 가진 모델에 대해서는 별다른 관심을 기울이지 않는다.
⑤ 아동은 자신보다 높은 연령의 모델을 더 잘 모방한다.

> **해 설** 모델링(Modeling) 효과
> • 아동은 위대하다고 생각하는 사람의 행동을 더 잘 모방한다.
> • 아동은 이성인 모델보다는 동성인 모델의 행동을 더 잘 모방한다.
> • 아동은 연령이나 지위 등에서 자신과 비슷한 모델을 더 잘 모방한다.
> • 아동은 돈이나 명성 등에서 높은 사회경제적 지위를 가진 모델을 더 잘 모방한다.
> • 아동은 여러 모델이 수행하는 행동을 더 잘 모방한다.
> • 아동은 상을 받은 모델을 모방하는 반면, 벌을 받은 모델을 모방하지는 않는다.

기출 17회

07 방어기제에 관한 설명으로 옳지 않은 것은?

① 반동형성(Reaction Formation) : 어떤 충동이나 감정을 반대로 표현하는 것이다.
② 전치(Displacement) : 본능적 충동의 대상을 원래의 대상에서 덜 위협적인 대상으로 옮겨서 발산하는 것이다.
③ 전환(Conversion) : 심리적 갈등이 감각기관 또는 수의근계 기관의 증상으로 표출되는 것이다.
④ 투사(Projection) : 용납할 수 없는 자신의 충동, 생각, 행동을 무의식적으로 다른 사람의 탓으로 돌리는 것이다.
⑤ 해리(Dissociation) : 어떤 대상에 피해를 주었을 경우, 취소 또는 무효화하는 것이다.

> **해 설** ⑤ 해리는 괴로움이나 갈등상태에 놓인 인격의 일부를 다른 부분과 분리하는 것이다(예 지킬박사와 하이드). 반면, 취소는 자신의 공격적 욕구나 충동으로 벌인 일을 무효화함으로써 죄의식이나 불안 감정에서 벗어나고자 하는 것이다(예 전날 부부싸움 끝에 아내를 구타한 남편이 퇴근 시 장미꽃 한 다발을 아내에게 선물하는 경우).

08 다음 중 프로이트와 융의 이론에 대한 설명으로 옳지 않은 것은?

① 프로이트는 리비도를 성적 에너지에 국한한 반면, 융은 일반적인 생활에너지와 정신에너지로 확장하였다.

② 프로이트는 성격의 형성이 과거 사건에 의해 결정된다고 본 반면, 융은 미래에 대한 열망을 통해서도 영향을 받는다고 보았다.

③ 프로이트는 정신구조를 의식과 무의식으로 구분한 반면, 융은 의식, 무의식, 전의식으로 구분하였다.

④ 프로이트는 무의식을 강조한 반면, 융은 인류 정신문화의 발달을 강조하였다.

⑤ 프로이트는 5단계의 발달을 제시한 반면, 융은 4단계의 발달을 제시하였다.

해 설 융과 프로이트 이론의 비교

구 분	프로이트	융
리비도	성적 에너지에 국한	일반적인 생활에너지 및 정신에너지로 확장
성격형성	과거 사건에 의해 결정	과거는 물론 미래에 대한 열망을 통해서도 영향을 받음
정신구조	의식, 무의식, 전의식	의식, 무의식(개인무의식, 집단무의식)
강조점	인간 정신의 자각 수준에 초점을 맞추어 무의식의 중요성을 강조	인류의 정신문화의 발달에 초점
발달단계	5단계 (구강기, 항문기, 남근기, 잠재기, 생식기)	4단계 (아동기, 청년 및 성인초기, 중년기, 노년기)

기출 15회

09 피아제(J. Piaget)의 인지발달이론에 관한 설명으로 옳지 않은 것은?

① 발달단계의 순서는 문화와 개인에 따라 다르게 나타난다.

② 인지구조는 각 단계마다 사고의 방식이 질적으로 다르다.

③ 인지발달은 동화기제와 조절기제를 활용하여 환경에 적응하는 것이다.

④ 상위단계는 바로 하위단계를 기초로 형성되고 하위단계를 통합한다.

⑤ 각 단계는 내부적으로 일관된 체계를 갖추고 있는 하나의 완전체이다.

해 설 피아제(Piaget)의 인지발달이론에서 인지발달의 각 단계가 포함하는 의미(Norlin & Chess)
- 인지구조는 각 단계마다 사고의 방식이 질적으로 다르다.
- 각 단계는 내부적으로 일관된 체계를 갖추고 있는 하나의 완전체이다.
- 개인은 진보적이고 다양한 방법으로 단계들을 통해 발달하며, 어떤 단계도 건너뛰지 않는다.
- 상위단계는 바로 하위단계를 기초로 형성되고 하위단계를 통합한다. 단계들은 수직적으로뿐만 아니라 수평적으로 통합된다.
- 단계들은 모든 인류에게 특유한 것이다. 단계들은 문화에 따라 다르지 않으며, 모든 문화에 걸쳐 같은 단계들이 나타난다.

10 매슬로우(A. Maslow)의 욕구이론에 관한 설명으로 옳지 않은 것은?

① 생리적 욕구는 가장 하위단계에 있는 욕구이다.

② 극소수의 사람들만이 자아실현을 달성할 수 있다.

③ 자아실현의 욕구는 가장 상위단계에 있는 욕구이다.

④ 상위단계의 욕구는 하위단계의 욕구가 완전히 충족된 이후에 나타난다.

⑤ 인간의 욕구는 강도와 중요도에 따라 위계적으로 구성되어 있다.

> **해 설** ④ 상위욕구는 하위욕구가 일정 부분 충족되었을 때 나타날 수 있다. 즉, 인간은 하위단계의 욕구가 어느 정도 충족된 후에 상위단계의 욕구를 충족시키기 위한 노력을 기울이게 된다는 것이다.

11 아동기(7~12세)에 관한 설명으로 옳은 것은?

① 자아중심적 사고 특성을 나타낸다.

② 동성 또래관계를 통해 사회화를 경험한다.

③ 신뢰감 대 불신감이 형성되는 시기이다.

④ 심리사회적 유예기간이다.

⑤ 경험하지 않고도 추론이 가능해진다.

> **해 설** ② 아동기(7~12세)에는 애정을 쏟는 대상이 가족성원에서 또래친구에게로 변화해 나간다. 특히 이성친구보다 동성친구와 더 친밀한 관계를 가지려고 한다.
> ① 자아중심적 사고 특성이 현저히 나타나는 것은 청소년기(13~19세)이다. 청소년기에는 자아중심적 사고로 상상적 청중 현상과 개인적 우화 현상을 보인다.
> ③ 기본적 신뢰감 대 불신감이 형성되는 시기는 대략 0~2세까지의 영아기(에릭슨의 유아기)에 해당한다.
> ④ 심리사회적 유예기간은 청소년기의 발달특성에 해당한다. 청소년은 다양한 역할 속에서 방황과 혼란을 경험하며, 이는 심리사회적 유예기간의 특수한 상황에 의해 용인된다.
> ⑤ 구체적인 상황을 초월하여 상상적 추론이 가능한 형식적 조작사고가 가능한 것은 12세 이후부터이다. 형식적 조작기에는 추상적 사고가 가능하므로 경험하지 못한 사건에 대한 가설적이고 추상적인 합리화를 통해 과학적 사고를 할 수 있게 된다.

12 다음 로저스(Rogers) 현상학이론의 주요 개념 중 보기의 내용과 연관된 것은?

> • 청소년은 부모나 타인, 사회로부터 영향을 받으며, 그들의 평가를 민감하게 받아들일 수 있다.
> • 청소년이 외부에서 설정된 기준에 자신을 무조건적으로 맞추려고 하는 것은 결코 바람직하지 않다.

① 객체로서의 나(Me)
② 현실적 자기(Real Self)
③ 가치조건(Conditions of Worth)
④ 현상학적 장(Phenomenal Field)
⑤ 자기 인정에의 욕구(Need for Self-Regard)

> **해 설** 가치조건(Conditions of Worth)
> • 인간은 각자의 경험을 통해 가치를 형성하는 한편, 타인에게 부여받게 되는 가치에 의해 영향을 받는다.
> • 특히 아동의 경우 긍정적 자기존중을 얻기 위한 과정에서 부모의 양육 태도에 의해 가치조건화가 이루어진다.
> • 인간은 자신의 행동이 어떠한 조건에 의해 평가되면서 가치조건을 알게 된다.
> • 가치조건은 개인으로 하여금 자기를 찾고자 하는 노력보다는 부모나 사회에 의해 설정된 기준에 자신을 맞추려는 태도를 유발함으로써 자기실현의 경향에 부정적인 영향을 미진다.
> • 가치조건에 의해 긍정적 또는 부정적인 것으로 평가된 행동이라고 해서 그것이 일방적으로 만족 또는 불만족의 결과를 가져오는 것은 아니다.

13 다음 중 보기의 내용과 연관된 조작적 조건형성의 기본원리에 해당하는 것은?

> 부모가 아이에게 가르치는 가장 기초적인 식사예절은 웃어른이 수저를 들기 전에 먼저 수저를 들지 않도록 하는 것이다. 다만, 부모는 아이에게 이와 같은 식사예절을 또래 친구들과의 식사시간에까지 요구하지 않는다.

① 조형의 원리   ② 변별의 원리
③ 강화의 원리   ④ 소거의 원리
⑤ 강도의 원리

> **해 설** ② 구체적인 상황에서 보다 정교한 학습이 이루어지는 것을 말한다. 식사예절은 모든 연령이나 장소 또는 상황에서 보편적으로 지켜지는 것이 있는 반면, 연령에 따라 또는 장소나 상황에 따라 지켜지는 것이 있다. 예를 들어 음식을 먹으면서 트림을 하는 것은 보편적으로 금지된 식사예절이나, 식사 중 이야기를 하는 것은 동양과 서양의 식사문화에 따라 다른 관점에서 고려된다. 이와 같은 유사한 자극에서 나타나는 조그만 차이에 따라 서로 다른 반응을 보이는 것이 곧 변별의 원리이다.
> ① 실험자 또는 치료자가 원하는 방향 안에서 일어나는 다양한 반응들만을 강화하고, 원하지 않는 방향의 행동에 대해 강화 받지 못하도록 하여 결국 원하는 방향의 행동을 할 수 있도록 하는 것이다.
> ③ 강화자극(보상)이 따르는 반응은 반복되는 경향이 있다는 것이다.
> ④ 일정한 반응 뒤에 강화가 주어지지 않으면 반응은 사라진다는 것이다.
> ⑤ 고전적 조건형성의 기본원리 중 하나로서, 자극의 강도는 처음에 제시되는 조건 자극보다 나중에 제시되는 무조건 자극이 더 커야 한다는 것이다.

14 학자와 그의 주장내용에 관한 설명으로 옳은 것은?

① 프로이트(S. Freud)는 전 생애를 통한 발달을 주장하였다.
② 스키너(B. F. Skinner)는 인간 내면에 대한 통찰력의 중요성을 과학적 실험으로 제시하였다.
③ 융(C. Jung)은 자기(Self)를 실현할 수 있는 시기를 중년기 이후로 보았다.
④ 반두라(A. Bandura)는 강화와 처벌을 통하여 학습이 가능하다고 주장하였다.
⑤ 에릭슨(E. Erikson)은 가상적 목표(Fictional Finalism)의 중요성을 역설하였다.

> **해 설** ① 프로이트는 인간의 정신활동이 과거의 경험(대략 5세 이전의 경험)에 의해 결정된다는 심리결정론을 제시하였다.
> ② 스키너는 인간의 인지, 감각, 의지 등 주관적 또는 관념적 특성을 나타내는 것들을 과학적인 연구대상에서 제외시키고, 직접적으로 관찰이 가능한 인간의 행동에 연구의 초점을 맞추었다.
> ④ 강화와 처벌에 의한 학습을 강조한 학자는 행동주의이론을 통해 조작적 조건형성을 제시한 스키너이다.
> ⑤ 개인이 추구하는 궁극적 목표는 현실에서 검증되지 않는 가상적 목표라고 주장하며, 개인이 열등감을 극복하고 우월을 추구함으로써 가상적 목표를 향해 나아간다고 주장한 학자는 개인심리이론의 대표적인 학자 아들러이다.

15 다음 보기의 설명 중 옳은 것을 모두 고른 것은?

> ㄱ. 발달(Development) – 유기체가 생활하는 동안의 모든 변화를 의미한다.
> ㄴ. 성장(Growth) – 주로 유전인자가 지니고 있는 정보에 따라 나타나는 변화를 의미한다.
> ㄷ. 학습(Learning) – 훈련과정을 통해 행동이 변화하는 과정을 의미한다.
> ㄹ. 성숙(Maturation) – 경험이나 훈련에 따른 인지 및 정서의 후천적인 발달을 의미한다.

① ㄱ, ㄴ, ㄷ   ② ㄱ, ㄷ
③ ㄴ, ㄹ   ④ ㄹ
⑤ ㄱ, ㄴ, ㄷ, ㄹ

> **해 설** **발달 및 그와 유사한 개념**
>
> | | |
> |---|---|
> | 발달(Development) | 출생에서부터 사망에 이르기까지 전 생애에 걸쳐 계속적으로 일어나는 변화의 양상 과정으로서, 신체적·지적·정서적·사회적 측면 등 전인적인 측면에서 변화하는 것이다. |
> | 성장(Growth) | 성장은 신체 크기의 증대, 근력의 증가 등과 같은 양적인 확대를 의미한다. 특히 신체적 부분에 국한된 변화를 설명할 때 주로 사용된다. |
> | 성숙(Maturation) | 경험이나 훈련에 관계없이 인간의 내적 또는 유전적 기제의 작용에 의해 체계적이고 규칙적으로 진행되는 신체 및 심리의 변화를 의미한다. |
> | 학습(Learning) | 후천적 변화의 과정으로서 특수한 경험이나 훈련 또는 연습과 같은 외부자극이나 조건, 즉 환경에 의해 개인이 내적으로 변화하는 것을 의미한다. |

16 다음 중 집단역동성의 구성요소에 해당하지 않는 것은?

① 외부집단과의 경쟁　　　　　　② 집단의 구조

③ 집단 내 상호작용　　　　　　　④ 집단규범

⑤ 집단지도력

> **해설**　**집단역학(집단역동성)의 구성요소**
> ・집단구조 및 의사소통　　　　　・집단 내 상호작용
> ・집단응집력　　　　　　　　　　・집단규범과 가치
> ・집단구성원의 지위와 역할　　　・집단지도력 및 집단문화갈등

17 다음 중 사회나 부모의 가치관을 그대로 수용하는 자아정체감의 발달 수준은?

① 정체감 유실　　　　　　　　　② 정체감 유예

③ 정체감 성취　　　　　　　　　④ 정체감 혼란

⑤ 정체감 분열

> **해설**　**마르시아의 자아정체감 범주**
>
> | 구 분 | 정체감 성취 | 정체감 유예 | 정체감 유실 | 정체감 혼란(혼미) |
> |---|---|---|---|---|
> | 위 기 | + | + | − | − |
> | 전 념 | + | − | + | − |
>
> ・정체감 성취 : 정체성 위기와 함께 정체감 성취에 도달하기 위한 격렬한 결정과정을 경험한다.
> ・정체감 유예 : 정체성 위기로 격렬한 불안을 경험하지만 아직 명확한 역할에 전념하지 못한다.
> ・정체감 유실 : 정체성 위기를 경험하지 않음에도 사회나 부모의 요구와 결정에 따라 행동한다.
> ・정체감 혼란(혼미) : 정체성 위기를 경험하지 않았으며 명확한 역할에 대한 노력도 없다.

18 다음 보기의 내용에 해당하는 피아제의 인지발달단계는?

- 10개의 바둑알이 직선으로 놓이든지, 원형으로 놓이든지, 모아져 있든지 언제나 그 수는 10개라는 것을 이해하지 못한다.
- 정보의 교환 없이 오직 자기중심적 대화만을 한다.
- 사물에 대한 상징적 표상을 사용하기 시작한다.

① 감각운동기   ② 전조작기
③ 후조작기   ④ 구체적 조작기
⑤ 형식적 조작기

해설 전조작기(2~7세)의 특징
- 사고는 가능하나 직관적인 수준이며, 아직 논리적이지 못하다.
- 사물에 대해 상징적 표상을 사용하기 시작한다.
- 감각운동기에 형성되기 시작한 대상영속성이 확립된다.
- 보존개념을 어렴풋이 이해하기 시작하지만 아직 획득하지 못한 단계이다.
- 전조작기 사고를 나타내는 대표적인 예는 상징놀이와 물활론, 자아중심성 등이 있다.
- 전조작기의 논리적 사고를 방해하는 요인은 자아중심성, 집중성, 비가역성이다.

기출 20회
19 콜버그(L. Kohlberg)의 도덕성 발달 이론에 관한 설명으로 옳지 않은 것은?

① 법과 질서 지향 단계는 인습적 수준에 해당한다.
② 피아제(J. Piaget)의 도덕성 발달 이론에 기초를 제공하였다.
③ 전인습적 수준에서는 행동의 원인보다 결과에 따라 옳고 그름을 판단한다.
④ 보편적 윤리 지향 단계에서는 정의, 평등 등 인권적 가치와 양심적 행위를 지향한다.
⑤ 도덕적 딜레마가 포함된 이야기를 아동, 청소년 등에게 들려주고, 이야기 속 주인공의 행동에 대한 도덕적 판단과 그 근거를 질문한 후 그 응답에 따라 도덕성 발달 단계를 파악하였다.

해설 ② 콜버그(Kohlberg)는 피아제(Piaget)의 이론에 대한 관심에서 출발하여 도덕적 사고에 초점을 두고 도덕성 발달에 관한 이론을 제시하였다. 피아제가 아동의 도덕성 발달을 타율적 도덕성 단계와 자율적 도덕성 단계로 설명하였는데, 콜버그는 그의 이론을 확장하여 도덕적 갈등 상황에서 개인이 어떻게 판단하고 그 판단을 어떻게 추론하는가를 분석함으로써 도덕성 발달단계를 전인습적 수준(4~10세), 인습적 수준(10~13세), 후인습적 수준(13세 이상)으로 나누고 각 수준에 2단계씩 총 6단계로 구체화하였다.

20 선생님이 "10분 이내에 문제를 다 푼 학생은 오늘 청소를 면제해 주겠다"라고 하는 것은 무슨 강화인가?

① 정적 강화
② 부적 강화
③ 토큰 강화
④ 간헐 강화
⑤ 계속 강화

해 설 강화와 처벌

구 분	제 시	철 회
유쾌 자극	정적 강화	부적 처벌
불쾌 자극	정적 처벌	부적 강화

• 정적 강화 : 교실 청소를 하는 학생에게 과자를 준다.
• 부적 처벌 : 방청소를 소홀히 한 아이에게 컴퓨터를 못하게 한다.
• 정적 처벌 : 장시간 컴퓨터를 하느라 공부를 소홀히 한 아이에게 매를 가한다.
• 부적 강화 : 발표자에 대한 보충수업 면제를 통보하여 학생들의 발표를 유도한다.

21 다음 중 보기의 내용과 연관된 용어로 가장 적절한 것은?

• 폐쇄체계적인 속성으로서 외부환경과의 에너지 소통 없이 현상을 유지하려는 상태이다.
• 환경과의 수직적 상호작용보다는 수평적 상호작용을 선호한다.

① 균형(Equilibrium)
② 안정상태(Steady State)
③ 환류(Feedback)
④ 항상성(Homeostasis)
⑤ 호혜성(Reciprocity)

해 설 ② 개방체계적인 속성으로서 부분들 간에 관계를 유지하면서 체계가 붕괴되지 않도록 에너지를 계속 사용하는 상태를 말한다.
③ 체계가 목표달성을 위해 올바르게 작동하고 있는지 혹은 잘못된 방향으로 나아가고 있는지에 대해 정보를 얻는 것이다.
④ 개방체계적인 속성으로서 환경과 지속적으로 소통하면서 역동적인 균형을 이루는 상태를 말한다.
⑤ 한 체계에서 일부가 변화하면, 그 변화가 모든 다른 부분들과 상호작용하여 나머지 부분들도 변화하게 되는 것을 말한다.

22 집단에 관한 설명으로 옳지 않은 것은?

① 역할분화가 이루어진다.

② 사회화의 기능을 수행한다.

③ 구성원들이 감정을 공유하며 규범과 목표를 수립한다.

④ 구성원들 간의 관계를 형성하며 상호작용을 통해 성장한다.

⑤ 구성원들을 지지하고 자극시키는 힘을 가지기 때문에 긍정적 기능만을 수행한다.

> **해 설** ④ · ⑤ 집단은 개인적 목표와 집합적 목표를 달성하도록 구성원들을 지지하고 자극시키는 힘을 가지고 강력하게 성장을 촉진하는 사회환경이 됨으로써 대인관계 및 목표추구의 장이 되며, 이를 통해 다양한 인간욕구를 충족시킬 수 있게 된다. 그러나 집단은 구성원들에게 아무런 영향력을 미치지 못할 수도, 오히려 구성원들이나 사회에 파괴적인 강력한 영향력을 행사할 수도, 대인 간 갈등을 야기하거나 부적절한 지도자를 선발할 수도 있는 등 유해한 사회환경이 되기도 한다.
> ① 집단은 최소한의 역할분화 수준을 특징으로 한다. 구성원 간의 상호작용은 본질적으로 대면적이므로 협의로 정의된 역할에 전적으로 근거하지 않고 전인격적으로 이루어진다. 결국 집단목적은 집단성원들의 욕구에서 비롯되므로 명시적인 것이 아닌 묵시적인 양상을 보인다.
> ② 집단은 사회화 및 사회통제기능을 수행한다. 즉, 집단은 구성원들의 집단과 관련된 행동에 영향을 미치는 규범체계를 포함한 하위문화를 가진다.
> ③ 집단은 두 사람 이상이 공동의 목적이나 관심사를 가지고 모여서 서로를 인지하고 감정을 공유하며, 집단 기능을 위해 규범을 만들고 행동을 위한 목표를 수립한다.

23 청년기(20~35세)에 관한 설명으로 옳지 않은 것은?

① 자기 부양 능력을 갖추어야 하는 시기이다.

② 자아정체감 형성이 주요 발달 과제인 시기이다.

③ 부모로부터 심리적, 경제적으로 독립하여 자율성을 성취하는 시기이다.

④ 개인적 욕구와 사회적 욕구 사이에 균형을 찾아 직업을 선택하는 시기이다.

⑤ 타인과의 관계에서 친밀감을 형성하면서 결혼과 부모됨을 고려하는 시기이다.

> **해 설** ② 자아정체감 형성이 주요 발달 과제인 시기는 청소년기이다.

24 피아제의 인지발달이론의 주요 개념 중 새로운 것을 인지할 때 이미 가지고 있는 인지구조에 맞추어서 인지하여 해석하는 것을 나타내는 개념은?

① 동 화   ② 조 절
③ 평형화   ④ 도 식
⑤ 중심화

> **해 설** **피아제의 인지발달이론 주요 개념**
> • 동화 : 새로운 것을 인지할 때 이미 가지고 있는 인지구조에 맞추어서 인지하고 해석하는 것
> • 조절 : 새로운 것을 인지하기 위해 이미 가지고 있던 인지구조를 수정하는 것
> • 평형화 : 동화와 조절 중의 어느 하나가 두드러지게 우세하지 않은 상태. 현존하는 유기체와 환경의 상호작용, 주어진 자극에 대해 적합한 반응을 하는 것
> • 도식(Schema) : 유기체가 가지고 있는 이해의 틀. 인간의 행동 및 사고를 조직하게 하고 환경에 조직하게 하는 심리적 구조. 환경과의 접촉을 통해 반복되는 행동과 경험에서 형성되는 것

기출 18회

25 생태학적 이론에 관한 설명으로 옳지 않은 것은?

① 개인을 환경과 상황 속에서 이해한다.
② 성격은 개인과 환경 사이의 상호작용의 산물이다.
③ 적합성은 인간의 욕구와 환경자원이 부합되는 정도를 말한다.
④ 생활상의 문제는 전체적 생활공간 내에서 이해한다.
⑤ 환경과의 상호작용에서 인간을 수동적인 존재로 본다.

> **해 설** **생태학적 이론의 주요 개념으로서 개인-환경 간의 적합성(Goodness-of-fit)**
> • 개인의 적응적 욕구와 환경의 질이 어느 정도 부합되는가와 연관된 개념이다.
> • 개인과 환경이 지속적으로 상호작용하는 적응의 과정을 통해 획득된다.
> • 인간과 환경이 서로의 요구에 적응하면서 변화하고 발달해 감에 따라 서로에게 더욱 유익한 효과를 얻어낼 수 있다.
> • 상호작용은 적응적일 수도, 부적응적일 수도 있다. 즉, 개인과 환경 간에 협력적 상호관계가 유지될 때 적합성이 이루어지는 반면, 양자 간에 갈등과 힘의 불균형이 야기될 때 부적합성이 야기된다.

01 다음 중 과학적 방법에 관한 설명으로 옳은 것은?

① 연역법적 논리의 상대적 우월성을 지지한다.
② 모든 지식은 잠정적이라는 태도에 기반을 둔다.
③ 사후에 가설을 설정하는 방법을 사용한다.
④ 연구의 반복을 요구하지 않는다.
⑤ 선별적 관찰에 근거한다.

해 설 ② 과학적 방법은 모든 것을 잠정적으로 알 수 있다는 것을 전제로 하고 있다. 이는 과학적 지식의 속성상 미래의 언젠가는 다른 연구에 의해 현재 우리가 가지고 있는 지식이 변경될 수 있다는 의미이다.
① 연역법과 귀납법은 상호보완적인 관계를 형성하며, 어느 하나의 우월성을 주장하기 어렵다.
③ 과학적 방법은 사전에 가설을 설정하는 사전가설 설정방법을 사용한다. 즉, 우선 사실들 간의 관계에 대한 생각을 미리 설정해 둔 후 그와 같은 가설이 옳은지 그른지를 경험적으로 테스트해 보는 방식으로 전개된다.
④ 과학적 방법은 연구의 반복을 요구한다. 그 이유는 사회과학에서 증거가 순수하게 객관적이고 정확하며, 보편적이라는 사실을 보장하는 간단하면서도 확실한 방법이 존재하지 않기 때문이다.
⑤ 선별적 관찰은 과도한 일반화에 의해 초래되는 일상적 지식 습득 과정에서의 오류에 해당한다. 만약 특정 양식이 존재한다고 일단 결론짓고 이를 일반화하는 경우 미래 사건과 상황에서 그에 부합하는 것에 주의를 기울이는 한편, 부합하지 않는 것은 무시할 가능성이 있다.

기출 17회

02 변수에 관한 설명으로 옳지 않은 것은?

① 직접 관찰할 수 있는 것들만 측정한 것이다.
② 경험적으로 측정할 수 있는 개념이다.
③ 조작적 정의의 결과물이다.
④ 두 개 이상의 속성을 가져야만 한다.
⑤ 연속형 또는 비연속형으로 측정될 수 있다.

해 설 ① 변수는 둘 이상의 값이나 범주로 경험적으로 분류 및 측정할 수 있는 개념을 말한다. 조작적 정의의 결과물로서, 조작화하지 않아도 변수가 되는 개념(예 신장, 체중, 연령, 교육수준 등)이 있는 반면, 반드시 조작화를 거쳐야만 변수가 되는 개념(예 지위, 소진 등)도 있다.

03 다음 중 측정의 일관성을 의미하는 것으로, 반복 측정에서 어느 정도 동일한 결과를 얻어내는 지의 정도를 의미하는 것은?

① 신뢰도   ② 타당도

③ 효과성   ④ 효율성

⑤ 논리성

> **해설**   타당도는 측정하고자 하는 개념이나 속성을 얼마나 실제에 가깝게 정확히 측정하고 있는지의 정도를 나타내는 반면, 신뢰도는 동일한 대상에 대하여 같거나 유사한 측정도구를 사용하여 반복 측정할 경우 동일하거나 비슷한 결과를 얻을 수 있는 정도를 나타낸다.

04 청소년문제 전문가인 A씨는 청소년 자살문제와 관련하여 청소년기에 나타나는 우울 성향이 청소년 자살에 직접적인 영향을 미치는지에 대해 연구하고자 한다. 이때 조작적 정의 단계에 해당하는 것은?

① 우울 증상을 보이는 청소년의 현황을 파악한다.

② 우울 증상을 보이는 청소년과 그렇지 않은 청소년의 차이에 대해 조사한다.

③ 청소년 우울에 대한 기존 연구 결과를 요약한다.

④ 사전을 참고하여 우울에 대해 명확히 정의한다.

⑤ 우울 관련 척도를 탐색한 후 정의한다.

> **해설**   개념의 구체화 과정은 '개념적 정의 → 조작적 정의 → 측정'의 순서로 이루어진다. 개념적 정의는 개념에 대한 사전적 정의에 해당하며, 조작적 정의는 개념적 정의를 실제 현상에서 측정 가능하도록 관찰 가능한 형태로 정의하는 것이다.
> 특히 조작적 정의는 특정한 변수에 대한 관찰의 양적 범주 혹은 질적 범주를 결정하기 위해 사용하게 될 조작 또는 지수(Index)를 말하는 것으로서, 추상적 변수를 조작적으로 정의하는 방법은 무수히 많을 수 있다. 만약 청소년의 우울에 대해 연구할 경우 우울의 수준을 측정하기 위해 만든 우울 관련 척도를 활용할 수 있다. 그 이유는 우울 관련 척도가 우울의 수준을 점수화함으로써 이를 과학적으로 측정 가능하도록 하기 때문이다. 개념의 조작화 과정은 특히 양적 조사에서 중요한 과정에 해당한다.

05 다음 중 두 개의 변수 간에 상관관계가 있는 것처럼 보이지만 실제로는 가식적인 관계에 불과한 경우에 가식적인 관계를 만드는 제3의 변수에 해당하는 것은?

① 매개변수
② 통제변수
③ 억압변수
④ 외생변수
⑤ 왜곡변수

> **해 설**　① 두 개의 변수 간에 직접적인 관련이 없으나 제3의 변수가 두 변수의 중간에서 매개자 역할을 하여 두 변수 간에 간접적인 관계를 맺게 하는 변수이다.
> ② 두 개의 변수 간의 관계를 명확히 파악하기 위해 그 관계에 영향을 미칠 수 있는 제3의 변수를 통제하는 변수이다.
> ③ 두 개의 변수 간에 상관관계가 있으나 관계가 없는 것처럼 보이게 하는 제3의 변수를 말한다.
> ⑤ 두 개의 변수 간의 관계를 정반대의 관계로 나타나게 하는 제3의 변수를 말한다.

06 다음 중 후기실증주의의 방법론적 유형으로서 해석주의(Interpretivism)에 대한 설명으로 옳지 않은 것은?

① 개인의 일상경험을 해석하고 이해하는 것이 목적이다.
② 말이나 행위의 사회적 맥락을 고찰한다.
③ 현상에 대한 직접적 이해가 가능하지 않다고 본다.
④ 보편적으로 적용가능한 분석도구가 존재한다고 본다.
⑤ 문화적 산물들이 개인의 지각과 이해를 형성한다고 본다.

> **해 설**　**해석주의(Interpretivism)**
> 객관적 · 역사적 사실 자체를 맹목적으로 보편화하려는 실증주의의 역사관을 거부한 채 역사의 문제를 개인의 다양한 경험에 대한 해석 및 이해와 함께 사회의 복잡한 규범들 속에서 해석하고자 한다. 모든 개별적 삶의 현상들을 꿰뚫는 일정한 형식으로서의 역사적 보편성에 관심을 기울이나, 방법적 차원에서 보편적으로 적용가능한 분석도구가 존재하지 않는다고 주장함으로써 상대주의적인 양상을 보인다.

07 다음 중 조사설계에서 기초선과 개입국면을 가지고 있는 것은?

① 원시실험설계
② 유사실험설계
③ 단일사례연구설계
④ 실험설계
⑤ 과정실험설계

> **해 설**　**단일사례연구설계**
> 변수 간의 관계규명을 위한 것이라기보다는 사회사업가의 의도적인 개입이 표적행동에 바라는 대로의 효과를 나타내었는가를 평가하기 위해 적용하는 설계로서 기초선(A)과 개입국면(B)을 가진다. 여기서 기초선은 실천가와 조사연구자가 개입활동을 실시하기 전에 표적행동의 상태를 관찰하는 기간을 말하는 것으로 개입 전의 국면에 해당하는 반면, 개입국면은 표적행동에 대한 개입활동이 이루어지는 기간을 말한다.

08 내용분석의 장점이 아닌 것은?

① 정보제공자의 반응성이 높다.
② 비용과 시간을 절감할 수 있다.
③ 장기간의 종단연구가 가능하다.
④ 필요한 경우 재조사가 가능하다.
⑤ 역사연구 등 소급조사가 가능하다.

해설 내용분석의 장단점

장점	• 조사자의 비관여적인 접근을 통해 조사대상자의 반응성을 유발하지 않는다. • 비용과 시간 등이 절약된다. • 가치, 요망, 태도, 창의성, 인간성 또는 권위주의 등 다양한 심리적 변수를 효과적으로 측정할 수 있다. • 역사적 기록물을 통해 시간의 흐름에 따른 장기간의 종단연구가 가능하다. • 여타의 관찰 또는 측정방법에 대한 타당성 여부를 조사하기 위해 사용될 수 있다. • 여타의 연구방법과 병용이 가능하다. 즉, 실험적 연구의 결과 또는 개방형 질문의 응답내용 등에 대한 내용분석이 가능하다. • 다른 조사에 비해 실패시의 위험부담이 적으며, 필요한 경우 재조사가 가능하다(안정성의 문제).
단점	• 기록된 자료에만 의존해야 하며, 자료의 입수가 제한되어 있는 경우도 적지 않다. • 단어나 문장, 표현이나 사건을 통해 명백히 드러난 내용과 숨겨진 내용을 구분하는 데 어려움이 있다. • 분류 범주의 타당도 확보가 곤란하다. • 자료 · 분석에 있어서 신뢰도가 문제시된다.

기출 15회

09 다음 조사에 해당하는 표집방법은?

> 한국산업인력공단은 2015년 사회복지사 1급 국가시험 합격자 명단에서 수험번호가 가장 앞 쪽인 10명 중 무작위로 첫 번째 요소를 추출하였다. 그 후 첫 번째 요소로부터 매 10번째 요소를 추출하여 합격자들의 특성을 파악하였다.

① 층화표집   ② 단순무작위 표집
③ 체계적 표집   ④ 할당표집
⑤ 다단계 집락표집

해설 체계적 표집 또는 계통표집(Systematic Sampling)은 모집단 목록에서 구성요소에 대해 일정한 순서에 따라 매 K번째 요소를 추출하는 방법이다. 모집단의 총수에 대해 요구되는 표본 수를 나눔으로써 표집간격(Sampling Interval : K)을 구하고, 첫 번째 요소를 무작위로 선정하여 최초의 표본으로 삼은 후 일정한 표집간격에 의해 표본을 추출한다.

10 다음 중 측정오류에 대한 설명으로 옳지 않은 것은?

① 측정오류의 정도는 측정대상과 측정도구의 성격에 따라 차이가 나타난다.

② 응답자의 개인적 성향에 의한 관대화 오류는 체계적 오류에 해당한다.

③ 측정오류는 신뢰도와 타당도가 확보된 측정도구를 이용하여 예방할 수 있다.

④ 체계적 오류는 측정도구의 구성에서 발생할 수 있다.

⑤ 비체계적 오류는 체계적 오류에 비해 통제하기가 용이하다.

> **해설** ⑤ 비체계적 오류(무작위 오류)는 측정과정에서 우연히 또는 일시적인 사정에 의해 나타나는 오류이다. 측정 상황, 측정과정, 측정대상, 측정자 등에 있어서 우연적·가변적인 일시적 형편에 의해 측정결과에 영향을 미칠 수 있으며, 이러한 오류는 사전에 알 수 없을 뿐만 아니라 통제할 수도 없다.
> ① 측정오류의 정도는 측정대상과 측정도구의 성격에 따라 다르게 나타난다. 예를 들어 측정대상이 표본으로 서 부적합하거나 소재상 중요한 결점이 있는 경우, 측정도구로서 설문내용이 모호하거나 응답하기 곤란한 경우 측정결과가 다르게 나타날 수 있다.
> ② 관대화 오류는 좋은 점을 부각시켜 긍정적인 응답을 하는 오류로서, 이는 응답자의 개인적 성향에서 비롯 되는 체계적 오류에 해당한다.
> ③ 측정오류는 질적인 특수성을 갖는 각각의 속성을 인위적으로 측정이라는 양적인 현상으로 전환할 때 이들 간의 관계에서 간격이 발생함으로써 나타난다. 이러한 측정오류는 본질적으로 신뢰도와 타당도의 문제에 해당하므로, 신뢰도와 타당도가 확보된 측정도구를 이용하여 어느 정도 예방할 수 있다.
> ④ 측정대상 또는 측정과정에 대해 체계적으로 영향을 미치는 요인으로는 지식, 교육, 신분, 특수정보, 인간성 등이 있으며, 측정도구 구성 시 측정자의 편견이나 편차, 문화적인 차이 등이 개입됨으로써 체계적 오류가 발생할 수 있다.

11 다음 중 모집단의 범위와 변산도를 가장 잘 설명하는 통계방법에 해당하는 것은?

① 평균편차   ② 범 위

③ 표집오차   ④ 상관계수

⑤ 표준편차

> **해설** ⑤ 변산도 또는 산포도(Variability)는 분포의 특별한 형태로서, 자료가 어떻게 분산되어 있는가를 나타내는 것 이다. 변산도의 측정은 그 측정에 있어서 신뢰도에 대한 중요한 측정지수로서의 역할을 한다. 특히 표준편 차(Standard Deviation)는 점수집합 내에서 점수들 간의 상이한 정도를 나타내는 변산도 측정도구로서, 변 수값이 평균값에서 어느 정도 떨어져 있는지를 알 수 있도록 한다. 즉, 표준편차가 클수록 평균값에서 이탈 한 것이고, 표준편차가 작을수록 평균값에 근접한 것이다.
> ① 평균편차(Mean Deviation)는 각 자료들이 평균으로부터 평균적으로 어느 정도 떨어져 있는지를 나타내는 지표이다. 각 자료들의 편차에 대한 절댓값을 산술평균하여 구한 값으로서, 사실상 사용되는 경우가 극히 드물다.
> ② 범위(Range)는 점수분포에 있어서 최고점수와 최하점수까지의 거리를 의미한다. 범위를 대문자 'R'로 표현 하면 'R = 최고점수 − 최저점수 + 1'의 공식이 성립된다. 이때 '+1'은 최고점수 정확상한계(+0.5)와 최저점 수 정확하한계(−0.5)의 차이만큼 더한 것이다.
> ③ 표집오차(Sampling Error)는 표집에 의한 모수치의 측정값이 모수치와 다른 정도를 의미하는 것으로서, 표 본의 대표성으로부터의 이탈정도를 나타낸다.
> ④ 상관계수(Correlation Coefficient)는 두 변수가 관계를 가지고 있는지를 알 수 있도록 하는 수치이다. 보통 소문자 'r'로 표시하며, 'r'의 값이 '+1'에 가까울수록 정적 상관관계를, '−1'에 가까울수록 부적 상관관계를, '0'인 경우 두 변수가 아무런 관계가 없다는 것을 의미한다.

12 다음 연구에 관한 설명으로 옳지 않은 것은?

> 요가가 노인의 우울감에 미치는 영향을 조사하기 위해 우울감을 호소하는 노인 100명을 모집하였다. 이들 중 50명을 무작위로 선정하여 화요일에 요가강좌를 실시하고 이틀 후인 목요일에 100명을 대상으로 우울감 정도를 측정하였다.

① 요가강좌가 실험자극이다.
② 통제집단이 존재한다.
③ 요가강좌에 참여한 50명과 참여하지 않은 50명의 동질성을 확보하는 것이 중요하다.
④ 유사실험설계에서 사전조사가 생략되었다.
⑤ 내적 타당도 저해요인이 존재한다.

해 설 ④ 사전조사를 실시하는 이유는 집단의 동질성이 확실치 않으므로, 이를 확인하고 차이를 반영하기 위해서이다. 보기에서는 실험집단과 통제집단을 무작위로 선정하여 두 집단 간 동질성을 확보하는 대신, 사전조사를 생략한 통제집단 후 비교설계(통제집단 사후검사설계)로 볼 수 있다.
　① · ② 실험설계는 실험집단과 통제집단, 두 집단 간의 비교로 이루어진다. 실험집단은 실험자극을 가하는 집단이고, 통제집단은 실험자극을 가하지 않는 집단이다. 보기에서는 요가강좌가 실험자극이고, 무작위로 선정되어 요가강좌를 받는 집단이 실험집단, 요가강좌를 받지 않는 집단이 통제집단이다.
　③ 실험설계에서는 실험집단과 통제집단의 동질성을 확보하는 것이 중요하다.
　⑤ 만약 실험집단과 통제집단 간의 교류를 적절히 통제하지 못하여 실험집단의 결과가 통제집단으로 모방 또는 확산될 경우 내적 타당도가 저해될 수 있다.

13 지식을 습득하는 과정에서 발생하는 오류에 관한 설명으로 옳은 것은?

① 부정확한 관찰은 규칙성을 전제로 이와 부합되는 특수한 사례만을 관찰하는 것이다.
② 과도한 일반화는 관찰된 소수의 사건이나 경험을 근거로 현상의 규칙성을 일반화시키는 것이다.
③ 선별적 관찰은 관찰자의 자아특성이 현상을 이해하는 데 영향을 미치는 것이다.
④ 꾸며진 지식은 의식적 활동의 부재로 현상에 대한 정확한 관찰이 이루어지지 않는 것이다.
⑤ 자아개입은 일반화된 관점을 유지하기 위해 스스로 사실이 아닌 정보를 만들어 내는 것이다.

해 설 ① 부정확한 관찰은 보통의 일상적인 관찰이 무의식적이고 부주의하게 이루어지는 경우가 많으므로, 그로 인해 부정확한 지식이 산출되는 것이다.
　③ 선별적 관찰은 과도한 일반화와 연관되며, 종종 과도한 일반화가 선별적 관찰을 초래한다. 만약 특정 양식이 존재한다고 일단 결론짓고 이를 일반화하는 경우 미래 사건과 상황에서 그에 부합하는 것에 주의를 기울이는 반면, 부합하지 않는 것은 무시할 가능성이 있다.
　④ 꾸며진 지식은 자신의 일반화된 지식과 정면으로 위배되면서 회피할 수 없는 사실에 직면하게 될 때, 자신의 일반화된 관점을 유지하기 위해 스스로 사실이 아닌 정보를 만들어 내는 것이다.
　⑤ 자아개입은 관찰자의 자아특성이 현상을 이해하는 데 영향을 미치는 것이다. 즉, 무엇을 정확하게 설명하려고 하지만 그럴 경우 자신의 자아가 손상을 입게 될 때, 자신의 자아에 치명적인 손상을 입히지 않을 설명을 애써 찾음으로써 객관성을 잃게 되는 것이다.

14 통제집단 후 비교설계는 통제집단 전후 비교설계에서 나타날 수 있는 내적 타당도 저해요인 중 어떤 요인을 제거하기 위한 것인가?

① 검사요인   ② 성숙요인
③ 우연한 사건   ④ 통계적 회귀
⑤ 상실요인

> **해설** ① 실험대상에 대한 동일한 측정의 반복으로 친숙도가 나타나는 경향을 말한다.
> ② 연구기간 중에 발생하는 개인의 신체적·심리적 성숙을 말한다.
> ③ 사전·사후검사 사이에 발생하는 통제 불가능한 사건을 말한다.
> ④ 종속변수의 값이 너무 높거나 낮은 극단적인 사람들을 대상으로 선택하였을 경우 다음 검사에서는 독립변수의 효과가 없더라도 높은 집단은 낮아지고, 낮은 집단은 높아지는 현상을 말한다.
> ⑤ 실험과정에서 일부 실험대상자가 사망, 질병, 개인적인 사유 등으로 탈락하는 경우 조사대상자가 줄어들면서 잘못된 결과를 가져오는 경우를 말한다.

15 공공부조를 받고 있는 모자가정 여성 5명을 대상으로 직장체험의 효과를 조사한 결과 모두 효과가 없는 것으로 나타났다. 그로 인해 "공공부조를 받고 있는 모자가정에 있어서 어머니의 직장체험효과는 없다"고 결론을 내렸다면 이는 어떤 오류에 해당하는가?

① 생태학적 오류   ② 체계적 오류
③ 비체계적 오류   ④ 표집오류
⑤ 과도한 일반화의 오류

> **해설** 과도한 일반화의 오류는 실험이나 조사 등의 방법으로 구한 결과를 다른 환경적·사회적 상황에도 동일하게 적용할 때 발생한다.

16 다음 중 지역사회주민들이 느끼는 욕구를 조사하기에 적절한 조사방법은?

① 사회지표조사   ② 지역사회 서베이조사
③ 2차 자료분석   ④ 주요정보제공자조사
⑤ 전문가조사

> **해설** 지역사회 서베이조사는 지역사회의 일반인구 또는 특정인구의 욕구를 조사하기 위하여 이들 전체 인구를 대표할 수 있는 표본을 선정, 이들이 생각하거나 느끼는 욕구를 조사하여 조사대상 전체의 욕구를 측정하는 것이다.

17 다음 연구 상황에 유용한 조사유형은?

> 일본 후쿠시마 원전 유출이 지역주민들의 삶에 초래한 변화를 연구하고자 하였으나 관련 연구나 선행 자료가 상당히 부족함을 발견하였다.

① 평가적 연구   ② 기술적 연구

③ 설명적 연구   ④ 탐색적 연구

⑤ 척도개발 연구

해 설   **조사연구의 주요 유형**
- 탐색적 연구 : 예비조사라고도 하며, 연구문제에 대한 사전지식이 결여된 경우 문제영역을 결정하기 위해 예비적으로 실시한다.
- 기술적 연구 : 특정 현상을 사실적으로 묘사하려는 조사로, 현상이나 주제를 정확하게 기술하는 것을 주목적으로 한다.
- 설명적 연구 : 변수 간의 인과관계를 규명하려는 조사, 즉 특정 변수에 영향을 미치는 요인에 대한 조사이다.

18 다음 중 참여에 대해 공개적으로 알리지만 대상집단에 완전히 참여하지 않는 관찰자에 해당하는 것은?

① 관찰참여자   ② 참여관찰자

③ 완전참여자   ④ 완전관찰자

⑤ 조건부관찰자

해 설   **관찰자의 역할에 따른 분류**

구 분	완전참여자	관찰참여자	참여관찰자	완전관찰자
대상집단에 완전한 참여	+	+	−	−
참여에 대한 공개적 고지	−	+	+	−

19 다음 중 양적 연구의 목표에 해당하지 않는 것은?

① 이론의 검증
② 사실의 구성
③ 통계적 기술
④ 변수 간의 관계 제시
⑤ 다양한 현실세계 기술

해 설 질적 연구방법론과 양적 연구방법론

질적 연구 방법론	• 현상학적 인식론을 바탕으로 연구자와 대상자 간의 긴밀한 상호작용을 통해 진행된다. • 언어, 몸짓, 행동 등 상황과 환경적 요인들을 조사한다. • 탐색적 연구에 효과적이며, 사회과학에서 많이 사용한다. • 귀납적 방법에 해당하며, 신뢰도와 타당도가 낮은 편이다. • 다양한 현실세계를 기술하며, 근거 있는 이론을 개발한다.
양적 연구 방법론	• 대상의 속성을 계량적으로 표현하고 그들의 관계를 통계분석을 통해 밝혀낸다. • 연역적 방법에 해당하며, 가설에서 설정한 관계를 확률적으로 규명한다. • 실증주의적 인식론에 바탕을 두며, 객관성과 보편성을 강조한다. • 일반화의 가능성이 높지만, 구체화에 문제가 있다. • 이론을 검증하고 사실을 구성하며, 변수 간의 관계를 제시한다.

20 다음 중 관찰법의 장점에 해당하지 않는 것은?

① 시간과 비용을 절감할 수 있다.
② 조사의 현장성 및 즉시성을 기할 수 있다.
③ 연구대상의 태도가 모호한 경우 유용하다.
④ 비언어적 행동에 관한 자료 수집에 용이하다.
⑤ 응답과정의 오차를 최소화할 수 있다.

해 설 관찰법의 장단점

장 점	• 조사자가 현장에서 즉시 포착할 수 있다. • 행동으로 나타나는 것을 직접 관찰하므로 응답과정에서 발생할 수 있는 오차를 감소시킬 수 있다. • 대상자가 조사연구에 비협조적이거나 면접을 거부하는 경우에도 가능하다. • 대상자의 무의식적인 행동이나 응답자가 정확히 인식하고 있지 못한 문제를 파악하는 데 적합하다. • 대상자의 구두 표현 능력과 상관없이 적용 가능하다.
단 점	• 개인의 사적인 문제 등 관찰이 불가능한 행동이 있다. • 응답자가 관찰을 당하고 있다는 것을 알고 있을 경우 평소에 하던 행동과는 다른 행동양식을 보일 가능성이 있다. • 조사대상의 행동양식들은 변할 수 있다. • 관찰자가 선택적으로 관찰하게 되는 경우가 있다. • 조사자의 감각이 극히 제한적이어서 모든 것을 관찰하지 못한다. • 관찰대상의 행위를 포착하기 위해 발생할 때까지 기다려야 한다. • 시간과 비용, 노력이 많이 소요된다.

21 다음 연구주제를 검증하기 위하여 변수를 구성할 때 변수명(측정방법), 해당 변수의 종류와 분석 가능한 통계수치의 연결이 옳은 것은?

> 학업중단 청소년의 아르바이트 경험이 삶의 만족에 미치는 영향은 또래집단의 지지정도에 따라 차이가 있을 것이다.

① 아르바이트 경험(유무) – 독립변수, 산술평균
② 아르바이트 경험(종류) – 독립변수, 최빈값
③ 아르바이트 경험(개월 수) – 조절변수, 중간값
④ 또래집단의 지지(5점 척도) – 독립변수, 산술평균
⑤ 삶의 만족(5점 척도) – 매개변수, 산술평균

해 설 **변수의 종류와 분석 가능한 통계수치**
• 문제의 보기에서 학업중단 청소년의 아르바이트 경험은 일종의 원인에 해당하는 독립변수, 삶의 만족은 결과에 해당하는 종속변수, 그리고 또래집단의 지지는 인과관계를 조절하는 조절변수로 볼 수 있다.
• 아르바이트 경험의 종류는 측정 수준에서 가장 낮은 수준에 있는 명목척도로 측정된다. 명목척도는 변수가 가지는 질적인 부분을 상호 배타적이고 포괄적으로 분류하는 역할을 하며, 이렇게 분류한 범주에 부여된 숫자나 기호는 수량적인 의미 없이 단순한 분류와 명명 혹은 지시의 기능을 할 뿐이다.
• 명목척도를 활용하여 할 수 있는 통계적 분석은 매우 한정적인데, 가장 기본적인 기술형태로 빈도나 백분율, 최빈값 등이 있다.

22 다음 중 정부기관이나 연구기관의 관련 전문가가 정기적 또는 비정기적으로 발표한 자료를 활용하여 지역사회의 욕구를 파악하는 방법에 해당하는 것은?

① 사회지표조사방법
② 사례조사방법
③ 표본인구조사방법
④ 지역사회 공개토론회
⑤ 델파이기법

해 설 사회지표조사방법은 일정 인구가 생활하는 지역의 지역적 · 생태적 · 사회적 · 경제적 및 인구적 특성에 근거하여 지역사회의 욕구를 추정할 수 있다는 전제하에 사회지표를 분석하는 방법이다. 소득수준, 실업률, 주택보급률, 범죄율 등을 조사할 때 효과적으로 사용할 수 있다.

23 척도 유형에 관한 설명으로 옳지 않은 것은?

① 리커트 척도(Likert Scale)는 문항 간 내적 일관성이 중요하다.

② 거트만 척도(Guttman Scale)는 누적척도이다.

③ 서스톤 척도(Thurstone Scale)의 장점은 개발의 용이성이다.

④ 보가더스척도(Borgadus Scale)는 사회집단 간의 심리적 거리감을 측정하는 데 적절하다.

⑤ 의미분화척도(Semantic Differential Scale)의 문항은 한 쌍의 대조되는 형용사를 사용한다.

해 설 ③ 서스톤 척도의 개발과정은 리커트 척도에 비해 비교적 많은 시간과 노력이 소요된다. 그 이유는 평가하기 위한 문항의 수가 많아야 하고, 평가자도 많아야 하기 때문이다. 이와 같이 문항 수가 많으면 문항의 선정이 정확해지는 반면, 그에 대한 응답을 분석하는 데 많은 시간과 노력이 소요된다. 또한 서스톤 척도는 다수 평가자들의 경험이나 지식이 일정하지 않고 평가에 편견이 개입될 수 있으며, 문항에 대한 지식이 부족할 수 있는 문제점도 가지고 있다.

24 다음 중 우편조사의 단점에 해당하지 않는 것은?

① 낮은 회수율로 인해 응답률이 문제될 수 있다.

② 익명성이 보장되지 않는다.

③ 환경에 대한 통제가 불가능하다.

④ 비언어적 행동의 조사가 불가능하다.

⑤ 응답자가 질문을 잘못 이해하고 있더라도 교정이 불가능하다.

해 설 우편조사법의 장단점

장 점	• 시간과 공간의 제약에 크게 구애받지 않으므로 비용이 절감된다. • 면접조사에서 쉽게 접근할 수 없는 대상을 포함시킬 수 있다. • 조사자는 응답지의 외모나 차림새 등의 편견을 용이하게 통제할 수 있다. • 응답자가 충분한 시간적 여유를 가지고 응답할 수 있도록 한다. • 응답자의 익명성이 보장되고 사려 깊은 응답이 가능하다.
단 점	• 최대의 문제점은 낮은 회수율이다. • 응답내용이 모호한 경우에 응답자에 대한 해명의 기회가 없다. • 질문 문항에 대해 단순성이 요구된다. • 오기나 불기 등이 발생할 수 있다. • 직접적인 답변 외의 비언어적인 정보를 수집하기 어렵다. • 융통성이 부족하며 환경에 대한 통제가 어렵다.

25 다음 중 사회복지실천에 있어서 문제의 원인 및 사실과의 관계를 파악하여 인과론적인 설명을 전개하는 조사는?

① 설명적 조사　　　　　　　　　　② 기술적 조사

③ 탐색적 조사　　　　　　　　　　④ 예비조사

⑤ 응용조사

해 설 　연구목적 또는 이유에 따른 조사연구의 유형

탐색적 조사	• 예비조사, 형식적 조사라고도 한다. • 조사설계를 확정하기 이전 타당성을 검증하거나, 연구문제에 대한 사전지식이 부족한 경우에 실시한다. • 문헌조사, 경험자조사, 특례분석조사 등이 해당된다.
기술적 조사	• 현상을 정확하게 기술하는 것을 주목적으로 한다. • 둘 이상의 변수 간의 상관관계를 기술할 때 적용한다. • 횡단조사와 종단조사로 분류된다.
설명적 조사	• 기술적 조사연구 결과의 축적을 토대로 어떤 사실과의 관계를 파악하여 인과관계를 규명하거나 미래를 예측하는 조사이다. • '왜(Why)'에 대한 대답을 제공하는 조사이다. • 현상에 대한 단순한 기술이 아닌 인과론적 설명을 전개한다는 점에서 기술적 조사와 다르다.

기출 20회

01 클라이언트와의 면접 중 질문에 관한 설명으로 옳은 것은?

① 폐쇄형 질문은 클라이언트의 상세한 설명과 느낌을 듣기 위해 사용한다.

② 유도형 질문은 비심판적 태도로 상대방을 존중하기 위해 사용한다.

③ '왜'로 시작하는 질문은 클라이언트의 가장 개방적 태도를 이끌어 낼 수 있다.

④ 개방형 질문은 '예', '아니오' 또는 단답형으로 한정하여 대답한다.

⑤ 중첩형 질문(Stacking Question)은 클라이언트를 혼란스럽게 만들 수 있다.

해 설 ⑤ 중첩형 질문은 한 질문 문장 속에 여러 가지 내용의 질문들이 섞여 있는 것이다. 이러한 중첩형 질문은 클라이언트를 혼란스럽게 만들 수 있으므로, 한 가지씩 분리해서 하나하나 질문하는 것이 바람직하다.
① 개방형 질문은 클라이언트에게 가능한 한 많은 대답을 선택할 기회를 제공하고 시야를 넓히도록 유도한다.
② 유도형 질문은 클라이언트로 하여금 바람직한 결과를 나타내보이도록 하려는 의도에서 간접적으로 특정한 방향으로의 응답을 유도하기 위해 사용한다.
③ '왜'로 시작하는 질문은 클라이언트로 하여금 비난을 받고 있다는 느낌을 받게 한다.
④ 폐쇄형 질문은 '예', '아니요' 또는 단답형 답변으로 제한한다.

02 한국사회복지사 윤리강령에서의 동료에 대한 윤리기준으로 옳지 않은 것은?

① 슈퍼바이저는 사회복지사의 개인적 문제가 클라이언트에게 부정적 영향을 미칠 경우 그를 직접 치료하여 해결해야 한다.

② 사회복지사가 전문적인 판단과 실천이 미흡하여 문제를 야기했을 때에는, 적절한 조치를 취해 클라이언트의 이익을 보호해야 한다.

③ 슈퍼바이저는 전문적 기준에 의해 공정히 책임을 수행하며, 사회복지사·수련생 및 실습생에 대한 평가는 저들과 공유해야 한다.

④ 사회복지사는 사회복지 전문직의 이익과 권익을 증진시키기 위해 동료와 협력해야 한다.

⑤ 슈퍼바이저는 개인적인 이익의 추구를 위해 자신의 지위를 이용해서는 안 된다.

사회복지사의 동료에 대한 윤리기준(출처 : 한국사회복지사 윤리강령)

- 동 료
  - 사회복지사는 존중과 신뢰로써 동료를 대하며, 전문가로서의 지위와 인격을 훼손하는 언행을 하지 않는다.
  - 사회복지사는 사회복지 전문직의 이익과 권익을 증진시키기 위해 동료와 협력해야 한다.(④)
  - 사회복지사는 동료의 윤리적이고 전문적인 행위를 촉진시켜야 하며, 이에 반하는 경우에는 제반 법률규정이나 윤리기준에 따라 대처해야 한다.
  - 사회복지사가 전문적인 판단과 실천이 미흡하여 문제를 야기했을 때에는, 적절한 조치를 취하여 클라이언트의 이익을 보호해야 한다.(②)
  - 사회복지사는 전문직 내 다른 구성원이 행한 비윤리적 행위에 대해, 제반 법률규정이나 윤리기준에 따라 조치를 취해야 한다.
  - 사회복지사는 동료 및 타 전문직 동료의 직무 가치와 내용을 인정·이해하며, 상호 간에 민주적인 직무 관계를 이루도록 노력해야 한다.
- 슈퍼바이저
  - 슈퍼바이저는 개인적인 이익의 추구를 위해 자신의 지위를 이용해서는 안 된다.(⑤)
  - 슈퍼바이저는 전문적 기준에 의해 공정하게 책임을 수행하며, 사회복지사·수련생 및 실습생에 대한 평가는 저들과 공유해야 한다.(③)
  - 사회복지사는 슈퍼바이저의 전문적 지도와 조언을 존중해야 하며, 슈퍼바이저는 사회복지사의 전문적 업무수행을 도와야 한다.
  - 슈퍼바이저는 사회복지사·수련생 및 실습생에 대해 인격적·성적으로 수치심을 주는 행위를 해서는 안 된다.

03 사례관리의 목적에 해당하는 것을 모두 고른 것은?

ㄱ. 서비스의 통합성 확보
ㄴ. 서비스 접근성 강화
ㄷ. 보호의 연속성 보장
ㄹ. 사회적 책임성 제고

① ㄱ, ㄴ
② ㄴ, ㄹ
③ ㄱ, ㄷ, ㄹ
④ ㄴ, ㄷ, ㄹ
⑤ ㄱ, ㄴ, ㄷ, ㄹ

사례관리의 목적

- 클라이언트의 삶의 질 향상과 역량 강화
- 보호의 연속성 보장(ㄷ)
- 서비스의 통합성 확보(ㄱ)
- 서비스 접근성 강화(ㄴ)
- 사회적 책임성 제고(ㄹ)
- 성과관리와 평가

04 사회복지실천에서 통합적 접근방법에 관한 내용으로 옳지 않은 것은?

① 전통적인 방법론의 한계로 인해 등장
② 클라이언트의 참여와 자기결정권 강조
③ 인간의 행동은 환경과 연결되어 있음을 전제
④ 이론이 아닌 상상력에 근거를 둔 해결방법 지향
⑤ 궁극적으로 클라이언트의 삶의 질 향상을 돕고자 함

> **해 설** **사회복지실천에서 통합적 접근방법**
> '환경 속의 인간(Person in Environment)'을 기본적인 관점으로 하여 인간과 환경을 단선적인 관계가 아닌 순환적인 관계로 이해하는 일반체계이론의 관점, 개인·집단·조직·지역사회 등 보다 구체적이고 역동적인 체계들 간의 관계를 가정하는 사회체계이론의 관점, 유기체와 환경 간의 상호교류 및 역학적 관계를 중시하는 생태체계이론의 관점 등을 포괄한다.

05 다음 중 전미사회복지사협회(NASW)가 제시한 사회복지실천의 기능으로 옳지 않은 것은?

① 사회정책과 환경정책에 영향을 미친다.
② 사람들이 자원을 획득하도록 원조한다.
③ 조직 및 제도 간의 상호관계에 영향력을 행사한다.
④ 개인이 조직의 요구에 부응하도록 돕는다.
⑤ 사람들의 역량을 확대하고 문제에 대한 대처능력을 향상하도록 돕는다.

> **해 설** **사회복지실천의 6가지 기능[전미사회복지사협회(NASW), 1981]**
> • 사람들의 역량을 확대하고 문제해결능력 및 대처능력을 향상하도록 돕는다.
> • 사람들이 자원을 획득하도록 원조한다.
> • 조직이 개인의 요구에 부응하도록 돕는다.
> • 개인과 환경 내의 다른 사람 및 조직과의 상호관계를 촉진시킨다.
> • 조직 및 제도 간의 상호관계에 영향력을 행사한다.
> • 사회정책과 환경정책에 영향을 미친다.

06 다음 중 개인이나 가족을 돕기 위해 단기간의 심리 · 사회적 접근이 효율적이라는 관점에서 체계적 · 종합적 · 효과적 단기치료모델로 개발된 리드와 앱스타인(Reid & Epstein)의 사회복지실천모델에 해당하는 것은?

① 과제중심모델   ② 인지행동모델
③ 문제해결모델   ④ 클라이언트중심모델
⑤ 심리사회적 모델

> **해 설**   **과제중심모델(과업중심모델)의 등장배경**
> - 1960년대 후반 사회복지실천분야에서 독자적으로 개발된 것이다.
> - 효율성 측면에서 시간 제한적인 단기치료에 대한 관심이 고조되었다.
> - 전통적이고 장기적인 개별사회복지실천의 효과성이 떨어진다는 점이 조사의 결과이다.
> - 이론보다는 경험적 자료에서 치료 접근의 기초를 마련하려는 움직임이 나타났다.
> - 클라이언트의 심리 내적인 과정보다 현재의 활동을 강조하는 경향이 대두되었다.

07 다음 기록의 유형 중 사회복지사의 훈련을 위한 중요한 수단이며 슈퍼비전이나 자문을 줄 수 있는 근거자료로 사용되는 것은?

① 과정기록   ② 요약기록
③ 문제중심기록   ④ 서비스중심기록
⑤ 진단기록

> **해 설**   **과정기록**
> - 사회복지사와 클라이언트 간에 있었던 일을 있는 그대로 기록함으로써 사례진행을 비교적 면밀하게 점검할 수 있다.
> - 클라이언트의 언어적 표현뿐만 아니라 비언어적인 표현까지 기록하며, 면담의 내용과 사회복지사의 의견, 슈퍼바이저의 코멘트까지 포함하기도 한다.
> - 대화형태를 그대로 기록하는 것으로, 슈퍼비전에 효과적이지만 기억에 의한 복원으로 주관이 개입됨으로써 기록이 왜곡될 수 있다.
> - 사회복지실천이나 교육 및 슈퍼비전 방법으로 유용하다.
> - 기록자 자신에 대해 새롭게 인식할 수 있는 기회가 된다.

08 다음 중 클라이언트의 상황에서 의미 있는 환경체계들과의 역동적인 관계를 그림으로 표현하는 사정도구에 해당하는 것은?

① 가계도(Genogram)
② 생태도(Ecomap)
③ 사회력도표(Social History Grid)
④ 생활력도표(Life History Grid)
⑤ 소시오그램(Sociogram)

> **해설** **생태도(Ecomap)**
> • 하트만(Hartman)이 '환경 속의 인간'에 초점을 두어 고안한 것으로서, 가족관계를 비롯하여 가족의 자원, 가족과 외부환경의 상호작용을 묘사한다.
> • 가족관계에 대한 도식, 즉 클라이언트의 상황에서 의미 있는 체계들과의 관계를 그림으로 표현함으로써 특정 문제에 대한 개입계획을 세우는 데 유용한 도구이다.
> • 환경 속의 클라이언트에 초점을 두므로 클라이언트를 생태학적 관점에서 이해하는 데 도움을 준다.
> • 클라이언트 가족에게 유용한 자원이나 환경, 가족체계의 스트레스 요인, 가족과 환경체계의 관계 등에 대한 정보를 얻을 수 있다.

09 다음 중 사회복지실천현장의 예와 분류의 연결로 옳은 것은?

① 노인복지관 – 1차 현장, 이용시설
② 노인전문병원 – 1차 현장, 생활시설
③ 정신보건센터 – 1차 현장, 생활시설
④ 청소년쉼터 – 2차 현장, 이용시설
⑤ 장애인복지관 – 2차 현장, 이용시설

> **해설** ① 노인복지관은 기관의 일차적인 기능이 사회복지서비스의 제공에 있고 사회복지사가 중심이 되어 활동하는 1차 현장인 동시에, 사회복지서비스에 주거서비스가 포함되지 않은 이용시설에 해당한다.
> ② 노인전문병원은 사회복지전문기관은 아니지만 사회복지사가 간접적으로 개입하는 2차 현장인 동시에, 일반적으로 노인요양시설과 함께 노인의 입소를 전제로 하는 생활시설에 해당한다.
> ③ 정신보건센터는 2차 현장이자 이용시설에 해당한다.
> ④ 청소년쉼터는 2차 현장이자 생활시설에 해당한다.
> ⑤ 장애인복지관은 1차 현장이자 이용시설에 해당한다.

10 다음 중 직접치료가 적당하지 않은 경우는?

① 욕구가 자신을 해치고 있는 경우
② 구체적 서비스를 활용할 수 있는 능력이 손상된 경우
③ 욕구를 갖도록 하는 감정이 복잡하여 갈등상태에 있는 경우
④ 욕구가 클라이언트의 내적 · 주관적 원인과 관련이 있는 경우
⑤ 욕구가 클라이언트의 대인관계나 활동능력 등과 무관한 경우

> **해설** ⑤ 욕구가 클라이언트의 대인관계나 활동능력이 아닌 주변 환경에서 비롯되는 경우 그러한 환경을 조작하여 클라이언트로 하여금 사회적 역량을 강화할 수 있도록 돕는 것이 바람직하다. 또한 클라이언트의 욕구 해결을 위해 필요한 서비스를 연결 · 의뢰하거나 클라이언트의 다양한 욕구를 충족시킬 수 있도록 지역사회 내 서비스를 연계 · 협력하는 것도 유효한 방법에 해당한다.

제2회

11 다음 레비(Levy)에 의한 사회복지 전문직의 가치 중 '수단 우선 가치'에 해당하는 것은?

① 클라이언트에 대한 비심판적인 태도
② 클라이언트의 개별성 인정
③ 클라이언트의 기본적 욕구 충족
④ 교육이나 주택문제 등 사회문제의 제거
⑤ 인간존엄성 존중

해 설 레비(Levy)에 의한 사회복지 전문직의 가치

사람 우선 가치	전문직 수행의 대상인 사람 자체에 대해 전문직이 갖추고 있어야 할 기본적인 가치이다. 예 인간존엄성 존중, 개인의 건설적 변화에 대한 능력과 열망, 상호책임성, 소속의 욕구, 인간의 공통된 욕구 등
결과 우선 가치	개인이 성장할 기회를 제공하고, 욕구를 충족시킬 수 있는 서비스를 제공하는 것에 역점을 두는 가치이다. 예 개인의 기본적 욕구 충족, 교육이나 주택문제 등의 사회문제 제거 등
수단 우선 가치	서비스를 수행하는 방법 및 수단과 도구에 대한 가치이다. 예 클라이언트의 자기결정권 존중, 비심판적인 태도 등

12 다음 중 1601년 영국의 구빈법에 대한 설명으로 옳지 않은 것은?

① 사회질서유지와 빈민 통제적인 기능을 하였다.
② 노동능력의 유무를 기준으로 보호대상자를 구분하였다.
③ 국가가 빈곤에 대하여 책임을 지기 시작하였다.
④ 개인적인 빈곤관을 배경으로 하였다.
⑤ 보편적인 급여를 원칙으로 하였다.

해 설 엘리자베스 구빈법(1601)
- 기존의 빈민법을 집대성하여 빈민을 통제하는 동시에 노동력을 확보하고자 하였다.
- 구빈을 담당하는 행정기관을 설립하고 빈곤자를 위한 구빈세를 부과하였다.
- 빈민을 노동능력이 있는 빈민, 노동능력이 없는 빈민, 요보호아동으로 분류하였다.
- 빈곤을 개인의 결함에서 비롯된 것으로 간주하는 개인주의적 빈곤죄악관을 근거로 하였다.
- 선별주의적 방법으로 자산조사를 실시하여 대상자를 결정하였다.
- 세계 최초의 구빈법과 공공부조로 근대적 사회복지의 출발점이 되었다.

13 다음 면담의 유형 중 학교폭력 피해학생의 자존감 향상을 목적으로 심리적 지지를 제공하기 위한 것은?

① 사정 면담   ② 치료 면담
③ 진단 면담   ④ 관찰 면담
⑤ 교사 면담

> **해 설**   **치료 면담의 목적**
> • 클라이언트의 변화 : 클라이언트의 자신감 및 자존감 향상, 자기효율성(자기효능감) 강화, 문제해결능력 강화, 기술훈련을 통한 필요한 기술의 습득 등
> • 환경의 변화 : 클라이언트와 관련된 중요 인물들과의 면담, 클라이언트의 권리 및 이익 옹호, 지역사회나 사회복지기관과의 연계 등

기출 18회

14 생태도를 통하여 파악할 수 있는 내용에 해당되지 않는 것은?

① 클라이언트 · 가족구성원과 자원체계 간의 에너지 흐름
② 클라이언트 · 가족구성원에게 스트레스가 되는 체계
③ 클라이언트 · 가족구성원 간의 자원 교환 정도
④ 클라이언트 · 가족구성원의 환경체계 변화가 필요한 내용
⑤ 클라이언트 · 가족구성원의 생애 동안 발생한 문제의 발전과정에 관한 정보

> **해 설**   ⑤ 가족구성원으로서 클라이언트의 생애 동안 발생한 사건이나 문제의 발전과정을 사정하는 데 사용되는 대표적인 사정도구는 생활력표(생활력도표)이다.

15 남편에게 폭력을 당하는 피해여성과 아동이 쉼터에 입소했다. 입소 이후 그 피해여성이 아동에게 심한 체벌을 하고 있다고 같은 입소자인 A씨가 지적했다. 쉼터에서 이 피해여성의 아동체벌을 치료하고자 할 때 표적체계에 해당하는 것은?

① 쉼 터   ② 피해여성
③ 가해남편   ④ 피해자의 아동
⑤ 다른 입소자 A

> **해 설**   **표적체계**
> • 목표를 달성하기 위해 변화시키는 것이 필요한 사람이다.
> • 목표에 따라 표적이 자주 바뀌며 주로 클라이언트가 표적이 된다.
> • 표적체계의 행동, 태도, 신념을 변화시키기 위해 사회복지사가 사용하는 수단으로 유도, 설득, 관계사용, 환경의 사용, 배합의 사용 등이 있다.
> • 표적체계와 클라이언트체계는 변화되어야 할 대상이 클라이언트이거나 클라이언트 내부체계일 때 흔히 중복된다. 그러나 사회복지사는 다른 체계에서의 바람직한 변화를 가져오기 위해 클라이언트체계와 같이 활동하게 된다.

16 다음 보기의 내용에 해당하는 면접의 기술은?

> 사회복지사가 클라이언트의 주관적인 경험과 감정을 정확하게 인지하는 능력으로서, 클라이언트의
> 입장이 되는 것이고 클라이언트처럼 보고 느끼는 것이다. 이는 어떤 사람을 위한다는 동정과 달리
> 어떤 이와 더불어 느낀다는 점을 내포한다.

① 직면하기   ② 명료화
③ 반영하기   ④ 감정이입
⑤ 초점화

해 설
① 클라이언트의 말과 행위 사이의 불일치, 표현한 가치와 실행 사이의 모순을 클라이언트 자신이 주목하도록
하는 기술이다.
② 클라이언트가 자신의 처지에 대해 좀 더 분명하고 객관적인 인식을 갖도록 도와주는 것이다.
③ 클라이언트가 말한 내용이나 행동에 대한 정서적 요소의 표현이다.
⑤ 클라이언트가 자기 문제를 언어로 표현할 때 산만한 것을 점검해주고 말 속에 숨겨진 선입견, 가정, 혼란을
드러내어 자신의 사고과정을 명확히 볼 수 있도록 해주는 것이다.

17 다음 중 종결 유형에 따른 사회복지사의 반응으로 가장 옳은 것은?

① 사회복지사의 이동으로 인한 종결 – 원망을 듣지 않기 위해 사례를 조기 종결한다.
② 클라이언트의 일방적 종결 – 끝까지 개입을 지속할 것을 강요한다.
③ 시간제한이 없는 종결 – 종결 시기는 클라이언트만이 결정할 수 있다.
④ 시간제한이 있는 종결 – 사후세션을 계획하고 필요성 여부에 따라 또 다른 계획을 세운다.
⑤ 일정기간만 제공되는 서비스의 종결 – 지속적인 개입이 필요하다고 판단되는 경우 일단 서비
스 계약을 갱신한 후 이를 클라이언트에게 알린다.

해 설
④ 시간제한이 있는 종결에서는 클라이언트가 얻은 것을 명확히 하며, 종결에 따른 클라이언트의 상실감을 줄
이도록 돕는다. 또한 사후세션(사후관리)을 계획하는 한편, 지속적인 개입의 필요성 여부에 따라 또 다른
계획을 세우도록 한다.
① 사회복지사가 다른 부서로 이동하거나 새로운 직장으로 이직하는 경우, 클라이언트에게 자신의 상황에 대
해 미리 알려주어야 하며, 클라이언트로 하여금 종결의 상황에 대해 정서적으로 준비할 수 있도록 배려해
야 한다. 또한 클라이언트의 남아 있는 문제와 목표들을 재점검하며, 집단 과정을 통해 클라이언트가 획득
한 변화나 기술, 기법 등이 지속적으로 유지될 수 있도록 지지한다.
② 클라이언트가 갑자기 약속을 어기거나 핑계를 대면서 회피하는 경우 계획되지 않은 종결이 이루어질 수
있다. 이와 같은 클라이언트에 의한 일방적인 종결에서 사회복지사는 우선 클라이언트에게 부정적인 감정
에 대해 논의하기를 원한다는 의사를 표시하며, 종결에 대해 신중히 생각할 것을 권고한다. 그러나 무엇보
다도 클라이언트의 자기결정권을 존중하며, 전문가로서 적절한 의견을 제시해야 한다.
③ 시간제한이 없는 종결에서는 종결 시기를 정하는 것이 매우 중요하다. 이때 종결 시기는 클라이언트에게
더 이상의 서비스 제공이 필요하지 않거나 현 시점에서 더 이상 이득이 되지 않는다고 판단하는 경우 내리
도록 한다.
⑤ 사회복지사는 클라이언트에 대해 지속적인 개입이 필요하다고 판단하는 경우 클라이언트를 다른 사회복지
사에게 또는 다른 적합한 기관에 의뢰하는 것이 바람직하다.

18 다음 중 보기의 내용과 연관된 체계이론의 주요 개념에 해당하는 것은?

- 그리스어에서 '전체'와 '부분'의 개념이 결합되어 있다.
- 작은 체계들 속에서 그들을 둘러싼 큰 체계의 특성이 발견되기도 하고 작은 체계들이 큰 체계에 동화되기도 한다.

① 홀론(Holon)
② 피드백(Feedback)
③ 동등종결(Equifinality)
④ 다중종결(Multifinality)
⑤ 네겐트로피(Negentropy)

해설
① 홀론(Holon)은 그리스어에서 전체를 의미하는 '홀로스(Holos)'와 부분을 의미하는 '온(On)'이 결합된 단어이다. 전체에서 부분을 구별할 수 있으나 절대적인 의미에서 전체와 부분을 별개로 나눌 수 없다는 사실을 전제로 한다. 홀론은 개별 부분이 홀로 기능을 하더라도 전체 시스템에 통합됨으로써 탁월한 효과를 발휘할 수 있음을 의미한다.

② 피드백 또는 환류(Feedback)는 체계가 목표달성을 위해 올바르게 작동하고 있는지 혹은 잘못된 방향으로 나아가고 있는지에 대해 정보를 얻는 것이다.

③ · ④ 동등종결(Equifinality)은 체계를 구성하는 요소들의 상호작용 성격에 따라 서로 다른 조건이라도 유사한 결과를 초래하는 경우를 말한다. 그에 반해 다중종결(Multifinality)은 서로 유사한 조건이라도 각기 다른 결과를 초래하는 경우를 말한다.

⑤ 네겐트로피(Negentrophy) 또는 역엔트로피(Negative Entropy)는 개방체계적인 속성으로서, 체계 외부로부터 에너지가 유입되어 체계 내부의 불필요한 에너지가 감소함에 따라 체계가 성장하고 발달해 나가는 상태를 말한다.

19 다음 중 사회복지실천에서 기록의 목적으로 옳지 않은 것은?

① 클라이언트의 욕구 확인
② 클라이언트와의 정보공유
③ 동료검토의 활성화
④ 클라이언트의 비밀보장
⑤ 조사를 위한 자료제공

해설 기록의 목적(Kagle)
- 클라이언트의 욕구 확인(①)
- 서비스의 내용 보고
- 전문가 간 의사소통의 활성화
- 클라이언트와의 정보공유(②)
- 지도감독, 자문, 동료검토의 활성화(③)
- 사례의 지속성 유지
- 서비스 과정 및 효과에 대한 점검
- 학생 및 다른 전문가들에 대한 교육
- 행정적 과업을 위한 자료제공
- 조사를 위한 자료제공(⑤)

20 다음 중 사회복지사가 전문적 서비스를 개별화하기 위해 수행해야 할 역할과 가장 거리가 먼 것은?

① 클라이언트의 감정에 대한 직관적 판단을 배제해야 한다.
② 클라이언트와 보조를 맞출 수 있는 능력을 갖추어야 한다.
③ 클라이언트의 표정, 몸짓 등에 대한 관찰능력을 갖추어야 한다.
④ 사회복지사 자신의 편견이나 선입견에서 탈피하여야 한다.
⑤ 상황에 대한 예견능력이 필요하다.

> **해 설** ① 사회복지사는 클라이언트의 감정을 직관적으로 파악할 수 있는 능력을 갖추어야 한다. 이는 개인의 특성이
> 그의 감정의 움직임 속에서 가장 잘 표현되므로, 사회복지사에게 이와 같은 클라이언트의 미묘한 감정 상
> 태를 포착할 수 있는 능력이 필요하다는 것이다.

21 다음 구조적 가족치료의 주요기법 중 가족성원들이 공간에 스스로 위치하여 가족관계를 몸으로 표현하는 기법은?

① 경계만들기   ② 시련기법
③ 실 연   ④ 가족조각
⑤ 과제부여

> **해 설** ④ 가족성원들이 공간적으로 스스로 위치하여 가족관계를 몸으로 표현하면서 하나의 그림을 완성하는 것이
> 다. 문제를 가진 클라이언트에게 가족의 형태를 재배치시킴으로써 미처 깨닫지 못한 부분들을 이해할 수
> 있도록 한다. 가족조각은 참여하는 가족성원의 동의가 반드시 필요하다.
> ① 개인체계뿐만 아니라 하위체계 간의 경계를 명확히 함으로써 가족성원 간 상호지지의 분위기 속에서 독립
> 과 자율을 허용하도록 하는 기법이다.
> ② 변화를 원하는 사람에게 증상보다 더 고된 체험을 하도록 과제를 주어 증상을 포기하도록 하는 것이다.
> ③ 가족갈등을 치료상황으로 가져와 성원들이 어떻게 처리하는지 보고 그 상호작용을 수정하고 구조화하는
> 것이다.
> ⑤ 가족이 시도해볼 필요가 있는 상호작용을 개발하도록 과제를 부여하는 것이다.

22 다음 중 노튼(Northern)이 제시한 집단발달단계를 순서대로 올바르게 나열한 것은?

① 오리엔테이션단계 → 문제해결단계 → 모집단계 → 탐색과 시험단계 → 종결단계

② 오리엔테이션단계 → 모집단계 → 탐색과 시험단계 → 문제해결단계 → 종결단계

③ 오리엔테이션단계 → 탐색과 시험단계 → 모집단계 → 문제해결단계 → 종결단계

④ 모집단계 → 오리엔테이션단계 → 탐색과 시험단계 → 문제해결단계 → 종결단계

⑤ 모집단계 → 탐색과 시험단계 → 오리엔테이션단계 → 문제해결단계 → 종결단계

해설 **노튼(Northern)의 집단발달단계**
- 준비단계 또는 모집단계(제1단계) : 집단의 목적 설정 및 잠재적 성원 확보가 이루어지는 단계
- 오리엔테이션단계(제2단계) : 집단성원 간 유대관계가 생기고 투쟁적 리더를 중심으로 의사소통이 이루어지는 단계
- 탐색과 시험단계(제3단계) : 하위집단이 생성되며, 집단의 규범과 가치를 위한 통제기제가 발달하는 단계
- 문제해결단계(제4단계) : 집단성원들 간의 상호의존성·응집력이 최고로 되는 단계
- 종결단계(제5단계) : 목적달성 시 또는 기한도래 시 종료되는 단계

기출 15회
23 미시적 실천을 모두 고른 것은?

ㄱ. 위탁가정 아동 방문   ㄴ. 노숙인 보호를 위한 모금 활동
ㄷ. 정신장애인 재활 상담   ㄹ. 직업재활 대상자를 위한 자원 개발

① ㄹ   ② ㄱ, ㄷ
③ ㄴ, ㄹ   ④ ㄱ, ㄴ, ㄷ
⑤ ㄱ, ㄴ, ㄷ, ㄹ

해설 ㄴ·ㄹ. 거시적 수준의 실천에 해당한다.
사회복지실천의 기능 범위
- 미시적(Micro) 수준 : 개인 간의 상호작용에 기초한 직접적인 실천방법에 해당되며, 부부관계, 자녀관계 등 개인 간의 심리상태에 문제가 있는 경우 사회복지사가 클라이언트와 일대일로 접근하여 문제해결을 돕는다.
- 중간적 또는 중시적(Mezzo) 수준 : 미시적 수준과 거시적 수준의 중간단계로서 지역사회를 중심으로 지역의 자원을 발굴하거나 관련 단체 간의 연계활동을 조정하며, 자조집단, 치료집단 등의 조직을 관리·운영한다.
- 거시적(Macro) 수준 : 국가 또는 사회 전체를 대상으로 하며 간접적인 실천방법에 해당한다. 특정 클라이언트에 대해 서비스를 제공하는 것이 아닌 사회복지정책개발 및 정책대안 등을 제시하여 간접적인 사회복지 서비스를 제공한다.

24 다음 중 강점관점에 해당하는 것을 모두 고르면?

> ㄱ. 개인을 독특한 존재, 즉 재능, 자원 등의 강점을 가진 사람으로 규정한다.
> ㄴ. 어린 시절의 상처는 개인을 약하게 할 수도 있고 강하게 할 수도 있다.
> ㄷ. 원조의 목적은 그 사람의 삶을 토대로 가치를 확고히 하는 것이다.
> ㄹ. 사회복지사는 클라이언트의 삶의 전문가이다.

① ㄱ, ㄴ, ㄷ   ② ㄱ, ㄷ
③ ㄴ, ㄹ   ④ ㄹ
⑤ ㄱ, ㄴ, ㄷ, ㄹ

해 설   ㄹ. 개인, 가족, 지역사회가 클라이언트의 삶의 전문가이다.
병리관점과 강점관점의 차이

병리관점	강점관점
• 진단에 따른 치료에 초점을 둔다. • 클라이언트의 진술에 대해 회의적이다. • 사회복지사는 전문화된 치료계획에 따라 클라이언트를 치료한다. • 사회복지사의 전문적 지식과 기술이 강조된다.	• 재능과 기능, 자원에 따른 가능성에 초점을 둔다. • 클라이언트의 진술을 수용한다 • 사회복지사는 개인, 가족, 지역사회의 참여를 통해 클라이언트의 문제에 다각적으로 접근한다. • 사회복지사와 클라이언트 간의 협력과 파트너십이 강조된다.

25 다음 중 비밀보장의 원칙을 지켜야 하는 상황으로 가장 적절한 것은?

> ㄱ. 헤어진 여자친구의 거주지를 알려달라고 하는 경우
> ㄴ. 어머니가 두 아이를 데리고 동반 자살할 계획을 알게 된 경우
> ㄷ. 이전에 사회복지기관에서 보호받은 사실을 이웃에 알리기 싫어하는 경우
> ㄹ. 5세 된 여아를 아버지가 성폭행한 사실을 알게 된 경우

① ㄱ, ㄴ, ㄷ   ② ㄱ, ㄷ
③ ㄴ, ㄹ   ④ ㄹ
⑤ ㄱ, ㄴ, ㄷ, ㄹ

해 설   ㄴ · ㄹ. 자살 가능성, 학대 여부가 있는 경우는 비밀보장 원칙의 예외에 해당한다.
비밀보장의 원칙
- 클라이언트가 자신의 비밀을 간직하고자 하는 욕구를 말한다.
- 사회복지사는 클라이언트의 동의 없이 클라이언트에 대해 알게 된 사실을 다른 사람에게 함부로 공개해서는 안 된다는 원칙이다.
- 전문직업적 관계에서 나타나는 클라이언트에 대한 비밀정보의 보호를 말한다.
- 사회복지사의 윤리적 의무이며 절대적인 것은 아니다.

01 다음 중 임파워먼트모델에 기초한 개입활동에 해당하는 것을 올바르게 모두 고른 것은?

> ㄱ. 한부모 자조집단을 위한 자녀교육 프로그램
> ㄴ. 노숙인의 자활의식을 고취시키기 위한 성공 프로그램
> ㄷ. 장애인 동료상담가를 양성하기 위한 훈련 프로그램
> ㄹ. 청소년 성의식의 변화를 파악하기 위한 사회조사 프로그램

① ㄱ, ㄴ, ㄷ   ② ㄱ, ㄷ
③ ㄴ, ㄹ   ④ ㄹ
⑤ ㄱ, ㄴ, ㄷ, ㄹ

해 설   임파워먼트(Empowerment)모델은 클라이언트가 잠재력이 있는 존엄한 인간이자 자원이며, 자신의 삶을 통제
할 수 있는 역량이 있다고 보는 강점관점의 실천모델이다. 임파워먼트모델의 주요 대상자들은 개인적 · 사회
적 요인으로 인해 무력감을 경험하고 권리를 상실한 사람들이며, 이들의 문제해결과 권리회복을 위해 개인과
집단, 지역사회 수준에서 개입하여 그들 자신과 환경에 대한 내외적 통제력을 획득하도록 돕는 사회복지실천
의 개입방법 및 과정, 기술 등이 곧 임파워먼트모델이라고 할 수 있다. 따라서 한부모가족이나 노숙인, 장애인
등을 대상으로 한 자조 및 역량강화 프로그램들은 임파워먼트모델에 해당한다고 볼 수 있다.

02 다음 사회복지사의 실천준거틀의 요소 중 사회복지사가 '환경 속 개인'의 맥락에서 초점을 유지
하도록 하는 관점은?

① 강점관점   ② 페미니스트관점
③ 생태체계관점   ④ 일반사회복지사관점
⑤ 일반체계관점

해 설   생태체계관점은 인간을 개인과 환경 간에 오랜 기간 상호작용한 산물로 보는 것으로, 환경이라는 사회적 맥락
속에서 생물학적이며 심리학적인 특성을 가진 인간을 이해하려는 관점이다. 생태체계관점에서 사회복지사는
클라이언트의 생활상의 문제에 대해 그 개인을 둘러싼 환경과 생활공간을 이해하고자 한다.

03 다음 사례에서 사회복지사가 사용하고 있는 기술은?

> 딸이 말을 하면 엄마가 나서서 설명하며 대변하는 일이 반복될 때, 사회복지사가 딸을 보면서 "엄마가 대변인이시네요. 이것에 대해서 딸이 설명해보겠어요"라고 하면서 딸이 직접 말할 수 있도록 한다.

① 추적하기　　　　　　　　　　② 경계하기
③ 치료적 삼각관계　　　　　　　④ 대처질문
⑤ 재명명

> **해 설**　제시된 사례에서 사회복지사는 딸의 말에 엄마가 나서서 대변하는 일을 하지 않도록 타이르고 주의하는 '경계하기' 기술을 사용하였다.
> ① 추적하기 : 클라이언트에게 제공되는 서비스와 자원의 전달과정을 추적하는 사례관리의 과정으로, 점검(Monitoring)을 들 수 있다.
> ③ 치료적 삼각관계(The Therapy Triangle) : 스트레스의 해소를 위해 두 사람 간의 상호작용체계에 다른 가족성원을 끌어들임으로써 갈등을 우회시키는 것, 또는 주로 부모나 부부처럼 두 사람의 성인과 치료자의 삼자관계 형태를 이루어 개입하는 것이다.
> ④ 대처질문 : 어려운 상황에서의 적절한 대처 경험을 상기시키도록 함으로써 클라이언트로 하여금 스스로의 강점을 발견하도록 돕는 것이다.
> ⑤ 재명명(Relabeling) 또는 재구성(Reframing) : 인지행동치료에서 많이 활용되는 기술로서, 클라이언트의 인지 및 사고과정의 변화와 함께 행동수정을 목표로 한다.

04 정신역동모델의 개념과 개입기술에 관한 설명으로 옳은 것을 모두 고른 것은?

> ㄱ. 해석의 목적은 통찰력 향상에 있다.
> ㄴ. 훈습은 모순이나 불일치를 직시하도록 원조하는 단회성기법이다.
> ㄷ. 전이는 반복적이며 퇴행하는 특징을 갖는다.
> ㄹ. 자유연상을 시행하는 경우 주제와 관련 없는 내용은 억제시킨다.

① ㄱ, ㄴ　　　　　　　　　　② ㄱ, ㄷ
③ ㄴ, ㄹ　　　　　　　　　　④ ㄱ, ㄴ, ㄷ
⑤ ㄱ, ㄴ, ㄷ, ㄹ

> **해 설**　ㄱ. 해석은 클라이언트의 통찰력 향상을 위해 상담자의 직관에 근거하여 설명하는 것이다. 무의식적인 재료를 의식화하도록 촉진함으로써 클라이언트로 하여금 무의식적인 재료들에 대한 통찰을 갖게 한다.
> ㄴ. 훈습은 클라이언트로 하여금 저항이나 전이에 대한 이해를 반복해서 심화, 확장하도록 원조하는 기법이다.
> ㄷ. 전이는 클라이언트가 과거에 타인과의 관계에서 경험하였던 소망이나 두려움 등의 감정을 사회복지사에게 보이는 반응으로서, 반복적이고 부적절하며, 무의식적으로 일어나고 퇴행하는 특징을 갖는다.
> ㄹ. 자유연상은 클라이언트로 하여금 의식에 떠오르는 것이면 모든 것을 이야기하도록 하는 것이다. 클라이언트는 아무런 제한 없이 고통스러운 것이든 즐거운 것이든, 의미 있는 이야기이든 사소한 이야기이든 마음 속에 떠오르는 것은 무엇이든지 이야기하도록 허용된다.

05 사회복지사는 비전문직과 구별되는 전문직 속성을 갖추고 있다. 다음 중 그린우드(Greenwood) 가 제시한 전문직으로서의 공통적 속성에 포함되지 않는 것은?

① 전문직의 권위
② 사회적 승인
③ 체계적인 윤리강령
④ 전문직의 문화
⑤ 전문직으로서의 신념

> **해 설** 사회복지전문직의 속성(Greenwood)
> • 기본적인 지식과 체계적인 이론체계
> • 클라이언트와의 관계에서 부여된 전문적(전문직) 권위와 신뢰
> • 전문가집단의 힘과 특권
> • 사회로부터의 승인
> • 명시적이며 체계화된 윤리강령
> • 전문직의 문화

06 다음 중 자아분화에 대한 설명으로 옳은 것은?

① 두 사람 간의 상호작용체계에 다른 가족성원을 끌어들인다.
② 생각과 감정을 분리하고 타인과의 관계에서 자주적으로 행동한다.
③ 과거 중요한 타인에 대해 느꼈던 감정을 현재 관계에서 느낀다.
④ 부모나 원가족과의 접촉에 의해 발생하는 불안을 회피하고자 정서적으로 자신을 고립시킨다.
⑤ 가족 내 지나친 정서적 융합이나 단절이 세대 간 전수된다.

> **해 설** ② 자기분화 또는 자아분화(Differentiation of Self)는 개인이 가족의 정서적인 혼란으로부터 자유롭고 독립적인 사고나 행동을 할 수 있는 과정을 의미한다. 여기서 자아분화는 정서적인 것과 지적인 것의 분화를 의미하며, 감정과 사고가 적절히 분리되어 있는 경우 자아분화 수준이 높은 것으로 간주된다.
> ① 삼각관계(Triangles)에 해당한다. 두 사람의 관계체계에서는 관계의 균형을 유지하기 위한 시도가 펼쳐지며, 그 과정에서 스트레스가 발생한다. 삼각관계는 이러한 스트레스의 해소를 위해 두 사람 간의 상호작용체계에 다른 가족성원을 끌어들임으로써 갈등을 우회시키는 것이다.
> ③ 전이(Transference)에 해당한다. 전이는 정신분석 가족치료의 주요 개념으로서, 특히 개인이 유아기 때 중요한 대상인 부모에 대해 가졌던 관계를 타인에게 표출하는 것이다.
> ④ 정서적 단절(Emotional Cut-off)에 해당한다. 정서적 단절은 특히 부모의 투사과정에 많이 개입된 자녀에게서 나타나는 현상으로서, 부모 또는 원가족과의 접촉에 의해 발생하는 불안을 회피하고 해결되지 못한 정서적 애착으로부터 도피하기 위해 자신을 부모 또는 원가족으로부터 분리시키는 것이다.
> ⑤ 다세대 전수과정(Multigenerational Transmission Process)에 해당한다. 특히 가족 내 지나친 정서적 융합 또는 단절이 지속화되어 여러 세대에 걸쳐 나타남으로써 정신적 · 정서적 장애를 유발하게 된다.

07 다음 대화에서 사회복지사 B가 클라이언트 A에게 사용한 기법에 해당하는 것은?

> A : "저는 조그마한 어려움이 있어도 쉽게 좌절하는 사람이에요."
> B : "좌절감이 당신으로 하여금 새로운 일을 하는 것을 방해하네요."

① 문제의 외현화　　　　　　　　② 재보증

③ 코칭(Coaching)　　　　　　　④ 가족지도

⑤ 체험기법

해 설 **문제의 외현화**
- 이야기치료에서 주로 사용하는 문제의 외현화는 가족의 문제가 가족구성원 개인이나 가족 자체의 문제가 아닌 가족에게 부정적인 영향을 미치는 별개의 존재로서 이야기하도록 하는 것이다.
- 문제의 외현화 작업을 통해 클라이언트 가족으로 하여금 가족과 문제가 동일한 것이 아님을 깨닫도록 하며, 가족과 문제 사이에 일정한 공간을 만듦으로써 그 관계를 재조명하고 수정할 수 있도록 한다.

08 해결중심모델의 질문기법 예시로 옳지 않은 것은?

① 관계성질문 : 두 분이 싸우지 않을 때는 어떠세요?

② 예외질문 : 매일 싸운다고 하셨는데, 안 싸운 날은 없었나요?

③ 대처질문 : 자녀에게 잔소리하는 횟수를 어떻게 줄일 수 있었나요?

④ 첫 상담 이전의 변화에 대한 질문 : 상담 신청 후 지금까지 어떤 변화가 있었나요?

⑤ 기적질문 : 밤새 기적이 일어나서 문제가 다 해결됐는데, 자느라고 기적이 일어난 걸 몰라요. 아침에 뭘 보면 기적이 일어났다는 걸 알 수 있을까요?

해 설 ① 예외질문의 예시에 해당한다. 예외질문은 문제해결을 위해 우연적이며 성공적으로 실행한 방법을 찾아내어 이를 의도적으로 계속해 보도록 격려한다. 참고로 관계성 질문은 클라이언트와 중요한 관계에 있는 사람들이 갖고 있는 생각, 의견, 지각 등에 대해 묻는 것으로, 그들의 관점에서 클라이언트 자신의 문제에 대해 어떻게 생각할지 추측해 보도록 하는 것이다.

09 다음 중 집단응집력 향상을 위한 방안으로 옳지 않은 것은?

① 집단성원으로서의 책임성을 강조한다.
② 집단성원 간 경쟁적 관계를 형성하도록 돕는다.
③ 집단에 참여함으로써 얻을 수 있는 보상을 제시한다.
④ 집단성원의 기대와 집단의 목적을 일치시킨다.
⑤ 집단성원들의 욕구가 집단 내에서 충족된 방법들을 파악하도록 돕는다.

> **해 설** 집단응집력 향상을 위한 방안(Corey & Corey, Toseland et al.)
> • 집단성원들 간의 활발한 상호작용을 위해 집단토의와 프로그램 활동을 적극적으로 활용하도록 한다.
> • 집단성원 개개인이 스스로 가치 있고 능력 있는 존재임을 인식하도록 돕는다.
> • 집단성원들의 욕구가 집단 내에서 충족된 방법들을 파악하도록 돕는다.(⑤)
> • 집단성원들이 목표에 초점을 두고 목표를 달성할 수 있도록 돕는다.
> • 집단성원들 간 비경쟁적 관계 및 상호협력적인 관계를 형성하도록 돕는다.
> • 집단성원들이 집단 과정에 완전히 참여할 수 있는 규모의 집단을 형성하도록 한다.
> • 집단성원들이 기대하는 바를 명확히 하고 집단성원의 기대와 집단의 목적을 일치시킨다.(④)
> • 집단에 참여함으로써 얻을 수 있는 자원이나 보상 등의 자극제를 제시한다.(③)
> • 집단성원들이 현재 참여하고 있는 집단에 대해 자부심을 느끼도록 돕는다.
> • 집단성원으로서의 책임성을 강조한다.(①)

기출 20회

10 사회복지실천모델에 관한 설명으로 옳지 않은 것은?

① 행동수정모델은 선행요인, 행동, 강화요소에 의해 인간행동을 예측하고 통제할 수 있다고 본다.
② 심리사회모델은 상황 속 인간을 고려하되 환경보다 개인의 내적변화를 중시한다.
③ 인지행동모델은 왜곡된 사고에 의한 정서적 문제의 개입에 효과적이다.
④ 과제중심모델은 여러 모델들을 절충적으로 활용하며 개입의 책임성을 강조한다.
⑤ 위기개입모델은 위기에 의한 병리적 반응과 영구적 손상의 치료에 초점을 둔다.

> **해 설** ⑤ 위기개입모델은 위기상황과 관련된 현재의 구체적인 문제에 초점을 둔다.

11 다음 중 집단의 규범을 알 수 있는 단서들에 해당하는 것을 모두 고르면?

> ㄱ. 집단의 문제해결방식　　　ㄴ. 집단에서 허용되는 정서적 표현
> ㄷ. 피드백에 대한 집단성원의 반응　　　ㄹ. 구성원의 심리적인 상태

① ㄱ, ㄴ, ㄷ　　　　　　　　　② ㄱ, ㄷ
③ ㄴ, ㄹ　　　　　　　　　　④ ㄹ
⑤ ㄱ, ㄴ, ㄷ, ㄹ

> **해설**　집단규범을 확인할 수 있는 단서들
> • 집단에서 허용되는 정서적 표현(ㄴ)
> • 집단에서 논의가 가능하거나 불가능한 주제
> • 집단의 문제해결방식(ㄱ)
> • 집단의 지도자에 대한 자세
> • 피드백에 대한 집단성원의 반응(ㄷ)
> • 개별성원의 기여에 대한 관점 및 반응
> • 집단성원들에게 부여하는 꼬리표 역할

기출 18회

12 사회복지실천의 지식과 기술을 습득하는 방법으로 옳은 것을 모두 고른 것은?

> ㄱ. 사례회의(Case Conference)를 개최하여 통합적 지원방법에 대해 논의한다.
> ㄴ. 가족치료모델을 이해하기 위해 해결중심가족치료 세미나에 참석한다.
> ㄷ. 윤리적 가치갈등의 문제에 대하여 직장동료한테 자문을 구한다.
> ㄹ. 초점집단면접(Focus Group Interview)을 실시하여 이용자 인식을 확인한다.

① ㄱ, ㄷ　　　　　　　　　　② ㄴ, ㄹ
③ ㄱ, ㄴ, ㄷ　　　　　　　　④ ㄴ, ㄷ, ㄹ
⑤ ㄱ, ㄴ, ㄷ, ㄹ

> **해설**　사회복지실천을 위한 지식과 기술의 습득
> • 사회복지실천기술은 사회복지실천활동 수행 시 효과적으로 지식을 이용하고 적용할 수 있도록 해 주는 방법으로, 지식과 기술을 한 데 모아 행동으로 옮기는 실천요소이다.
> • 문제를 인식하고 분석하며 적절한 지식과 기법을 선택하여 활용하는 실천과정의 기술은 다양한 현장에서의 훈련 및 재교육, 슈퍼비전, 전문적 자문, 각종 사례회의 및 세미나 등을 통해 습득할 수 있다.

13 다음 보기의 내용을 기본가정으로 하는 이론에 해당하는 것은?

> 인간의 감정은 자기 자신과 사회적 상황에 대해 생각하고, 말하고, 가정하고, 믿는 것으로부터 초래된다. 인간이 가지는 감정의 대부분은 사람들의 생각, 자기 스스로에게 하는 말 그리고 자신이나 자신의 환경에 대해서 믿거나 가정하는 바에서 직접적으로 파생되는 결과이다.

① 행동주의이론   ② 인본주의이론
③ 정신분석이론   ④ 인지이론
⑤ 체계이론

해 설 인지이론은 인간의 감정이나 행동의 결과가 자신이 경험한 상황을 어떻게 지각하고 판단하고 가정하느냐에 따라 다르다고 본다.

기출 17회

14 해결중심모델에 관한 설명으로 옳지 않은 것은?

① 클라이언트 지향적 모델이다.
② 임시대응적 기법이라는 비판이 있다.
③ 메시지 작성과 전달, 과제를 활용한다.
④ 사회복지사와 클라이언트 간 협력적 관계를 중시한다.
⑤ 문제가 해결된 상태를 가정하는 대처질문을 활용할 수 있다.

해 설 ⑤ 문제 자체를 제거시키거나 감소시키지 않은 채 문제와 떨어져서 문제가 해결된 상태 혹은 그 해결책을 상상해 보도록 하는 것은 기적질문이다.

15 다음 중 사회복지실천의 진단주의와 거리가 먼 것은?

① 행동의 결정요인으로서의 무의식
② 감정과 태도에 있어서의 양가감정
③ 현재 행동의 결정원인으로서의 과거 경험
④ 치료적 전개의 근원으로서의 현재 감정
⑤ 모든 도움에서 처리되어야 할 요인으로서의 저항

해 설 **진단주의**
• 행동의 결정요인으로서의 무의식
• 감정과 태도에 있어서의 양가감정
• 현재 행동의 결정원인으로서의 과거 경험
• 치료의 본질로서의 전이
• 질병의 심리학(치료강조)
• 사회복지사 중심
• 모든 도움에서 처리되어야 할 요인으로서의 저항

정 답 13 ④ 14 ⑤ 15 ④

16 심리사회모델의 기법에 관한 설명으로 옳지 않은 것은?

① 발달적 성찰 : 현재 클라이언트 성격이나 기능에 영향을 미친 가족의 기원이나 초기 경험을 탐색한다.

② 지지하기 : 클라이언트의 현재 또는 최근 사건을 고찰하게 하여 현실적인 해결방법을 찾는다.

③ 탐색-기술-환기 : 클라이언트의 상황에 관한 사실을 드러내고 감정의 표현을 통해 감정의 전환을 제공한다.

④ 수용 : 온정과 친절한 태도로 클라이언트의 감정이나 주관적인 상태에 감정이입을 하며 공감한다.

⑤ 직접적 영향 : 사회복지사와 클라이언트 간의 신뢰관계를 바탕으로 클라이언트에게 제안과 설득을 제공한다.

> **해 설** ② 클라이언트를 둘러싼 최근 사건에 대해 '상황 속 인간'의 관점에서 고찰하는 것으로서, 사건에 대한 클라이언트의 지각방식 및 행동에 대한 신념, 외적 영향력 등을 평가하는 개입기법은 '인간-상황(개인-환경)에 대한 고찰(Person-Situation Reflection)'이다. 참고로 '지지하기(Sustainment)'는 사회복지사가 클라이언트를 수용하고 원조하려는 의사와 클라이언트의 문제해결능력에 대한 확신을 표현함으로써 클라이언트의 불안을 줄이고 자기존중감을 증진시키는 개입기법이다.

17 클라이언트 A는 남편의 급작스런 사망으로 인해 극심한 우울과 불안을 호소하고 있다. 이때 사회복지사가 우선적으로 취해야 하는 행동은?

① 위기개입   ② 인지적 개입
③ 가족치료   ④ 변화동기증진
⑤ 자조집단의뢰

> **해 설** 클라이언트 A는 남편의 사망으로 인해 균형상태를 유지할 수 없는 위기상황에 처해 있다고 볼 수 있다. 이 경우 사회복지사는 위기개입을 통해 초기단계에서부터 원조활동이 이루어지도록 하여, 클라이언트 A가 최소한 위기 이전의 기능 수준을 회복할 수 있도록 도와야 한다.

18 다음 보기의 내용에 해당하는 사회복지실천기술로 적절한 것은?

> 클라이언트 : (평소 게임에 몰두하여 공부를 소홀히해 시험성적이 좋지 않은 것에 대해 고민하고 있다)
> 사회복지사 : "너는 공부는 하지 않으면서 성적이 좋기를 바라는구나!"

① 직 면   ② 강 화
③ 격 려   ④ 재구성
⑤ 재보증

> **해 설** **의사소통기술로서의 직면**
> • 클라이언트에게 말과 행동 사이의 불일치나 모순을 직접적으로 지적하는 기술이다.
> • 클라이언트가 표현한 가치와 실행 사이의 모순을 클라이언트 스스로 주목할 수 있도록 해준다.
> • 직면의 기술을 사용하는 경우 매우 신중해야 하는데, 클라이언트는 직면에 처했을 때 매우 강한 감정적 반응을 나타낼 수 있다.

19 다음 중 보기의 내용과 연관된 집단의 치료적 요인에 해당하는 것은?

> 집단 내 개별성원들은 자기 자신만이 심각한 문제, 생각, 충동을 가진 것이 아니라 다른 사람들도 자기와 비슷한 갈등과 생활경험, 문제를 가지고 있다는 것을 알고 위로를 얻게 된다.

① 보편성
② 이타주의
③ 희망의 고취
④ 카타르시스
⑤ 모방행동

해 설　② 이타주의(Altruism)는 집단성원들이 위로, 지지, 제안 등을 서로 주고받음으로써 자신도 누군가에게 도움을 줄 수 있고, 타인에게 중요할 수 있음을 깨닫도록 하여 자존감을 높이도록 하는 것이다.
③ 희망증진 또는 희망의 고취(Instillation of Hope)는 집단성원들에게 문제가 개선될 수 있다는 희망을 심어주는 것이다.
④ 정화 또는 카타르시스(Catharsis)는 집단성원들로 하여금 집단 내의 비교적 안전한 분위기 속에서 그 동안 억압되어온 감정을 자유롭게 발산할 수 있도록 하는 것이다.
⑤ 모방행동(Imitative Behavior)은 개별성원들이 다른 집단성원들이나 집단상담자의 행동을 관찰하여 필요한 것을 자신의 것으로 취하는 것이다.

20 다음 중 가족 개입기법에 대한 설명으로 옳지 않은 것은?

① 실연(Enactment) – 가족의 역기능적인 교류를 실제로 재연한다.
② 합류(Joining) – 치료자가 가족성원들과의 관계형성을 위해 기존의 가족구조에 참여한다.
③ 탈삼각화(Detriangulation) – 두 성원들의 감정영역에서 제3의 성원을 분리한다.
④ 외현화(Externalization) – 문제를 유지하는 순환고리를 끊기 위해 문제 행동을 수행하도록 지시한다.
⑤ 재구성(Reframing) – 가족성원의 문제를 다른 시각에서 보거나 다른 방법으로 이해하도록 돕는다.

해 설　④ 문제를 유지하는 순환고리를 끊기 위해 오히려 문제 행동을 수행하도록 또는 강화하도록 지시하는 것은 전략적 가족치료모델의 기법 중 '역설적 지시(Paradoxical Directives)'에 해당한다.

21 다음 중 가정폭력을 행하는 아버지를 둔 클라이언트가 상담 시 사회복지사를 마치 자신의 부모처럼 여겨 부모에 대한 무의식적 감정을 투사할 때 사회복지사의 대처방법으로 옳은 것은?

① 클라이언트의 억압된 무의식 감정을 무시한다.
② 사회복지사는 클라이언트에게 받은 감정을 클라이언트에게 그대로 표출한다.
③ 사회복지사는 클라이언트와의 상담을 종료한다.
④ 사회복지사는 클라이언트의 억압된 감정을 표출하도록 지지한다.
⑤ 클라이언트와 그의 가족을 동시에 상담한다.

> **해 설** 전이(Transference)는 클라이언트가 어린 시절에 겪었던 갈등의 대상을 사회복지사에 옮겨서 그 갈등을 재경험하는 것이다. 전이는 무의식적 생각을 드러내는 한 방법으로 치료의 핵심이 된다. 사회복지사는 클라이언트가 전이한 사람에 대한 클라이언트의 무의식적 사고나 감정을 표출하도록 돕고, 현재의 어려움의 근원에 대해 확인시켜준다.

22 사례관리자들은 A사례관리팀장의 슈퍼비전에 불만이 많다. 다른 사례관리대상자들에게는 허용되지 않는 행동이 B클라이언트에게만 항상 예외다. 서비스 이용규칙이나 계약을 이행하지 않는 B의 불성실한 행동에 대해 "기회를 줘야 한다. 알코올중독자인 아버지에게 당한 학대의 후유증이다. 당해보지 않은 사람은 모른다"고 자신의 경험을 예로 들며 B를 감싸기만 한다. A의 행동설명에 유용한 개념은?

① 방 어   ② 저 항
③ 전 이   ④ 해 석
⑤ 역전이

> **해 설** 역전이(Counter Transference)
> • 내담자의 태도 및 외형적 행동에 대한 상담자의 개인적인 정서적 반응이자 투사이다.
> • 상담자가 내담자를 마치 자신의 과거 경험 속 인물로 착각하도록 하여 무의식적으로 반응하도록 함으로써 현실에 대한 왜곡을 야기한다.
> • 상담자는 자신의 과거 경험이 현재 자신에게 미치는 영향에 대해 지속적으로 점검해야 할 필요가 있다.
> • 상담자는 상담 과정에서 자신의 역전이 감정을 포착하여 자기 자신은 물론 내담자에 대한 이해를 도모해야 한다.
> • 집단상담에서 집단상담자는 집단성원에게 그와 같은 사실을 감추기보다는 자신의 감정을 집단에 솔직히 내어놓고 이야기하는 것이 바람직하다.

23 다음 중 사회복지사가 면접에서 지켜야 할 주의사항에 해당하지 않는 것은?

① 사회복지사가 주도권을 가지고 클라이언트가 자신의 감정을 자유롭게 털어놓을 수 있도록 분위기를 조성한다.
② 클라이언트가 사회복지사에게 묻는 사적인 질문에 대해 지나치게 솔직한 대답은 피한다.
③ 클라이언트가 표현하는 감정을 있는 그대로의 사실로 받아들인다.
④ 사회복지사는 지역사회의 자원들을 활용할 수 있는 개방적인 자세를 갖는다.
⑤ 클라이언트가 대답을 길게 할 수 있도록 질문하고 답을 잘할 수 있는 질문을 한다.

해설 개방적 질문은 클라이언트에 대한 다양한 정보를 수집할 수 있지만 클라이언트에게 부담감을 줄 수 있는 반면 폐쇄적 질문은 위기상황에 유용하게 사용할 수 있지만 다양한 정보를 얻기 어렵다. 이와 같이 개방적 질문과 폐쇄적 질문은 상황에 따라 적절하게 조절하여 사용하는 것이 바람직하다. 또한 클라이언트가 답을 잘할 수 있는 질문을 하기보다는 클라이언트에 대한 경청을 통해 클라이언트의 내밀한 감정을 세심히 살피는 것이 좋다.

기출 16회

24 다음의 사례에서 사용한 행동주의모델 전략은?

> 아이가 버릇없이 굴 때마다 어머니는 아이를 달래주거나 야단을 쳤다. 그래도 아이의 행동이 변화되지 않자, 어머니는 생각을 바꿔 아이를 달래주지도, 야단치지도 않았다. 그 결과 아이의 버릇없는 행동이 감소되었다.

① 멈 춤　　　　　　　　　　② 소 거
③ 사회기술훈련　　　　　　　④ 행동형성(Shaping)
⑤ 대리적 조건형성

해설 ② 소거는 강화물을 계속 주지 않을 때 반응의 강도가 감소하는 것을 말한다. 보기의 사례에서 강화물은 어머니의 아이에 대한 관심, 반응의 감소는 아이의 버릇없는 행동의 감소와 연관된다.
　① 사고멈춤 또는 사고중지는 클라이언트로 하여금 강박사고와 같이 원치 않는 생각을 멈추게 하는 것이다.
　③ 사회기술훈련은 클라이언트가 원만한 대인관계 및 사회적 관계를 맺을 수 있도록 사회기술을 향상시키기 위해 실시하는 훈련이다.
　④ 행동형성 또는 행동조성은 행동을 구체적으로 세분화하여 단계별로 구분한 후 각 단계마다 강화를 제공함으로써 복잡한 행동을 학습하도록 하는 것이다.
　⑤ 대리적 조건형성은 반두라(Bandura)의 사회학습이론의 원리로서, 인간은 자신이 직접 경험하지 않고도 대리적 행동을 통해 행동을 학습할 수 있다는 것이다.

25 면접 시 사회복지사가 어떻게 질문을 하느냐에 따라 클라이언트로부터 유용한 정보를 얻을 수 있느냐가 결정된다. 다음 보기의 질문 형태 중 클라이언트로부터 많은 정보를 얻어내는 데 효과적인 질문 방식에 해당하는 것을 올바르게 모두 고른 것은?

ㄱ. 개방형 질문   ㄴ. 폐쇄형 질문
ㄷ. 간접형 질문   ㄹ. 직접적 질문

① ㄱ, ㄴ, ㄷ   ② ㄱ, ㄷ
③ ㄴ, ㄹ   ④ ㄹ
⑤ ㄱ, ㄴ, ㄷ, ㄹ

> **해 설**
> ㄱ·ㄴ. 개방형 질문은 질문의 범위가 포괄적이며 클라이언트에게 가능한 한 많은 대답을 선택할 기회를 제공하고, 폐쇄형 질문은 위기상황에서의 신속한 대응에 유리한 측면이 있다. 클라이언트로 하여금 시야를 넓히도록 유도하고 사회복지사와 클라이언트 간의 바람직한 촉진 관계를 형성하여 클라이언트로부터 보다 많은 정보를 얻어내기 위해서는 개방형 질문이 더욱 효과적이다.
> ㄷ·ㄹ. 간접형 질문은 직접적 질문의 역기능으로 나타나는 클라이언트의 방어적 태도를 방지하기 위한 효과적인 질문방식이다. 상담자로서 사회복지사는 '왜(Why)' 질문 등 직접적인 방식으로 클라이언트에게 어떠한 행동의 이유나 원인을 캐어물음으로써 마치 비난하는 듯한 인상을 주기 보다는 '무엇'이나 '어떻게' 등에 초점을 두어 간접적인 방식으로 질문하는 것이 바람직하다.

3영역   ▶ 지역사회복지론

---

01 다음 중 자선조직협회(COS)의 내용에 관한 설명으로 옳지 않은 것은?

① 빈곤에 대한 서비스를 제공할 때 원조대상자를 가치 있는 자와 가치 없는 자로 구분하였다.
② 빈곤자의 환경조사를 통해 낙인감이나 수치심을 초래하였다.
③ 인간은 자립이 가능하다고 보고 자립의 실패를 환경적 요인보다 빈곤자의 도덕적 개혁에 초점을 두었다.
④ 산업혁명 이후에 나타나는 사회문제를 해결하기 위해 빈곤의 국가책임을 강조하였다.
⑤ 자선기관들의 서비스 중복과 낭비를 방지하고 구제의 조직화를 이루고자 하였다.

> **해 설**
> **자선조직협회(COS ; the Charity Organization Society, 1869)**
> • 무계획적인 시야에서 벗어나 빈민에 대한 환경조사를 통해 중복구제를 방지함으로써 구제의 합리화와 조직화를 이루고자 하였다.
> • 피구호자와 구제자원 간의 중개적 역할을 담당하였으며, 자선단체의 상호 간 업무연락을 통해 협력체계를 구축하였다.
> • 우애의 정신을 기초로 구제의 도덕적 개혁을 강조하였다.
> • 사회문제의 원인을 개인적인 속성에 두었다.
> • 공공의 구빈정책을 반대하고 자선, 기부, 자원봉사활동 등 순수민간의 구제노력을 지지하였다.
> • 근대적 의미의 개별사회사업과 지역사회조직사업을 확립하였다.

02 다음 중 지역이론에 있어서 생태학적 관점에 해당하는 것은?

① 지역이 구성원들을 위한 중요한 기능을 수행하는 상호연결된 체계들을 위한 하나의 체계로서 바라보는 것이다.
② 지역이란 어떤 목적, 기능 또는 욕구가 해결되어야 하는 문제의 측면에서 정의된다.
③ 지역은 공동의 이익이나 관심에 의해 묶인 집단을 말한다.
④ 지역은 지리적 공간적 체계나 사회성층화와 권력구조체계 등으로 이루어져 있다.
⑤ 지역은 인간 삶과 사회조직에 대한 환경의 효과와 연관된다.

해설 용어의 구분

생 태	생물과 환경과의 관계 또는 개인이나 유기체가 맺고 있는 직·간접적인 생활상태나 환경적 상황을 의미한다.
생태학이론	인간과 환경 간의 상호작용을 강조하며 환경과 인간을 하나의 총체로 간주한다.
생태학적 관점	개인과 환경 간의 적합성과 상호교류, 그리고 적응을 지지하거나 방해하는 요소를 중요하게 여긴다.
생태체계이론	체계이론과 생태학이론이 합성된 용어로서, 인간과 환경을 지속적인 상호교류 안에 존재하는 하나의 체계로 본다.

03 지역사회에 관한 설명으로 옳지 않은 것은?

① 지역사회의 개념에는 지리적 의미와 기능적 의미가 포함되어 있다.
② 산업사회 이후 공동사회(Gemeinschaft)가 발전되어 왔다.
③ 정보통신기술의 발달로 가상공동체가 부상하였다.
④ 이익사회에서 개인들 간의 상호작용은 계약에 기초한다.
⑤ 지역사회는 사회적 동질성에 의해 형성될 수 있다.

해설 ② 산업사회 이후 금전적 혹은 기타 목적을 염두에 둔 채 객관적 계약에 의해 관계가 이루어지는 이익사회 (Gesellschaft) 개념이 발전하였다.

집단의 유형(Tonnies)

공동사회 (Gemeinschaft)	• 가족이나 친족 등과 같이 혈연이나 지연의 애정적·정서적 결합에 의해 이루어진 공동사회를 말한다. • 자생적 의지, 즉 자연스럽고 자발적인 감정 및 정서의 표현을 특징으로 한다.
이익사회 (Gesellschaft)	• 조합. 정당. 국가 등과 같이 객관적 계약이나 조약. 협정 등에 의해 이해타산적으로 이루어진 이익사회를 말한다. • 경제적·정치적·합리적 이해에 의한 간접적·몰인격적 인간관계를 특징으로 한다.

04 다음 설명에 해당하는 지역사회복지 실천이론은?

> A사회복지사는 결혼이주여성들을 지원하는 과정에서 그들의 행동에 영향을 미쳤던 자국의 사회,
> 경제 및 정치적 구조를 이해하고 그들의 문화적 가치와 규범에 대한 의미를 해석해야 한다.

① 사회연결망이론   ② 사회교환이론

③ 사회구성론   ④ 권력의존이론

⑤ 갈등이론

해설 **사회구성론**
- 포스트모더니즘과 상징적 상호주의의 영향을 받았으며, 모든 현상에 대한 객관적 진실이 존재한다는 점에 의구심을 던진다. 즉, 개인이 속한 사회나 문화에 따라 현실의 상황을 재구성할 수 있다는 관점이다.
- 사회구성론적 관점에 있어서 상징적 상호주의의 요소는 문화적 가치, 규범, 언어 등을 통해 구성되는 일상 행동의 재해석을 강조하는 데 있다.
- 사회적 억압계층의 삶과 경험에 대한 새로운 이해를 토대로 지식을 형성하며, 그와 같은 억압을 해소하고자 사회적 제도 및 관습, 일상생활과 관련된 의미들을 파악하기 위한 지속적이고 집중적인 대화를 강조한다.

05 다음 중 지역사회조직의 실천과정에서 빈칸에 들어갈 과정에 대한 설명으로 적절한 것은?

> 사실의 파악 → 계획의 수립 → (   ) → 자원의 활용 및 동원 → 활동의 평가

① 장·단기 목표 설정 및 실현방법, 우선순위 결정이나 문제해결의 조직 및 기구 등을 강구한다.

② 지역사회를 위한 사회복지계획 인식의 보급, 활동의 동기를 불어 넣을 수 있는 홍보활동, 조직 내부의 상호협력관계를 유지·강화할 수 있는 조정활동 등을 전개한다.

③ 지역사회 내의 다양한 사회복지욕구를 면밀히 검토·파악한다.

④ 인적, 물적, 사회적, 기타 각종 자원을 발굴하여 활용하고 동원한다.

⑤ 목표의 성취정도를 평가함과 아울러 활동수행과정에서 야기된 문제점을 원인별로 검토한다.

해설 **지역사회조직의 과정**
사실의 파악 → 계획의 수립 → 계획실시의 촉진 → 자원의 활용 및 동원 → 활동의 평가
- 사실의 파악 : 지역 실태의 조사, 앙케트, 주민의 토론 및 좌담회를 통해 면밀히 검토·파악한다.
- 계획의 수립 : 어떤 사실에 대하여 어떤 사람들이 어떤 방법으로 얼마의 경비와 시간을 들여 그 목표를 달성할 것인가에 대한 계획을 수립한다.
- 계획실시의 촉진 : 지역사회를 위한 사회사업계획의 인식보급, 활동의 동기를 불어 넣을 수 있는 홍보활동, 조직 내부의 상호 협력관계를 유지·강화할 수 있는 조정활동 등이 전개되어야 한다.
- 자원의 활용 및 동원 : 계획을 구체적으로 수행하기 위해서는 인적, 물적, 사회적, 기타 각종 자원을 활용하고 동원해야 한다.
- 활동의 평가 : 목표의 성취도, 수행과정에서 야기된 문제점을 원인별로 검토하여 수정함으로써 앞으로의 계획수립에 크게 기여할 수 있다.

06 테일러와 로버츠(S. Taylor & R. Roberts) 모델에 해당되는 것을 모두 고른 것은?

ㄱ. 프로그램 개발 및 조정
ㄴ. 지역사회개발
ㄷ. 정치적 권력(역량)강화
ㄹ. 연 합
ㅁ. 지역사회연계

① ㄱ, ㄴ
② ㄴ, ㄷ
③ ㄱ, ㄹ, ㅁ
④ ㄱ, ㄴ, ㄷ, ㅁ
⑤ ㄱ, ㄷ, ㄹ, ㅁ

해 설 테일러와 로버츠(Taylor & Roberts)의 지역사회복지실천모델
- 지역사회개발모델
- 프로그램 개발 및 조정모델
- 계획모델
- 지역사회연계모델
- 정치적 권력강화모델 또는 정치적 행동 및 역량강화모델

07 다음 사회복지관 설치·운영의 기본원칙 중 보기의 내용에 해당하는 원칙은?

사회복지관은 지역사회의 특성과 지역주민의 문제나 욕구를 신속하게 파악하여 지역사회의 문제를 해결하고 이에 따른 서비스를 제공하여야 하며, 주민이 적극적으로 참여하도록 유도함으로써 주민의 역할과 책임을 조장하여야 한다.

① 전문성의 원칙   ② 자율성의 원칙
③ 지역성의 원칙   ④ 통합성의 원칙
⑤ 중립성의 원칙

해 설 사회복지관 설치·운영의 기본원칙

지역성의 원칙	지역사회의 특성과 지역주민의 문제나 욕구를 신속하게 파악해 사업계획 수립 시 반영하여 지역사회의 문제를 해결하고, 이에 따른 서비스를 제공하여야 하며, 지역주민의 적극적 참여를 유도하여 주민의 능동적 역할과 책임의식을 조장하여야 한다.
전문성의 원칙	다양한 지역사회문제에 대처하기 위해 일반적 프로그램과 특정한 문제를 해결할 수 있는 전문적 프로그램이 병행될 수 있도록 지식과 기술을 보유한 전문인력이 사업을 수행하도록 하고, 이들 인력에 대한 지속적인 재교육 등을 통해 전문성을 증진토록 하여야 한다.

책임성의 원칙	서비스 이용자의 욕구를 충족하고 지역사회문제를 해결함에 있어서 효과성을 극대화하기 위해 최선의 노력을 기울여야 한다.
자율성의 원칙	다양한 복지서비스를 효율적으로 제공하기 위해 사회복지관의 능력과 전문성이 최대한 발휘될 수 있도록 자율적으로 운영하여야 한다.
통합성의 원칙	사업을 수행함에 있어 지역 내 공공 및 민간복지기관 간에 연계성과 통합성을 강화시켜 지역사회복지 체계를 효율적이고 효과적으로 운영되도록 하여야 한다.
자원활용의 원칙	주민욕구의 다양성에 따라 다양한 기능인력과 재원을 필요로 하므로 지역사회 내의 복지자원을 최대한 동원·활용하여야 한다.
중립성의 원칙	정치활동, 영리활동, 특정 종교활동 등에 이용되지 않게 중립성이 유지되어야 한다.
투명성의 원칙	자원을 효율적으로 이용하고 운영과정의 투명성을 유지하여야 한다.

기출 17회

08 시·군·구 지역사회보장계획의 내용에 포함될 수 없는 것은?

① 지역사회보장의 수요 측정 내용
② 지역사회보장의 중점 추진사업 및 연계협력 방안
③ 지역사회보장 전달체계의 조직과 운영
④ 사회보장급여의 사각지대 발굴 및 지원 방안
⑤ 기초지방자치단체 간 사회보장의 균형 발전 노력

해설 **시·군·구 지역사회보장계획에 포함되는 사항(사회보장급여의 이용·제공 및 수급권자 발굴에 관한 법률 제36조 제1항)**
- 지역사회보장 수요의 측정, 목표 및 추진전략(①)
- 지역사회보장의 목표를 점검할 수 있는 지표(지역사회보장지표)의 설정 및 목표
- 지역사회보장의 분야별 추진전략, 중점 추진사업 및 연계협력 방안(②)
- 지역사회보장 전달체계의 조직과 운영(③)
- 사회보장급여의 사각지대 발굴 및 지원 방안(④)
- 지역사회보장에 필요한 재원의 규모와 조달 방안
- 지역사회보장에 관련한 통계 수집 및 관리 방안
- 지역 내 부정수급 발생 현황 및 방지대책
- 그 밖에 대통령령으로 정하는 사항

09 다음 지역사회분석틀에 관한 이론 중 가족 및 지역사회가 가지고 있는 사회적 지지망을 강조하며 국가의 개입을 최소화할 것을 주장하는 이론에 해당하는 것은?

① 지역사회 개방이론　　　　　　　　　② 지역사회 폐쇄이론
③ 지역사회 보존이론　　　　　　　　　④ 지역사회 생태이론
⑤ 지역사회 체계이론

> **해 설**　**지역사회분석틀에 관한 이론**
>
> | 지역사회 상실이론 | • 산업화에 따른 1차 집단의 해체, 공동체의 쇠퇴, 비인간적 사회관계로의 변화 등을 강조한다.
• 전통적인 의미의 지역사회가 붕괴됨에 따라 지역사회의 상호부조기능 강화 및 국가의 사회복지제도에 대한 개입을 강조한다. |
> |---|---|
> | 지역사회 보존이론 | • 지역사회 상실이론에 대한 반대의 입장으로서, 가족이나 지역사회가 가지고 있는 사회적 지지망을 강조한다.
• 복지국가의 제도적 역할을 축소하며, 국가의 개입을 최소화할 것을 주장한다. |
> | 지역사회 개방이론 | • 지역사회 상실이론과 지역사회 보존이론의 대안적 입장이다.
• 지역성의 단순 개념에서 벗어나 사회적 지지망에 의한 비공식적 연계를 강조한다. |

10 다음 중 지역사회보장협의체 회의에서 발생할 수 있는 장면으로 옳지 않은 것은?

① 복지위원의 대표자가 사회보장 대상자에 대한 상담 방안을 제시한다.
② 사회복지학과 교수가 사회복지사들의 처우개선을 위한 방안을 제시한다.
③ 사회복지법인의 대표자가 사회복지시설에 대한 지원액의 증액을 건의한다.
④ 도지사가 지역사회보장계획이 가결되었음을 선포한다.
⑤ 주민생활지원 담당 공무원이 지역사회보장계획을 설명한다.

> **해 설**　④ 도지사는 지역사회보장협의체의 위원에 해당하지 않는다.
> **지역사회보장협의체의 위원(사회보장급여의 이용·제공 및 수급권자 발굴에 관한 법률 제41조 제3항 참조)**
> 지역사회보장협의체의 위원은 다음의 사람 중 시장·군수·구청장이 임명 또는 위촉한다. 다만, 제40조 제4항에 해당되는 사람은 위원이 될 수 없다.
> • 사회보장에 관한 학식과 경험이 풍부한 사람
> • 지역의 사회보장 활동을 수행하거나 서비스를 제공하는 기관·법인·단체·시설의 대표자
> • 「비영리민간단체지원법」 제2조의 비영리민간단체에서 추천한 사람
> • 읍·면·동 단위 지역사회보장협의체의 위원장
> • 사회보장에 관한 업무를 담당하는 공무원

11 다음 중 지역사회조직의 지역사회개발모델의 내용에 해당하지 않는 것은?

① 주민들이 가능한 한 최대의 주도권을 가진다.

② 민주적인 절차, 자발적인 협동, 토착적인 지도자의 개발 등이 강조된다.

③ 과정지향적 활동목표를 가진다.

④ 사회복지사의 역할로 조력자, 조정자가 강조된다.

⑤ 변화를 위한 전술로 갈등과 대결을 사용한다.

> **해 설** ⑤ 사회행동모델에 대한 내용이다.
>
> **지역사회개발모델**
> • 지역주민의 적극적인 참여와 강력한 주도권을 강조한다.
> • 지역사회의 변화를 가장 효과적으로 이룩하기 위해서는 광범위한 지역주민들을 변화의 목표 설정과 실천행동에 참여시켜야 한다고 본다.
> • 민주적인 절차, 자발적인 협동, 토착적인 지도자의 개발, 교육 등을 기초로 전 지역사회의 경제적 · 사회적 조건을 향상시키고자 한다.
> • 과정지향적 활동목표를 가진다.
> • 새마을운동, 지역복지관의 지역개발사업, 자원봉사운동 등이 해당된다.

12 다음 지역사회복지의 목표 중 과정 중심 목표에 대한 내용으로 가장 적절한 것은?

① 지역사회의 생활개선을 목표로 한다.

② 국민소득의 향상을 목표로 한다.

③ 사회복지 관련 법률을 제정하거나 개정한다.

④ 주민의 민주적 의사결정능력을 향상시킨다.

⑤ 주민숙원사업을 완수한다.

> **해 설** 지역사회조직의 과정 중심 목표는 지역사회주민의 참여를 통해 민주적 의사결정능력을 향상시킴으로써 지역사회의 통합을 도모하는 데 있다.

13 다음 사회복지관의 서비스제공 기능 중 지역사회보호와 가장 거리가 먼 것은?

① 재가복지봉사서비스　　　　　　② 일상생활지원

③ 자활지원　　　　　　　　　　　④ 정서서비스

⑤ 급식서비스

> **해 설** **사회복지관 사업의 서비스제공 기능 중 지역사회보호**
> • 급식서비스
> • 보건의료서비스
> • 경제적 지원
> • 일상생활지원
> • 정서서비스
> • 일시보호서비스
> • 재가복지봉사서비스

14 영국의 그리피스 보고서(Griffiths Report, 1988)에서 강조하고 있는 지역사회보호에 관한 설명으로 옳은 것을 모두 고른 것은?

ㄱ. 지역사회보호를 위한 권한과 재정을 지방정부에 이양할 것을 주장하였다.
ㄴ. 지역사회보호를 위한 지방정부의 서비스 공급과 역할을 강조하였다.
ㄷ. 서비스의 적절성 확보를 위한 케어 매니지먼트(Care Management)를 강조하였다.
ㄹ. 지역사회보호 실천주체 다양화를 추구하였다.

① ㄱ, ㄴ   ② ㄱ, ㄹ
③ ㄴ, ㄷ   ④ ㄱ, ㄷ, ㄹ
⑤ ㄴ, ㄷ, ㄹ

해설 ㄴ. 그리피스 보고서(Griffiths Report)는 지역사회보호가 국가에 속한 국민보건서비스(NHS)의 각 기관 간, 지방자치단체, 민간비영리단체, 개별 보호자들 간의 연계활동으로 전체를 총괄하는 지도력을 발휘할 수 없다면 효과를 거두기 어렵다고 강조하면서, 경쟁을 통한 서비스 제공의 다양화를 도모해야 한다고 주장하였다. 그에 따라 지방정부의 역할 축소 및 민간 부문의 활성화를 골자로 하여 지역사회보호를 위한 권한과 재정을 지방정부에 이양하는 한편, 민간 부문의 경쟁을 통해 서비스 제공을 다양화할 것을 강조하였다.

15 우리나라 지역사회복지 역사를 과거부터 순서대로 옳게 나열한 것은?

ㄱ. 영구임대주택단지 내에 사회복지관 건립이 의무화되었다.
ㄴ. 지역사회복지협의체가 지역사회보장협의체로 명칭이 변경되었다.
ㄷ. 국민기초생활보장법 제정으로 공공의 책임성이 강화되었다.

① ㄱ → ㄴ → ㄷ
② ㄱ → ㄷ → ㄴ
③ ㄴ → ㄱ → ㄷ
④ ㄴ → ㄷ → ㄱ
⑤ ㄷ → ㄱ → ㄴ

해설 ㄱ. 1988년 「주택건설촉진법」에 따라 저소득 무주택자를 위한 영구임대아파트가 건설되면서 아파트단지 내에 사회복지관을 의무적으로 건립하도록 하였다.
ㄷ. 1999년 9월 「국민기초생활보장법」이 제정됨에 따라 빈곤문제에 대한 사회안전망의 기초를 튼튼히 하고 빈곤의 장기화를 방지하려는 시도가 펼쳐졌다.
ㄴ. 2015년 7월 「사회보장급여의 이용·제공 및 수급권자 발굴에 관한 법률」이 시행됨에 따라 기존의 '지역사회복지협의체'가 '지역사회보장협의체'로 개편되었다.

16 지역사회복지실천에서 사회복지사의 기술과 역할 간 연결로 옳지 않은 것은?

① 네트워킹 기술 – 촉진자   ② 연계 기술 – 옹호자
③ 참여 기술 – 교육가   ④ 임파워먼트 기술 – 자원연결자
⑤ 자원동원 기술 – 모금가

해 설 ② 지역사회복지실천에서 사회복지사의 옹호자로서의 역할은 옹호(Advocacy) 기술과 연관된다. 옹호 기술은 지역주민, 특히 억압된 집단 입장의 정당성을 주장하고 지도력과 자원을 제공해야 한다는 점에서 매우 중요하다. 이러한 옹호 기술은 모든 사회복지사가 갖추어야 할 기본기술로서 다양한 수준의 클라이언트가 문제해결에 적극적으로 참여할 수 있도록 돕고 그들의 이익을 대변하는 핵심기술이라고 할 수 있다.

17 지역사회에서 제공되는 직접적 서비스는 기능별로 분류할 수 있다. 다음 중 보기의 내용과 연관된 것은?

> ○○시 장애인복지관에 근무하는 사회복지사 A씨는 장애인들이 공공기관이나 병원, 대형마트 등을 이용하는 데 있어서 많은 불편이 있음을 알게 되었다. 예를 들어 일부 공공기관에서는 장애인 자동차표지를 부착하지 않고 장애인전용 주차구역에 주차를 하는 사람들이 있음에도 불구하고 그에 대한 별다른 조치를 취하지 않았고, 몇몇 병원이나 대형마트에 설치된 휠체어리프트는 고장이 난 상태로 작동이 되지 않은 지 오래되었음에도 불구하고 별다른 시설점검이나 장비교체 등의 조치를 취하고 있지 않았다. 이에 사회복지사 A씨는 지역 내 시민단체와 연계하여 관할구역의 해당 시설 관리책임자들을 대상으로 장애인을 위한 편의시설의 일대 점검을 요구하였다.

① 신체적 개입   ② 환경적 개입
③ 인지적 개입   ④ 정서적 개입
⑤ 물리적 개입

해 설 **지역사회에 제공되는 직접적 서비스의 기능별 분류**
• 환경적 개입 : 클라이언트와 지역사회 환경 간의 관계를 변화시키기 위한 것으로서, 클라이언트의 권익을 옹호하거나 문제를 해결하며, 경제적 지원을 행하거나 지역사회에의 소속감 및 유대감을 강화하기도 한다.
• 신체적 개입 : 클라이언트의 물리적 필요를 충족시키기 위한 것으로서, 보건의료서비스를 비롯하여 목욕 및 이·미용서비스 등을 제공한다.
• 정서적 개입 : 클라이언트의 심리적 문제해결 및 심리적 재활을 위한 것으로서, 클라이언트의 감정, 정서, 태도상의 변화를 유도한다.
• 인지적 개입 : 클라이언트의 인지 개선을 위한 것으로서, 클라이언트가 필요로 하는 정보를 제공하거나 교육 및 기술훈련을 실시하는 등의 방법을 통해 클라이언트의 인지상의 변화를 유도한다.

18 다음 중 인보관운동에 대한 설명으로 옳은 것은?

ㄱ. 빈민들과 함께 거주하였다.
ㄴ. 사회진화론적 사상에 동조하였다.
ㄷ. 환경적인 요소를 사회문제의 근원으로 인식하였다.
ㄹ. 기관들 간의 서비스 조정에 역점을 두었다.

① ㄱ, ㄴ, ㄷ
② ㄱ, ㄷ
③ ㄴ, ㄹ
④ ㄹ
⑤ ㄱ, ㄴ, ㄷ, ㄹ

해설 ㄴ · ㄹ. 자선조직협회의 특징에 해당한다.

자선조직협회와 인보관운동의 비교

구 분	자선조직협회(1869)	인보관운동(1884)
사회문제의 원인	개인적인 속성	환경적인 요소
이데올로기	사회진화론	자유주의, 급진주의
주요 참여자	상류층과 중산층	지식인과 대학생
접근방법	빈민개조, 역기능의 수정	빈민과 함께 거주, 사회행동
역점 분야	기관들의 서비스 조정	교육적 사업
성 격	사회질서 유지 강조	사회개혁 강조

기출 15회

19 지역사회복지실천에서 다음의 모든 활동과 관계되는 사회복지전담공무원의 역할은?

• 잠재적 수급권자 파악
• 자산조사 및 수급권자 욕구조사
• 서비스 및 시설입소 의뢰
• 취업정보 제공 및 알선

① 자문가
② 옹호자
③ 조력자
④ 상담가
⑤ 자원연결자

해설 **사회복지전담공무원의 역할**
• 자원연결자 : 잠재적 수급권자 파악, 자산조사 및 수급권자 욕구조사, 공공부조 대상자 책정, 서비스 및 시설입소 의뢰, 취업정보 제공 및 알선, 지역사회자원 개발 및 연결
• 옹호자(대변자) : 기초생활보장수급자 권익옹호, 학대피해자의 발견 및 보호, 지역주민 조직화
• 교육자 : 보호대상자 자립 및 자녀교육 관련 정보 제공, 사회복지서비스 관련 정보 제공, 구직 및 면접기술 훈련, 일반생활교육(예 건강, 영양지도 등), 가족생활교육(예 부모역할훈련, 자녀교육 등)
• 조력자 : 욕구 및 문제의식, 문제해결의 주체의식 증진, 욕구 및 문제해결의 동기 부여, 문제해결 환경의 조성
• 사례 관리자 : 요호 대상자의 일상생활 상태 파악, 다양한 서비스 제공자의 연결, 서비스 제공 결과의 확인, 문제해결의 지속적 점검 및 사후관리, 동원된 자원의 조정관리

- 상담가 : 심리사회적 문제해결을 위한 전문적 개입(개별 · 집단 · 가족 대상 상담)
- 중재자 : 서비스 제공자 간 의견 조정, 수혜자 및 서비스 제공자 간 의견 조정
- 자문가 : 관련 사례나 프로그램에 관한 전문적 지식 및 정보 제공
- 연구자/평가자 : 지역사회 욕구조사, 지역사회문제 파악 및 해결방향 모색, 프로그램 평가
- 프로그램 개발자 : 욕구 및 문제해결을 위한 프로그램 기획 및 개발

20 다음 중 자원봉사센터의 설립목적과 가장 거리가 먼 것은?

① 자원봉사자를 필요로 하는 기관과 단체들에게 자원봉사자를 지원한다.
② 자원봉사활동에 드는 비용을 모금하여 자원봉사활동기금을 조성한다.
③ 지역사회의 문제를 해결하기 위해 다양한 자원봉사자들의 참여를 촉진한다.
④ 자원봉사자의 위상을 제고하여 활동을 진흥시킨다.
⑤ 지역사회 내에서 자원봉사에 대한 인식을 증진시킨다.

해 설 자원봉사센터의 설립목적
- 지역사회의 문제를 해결하기 위해 다양한 자원봉사자들의 참여를 촉진하고 개발 · 육성한다.
- 자원봉사자를 필요로 하는 기관과 단체들의 자원봉사자 수급 및 관리를 지원하여 효과적인 자원봉사활동이 이루어지도록 지원한다.
- 지역사회 자원의 조직화와 소통 · 조정 · 연계를 통해 지역사회의 문제해결을 돕는다.
- 지역사회 내에서 자원봉사에 대한 인식을 증진하고 자원봉사자의 위상을 제고하여 활동을 진흥시킨다.

기출 18회

21 지방자치발달이 지역사회복지에 미치는 영향이 아닌 것은?

① 지방정부 간 복지 수준 불균형 초래
② 지역주민들의 주체적 참여 기회 제공
③ 중앙정부의 사회복지 책임과 권한 강화
④ 지역주민들의 지역사회복지에 대한 책임의식 향상
⑤ 지방자치단체장 후보의 사회복지 관련 선거공약 활성화

해 설 지방분권이 지역사회복지에 미치는 부정적 영향
- 지방자치단체장의 의지에 따라 복지서비스의 지역 간 불균형이 나타날 수 있다.
- 사회복지 행정업무와 재정을 지방에 이양함으로써 중앙정부의 사회적 책임성을 약화시킬 수 있다.
- 지방정부가 사회개발정책에 우선을 두는 경우 지방정부의 복지예산이 감소될 수 있다.
- 지방정부 간의 재정력 격차로 복지수준의 차이가 나타날 수 있다.
- 지방정부 간의 경쟁이 심화되어 지역 이기주의가 나타날 수 있다.
- 복지행정의 전국적 통일성을 저해할 수 있다.

22 다음 중 지역사회복지의 사업 분야를 잘못 연결한 것은?

① 지역사회보호 – 일시보호서비스, 보건의료서비스
② 자활지원 – 직업기능훈련, 아동 · 청소년 사회교육
③ 교육문화 – 노인 여가 · 문화, 문화복지사업
④ 가족기능강화 – 가족관계증진사업, 가족기능보완사업
⑤ 주민조직화 – 주민복지증진사업, 주민교육

해 설 ② 아동 · 청소년 사회교육은 교육문화사업에 해당한다. 자활지원 사업 분야로는 직업기능훈련, 취업알선, 직업능력 개발, 그 밖의 특화사업 등이 있다.

23 다음 아른스테인(Arnstein)의 주민참여 단계 중 주민참여의 효과가 나머지 넷에 비해 상대적으로 높은 단계에 해당하는 것은?

① 주민통제(Citizen Control)
② 주민상담(Consultation)
③ 주민회유(Placation)
④ 대책치료(Therapy)
⑤ 권한위임(Delegated Power)

해 설 아른스테인(Arnstein)의 주민참여 단계

구 분	주민참여	참여의 효과
8단계	주민통제(Citizen Control)	주민권력 수준 (Degree of Citizen Power)
7단계	권한위임(Delegated Power)	
6단계	협동관계(Partnership)	
5단계	주민회유(Placation)	형식적 참여 (Degree of Tokenism)
4단계	주민상담(Consultation)	
3단계	정보제공(Informing)	
2단계	대책치료(Therapy)	비참여 (Non-participation)
1단계	여론조작(Manipulation)	

24 다음에서 사회복지관이 사회복지서비스를 우선 제공하여야 할 대상을 모두 고른 것은?

> A씨는 국민기초생활보장법에 따른 수급자로서, 75세인 어머니와 보호가 필요한 유아 자녀, 교육이
> 필요한 청소년 자녀, 취업을 희망하는 배우자와 함께 살고 있다.

① A씨   ② A씨, 배우자

③ 어머니, 배우자   ④ 배우자, 자녀

⑤ A씨, 어머니, 배우자, 자녀

해 설　**사회복지관의 사회복지서비스 우선 제공 대상자(사회복지사업법 제34조의5 제2항 참조)**
사회복지관은 모든 지역주민을 대상으로 사회복지서비스를 실시하되, 다음의 지역주민에게 우선 제공하여야
한다.
- 「국민기초생활보장법」에 따른 수급자 및 차상위계층(→ A씨)
- 장애인, 노인, 한부모가족 및 다문화가족(→ 어머니)
- 직업 및 취업 알선이 필요한 사람(→ 배우자)
- 보호와 교육이 필요한 유아 · 아동 및 청소년(→ 자녀)
- 그 밖에 사회복지관의 사회복지서비스를 우선 제공할 필요가 있다고 인정되는 사람

25 다음 중 상대집단을 이기기 위한 힘의 확보 전략에 해당하는 것을 올바르게 모두 고른 것은?

ㄱ. 정보력　　　　　　　　　　ㄴ. 힘의 과시
ㄷ. 집단동원력　　　　　　　　ㄹ. 약점의 이용

① ㄱ, ㄴ, ㄷ   ② ㄱ, ㄷ

③ ㄴ, ㄹ   ④ ㄹ

⑤ ㄱ, ㄴ, ㄷ, ㄹ

해 설　**상대집단을 이기기 위한 힘의 확보 전략**
- 정보력 : 현재의 사건이나 상황에 대한 정보를 정부당국이나 정치인에게 제공한다.
- 힘의 과시 : 상대집단의 반대에 맞서 불편과 손해를 가함으로써 힘을 과시한다.
- 잠재력 : 실제로 피해를 입히기보다 피해를 입힐 수 있다는 능력이 있음을 강조한다.
- 약점의 이용 : 상대집단의 약점을 자극하여 수치심을 가지도록 한다.
- 집단동원력 : 집단을 조직하여 이끄는 것은 사회행동의 가장 중요한 힘이다.

기출 17회

01 킹돈(J. Kingdon)의 쓰레기통 모형에 관한 설명으로 옳은 것을 모두 고른 것은?

> ㄱ. 정책결정은 조직화된 상태 속에서 나타나는 몇 가지 흐름에 의하여 체계적으로 이루어진다.
> ㄴ. 정치의 흐름, 문제의 흐름, 정책대안의 흐름이 각각 따로 존재하며, 그 과정의 참여자도 다르다.
> ㄷ. 정책의 흐름 속에 떠다니던 정책대안이 연결되어 정책결정의 기회를 맞는다.
> ㄹ. 정치의 흐름 및 문제의 흐름 각각에 의하여 또는 이들의 결합에 의하여 정책아젠다가 결정된다.

① ㄱ, ㄴ　　　　　　　　　　　② ㄱ, ㄷ
③ ㄴ, ㄷ　　　　　　　　　　　④ ㄴ, ㄷ, ㄹ
⑤ ㄱ, ㄴ, ㄷ, ㄹ

해 설 **정책결정의 쓰레기통 모형**
- 정책결정이 합리성이나 타협에 의해 이루어지는 것이 아닌 조직화된 무정부 상태 속에서 나타나는 몇 가지 흐름에 의해 우연히 이루어진다고 본다.(ㄱ)
- 킹던은 정책결정 과정을 문제의 흐름, 정책(대안)의 흐름, 정치의 흐름 등 3가지로 나누어 논의하였으며, 이 3가지 흐름의 우연한 연결에 의해 '정책의 창'이 열릴 때 정책대안이 마련될 수 있다고 보았다.(ㄴ)
- 어떠한 사회문제에 대한 정책대안들은 그 문제가 이슈화되어 정책아젠다가 되든지 혹은 안 되든지 간에 학자들이나 관료들에 의해 계속 연구되어 흘러가다가, 정치의 흐름 및 문제의 흐름에 의하여 정책아젠다가 형성될 때 그것들과 재빨리 결합함으로써 정책결정으로 연결된다.(ㄷ · ㄹ)

기출 20회

02 조지와 윌딩(V. George & P. Wilding, 1976; 1994)의 사회복지모형에서 복지국가의 확대를 가장 지지하는 이념은?

① 신우파
② 반집합주의
③ 마르크스주의
④ 페이비언 사회주의
⑤ 녹색주의

해 설 ④ 페이비언 사회주의(Fabian Socialism)는 복지국가를 사회주의의 한 과정으로 인식하면서, 시장경제의 문제점을 제거하기 위해 정부가 적극적으로 개입해야 한다고 주장한다. 또한 사회통합과 평등 추구를 위한 사회복지정책 확대를 지지하면서, 민주주의에 기반을 둔 대중의 참여를 강조한다.

03 다음 에스핑-앤더슨(Esping-Andersen)의 복지국가 유형 중 '조합주의 복지국가'에 대한 설명으로 옳은 것은?

① 국가복지는 민간복지를 보완하는 차원에 국한된다.
② 사회보험 프로그램을 강조한다.
③ 복지정책의 다차원적인 사회계층체제가 발생한다.
④ 국가가 사회의 모든 계층을 대상으로 한 포괄적인 복지체계를 구축하고자 한다.
⑤ 노동력의 탈상품화 효과가 최소화되어 나타난다.

해설 자유주의 복지국가가 소득조사에 의한 공공부조 프로그램을 강조하는 것과 달리, 조합주의 복지국가는 사회보험 프로그램을 강조한다.
① · ③ · ⑤ 자유주의 복지국가, ④ 사회민주주의 복지국가

04 다음 중 보기의 내용과 연관된 복지국가 분석에 관한 이론에 해당하는 것은?

- 사회복지정책은 행정관료와 전문가들의 문제 해결을 위한 노력의 산물이다.
- 사회복지의 수요 증대에 관심을 두기보다는 사회복지의 공급 측면에 초점을 둔다.

① 이익집단이론　　　　　　　　② 국가중심이론
③ 사회민주주의이론　　　　　　④ 조합주의이론
⑤ 신마르크스주의이론

해설 **국가중심이론**
- 국가의 자율성과 적극적인 역할을 강조하는 이론이다.
- 국가 자체의 독특한 내적 논리나 구조에 초점을 두며, 국가 자체를 독특한 이해관계를 가진 행위자로 간주한다.
- 사회복지의 수요 증대에 관심을 두는 다른 이론들과 달리, 사회복지의 공급 측면에 초점을 두어 복지국가의 발전 과정을 설명한다.
- 복지국가의 발전에 있어서 국가조직 형태, 사회복지정책 관련 정부부처, 전문관료의 개혁성 등 사회복지를 제공하는 주체로서 국가의 측면에 주목한다.
- 복지정책의 공식화 및 시행에 있어서 국가의 관료화 및 중앙집권화 정도가 그 국가의 역량을 반영한다.
- 복지정책은 무(無)의 상태에서 공식화되는 것이 아닌 이전 정책들에 대한 평가에 기초하여 만들어진다.

05 다음 중 영국의 구빈제도에 대한 설명으로 옳은 것은?

① 신구빈법 – 중앙집권적 구빈제도를 분권화하여 교구로 위임하였다.
② 작업장법 – 아동의 노동조건 및 작업환경의 개선을 주된 내용으로 하였다.
③ 공장법 – 일명 '나치블법(Knatchbull Act)'이라고도 한다.
④ 정주법 – 오늘날 거택구호제도의 효시이다.
⑤ 작업장법 – 작업장에 수용되기를 거부한 빈민에 대해 구제받을 자격을 박탈하였다.

해 설 ⑤ 작업장법 혹은 작업장 테스트법(The Workhouse Test Act)은 처음 1696년에 제정되어 1722년에 개정된 것으로서, 빈민이 구제를 받으려면 작업장에 수용되어야 하며, 작업장에 수용되기를 거부한 빈민에 대해서는 구제받을 자격을 박탈하는 내용을 담고 있었다. 이 법은 오늘날 직업보도 프로그램의 효시가 되었다.
① 신구빈법 혹은 개정구빈법(1834년)은 교구단위의 구빈행정체제를 중앙집권화하였다. 즉, 중앙구빈위원회와 지방구빈위원회를 구성하고 전국적으로 통일된 구빈행정체제를 갖추었다.
② 아동의 노동조건 및 작업환경의 개선을 주된 내용으로 한 것은 공장법(1833년)이다. 공장법은 아동에 대한 노동력 착취를 막기 위한 목적에서 만들어졌다.
③ '나치블법'은 작업장법 혹은 작업장 테스트법(1722년)을 달리 부르는 명칭이다.
④ 오늘날 거택구호제도의 효시가 된 것은 길버트법(1782년)이다. 길버트법은 원내구제와 원외구제를 인정하는 인도주의적·이상주의적 구제법으로서, 과거의 시설구호 원칙에서 거택보호의 원칙으로 전환되는 계기가 되었다.

06 다음 중 독일의 비스마르크 사회보험에 대한 설명으로 옳지 않은 것은?

① 야당의 인기를 저하시키고 노동자의 충성심을 국가로 이끌기 위해 기획되었다.
② 상호부조 조직인 공제조합을 기초로 하였다.
③ 자조의 원칙을 강조한 자유주의자의 주도로 입법되었다.
④ 사회주의자들은 노동자를 국가복지의 노예로 만드는 것으로 보아 산재보험의 도입을 반대하였다.
⑤ 1911년 영국의 자유당 정부로 하여금 국민보험법을 만드는 계기가 되었다.

해 설 ③ 비스마르크(Bismarck)는 국가 주도하에 1883년 질병(건강)보험, 1884년 산업재해보험, 1889년 노령 및 폐질보험(노령폐질연금) 순으로 사회보험 입법을 추진하였다. 이는 국가와 기업체들에 의한 노동력 보호의 차원에서 시작한 것으로, 사실 사회주의운동을 탄압하는 동시에 노동자의 국가에 대한 충성심을 확보하기 위한 것이었다. 그러나 비스마르크의 법안은 사회주의자와 자유주의자 양쪽으로부터 격렬한 비난을 받게 되었다. 사회주의자들은 특히 산재보험이 노동운동의 자유를 억압하는 의도를 가진 것으로 간주하여 노동자를 국가복지의 노예로 만드는 병영사회주의라고 비난하였다. 반면, 자유주의자들은 비스마르크의 사회보험이 국가의 권력 강화와 관료화를 초래하며, 자본가의 부담을 증폭시킬 것이라고 비난하였다.

07 국민기초생활보장제도에 관한 설명으로 옳지 않은 것은?

① 국민기초생활보장제도는 보충성의 원칙에 기반하고 있다.

② 「북한이탈주민의 보호 및 정착지원에 관한 법률」상의 북한이탈주민과 그 가족은 의료급여 2종 수급권자에 속한다.

③ 급여는 개별가구 단위로 실시하되, 특히 필요하다고 인정하는 경우에는 개인 단위로 실시할 수 있다.

④ 수급권자와 그 친족, 그 밖의 관계인은 관할 시장·군수·구청장에게 수급권자에 대한 급여를 신청할 수 있다.

⑤ 생계급여는 수급자의 소득인정액 등을 고려하여 차등지급할 수 있다.

> **해설** ② 「북한이탈주민의 보호 및 정착지원에 관한 법률」의 적용을 받고 있는 사람과 그 가족으로서 보건복지부장 관이 의료급여가 필요하다고 인정한 사람은 의료급여법령에 따른 1종 수급권자에 해당한다(의료급여법 시 행령 제3조 제2항 참조).

08 다음 에스핑-앤더슨(Esping-Anderson)이 제시한 공·사 연금체계의 분류 중 보기의 내용에 해당하는 것은?

> • 공적연금은 직업에 따라 적용대상을 달리하는 여러 개의 연금제도로 분절된 형태를 취하며, 퇴직 전 생활수준을 유지하도록 보장한다.
> • 공적연금의 급여수준은 퇴직 전 임금수준과 연계됨으로써 소득계층 간의 불평등이 유지되는 경향이 있다.

① 잔여적 연금체계
② 제도적 연금체계
③ 보편주의적 국가지배체계
④ 조합주의적 국가우위의 연금체계
⑤ 선별적 연금체계

> **해설** 공·사 연금체계의 주요 분류(Esping-Anderson)
> • 조합주의적 국가우위의 연금체계
>   – 사적연금은 급여수준이나 가입대상 면에서 볼 때 노후소득보장에 주변적 역할만 수행한다.
>   – 공적연금은 직업에 따라 적용대상을 달리하는 여러 개의 연금제도로 분절된 형태를 취하며, 퇴직 전 생활수준을 유지하도록 보장한다.
> • 잔여적 연금체계
>   – 자유주의적 시장순응체계에 부합하는 것으로서, 통상 사적연금의 역할을 강조한다.
>   – 공적연금은 최저생계보장에 그치며, 공적연금의 급여수준 또한 다른 유형의 공적연금체계와 비교하여 상대적으로 낮다.
> • 보편주의적 국가지배체계
>   – 사회연대에 기초하여 직업에 관계없이 혹은 기업연금에 대한 자격 유무와 관계없이 높은 소득대체율을 가진 공적연금을 제공한다.
>   – 특히 스웨덴의 경우 기업연금이 노후소득의 원천으로서 제한된 역할만을 수행하나, 전국적 차원의 노사협약에 의해 제공됨으로써 거의 모든 피용자에게 보편적으로 확대되어 있다.

09 다음 중 소득재분배의 유형과 사회복지제도가 올바르게 연결된 것은?

① 수직적 재분배 – 국민건강보험
② 수평적 재분배 – 공공부조
③ 장기적 재분배 – 국민연금
④ 세대 간 재분배 – 적립방식의 연금
⑤ 세대 내 재분배 – 부과방식의 연금

해 설 ③ 장기적 재분배(Redistribution in Command–over–resources in Time)는 여러 세대에 걸친 자원의 동원 및 소득재분배가 동시에 이루어지는 소득재분배 형태를 일컫는 것으로서, 대표적으로 국민연금을 예로 들 수 있다.
① 국민건강보험을 비롯한 의료보험제도는 수평적 재분배(Horizontal Redistribution)에 해당한다. 수평적 재분배는 소득수준에 관계없이 특정한 사회적 기준을 토대로 개인별로 소득의 재분배가 이루어질 수 있도록 하는 유형이다.
② 공공부조는 수직적 재분배(Vertical Redistribution)에 해당한다. 수직적 재분배는 소득수준을 기준으로 개인별로 소득이 재분배될 수 있도록 하는 유형이다.
④ 적립방식의 연금은 세대 내 재분배(Intra–generational Redistribution)에 해당한다. 이는 청·장년기 때 소득을 적립해 놓았다가 노년기에 되찾는 방식으로, 재분배가 한 세대 안에서 이루어지기 때문이다.
⑤ 부과방식의 연금은 세대 간 재분배(Inter–generational Redistribution)에 해당한다. 이는 현재의 퇴직자가 수령하는 연금의 재정은 현재 일하는 근로계층이 부담하는 방식으로, 재분배가 한 세대에서 다음 세대로 소득이전이 이루어지기 때문이다.

10 우리나라의 사회보장기본법에 근거한 사회보장제도가 아닌 것은?

① 고용보험
② 국민연금
③ 최저임금제
④ 국민기초생활보장
⑤ 보육서비스

해 설 ③ 우리나라의 최저임금제는 헌법에 근거한 제도로, 「최저임금법」이라는 별도의 법률에 의해 규정되고 있다. 헌법 제32조 제1항은 "국가는 사회적·경제적 방법으로 근로자의 고용의 증진과 적정임금의 보장에 노력하여야 하며, 법률이 정하는 바에 의하여 최저임금제를 시행하여야 한다"고 명시하고 있다.

11 다음 중 정책평가에 대한 설명으로 옳은 것을 모두 고른 것은?

ㄱ. 정책평가는 정책활동에 관한 정보를 수집·분석·해석하여 그 가치를 판단하는 것이다.
ㄴ. 정책평가는 정책활동에 대한 책임성이나 근거를 확보하기 위해 필요하다.
ㄷ. 정책평가는 통계기법 및 분석기법 등이 요구되므로 기술적인 성격을 띤다.
ㄹ. 평가설계의 형태와 기법을 결정하기 위해 인과모형을 설정하여야 한다.

① ㄱ, ㄴ, ㄷ
② ㄱ, ㄷ
③ ㄴ, ㄹ
④ ㄹ
⑤ ㄱ, ㄴ, ㄷ, ㄹ

해 설 ㄱ. 정책평가란 정책 활동에 관한 정보를 수집·분석·해석함으로써 그 가치를 판단하는 것이다. 즉, 정책이 원래 해결하고자 했던 문제를 얼마나 해결했는지 평가하는 것으로서, 정책 활동의 가치를 가늠하기 위한 정보의 수집·분석·해석 활동을 말한다.
ㄴ. 정책평가는 바람직한 정책집행을 통한 정책목표의 달성, 새로운 정책대안 개발에의 기여, 책임성의 확보, 정책이론의 발전 등을 위해 필요하다.
ㄷ. 정책평가는 자료의 수집·분석·해석을 위해 다양한 통계기법 및 분석기법이 요구되므로 기술적인 성격을 띤다.
ㄹ. 평가설계의 형태 및 기법 결정을 위한 인과모형 설정은 우선 어떠한 결과가 나타났으며 그 결과가 바람직한 것인지, 그리고 그와 같은 결과를 초래하는 데 영향을 미친 요인이 무엇인지 등을 규명하기 위한 분석 틀로서의 의미를 지닌다.

12 다음 중 사바스(Savas)가 제시한 민영화의 등장요인에 대한 설명으로 가장 옳지 않은 것은?

① 작은 정부는 평등의 이념을 실현하는 데 효과적일 수 있다.
② 공공부문의 실패로 인해 공공부문의 비효율성 및 비효과성이 팽배해 있다.
③ 정부가 민간부문에 더 많은 지출을 함으로써 시장에 활력을 불어넣을 수 있다.
④ 거대한 정부는 그 자체로 민주주의의 위협이 될 수 있다.
⑤ 민영화는 대중영합을 통해 시민들에게 더 많은 재량권을 부여할 수 있다.

해 설 사바스(Savas)는 민영화의 등장배경 중 이념적 요인을 제시하였다. 즉, 작은 정부는 개인의 자유와 정의의 이념을 실현하는 데 효과적일 수 있다는 것이다. 그는 또한 작은 정부가 거대한 정부에 비해 개인의 사회적 욕구에 효과적으로 대응할 수 있으며, 정부 효율성 측면에서 더욱 바람직하다고 보았다. 이는 근본적으로 거대한 정부 자체가 민주주의의 위협이 될 수 있다는 시각과도 맥락을 같이 한다.

13 다음 중 사회복지재원에 대한 설명으로 옳은 것은?

① 간접세 비율이 상대적으로 높을수록 소득재분배 효과도 높다.

② 소득세, 법인세, 부가가치세 등은 직접세에 해당한다.

③ 간접세는 비례적이기 때문에 일반적으로 소득재분배에 중립적이다.

④ 조세감면은 일부 소득항목에 대한 소득공제로 인해 재분배 효과가 대체로 누진적이다.

⑤ 간접세의 인상은 물가상승의 요인이 된다.

> **해 설** ⑤ 간접세는 조세가 물품의 가격에 포함되어 있으므로, 간접세의 인상이 물가상승의 요인이 된다. 또한 간접세의 비율이 상대적으로 높을수록 소득재분배 효과는 낮다.
>
> **직접세와 간접세**
>
> | 직접세 | • 납세의무자와 실제 그 세금을 부담하는 자가 일치하고 조세부담의 전가가 예정되어 있지 않은 조세이다.
• 소득세, 법인세, 증여세, 상속세, 재산세, 주민세, 취득세, 등록세, 부당이득세 등이 해당한다. |
> |---|---|
> | 간접세 | • 납세의무자와 실제 그 세금을 부담하는 자가 일치하지 않고 조세부담의 전가가 예정되어 있는 조세이다.
• 부가가치세, 개별소비세, 주세(酒稅), 인지세(印紙稅), 증권거래세 등이 해당한다. |

14 다음 중 사회양심이론에 대한 설명으로 옳은 것을 모두 고르면?

ㄱ. 시혜적·동정주의적 관점을 기반으로 한다.
ㄴ. 후진국이 선진국을 따라서 제도를 시행한다.
ㄷ. 현재의 사회서비스 수준을 가장 높은 역사적 형태의 것으로 본다.
ㄹ. 산업화를 주된 요소로 본다.

① ㄱ, ㄴ, ㄷ
② ㄱ, ㄷ
③ ㄴ, ㄹ
④ ㄹ
⑤ ㄱ, ㄴ, ㄷ, ㄹ

> **해 설** ㄴ. 확산이론(전파이론), ㄹ. 산업주의이론(수렴이론)
>
> **사회양심이론**
> • 1950년대 영국 사회정책하에서 주로 받아들여졌던 이론으로서, 사회정책은 각 개인의 타인에 대한 우애, 사회적 의무감 등이 국민들의 지식향상에 의해 점차 증대되었다는 이론이다.
> • 사회양심이론에서는 사회구성원들의 집단양심을 사회복지의 변수로 본다. 즉, 사회적 양심의 증대가 사회복지의 발전을 가져오는 원동력이 되었다는 것이다.
> • 정부의 사회복지정책을 국가의 자선활동으로 간주한다. 즉, 국가의 복지활동을 동정주의적 관점으로 보는 것이다.
> • 사회복지정책은 사회적 의무감의 확대·심화와 더불어 사회적 욕구에 대한 과학적 지식의 증대를 통해 변화한다.
> • 사회진화론적 관점에서 개선의 역전을 부정하며, 현재의 사회서비스 수준을 가장 높은 역사적 형태에 있는 것으로 간주한다.

15 사회복지정책과 경제정책의 관계에 관한 설명으로 옳은 것을 모두 고른 것은?

> ㄱ. 경제정책은 사회복지정책에 영향을 준다.
> ㄴ. 사회복지정책은 경제에 영향을 준다.
> ㄷ. 경제정책과 사회복지정책은 서로 상생적인 역할을 할 수 있다.
> ㄹ. 자본주의 경제체제 유지를 위하여 사회복지정책이 필요하다고 설명하기도 한다.

① ㄱ

② ㄱ, ㄷ

③ ㄴ, ㄹ

④ ㄴ, ㄷ, ㄹ

⑤ ㄱ, ㄴ, ㄷ, ㄹ

해 설 **사회복지정책과 경제정책의 관계**
- 사회복지정책의 주요 목표는 소득재분배에 있으며, 이는 기존의 사회구조뿐만 아니라 경제에도 상당한 영향을 미친다.
- 소득재분배를 통해 계층 간, 세대 간, 지역 간 격차를 해소하기 위한 복지정책은 소득이전에 따른 경제적 자원을 필요로 하므로, 소득재분배 정책으로서 사회복지정책은 경제학자들의 주요 관심사가 될 수밖에 없다.
- 어떤 부류의 경제학자들은 자본주의 발전의 부산물로 나타나는 여러 사회문제를 자본주의 경제체제 유지의 저해요인으로 간주하고, 자본주의 경제체제 유지를 위하여 사회복지정책이 필요하다고 설명하기도 한다.

16 다음 중 정책결정에 있어서 모든 대안을 검토한 후 최선의 대안을 찾는 것은?

① 점증주의

② 합리주의

③ 초합리주의

④ 만족주의

⑤ 경험주의

해 설 **사회복지정책결정에 관한 이론모형**
- 합리모형 : 인간의 합리성을 강조하며, 정책결정자에 의한 최선의 정책대안이 가능하다고 본다.
- 만족모형 : 인간 이성의 제한적 합리성을 강조하며, 정책결정자에 의한 만족스러운 정책대안이 가능하다고 본다.
- 점증모형 : 인간 이성의 비합리성을 강조하며, 부분적인 수정에 의해 정책결정이 이루어진다고 본다.
- 혼합모형 : 합리모형과 점증모형의 혼합으로서 정책결정의 기본 틀은 합리모형으로, 세부적인 내용은 점증모형으로 접근한다.
- 최적모형 : 정책결정에 있어서 합리적인 요소와 초합리적인 요소를 동시에 고려한다.
- 쓰레기통모형 : 정책결정이 조직화된 혼란상태에서 이루어진다고 본다.

17 다음 중 우리나라의 근로장려세제에 대한 설명으로 옳지 않은 것은?

① 참여정부 당시인 2005년 국정과제회의를 통해 결정되었다.
② 저소득층의 소득증대와 근로유인을 목표로 한다.
③ 급여체계는 근로소득 수준에 따라 점증구간과 점감구간으로 되어 있다.
④ 자녀수별로 급여액, 급여의 증가율, 급여의 감소율 등을 차등화하였다.
⑤ 기획재정부에서 정책 수립 및 급여체계 설계, 법령 등을 담당한다.

> **해 설** 근로장려세제(EITC ; Earned Income Tax Credit)
> 근로소득이 있고 부부합산 총소득이 일정 수준 이하인 가구에 대해 현금급여로서 근로장려금을 지급하는 제도이다. 이러한 근로장려세제는 저소득 근로빈곤층의 세금부담을 경감시키는 동시에 근로활동을 장려하고 소득을 지원하는 것을 목적으로 한다. EITC 급여체계는 근로소득 수준에 따라 다음과 같이 점증구간, 평탄구간, 점감구간으로 구분된다.
> • 점증구간 : 근로소득이 증가함에 따라 EITC 급여액이 정률(급여증가율)로 증가하는 구간이다.
> • 평탄구간 : '최고액 고정구간'이라고도 하며, 근로소득의 증가에 상관없이 최대 급여액이 유지되는 구간이다.
> • 점감구간 : 근로소득이 증가함에 따라 EITC 급여액이 정률(급여감소율)로 감소하여 최종적으로 '0'에 도달하는 구간이다.

기출 18회

18 베버리지(W. Beveridge)가 사회보장 프로그램의 성공을 위해 제시한 전제조건을 모두 고른 것은?

ㄱ. 아동(가족)수당   ㄴ. 완전고용
ㄷ. 포괄적 의료 및 재활서비스   ㄹ. 최저임금

① ㄹ   ② ㄱ, ㄷ
③ ㄴ, ㄹ   ④ ㄱ, ㄴ, ㄷ
⑤ ㄱ, ㄴ, ㄷ, ㄹ

> **해 설** 베버리지(Beveridge)의 사회보장 프로그램의 성공을 위한 전제조건
> • 첫째, 통일적이고 종합적이며 적절한 사회보험 프로그램
> • 둘째, 사회보험을 통해 충분히 보호받지 못하는 사람들을 위한 공공부조
> • 셋째, 자녀들에 대해 주당급여를 제공하는 아동수당(가족수당)
> • 넷째, 전 국민에 대한 포괄적 의료 및 재활서비스(포괄적 보건서비스)
> • 다섯째, 경기위기 시 대량실업을 방지하기 위한 공공사업을 통한 완전고용

19 다음 중 티트머스가 제시한 사회복지모델로서 사회보험 프로그램과 연관된 것은?

① 산업적 업적성취모델
② 잔여적 복지모델
③ 제도적 재분배모델
④ 보충적 복지모델
⑤ 조합주의적 모델

해 설 티트머스(Titmuss)의 사회복지모델
- 잔여적 복지모델 : 가족이나 시장이 제 기능을 발휘하지 못해 개인의 복지욕구를 해결하지 못하는 경우 일시적으로 개입한다. 특히 공공부조 프로그램을 강조한다.
- 산업적 업적성취모델 : 사회복지의 공급은 개인의 시장 및 사회에 대한 업적이나 기여도, 공헌 정도에 따라 충족되어야 한다. 특히 사회보험 프로그램을 강조한다.
- 제도적 재분배모델 : 시장에서의 1차적 분배에 따른 사회적 불평등과 사회적 형평 차원에서 재분배를 시행하여 사회적 · 보편적 형평 및 사회통합을 지향한다.

20 노인장기요양보험의 급여에 관한 설명으로 옳은 것을 모두 고른 것은?

ㄱ. 노인장기요양보험에서는 재가급여를 시설급여에 우선한다.
ㄴ. 재가급여에는 방문요양, 방문목욕 등이 있다.
ㄷ. 특별현금급여에는 가족요양비 등이 있다.

① ㄱ
② ㄱ, ㄴ
③ ㄱ, ㄷ
④ ㄴ, ㄷ
⑤ ㄱ, ㄴ, ㄷ

해 설 ㄱ. 장기요양급여는 노인 등이 가족과 함께 생활하면서 가정에서 장기요양을 받는 재가급여를 우선적으로 제공하여야 한다(노인장기요양보험법 제3조 제3항).
ㄴ. 재가급여에는 방문요양, 방문목욕, 방문간호, 주 · 야간보호, 단기보호, 기타 재가급여 등이 있다(동법 제23조 제1항 참조).
ㄷ. 특별현금급여에는 가족요양비, 특례요양비, 요양병원간병비 등이 있다(동법 제23조 제1항 참조).

21 다음 중 도덕적 해이 현상을 줄일 수 있는 방안을 모두 고르면?

> ㄱ. 조건부 수급제도   ㄴ. 재산의 소득환산제도
> ㄷ. 근로소득공제제도   ㄹ. 보충급여 방식

① ㄱ, ㄴ, ㄷ   ② ㄱ, ㄷ
③ ㄴ, ㄹ   ④ ㄹ
⑤ ㄱ, ㄴ, ㄷ, ㄹ

해 설 도덕적 해이(Moral Hazard)는 본래 어떤 사람이 보험에 가입했다고 하여 보험에 가입하기 전에 비해 위험발생을 예방하려는 노력을 덜하게 되는 현상을 말한다. 요컨대 도덕적 해이의 발생 가능성이 가장 높은 사회보험으로 실업보험을 예로 들 수 있다. 이는 실업의 경우 그것이 자발적 실업인지 비자발적 실업인지 제삼자가 명확히 구별하기 어려우며, 소득대체율에 따라 새 일자리를 찾으려는 인센티브가 감소되어 실업에서 벗어나려는 노력을 소홀히 할 수 있기 때문이다. 이는 기초생활보장 수급자를 비롯한 저소득 빈곤층의 자활사업과도 연관된다. 근로를 조건으로 수급권을 인정하는 조건부 수급제도나 저소득 근로자의 최저생활을 보장하기 위한 근로소득공제제도는 근로능력이 있는 사람들로 하여금 근로에의 적극적인 참여를 유도하기 위한 것으로서, 수급자의 근로의욕 감퇴를 예방하고 빈곤층의 자활을 목표로 한다.

22 빈곤에 관한 설명으로 옳은 것을 모두 고른 것은?

> ㄱ. 사회적 배제는 빈곤·박탈과 관련된 사회문제를 나타내는 새로운 접근법이다.
> ㄴ. 빈곤율(Poverty Rate)은 빈곤선 이하의 사람들 간의 소득분포 상태를 파악할 수 있는 방법이다.
> ㄷ. 상대적 빈곤은 박탈지표 방식과 소득·지출을 이용한 상대적 추정 방식으로 측정할 수 있다.

① ㄱ   ② ㄱ, ㄴ
③ ㄱ, ㄷ   ④ ㄴ, ㄷ
⑤ ㄱ, ㄴ, ㄷ

해 설 ㄱ. 최근 심각한 빈곤형태를 나타내기 위한 개념으로 '주변화'와 '사회적 배제'라는 용어를 사용하고 있다. 주변화가 사회의 변두리에서 살고 있는 사람들을 묘사한다면, 사회적 배제는 관례적인 사회적 규범으로부터 완전히 차단된 사람들을 묘사한다.
ㄴ. 빈곤율은 개인의 소득차이를 반영하지 않고 단순히 빈곤선 소득 이하에 살고 있는 사람들의 숫자가 얼마인가를 통해 빈곤한 사람의 규모를 나타내는 방법이다.
ㄷ. 상대적 빈곤은 소득불평등과 관련된 것으로서, 박탈지표방식(타운젠드 방식)과 소득·지출을 이용한 상대적 추정방식으로 측정할 수 있다. 박탈지표 방식은 객관적 박탈을 측정할 수 있는 지표 항목과 주관적 박탈을 측정할 수 있는 지표 항목을 선정하여 소득계층별로 이들 항목들을 보유하거나 누리고 있는 양태를 비교하는 방식이다. 반면, 소득·지출을 이용한 상대적 추정 방식은 평균소득이나 중위소득 혹은 지출의 몇 % 이하에 해당하느냐에 따라 빈곤선을 결정하는 방식이다.

23 다음 퍼니스와 틸튼(Furniss & Tilton)이 제시한 국가개입의 유형 중 사회보장국가에 대한 설명으로 가장 옳은 것은?

① 사회보장국가에서 사회복지국가로, 나아가 적극적 국가를 지향하는 것이 일반적인 추세이다.

② 개인의 자유와 사유재산보장, 경제성장 및 안정을 강조한다.

③ 국가와 기업 간의 협동을 강조하기보다는 정부와 노동조합의 협동을 강조한다.

④ 시민의 생활에 편익을 제공하는 각종 공익사업을 대폭 확대할 것을 주장한다.

⑤ 사회복지정책을 통해 국민생활의 최저수준을 보장하는 것을 목표로 한다.

> **해 설** 퍼니스와 틸튼(Furniss & Tilton)은 국가개입의 유형으로서 적극적 국가(The Positive State), 사회보장국가(The Social Security State), 사회복지국가(The Social Welfare State)를 제시하였다. 그중 사회보장국가는 국가개입의 측면에 있어서 개인의 자유 및 국가의 경제성장을 강조하는 적극적 국가, 평등의 이념 및 보편적 사회복지서비스를 강조하는 사회복지국가의 중간지점에 위치한다. 이러한 사회보장국가는 경제정책의 중요성을 강조하되, 경제와 연관된 복지를 통해 국민의 최저생활을 보장하고자 한다. 또한 개인의 책임과 함께 일정 수준의 사회적 평등을 강조한다.
> ① 적극적 국가에서 사회보장국가로, 나아가 사회복지국가를 지향하는 것이 일반적인 추세이다.
> ② 적극적 국가의 특징에 해당한다. 적극적 국가는 정부의 경제정책에 대한 적극성을 특징으로 한다.
> ③ 사회복지국가의 특징에 해당한다. 사회복지국가는 노동조합의 활성화 및 노동자, 여성, 장애인 등의 정치적 참여를 촉진한다.
> ④ 사회복지국가의 특징에 해당한다. 사회복지국가는 공익사업을 경제적 평등을 이룩하는 하나의 방법으로 간주하며, 그에 따라 사회보험이나 공공부조와 같은 사회보장 대신 시민의 생활에 직접적인 편익을 공익사업의 확대를 주장한다.

기출 16회

24 산업재해보상보험제도의 도입에 관한 이론을 모두 고른 것은?

ㄱ. 배상책임이론	ㄴ. 사회적 타협이론
ㄷ. 산업위험이론	ㄹ. 사회비용최소화이론

① ㄱ, ㄷ   ② ㄴ, ㄹ

③ ㄱ, ㄴ, ㄹ   ④ ㄱ, ㄷ, ㄹ

⑤ ㄴ, ㄷ, ㄹ

> **해 설** **산업재해보상보험제도 도입의 논리적 근거**
> • 사회적 타협이론 : 산재근로자는 산재보상을 받는 데 필요한 법정비용을 줄일 수 있고, 사업주는 노동자가 제기하는 법정제소의 부담을 비롯하여 재판에서 패소할 때 부담해야 하는 높은 보상비를 피할 수 있는 장점이 있다.
> • 산업위험이론 : 산업재해는 산업화로 인해 불가피하게 초래된 것이므로 마땅히 사회적으로 그에 대한 보상비용을 부담하여야 한다. 이때 보험료는 임금총액에 비례하여 부과되는 사회보장세와 같다.
> • 사회비용최소화이론 : 산재보상은 산재 발생을 억제함으로써 기업의 경제적 비용을 감소시킨다. 산재발생률을 줄여야 보험료 부담이 줄고, 산재보험에 가입하지 않았을 때보다 산재보험에 가입했을 때 비용부담 측면에서 이익이 되므로, 기업은 사고를 줄이려는 노력을 하게 된다.

25 우리나라 자영업자의 고용보험에 관한 설명으로 옳지 않은 것은?

① 본인의 희망에 따라 가입이 가능하다.

② 구직급여를 받기 위해서는 재취업을 위해 적극적으로 노력하여야 한다.

③ 자영업자도 직업능력개발훈련을 받을 수 있다.

④ 구직급여는 90~240일까지 받을 수 있다.

⑤ 보험료를 체납한 사람에게는 실업급여를 지급하지 아니할 수 있다.

> **해설** **자영업자의 구직급여의 소정급여일수(고용보험법 제69조의6 및 별표2 참조)**
>
> 자영업자인 피보험자로서 폐업한 수급자격자에 대한 소정급여일수는 대기기간이 끝난 다음 날부터 계산하기
> 시작하여 피보험기간에 따라 다음에서 정한 일수가 되는 날까지로 한다.

구 분	피보험기간			
	1년 이상 3년 미만	3년 이상 5년 미만	5년 이상 10년 미만	10년 이상
소정급여 일수	120일	150일	180일	210일

2영역 ▶ 사회복지행정론

01 다음 중 우리나라 사회복지행정에 대한 설명으로 옳은 것은?

① 시 · 군 · 구 단위로 지역사회보장협의체가 구성되어 있다.

② 기초연금은 광역시 · 도에 신청한다.

③ 사회복지전담공무원은 별정직이다.

④ 국민연금은 시 · 군 · 구에서 담당 · 전달한다.

⑤ 사회복지서비스는 공공조직에서 제공한다.

> **해설** ① 시장 · 군수 · 구청장은 지역의 사회보장을 증진하고, 사회보장과 관련된 서비스를 제공하는 관계 기관 · 법
> 인 · 단체 · 시설과 연계 · 협력을 강화하기 위하여 해당 시 · 군 · 구에 지역사회보장협의체를 둔다(사회보
> 장급여의 이용 · 제공 및 수급권자 발굴에 관한 법률 제41조 제1항).
> ② 기초연금을 지급받으려는 사람(기초연금 수급희망자) 또는 보건복지부령으로 정하는 대리인은 특별자치시
> 장 · 특별자치도지사 · 시장 · 군수 · 구청장에게 기초연금의 지급을 신청할 수 있다(기초연금법 제10조 제1항).
> ③ 1987년 사회복지전문요원제도가 시행되어 공공영역에 사회복지전문요원이 배치되었으며, 1999년 당시 행
> 정자치부의 '사회복지전문요원의 일반직 전환 및 신규 채용지침'에 따라 2000년 1월부터 별정직 사회복지
> 전문요원이 일반직 사회복지전담공무원으로 전환되었다.
> ④ 국민연금은 보건복지부장관의 위탁을 받아 비영리 특수공법인인 국민연금공단이 주요 업무를 담당한다.
> 다만, 연금보험료의 징수업무는 2011년 1월 1일부터 사회보험 징수통합에 따라 국민건강보험공단에서 담당
> 한다.
> ⑤ 사회복지서비스는 공공조직은 물론 민간조직을 통해서도 제공된다.

02 일반행정과 비교하여 사회복지행정의 특징으로 볼 수 없는 것은?

① 자원의 외부의존도가 높다.

② 사회복지조직은 일반적으로 지역사회를 대표하는 이사회를 갖고 있다.

③ 클라이언트의 욕구충족을 기본으로 한다.

④ 일선 직원과 수혜자와의 관계가 조직 효과성을 좌우한다.

⑤ 실천표준기술의 확립으로 효과성 측정이 용이해졌다.

해 설 ⑤ 사회복지행정의 서비스 대상은 도덕적 가치를 지닌 인간이다. 따라서 서비스 기술은 도덕적으로 정당화될
수 있어야 하며, 효과성도 인간적 가치의 측면에서 고려되어야 한다. 이러한 점 때문에 목표 달성의 효과성
및 효율성을 측정하는 데 어려움이 있으며, 사실상 평가에 적합한 판단 척도도 부재하다.

03 다음 중 사회복지서비스에 대한 접근성을 높이는 방법으로 가장 옳지 않은 것은?

① 서비스 정보를 알기 쉽게 홍보한다.

② 서비스 이용 비용을 저렴하게 한다.

③ 낙인 위험을 줄이는 환경을 조성한다.

④ 서비스 수혜의 폭을 넓히기 위해 이용자에 관한 정보를 다양한 기관에 노출한다.

⑤ 서비스가 필요한 인구의 수와 특성을 고려하여 서비스 조직을 배치한다.

해 설 사회복지서비스에 대한 접근성을 높이기 위해서는 다음과 같은 여러 가지 장애요인을 제거해야 한다.
• 서비스 관련 정보의 부족 혹은 접근에의 어려움
• 원거리 혹은 교통 불편에 따른 지리적 장해
• 자신의 문제를 노출하는 데 대한 두려움 등의 심리적 장해
• 수혜자로 선정되는 과정에서의 시간상 혹은 절차상의 장해
• 서비스 사용시 사회적 낙인의 여부
• 서비스 이용에 소요되는 비용부담
• 서비스 인력의 부적절한 태도 등

04 사회복지서비스 전달체계 도입 순서가 올바르게 제시된 것은?

ㄱ. 희망복지지원단 설치
ㄴ. 지역사회복지협의체 설치
ㄷ. 읍·면·동 복지허브화 사업 실행

① ㄱ - ㄴ - ㄷ
② ㄱ - ㄷ - ㄴ
③ ㄴ - ㄱ - ㄷ
④ ㄴ - ㄷ - ㄱ
⑤ ㄷ - ㄴ - ㄱ

해설 ㄴ. 2005년 7월 시·군·구를 중심으로 지역사회복지협의체가 설치되었으며, 2015년 7월 「사회보장급여의 이용·제공 및 수급권자 발굴에 관한 법률」이 시행됨에 따라 기존의 '지역사회복지협의체'가 '지역사회보장협의체'로 개편되었다.
ㄱ. 2012년 4월 희망복지지원단이 각 지방자치단체에 설치되어 5월부터 공식적으로 운영되었다.
ㄷ. 2014년 7월 읍·면·동 복지허브화 시범사업을 시작으로 2016년부터 읍·면·동에 맞춤형 복지 전담팀이 구성되고, 2017년부터 주민자치형 공공서비스를 통해 서비스 확대가 이루어지고 있다.

05 다음 중 사회복지전달체계의 조직과 보조금에 대한 설명으로 옳은 것은?

① 이사회는 최고집행기관이고, 위원회는 최고의결기관이다.
② 이사회는 직원의 참여가 배제되나 조직의 장이 대부분 회의에 참석하고, 일반적으로 위원회에 비해 규모가 크다.
③ 포괄보조금은 중앙정부가 사용내역을 구체적으로 지정하지 않고 교부하는 보조금이다.
④ 기능별 보조금은 세부적인 항목을 지정하여 제공하는 것이다.
⑤ 복지관련 지자체의 활동을 위해서는 중앙정부가 모든 보조금 권한을 가지고 있어야 한다.

해설 ① 이사회는 최고의결기관이며, 위원회는 자문 등의 역할을 수행한다.
② 이사회는 위원회에 비해 규모가 작다.
④ 기능별 보조금은 프로그램의 기능별로 크게 묶어서 제공하는 것이다.
⑤ 지역사회복지의 발전을 위해 지자체로의 보조금의 배분도 필요하다.

06 사회복지서비스 전달체계에 관한 설명으로 옳지 않은 것은?

① 구조·기능 차원에서 행정체계와 집행체계로 구분할 수 있다.

② 운영주체에 따라서 공공체계와 민간체계로 구분할 수 있다.

③ 전달체계의 접근성을 높이기 위해서는 서비스 이용의 장애요인을 줄여야 한다.

④ 사회복지서비스 급여의 유형과 전달체계 특성은 관련이 없다.

⑤ 서비스 제공기관을 의도적으로 중복해서 만드는 것이 전달체계를 개선해 줄 수도 있다.

> **해설** ④ 길버트, 스펙트, 테렐(Gilbert, Specht & Terrell)은 사회복지서비스 전달체계의 구성요소로 할당, 급여, 재정, 전달을 제시하였다. 그중 '급여'는 급여제공, 즉 "무엇을 줄 것인가?"에 대한 것으로, 현금, 현물, 이용권(증서), 기회, 권력 등 급여의 유형과 관련된다.

07 다음 중 보기의 내용과 연관된 의사결정모형에 해당하는 것은?

- 인간 이성의 한계와 의사결정 수단의 기술적 제약 등 현실적 제약을 고려한다.
- 현상유지 위주의 문제해결 방식이라는 비판을 받고 있다.

① 포괄적 합리성 모형   ② 직관주의 모형

③ 제한적 합리성 모형   ④ 점증주의 모형

⑤ 공공선택 모형

> **해설** **사회복지정책결정의 이론모형으로서 점증모형**
> - 린드블롬과 윌다브스키(Lindblom & Wildavsky)가 제시한 의사결정(정책결정) 모형으로서, 현실적 모형 또는 실증적 모형에 해당한다.
> - 인간 이성의 한계와 의사결정 수단의 기술적 제약 등 현실적 제약을 고려하여 기존의 정책이나 의사결정을 점진적·부분적으로 수정해 나가는 방식이다.
> - 이 모형은 계획성이 결여되고 의사결정의 명확한 평가기준이 없으며, 정치적 합리성에 따른 단기적·임기응변적 정책에 관심을 두는 단점이 있다.
> - 또한 보수적 성격으로 과감한 의사결정 및 정책 전환이 어려우며, 강자에게 유리한 반면 약자에게 불리한 문제점도 있다.

08 스키드모어(R. A. Skidmore)의 기획과정을 순서대로 나열한 것은?

ㄱ. 대안 모색
ㄴ. 가용자원 검토
ㄷ. 대안 결과 예측
ㄹ. 최종대안 선택
ㅁ. 구체적 목표설정
ㅂ. 프로그램 실행계획 수립

① ㄱ - ㄴ - ㄷ - ㅁ - ㅂ - ㄹ
② ㄱ - ㄷ - ㄹ - ㄴ - ㅁ - ㅂ
③ ㄱ - ㄷ - ㅁ - ㄴ - ㅂ - ㄹ
④ ㅁ - ㄴ - ㄱ - ㄷ - ㄹ - ㅂ
⑤ ㅁ - ㅂ - ㄴ - ㄱ - ㄷ - ㄹ

해 설 **기획의 과정(Skidmore)**
목표설정 – 자원 고려 – 대안 모색 – 결과 예측 – 계획 결정 – 구체적 프로그램 수립 – 개방성 유지

09 행렬조직(Matrix Organization)에 관한 설명으로 옳은 것은?

① 직무 배치가 위계와 부서별 구분에 따라 이루어지는 전형적 조직이다.
② 조직운영을 지원하는 비공식 조직을 의미한다.
③ 합리성을 강조하기 때문에 조직 유연성을 저하시킬 수 있다.
④ 직무별 분업을 인정하면서 동시에 사업별 협력을 강조한다.
⑤ 현실에서 작동하지 않는 가상의 사업조직을 일컫는다.

해 설 **행렬조직 또는 매트릭스조직**
조직의 일상적 기능은 상급자의 명령을 통해 수행하지만, 문제해결 및 전문성이 필요한 기능은 상하가 아닌 수평으로 해당 분야 전문가의 명령을 받아 수행하는 조직이다.

장점	• 분업과 통합이 가능한 구조로서 안정성과 탄력성을 가진다.
	• 전문인력의 이동활동이 용이하다.
	• 전문지식의 축적 및 기술의 개발이 용이하다.
	• 지식 및 기술의 전사적 이전과 활용이 용이하다.
단점	• 이중의 권한구조로 인해 명령계통 간 권력다툼이 발생할 수 있다.
	• 조정 과정을 필요로 하므로 의사결정이 지연될 수 있다.
	• 책임소재가 모호하다.
	• 업무자가 역할긴장이나 갈등을 경험할 수 있다.

10 사회복지조직의 환경 중 과업환경에서 합법성과 권위의 제공자에 해당하는 것을 모두 고르면?

ㄱ. 가 족　　　　　　　　　　　ㄴ. 지역사회
ㄷ. 의뢰기관　　　　　　　　　　ㄹ. 클라이언트 옹호집단

① ㄱ, ㄴ, ㄷ　　　　　　　　　　② ㄱ, ㄷ
③ ㄴ, ㄹ　　　　　　　　　　　　④ ㄹ
⑤ ㄱ, ㄴ, ㄷ, ㄹ

해설 **사회복지조직의 과업환경**
　• 재정자원의 제공자 : 중앙정부 및 지방정부, 공적·사적단체, 외국단체, 개인, 법인 등
　• 합법성과 권위의 제공자 : 법률, 정부, 의회, 지역사회, 시민단체, 전문가집단, 클라이언트 옹호집단 등
　• 클라이언트 제공자 : 개인, 가족, 의뢰기관, 정부기관 등
　• 보충적 서비스 제공자 : 학교, 병원, 종교단체, 청소년단체, 사회복지조직, 사회복지전담공무원 등
　• 조직이 산출한 것을 소비·인수하는 자 : 클라이언트 자신, 가족, 지역사회 등
　• 경쟁조직 : 자원과 클라이언트를 놓고 경쟁하거나 자원에 대한 접근에 있어서 영향을 미치는 조직

11 리더십 이론에 관한 설명으로 옳은 것은?

① 블레이크와 머튼(R. Blake & J. Mouton)의 관리격자 모형은 자질이론 중 하나이다.

② 블레이크와 머튼의 관리격자 모형에서 가장 바람직한 행동유형은 극단에 치우치지 않은 중도형이다.

③ 허시와 블랜차드(P. Hersey & K. H. Blanchard)의 상황적 리더십 모형에서는 구성원의 성숙도를 중요하게 고려한다.

④ 퀸(R. Quinn)의 경쟁가치 리더십 모형은 행동이론의 대표적 모형이다.

⑤ 퀸의 경쟁가치 리더십 모형에서는 조직환경의 변화에 따라 리더십이 달라져서는 안 된다는 것을 강조한다.

해 설
① 블레이크와 머튼(Blake & Mouton)의 관리격자 모형은 행동이론(행위이론) 중 하나이다.
② 블레이크와 머튼의 관리격자 모형에서 가장 바람직한 행동유형은 생산과 인간에 대한 높은 관심을 보이는 이상형 또는 팀형(9.9)이다.
④ 퀸(Quinn)의 경쟁가치 리더십 모형은 통합적 관점을 유지하려는 리더십 모형이다. 특성이론, 행동이론, 상황이론은 리더의 역할을 과업중심과 관계중심의 두 가지 형태로 구분하여 규정하는 경향이 있으나, 퀸은 통합적 관점에서 리더의 다양한 역할을 규정하고 있다.
⑤ 퀸은 리더십 유형을 비전제시형 리더십, 목표달성형 리더십, 분석형 리더십, 동기부여형 리더십으로 구분하였는데, 그중 비전제시형 리더십은 기관 운영과 관련된 외부환경 변화를 주시하며, 기관 운영의 새로운 방향을 모색하고 혁신적 변화를 주도하는 비전제시가로서의 역할을 강조한다.

12 다음 중 영기준 예산의 목적에 해당하는 것은?

ㄱ. 점증주의의 단점을 보완한다.
ㄴ. 전년도 예산을 고려하여 예산을 수립한다.
ㄷ. 합리성에 기반을 둔 예산을 수립한다.
ㄹ. 예산을 절감한다.

① ㄱ, ㄴ, ㄷ
② ㄱ, ㄷ
③ ㄴ, ㄹ
④ ㄹ
⑤ ㄱ, ㄴ, ㄷ, ㄹ

해 설 영기준 예산(ZBB ; Zero Based Budget)
• 전년도 예산을 기준으로 하여 점증적으로 예산을 책정하는 것을 탈피하여 조직의 모든 사업활동에 대해 영기준을 적용한다.
• 프로그램 각각의 효율성, 효과성, 중요성 등을 체계적으로 분석하고 사업의 존속, 축소, 확대 여부를 분석·검토하며, 우선순위가 높은 사업을 선택하여 실행예산을 결정한다.
• 매년 목표달성을 위해 새로운 프로그램을 고려하는 것으로, 소비자에게 유리한 방식이다.
• 사업에 대한 비교평가와 자원배분의 합리화를 도모한다.
• 재정운영의 효율성 및 탄력성을 기할 수 있다.
• 사업에 대한 전면적인 평가가 사실상 곤란하며, 프로그램의 우선순위를 결정하는 과정에서 주관적인 편견이 개입될 수 있다.
• 장기계획에 의한 프로그램 수행이 곤란하다.

13 다음 중 예산수립모델과 특징을 연결한 것으로 가장 잘못된 것은?

① 계획예산제도 - 장기계획과 단기예산을 프로그램으로 연결한다.

② 품목별 예산 - 예산통제에 효과적이다.

③ 영기준 예산방식 - 전년도 예산이나 활동을 고려하지 않는다.

④ 성과주의 예산 - 단위원가와 업무량을 고려한다.

⑤ 계획예산제도 - 사회복지조직의 최적모델에 해당한다.

해 설 사회복지조직은 다른 조직과는 물론이고 사회복지조직 간에도 형태와 상황이 서로 다르므로, 프로그램의 목표와 조직상황에 맞도록 예산수립을 해야 한다.

예산의 형식

품목별 예산(LIB)	• 지출항목별 회계와 전년도에 기초하여 작성 • 1회계연도를 기준, 예산통제에 효과적, 회계에 유리, 신축성 결여
성과주의 예산(PB)	• 조직의 활동을 기능, 프로그램으로 나누고 다시 세부프로그램으로 나누어 비용을 편성함 • 자금배분의 합리화, 단위비용 및 비용산출 단위 책정이 어려움
프로그램 기획예산(PPB)	• 프로그램 중심으로 예산 비용 수립 • 재정의 합리적 배분, 프로그램 효과성 향상, 중앙집권화의 우려, 과정을 등한시함
영기준 예산(ZBB)	• 현재 프로그램의 효과성 · 효율성 · 시급성에 따라 예산의 증감을 결정 • 프로그램 쇄신, 탄력성 기여, 장기적인 계획으로는 부적합

기출 17회

14 논리모델을 적용하여 치매부모부양 가족원 스트레스 완화 프로그램을 설계했을 때, 옳은 것을 모두 고른 것은?

ㄱ. 투입 : 스트레스 완화 프로그램 실행 비용 1,500만원

ㄴ. 활동 : 프로그램 참여자의 스트레스 완화

ㄷ. 산출 : 상담전문가 10인

ㄹ. 성과 : 치매부모부양 가족원 삶의 질 향상

① ㄱ   ② ㄱ, ㄹ

③ ㄴ, ㄷ   ④ ㄷ, ㄹ

⑤ ㄴ, ㄷ, ㄹ

프로그램 평가의 논리모델 구성요소

투 입	프로그램에 투여되거나 프로그램에 의해 소비되는 인적 · 물적 · 기술적 자원들을 말한다. 예 이용자, 직원, 봉사자, 자금, 예산, 시설, 장비, 소모품 등
전환 (활동)	임무를 수행하기 위해 프로그램에서 투입으로 활동하는 것을 말한다. 예 상담, 직업훈련, 치료 및 교육, 보호, 청소년 대인관계지도 등
산 출	프로그램 활동의 직접적인 산물(실적)을 말한다. 예 상담 수, 서비스에 참여한 참가자 수, 취업인원, 서비스 제공시간, 분배된 교육적 자료의 수, 지도한 집단 수 등
성과 (결과)	프로그램 활동 중 또는 활동 이후의 참여자들이 얻은 이익을 말한다. 예 새로운 지식, 향상된 기술, 태도 및 가치변화, 행동의 수정, 향상된 조건, 변화된 지위, 생활만족도 등
영 향	프로그램 활동의 결과로 인해 원래 의도했던 혹은 의도하지 않았던 변화가 나타났는지를 말한다. 예 관심분야의 확대, 바람직한 관계의 지속 등

15 다음 중 의사전달의 원칙에 해당하는 것을 모두 고르면?

ㄱ. 명료성　　　　　　　　　　ㄴ. 적시성
ㄷ. 적응성　　　　　　　　　　ㄹ. 특수성

① ㄱ, ㄴ, ㄷ　　　　　　　　　② ㄱ, ㄷ
③ ㄴ, ㄹ　　　　　　　　　　　④ ㄹ
⑤ ㄱ, ㄴ, ㄷ, ㄹ

해 설 **의사전달의 원칙**
• 명료성 : 피전달자가 쉽고 정확하게 이해할 수 있도록 표시되어야 한다.
• 일관성 : 전달 내용의 전후가 모순되거나 불일치해서는 안 된다.
• 적시성 : 시기에 적합해야 한다.
• 적정성 : 전달 내용이 그 양이나 규모에 있어서 너무 많아도 안 되고, 너무 빈약해서도 안 된다.
• 배포성 : 비밀사항이 아닌 이상 가급적 관련된 모든 사람들에게 알려져야 한다. 공식적 의사전달인 경우 더욱 그러하다.
• 적응성 : 행위자가 구체적 상황에 따라 재량성을 발휘할 수 있도록 융통성과 신축성을 지녀야 한다.
• 수용성 : 의사전달의 최종목표, 피전달자가 적극적 반응을 보일 수 있는 내용이어야 한다.

16 다음 중 체계모델에 따라 사회복지조직을 파악했을 때 외부환경과의 교류 및 기관의 홍보를 담당하는 부문과 가장 밀접한 것은?

① 생산체계 ② 유지체계
③ 관리체계 ④ 경계체계
⑤ 적응체계

> **해 설** 체계이론에서의 하부체계

생산하위체계	• 모든 조직은 생산과 관련된 과업을 수행한다. • 모든 조직은 결과물로서 '생산품'을 생산하기 위해 조직·운영된다.
유지하위체계	• 보상체계를 확립하고, 교육, 훈련 등을 통해 조직의 안정을 추구한다. • 조직의 계속성을 확보하고 조직을 안정상태로 유지한다.
경계하위체계	• 조직과 환경적인 요인을 강조한다. • 외부환경의 변화에 대한 적절한 반응과 대응이 목표이다.
적응하위체계	• 실제 조직변화를 위한 최적의 대안을 찾기 위해 연구·평가한다. • 조직의 업무수행 능력평가 및 조직 변화의 방향을 제시한다.
관리하위체계	• 다른 4가지의 하위체계를 조정하고 통합하기 위한 리더십을 제공한다. • 갈등의 해결과 조정, 적절한 업무환경의 제공, 외부환경의 영향에 대한 조직의 대응책을 모색한다.

17 다음 중 카두신의 슈퍼비전에 대한 설명으로 옳지 않은 것은?

① 슈퍼비전의 3대 기능은 행정적·교육적·지지적 기능이다.
② 교육적 기능은 노하우 공유, 정보 제공, 문제해결법의 원조 등이 해당된다.
③ 지지적 기능은 긴장완화와 스트레스 대처 원조, 사회복지사와의 신뢰 형성이다.
④ 슈퍼비전은 조직에 있어서 상하관계가 있음을 전제로 하므로 사회복지사를 통제하는 것이 목적이다.
⑤ 슈퍼바이저는 풍부한 지식, 실천기술, 진지한 자세, 칭찬과 인정 제공 등의 자질이 있어야 한다.

> **해 설** ④ 슈퍼비전은 사회복지조직에서 활동하는 사회복지사들이 전문성과 능력을 발휘할 수 있도록 교육 및 지도·원조하는 과정을 말한다. 이러한 슈퍼비전의 목적은 사회복지사에 대한 통제에 있는 것이 아닌 클라이언트에게 효과적이고 질 높은 서비스를 제공하도록 함으로써 기관의 책임성을 높이는 것이다.

18 사회복지 평가기준과 그 설명으로 옳지 않은 것은?

① 효과성은 목표달성 정도를 의미한다.
② 영향성은 사회집단 간 얼마나 공평하게 배분되었는가를 의미한다.
③ 노력성은 프로그램을 위해 동원된 자원 정도를 의미한다.
④ 서비스 질은 이용자의 욕구 충족 수준과 전문가의 서비스 제공여부 등을 의미한다.
⑤ 효율성은 투입 대비 산출을 의미한다.

> **해 설** ② 공평성 또는 형평성 기준에 해당한다. 반면, 영향성은 프로그램 노력과 사회적 지표 변화 간의 관계와 연관된다.

19 다음 보기의 내용에 해당하는 조직환경 관련 이론은?

> • 개방체계 시간의 적용을 통해 조직환경과 조직구조의 적합성이 조직의 성과에 중요한 영향을 미친다고 본다.
> • 조직구조를 디자인하는 데 있어서 단 한 가지 최선의 방법이란 있을 수 없으며 조직의 설계는 조직 맥락, 특히 조직이 관련을 맺고 있는 환경특성에 의존할 때 최선의 디자인을 구성할 수 있다고 본다.

① 구조-상황이론   ② 정치경제이론
③ 자원의존이론   ④ 조직군 생태이론
⑤ 신제도이론

> **해 설** **조직환경에 적응하는 방식에 대한 이론의 기본가정**
> • 구조-상황이론 : 조직구조 및 조직의 효과성에 영향을 미치는 상황을 파악·분석하며, 조직의 합리적인 선택에 의한 적응을 가정한다.
> • 정치경제이론 : 외부환경과의 상호작용이 조직 내부 역학관계에 영향을 미친다고 가정한다.
> • 자원의존이론 : 조직 전략 등에 의해 환경에 의도적으로 적응할 수 있다고 가정한다.
> • 조직군 생태이론 : 환경적 요인에 가장 적합한 조직이 생존한다고 가정한다.
> • 신제도이론 : 조직의 특성 및 형태가 제도적 환경에 의해 좌우된다고 가정한다.

20 참여적 리더십에 관한 설명으로 옳지 않은 것은?

① 의사결정의 시간과 에너지가 절약될 수 있다.
② 하급자가 의사결정에 참여하는 것을 강조한다.
③ 동기부여 수준이 높은 업무자로 구성된 조직에서 효과적이다.
④ 책임성 소재가 모호해질 수 있다.
⑤ 사회복지의 가치와 부합한다.

해 설 **참여적 리더십**
- 민주적 리더십에 해당하는 것으로서, 의사결정 과정에 있어서 부하직원들을 참여시킨다.
- 의사소통 경로의 개방을 통해 정보교환이 활발히 이루어지도록 함으로써 직원들의 일에 대한 적극적 동기 부여가 가능하며, 사명감이 증진될 수 있다.
- 기술수준이 높고 동기부여 된 직원들이 있을 때 효과적이며, 집단의 지식, 경험, 기술을 활용하는 데 유리하다.
- 책임이 분산되어 조직이 무기력하게 될 수 있고, 긴급한 결정이 어려운 단점이 있다.(①)

21 기획에 관한 설명으로 옳지 않은 것은?

① 연속적이며 동태적인 과업이다.
② 효율성 및 효과성 모두 관련이 있다.
③ 타당한 사업 추진을 하기 위함이다.
④ 미래의 환경 변화에 대응하기 위한 의사결정 과정이다.
⑤ 목표 지향적이나 과정 지향적이지는 않다.

해 설 ⑤ 기획은 과정 지향적이다. 즉, 기획 활동은 미래 활동에 대한 연속적인 준비과정으로서 단일과업이 아닌 계속적으로 진행되는 의사결정 활동을 의미한다.

22 다음 조직의 유형 중 공공기관과 민간기관 간의 협력과 연계에 유리한 유형에 해당하는 것은?

① 행렬조직   ② 위계조직
③ 관료제조직   ④ 네트워크조직
⑤ 피라미드조직

해 설 네트워크는 필요한 정보를 중심으로 연결되므로 상황에 따라 변형되며, 필요에 따라 추가되고 제휴되는 특성을 가진다. 따라서 형식이 유연하고, 엄격한 상하부 구조를 갖지 않으므로 공공기관과 민간기관 간의 협력과 연계에 유리한 조직 유형에 해당한다.

23 다음 중 비공식적 의사전달의 내용과 거리가 먼 것은?

① 직접적·간접적 접촉이나 소문, 풍문 등의 형태로 나타난다.
② 공식적 의사전달의 약점을 보완한다.
③ 통제가 곤란하고 책임소재가 불분명하다.
④ 정책결정에 직접적으로 활용할 수 있다.
⑤ 신속한 전달이 가능하다.

해 설 공식적 의사전달과 비공식적 의사전달

구 분	공식적 의사전달	비공식적 의사전달
유 형	• 하향적 : 명령, 지시, 훈령, 편람, 핸드북, 구내방송, 직원수첩, 게시판 등 • 상향적 : 보고, 제안, 의견·설문조사, 면접, 면담 등	직접적·간접적 접촉, 소문, 풍문, 메모, 유언비어 등
장 점	• 책임소재의 명확성 • 상관의 권위 유지 • 정보의 정확성, 정책결정에 활용 • 객관적인 의사소통 가능	• 융통성, 행동의 통일성에 기여 • 배후사정 이해의 용이 • 신속한 전달, 탁월한 적응성 • 구성원의 긴장·소외감 극복
단 점	• 형식주의로의 변질 가능성 • 배후사정 파악 곤란 • 복잡하고 다양한 의사 표현의 어려움 • 융통성, 신축성 결여	• 책임소재 불분명, 통제 곤란 • 공식적 의사전달의 왜곡·마비 우려 • 상관의 권위 손상 가능성 • 의사결정 활용이 어려움

기출 18회
24 총체적 품질관리(TQM) 원칙에 관한 설명으로 옳은 것은?

① 조직구성원들의 집단적 노력을 강조한다.
② 현상 유지가 조직의 중요한 관점이다.
③ 의사결정은 전문가의 직관을 기반으로 한다.
④ 구성원들과 각 부서는 경쟁체제를 형성한다.
⑤ 품질결정은 전문가가 주도한다.

해 설 ① 총체적 품질관리(TQM ; Total Quality Management)는 품질에 중점을 둔 관리기법으로서, 조직운영, 제품, 서비스의 지속적인 개선을 통해 고품질과 경쟁력을 확보하기 위한 전 종업원의 체계적인 노력으로 볼 수 있다.
② 지속적인 서비스 품질향상을 강조하며, 서비스 생산 과정과 절차를 지속적으로 개선한다.
③ 의사결정은 객관적인 데이터 분석을 기반으로 한다.
④ 조직의 문제점을 발견하고 시정함에 있어 지속적인 학습과정을 강조하며, 팀워크를 통한 조직의 지속적인 변화를 도모한다.
⑤ 품질을 조직의 중심적인 목표로 인식하며, 고객을 품질에 대해 정의를 내리는 사람, 즉 품질의 최종 결정자로 간주한다.

25 조직구조에 관한 설명으로 옳지 않은 것은?

① 수평적 분화에서는 통제의 범위를, 수직적 분화에서는 조정과 의사소통의 수준을 고려하여 설계한다.

② 업무의 표준화는 조직운영의 경제성과 예측성을 높이기 위한 활동이다.

③ 정보가 과다하게 집중되어 있는 상황에서 의사결정의 집권화는 실패 가능성을 줄일 수 있다.

④ 공식적 권한의 집중·분산은 조직관리의 효과성·효율성과 연관되어 있다.

⑤ 공식화는 구성원들의 업무 편차를 줄이는 데 효과적이다.

해설 ③ 집권화(Centralization)는 의사결정 권한이 조직의 어느 한 지점에 집중되어 있는 정도를 말하는 것으로서, 집중도의 높고 낮음에 따라 분권화(Decentralization)와 대비된다. 특히 집권화는 조직의 상층부를 중심으로 하위단위들을 서로 연결·조정함으로써 체계적인 관리를 할 수 있는 반면, 권한의 집중으로 인해 부적절한 결정의 개연성을 높일 수 있는 단점도 가진다.

3영역 ▶ 사회복지법제론

01 다음 중 사회복지법의 개념 및 성격에 대한 설명으로 옳지 않은 것은?

① 사회복지법은 헌법을 구체화한 법이다.

② 헌법에는 사회보장과 사회복지라는 용어가 사용되고 있다.

③ 사회복지법은 사회복지에 관한 국내법이다.

④ 사회복지법은 사법의 영역에 속한다.

⑤ 사회복지법상 행위주체는 국민의 인간다운 생활을 보장하는 급여를 제공하는 것으로 예정된 주체이다.

해설 사회복지법은 공·사법의 성격이 혼재된 사회법 영역에 속한다. 여기서 사회법은 시민사회의 자유권 중심적 원리와 자본주의의 결합으로 인한 사회적 모순을 해결하기 위한 과정에서 발달한 법 영역이다. 사회법이 보장하고자 하는 권리로서 생존권은 국민으로 하여금 건강하고 문화적인 생활을 유지하도록 하기 위해 국가에게 일정한 조치를 취하도록 요구할 수 있는 헌법적 권리이다. 이러한 사회법은 시민의 자유를 보장하는 사법의 원리인 소유권 절대의 원칙 및 계약자유의 원칙에 공법적인 제한을 가할 수 있도록 한 것으로서, 사법이 공법화되어 가는 과정으로서의 중간적인 법 영역에 해당한다. 사회복지법은 이와 같이 자본주의의 폐단을 시정하기 위해 사권(소유권 및 계약의 자유)에 대해 공법적 제한(가입의 강제, 압류 및 양도의 제한 등)을 부가하므로 사회법 영역에 속한다.

02 다음 중 사회복지사업법상 기본이념에 해당하는 것을 올바르게 모두 고른 것은?

ㄱ. 사회복지를 필요로 하는 사람은 누구든지 자신의 의사에 따라 서비스를 신청하고 제공받을 수 있다.
ㄴ. 사회복지사업을 시행하는 데 있어서 사회복지를 제공하는 자는 사회복지를 필요로 하는 사람의 재산권을 보장하여야 한다.
ㄷ. 사회복지법인 및 사회복지시설은 공공성을 가지며 사회복지사업을 시행하는 데 있어서 공공성을 확보하여야 한다.
ㄹ. 생활이 어려운 사람에게 필요한 급여를 실시하여 이들의 최저생활을 보장하고 자활을 도와야 한다.

① ㄱ, ㄴ, ㄷ　　　　　　　　　　　　　② ㄱ, ㄷ
③ ㄴ, ㄹ　　　　　　　　　　　　　　　④ ㄹ
⑤ ㄱ, ㄴ, ㄷ, ㄹ

> **해 설** 　**사회복지사업법의 기본이념(사회복지사업법 제1조의2)**
> • 사회복지를 필요로 하는 사람은 누구든지 자신의 의사에 따라 서비스를 신청하고 제공받을 수 있다.
> • 사회복지법인 및 사회복지시설은 공공성을 가지며 사회복지사업을 시행하는 데 있어서 공공성을 확보하여야 한다.
> • 사회복지사업을 시행하는 데 있어서 사회복지를 제공하는 자는 사회복지를 필요로 하는 사람의 인권을 보장하여야 한다.
> • 사회복지서비스를 제공하는 자는 필요한 정보를 제공하는 등 사회복지서비스를 이용하는 사람의 선택권을 보장하여야 한다.

기출 20회

03 법률의 제정연도가 가장 빠른 것은?

① 사회보장기본법
② 국민건강보험법
③ 고용보험법
④ 영유아보육법
⑤ 노인복지법

> **해 설** 　⑤ 노인복지법 : 1981년 6월 5일 제정, 같은 날 시행
> ① 사회보장기본법 : 1995년 12월 30일 제정, 1996년 7월 1일 시행
> ② 국민건강보험법 : 1999년 2월 8일 제정, 2000년 1월 1일 시행
> ③ 고용보험법 : 1993년 12월 27일 제정, 1995년 7월 1일 시행
> ④ 영유아보육법 : 1991년 1월 14일 제정, 같은 날 시행

04 다음 중 산업재해보상보험법의 업무상 재해로 볼 수 없는 것은?

① 업무상 부상이 원인이 되어 발생한 질병
② 업무시간 전 업무준비행위 중의 사고
③ 조회 · 종례 중의 사고
④ 작업시간 중 용변 등 생리를 위한 행위 중의 사고
⑤ 중식시간 중 노동조합이 주최한 체육대회 중의 사고

해 설　⑤ 운동경기, 야유회 등 각종 행사와 관련된 업무상의 재해인정기준은 사회통념상 노무관리나 사업운영상 필요하다고 인정하는 경우로서 사업주가 행사에 참가한 시간을 근무시간으로 인정하는 경우, 사업주가 행사에의 참가를 지시한 경우, 사전에 사업주의 승인을 받아 행사에 참가한 경우 등이 해당된다. 중식시간 중 노동조합이 주최한 체육대회 중 사고의 경우 사업주에 의해 강제성을 띤 행사로 볼 수 없으므로 업무상의 재해로 보기 어렵다.

산업재해보상보험법 제37조 제1항

근로자가 다음의 어느 하나에 해당하는 사유로 부상 · 질병 또는 장해가 발생하거나 사망하면 업무상의 재해로 본다. 다만, 업무와 재해 사이에 상당인과관계(相當因果關係)가 없는 경우에는 그러하지 아니하다.

• 업무상 사고
 − 근로자가 근로계약에 따른 업무나 그에 따르는 행위를 하던 중 발생한 사고
 − 사업주가 제공한 시설물 등을 이용하던 중 그 시설물 등의 결함이나 관리소홀로 발생한 사고
 − 사업주가 주관하거나 사업주의 지시에 따라 참여한 행사나 행사준비 중에 발생한 사고
 − 휴게시간 중 사업주의 지배관리하에 있다고 볼 수 있는 행위로 발생한 사고
 − 그 밖에 업무와 관련하여 발생한 사고
• 업무상 질병
 − 업무수행 과정에서 물리적 인자(因子), 화학물질, 분진, 병원체, 신체에 부담을 주는 업무 등 근로자의 건강에 장해를 일으킬 수 있는 요인을 취급하거나 그에 노출되어 발생한 질병
 − 업무상 부상이 원인이 되어 발생한 질병
 − 근로기준법에 따른 직장 내 괴롭힘, 고객의 폭언 등으로 인한 업무상 정신적 스트레스가 원인이 되어 발생한 질병
 − 그 밖에 업무와 관련하여 발생한 질병
• 출퇴근 재해
 − 사업주가 제공한 교통수단이나 그에 준하는 교통수단을 이용하는 등 사업주의 지배관리하에서 출퇴근하는 중 발생한 사고
 − 그 밖에 업무와 관련하여 발생한 질병

05 사회보장기본법상 사회보장위원회 위원으로 포함되어야 하는 중앙행정기관의 장을 모두 고른 것은?

ㄱ. 행정안전부장관
ㄴ. 고용노동부장관
ㄷ. 기획재정부장관
ㄹ. 국토교통부장관

① ㄱ, ㄴ, ㄷ
② ㄱ, ㄴ, ㄹ
③ ㄱ, ㄷ, ㄹ
④ ㄴ, ㄷ, ㄹ
⑤ ㄱ, ㄴ, ㄷ, ㄹ

해 설 사회보장위원회의 구성 등(사회보장기본법 제21조 제1항 내지 제3항)
① 사회보장위원회는 위원장 1명, 부위원장 3명과 행정안전부장관, 고용노동부장관, 여성가족부장관, 국토교통부장관을 포함한 30명 이내의 위원으로 구성한다.
② 위원장은 국무총리가 되고 부위원장은 기획재정부장관, 교육부장관 및 보건복지부장관이 된다.
③ 사회보장위원회의 위원은 다음 각 호의 어느 하나에 해당하는 사람으로 한다.
  1. 대통령령으로 정하는 관계 중앙행정기관의 장
  2. 다음 각 목의 사람 중에서 대통령이 위촉하는 사람
    가. 근로자를 대표하는 사람
    나. 사용자를 대표하는 사람
    다. 사회보장에 관한 학식과 경험이 풍부한 사람
    라. 변호사 자격이 있는 사람

06 다음 중 기초연금법상 수급권자의 권리의 소멸시효로 옳은 것은?

① 1년
② 2년
③ 3년
④ 5년
⑤ 10년

해 설 환수금을 환수할 권리와 기초연금 수급권자의 권리는 5년간 행사하지 아니하면 시효의 완성으로 소멸한다(기초연금법 제23조).

07 다음 중 국민연금상 급여의 종류에 해당하지 않는 것은?

① 노령연금　　　　　　　　　　② 유족연금
③ 상병보상연금　　　　　　　　④ 반환일시금
⑤ 장애연금

> **해 설** ③ 상병보상연금은 산업재해보상보험법에 따른 급여에 해당한다.
>
> **국민연금법에 따른 급여의 종류(국민연금법 제49조)**
> ・노령연금　　　　　　　　　　・장애연금
> ・유족연금　　　　　　　　　　・반환일시금

기출 20회

08 한부모가족지원법의 내용으로 옳지 않은 것은?

① "청소년 한부모"란 24세 이하의 모 또는 부를 말한다.
② 한부모가족의 모 또는 부와 아동은 한부모가족 관련 정책결정과정에 참여할 권리가 있다.
③ 여성가족부장관은 자녀양육비 산정을 위한 자녀양육비 가이드라인을 마련하여 법원이 이혼 판결 시 적극 활용할 수 있도록 노력하여야 한다.
④ 국가와 지방자치단체는 청소년 한부모의 건강증진을 위하여 건강진단을 실시할 수 있다.
⑤ 국가나 지방자치단체는 아동양육비를 대여할 수 있다.

> **해 설** ⑤ 국가나 지방자치단체는 한부모가족의 생활안정과 자립을 촉진하기 위하여 사업에 필요한 자금, 아동교육비(주의 : 아동양육비가 아님), 의료비, 주택자금, 그 밖에 대통령령으로 정하는 한부모가족의 복지를 위하여 필요한 자금을 대여할 수 있다(한부모가족지원법 제13조 제1항).

09 학대에 관한 설명으로 옳은 것을 모두 고른 것은?

ㄱ. 장애인복지법상 장애인학대에 경제적 착취는 포함되지 않는다.
ㄴ. 아동학대범죄의 처벌 등에 관한 특례법에 따른 아동학대범죄는 아동복지법상 아동학대관련범죄에 해당한다.
ㄷ. 노인복지법상 노인학대라 함은 노인에 대하여 신체적 · 정신적 · 정서적 · 성적 폭력 및 경제적 착취 또는 가혹행위를 하거나 유기 또는 방임을 하는 것을 말한다.

① ㄷ
② ㄱ, ㄴ
③ ㄱ, ㄷ
④ ㄴ, ㄷ
⑤ ㄱ, ㄴ, ㄷ

해 설 ㄱ. '장애인학대'란 장애인에 대하여 신체적 · 정신적 · 정서적 · 언어적 · 성적 폭력이나 가혹행위, 경제적 착취, 유기 또는 방임을 하는 것을 말한다(장애인복지법 제2조 제3항).
ㄴ. 아동복지법상 '아동학대관련범죄'란 아동학대범죄의 처벌 등에 관한 특례법에 따른 아동학대범죄 또는 아동에 대한 형법상 살인의 죄에 관한 규정에 해당하는 죄를 말한다(아동복지법 제3조 제7의2호).
ㄷ. 노인복지법 제1조의2 제4호

10 다음 중 사회보장급여의 이용 · 제공 및 수급권자 발굴에 관한 법률상 사회보장급여 제공계획에 포함되어야 할 사항으로 가장 거리가 먼 것은?

① 사회보장급여를 제공할 기관 및 단체
② 사회보장급여의 유형 · 방법 · 수량 및 제공기간
③ 차상위자에 대한 급여의 기준 및 절차
④ 동일한 수급권자에 대하여 사회보장급여를 제공할 보장기관
⑤ 사회보장 관련 민간 법인 · 단체 · 시설이 제공하는 복지혜택과 연계가 필요한 경우 그 연계 방법

해 설 ③ 국민기초생활보장법상 급여의 종류와 방법에 관한 규정과 연관된다. 국민기초생활보장법 시행령 제5조의5는 차상위자에 대한 급여의 기준 등을 제시하고 있다.

11 다음 중 사회복지법령의 역사적 변천에 대한 설명으로 옳지 않은 것은?

① 사회복지사업법은 1970년 제정되었고, 1983년 개정으로 사회복지관의 설립·운영을 지원하는 근거를 마련하였다.

② 1973년 국민복지연금법이 제정되었으나 시행되지 못하고, 1986년 국민연금법으로 전부개정되어 1988년부터 시행되었다.

③ 의료보험법과 공무원 및 사립학교교직원 의료보험법을 통합하여 1999년 국민건강보험법을 제정하였다.

④ 1999년 국민기초생활보장법이 전부개정되면서 자활후견기관에 관한 규정이 처음으로 도입되었다.

⑤ 기존의 의료보호법을 2001년 의료급여법으로 전면개정하면서 의료급여 수급기간의 제한을 폐지하였다.

> **해설** 자활후견기관에 관한 규정이 처음 도입된 것은 국민기초생활보장법의 전신인 생활보호법의 1997년 8월 22일 2차 일부개정에서 비롯된다. 자활후견기관은 근로능력이 있는 저소득층에게 집중적·체계적인 자활지원서비스를 제공함으로써 저소득층의 자활의욕을 고취하고 자립능력을 향상하도록 지원하며, 기초생활수급자 및 차상위계층의 자활 촉진에 필요한 사업을 수행하는 핵심 인프라로서의 역할을 수행하였다. 이러한 자활후견기관은 2006년 12월 국민기초생활보장법의 개정에 의해 '지역자활센터'로 명칭이 변경되었다.

12 다음 중 각종 기념일이 잘못 연결된 것은?

① 장애인의 날 – 4월 20일 ② 자원봉사자의 날 – 12월 5일

③ 가정의 날 – 5월 15일 ④ 사회복지의 날 – 8월 7일

⑤ 노인의 날 – 10월 2일

> **해설** **사회복지 관련 기념일**
> - 장애인의 날 : 4월 20일
> - 어린이 주간 : 5월 1일~5월 7일
> - 양성평등주간 : 7월 1일~7월 7일
> - 사회복지주간 : 사회복지의 날부터 1주간
> - 자원봉사자의 날 : 12월 5일
> - 장애인주간 : 장애인의 날부터 1주간
> - 가정의 날 : 5월 15일
> - 사회복지의 날 : 9월 7일
> - 노인의 날 : 10월 2일
> - 자원봉사주간 : 자원봉사자의 날부터 1주간

13 자치법규에 관한 설명으로 옳지 않은 것은?

① 조례는 지방의회에서 제정하는 자치법규이다.

② 지방자치단체는 법령의 범위와 무관하게 조례를 제정할 수 있다.

③ 규칙은 지방자치단체의 장이 법령이나 조례가 위임한 범위에서 그 권한에 속하는 사무에 관하여 제정할 수 있는 자치법규이다.

④ 시·군 및 자치구의 조례나 규칙은 시·도의 조례나 규칙을 위반하여서는 아니 된다.

⑤ 조례안이 지방의회에서 의결되면 의장은 의결된 날부터 5일 이내에 그 지방자치단체의 장에게 이를 이송하여야 한다.

해설 ② 지방자치단체는 주민의 복리에 관한 사무를 처리하고 재산을 관리하며, 법령의 범위안에서 자치에 관한 규정을 제정할 수 있다(헌법 제117조 제1항).
① · ③ 자치법규는 지방자치단체가 제정하는 법령으로서, 지방의회의 의결을 거친 조례(條例)와 지방자치단체의 장이 제정한 규칙(規則)이 있다.
④ 시·군 및 자치구의 조례나 규칙은 시·도의 조례나 규칙을 위반해서는 아니 된다(지방자치법 제30조).
⑤ 조례안이 지방의회에서 의결되면 지방의회의 의장은 의결된 날부터 5일 이내에 그 지방자치단체의 장에게 이송하여야 한다(동법 제32조 제1항).

14 노인장기요양보험법상 장기요양인정을 신청할 수 있는 자격을 갖춘 자를 모두 고른 것은?

ㄱ. 65세 미만의 자로서 대통령령으로 정하는 노인성 질병을 가진 자로 「의료급여법」 제3조 제1항에 따른 수급권자

ㄴ. 대통령령으로 정하는 노인성 질병이 없는 65세 미만의 외국인으로서 「국민건강보험법」 제109조에 따른 건강보험의 가입자

ㄷ. 65세 이상의 노인으로 「국민건강보험법」 제5조에 따른 건강보험 가입자의 피부양자

① ㄱ
② ㄷ
③ ㄱ, ㄴ
④ ㄱ, ㄷ
⑤ ㄱ, ㄴ, ㄷ

해설 **장기요양인정의 신청자격(노인장기요양보험법 제12조)**
장기요양인정을 신청할 수 있는 자는 노인 등*으로서 다음의 어느 하나에 해당하는 자격을 갖추어야 한다.
• 장기요양보험가입자 또는 그 피부양자**
• 「의료급여법」에 따른 수급권자
* 노인 등 : 65세 이상의 노인 또는 65세 미만의 자로서 치매·뇌혈관성질환 등 대통령령으로 정하는 노인성 질병을 가진 자를 말함(동법 제2조 제1호)
** 장기요양보험가입자 또는 그 피부양자 : 「국민건강보험법」에 따른 건강보험 가입자 또는 그 피부양자를 말함(동법 제11조 참조).

15 노인장기요양보험법상 다음은 어떤 장기요양급여에 관한 설명인가?

> 수급자를 하루 중 일정한 시간 동안 장기요양기관에 보호하여 신체활동 지원 및 심신 기능의 유지 · 향상을 위한 교육 · 훈련 등을 제공하는 장기요양급여

① 방문요양　　　　　　　　　　② 방문간호
③ 주 · 야간보호　　　　　　　　④ 단기보호
⑤ 기타 재가급여

해 설　장기요양급여의 재가급여(노인장기요양보험법 제23조 제1항 참조)
- 방문요양 : 장기요양요원이 수급자의 가정 등을 방문하여 신체활동 및 가사활동 등을 지원하는 장기요양급여
- 방문목욕 : 장기요양요원이 목욕설비를 갖춘 장비를 이용하여 수급자의 가정 등을 방문하여 목욕을 제공하는 장기요양급여
- 방문간호 : 장기요양요원인 간호사 등이 의사, 한의사 또는 치과의사의 지시서에 따라 수급자의 가정 등을 방문하여 간호, 진료의 보조, 요양에 관한 상담 또는 구강위생 등을 제공하는 장기요양급여
- 주 · 야간보호 : 수급자를 하루 중 일정한 시간 동안 장기요양기관에 보호하여 신체활동 지원 및 심신기능의 유지 · 향상을 위한 교육 · 훈련 등을 제공하는 장기요양급여
- 단기보호 : 수급자를 보건복지부령으로 정하는 범위 안에서 일정 기간 동안 장기요양기관에 보호하여 신체활동 지원 및 심신기능의 유지 · 향상을 위한 교육 · 훈련 등을 제공하는 장기요양급여
- 기타 재가급여 : 수급자의 일상생활 · 신체활동 지원 및 인지기능의 유지 · 향상에 필요한 용구를 제공하거나 가정을 방문하여 재활에 관한 지원 등을 제공하는 장기요양급여로서 대통령령으로 정하는 것

16 긴급복지지원법의 내용으로 옳지 않은 것은?

① 주거지가 불분명한 자도 긴급지원대상자가 될 수 있다.
② 국내에 체류하는 모든 외국인은 긴급지원대상자가 될 수 없다.
③ 위기상황에 처한 사람에게 일시적으로 신속하게 지원하는 것을 기본원칙으로 한다.
④ 누구든지 긴급지원대상자를 발견한 경우에는 관할 시장 · 군수 · 구청장에게 신고하여야 한다.
⑤ 국가 및 지방자치단체는 위기상황에 처한 사람에 대한 발굴조사를 연 1회 이상 정기적으로 실시하여야 한다.

해 설　② 국내에 체류하고 있는 외국인 중 대통령령으로 정하는 사람이 이 법에 따른 긴급지원대상자에 해당하는 경우에는 긴급지원대상자가 된다(긴급복지지원법 제5조의2).
　　① 긴급복지지원법에 따른 지원은 긴급지원대상자의 거주지를 관할하는 시장 · 군수 · 구청장이 한다. 다만, 긴급지원대상자의 거주지가 분명하지 아니한 경우에는 지원요청 또는 신고를 받은 시장 · 군수 · 구청장이 한다(동법 제6조 제1항).
　　③ 긴급복지지원법에 따른 지원은 위기상황에 처한 사람에게 일시적으로 신속하게 지원하는 것을 기본원칙으로 한다(동법 제3조 제1항).
　　④ 동법 제7조 제2항
　　⑤ 동법 제7조의2 제1항

17 다음 중 국민건강보험 가입자의 자격상실의 시기로 옳지 않은 것은?

① 사망한 날
② 국적을 잃은 날의 다음 날
③ 국내에 거주하지 아니하게 된 날의 다음 날
④ 수급권자가 된 날
⑤ 직장가입자의 피부양자가 된 날

> **해 설** 국민건강보험 가입자의 자격상실의 시기(국민건강보험법 제10조 제1항)
> • 사망한 날의 다음 날
> • 국적을 잃은 날의 다음 날
> • 국내에 거주하지 아니하게 된 날의 다음 날
> • 직장가입자의 피부양자가 된 날
> • 수급권자가 된 날
> • 건강보험을 적용받고 있던 사람이 유공자 등 의료보호대상자가 되어 건강보험의 적용배제신청을 한 날

18 국가나 지방자치단체가 한부모가족에게 제공하도록 노력하여야 하는 가족지원서비스의 종류가 아닌 것은?

① 아동의 양육 및 교육서비스
② 취사, 청소, 세탁 등 가사서비스
③ 교육 · 상담 등 가족관계 증진서비스
④ 의료비 · 주택자금 대여 등 생활지원서비스
⑤ 장애인, 노인, 만성질환자 등의 부양서비스

> **해 설** 가족지원서비스(한부모가족지원법 제17조)
> 국가나 지방자치단체는 한부모가족에게 다음의 가족지원서비스를 제공하도록 노력하여야 한다.
> • 아동의 양육 및 교육 서비스
> • 장애인, 노인, 만성질환자 등의 부양 서비스
> • 취사, 청소, 세탁 등 가사 서비스
> • 교육 · 상담 등 가족관계 증진 서비스
> • 인지청구 및 자녀양육비 청구 등을 위한 법률상담, 소송대리 등 법률구조서비스
> • 그 밖에 대통령령으로 정하는 한부모가족에 대한 가족지원서비스

19 다음 중 산업재해보상보험법상 보기의 빈칸에 들어갈 내용을 순서대로 올바르게 나열한 것은?

> 휴업급여는 업무상 사유로 부상을 당하거나 질병에 걸린 근로자에게 요양으로 취업하지 못한 기간에 대하여 지급하되, 1일당 지급액은 (ㄱ)에 상당하는 금액으로 한다. 다만, 취업하지 못한 기간이 (ㄴ) 이내이면 지급하지 아니한다.

	(ㄱ)	(ㄴ)
①	통상임금의 100분의 70	3일
②	평균임금의 100분의 70	7일
③	통상임금의 100분의 70	7일
④	평균임금의 100분의 70	3일
⑤	평균임금의 100분의 90	7일

해 설 **휴업급여(산업재해보상보험법 제52조)**
휴업급여는 업무상 사유로 부상을 당하거나 질병에 걸린 근로자에게 요양으로 취업하지 못한 기간에 대하여 지급하되, 1일당 지급액은 평균임금의 100분의 70에 상당하는 금액으로 한다. 다만, 취업하지 못한 기간이 3일 이내이면 지급하지 아니한다.

기출 17회

20 아동복지법의 내용으로 옳지 않은 것은?

① "아동"이란 18세 미만인 사람을 말한다.
② 보건복지부장관은 5년마다 아동정책기본계획을 수립하여야 한다.
③ 국가 또는 지방자치단체 외의 자는 관할 시장·군수·구청장에게 신고하고 아동복지시설을 설치할 수 있다.
④ 아동정책조정위원회는 국무총리 소속으로 둔다.
⑤ 국가기관은 아동학대 예방교육을 연 2회 이상 실시하여야 한다.

해 설 ⑤ 국가기관과 지방자치단체의 장, 「공공기관의 운영에 관한 법률」에 따른 공공기관과 대통령령으로 정하는 공공단체의 장은 아동학대의 예방과 방지를 위하여 필요한 교육(아동학대 예방교육)을 연 1회 이상 실시하고, 그 결과를 보건복지부장관에게 제출하여야 한다(아동복지법 제26조의2 제1항).
① 동법 제3조 제1호
② 동법 제7조 제1항
③ 동법 제50조 제2항
④ 동법 제10조 제1항

21 다음 중 사회복지사를 의무적으로 고용해야 하는 시설에 해당하는 곳은?

① 노인복지법에 따른 노인복지관

② 점자도서관과 수화통역센터

③ 영유아보육법에 따른 어린이집

④ 정신건강증진 및 정신질환자 복지서비스 지원에 관한 법률에 따른 정신요양시설 및 정신재활시설

⑤ 성폭력방지 및 피해자보호 등에 관한 법률에 따른 성폭력피해상담소

> **해 설** 사회복지사 의무채용 예외시설(사회복지사업법 시행령 제6조 제2항 참조)
> • 노인복지법에 따른 노인여가복지시설(노인복지관 제외)
> • 장애인복지법에 따른 장애인 지역사회재활시설 중 수화통역센터, 점자도서관, 점자도서 및 녹음서 출판시설
> • 영유아보육법에 따른 어린이집
> • 성매매방지 및 피해자보호 등에 관한 법률에 따른 성매매피해자 등을 위한 지원시설 및 성매매피해상담소
> • 정신건강증진 및 정신질환자 복지서비스 지원에 관한 법률에 따른 정신요양시설 및 정신재활시설
> • 성폭력방지 및 피해자보호 등에 관한 법률에 따른 성폭력피해상담소

제2회

22 다음 중 고용보험법령상 취업촉진 수당의 종류에 포함되지 않는 것은?

① 조기재취업 수당　　　　　　　　② 직업능력개발 수당

③ 광역 구직활동비　　　　　　　　④ 구직급여

⑤ 이주비

> **해 설** 실업급여의 종류(고용보험법 제37조)
> • 실업급여는 구직급여와 취업촉진 수당으로 구분한다.
> • 취업촉진 수당의 종류는 다음과 같다.
> 　－ 조기(早期)재취업 수당
> 　－ 직업능력개발 수당
> 　－ 광역 구직활동비
> 　－ 이주비

23 국민연금법상 급여의 종류에 해당하는 것을 모두 고른 것은?

> ㄱ. 노령연금
> ㄴ. 장애인연금
> ㄷ. 장해급여
> ㄹ. 장애연금
> ㅁ. 반환일시금

① ㄱ, ㄴ, ㄹ
② ㄱ, ㄴ, ㅁ
③ ㄱ, ㄷ, ㅁ
④ ㄱ, ㄹ, ㅁ
⑤ ㄴ, ㄷ, ㄹ

해 설 ㄴ. 장애인연금은 「장애인연금법」에 따른 급여에 해당한다.
ㄷ. 장해급여는 「산업재해보상보험법」에 따른 급여에 해당한다.

24 노인복지법의 내용으로 옳지 않은 것은?

① 노인복지주택 입소자격자는 60세 이상의 노인이다.
② 보건복지부장관은 요양보호사가 거짓으로 자격증을 취득한 경우 그 자격을 취소하여야 한다.
③ 누구든지 노인학대를 알게 된 때에는 노인보호전문기관 또는 수사기관에 신고할 수 있다.
④ 노인일자리전담기관에는 노인인력개발기관, 노인취업알선기관, 노인일자리지원기관이 있다.
⑤ 지방자치단체는 65세 이상의 자에 대하여 건강진단과 보건교육을 실시할 수 있다.

해 설 ② 시·도지사는 요양보호사가 거짓이나 그 밖의 부정한 방법으로 자격증을 취득한 경우 그 자격을 취소하여
야 한다(노인복지법 제39조의14 제1항 참조).
① 노인복지주택에 입소할 수 있는 자는 60세 이상의 노인으로 한다. 다만, 입소자격자의 배우자, 입소자격자
가 부양을 책임지고 있는 19세 미만의 자녀·손자녀는 입소자격자와 함께 입소할 수 있다(동법 제33조의2
제1항 참조).
③ 동법 제39조의6 제1항
④ 동법 제23조의2 제1항 참조
⑤ 국가 또는 지방자치단체는 대통령령이 정하는 바에 의하여 65세 이상의 자에 대하여 건강진단과 보건교육
을 실시할 수 있다. 이 경우 보건복지부령으로 정하는 바에 따라 성별 다빈도질환 등을 반영하여야 한다(동
법 제27조 제1항).

25 사회보장과 관련한 헌법재판소 결정의 내용으로 옳은 것은?

① 국민연금법상 연금보험료의 강제징수는 헌법상 재산권보장에 위배된다.

② 국민건강보험료 체납으로 인하여 보험급여가 제한되는 기간 중에 발생한 보험료에 대한 강제징수는 건강보험가입자의 재산권을 침해한다.

③ 국민기초생활보장법령상 수급자 등의 금융자산을 확인할 수 있는 자료의 제출요구는 급여신청자의 평등권을 침해한다.

④ 60세 이상의 국민에 대한 국민연금제도 가입을 제한하는 것은 헌법상의 인간다운 생활을 할 권리를 침해하는 것이라고 볼 수 없다.

⑤ 사회복지사업법의 규정 내용 중 사회복지법인의 재산을 기본재산과 보통재산으로 구분하도록 한 것은 명확성의 원칙에 위반된다.

해 설 ④ 국가가 국민의 인간다운 생활을 보장하기 위한 헌법적 의무를 다하였는지 여부는 국민연금제도와 같은 사회보험에 의한 소득보장제도만으로 판단하여서는 아니 되고, 사회부조의 방식에 의하여 행하여지는 각종 급여나 각종 부담의 감면 등을 총괄한 수준을 가지고 판단하여야 할 것이다. 따라서 60세 이상의 국민에 대한 국민연금제도 가입을 제한하는 것만으로 곧 그것이 헌법에 위반된다거나 인간으로서의 존엄과 가치, 행복추구권이나 인간다운 생활을 할 권리를 침해한 것이라고 볼 수 없다(헌재 2000헌마390).

① 국민연금법상 연금보험료의 강제징수는 재산권행사의 사회적 의무성의 한계 내에 있다고 볼 수 있으므로, 조세법률주의나 재산권보장에 위배되지 않는다(헌재 99헌마365).

② 국민건강보험법에서 보험료 체납 등으로 인한 보험급여의 제한규정은 그 자체로 직접 자유의 제한, 의무의 부과 또는 권리나 법적 지위의 박탈을 초래하는 것이 아니며, 국민건강보험공단의 보험급여 거부처분이라는 집행행위를 통하여 비로소 기본권에 대한 직접적 현실적 침해가 있게 되므로 기본권 침해의 직접성이 없다(헌재 2000헌마668).

③ 국민기초생활보장법령상 수급자 등의 금융자산을 확인할 수 있는 자료의 제출요구는 급여대상자의 소득과 재산을 정확히 파악하여 급여가 정말 필요한 사람들에게 제대로 지급되도록 하기 위한 불가피한 조치로 그 차별의 합리성이 인정되므로 급여 신청자의 평등권을 침해하지 않는다(헌재 2005헌마112).

⑤ 사회복지법인의 기본재산은 사회복지법인이 정관에 정한 목적사업을 수행하는 데 꼭 필요한 재산으로서, 통상 사회복지시설 등을 설치하는 데 직접 사용되는 재산(목적사업용 기본재산)과 임대수입이 있는 건물이나 주식 등 그 수익으로 목적사업의 수행에 필요한 경비를 충당하기 위한 재산(수익용 기본재산)이 속할 것이라고 충분히 해석이 가능하여 집행당국에 의한 자의적 해석의 여지를 주거나 수범자(受範者 ; 규범의 적용을 받는 사람)의 예견 가능성을 해할 정도로 불명확하다고 볼 여지는 없다(헌재 2004헌바10).

제3회 적중예상문제

3

제1과목 │ 사회복지기초

1영역 ▶ 인간행동과 사회환경

01 다음 중 인간의 발달과정에 있어서 발달이 기존의 기초를 토대로 다음의 발달로 이어진다고 보는 원리에 해당하는 것은?

① 점성원리 ② 개인차 원리
③ 결정적 원리 ④ 연속적 원리
⑤ 방향성 원리

해 설 **점성원리(Epigenetic Principle)**
성장하는 모든 것이 기초안을 가지고 있다는 전제 하에, 이 기초안으로부터 부분이 발생하고, 각 부분이 특별히 우세해지는 시기가 있으며, 이 모든 부분이 발생하여 기능하는 전체를 이루게 된다는 것이다. 각 요소는 결정적 시기가 정상적으로 도달하기 전에도 어떤 형태로든 존재한다. 이와 같이 생물학적으로 인간은 수태되면서 이미 기본적 요소들을 가지나 시간의 경과에 따라 이 요소들이 결합 또는 재결합하여 새로운 구조를 형성하듯이 심리·사회적 성장도 이 원리를 따른다.

02 다음 중 문화의 기능에 대한 설명으로 옳은 것을 모두 고른 것은?

ㄱ. 개인의 생리적·심리적 욕구 충족에 기여한다.
ㄴ. 개인에게 다양한 생활양식을 내면화하도록 한다.
ㄷ. 사회악을 최소화하여 사회의 안정 및 질서유지에 기여한다.
ㄹ. 인간의 행동과 사고에 직·간접적으로 영향을 미치며 세대 간 전승된다.

① ㄱ, ㄴ, ㄷ ② ㄱ, ㄷ
③ ㄴ, ㄹ ④ ㄹ
⑤ ㄱ, ㄴ, ㄷ, ㄹ

해 설 문화의 기능

- 사회화의 기능 : 문화는 개인에게 다양한 생활양식을 내면화하도록 함으로써 사회화를 유도한다.
- 욕구충족의 기능 : 문화는 개인이 다양한 생활양식을 통해 기본적인 욕구를 비롯하여 사회문화적인 욕구를 충족하도록 한다.
- 사회통제의 기능 : 문화는 사회규범이나 관습을 통해 개인의 행동을 적절히 규제함으로써 사회악을 최소화한다.
- 사회존속의 기능 : 문화는 사회구성원들이 생활양식을 전승하도록 하여 사회를 존속하도록 한다.

기출 18회

03 피아제(J. Piaget)의 인지이론에 관한 설명으로 옳은 것은?

① 구체적 조작기에는 추상적으로 사고하고 추론을 통해 가설을 검증할 수 있다.
② 인지능력의 발달은 아동과 환경 간의 상호작용에 의해 단계적으로 성취되며 발달단계의 순서는 변하지 않는다.
③ 인간의 무의식에 초점을 둔다.
④ 도덕발달단계를 1단계에서 6단계로 제시한다.
⑤ 보존개념은 전조작기에 획득된다.

해 설 ① 가설 · 연역적 사고는 물론 추상적 사고 또한 가능한 것은 형식적 조작기이다.
③ 인간의 무의식에 초점을 둔 것은 프로이트(Freud)의 정신분석이론이다.
④ 도덕성 발달 수준을 3수준, 6단계로 구분한 것은 콜버그(Kohlberg)의 도덕성 발달이론이다.
⑤ 전조작기에는 보존개념을 어렴풋이 이해하기 시작하지만 아직 획득하지 못한 단계이며, 구체적 조작기에서 사물의 형태가 변하더라도 그 사물의 질량이나 무게 등은 변하지 않을 수 있다는 보존개념을 획득하게 된다.

기출 20회

04 프로이트(S. Freud)의 정신분석이론에 관한 설명으로 옳은 것을 모두 고른 것은?

ㄱ. 자아(Ego)는 일차적 사고 과정과 현실 원칙을 따른다.
ㄴ. 잠복기에 원초아(Id)는 약해지고 초자아(Superego)는 강해진다.
ㄷ. 신경증적 불안은 자아의 욕구를 초자아가 통제하지 못하고 압도될 때 나타난다.
ㄹ. 방어기제는 외부세계의 요구로부터 스스로를 보호하고자 하는 무의식적 시도이다.

① ㄷ
② ㄱ, ㄷ
③ ㄴ, ㄹ
④ ㄱ, ㄴ, ㄹ
⑤ ㄱ, ㄴ, ㄷ, ㄹ

해 설 ㄱ. 원초아(Id)는 일차적 사고 과정과 쾌락 원칙을 따르는 반면, 자아(Ego)는 이차적 사고 과정과 현실 원칙을 따른다.
ㄷ. 신경증적 불안은 원초아(Id)의 충동이 의식될지도 모른다는 위협을 느낄 때 생기는 두려움으로, 현실을 고려하여 작동하는 자아(Ego)와 본능에 의해 작동되는 원초아(Id) 간의 갈등에서 비롯된다.

05 다음 중 프로이트(Freud)의 발달단계와 에릭슨(Erikson)의 발달단계를 그 시기에 따라 올바르게 연결한 것은?

① 구강기 – 자율성 대 수치심 · 회의
② 남근기 – 근면성 대 열등감
③ 항문기 – 기본적 신뢰감 대 불신감
④ 잠재기 – 주도성 대 죄의식
⑤ 생식기 – 자아정체감 대 정체감 혼란

해 설 프로이트(Freud)와 에릭슨(Erikson)의 발달단계

발달단계	프로이트	에릭슨
영아기 (출생~18개월 또는 2세)	구강기(0~1세) 최초의 양가감정	유아기(0~18개월) 기본적 신뢰감 대 불신감 – 희망
유아기 (18개월 또는 2~4세)	항문기(1~3세) 배변훈련, 사회화	초기아동기(18개월~3세) 자율성 대 수치심 · 회의 – 의지력
전기아동기 (학령전기, 4~6세)	남근기(3~6세) 오이디푸스 콤플렉스, 초자아	학령전기 또는 유희기(3~6세) 주도성 대 죄의식 – 목적의식
후기아동기 (학령기, 6~12세)	잠재기(6~12세) 지적 탐색	학령기(6~12세) 근면성 대 열등감 – 능력감
청소년기 (12~19세)	생식기(12세 이후) 2차 성징	청소년기(12~20세) 자아정체감 대 정체감 혼란 – 성실성
청년기 (성인초기, 19~29세)	–	성인초기(20~24세) 친밀감 대 고립감 – 사랑
중년기 (장년기, 30~65세)	–	성인기(24~65세) 생산성 대 침체 – 배려
노년기 (65세 이후)	–	노년기(65세 이후) 자아통합 대 절망 – 지혜

기출 15회

06 생태학적 이론에 관한 설명으로 옳지 않은 것은?
① 인간과 환경의 지속적인 상호작용을 강조한다.
② 인간의 병리적인 관점을 강조한다.
③ 적합성이란 인간의 욕구와 환경자원이 부합되는 정도를 말한다.
④ 인간은 자신의 요구에 맞게 환경을 만들어내기도 한다.
⑤ 인간의 생활상의 문제는 전체 생활공간 내에서 이해한다.

해 설 ② 인간의 병리적 관점을 강조한 대표적인 이론은 프로이트(Freud)의 정신분석이론이다. 반면, 생태학적 이론은 인간에 대해 낙관론적 관점을 지니고 있다. 즉, 생태학적 이론에서는 인간이 환경 자원과 사회적 지지를 자율적으로 이용할 수 있으며, 환경 속에서 효과적으로 기능할 수 있는 능력을 지니고 있다고 본다. 인간은 내면세계의 요구와 외부세계의 요구로부터 비교적 자유로운 존재로서, 환경과의 상호교류에서 성공적 경험을 획득하며, 자율성과 자기규제능력, 유능성을 확보할 수 있는 능력을 지니고 있다.

07 로저스(C. Rogers)의 이론에 관한 설명으로 옳은 것을 모두 고른 것은?

> ㄱ. 인간의 주관적 경험을 강조하였다.
> ㄴ. 공감과 지시적인 상담을 강조하였다.
> ㄷ. 인간을 통합적 존재로 규정하였다.
> ㄹ. 인간의 욕구발달단계를 제시하였다.

① ㄱ
② ㄱ, ㄷ
③ ㄴ, ㄹ
④ ㄴ, ㄷ, ㄹ
⑤ ㄱ, ㄴ, ㄷ, ㄹ

해 설　ㄴ. 자기결정권과 비심판적 태도, 비지시적 상담의 중요성을 강조하였다.
　　　　ㄹ. 매슬로우(A. Maslow)는 인간의 다양한 욕구체계를 제시하였다.

08 다음 중 아들러의 이론에 대한 설명으로 옳지 않은 것은?

① 인간은 성적 동기보다 사회적 동기에 의해 동기화된다.
② 프로이트의 생물학적 관점에서 벗어나 사회심리적·결정론적 인간관을 제시한다.
③ 사회적 관심은 한 개인의 심리적 건강을 측정하는 유용한 척도이다.
④ 보상은 잠재력을 발휘하도록 인간을 자극하는 건전한 반응이다.
⑤ 열등감은 근본적으로 인간이 무엇인가를 추구할 수 있는 동기가 된다.

해 설　아들러는 프로이트의 생물학적·결정론적인 관점에서 벗어나 사회심리적·비결정론적 인간관으로 옮아갔다.
　　　　비록 프로이트와 마찬가지로 인생 초기의 삶이 성격의 상당부분을 좌우한다고 보았으나, 아들러는 과거의 탐색에 몰두하기보다 과거에 대한 개인의 지각과 초기 사상에 대한 해석이 현재에 어떻게 영향을 미치는가에 더 관심을 가졌다. 또한 인간이 단지 유전과 환경에 의해 결정되지는 않으며, 오히려 환경에 영향을 미치고 환경을 창조하는 능력을 지니고 있다고 보았다.

09 다음 중 보기의 내용에 해당하는 보존개념의 적용원리를 순서대로 올바르게 나열한 것은?

ㄱ. 동일한 모양의 컵 두 개에 담긴 동일한 양의 물을 모양이 서로 다른 두 개의 컵, 즉 길쭉한 컵과 넓적한 컵에 각각 붓는 경우, 물의 양이 차이를 보이는 것 같지만 실제로는 동일한 양이다.
ㄴ. 넓적한 컵의 물의 양은 길쭉한 컵의 물의 양보다 낮은 높이를 보이는 대신 넓은 면적을 보인다.
ㄷ. 앞서 서로 다른 모양의 컵에 부은 물을 본래의 동일한 모양의 컵에 담는 경우 동일한 상태로 되돌아갈 수 있다.

	ㄱ	ㄴ	ㄷ
①	보상성의 원리	동일성의 원리	역조작의 원리
②	보상성의 원리	역조작의 원리	동일성의 원리
③	동일성의 원리	보상성의 원리	역조작의 원리
④	동일성의 원리	역조작의 원리	보상성의 원리
⑤	조작의 원리	역조작의 원리	동일성의 원리

해 설 **보존개념의 적용원리(보존개념 획득의 전제요소)**
• 동일성(Identity)의 원리 : 사물의 외양이 변화했다고 해도 그 사물에서 아무것도 더하거나 빼지 않았다면 본래의 양은 동일하다.
• 보상성(Compensation)의 원리 : 변형에 의한 양의 손실은 다른 차원, 즉 높이, 길이, 면적을 통해 보상된다.
• 역조작(Inversion)의 원리 : 변화의 과정을 반대로 거슬러 올라가는 경우 본래의 상태로 되돌아갈 수 있다.

기출 20회

10 매슬로우(A. Maslow)의 이론에 관한 설명으로 옳은 것은?

① 대부분의 사람들이 자아실현의 욕구를 달성한다.
② 자존감의 욕구는 소속과 사랑의 욕구보다 상위단계의 욕구이다.
③ 인간본성에 대해 비관적인 태도를 갖고 있다.
④ 인간의 성격은 환경에 의해 수동적으로 결정된다.
⑤ 무조건적인 긍정적 관심을 강조하였다.

해 설 ① 매슬로우(Maslow)의 욕구위계 5단계 중 자아실현의 욕구는 최상위의 욕구로서, 이를 성취하는 사람은 극소수에 불과하다.
③ · ④ 매슬로우의 인본주의이론은 인간본성에 대해 낙관적인 태도를 갖고 있다. 인간은 근본적으로 선하고 잠재력을 실현해 나갈 수 있는 존재라는 것이다.
⑤ 무조건적인 긍정적 관심을 강조한 학자는 로저스(Rogers)이다.

11 반두라(A. Bandura)의 사회학습이론의 주요 개념으로 옳지 않은 것은?

① 모델링 ② 관찰학습

③ 자기강화 ④ 자기효능감

⑤ 논 박

해 설 ⑤ 논박은 내담자가 가지고 있는 비합리적 신념이나 사고에 대해 그것이 사리에 부합하는 것인지 논리성·현실성·효용성에 비추어 반박하는 것으로서, 엘리스(Ellis)의 합리적·정서적 행동치료(REBT)의 주요 개념에 해당한다.

① 모델링은 다른 사람이 행동하는 것을 보고 들으면서 그 행동을 따라하는 것이다.

② 관찰학습은 직접적인 보상이나 처벌에의 경험 없이 타인의 행동에 대한 관찰을 통해 행동을 습득하는 것이다.

③ 자기강화는 자신이 통제할 수 있는 보상을 자기 스스로에게 주어서 자신의 행동을 유지하거나 변화시키는 것이다.

④ 자기효능감은 내적 표준과 자기강화에 의해 형성되는 것으로서, 어떤 행동을 성공적으로 수행할 수 있다는 신념을 말한다.

12 다음 중 서커스에서 조련사가 원숭이나 돌고래를 훈련시키는 과정을 설명할 수 있는 조건형성 현상에 해당하는 것은?

① 모델링 ② 미신행동

③ 행동조성 ④ 강화계획

⑤ 자극 변별

해 설 ③ '행동조성 또는 조형(Shaping)'은 실험자 또는 치료자가 원하는 방향 안에서 일어나는 다양한 반응들만을 강화하고, 원하지 않는 방향의 행동에 대해 강화 받지 못하도록 하여 결국 원하는 방향의 행동을 할 수 있도록 하는 것이다. 이러한 조형은 목표로 하는 반응을 피험자가 단번에 수행하기 어렵거나 그 반응을 촉진하기 어려운 경우, 변별강화를 제공하여 목표행동과 유사한 반응을 이끌어내는 방향으로 이루어진다.

① '모델링(Modeling)'은 학습자가 다른 사람의 행동을 보고 들으며 그 행동을 따라하는 것을 말한다.

② '미신행동(Superstition)'은 우연히 특정 행동 또는 행위와 그 결과가 조건화되는 것을 말한다.

④ '강화계획(Reinforcement Schedule)'은 강화자극을 얼마나 많이, 얼마나 자주, 그리고 언제 사용하는가의 문제를 계획하는 것을 말한다.

⑤ '변별 또는 자극 변별(Stimulus Discrimination)'은 둘 이상의 자극을 서로 구별하는 것이다. 특히 변별학습은 보다 정교하게 학습이 이루어지는 것으로서, 유사한 자극에서 나타나는 조그만 차이에 따라 서로 다른 반응을 보이도록 유도하는 것이다.

13 에릭슨(E. Erikson)의 심리사회적 위기와 주요 관계가 바르게 연결된 것은?

① 자율성 대 수치감 – 교사
② 근면성 대 열등감 – 부모
③ 통합성 대 절망감 – 동료
④ 친밀성 대 고립감 – 리더
⑤ 정체감 대 역할혼미 – 또래집단

해 설 에릭슨(Erikson)의 심리사회적 단계에서의 위기와 주요 관계

단 계	시 기	심리사회적 위기	주요 관계범위
유아기	0~18개월	기본적 신뢰감 대 불신감	어머니
초기아동기	18개월~3세	자율성 대 수치심 · 회의(의심)	부 모
학령전기(유희기)	3~5세	주도성 대 죄의식	가 족
학령기	5~12세	근면성 대 열등감	이웃, 학교(교사)
청소년기	12~20세	자아정체감 대 정체감 혼란 (역할혼미)	또래집단, 외집단, 지도력의 모형들
성인초기	20~24세	친밀감 대 고립감	우정 · 애정(성) · 경쟁 · 협동의 대상들
성인기	24~65세	생산성 대 침체	직장, 확대
노년기	65세 이후	자아통합 대 절망	인류, 동족

14 다음 보기의 내용과 관련된 방어기제에 해당하는 것은?

"저 높은 선반 위에 포도 바구니가 있는데, 손에 닿지 않아서가 아니라 내가 먹기 싫어서 안 먹는다."

① 투 사
② 전 치
③ 합리화
④ 승 화
⑤ 동일시

해 설 합리화는 정당하지 못한 자기 행동에 그럴듯한 이유를 붙여 그 행동을 정당화하는 것으로 '여우와 신 포도'가 그 예이다.

15 다음 중 안나 프로이트(A. Freud)가 제시한 방어기제에 대해 병리적인 것과 정상적인 것을 구분하는 기준에 해당하지 않는 것은?

① 철회가능성
② 내용의 독특성
③ 연령의 적절성
④ 여러 방어기제 간의 균형
⑤ 방어의 강도

16 다음 중 성숙이론에 의한 발달의 원리로 가장 옳은 것은?

① 아동의 발달은 부모의 규제에 의해 효과적으로 이루어진다.
② 발달은 구조상 대칭적인 양상을 보여야 기능적으로 유리하다.
③ 발달의 방향은 특정한 순서대로 진행되지 않는다.
④ 발달상 서로 대칭되는 양측은 점차적으로 효과적인 체제화를 이루어나간다.
⑤ 성숙은 내적 요인보다는 외적 요인에 의해 크게 영향을 받는다.

해설   성숙이론에 의한 발달의 원리
    • 자기규제의 원리 : 아동은 자기규제를 통해 자신의 수준과 능력에 맞게 성장을 조절해나간다.
    • 상호적 교류의 원리 : 발달상 서로 대칭되는 양측은 점차적으로 효과적인 체제화를 이루어나간다.
    • 기능적 비대칭의 원리 : 발달은 구조상 대칭적이더라도 기능상 약간 불균형을 이루어서 어느 한쪽이 우세한 경우 오히려 더욱 기능적이다.
    • 개별적 성숙의 원리 : 성숙은 내적 요인에 의해 통제되는 과정으로서 외적 요인에 의해 영향을 거의 받지 않는다.
    • 발달 방향의 원리 : 발달의 방향은 특정한 순서대로 진행되도록 성숙에 의해 지속적으로 지시를 받는다.

17 체계이론의 개념에 관한 설명으로 옳은 것을 모두 고른 것은?

> ㄱ. 균형(Equilibrium) : 환경과 상호작용하기 위하여 체계의 구조를 변화시키는 과정 또는 상태
> ㄴ. 넥엔트로피(Negentropy) : 체계내부의 유용하지 않은 에너지가 감소되는 상태
> ㄷ. 공유영역(Interface) : 두 개 이상의 체계가 공존하는 부분으로 체계 간의 교류가 일어나는 장소
> ㄹ. 홀론(Holon) : 외부와의 상호작용으로 체계내의 에너지가 증가하는 현상 또는 상태

① ㄱ   ② ㄱ, ㄹ
③ ㄴ, ㄷ   ④ ㄴ, ㄷ, ㄹ
⑤ ㄱ, ㄴ, ㄷ, ㄹ

해설   ㄱ. 안정상태(Steady State)의 내용에 해당한다. 참고로 균형(Equilibrium)은 외부환경으로부터 새로운 에너지의 투입 없이 현상을 유지하려는 속성을 말한다. 주로 외부환경과 수평적 상호작용으로 내부균형만 이루는 폐쇄체계에서 나타난다.
    ㄹ. 시너지(Synergy)의 내용에 해당한다. 참고로 홀론(Holon)은 전체와 부분을 별개로 나눌 수 없다는 사실을 전제로, 작은 체계들 속에서 그들을 둘러싼 큰 체계의 특성이 발견되기도 하고 작은 체계들이 큰 체계에 동화되기도 하는 체계의 이중적 성격을 나타낸다.

18 인간발달의 단계 중 중년기는 부모로서 자녀와의 관계형성과 보호의무의 책임을 다하기 위해 노력해야 하는 시기이다. 다음 중 가장 바람직한 부모 유형에 해당하는 것은?

① 감정코치형   ② 축소전환형
③ 모델형   ④ 억압형
⑤ 방임형

> **해 설**   **부모의 유형(Gottman)**
> - 축소전환형(Dismissing) : 부모는 아이의 슬픔, 분노 등의 부정적인 감정이 좋지 않다는 생각에서 이를 무시한 채 다른 감정으로 전환시킨다.
> - 억압형(Disapproving) : 부모는 아이의 부정적인 감정을 전환하는 데 그치지 않고 아이로 하여금 그와 같은 감정을 느끼는 것 자체를 금지한다.
> - 방임형(Laissez-fare) : 부모는 아이에게 자신의 감정을 마음대로 표현하도록 내버려둔다.
> - 감정코치형(Emotion Coaching) : 가장 바람직한 부모 유형으로서, 부모는 아이가 느끼는 감정이 잘못된 것이 아님을 알려주며, 그와 관련된 문제를 해결하도록 돕는다.

19 다음 중 인간발달단계와 그 내용이 잘못 연결된 것은?

① 유아기 – 피아제의 인지발달이론에 의한 전조작기 전기, 에릭슨의 심리사회이론에 의한 자율성 대 수치심·회의의 시기이다.
② 전기아동기 – 피아제의 전조작기 후기에 해당하며, 에릭슨의 주도성 대 죄의식의 시기이다.
③ 후기아동기 – 피아제의 구체적 조작기에 해당하며, 에릭슨의 근면성 대 열등감의 시기이다.
④ 청소년기 – 피아제의 형식적 조작기에 해당하며 에릭슨의 친밀 대 고립의 시기이다.
⑤ 장년기 – 에릭슨의 생산성 대 침체의 시기이다.

> **해 설**   ④ 청소년기는 에릭슨의 자아정체감 대 정체감 혼란의 시기이다.

20 쥐를 전혀 두려워하지 않는 아동에게 쥐를 보여주는 동시에 큰 소리를 내어 공포를 갖게 하는 것을 반복하면, 이후 아동은 쥐만 보아도 공포심을 느끼게 된다. 이 실험은 어떤 원리에 의해 이루어진 것인가?

① 도구적 조건화   ② 조작적 조건화
③ 고전적 조건화   ④ 대리적 조건화
⑤ 강화적 조건화

> **해 설**   **고전적 조건화**
> 행동주의자 왓슨(Watson)은 유명한 쥐 실험을 통해 고전적 조건화에 의한 공포 반응을 확립하고자 하였다. 왓슨은 존스 홉킨스 대학에서 생후 9개월 된 아기 알버트(Albert)에게 쥐 실험을 하였다. 우선 아기가 선천적으로 동물에 거부감을 가지고 있는지 실험하기 위해 흰쥐, 토끼, 강아지, 원숭이를 차례대로 노출시켰다. 그러자 아기는 별다른 거부감 없이 동물들에게 호감을 보였다. 다음으로 아기에게 흰쥐를 전달하고, 알버트가 흰쥐를 손으로 만지려는 순간 금속성 파열음을 울리는 과정을 반복적으로 시행하였다. 그러자 알버트는 점차적으로 쥐에게 거부감을 나타내더니 나중에는 쥐를 보자마자 도망을 치기 시작하였다. 이러한 실험은 토끼와 강아지를 소재로 하여 이어졌으며, 알버트는 그러한 털짐승에 대해서는 물론 심지어 단순한 솜뭉치에도 거부감을 표시하였다. 이로써 왓슨은 아기의 공포반응은 학습된 것이며, 비슷한 조건에서 그 공포가 전이된다는 사실을 발견하였다.

21 다음 브론펜브레너(Bronfenbrenner)의 생태학적 체계모델 중 보기의 내용과 연관된 것은?

> • 개인의 전 생애에 걸쳐 일어나는 변화와 함께 사회역사적인 환경을 포함한다.
> • 부모의 이혼으로 가족구조가 변하여 가정환경이 불안정한 상태에서 자녀는 아동기 때 높은 공격성과 불안수준을 보이며, 이는 성인기의 상대적으로 높은 범죄율로 이어진다.

① 미시체계(Microsystem) ② 시간체계(Chronosystem)
③ 외체계(Exosystem) ④ 중간체계(Mesosystem)
⑤ 거시체계(Macrosystem)

해 설 시간체계는 아동의 성장에 따르는 부모의 죽음 등의 외적 사건, 심리적인 변화 등의 내적 사건으로 구성된다. 특히 시간체계에 대한 연구에서는 생애 발달과 관련하여 단일사건이 미치는 영향에 국한하지 않은 채 시간의 경과와 함께 연속적인 사건들이 누적되는 영향에 관심을 가진다.

22 다음 보기의 학자 및 연구와 공통적으로 연관된 것은?

> • 로저스의 내담자 상담기법
> • 매슬로우의 욕구이론
> • 올포트의 성격이론

① 위계적 욕구이론 개발 ② 비지시적 상담학의 개발
③ 자기 주도적 학습이론의 전개 ④ 인간주의적 학습이론의 전개
⑤ 행동주의적 학습이론의 전개

해 설 **인본주의(인간주의) 심리학**
• 배경 : 행동주의와 정신분석학을 비판하는 제3의 심리학으로 실존주의에 바탕을 두고 성격심리학으로부터 도출된다.
• 특징 : 경험하는 인간에 관심을 집중시키고 인간 연구에 있어서 경험에 초점을 두며, 인간의 본질을 선택ㆍ창의성ㆍ가치ㆍ자아실현 등으로 이해한다. 또한 인간의 존엄성과 가치에 관심을 가지며, 잠재력개발에 중점을 둔다. 인간에 대한 관점은 인간행동의 주관적 의미 추구(내면행동의 이해), 통합된 단위로서의 개인, 현재에 충실한 인간, 진실한 인간, 주관적으로 선택하는 인간, 협동적으로 공존하는 인간 등으로 이해한다.
• 대표학자 : 올포트의 성격이론, 매슬로우의 욕구위계이론, 로저스의 내담자 상담기법(비지시적 상담이론) 등

기출 14회

23 태아기의 유전적 요인에 의한 발달장애의 설명으로 옳지 않은 것은?

① 혈우병은 X염색체의 열성유전자에 기인한다.
② 터너증후군은 X염색체를 하나만 가진 여성에게 나타난다.
③ 클라인펠터증후군은 X염색체를 더 많이 가진 남성에게 나타난다.
④ 다운증후군은 23번 염색체가 하나 더 있어서 염색체 수가 47개이다.
⑤ 페닐케톤요증은 아미노산을 분해시키는 효소가 결핍된 열성유전자에 기인한다.

해 설 ④ 다운증후군(Down's Syndrome)은 '몽고증'이라고도 하며, 염색체의 이상으로 발병한다. 대부분(약 95%)은 21번째 염색체가 3개(정상은 2개) 있어서 전체 염색체 수가 47개(정상은 46개)로 되어 있는 기형이다.

24 다음 중 인간행동에 영향을 미치는 사회체계에 대한 설명으로 옳지 않은 것은?

① 동일문화권에 속하는 사람들 간에는 일반적으로 동일한 성격을 지니게 된다.
② 문화와 개인은 서로 영향을 주고받는 상호의존적인 관계에 있다.
③ 개인의 성격은 조직생활을 하면서 변화될 가능성이 있다.
④ 집단은 집단역동성을 통하여 개개인의 사회화에 영향을 미친다.
⑤ 지역사회의 특성은 인간의 성격형성에 긍정적 또는 부정적 영향을 미친다.

> **해 설**　① 동일문화권에 속하는 사람들은 문화의 공유를 통해 영향을 받기도 하나, 기본적으로 각자 차별화된 성격적 특징을 나타내 보인다. 예를 들어 문화인류학자인 베네딕트와 미드(Benedict & Mead)는 문자가 없는 미개 종족에 대한 연구를 통해 캐나다의 콰키우틀 원주민들의 경우 자기 과시적인 문화를, 미국의 푸에블로 원주민들의 경우 자기통제와 협동의 문화를 가지고 있다고 주장하였다. 또한 뉴기니아의 아라페쉬 원주민들의 경우 온순하고 협동적인 반면, 이웃 부족인 문두구모르 원주민들의 경우 공격적이고 화를 잘 낸다는 점을 지적하였다. 그러나 베네딕트와 미드는 동일문화권의 모든 구성원들이 동일한 성격적 특징을 보이는 것은 아니라는 점을 지적하였다. 즉, 그것은 해당 문화권이 지닌 전형적인 성격유형일 뿐이며, 개인이 각자 지니고 있는 성격까지 동일하지는 않다는 것이다.

기출 16회

25 마샤(J. Marcia)의 자아정체감 이론에서 다음의 정체감 상태를 설명하는 것으로 옳은 것은?

> 철수는 어려서부터 변호사였던 아버지의 영향을 받아 법조인이 되는 것을 꿈으로 생각하였고, 사회에서도 유망한 직업이라 생각하여 법학과에 진학하였다. 철수는 법학 전공이 자신의 적성과 잘 맞는지 탐색해보지 못했지만 이미 선택했기에 법조인 외의 직업은 생각해본 적이 없다.

① 정체감 유실(Identity Foreclosure)
② 정체감 혼란(Identity Diffusion)
③ 정체감 성취(Identity Achievement)
④ 정체감 유예(Identity Moratorium)
⑤ 정체감 전념(Identity Commitment)

> **해 설**　청소년기 자아정체감의 범주(Marcia)

정체감 성취	• 정체성 위기와 함께 정체감 성취에 도달하기 위한 격렬한 결정과정을 경험한다. • 청소년은 어느 사회에서나 안정된 참여를 할 수 있고, 상황 변화에 따른 동요 없이 성숙한 정체감을 소유할 수 있다.
정체감 유예	• 정체성 위기로 격렬한 불안을 경험하지만 아직 명확한 역할에 전념하지 못한다. • 청소년은 자신의 능력과 사회적 요구, 부모의 기대 사이에서 고민한다.
정체감 유실	• 정체성 위기를 경험하지 않았음에도 사회나 부모의 요구와 결정에 따라 행동한다. • 청소년은 외면적으로는 본인의 결단의 지점을 통과한 것처럼 보이지만, 내면적으로는 통과하지 못한 상태이다.
정체감 혼란	• 정체성 위기를 경험하지 않았으며, 명확한 역할에 대한 노력도 없다. • 청소년은 일을 저지르지도, 책임을 지려고도, 의심하지도 않으며, 어떻게 살아야 하는지에 대해서도 관심이 없다.

01 다음 중 많은 특정한 사례를 실험하고 관찰함으로써 특수한 것들로부터 공통적인 것을 찾아내어 일반적인 것을 추론하는 방식은?

① 결과주의   ② 원인주의

③ 논점주의   ④ 귀납주의

⑤ 연역주의

> **해 설**   귀납주의
> - 15~16세기경 경제활동과 부의 증대로 인해 실제적 지식의 중요성이 부각되면서 경험적인 연구의 중요성에 대한 인식의 증가와 자연과학의 발달, 실험과학의 극적인 성취 등이 나타났다.
> - 베이컨(Bacon)은 연역주의 및 합리주의를 거부하고, 관찰과 실험을 통한 귀납주의를 주창하였다.
> - 현상에 대한 구체적이고 객관적인 관찰 및 실험을 강조한다.
> - 상대적으로 소수인 사례를 통해 전체를 일반화하는 과정에서 문제가 발생할 수 있다.

기출 17회

02 질적 조사의 자료수집에 관한 설명으로 옳은 것은?

① 심층면접은 주요 자료수집 방법 중 하나이다.

② 연구자는 자료수집과정에서 배제되는 것이 원칙이다.

③ 완전관찰자로서의 연구자는 먼저 자료제공자들과 라포형성이 요청된다.

④ 가설설정은 자료수집을 위해 필수적 요건이다.

⑤ 표준화된 측정도구를 갖추어야 자료수집이 가능하다.

> **해 설**   ① 질적 조사에서는 주로 심층면접, 참여관찰 등의 자료수집방법을 사용하며, 특히 심층규명을 한다.
> ② 연구자 자신이 자료수집의 도구가 되어 대상과 긴밀한 관계를 유지하면서 주관적으로 수행하므로 배제하거나 대체할 수 없다.
> ③ 완전관찰자로서 연구자는 연구대상과의 상호작용을 배제한 채 단순히 제삼자로서 관찰연구를 수행한다.
> ④ 이론에서 가설을 도출하고 자료를 수집하여 그것을 검증하는 단계를 거치는 양적 조사와 달리, 질적 조사는 자료에서 이론을 도출해 내는 귀납적 방법을 활용한다.
> ⑤ 질적 조사의 자료수집에서 표준화된 측정도구가 필수적인 것은 아니다.

03 다음 중 조사문제의 선정기준과 거리가 먼 것은?

① 독창성
② 경험적 검증 가능성
③ 윤리적인 배려
④ 현실적 제한
⑤ 절대적 가치 지향

> **해 설** 조사문제의 선정기준
> • 독창성 : 기존의 결과와 다른 관점을 제시하거나 기존의 것들을 비교 또는 재구성해야 한다.
> • 경험적 검증 가능성 : 해답이 가능하고 진위 여부를 경험적 차원에서 증명할 수 있어야 한다.
> • 윤리적인 배려 : 문제에 대한 답이 사회구성원의 행복을 증진시키면서 사생활을 침해하지 않아야 한다.
> • 현실적 제한 : 소요되는 비용이나 시간, 노력 등을 현실적으로 고려해야 한다.

04 다음과 같은 조사방법의 특징으로 옳은 것은?

> A연구자는 최근 사회적인 이슈로 부각되고 있는 보편적 복지에 대해 우리 사회가 어떠한 태도를 보이고 있는지에 대해 조사하고자 한다. 이를 위해 A연구자는 과거 10년간 주요 일간지의 보도자료를 분석하는 방법을 선택하였다.

① 내용분석 이전에 사전조사가 필요 없다.
② 일간지의 보도자료 외에 다른 유형의 의사소통 기록물도 활용할 수 있다.
③ 보도자료 문장에 나타나지 않는 숨은 내용은 코딩할 수 없다.
④ 표본추출이 불가능하다.
⑤ 질적인 접근방법이므로 수량화가 필요 없다.

> **해 설** ② '내용분석(Content Analysis)'은 여러 가지 문서화된 매체들을 중심으로 연구대상에 필요한 자료들을 수집하는 방법이다. 문헌연구의 일종으로서, 인간의 의사소통의 기록을 객관적·체계적·수량적으로 기술한다. 특히 분석의 대상으로 인간의 모든 형태의 의사소통 기록물을 활용할 수 있는데, 책 등의 출판물, 신문·잡지·TV·라디오·영화 등의 대중매체는 물론 각종 공문서나 회의록, 개인의 일기·편지·자서전, 상담에 관한 기록자료, 심지어 녹음 또는 녹화자료를 비롯하여 각종 그림이나 사진 등의 영상자료까지 포함한다.
> ① 사전조사(사전검사)는 코딩체계(부호화체계)를 내용분석에 사용하기 전에 실시한다. 이는 2명 이상의 코딩하는 사람을 사용할 경우 이들 간의 신뢰도가 어느 정도 일치하는지 파악하기 위한 것으로서, 이를 통해 실제 코딩에 앞서 사전연습의 수행 여부를 결정하게 된다.
> ③ 내용분석은 본질적으로 어떤 개념적 틀에 따라 의사소통을 코딩하는 작업이다. 이러한 의사소통은 표면적인 내용과 숨어 있는 내용을 모두 포함하는데, 숨어 있는 내용이라도 그 저변의 의미를 코딩할 수 있다.
> ④ 문헌자료의 모집단은 연구자가 분석하고자 하는 모든 자료에 해당한다. 그러나 일반적으로 연구자가 활용할 수 있는 문헌자료는 그 양이 매우 방대하므로 표집을 해야 한다.
> ⑤ 내용분석은 자료를 수량화(계량화)하여 분석하는 방법이다. 특히 내용분석 자료의 수량화를 위해 출현체계(Appearance System), 빈도체계(Frequency System), 시간/공간체계(Time/Space System), 강도체계(Intensity System) 등의 4가지 체계가 활용된다.

03 ⑤ 04 ② **정 답**

05 표집오차(Sampling Error)와 표준오차(Standard Error)에 관한 설명으로 옳지 않은 것은?

① 표집오차는 모집단의 모수와 표본의 통계치 간의 차이다.
② 표준오차는 무수히 많은 표본평균의 통계치가 모집단의 모수로부터 평균적으로 떨어진 거리를 의미한다.
③ 동일한 조건이라면 이질적 집단보다 동질적 집단에서 추출한 표본의 표집오차가 작다.
④ 동일한 조건이라면 표준오차가 클수록 검정통계값이 통계적으로 유의할 가능성이 높아진다.
⑤ 동일한 조건이라면 표본의 크기가 커질수록 표집오차가 감소한다.

> **해 설** ④ 표준오차는 추출된 표본들의 평균이 실제 모집단의 평균과 어느 정도 떨어져서 분포되어 있는지를 나타낸 것으로, 표집분포의 표준편차에 해당한다. 동일한 조건이라면 표준오차가 클수록 한 표본의 통계치가 모수를 추정하는 데 따르는 오차의 확률이 높아지므로 검정통계값이 통계적으로 유의할 가능성이 낮아지는 반면, 표준오차가 작을수록 모수 추정의 오차 확률이 낮아지므로 통계적으로 유의할 가능성이 높아진다.

06 다음 중 실험설계가 가장 적합한 상황에 해당하는 것은?

① 지역사회 욕구를 파악하기 위해 서베이를 하고자 할 때
② 노인복지관의 지리적 접근성을 분석하고자 할 때
③ 재혼가정의 출산율을 파악하고자 할 때
④ 방과 후 활동에 의한 아동의 사회적 행동상의 변화를 분석하고자 할 때
⑤ 장애인 이동수단의 안전도를 측정하고자 할 때

> **해 설** 조사설계의 유형은 변수의 조작 가능성에 따라 실험설계와 비실험설계로 구분된다. 특히 실험설계는 무작위 할당에 의한 실험집단과 통제집단의 동질화, 실험자극의 도입에 의한 독립변수의 조작, 실험집단과 통제집단 간의 비교를 특징으로 한다. 예를 들어 방과 후 활동에 의한 아동의 사회적 행동상의 변화를 분석한다고 가정 하자. 우선 A지역에 있는 초등학교 중 일부를 무작위로 선정하여 실험집단과 통제집단으로 구분한 후, 실험집 단의 초등학생에게는 방과 후 활동을 실시하는 반면, 통제집단의 초등학생에게는 이를 실시하지 않는다. 일정 기간이 지난 후 이들 두 집단을 비교했을 때 초등학생들의 사회적 행동상에 어떠한 차이가 있는지 확인할 수 있을 것이다.

07 다음 중 바람직한 가설에 대한 설명으로 옳지 않은 것은?

① 정(+)의 관계로 기술되어야 한다.
② 경험적인 검증이 가능해야 한다.
③ 간단명료하며 계량화가 가능해야 한다.
④ 이론적인 근거를 토대로 해야 한다.
⑤ 변수 간의 관계를 기술하여야 한다.

> **해 설** **가설의 작성**
> • 가설(Hypothesis)은 2개 이상의 변수나 현상 간의 특별한 관계를 검증 가능한 형태로 서술하여 이들의 관계를 예측하려는 진술이나 문장이다.
> • 가설은 이론적인 근거를 토대로 해야 하며, 경험적인 검증이 가능해야 한다.
> • 가설은 구체적이어야 하고 현상과 관련성을 가져야 한다.
> • 가설은 간단명료하며 계량화가 가능해야 한다.
> • 가설은 조건문 형태의 복문으로 나타낸다.
> • 가설은 광범위한 범위에 적용 가능해야 한다.

08 다음에서 설명하는 조사는?

> 기초연금의 노인 빈곤 감소효과를 알아보기 위해 동일한 노인을 표본으로 10년간 매년 조사한다.

① 전수조사　　　　　　　　　　　② 추세조사
③ 패널조사　　　　　　　　　　　④ 탐색적 조사
⑤ 횡단적 조사

해 설　③ 패널조사는 '패널(Panel)'이라 불리는 특정응답자집단을 정해 놓고 그들로부터 상당히 긴 시간 동안 지속적으로 연구자가 필요로 하는 정보를 획득하는 조사이다.
　　　① 전수조사는 모집단 전체를 대상으로 조사하는 방식인 반면, 표본조사는 모집단의 일부만을 추출하여 이를 토대로 모집단 전체를 추정하는 방식이다.
　　　② 추세조사(추이조사) 또는 경향연구는 인구센서스, 물가경향조사 등 어떤 광범위한 연구대상의 특정 속성을 여러 시기를 두고 관찰·비교하는 조사이다.
　　　④ 탐색적 조사는 '예비조사'라고도 하며, 조사연구 문제에 대한 사전지식이 결여된 경우 문제영역을 결정하기 위해 예비적으로 실시하는 조사이다.
　　　⑤ 횡단적 조사(횡단조사)는 어느 한 시점에서 다수의 분석단위(연령, 인종, 종교, 소득수준 등)에 대한 자료를 수집하는 조사이다.

09 다음 중 주시험 효과를 통제하기 위한 실험설계방법에 해당하는 것은?

① 통제집단 전후 비교설계　　　　　② 통제집단 후 비교설계
③ 비동일 통제집단설계　　　　　　④ 단일집단 전후 검사설계
⑤ 정태적 집단 비교설계

해 설　**통제집단 후 비교설계**
　・통제집단 전후 비교설계의 단점인 주시험 효과(검사요인)를 보완하기 위한 방법이다.
　・실험대상자를 무작위로 할당하고 사전조사 없이 실험집단에 대해서는 조작을 가하며 통제집단에 대해서는 아무런 조작을 가하지 않은 채 그 결과를 서로 비교하는 방법이다.
　・사전검사를 하지 않으므로 실험집단과 통제집단의 동질성을 확인할 수 없다.

10 다음 내용에 해당하는 조사연구의 단계는?

조사대상 변수들 사이의 논리적 구조를 설정하고 가설 설정에서 일반화에 이르기까지 필요한 제반 활동에 대하여 계획을 세우는 단계

① 조사문제선정단계
② 자료분석단계
③ 측정도구개발단계
④ 자료수집단계
⑤ 조사설계단계

해설 조사연구의 과정
- 연구문제 형성 : 조사의 주제, 이론적 배경, 중요성 등을 파악하고 이를 체계적으로 정립하는 과정이다.
- 가설 설정 : 선정된 조사문제를 조사가 가능하고 실증적으로 검증이 가능하도록 구체화하는 과정이다.
- 조사설계 : 조사연구를 효과적 · 효율적 · 객관적으로 수행하기 위한 논리적 · 계획적인 전략이다.
- 자료수집 : 자료는 관찰, 면접, 설문지 등 여러 가지 방법을 통해 수집되는데 과학적 조사자료는 조사자가 직접 수집하는 1차 자료와 다른 주체에 의해 이미 수집 · 공개된 2차 자료로 구분된다.
- 자료분석(해석) : 수집된 자료의 편집과 코딩과정이 끝나면 통계기법을 이용하여 자료의 분석이 이루어진다.
- 보고서 작성 : 연구결과를 객관적으로 증명하고 경험적으로 일반화하기 위해 일정한 형식으로 기술하여 타인에게 전달하기 위한 보고서를 작성한다.

제3회

11 다음 중 표본조사설계에서의 과정을 순서대로 올바르게 연결한 것은?

ㄱ. 표본크기의 결정
ㄴ. 모집단의 확정
ㄷ. 표본추출
ㄹ. 표집틀 선정
ㅁ. 표집방법 결정

① ㄱ - ㄴ - ㄷ - ㄹ - ㅁ
② ㄴ - ㄱ - ㄷ - ㄹ - ㅁ
③ ㄷ - ㄱ - ㄴ - ㄹ - ㅁ
④ ㄴ - ㄹ - ㅁ - ㄱ - ㄷ
⑤ ㄴ - ㄷ - ㄹ - ㅁ - ㄱ

해설 표집의 과정
모집단 확정 → 표집틀 선정 → 표집방법 결정 → 표집크기 결정 → 표본추출

12 영가설(Null Hypothesis)에 관한 설명으로 옳은 것은?

① 변수 간의 관계가 존재한다는 가설이다.

② 변수 간 관계없음이 검증된 가설이다.

③ 조사자가 검증하고자 하는 가설이다.

④ 영가설에 대한 반증가설이 연구가설이다.

⑤ 변수 간 관계가 우연임을 말하는 가설이다.

해 설 ⑤ 영가설은 변수 간 관계가 우연에서 비롯될 수 있는 확률, 즉 영가설이 참일 수 있는 확률을 의미한다. 우연이란 연구결과에 대한 설명이 될 수 있는 여러 가지 대립가설들 가운데 하나의 것에 불과하다.
① 변수 간의 관계가 존재한다는 가설은 대립가설이다.
② 영가설은 검증된 가설이 아닌 처음부터 버릴 것을 예상하는 가설이다.
③ 조사자가 검증하고자 하는 가설은 연구가설(혹은 대립가설)이다.
④ 영가설은 연구가설을 반증하기 위해 사용되는 가설이다.

13 다음 중 보기의 내용과 연관된 척도의 종류를 순서대로 올바르게 나열한 것은?

ㄱ. 교육연수 – 1년 이상, 2년 이상, 3년 이상
ㄴ. 학점 – A, B, C, D, F
ㄷ. 출신학교 지역 – 서울, 경기도, 강원도, 충청도, 경상도, 전라도, 제주도

	ㄱ	ㄴ	ㄷ
①	서열척도	등간척도	명목척도
②	서열척도	비율척도	명목척도
③	등간척도	서열척도	비율척도
④	등간척도	비율척도	서열척도
⑤	비율척도	서열척도	명목척도

해 설 **척도의 적용 범주**
- 명목척도 : 성별, 결혼유무, 종교, 인종, 직업유형, 장애유형, 지역, 계절 등
- 서열척도 : 사회계층, 선호도, 석차, 소득수준, 교육수준, 수여 받은 학위, 자격등급, 장애등급, 변화에 대한 평가, 서비스 효율성 평가 등
- 등간척도 : IQ, EQ, 온도, 학력, 학점, 시험점수, 물가지수, 사회지표 등
- 비율척도(비례척도) : 연령, 무게, 신장, 수입, 매출액, 출생률, 사망률, 이혼율, 경제성장률, 졸업생 수, 정규교육을 받은 기간, 서비스 대기인수, 서비스 수혜기간 등

14 표집에 관한 설명으로 옳은 것은?

① 할당표집(Quota Sampling)은 무작위 표집을 전제로 한다.
② 유의표집(Purposive Sampling)은 확률표집이다.
③ 눈덩이표집(Snowball Sampling)은 모집단의 규모를 알아야만 사용할 수 있다.
④ 단순무작위 표집(Simple Random Sampling)은 모집단으로부터 표본으로 추출될 확률을 알 수 있다.
⑤ 임의표집(Convenience Sampling)은 모집단의 대표성이 높은 표본을 추출한다.

해 설 ④ 단순무작위 표집은 확률표집방법에 해당한다. 확률표집에서는 연구자가 모집단의 규모와 구성원의 특성에 대해 대체로 알고 있으므로, 연구자는 자신이 선정한 표본이 대표성을 갖는지를 확인할 수 있다.
 ① 할당표집은 비확률표집방법으로서, 무작위 표집을 전제로 하지 않는다.
 ② 유의표집(판단표집)은 비확률표집방법에 해당한다.
 ③ 눈덩이표집(누적표집)은 비확률표집방법으로서, 연구자가 특수한 모집단의 구성원 전부를 파악하고 있지 못한 경우, 표본의 소재에 관한 정보가 부족한 경우 사용할 수 있다.
 ⑤ 임의표집(편의표집)은 비확률표집방법으로서, 모집단에 대한 정보가 없고 구성요소 간의 차이가 별로 없다고 판단될 때 표본선정의 편리성에 기초하여 임의로 추출하는 방법이다.

15 다음 중 측정오류를 최소화하는 방법으로 옳은 것은?

① 전문용어를 사용하여 구체적으로 표현한다.
② 조사자에 대한 사전훈련을 실시한다.
③ 측정도구 내의 항목들을 포괄적으로 표현한다.
④ 측정시간을 최소한으로 줄인다.
⑤ 측정문항을 최소한으로 줄인다.

해 설 **측정오류 중, 비체계적인 오류를 줄이기 위한 방법**
 • 전문용어를 피하고 응답자가 이해할 수 있는 언어로 표현한다.
 • 측정자(조사자)에 대한 사전훈련을 실시한다.
 • 측정 항목 수를 늘리고, 신뢰할 수 있는 측정도구를 사용한다.
 • 측정 방식에 일관성을 유지한다.
 • 유사한 질문을 적절히 배치함으로써 일관성 있는 응답을 유도한다.
 • 응답자를 배려한 환경, 분위기를 조성한다.

16 다음 중 집단 내의 선택, 커뮤니케이션 및 상호작용의 패턴에 관한 자료를 수집하고 분석하는 방법으로 집단 내 구성원 간의 거리를 측정하는 방법은?

① 소시오메트리   ② 사회적 거리척도

③ 커트만 척도   ④ 리커트척도

⑤ Q-기법

> **해설** 소시오메트리(Sociometry)
> - 인간관계나 집단의 구조 및 동태를 경험적으로 기술·측정하는 이론과 방법을 총칭하는 것으로 좁은 의미로는 모레노(J. Moreno)와 그 학파가 체계화한 방법을 가리킨다.
> - 한정된 집단성원 간의 관계를 도출함으로써 집단의 성질, 구조, 역동성, 상호관계를 분석하는 일련의 방법에 해당한다.

기출 15회

17 사회복지조사의 연구윤리에 관한 설명으로 옳은 것을 모두 고른 것은?

> ㄱ. 연구대상을 관찰하기에 앞서 그들의 동의를 구해야 한다.
> ㄴ. 연구로부터 얻을 수 있는 사회적 이익이 비용을 초과해야만 한다.
> ㄷ. 조사과정에서 드러난 문제점과 실패도 모두 보고해야 한다.
> ㄹ. 비밀성이 보장되면 익명성도 보장된다.

① ㄱ   ② ㄴ

③ ㄱ, ㄷ   ④ ㄱ, ㄷ, ㄹ

⑤ ㄱ, ㄴ, ㄷ, ㄹ

> **해설** ㄴ. 사회복지조사가 연구대상자에게 피해를 주는 것이어서는 안 되겠지만, 이를 너무 엄격하게 규제하는 경우 사회현상에 대한 연구 자체가 어려울 수 있다. 이에 대한 기준으로는 연구대상자가 연구로부터 얻을 수 있는 혜택이나 사회적 이익이 연구로 인해 생길 불이익보다 커야 한다는 것이다.
> ㄹ. 연구자는 일차적으로 익명성과 비밀성을 지켜야 한다. 익명성(Anonymity)은 응답자들이 자신의 신원을 밝히지 않고 응답할 수 있도록 하는 것인 반면, 비밀성(Confidentiality)은 연구자가 응답자에 대해 알고는 있으나 이를 공개하지 않고 지킨다는 것이다. 익명성과 비밀성은 별개의 것으로, 익명성의 보장은 응답자와 비응답자의 구분을 어렵게 하는 반면, 비밀성의 보장은 자료의 신뢰성 여부를 둘러싼 공방을 야기할 수 있다.

18 다음 중 외부평가자와 비교하여 내부평가자를 활용할 때의 단점으로 옳은 것은?

① 조직이 수행하는 프로그램에 대한 지식과 정보가 부족하다.
② 프로그램 관련 정보에 대한 접근이 용이하지 않다.
③ 프로그램 운영자로부터 평가에 대한 협조를 구하기 어렵다.
④ 현실적인 제약요건으로 인한 평가 과정상의 융통성이 결여되어 있다.
⑤ 프로그램에 대해 객관성과 공정성을 유지하기 어렵다.

> **해 설** **내부평가의 장 · 단점**

장 점	• 내부평가자는 외부평가자보다 해당 조직 및 조직이 수행하는 각종 프로그램들에 대해 더욱 많은 지식과 정보를 가지고 있다. • 내부평가자는 프로그램 관련 정보에 대한 접근이 용이하므로, 전후 맥락의 주요 정보를 입수하는 데 어려움이 상대적으로 덜하다. • 내부평가자는 프로그램 운영자로부터 평가에 대한 협조를 구하기가 수월하다. • 내부평가자는 조직 내부의 상황에 익숙하므로 현실적인 제약요건을 감안하여 평가 과정을 융통성 있게 수행할 수 있다.
단 점	• 내부평가자는 외부평가자보다 조직 및 조직이 수행하는 프로그램들에 대해 객관성 · 공정성 · 독립성을 유지하기 어렵다. • 내부평가자는 프로그램의 세부에 대해 익숙하게 접근할 수는 있으나, 그에 대해 비판적인 시각을 견지하지 못하는 경향이 있다. • 내부평가자는 관련 분야의 전문가들로 구성되는 외부평가자들에 비해 전문성이 결여될 수 있으며, 평가의 신뢰도 확보에 있어서 상대적으로 불리하다.

19 다음 중 욕구조사의 자료수집방법으로 적당한 것을 모두 고르면?

ㄱ. 주요정보제공자 조사　　　　　　ㄴ. 델파이기법
ㄷ. 지역사회 서베이　　　　　　　　ㄹ. 사회지표조사

① ㄱ, ㄴ, ㄷ　　　　　　　　　　　② ㄱ, ㄷ
③ ㄴ, ㄹ　　　　　　　　　　　　　④ ㄹ
⑤ ㄱ, ㄴ, ㄷ, ㄹ

> **해 설** **욕구조사의 자료수집방법**
> • 사회지표조사방법 : 일정 인구가 생활하는 지역의 지역적 · 생태적 · 사회적 · 경제적 및 인구적 특성에 근거하여 지역사회의 욕구를 추정할 수 있다는 전제하에 사회지표를 분석한다(소득수준, 실업률, 주택보급률, 범죄율 등).
> • 2차 자료분석 : 지역주민을 대상으로 직접 자료를 수집하는 것이 아닌 지역사회 내의 사회복지기관의 서비스수혜자에 관련된 기록을 검토하여 욕구를 파악한다(인테이크 자료, 기관의 각 부서별 업무일지 등).
> • 주요정보제공자 조사 : 지역사회 전반의 문제에 대해 잘 알고 있는 기관의 서비스제공자, 인접 직종의 전문직 종사자, 공직자 등을 대상으로 질문하여 그 표적집단의 욕구 및 서비스 이용 실태 등을 파악하는 방법이다.

- 지역사회 서베이 : 지역사회의 일반 인구 또는 특정 인구의 욕구를 조사하기 위하여 이들 전체 인구를 대표할 수 있는 표본을 선정하고 이들이 생각하거나 느끼는 욕구를 조사하여 조사대상 전체의 욕구를 측정한다.
- 지역사회 공개토론회 : 지역사회의 욕구나 문제를 잘 알고 있는 지역사회구성원을 중심으로 공개적인 모임 및 자유로운 토론을 통해 욕구나 문제들을 파악하는 것이다.
- 델파이기법 : 전문가 · 관리자들로부터 우편으로 의견이나 정보를 수집하여 그 결과를 분석한 후 그것을 다시 응답자들에게 보내어 의견을 묻는 식으로 만족스러운 결과를 얻을 때까지 계속하는 방법이다.

20 다음 중 큰 집단의 실험을 통한 결과를 개인에게 적용했을 때 발생하는 오류에 해당하는 것은?

① 지나친 일반화의 오류
② 생태학적 오류
③ 개인주의적 오류
④ 환원주의적 오류
⑤ 성급한 일반화의 오류

해설 연구의 분석단위와 관련된 오류
- 환원주의적 오류 : 넓은 범위의 인간의 사회적 행위를 이해하는 데 필요한 변수 또는 개념의 종류를 지나치게 한정시키거나 한 가지로 환원시키려는 경향에서 발생한다.
- 개인주의적 오류 : 분석단위를 개인에 두고 얻어진 연구의 결과를 집단에 동일하게 적용함으로써 발생한다.
- 생태학적 오류 : 분석단위를 집단에 두고 얻어진 연구의 결과를 개인에 동일하게 적용함으로써 발생한다.

21 다음 중 패널조사의 특징에 해당하지 않는 것은?

① 초기 연구비용이 비교적 많이 드는 연구방법이다.
② 조사대상자로부터 추가적인 자료를 얻기가 비교적 쉽다.
③ 조사대상자의 태도 및 행동변화에 대한 정확한 분석이 가능하다.
④ 최초 패널을 다소 잘못 구성하더라도 장기간에 걸쳐 수정이 가능하다는 장점이 있다.
⑤ 패널의 대표성 확보가 어렵다는 단점이 있다.

해설 패널조사는 특정 조사대상자들을 선정해 놓고 반복적으로 조사를 실시하는 조사방법으로 패널의 장기적 관리가 어려워 초기 패널과 이후 패널구성원이 달라지는 경우가 빈번해 조사결과의 객관성이 떨어진다는 단점이 있다. 통계상 1년에 20~50%의 구성원이 원래의 패널에서 이탈하는 것으로 나타나고 있으며, 그로 인해 초기에 패널을 잘못 구성하는 경우 장기간에 걸쳐 수정이 불가능하다. 따라서 패널의 대표성을 확보하기 어렵다.

22 다음 중 단일사례연구에서 개입을 해도 효과가 나타나지 않을 경우 개입을 철회하기보다는 새로운 개입방법을 적용하는 설계유형은?

① 복수기초선설계 ② 복수요인설계
③ AB설계 ④ ABAB설계
⑤ ABA설계

> **해 설** ABCD설계(복수요인설계)
> • 하나의 기초선에 대해 여러 가지 각기 다른 개입방법을 연속적으로 도입하는 것이다.
> • 앞선 개입이 일정한 상태의 경향성을 나타내 보이는 경우 다른 개입방법을 도입하며, 마찬가지로 다시 안정된 경향성을 나타내 보이는 경우 또 다시 새로운 개입방법을 적용한다.
> • 각기 다른 개입방법의 효과를 동시에 측정할 수 있다. 또한 클라이언트의 문제해결에 유효하지 못한 개입을 수정하거나 개입이 실제 표적행동에 대한 변화를 가져오는지 설명하고자 할 때 유용하다.
> • 제2개입, 제3개입 단계에서의 효과를 이전 개입에 의한 선행효과와 명확히 구분하기 어려우며, 각각의 개입단계들이 다음 단계에 미치는 영향을 통제하기 어렵다.

23 다음 가설에서 사용된 변수의 종류를 옳게 나타낸 것은?

> ⊙ 교사의 지지가 높으면 ⓒ 집단따돌림이 ⓒ 아동의 자아존중감에 미치는 영향을 감소시킬 것이다.

	⊙	ⓒ	ⓒ
①	선행변수	종속변수	독립변수
②	독립변수	매개변수	종속변수
③	통제변수	독립변수	종속변수
④	조절변수	독립변수	종속변수
⑤	독립변수	종속변수	매개변수

> **해 설** 독립변수는 원인을 가져다주는 기능을 하는 반면, 종속변수는 결과를 나타내는 기능을 한다. 반면 조절변수는 종속변수에 영향을 미치는 독립변수의 인과관계를 조절할 수 있는 또 다른 변수로서, 독립변수와 종속변수 간의 이론적인 관계를 성립하도록 유도하는 변수이다. 보기에서 집단따돌림은 일종의 원인으로, 아동의 자아존중감에 미치는 영향은 결과로 간주할 수 있다. 그리고 교사의 지지는 결과에 대한 영향력을 조절하는 기능을 하는 것으로 볼 수 있다.

24 다음 중 제시된 내용과 연관된 연구방법에 해당하는 것은?

- 권력 및 권한 강화, 평가와 행동 등을 핵심요소로 한다.
- 연구자가 연구대상자보다 우위에 있다는 암묵적 가정에 도전한다.
- 연구대상자는 자신의 문제와 해결책을 스스로 정의한다.

① 현상학적 연구   ② 근거이론 연구
③ 참여행동연구   ④ 문화기술지
⑤ 내러티브탐구

> **해 설**   **참여행동연구(Participatory Action Research)**
> - 참여, 권력 및 권한 강화, 평가와 행동을 핵심요소로 한다.
> - 소위 지식이 권력집단의 이해를 대변하고 그들의 사회적 위치를 공고히 하는 데 기여한 것에 대한 문제의식에서 비롯된다.
> - 연구방법론이라기보다는 연구에 대한 태도로 볼 수 있는데, 연구설계 및 수행방법의 결정과 관련하여 연구목표의 주된 대상이 누구인지, 연구과정의 각 단계에서 권력의 위치는 어떠한지를 고려한다.
> - 참여행동연구이 과정은 연구자가 연구대상자보다 우위에 있다는 암묵적 가정에 도전하여 민주적인 방식을 견지하며, 참여자로서 연구대상자의 역량을 강화하고 자기결정권을 존중하는 방향으로 전개된다.
> - 개인과 사회의 변화를 통해 소외된 집단이나 탄압받는 사람들의 해방을 도모하며, 건전한 비판의식의 활성화를 통해 사회적ㆍ경제적으로 불평등한 의사결정구조를 변화시키고자 한다.
> - 평가와 실천의 지속적인 과정을 전제로 하여 교육, 분석, 조사, 행동의 연속적인 순환으로 구성된다.

25 다음 중 비구조화면접의 장점에 해당하는 것은?

① 정보의 비교가 가능하다.
② 신뢰성이 크다.
③ 융통성이 있다.
④ 질문의 언어구성에서 오는 오류를 줄일 수 있다.
⑤ 면접자의 행동이 통일성을 갖는다.

> **해 설**   **비구조화된 면접의 장ㆍ단점**
>
> | | |
> |---|---|
> | 장 점 | • 자유로운 면접과정을 통해 융통성을 확보할 수 있다.
• 구조화된 면접에서보다 더 많은 자료를 얻을 수 있다.
• 의미의 동일화를 달성할 수 있다.
• 구조화된 면접에 비해 상대적으로 타당도가 높다. |
> | 단 점 | • 시간, 비용, 인력이 비교적 많이 소요된다.
• 동일한 질문의 반복에 대해 다른 응답이 나타날 수 있다.
• 가설검증이나 인과관계의 규명에 부적절하다.
• 상대적으로 높은 타당도에 비해 신뢰도는 떨어진다. |

01 다음 중 삶의 질 향상을 위한 사회복지실천의 구체적인 기능에 해당하지 않는 것은?

① 사회적 역기능을 예방한다.
② 자원을 취득하도록 돕는다.
③ 사회정책과 환경정책에 영향을 미친다.
④ 욕구를 가진 클라이언트의 문제를 대신 해결해준다.
⑤ 개인과 개인 및 개인과 조직과의 상호관계를 촉진시킨다.

> **해 설** ④ 욕구를 가진 클라이언트의 문제를 대신 해결해주는 것이 아닌 클라이언트가 자신의 문제를 해결할 수 있
> 도록 문제해결능력 및 대처능력을 증대하도록 돕는다.

02 다음 제시된 내용은 상담 과정의 특정 상황과 관련된 행동지침이다. 이는 무엇에 대한 행동지침
에 해당하는가?

- 희망을 갖게 하고 용기를 준다.
- 저항의 실체를 있는 그대로 이해한다.
- 지금까지 견뎌온 것을 격려한다.
- 부정적인 감정을 표출하도록 유도한다.

① 타 기관으로의 의뢰　　　　　　② 문제해결을 위한 감정이입
③ 비자발적인 클라이언트의 동기화　　④ 변화상태 유지를 위한 사후관리
⑤ 수혜여부 판단을 위한 문제 확인

> **해 설** 비자발적인 클라이언트의 동기화를 위한 행동지침(Kirst-Ashman & Hull, Jr.)
> - 사회복지사는 비자발적 클라이언트들이 스스로 원해서 찾아온 것이 아니라는 사실을 명심한다.
> - 서비스에 대한 저항의 실체를 있는 그대로 이해한다.
> - 부정적인 감정을 표출하도록 유도한다.
> - 클라이언트가 원하는 것을 어느 수준까지 해결해 줄 수 있는지를 고려한다.
> - 희망을 갖게 하고 용기를 준다.
> - 사회복지사에 대한 신뢰감이 즉시 형성될 것이라는 무리한 기대를 가지지 않도록 한다.

03 다음 중 복합적인 문제를 가지고 있는 클라이언트의 사례에서 목표 설정 기준의 우선순위를 가장 우선적인 것에서부터 순서대로 올바르게 나열한 것은?

> ㄱ. 가장 단기간에 달성할 수 있는 문제
> ㄴ. 가장 시급하게 해결하여야 할 문제
> ㄷ. 사회복지사와 기관의 기능상 무리 없이 달성할 수 있는 문제
> ㄹ. 클라이언트에게 다른 목표에 도전할 수 있는 동기를 부여하는 문제

① ㄱ － ㄴ － ㄷ － ㄹ
② ㄱ － ㄴ － ㄹ － ㄷ
③ ㄱ － ㄷ － ㄴ － ㄹ
④ ㄴ － ㄱ － ㄷ － ㄹ
⑤ ㄴ － ㄱ － ㄹ － ㄷ

해 설 클라이언트가 복합적인 문제를 가진 경우 목표 설정의 우선순위
- 1순위 : 가장 시급하게 해결하여야 할 문제
- 2순위 : 가장 단기간에 달성할 수 있어서 성취감을 느낄 수 있는 문제
- 3순위 : 클라이언트에게 다른 목표에 도전할 수 있는 동기를 부여하는 문제
- 4순위 : 사회복지사와 기관의 기능상 무리 없이 달성될 수 있는 문제

기출 15회
04 생활시설에 해당하는 것은?

① 아동보호치료시설
② 아동보호전문기관
③ 영유아보육시설
④ 지역아동센터
⑤ 가정위탁지원센터

해 설 생활시설과 이용시설
- 생활시설 : 사회복지서비스에 주거서비스가 포함된 시설(예 노인요양시설, 장애인생활시설, 자립지원시설, 아동보호치료시설, 그룹 홈, 청소년쉼터, 정신요양시설 등)
- 이용시설 : 사회복지서비스에 주거서비스가 포함되지 않으며, 자신의 집에 거주하는 클라이언트를 대상으로 서비스를 제공하는 시설(예 종합사회복지관, 노인복지관, 장애인복지관, 영유아보육시설, 지역아동센터, 아동보호전문기관, 재가복지봉사센터, 노인주간보호센터, 장애인주간보호센터, 가정위탁지원센터, 쪽방상담소, 장애인직업재활시설, 지역자활센터, 다문화가족지원센터 등)

05 다음 중 사회복지실천의 접수단계에서 필요한 사회복지사의 기술에 해당하는 것을 모두 고른 것은?

> ㄱ. 의사소통기술　　　　　　　　ㄴ. 개입기술
> ㄷ. 관계형성기술　　　　　　　　ㄹ. 연계기술

① ㄱ, ㄴ, ㄷ　　　　　　　　　　② ㄱ, ㄷ
③ ㄴ, ㄹ　　　　　　　　　　　　④ ㄹ
⑤ ㄱ, ㄴ, ㄷ, ㄹ

> **해설** 접수단계의 사회복지사의 과업 및 기술
> • 원조관계(라포)의 형성
> • 이해 및 수용
> • 문제 초점의 명확화
> • 클라이언트의 문제 확인
> • 클라이언트에 대한 동기부여
> • 클라이언트의 저항감 해소
> • 파악한 문제를 해결할 수 없는 경우 다른 기관에 의뢰
> • 관계형성기술 및 의사소통기술의 동원

기출 18회

06 자선조직협회(COS)에 관한 설명으로 옳은 것은?

① 빈민 지원 시 중복과 누락을 방지하고자 시작되었다.
② 빈곤의 원인을 개인의 도덕 문제가 아니라 산업화의 결과로 보았다.
③ 연구 및 조사를 통하여 사회제도를 개혁하고자 설립되었다.
④ 빈민 지역의 주민들을 이웃으로 생각하여 함께 생활하였다.
⑤ 집단 및 지역사회복지의 태동에 영향을 주었다.

> **해설** ① 자선조직협회(COS ; Charity Organization Society)는 무계획적인 시야에서 벗어나 빈민에 대한 환경조사를 통해 중복구제를 방지함으로써 구제의 합리화와 조직화를 이루고자 하였다.
> ② · ③ · ④ · ⑤ 인보관 운동(Settlement House Movement)의 내용에 해당한다.

07 다음 중 관계형성(Rapport)을 위한 기술에 해당하는 것을 올바르게 모두 고른 것은?

> ㄱ. 클라이언트로 하여금 부정적인 감정표출이 상담 과정에 별다른 도움이 되지 않는다는 사실을 인식시킨다.
> ㄴ. 클라이언트의 감정을 충분히 이해하고 있다는 것을 언어적 · 비언어적으로 전달한다.
> ㄷ. 클라이언트가 침묵하는 경우 그 이유가 무엇인지 즉시 묻는다.
> ㄹ. 클라이언트에게 자신의 모습을 있는 그대로 거짓 없이 솔직하게 드러낸다.

① ㄱ, ㄴ, ㄷ   ② ㄱ, ㄷ
③ ㄴ, ㄹ   ④ ㄹ
⑤ ㄱ, ㄴ, ㄷ, ㄹ

> **해설** ㄱ. 상담자로서 사회복지사는 클라이언트의 표현에 면박을 주거나 비판하지 않으며, 클라이언트가 처한 현실과 감정을 거부하지 않고 있는 그대로 수용해야 한다.
> ㄷ. 대개의 경우 클라이언트가 자기 자신을 음미해보거나 머릿속으로 생각을 간추리는 과정에서 침묵이 발생하므로, 이때의 침묵은 유익한 필요조건이 된다. 즉, 클라이언트는 '창조적 침묵'으로써 자신이 처한 상황의 의미와 중요성, 자신에 대한 긍정적인 생각과 감정에 몰두하게 된다. 따라서 사회복지사는 '조용한 관찰자'로서 클라이언트의 침묵을 섣불리 깨뜨리려 하지 말고, 인내심을 가지고 어느 정도 기다려보는 것이 바람직하다.

08 교육비평가인 플렉스너(Flexner)는 "사회복지실천은 전문직이 아니며, 사회복지사도 전문가가 아니다"라고 비판함으로써 사회복지실천에 대한 문제인식을 형성하였다. 다음 중 이와 같은 플렉스너의 비판으로 인해 나타난 사회복지계의 반응에 해당하지 않는 것은?

① 사회개량운동의 추진
② 미국 사회복지사협회의 설립
③ 전문사회복지학교의 설립
④ 개별사회사업방법론의 공통 기반 조성
⑤ 『사회진단(Social Diagnosis)』의 출간

> **해설** 플렉스너(Flexner)의 비판 결과로 나타난 사회복지계의 반응
> • 1917년 리치몬드(Richmond)에 의해 『사회진단(Social Diagnosis)』 출간
> • 1919년까지 뉴욕자선학교 외에 17개의 전문사회복지학교 설립
> • 1921년 미국 사회복지사협회 설립
> • 1929년 밀포드 회의(Milford Conference)를 통해 개별사회사업방법론의 공통 기반 조성

09 다음 중 사회복지실천방법으로서 임파워먼트에 대한 설명으로 가장 옳은 것은?

① 개인의 문제를 임상적인 차원에서 해결하는 것이다.

② 개인 또는 집단이 자신의 문제해결에 참여할 수 있도록 권한과 능력을 향상시키는 개입방법이다.

③ 집단에 대한 개입보다는 개인에 대한 개입에서 더 효과성이 크다고 평가되고 있다.

④ 서비스의 전달을 보다 효율적으로 하기 위한 개입방법이다.

⑤ 개인의 사회적 지지체계와 함께 그를 둘러싼 환경을 강화해 주는 것이다.

> **해 설** 임파워먼트는 클라이언트를 문제 중심으로 보는 것이 아닌 강점 중심으로 봄으로써 클라이언트의 잠재역량 및 자원을 인정하고 클라이언트 내외의 탄력성이 있음을 전제하여 클라이언트가 자신의 삶을 통제할 수 있도록 권한 혹은 힘을 부여하는 것이다.

10 사정을 위한 면접의 기능에 해당하지 않는 것은?

① 문제 상황에 대한 이해

② 클라이언트의 강점 파악

③ 문제해결과정의 장애물 탐색

④ 클라이언트의 욕구 우선순위 설정

⑤ 클라이언트 환경의 변화 촉진

> **해 설** ⑤ 치료를 위한 면접의 기능에 해당한다. 사정을 위한 면접이 현재의 문제 상황을 비롯하여 문제 해결을 위한 목표 및 개입방법 등을 결정하는 데 초점을 두는 반면, 치료를 위한 면접은 클라이언트의 기능 향상 및 사회적 적응을 위해 환경을 변화시키는 데 주력한다.

11 다음 중 위기개입모델의 위기개입의 목적과 개입원칙에 대한 설명으로 옳지 않은 것은?

① 구체적이고 관찰 가능한 문제들을 표적으로 한다.

② 가장 적절하고 효과적인 치료전략을 수립한다.

③ 사회복지사의 적극적이고 직접적인 역할이 요구된다.

④ 위기개입은 상대적으로 단기적 접근에 해당한다.

⑤ 경험적 연구에 의해 지지되고 검증된 방법과 이론들을 선호한다.

> **해 설** ⑤ 과제중심모델(과업중심모델)의 내용에 해당한다. 과제중심모델은 1960년대 후반 단기치료의 영향을 받아 실용성·간편성·유용성을 토대로 사회복지실천분야에서 발달하기 시작하였다. 특히 객관적인 조사연구를 강조하는 경험지향형 모델로서, 통합적인 접근을 통해 특정 이론이 아닌 다양한 접근방법을 활용한다.

12 사례관리의 사정에 관한 설명으로 옳은 것을 모두 고른 것은?

ㄱ. 클라이언트와 함께 문제 목록 작성
ㄴ. 클라이언트의 욕구 및 자원 확인
ㄷ. 계획된 서비스의 전달과정 추적

① ㄱ
② ㄴ
③ ㄱ, ㄴ
④ ㄴ, ㄷ
⑤ ㄱ, ㄴ, ㄷ

해설 ㄷ. 사례관리의 점검 및 재사정 단계의 내용에 해당한다. 점검 및 재사정 단계에서는 클라이언트에게 제공되는 서비스의 적시성, 적절성, 충분성, 연속성을 보장하기 위해 서비스 제공체계의 서비스 전달 및 실행을 추적하고 이를 점검 및 재사정한다.

사례관리의 사정의 범주

욕구와 문제의 사정	문제는 클라이언트의 욕구가 해소되지 못할 때 발생하게 되므로, 사례관리자는 클라이언트와 함께 욕구와 문제에 대한 목록을 만들어 개입의 우선순위를 정해야 한다.
자원의 사정	사례관리자는 문제 해결을 위해 필요한 공식적 자원 및 비공식적 자원을 클라이언트와 함께 사정한다. 또한 클라이언트의 강점을 파악한다.
장애물의 사정	사례관리자는 클라이언트의 환경과 관련된 외부 장애물, 클라이언트의 왜곡된 신념이나 가치 등의 내부장애물, 그리고 클라이언트 스스로 통제할 수 없는 선천적 무능력 등의 장애물을 사정한다.

13 인보관 운동에 관한 내용으로 옳지 않은 것은?

① 빈민을 통제하는 사회통제적 기능을 담당함
② 인보관에서 일하는 사람은 지역사회에서 함께 살면서 활동함
③ 지역사회 문제에 관한 연구와 조사를 실시함
④ 빈민지역의 주택 개선, 공중보건 향상 등에 관심을 둠
⑤ 사회문제에 대한 집합적이고 개혁적인 해결을 강조함

해설 ① 자선조직협회에 대한 설명에 해당한다. 자선조직협회는 우애방문원들의 개별방문을 통해 빈곤가정을 방문하여 상담 및 교육, 교화를 하는 역할을 수행하였으며, 빈민구제에 도덕적 잣대를 적용함으로써 빈민을 통제하고자 하였다. 참고로 인보관 운동은 지식인과 대학생들이 직접 빈민가로 들어가 빈민들과 함께 생활하면서 지역사회의 교육 및 문화활동을 주도하였다.

14 다음 중 사례관리의 개입단계에서 간접적 개입에 해당하는 것을 모두 고르면?

ㄱ. 클라이언트를 교육시키는 것
ㄴ. 클라이언트의 결정을 격려하는 것
ㄷ. 클라이언트를 동기화시키는 것
ㄹ. 클라이언트가 필요로 하는 서비스를 중개하는 것

① ㄱ, ㄴ, ㄷ   ② ㄱ, ㄷ
③ ㄴ, ㄹ   ④ ㄹ
⑤ ㄱ, ㄴ, ㄷ, ㄹ

> **해 설** ㄱ·ㄴ·ㄷ. 직접적 개입에 해당한다.
>
> **직접적 개입방법과 간접적 개입방법**
>
> | | | |
> |---|---|---|
> | **직접적 개입** | 의사소통기법 | 자아인식 향상을 위한 기법, 지지적 기법, 지시적 기법 |
> | | 행동학습기법 | 강화와 처벌, 모방, 토큰강화, 타임아웃 |
> | | 대인관계 개선기법 | 행동시연, 역할교환, 가족조각기법 |
> | **간접적 개입** | 서비스 조정, 프로그램 계획 및 개발, 환경조작, 옹호, 지역사회 내 기관 간의 협력 | |

제3회

15 다음 중 사회복지실천을 구성하는 사회체계유형에서 서비스나 도움을 필요로 하는 사람에 해당하는 체계는?

① 변화매개체계
② 클라이언트체계
③ 전문가체계
④ 행동체계
⑤ 표적체계

> **해 설** **사회복지실천을 구성하는 6가지 사회체계유형(Compton & Galaway)**
> - 변화매개체계 : 사회복지사와 사회복지사를 고용하고 있는 기관 및 조직
> - 클라이언트체계 : 서비스나 도움을 필요로 하는 사람
> - 표적체계 : 목표를 달성하기 위해 변화시키는 것이 필요한 사람
> - 행동체계 : 변화노력을 달성하기 위해 상호작용하는 사람
> - 전문가체계 : 전문가 단체, 전문가를 육성하는 교육체계 등
> - 문제인식체계(의뢰-응답체계) : 잠재적 클라이언트를 사회복지사의 관심영역으로 끌어들이기 위해 행동하는 체계

14 ④   15 ②   적중예상문제 제3회 **397**

16 종결단계에서 사회복지사의 과업으로 옳지 않은 것은?

① 사후관리 계획 수립

② 목표 달성을 위한 서비스 제공

③ 클라이언트 변화결과에 대한 최종 확인

④ 다른 기관 또는 외부 자원 연결

⑤ 종결에 대한 클라이언트 반응 처리

해설 ② 목표 달성을 위한 서비스를 제공하는 것은 개입단계에서 사회복지사의 과업에 해당한다. 참고로 종결단계 (평가 및 종결 단계)에서 사회복지사는 제공된 서비스의 목표 달성 정도를 평가하고 클라이언트가 습득한 기술이나 이득이 유지될 수 있도록 도우며, 종결에 대한 클라이언트의 정서적 반응을 처리하고 사후관리 계획을 수립하는 과업들을 수행하게 된다.

17 다음 사례에서 사례관리자의 역할은?

한부모가정 내 알코올 중독자인 아버지는 심신의 쇠약과 경제적 무능력 상태에서 중학교 2학년인 딸과 생활하고 있다. 딸이 재학 중인 학교의 사회복지사는 딸의 가정환경을 사정하는 과정에서 아버지와 면담을 하였다. 아버지는 어떻게든 딸을 돌봐야겠다는 생각에 자신의 상황을 변화시키려는 의지를 갖고 있으나, 어디서부터 시작해야 할지 모르고 있었다. 학교사회복지사의 의뢰를 받은 사례관리자가 아버지의 욕구를 사정해 본 결과 알코올 의존에서 벗어나기, 직업 활동이 가능할 정도의 체력 회복, 직업 훈련, 취업정보의 획득 등의 욕구가 확인되었다. 아버지의 동의하에 사례관리자는 그에게 지역사회 내 병원, 직업훈련시설, 자활후견기관, 단주모임(AA) 등을 안내하여 차례로 서비스를 받게 하였다.

① 중재자　　　　② 옹호자

③ 중개자　　　　④ 기획가

⑤ 조성자

해설 사례의 알코올 중독자인 한부모가정의 아버지는 알코올 의존에서 벗어나고자 하였으며, 사회재활을 위해 직업 훈련을 받기를 희망하였다. 사례관리자는 알코올 중독자인 클라이언트의 욕구를 사정한 후 그의 치료 및 재활을 위해 지역사회 내 병원, 직업훈련시설, 자활후견기관 등을 안내해 주었다. 이는 사례관리자의 '중개자(Broker) 역할'에 해당하는 것으로서, 사례관리자는 클라이언트로 하여금 지역사회 내에 있는 서비스체계나 자원을 활용할 수 있도록 돕거나 안내해 주는 역할을 한다.

18 전문적 원조관계의 기본 요소인 사회복지사의 문화적 민감성 관련 내용으로 옳은 것은?

① 문화적 다양성과 유사성을 인지하고 선호나 옳고 그름의 가치를 부여
② 자신의 문화를 중심에 두면서 타 문화를 이해하기 위해 의사소통
③ 출신국가, 피부색 간에 존재하는 권력적 위계관계 무시
④ 자신의 문화에 대한 인식에 기초하여 다문화 배경 클라이언트의 상황을 규정
⑤ 다문화 생활경험과 가치에 맞는 개입전략 개발

> **해 설** **문화적 민감성(Cultural Sensitivity)**
> 문화적 다양성에 대한 민감성, 의사소통 능력 및 국제적인 안목을 갖고 문제에 적절히 반응해야 하는 것을 의미한다.

19 다음 중 사회복지의 가치와 윤리에 대한 설명으로 옳지 않은 것은?

① 사회복지 가치는 윤리에 기반을 두고 있다.
② 가치는 좋고 바람직한 것에 대한 지침이다.
③ 사회복지 가치에는 인간의 존엄성, 인간의 자율성이 있다.
④ 윤리는 어떤 행동의 옳고 그름에 대한 판단기준이다.
⑤ 윤리는 사회적 의식의 한 형태로서 규범의 총체이다.

> **해 설** ① 가치가 윤리에 기반을 두는 것이 아닌 윤리가 가치에서 나온다. 사회복지실천의 윤리에서 가치문제를 중요하게 다루는 이유는 그와 같이 사회복지의 가치에서 윤리적 원칙들이 나오기 때문이다.

20 핀커스와 미나한(A. Pincus & A. Minahan)의 4체계 모델에 관한 설명으로 옳은 것은?

① 이웃이나 가족 등은 변화매개체계에 해당한다.
② 문제해결을 위해 사회복지사와 상호작용하는 사람들은 행동체계에 해당한다.
③ 비자발적인 클라이언트는 의뢰−응답체계에 해당한다.
④ 목표달성을 위해 변화가 필요한 사람들은 변화매개체계에 해당한다.
⑤ 전문가 육성 교육체계도 전문체계에 해당한다.

> **해 설** **핀커스와 미나한(Pincus & Minahan)의 4체계 모델**
> • 표적체계 : 목표달성을 위해 변화시킬 필요가 있는 대상
> • 클라이언트체계 : 서비스나 도움을 필요로 하는 사람들
> • 변화매개체계 : 사회복지사와 사회복지사가 속한 기관 및 조직
> • 행동체계 : 변화매개인들이 변화 노력을 달성하기 위해 서로 상호작용하는 사람들

21 양가감정(Ambivalence)에 관한 설명으로 옳은 것을 모두 고른 것은?

> ㄱ. 변화를 원하는 것과 원하지 않는 마음이 공존하는 것을 의미한다.
> ㄴ. 클라이언트가 양가감정을 갖는 것은 자연스러운 현상이다.
> ㄷ. 클라이언트의 양가감정을 수용하면 클라이언트의 저항감이 강화된다.
> ㄹ. 양가감정은 초기 접촉단계가 아닌 중간단계에서부터 다루어져야 한다.

① ㄱ
② ㄱ, ㄴ
③ ㄴ, ㄷ
④ ㄱ, ㄴ, ㄹ
⑤ ㄱ, ㄷ, ㄹ

해설 ㄷ. 클라이언트의 저항감은 양가감정, 도움받기를 꺼리는 마음, 변화가 불가능하리라는 생각 등에서 기인하며, 양가감정을 수용할 경우 클라이언트의 저항감은 줄어든다.
ㄹ. 양가감정은 클라이언트로 하여금 개입과정에 적극적으로 참여할 수 있도록 초기 접수단계에서 다루어져야 한다.

22 다음 보기의 내용에 해당하는 집단사회복지실천모델은?

> • 목적 – 개인적인 역기능의 변화
> • 지도자의 역할 – 전문적인 변화매개인의 역할
> • 대상 – 역기능 또는 문제해결을 위해 도움을 필요로 하는 자
> • 회합기간 – 정기적이며 시간사용 계획을 사전에 설정함

① 사회적 목표모델
② 치료모델
③ 상호작용모델
④ 의사소통모델
⑤ 집단역동모델

해설 집단사회복지실천모델

사회적 목표모델	• 인보관 운동에서 발전한 초기 집단사회사업의 전통적 모델로서, 사회적 인식 및 책임을 구성원들의 기본과업으로 한다. • 집단 내 개인의 성숙 및 사회의식 · 사회책임을 발전시킨다. • 사회복지사는 상담자, 능력부여자, 교사의 역할을 담당한다.
치료모델	• 집단을 통해 개인을 치료하는 것으로, 집단은 개인의 목표를 달성하기 위한 도구 또는 상황에 해당한다. • 집단성원의 개인적 욕구와 집단사회복지사의 허용 및 제한이 균형을 이룬다. • 사회복지사는 지시적이고 계획적인 활동을 통해 진단 · 평가 · 계획된 치료를 수행한다.
상호작용모델	• 집단성원 상호 간의 지지나 재보증 등 집단 내 상호작용과정에 초점을 둔다. • 사회복지사는 개인과 집단의 조화를 도모하며 중재자로서의 역할을 담당한다.

23 다음 사례에서 윤리적 결정의 철학적 근거는?

17세 여고생 A는 학교사회복지사에게 비밀보장을 요구하며 상담을 요청하였고 사회복지사는 비밀 보장을 약속했다. A는 현재 임신 10주째로 부모와 교사에게 알리지 않고 출산을 할 수 있도록 도와 달라고 요구하였다. 그러나 사회복지사는 A와 태아의 건강과 복지를 위해 비밀보장의 약속을 어기 고 부모에게 알리기로 결심하였다.

① 윤리적 개인주의   ② 윤리적 상대주의

③ 윤리적 종교주의   ④ 윤리적 절대주의

⑤ 윤리적 민주주의

해 설 윤리적 절대주의(Ethical Absolutism)는 보편타당한 행위규범으로서의 윤리가 절대적으로 존재한다고 보는 입 장이다. 선과 악, 옳고 그름도 어떤 행위의 결과와 별개로 판단되며, 도덕규범 이외의 어떤 개별적인 예외도 인정하지 않는다. 반면, 윤리적 상대주의(Ethical Relativism)는 보편타당한 행위규범으로서의 윤리가 존재하지 않는다는 입장이다. 가치는 상대적인 것으로 결코 고정불변하지 않으며, 행동의 동기보다는 결과를 중시한다. 보기에서 사회복지사는 클라이언트인 여고생 A가 요구한 비밀보장의 약속과 태아의 건강 사이에서 윤리적인 딜레마에 빠져있다. 이는 윤리적 의사결정에 있어서 가치문제와 연관된 것으로서, 여기서 사회복지사는 클라 이언트의 사생활보호 및 비밀보장의 윤리원칙보다 태아의 생명보호를 우선시하는 것을 볼 수 있다.

24 다음 중 사회복지사의 역할에 대한 설명으로 가장 옳은 것은?

① 교사 – 클라이언트의 문제해결능력 향상을 위해 정보를 제공한다.

② 중개자 – 개인이나 집단의 입장을 지지하고 대변한다.

③ 촉진자 – 기관 간 의사소통의 갈등이나 의견 차이를 조정한다.

④ 행동가 – 직접 지역사회에 들어가 활동한다.

⑤ 연구자 – 새로운 정책, 서비스, 프로그램을 계획한다.

해 설 ② 옹호자, ③ 중재자, ④ 현장개입가, ⑤ 계획가

25 다음 보기의 내용에 해당하는 사회복지실천과정의 단계는?

- 문제를 욕구로 전환한다.
- 개입수준을 평가한다.
- 문제를 해석된 용어로 표현한다.
- 여러 가지 문제 중 우선순위를 정한다.

① 사 정
② 계 획
③ 개 입
④ 계 약
⑤ 관계형성

> **해 설** 계획의 단계(Kirst-Ashman & Hull, Jr.)
> - 1단계 : 클라이언트와 함께 작업하기
> - 2단계 : 문제의 우선순위 정하기
> - 3단계 : 문제를 욕구로 전환하기
> - 4단계 : 개입수준 평가하기
> - 5단계 : 일차적 목적 설정하기
> - 6단계 : 목표를 구체화하기
> - 7단계 : 클라이언트와 계약을 공식화하기

2영역 ▶ 사회복지실천기술론

기출 20회

01 집단 사정을 위한 소시오그램에 관한 설명으로 옳은 것은?

① 구성원 간 호감도 질문은 하위집단을 형성하므로 피한다.
② 구성원 모두가 관심을 갖는 주제를 발견하는 데 목적이 있다.
③ 소시오메트리 질문을 활용하여 정보를 파악한다.
④ 구성원 간 상호작용을 문장으로 표현한다.
⑤ 특정 구성원에 대한 상반된 입장 중 하나를 선택하는 것이다.

> **해 설** ③ 소시오메트리(Sociometry)는 집단성원 간 관심 정도를 측정하기 위해 각 성원에 대한 호감도를 1점(가장 싫어함)에서 5점(가장 좋아함)으로 평가한다. 이러한 소시오메트리 질문을 통해 하위집단을 측정할 수 있다.
> ① 집단성원의 행동관찰만으로 파악하기 어려운 집단 내의 소외자, 하위집단 형성 유무, 성원 간의 호감관계 또는 갈등관계 등을 파악할 수 있다.
> ② 집단 내에 있어서 집단성원들 간의 견인과 반발의 형태를 분석하고 그 강도와 빈도를 측정함으로써 집단 내 개별성원의 관계위치를 비롯한 집단 그 자체의 구조 또는 상태를 발견하여 평가하는 데 목적이 있다.
> ④ 집단성원들 간의 상호작용을 도식화한다.
> ⑤ 의의차별척도에 관한 설명이다.

02 클라이언트의 인식에 기초한 질적 평가의 목적이 아닌 것은?

① 긍정적 피드백으로 사회복지사의 소진 예방

② 의도된 성과 외에 부가적인 성과 확인

③ 기여요인과 방해요인에 대한 피드백

④ 변화의 일반적인 요인 외에 특수한 요인을 발견하고 실천에 통합

⑤ 클라이언트의 시각에서 프로그램 의미 도출

> **해 설** ① 클라이언트의 인식에 기초한 질적 평가, 즉 클라이언트 만족도 평가는 개입결과에 대하여 그의 주관적 의견을 구하는 방식이다. 이는 클라이언트가 받은 서비스 및 프로그램에 대한 그의 주관적 인식을 알 수 있을 뿐, 궁극적 목적이 사회복지사의 소진 예방에 있는 것은 아니다.

03 다음 중 윤리적 원칙에 따른 우선순위로 옳지 않은 것은?

① 개인의 복지권은 타인의 사생활 및 자기결정권에 우선한다.

② 생명, 음식, 주거에 대한 권리는 오락, 교육에 대한 권리에 우선한다.

③ 개인의 자기결정권은 그 자신의 복지권에 우선한다.

④ 개인의 재산권은 공공재를 증진시킬 의무에 우선한다.

⑤ 개인의 복지권은 법률, 규칙, 규정 및 조직의 질서에 우선한다.

> **해 설** ④ 공공재를 증진시킬 의무(주택, 교육, 공공부조)는 개인의 완전한 재산권에 우선한다.

04 다음 중 보기의 사례에서 가족에 대한 사회복지사의 개입과 연관된 가족치료모델에 해당하는 것은?

> 치료대상 가족은 권위적인 아버지를 중심으로 모든 권력구조가 가장인 아버지에게 집중되어 있다. 어머니는 이런 아버지에 대한 불만을 딸과 공유하면서 마치 친구와 같은 관계를 맺고 있다. 딸 역시 학교생활의 사소한 일들에 대해서 일일이 어머니와 의논하는 등 밀착된 관계를 유지하고 있다. 사회복지사는 이와 같은 가족문제를 해결하기 위해 부부 간의 권력구조를 변화시키고 어머니와 딸 사이의 경계를 명확하게 설정하도록 도왔다.

① 구조적 가족치료모델   ② 전략적 가족치료모델

③ 정신역동 가족치료모델   ④ 해결중심적 가족치료모델

⑤ 이야기치료모델

> **해 설** 보기의 내용은 구조적 가족치료모델의 주요 개념으로서 '경계 만들기(Boundary Making)'와 연관된다. 경계 만들기는 개인체계뿐만 아니라 하위체계 간의 경계를 명확히 함으로써 가족성원 간 상호지지의 분위기 속에서 독립과 자율을 허용하도록 하는 기법이다. 미누친(Minuchin)은 구조적 가족치료모델을 고안하여 역기능적인 가족이 가족구조의 재구조화를 통해 적절한 대처능력을 습득하며, 순기능적인 가족으로서 적절한 기능을 수행할 수 있도록 하였다. 특히 가족 간의 명확한 경계를 강조하며, 하위체계 간에 개방되고 명확한 경계를 수립하는 것을 치료의 목적으로 하였다.

05 다음 중 집단을 대상으로 한 사회기술훈련에서 사용되는 기법에 해당하는 것을 올바르게 모두 고른 것은?

| ㄱ. 모델링 | ㄴ. 리허설 |
| ㄷ. 역할연습 | ㄹ. 직접적 지시 |

① ㄱ, ㄴ, ㄷ   ② ㄱ, ㄷ

③ ㄴ, ㄹ   ④ ㄹ

⑤ ㄱ, ㄴ, ㄷ, ㄹ

> **해설**
> ㄱ. 모델링(Modeling)은 다른 사람의 행동을 보고 들으면서 그 행동을 따라하는 것으로 관찰학습을 의미한다. 집단지도자는 특정 장면을 설정하여 직접 모델연기를 보여주거나 참가자들에게 모델링을 하도록 요구할 수 있으며, 비디오 등의 매체를 이용하여 학습 환경을 조성할 수도 있다.
> ㄴ. 시연 또는 리허설(Rehearsal)은 실제 생활에서 특정 행동을 적절히 해낼 가능성을 증가시키기 위해 이를 연습 장면에서 실행해보도록 하는 것이다. 집단지도자는 참가자들이 습득한 행동기술을 여러 사람 앞에서 시연해보도록 하며, 이를 통해 집단성원들의 피드백을 얻을 수 있도록 한다.
> ㄷ. 역할연습 또는 역할극(Role Playing)은 문제 상황을 구체적으로 재현하거나 새로운 행동을 연습하는 데 활용된다. 집단지도자는 연습 장면을 설정하여 참가자들과 함께 역할연기를 수행할 배역을 정하며, 필요한 장치와 소도구들을 준비한다. 역할연기를 위해 각각의 배역들이 어떻게 행동하고 반응해야 하는지 구체적인 지시가 이루어진다.
> ㄹ. 직접적 지시(Straightward Directives)는 집단지도자가 전문가의 입장에서 문제해결을 위한 구체적인 시도 방법을 제시하는 것이다. 집단지도자는 가장 보편적인 방법으로 참가자들을 설득하며, 그와 같은 지시를 따름으로써 각자에게 올 이득을 설명한다.

06 집단프로그램을 진행하는 과정에서 사회복지사가 이직으로 집단구성원들과 이별하게 되었다. 이때 사회복지사의 개입방법으로 옳지 않은 것은?

① 구성원의 정서적 반응과 혼란을 수용하고 다룬다.
② 남아 있는 문제와 목표들을 재점검한다.
③ 새로운 지도자를 맞이할 수 있도록 한다.
④ 집단프로그램을 바로 종결한다.
⑤ 집단 과정을 통해 획득한 변화나 기술, 기법 등이 유지되도록 지지한다.

> **해설** **사회복지사에 의한 종결**
> • 사회복지사는 다른 부서로 이동하거나 새로운 직장으로 이직하는 경우, 의뢰된 사례가 자신에게 적합하지 않은 것으로 판단한 경우, 치료 가능성이 희박하다고 판단한 경우, 이사나 입원 등 개인적인 사정에 의한 경우 프로그램을 종결할 수 있다.
> • 사회복지사는 클라이언트에게 자신의 상황에 대해 미리 알려주어야 하며, 클라이언트로 하여금 종결의 상황에 대해 정서적으로 준비할 수 있도록 배려해야 한다.
> • 사회복지사는 클라이언트의 남아 있는 문제와 목표들을 재점검하며, 집단 과정을 통해 클라이언트가 획득한 변화나 기술, 기법 등이 지속적으로 유지될 수 있도록 지지한다.
> • 사회복지사는 클라이언트에 대해 지속적인 개입이 필요하다고 판단하는 경우 클라이언트를 다른 사회복지사에게 또는 다른 적합한 기관에 의뢰하는 것이 좋다.
> • 사회복지사가 클라이언트를 다른 기관에 의뢰하는 경우 몇몇 기관을 선별하여 그중 클라이언트가 희망하는 곳으로 선택할 수 있도록 해준다.

07 다음 중 보기의 내용과 연관된 가족치료기법에 해당하는 것은?

> 고등학생인 A군은 아버지가 자신을 학대한다고 주장하였다. A군의 말에 따르면, 사실 아버지는 자신의 친아버지가 아닌 양아버지이며, 아마도 그것 때문에 자신을 미워하여 매를 가한다는 것이다. 그러나 A군의 아버지와 이야기를 나누는 과정에서 A군이 불량학생들과 어울려 다니면서 수차례 동급생을 폭행하고 돈을 빼앗는 등 부적절한 행동을 하였기에 가정교육 차원에서 보다 엄격하게 A군을 훈계하려고 했다는 사실을 알게 되었다. 이에 사회복지사는 A군에게 아버지가 매를 가한 이유에 대해 A군이 가정과 학교에서 올바른 생활을 하도록 훈계한 것일 수 있다는 긍정적인 의미의 말을 전달하였다.

① 재명명(Reframing)
② 재보증(Reassurance)
③ 직면(Confrontation)
④ 환기(Ventilation)
⑤ 초점화(Focusing)

해 설 ① '재명명(Relabeling)' 또는 '재구성(Reframing)'은 클라이언트로 하여금 문제를 다른 시각에서 보거나 다른 방법으로 이해하도록 돕는 기술이다. 특히 인지행동치료에서 많이 활용되는 기술로서, 클라이언트의 인지 및 사고과정의 변화와 함께 행동수정을 목표로 한다. 즉, 재명명은 특정 문제에 대해 클라이언트가 부여하는 의미를 수정해 줌으로써 주어진 상황에 대한 부정적인 생각을 보다 새롭고 긍정적인 시각으로 변화하도록 돕는다.
② '재보증(Reassurance)'은 심리사회모델의 직접적 개입기법 중 '지지하기(Sustainment)'의 실천적 방법이다. 클라이언트의 낙담, 좌절, 의기소침, 무력감, 자신감 결여 등의 심적 상태를 건강하고 자신감 있는 상태로 회복시키고 불건전한 정서를 적절히 해소하도록 함으로써 자아기능을 회복하도록 돕는 것을 목표로 한다.
③ '직면(Confrontation)'은 클라이언트의 말이나 행동이 일치하지 않은 경우 또는 클라이언트의 말에 모순점이 있는 경우 사회복지사가 그것을 지적해주는 기술이다.
④ '환기(Ventilation)'는 클라이언트로 하여금 이해와 안전의 분위기 속에서 자신의 슬픔, 불안, 분노, 증오, 죄의식 등 억압된 감정을 자유롭게 털어놓을 수 있도록 돕는 기술이다.
⑤ '초점화(Focusing)'는 클라이언트와의 의사소통에 있어서 중요한 부분을 강조하거나 집중시키고자 할 때 사용하는 표현적 의사소통기술이다.

08 다음 중 임파워먼트모델의 개입과정과 연관된 것을 모두 고르면?

> ㄱ. 대 화
> ㄴ. 발 견
> ㄷ. 발 전
> ㄹ. 조 정

① ㄱ, ㄴ, ㄷ
② ㄱ, ㄷ
③ ㄴ, ㄹ
④ ㄹ
⑤ ㄱ, ㄴ, ㄷ, ㄹ

해 설 **임파워먼트모델의 개입과정(3D)**
• 대화(Dialogue) : 클라이언트와 상호협력적인 관계를 수립하며 초기방향을 설정한다.
• 발견(Discovery) : 클라이언트가 가지고 있는 강점을 확인하고 대인 상호적인 정보를 연결한다. 또한 자원역량을 사정하며 해결을 위한 방안을 수립한다.
• 발전(Development) : 클라이언트의 욕구를 구체화하고 클라이언트가 사용하지 않은 자원을 사정한다. 또한 새로운 자원과 기회를 창출한다.

09 다음 보기에서 사회복지사의 개입방법으로 적절하지 않은 것은?

> 폭력문제로 학교에서 문제를 일으킨 학생이 의뢰되었다. 학생은 폭력의 원인을 어머니로 인한 불안과 스트레스 때문이라고 하지만 어머니는 학생이 반항아이기 때문이라고 한다.

① 부모 면담의 가능성 여부를 확인한다.
② 어머니의 입장에서 개입한다.
③ 학교사회복지사에게 의뢰한다.
④ 문제원인을 규명한다.
⑤ 사회복지사가 이 사례를 맡을 것인지 결정을 내린다.

해 설 ② 클라이언트의 문제는 단순히 개인의 심리적·행동적 오류에 기인하는 것이 아닌 주변환경에 의해 영향을 받는 경우가 대부분이다. 따라서 어느 한쪽의 입장에 서서 문제에 접근하는 것은 바람직하지 않다.

기출 15회

10 가족에 관한 설명으로 옳은 것은?

① 정서적 기능보다 가계 계승과 같은 제도적 기능이 중시되는 방향으로 변화하고 있다.
② 부모-자녀 관계는 밀착된 경계를 가진 관계일수록 기능적이다.
③ 가족문제는 단선적 인과론으로 설명하는 것이 효과적이다.
④ 가족항상성은 가족규칙을 활성화하여 지속적인 관계를 유지하도록 한다.
⑤ 가족생활주기가 변해도 역할분담은 고정되어 있는 것이 적응적이다.

해 설 ① 최근 한국사회에서 가족의 개념은 전통적인 혈연, 혼인에 의한 관계를 강조하기보다는 가족형태의 다양성을 인정하고, 가족공동체로서의 사회화, 정서적 지지의 기능이 강조되고 있다.
② 과도하게 밀착된 경계는 개별성원의 자율성을 방해하며, 자아의식 및 책임감의 발달에도 부정적 영향을 미친다. 반면, 명확한 경계선이 존재할 경우, 가족성원들 간에 분명한 경계와 자율성이 있어 전체 가족체계를 서로 지지하고 개입하는 기능이 용이하게 이루어진다.
③ 가족은 구성원의 특징에 따라 한부모가족, 다세대가족, 다문화가족 등으로 구성되며 세대, 성, 관심 등에 따라 경계 및 하위체계를 가지므로 다양한 관점에서 접근해야 한다.
⑤ 가족생활주기의 각 단계는 가족 유형(예 한부모가족, 다세대가족 등)이나 사회문화적 배경에 따라 상이하며, 가족 구성원들의 역할은 발달단계에 따라 변화하는 것이 적절하다.

11 다음의 설명에 해당하는 사회복지실천모델은?

- 의미 있는 선택을 할 수 있게 자아효능감을 증진하고 자신의 강점을 찾도록 돕는다.
- 클라이언트를 잠재력 있는 인간이며, 문제해결을 위한 자원으로 인식한다.
- 클라이언트 자신의 삶과 상황에 대해 더 많은 통제력을 갖도록 돕는다.

① 해결중심모델   ② 심리사회모델

③ 임파워먼트 모델   ④ 과제중심모델

⑤ 위기모델

해 설 ③ 임파워먼트 모델은 무기력 상태에 있거나 필요한 자원을 스스로 활용하지 못하는 클라이언트를 대상으로 자신의 삶을 통제할 수 있도록 돕는 개입모델이다. 클라이언트의 잠재적인 역량에 초점을 두며, 클라이언트가 스스로의 능력을 발휘하는 데 있어서 장애가 되는 요소들을 제거하고 자신의 능력을 육성하여 권한을 획득하도록 돕는다.
① 해결중심모델은 문제의 원인을 규명하기보다는 클라이언트가 가지고 있는 자원을 활용하여 해결방안을 마련하는 단기적 개입모델이다.
② 심리사회모델은 클라이언트의 과거 경험이 현재 심리 혹은 사회기능에 미치는 영향을 다루며, 클라이언트의 과거와 현재의 경험과 관련한 내적 갈등을 이해하고 통찰함으로써 클라이언트의 성장을 돕는 개입모델이다.
④ 과제중심모델은 클라이언트의 문제를 자원 혹은 기술의 부족으로 이해하고 클라이언트가 동의한 과제를 중심으로 구체적인 문제해결에 주력하는 단기간의 종합적인 개입모델이다.
⑤ 위기모델 혹은 위기개입모델은 위기상황에 처해 있는 개인이나 가족을 초기에 발견하여 그 구체적이고 관찰 가능한 문제에 초점을 두고 초기단계에서 원조활동을 수행하는 단기적 개입모델이다.

12 보웬(M. Bowen)이 제시한 개념 중 다음 설명에 해당하는 것은?

- 여러 세대에 거쳐 전수될 수 있다.
- 정신내적 개념이면서 대인관계적 개념이다.
- 정신내적 개념은 자신의 지적 측면과 정서적 측면의 구분을 의미한다.
- 대인관계적 개념은 타인과 친밀하면서도 독립성을 유지하는 능력을 말한다.

① 가족투사   ② 삼각관계

③ 자아분화   ④ 핵가족 정서

⑤ 다세대 전수

해 설 ① 가족투사는 부부가 불안이 증가될 때 자신의 미분화된 정서문제를 자녀에게 투사하는 것을 의미한다.
② 삼각관계는 스트레스의 해소를 위해 두 사람 간의 상호작용체계에 다른 가족성원을 끌어들임으로써 갈등을 우회시키는 것을 의미한다.
④ 핵가족 정서는 해소되지 못한 불안들이 개인에게서 가족에게로 투사되는 것을 의미한다.
⑤ 다세대 전수는 가족의 분화 수준과 기능이 세대 간 전수되는 과정을 일컫는 것으로, 가족체계 내 문제가 세대 간 전이를 통해 나타남을 의미한다.

13 ○○주간보호시설에서는 치매노인 프로그램에 대한 평가를 실시하였다. 다음 중 평가를 하는 이유로 적절하지 않은 것은?

① 클라이언트의 만족도 측정
② 사회복지사의 신뢰성 제고
③ 자원 활동에 대한 신뢰성 검증
④ 클라이언트의 책임성 증진
⑤ 사회복지실천활동의 내용점검

> **해 설** ④ 클라이언트의 책임성 증진이 아닌 사업담당자인 사회복지사의 책임성 증진에 해당한다.

14 다음 중 집단상담의 필수요소로서 상대방의 행동이 나에게 어떤 반응을 일으키는가에 대하여 상대방에게 직접 이야기해주는 것을 무엇이라 하는가?

① 자기투입과 참여
② 새로운 행동의 실험
③ 허용적 분위기 조성하기
④ 행동의 모범을 보이기
⑤ 피드백 주고받기

> **해 설** **집단의 변화 촉진 요인으로서 피드백(Feedback)**
> • 피드백 혹은 환류는 다른 집단성원의 행동, 사고, 감정에 대한 반응으로 자신의 생각과 감정을 되돌려 주는 것을 말한다.
> • 집단 내에서 학습을 유발하는 중요한 수단으로서, 솔직하고 구체적인 피드백은 집단성원의 행동이 다른 구성원들에게 어떤 영향을 주는지, 대인관계에서 어떤 변화가 필요한지 깨닫도록 한다.
> • 집단성원들은 우호적 피드백과 비우호적인 피드백을 교환해 봄으로써 그것이 인간관계에 어떤 영향을 미치는가를 경험해 볼 수 있다.
> • 집단상담자는 언제 어떤 종류의 피드백을 제공할 것인가에 관한 선택이 결국 자기 자신과 다른 사람과의 관계형성에 영향을 미치며, 그 변화의 책임이 바로 집단성원 자신에게 있음을 알려준다.
> • 집단 초기에 상담자는 시기적절한 피드백을 제공함으로써 집단성원들이 이를 모방하여 실행해볼 수 있도록 한다.
> • 자기 자신을 비현실적으로 인식하는 집단성원의 경우 다른 구성원들의 피드백을 통해 자기 이해의 폭을 넓히는 동시에 자신을 다른 각도에서 조망할 수 있게 된다.

15 다음 중 사회복지사의 자기노출(Self-Disclosure)에 대한 설명으로 가장 옳지 않은 것은?

① 클라이언트에게 유사성과 친근감을 전달하도록 한다.

② 자기노출의 긍정적 면과 부정적 면을 균형 있게 사용해야 한다.

③ 지나치게 솔직한 자기노출은 자제해야 한다.

④ 클라이언트의 반응에 따라 자기노출의 양과 형태를 조절해야 한다.

⑤ 클라이언트가 사회복지사를 자신과 똑같은 평범한 인간으로 간주하지 않도록 주의한다.

> **해설** ⑤ 상담 과정에서 클라이언트의 자기노출은 성공적인 상담을 위해 필수적이다. 다만, 상담자로서 사회복지사의 자기노출은 특수한 상황에서 클라이언트와의 공감적인 분위기를 형성하기 위해 사용한다. 자기노출은 클라이언트에게 단순한 정보의 제공을 뛰어넘어 공감의 효과를 불러오기도 하는데, 이는 클라이언트가 사회복지사를 자신과 마찬가지의 평범한 인간으로 볼 수 있는 기회를 제공하기 때문이다. 사회복지사는 클라이언트에게 유사성과 친근감을 전달할 수 있으며, 이를 통해 사회복지사와 클라이언트 간의 보다 깊은 이해를 도모할 수 있다.

16 다음 직접적 개입기법 중 '인간–상황에 대한 고찰'에서 클라이언트를 둘러싼 사건에 대한 하위영역으로의 분류와 연관된 것을 모두 고르면?

ㄱ. 타인, 건강, 상황에 대한 클라이언트의 인식
ㄴ. 클라이언트 행동의 원인에 대한 이해
ㄷ. 사회복지사의 치료 및 원조과정에 대한 반응
ㄹ. 타 전문기관의 기술적 평가

① ㄱ, ㄴ, ㄷ　　　　　　　　　　② ㄱ, ㄷ
③ ㄴ, ㄹ　　　　　　　　　　　　④ ㄹ
⑤ ㄱ, ㄴ, ㄷ, ㄹ

> **해설** '인간–상황에 대한 고찰'은 클라이언트를 둘러싼 현재 혹은 최근 사건에 대해 다음의 6가지 하위 영역으로 분류하여 고찰하는 심리사회모델의 직접적 개입기법에 해당한다.
> • 타인, 건강, 상황에 대한 클라이언트의 인식
> • 클라이언트의 행동이 자신과 타인에게 미치는 영향
> • 클라이언트의 내면에 대한 인식
> • 클라이언트 행동의 원인에 대한 이해
> • 자기평가
> • 사회복지사의 치료 및 원조과정에 대한 반응

17 다음 중 사회적 목표모델에 대한 설명으로 옳은 것은?

① 자선조직협회에서 발전한 초기 사회사업의 전통적 모델이다.
② 집단 내의 민주적 절차와 과정이 중시된다.
③ 집단성원의 행동변화에 초점을 두고 구조화된 개입을 한다.
④ 집단성원 간 상호 원조체계 구축이 주요 초점이다.
⑤ 집단지도자는 중재자 역할을 주로 수행한다.

> **해 설** ② 사회적 목표모델은 시민 참가, 인간관계 훈련, 지도력 연마 등의 '개인의 성숙'과 함께 민주적 과정의 습득, 시민참여활동 등의 '민주시민의 역량'을 개발하여 사회의식과 사회책임을 발전시키는 것을 목적으로 한다.
> ① 인보관에서 발전한 초기 집단사회사업의 전통적 모델로서, 사회적 인식과 책임을 집단성원들의 기본과업으로 한다.
> ③ 사회적 목표모델은 지역사회의 문제에 초점을 두고 지역주민들의 사회의식과 사회책임을 발전시키기 위해 영향력을 행사한다. 집단 내 개별성원의 행동변화에 초점을 두고 구조화된 개입을 시도하는 것은 '치료모델'에 해당한다.
> ④ 사회적 목표모델은 개인의 성숙 및 민주시민으로서의 역량 개발에 초점을 둔다. 집단성원들 간의 상호 원조체계 구축에 초점을 두는 것은 '상호작용모델'에 해당한다.
> ⑤ 사회적 목표모델에서 집단지도자 또는 사회복지사는 상담자, 능력부여자, 교사로서의 역할을 수행한다. 집단지도자가 중재자로서의 역할을 수행하는 것은 '상호작용모델'에 해당한다.

18 다음 중 심리사회모델의 형성에 기여한 이론에 해당하지 않는 것은?

① 정신분석이론
② 대상관계이론
③ 의사소통이론
④ 사회구성주의이론
⑤ 역할이론

> **해 설** 심리사회모델은 정신분석이론, 자아심리이론, 의사소통이론, 문화인류학, 체계이론, 역할이론, 대상관계이론, 생태체계이론 등의 다양한 이론에 기초한다.

19 다음 중 집단과 일하는 사회복지사가 집단 내의 소외자, 하위집단, 연합 등을 파악할 수 있는 유용한 도구에 해당하는 것은?

① 가계도
② 생태도
③ 거트만척도
④ 소시오그램
⑤ 과정도

> **해 설** **소시오그램(Sociogram)**
> 모레노(Moreno)가 중심이 되어 발전시킨 인간관계의 측정방법으로, 집단 내에 있어서 집단성원들 간의 견인과 반발의 형태를 분석하고 그 강도와 빈도를 측정함으로써 집단 내 개별성원의 관계위치를 비롯하여 집단 그 자체의 구조 또는 상태를 발견하여 평가하는 집단사정의 도구이다. 이러한 소시오그램을 통해 집단성원들에 대한 선호도(호감도), 무관심, 친화력, 반감 등 관계 방향과 정도, 하위집단의 형성 여부, 원근관계의 유형, 배척의 정도와 유형 등을 파악할 수 있다.

20 다음 설명에 해당하는 기록방법은?

- 날짜와 클라이언트의 기본사항을 기입하고 개입 내용과 변화를 간단히 기록함
- 시간 흐름에 따라 변화된 상황, 개입 활동, 주요 정보 등의 요점을 기록함

① 과정기록
② 요약기록
③ 이야기체기록
④ 문제중심기록
⑤ 최소기본기록

해 설 ① 과정기록 : 클라이언트가 실제로 말한 내용을 정확하게 상기할 수 있도록 대화 형태를 그대로 기록하는 방법
③ 이야기체기록 : 면담 내용이나 서비스 제공 과정에 대해 이야기하듯 서술체로 기록하는 방법
④ 문제중심기록 : 클라이언트의 현재 문제에 초점을 두어, 문제해결을 위한 계획 및 진행 상황을 기록하는 방법
⑤ 최소기본기록 : 단순하고 경제적인 기록양식으로 기본적인 신상정보와 클라이언트의 주요 문제와 개입상태에 대한 정보 등만 기록하는 방법

21 다음 중 생태도로 알 수 있는 것은?

① 출신 초등학교
② 가족의 자원
③ 금융자산
④ 동종업체 간 직장의 위치
⑤ 여가활동의 빈도

해 설 **생태도를 통해 알 수 있는 정보**
- 가족과 그 가족의 생활공간 내에 있는 사람 및 기관 간의 관계
- 개별 가족구성원들과 환경체계들 간의 관계
- 가족과 환경 간의 경계의 성격, 가족 내 역동
- 가족체계의 욕구와 자원의 흐름 및 균형상태
- 가족체계에 필요한 자원의 소재와 내용
- 가족체계의 스트레스 요인 등

22 다음 중 사회복지실천평가에 대한 설명으로 옳지 않은 것은?

① 개입과 목표달성 간 상호관련 정도를 알아보기 위해 실시한다.
② 사회복지실천평가의 1차적 목적은 클라이언트 혹은 지역사회의 욕구 확인이다.
③ 서로 다른 문제나 특성을 가진 클라이언트에게 상대적으로 효과적인 개입방법을 선정하는 데 도움이 되는 정보를 제공한다.
④ 개입의 지속 또는 변경 여부 판단에 필요한 정보를 제공한다.
⑤ 기관, 클라이언트, 전문가 집단 및 사회에 대한 책무성 향상에 도움이 된다.

> **해 설** **사회복지실천평가**
> • 사회복지실천평가는 개입과 목표달성 간 상호관련 정도를 알아보기 위해 실시한다.
> • 사회복지사가 개입 내용에 대해 점검함으로써 반성할 기회를 가지며, 반성을 통해 부족한 점을 발견하고 새로운 활동에 참고하기 위한 과정이다.
> • 평가는 재정적인 지원이나 지역사회의 승인이 필요할 때 이에 대한 근거를 제시하는 계획안이 된다.
> • 평가 내용과 관련하여 개입목표 및 개입방법이 보다 명확하고 구체적이 되도록 해준다.
> • 기관, 클라이언트, 전문가 집단 및 사회에 대한 책무성 향상에 도움이 된다.
> • 개입의 지속 또는 변경 여부, 서로 다른 문제나 특성을 가진 클라이언트를 대상으로 한 효과적인 개입방법의 선정 등에 필요한 정보를 제공한다.
> • 사회복지실천평가는 서비스의 효과성 및 효율성에 대한 신뢰성 있는 검증이 요구됨에 따라 더욱 중요시되고 있다. 특히 효과성의 평가는 사회복지실천평가의 1차적 목적이다.

23 다음 중 보기의 사례에서 학교사회복지사가 사용한 상담기술로 가장 적절한 것은?

> 현재 고등학교 3학년인 A군이 대입수학능력시험을 앞두고 치러진 모의고사에서 저조한 성적을 거두었다.
>
> A군 : 저는 아무래도 제가 원하는 대학에 입학하기는 어려울 것 같아요. 저는… 글쎄요… 이전 시험에서도 이 정도의 낮은 점수를 받은 적이 없었는데… 이 상태로 대학에 간다는 건 불가능해요.
> 학교사회복지사 : 이번 모의고사 점수가 좋지 않게 나와서 원하는 대학에 가는 것이 불가능하다고 확신하고 있는 거로군요. 자기 나름대로 열심히 공부를 했음에도 오히려 결과가 좋지 않아서 실망과 두려움을 느끼고 있고요.
> A군 : 네, 맞아요.

① 해 석   ② 반 영
③ 요 약   ④ 경 청
⑤ 재진술

> **해 설** **반영(Reflection)**
> • 상담자가 내담자의 행동 속에 내재된 내면감정을 정확히 파악하여 이를 내담자에게 전달해주는 것을 말한다.
> • 상담자는 반영을 통해 내담자의 태도를 거울에 비추어 주듯이 보여줌으로써 내담자의 자기 이해를 도와줄 뿐만 아니라 내담자로 하여금 자기가 이해받고 있다는 인식을 주게 된다.
> • 반영을 할 때는 말로 표현된 내용 자체보다는 그것의 밑바탕에 깔려 있는 감정을 그대로 되돌려주기 위해 노력해야 한다.
> • 상담자는 내담자의 행동을 유심히 관찰하여 말로써 표현한 것뿐만 아니라 자세, 몸짓, 목소리, 눈빛 등 비언어적 행동에서 나타나는 감정까지도 반영해주어야 한다.

24 다음 중 상담면접기술에 대한 설명으로 옳지 않은 것은?

① 경청은 클라이언트의 어려움에 공감을 하면서 어떻게 질문에 반응하는지 듣는 것이다.

② 비언어적인 부분도 관찰의 대상에 포함된다.

③ 클라이언트의 잠재적인 감정에 주목한다.

④ 클라이언트로부터 사적인 질문을 받는 경우 간단히 정직한 응답을 한다.

⑤ 감정이입은 클라이언트와 동일한 감정을 가지는 것이다.

> **해 설** ⑤ 감정이입은 다른 사람의 감정과 경험에 동참할 수 있는 능력을 말한다. 그러나 클라이언트와 동일한 감정, 관심을 가지는 것을 의미하는 동정과 다른 것으로서, 사회복지사가 클라이언트와 동일시하고 클라이언트의 세계에 지나치게 몰입하는 것을 의미하는 것은 아니다.

25 다음 중 해결중심적 가족치료에 대한 설명으로 옳지 않은 것은?

① 인간행동에 대한 가설에 근거하여 가족을 사정하지 않는다.

② 병리적인 것보다 건강한 것에 초점을 둔다.

③ 문제원인을 이해하는 데 초점을 둔다.

④ 과거보다는 미래와 현재에 초점을 둔다.

⑤ 내담자의 강점, 자원, 건강한 특성을 치료에서 활용한다.

> **해 설** **해결중심적 가족치료의 기본원리**
> • 병리적인 것보다 건강한 것에 초점을 둔다.
> • 가족에서 강점, 자원, 건강한 특성, 탄력성 등을 발견하여 이를 상담에 활용한다.
> • 탈이론적 입장에서 가족의 견해를 중시하므로, 인간행동에 대한 가설에 근거하여 가족을 사정하지 않는다.
> • 해결방법의 간략화를 추구하여 작은 변화에서부터 시도한다.
> • 예외적인 상황을 탐색하여 문제 상황과의 차이점을 발견하며, 문제가 발생하지 않은 상황을 증가시켜 가족의 긍정적인 부분을 강화한다.
> • 과거의 문제보다는 미래와 해결방안 구축에 관심을 기울임으로써 현재와 미래 상황에 적응하도록 돕는다.
> • 상담자와 가족이 함께 해결방안을 발견 및 구축하는 과정에서 상호협력을 중시한다.

01 다음 중 지역사회복지실천의 원칙으로 옳지 않은 것은?

① 지역사회의 갈등이 노출되지 않도록 이를 개별화해야 한다.
② 지역주민들을 결속시킬 수 있는 이벤트를 개발한다.
③ 지역주민들로부터 인정과 신용을 얻도록 한다.
④ 지역주민들이 의사를 자유롭게 표현하도록 한다.
⑤ 지역사회 내 풀뿌리 지도자를 발굴하고 참여시킨다.

해설 지역사회복지실천의 원칙
- 지역사회의 갈등 해결을 위해 추진위원회를 구성한다.
- 지역사회의 갈등은 집약되고 공유되어야 한다.
- 지역사회 내 풀뿌리 지도자를 발굴하고 참여시킨다.(⑤)
- 공동의 목표를 수립하고 이를 실천할 수 있는 방법을 수립한다.
- 지역주민들을 결속시킬 수 있는 이벤트를 개발 및 추진한다.(②)
- 지역주민들이 의사를 자유롭게 표현하도록 효과적인 의사소통을 개발하고 유지한다.(④)
- 모임 참여자들을 지지하고 역량을 강화한다.
- 합리적인 절차를 준수하고 리더십을 개발한다.
- 지역사회 내 유능한 지도자를 발굴 및 육성한다.
- 지역주민들로부터 인정과 신용을 얻도록 한다.(③)

기출 20회

02 다음은 워렌(R. Warren)이 제시한 지역사회 비교척도 중 어느 것에 해당하는가?

지역사회 내 상이한 단위조직들 간의 구조적 · 기능적 관련 정도

① 지역적 자치성
② 서비스 영역의 일치성
③ 수평적 유형
④ 심리적 동일성
⑤ 시민통제

해설 지역사회기능의 비교척도(Warren)
- 지역적 자치성 : 타 지역에의 의존 정도는 어떠한가?
- 서비스 영역의 일치성 : 서비스 영역이 동일 지역 내에 어느 정도 이루어지고 있는가?
- 지역에 대한 주민들의 심리적 동일시 : 지역주민들이 자신이 소속된 지역에 대해 어느 정도 소속감을 가지고 있는가?
- 수평적 유형 : 지역사회 내에 있는 상이한 단위조직들이 구조적 · 기능적으로 얼마나 강한 관련을 가지고 있는가?

01 ① 02 ③ **정답**

03 다음 중 지역사회복지의 이념에 대한 설명으로 옳지 않은 것은?

① 뒤르켐(Durkheim)은 사회통합의 개념으로서 문화적-규범적 통합과 기능적 통합을 제시하였다.

② 체계통합은 주로 제도들의 통합과 관련된 반면, 사회통합은 사회집단들 간의 통합과 연관된다.

③ 가족주의는 사회복지서비스가 가족적 형태의 보호와 가장 근접한 형태로 재생산되어야 한다고 주장한다.

④ 가족주의에서 비가족적인 형태는 비정상적인 것으로 간주된다.

⑤ 가족주의는 현대사회의 핵가족모델 및 개인주의와는 관련이 없다.

> **해 설** ⑤ 가족주의 이념은 현대사회의 핵가족모델 및 개인주의와 밀접하게 연관된다. 본래 '개인'은 독립적인 의식의 중심으로서 자아와 자기결정, 개인 사생활의 존중, 외부 침입으로부터의 자유 등과 같은 개념을 내포하고 있다. 이는 곧 국가나 사회로부터 가족단위의 프라이버시와 자율성을 강조하는 의미로 확장할 수 있으며, 특히 국가로부터의 침입을 방어하는 보루로서의 의미를 지닌다. 결국 핵가족모델은 이와 같은 주장에 있어서 핵심적인 요소에 해당하며, 이는 곧 개인주의의 기초가 되는 셈이다.

04 다음 중 보기의 사례에서 사회복지관에 근무하는 사회복지사의 과업과 연관된 역할에 해당하는 것은?

A사회복지사는 저소득층 밀집지역 내에서 활동하면서, 지역주민들의 복지욕구에 대해 조사하였다. 그러던 중 몇몇 주민들에게서 어린이놀이터가 방치되어 불량학생들의 탈선행각이 이루어지고 있으며, 이를 방지하기 위해 놀이터의 개량을 희망하는 주민들도 있다는 사실을 알게 되었다. A사회복지사는 이들 주민들을 조직하여 놀이터 개량사업을 추진하기로 하였다.

① 행정가　　　　　　　　　　② 조정가

③ 중개자　　　　　　　　　　④ 조력자

⑤ 분석가

> **해 설** **조력자로서 사회복지사**
> • 불만을 집약하는 일 : 대부분의 지역주민들은 지역사회에 거주하면서 느끼는 불만에 대해 무시 또는 개선할 수 있는 가능성이 없다고 생각한다. 그런데 이러한 불만은 개인의 문제가 아니라 공동으로 해결해 나가야 할 지역사회의 문제점으로 받아들여야 한다. 이때 사회복지사는 지역주민들이 불만을 긍정적으로 표출하도록 도와주며 이러한 문제점을 해결하기 위해 공동의 노력이 필요함을 깨닫게 해주어야 한다.
> • 조직화를 격려하는 일 : 지역사회 내의 다수의 주민들이 민감하게 느끼고 있는 불만을 발견하는 과정에서 주도하는 역할을 해야 하며, 지역주민들이 스스로 불만에 대한 논의를 하고 불만의 우선순위를 결정한 다음에 이것을 해결하기 위한 조직을 결성하도록 도움을 주어야 한다.
> • 좋은 대인관계를 육성하는 일 : 사회복지사는 주민들에게 친절하며, 사소한 부분까지도 관심을 가지고 있어야 한다. 또한 지역사회의 모임에 따뜻한 분위기를 조성하여 지역주민들이 협동적인 일에 참여할 때 만족감을 가지도록 도와주어야 한다.
> • 공동목표를 강조하는 일 : 전 지역사회, 전체의 사업 및 과정을 항상 의식함으로써 지역사회조직 내의 모든 과정이 효과적인 계획과 지역사회의 능력 개발이라는 양대 목표에 서로 일치하도록 도움을 주어야 한다.

05 다음 중 사회복지사업법령에 따른 사회복지관의 기능으로 옳은 것을 모두 고른 것은?

> ㄱ. 서비스연계 등을 포함한 사례관리 기능
> ㄴ. 지역사회보호 등을 포함한 서비스제공 기능
> ㄷ. 자원 개발 및 관리 등을 포함한 지역조직화 기능
> ㄹ. 지역의 욕구사정 등을 포함한 지역평가 기능

① ㄱ, ㄴ, ㄷ   ② ㄱ, ㄷ
③ ㄴ, ㄹ   ④ ㄹ
⑤ ㄱ, ㄴ, ㄷ, ㄹ

> **해 설**   사회복지관의 사업(사회복지사업법 시행규칙 제23조의2 제3항 및 별표3 참조)
> - 사례관리 기능 : 사례발굴, 사례개입, 서비스연계
> - 서비스제공 기능 : 가족기능 강화, 지역사회보호, 교육문화, 자활지원 등 기타
> - 지역조직화 기능 : 복지네트워크 구축, 주민조직화, 자원 개발 및 관리

기출 16회

06 다음은 도농복합지역 A시의 최근 10년간 사회지표 분석결과이다. 이를 설명하는 이론은?

> 원도심 지역은 공동화가 이루어지면서 노인가구 및 1인 가구 증가율이 급상승한 반면, 농촌지역은 공공기관 이전으로 인구의 평균연령이 낮아져 A시가 계층화되고 있는 것으로 나타났다.

① 생태체계이론   ② 사회연결망이론
③ 사회구성론   ④ 사회교환이론
⑤ 다원주의이론

> **해 설**   생태체계이론 또는 생태이론
> - 지역의 특성(예 인구의 크기, 밀도 등), 도시화, 도시 공동화, 지역사회에서의 사회적 층화, 이웃의 모습 등을 연구하고 규명하는 데 유용하다.
> - 특히 지역사회의 공간적 배치 등에 관한 지도는 물론 인구집단 분포에 대한 지도 및 사회문화적 지도 등을 구성하면서, 공간형성의 배경적 요인들을 분석하는 동시에 현재의 지도가 나타내는 의미를 탐색해 볼 수 있도록 한다.

07 다음 중 임파워먼트를 실천하는 데 있어서 사회복지사의 실천원칙으로 옳지 않은 것은?

① 사회복지사는 클라이언트의 역량강화를 위해 주도적인 역할을 수행한다.

② 사회복지사와 클라이언트는 억압에 도전한다.

③ 사회복지사는 개인에 대해 희생자가 아닌 승리자의 관점을 유지한다.

④ 사회복지사는 억압 상황에 대해 총체적인 시각을 유지한다.

⑤ 사회복지사는 클라이언트와 일대일의 관계를 정립한다.

> **해설** 임파워먼트 실천을 위한 사회복지사의 실천원칙(Lee)
> • 사회복지사와 클라이언트는 억압에 도전한다.
> • 사회복지사는 억압 상황에 대해 총체적인 시각을 유지한다.
> • 클라이언트는 스스로 역량을 강화하며, 사회복지사는 이를 원조할 뿐이다.
> • 공통기반을 공유하는 사람들은 역량강화를 위해 서로를 필요로 한다.
> • 사회복지사는 클라이언트와 일대일의 관계를 정립한다.
> • 사회복지사는 클라이언트로 하여금 자신의 말로 이야기하도록 격려한다.
> • 사회복지사는 개인에 대해 희생자가 아닌 승리자의 관점을 유지한다.
> • 사회복지사는 사회변화의 관점을 유지한다.

08 한국의 지역사회복지 역사에 관한 설명으로 옳지 않은 것은?

① 새마을운동은 정부 주도적 지역사회개발이었다.

② 사회복지관 운영은 지역사회 기반의 복지서비스를 촉진시켰다.

③ 복지사각지대 발굴의 효과를 제고하고자 읍 · 면 · 동 복지허브화를 추진하였다.

④ 시 · 군 · 구 지역사회보장협의체는 지역사회복지협의체로 대체되었다.

⑤ 국민기초생활보장제도의 시행은 지역사회 중심의 자활사업을 촉진시켰다.

> **해설** ④ 2015년 7월 「사회보장급여의 이용 · 제공 및 수급권자 발굴에 관한 법률」이 시행됨에 따라 기존의 '지역사회복지협의체'가 '지역사회보장협의체'로 개편되었다.

09 지역사회복지실천 가치에 관한 설명으로 옳지 않은 것은?

① 상호학습이 없으면 비판적 의식은 제한적으로 생성됨

② 억압을 조장하는 사회구조 및 의사결정과정을 주시하고 이해함

③ 억압적이고 정의롭지 못한 사회현실 개혁을 위한 끊임없는 노력이 필요함

④ 실천가가 주목해야 할 역량강화는 불리한 조건에 처한 주민들의 능력 고취임

⑤ 다양한 문화에 대한 이해를 바탕으로 특수 문화가 있는 지역에서 일어나는 억압은 인정됨

> **해 설** ⑤ 지역사회복지실천은 문화적 다양성 존중을 기본 가치로 한다. 따라서 지역사회 내외의 차이 및 문화의 다양성을 인정하고 소외된 집단을 정책결정 과정에 참여하도록 유도한다.

10 다음 중 지역사회복지(지역사회보장) 전달체계 개편 과정을 순서대로 올바르게 나열한 것은?

ㄱ. 사회복지사무소 시범사업 ㄴ. 보건복지사무소 시범사업
ㄷ. 희망리본프로젝트 시범사업 ㄹ. 주민생활지원서비스 시행
ㅁ. 희망복지 지원단 운영 ㅂ. 사회복지통합관리망 출범

① ㄱ - ㄴ - ㄷ - ㄹ - ㅁ - ㅂ　　② ㄱ - ㄴ - ㄹ - ㄷ - ㅂ - ㅁ
③ ㄱ - ㄴ - ㄹ - ㅁ - ㄷ - ㅂ　　④ ㄴ - ㄱ - ㄷ - ㄹ - ㅁ - ㅂ
⑤ ㄴ - ㄱ - ㄹ - ㄷ - ㅂ - ㅁ

> **해 설** **지역사회복지(지역사회보장) 전달체계 개편 과정**
> ㄴ. 보건복지사무소 시범사업 : 1995년 7월~1999년 12월(4년 6개월간 시범실시)
> ㄱ. 사회복지사무소 시범사업 : 2004년 7월~2006년 6월(2년간 시범실시)
> ㄹ. 주민생활지원서비스 시행 : 2006년 7월 1일 실시
> ㄷ. 희망리본프로젝트 시범사업 : 2009년 3월~2010년 2월(1차년도 시범실시)
> ㅂ. 사회복지통합관리망 출범 : 2010년 1월 4일 개통
> ㅁ. 희망복지 지원단 운영 : 2012년 5월 실시

11 다음 사례의 ㄱ, ㄴ과 관련한 사회복지관의 역할을 순서대로 옳게 나열한 것은?

> ㄱ. A종합사회복지관은 인근 독거노인의 복합적이고 장기적인 욕구를 사정하고 통합적인 서비스 제공 및 점검계획을 수립하였다.
> ㄴ. 이후 독거노인의 생활을 지원하기 위해 주민봉사단을 조직하여 정기적인 가정방문을 실시하고 있다.

① 지역사회보호, 주민조직화   ② 사례개입, 당사자 교육
③ 서비스 연계, 자원 개발 및 관리   ④ 서비스 제공, 복지네트워크 구축
⑤ 사례관리, 주민조직화

해설 ㄱ. 지역 내 보호가 필요한 대상자 및 위기 개입대상자를 발굴하여 개입계획을 수립하는 것은 사회복지관의 사례관리 기능 중 사례발굴사업과 연관된다.
ㄴ. 주민이 지역사회 문제에 스스로 참여하고 공동체 의식을 갖도록 주민 조직의 육성을 지원하고, 이러한 주민협력 강화에 필요한 주민의식을 높이기 위한 교육을 실시하는 것은 사회복지관의 지역조직화 기능 중 주민조직화사업과 연관된다.

12 옹호(Advocacy) 기술의 특성 중 옳은 것을 모두 고른 것은?

> ㄱ. 사회정의를 지키고 유지하는 목적
> ㄴ. 조직구성원의 경제적 자립 강조
> ㄷ. 표적 집단에 대한 강력한 영향력이나 압력 행사
> ㄹ. 정당한 처우나 서비스를 받지 못하는 경우에 활용

① ㄱ, ㄴ   ② ㄱ, ㄷ
③ ㄴ, ㄷ   ④ ㄱ, ㄷ, ㄹ
⑤ ㄱ, ㄴ, ㄷ, ㄹ

해설 ㄴ. 조직구성원의 경제적 자립은 조직구성원의 자조, 자율, 자립적 힘을 강조하는 반면, 옹호는 조직구성원에 대한 대변, 보호, 개입, 지지를 강조한다. 특히 경제적 자립은 지역사회조직과 경제조직의 결합된 개념으로서 지역사회개발(Community Development)의 기본 이념에 해당한다.

13 네트워크 기술에 관한 설명으로 옳지 않은 것을 모두 고른 것은?

ㄱ. 달성하고자 하는 목적을 위해서는 항상 강한 결속력이 필요하다.
ㄴ. 참여 기관들은 평등한 주체로서의 관계가 보장되어야 한다.
ㄷ. 구성원 사이의 신뢰와 호혜성이 형성되어야 네트워크가 지속될 수 있다.
ㄹ. 사회적 교환은 네트워크 형성과 유지의 작동원리이다.

① ㄱ
② ㄴ, ㄷ
③ ㄱ, ㄴ, ㄹ
④ ㄴ, ㄷ, ㄹ
⑤ ㄱ, ㄴ, ㄷ, ㄹ

> **해설** ㄱ. 네트워크의 기능과 역할은 무엇보다도 참여자들의 결속력에 기초하므로 결속력 제고를 통한 기능과 역할의 확대 노력이 필요하다. 다만, 네트워크는 위계조직이 아니므로 목적 달성을 위해 항상 강한 결속력을 필요로 하는 것은 아니다. 오히려 네트워크는 계획수립 및 의사결정을 위한 공식적·비공식적 회의의 개최, 특정 프로젝트의 공동수행을 위한 타 분야 전문가들로 구성된 임시특별팀 구성, 설득과 정보교환을 통한 역할 조정 등 수평적 방식으로 운영하기 위한 노력이 필요하다.

14 다음 중 보기의 내용과 연관된 지역사회복지실천모델에 해당하는 것은?

• 동일한 정체성이나 이해관계를 가진 사람들의 인위적인 조직을 통해 구성원들의 역량을 강화하며, 특정 관심사에 대한 사회적 변화를 유도한다.
• 행위와 태도의 옹호 및 변화에 초점을 둔 사회정의를 위한 행동 및 서비스를 제공하는 것을 목표로 한다.

① 프로그램 개발 및 지역사회연계모델
② 기능적 지역사회모델
③ 사회계획모델
④ 연대활동모델
⑤ 사회운동모델

> **해설** ① '프로그램 개발 및 지역사회연계모델'은 지역주민의 욕구를 충족시키기 위해 지역사회와 연계된 다양한 수준의 프로그램을 개발 및 확대한다.
> ③ '사회계획모델'은 객관성과 합리성에 기반을 두고 지역사회 문제를 해결하려는 것으로서, 특히 전문가의 지식과 기술, 객관적 조사와 자료분석 등을 기초로 한다.
> ④ '연대활동모델(연합모델)'은 지역사회의 문제가 어느 한 집단의 노력으로만 해결되기 어렵다는 점을 강조하면서, 분리된 집단들을 사회변화에 집합적으로 동참시킨다.
> ⑤ '사회운동모델'은 인간 존엄성과 보편적 가치를 강조하면서 사회운동을 통해 바람직한 사회변화를 추구한다.

15 다음 미국 지역사회복지의 역사 중 자선조직 활동시기에 지역사회복지 발달에 영향을 미친 이념에 해당하지 않는 것은?

① 사회진화주의
② 급진주의
③ 실용주의
④ 자유주의
⑤ 민권운동

> **해설** ⑤ 민권운동은 미국 지역사회복지의 발달과정 중 1955년 이후 지역사회조직의 정착시기에 활성화된 사회적 이념이다. 흑인에 대한 차별을 없애기 위한 범사회적 활동으로서, 흑백분리를 금하는 대법원의 결정에 힘입어 흑인들이 그동안 자신들에게 부당하게 내려졌던 사회적 불평등을 종식시키고자 행동을 전개한 것에서 비롯되었다. 특히 흑인 인권운동가인 마틴 루터킹(Martin Luther King)과 말콤 엑스(Malcolm X)는 민권운동을 단순히 미국사회의 인종차별 문제를 뛰어넘어 인간해방 및 정의실현을 위한 운동으로 확대시켰다.
> ① · ② · ③ · ④ 자선조직 활동시기(1865~1914년)는 산업화와 도시화, 이민문제와 흑인문제 등이 대두되기 시작한 시기로서, 특히 사회진화주의, 급진주의, 실용주의, 자유주의의 이념이 발달하였다. 자선조직협회와 인보관을 중심으로 사회복지활동이 전개되었으나, 전문 분야로서 정체성을 갖지는 못하였다.

> **기출** 17회

16 시 · 군 · 구 지역사회보장계획의 내용에 포함될 수 없는 것은?

① 지역사회보장의 수요 측정 내용
② 지역사회보장의 중점 추진사업 및 연계협력 방안
③ 지역사회보장 전달체계의 조직과 운영
④ 사회보장급여의 사각지대 발굴 및 지원 방안
⑤ 기초지방자치단체 간 사회보장의 균형 발전 노력

> **해설** 시 · 군 · 구 지역사회보장계획에 포함되는 사항(사회보장급여의 이용 · 제공 및 수급권자 발굴에 관한 법률 제36조 제1항)
> • 지역사회보장 수요의 측정, 목표 및 추진전략(①)
> • 지역사회보장의 목표를 점검할 수 있는 지표(지역 사회보장지표)의 설정 및 목표
> • 지역사회보장의 분야별 추진전략, 중점 추진사업 및 연계협력 방안(②)
> • 지역사회보장 전달체계의 조직과 운영(③)
> • 사회보장급여의 사각지대 발굴 및 지원 방안(④)
> • 지역사회보장에 필요한 재원의 규모와 조달 방안
> • 지역사회보장에 관련한 통계 수집 및 관리 방안
> • 지역 내 부정수급 발생 현황 및 방지대책
> • 그 밖에 대통령령으로 정하는 사항

17 우리나라 지역사회복지 환경변화와 과제에 관한 다음 설명 중 옳은 것을 모두 고른 것은?

> ㄱ. 지방자치단체는 지역별 특성에 맞는 사회적기업 지원시책을 수립·시행해야 한다.
> ㄴ. 탈시설화 경향에 따라 지역사회 중심의 복지체계 구축이 중요해지고 있다.
> ㄷ. 읍·면·동 복지허브화로 지역사회복지 네트워크가 약화되었다.

① ㄱ   ② ㄴ

③ ㄱ, ㄴ   ④ ㄴ, ㄷ

⑤ ㄱ, ㄴ, ㄷ

해설   ㄷ. 읍·면·동 복지허브화는 읍·면·동에 맞춤형복지 전담팀 설치 및 전담인력 배치를 통해 찾아가는 복지 상담, 복지사각지대 발굴, 통합사례관리, 지역자원 발굴 및 지원 등의 서비스를 제공하고, 특히 복지 관련 공공 및 민간 기관·법인·단체·시설 등과의 지역 네트워크를 기반으로 읍·면·동이 지역복지의 중심 기관이 되어 주민의 보건·복지·고용 등의 다양한 문제에 능동적으로 대응해 나가는 일련의 활동을 말한다.
       ㄱ. 사회적기업 육성법 제3조 제2항
       ㄴ. 지역사회복지실천은 탈시설화를 기본이념으로 한다. 탈시설화는 지역사회복지의 확대 발전에 따라 기존의 대규모 시설 위주에서 그룹 홈, 주가보호시설 등의 소규모로 전개되는 것을 말한다.

18 다음 사례에 해당하는 지역사회복지 실천이론이 올바르게 짝지어진 것은?

> A사회복지관은 지역의 B단체로부터 많은 후원금을 지원받았고 단체 회원들의 자원봉사 참여가 많았다. 그러나 최근에는 B단체의 후원금과 자원봉사자가 감소하여 교육을 통해 주민들의 역량을 강화시켜 복지관 사업에 함께 참여하도록 하고 있다. 또한, 다양한 후원기관을 발굴하고자 노력 중이다.

① 사회학습이론, 권력의존이론

② 권력의존이론, 사회구성이론

③ 사회구성이론, 다원주의이론

④ 다원주의이론, 엘리트이론

⑤ 엘리트이론, 사회학습이론

해설   **사회학습이론과 권력의존이론**
    • 사회학습이론 : 지역주민들에게 영향을 미치는 지역사회 및 환경에 대한 학습과 교육을 통해 주민들의 역량을 강화시킴으로써 지역사회의 발전을 유도할 수 있다고 본다(→ 교육을 통한 주민들의 역량 강화).
    • 권력의존이론 : 재정지원자에 대한 지나친 의존은 조직의 목적 상실, 자율성 제한 등 부정적인 영향을 미칠 수 있으므로, 특정 지원자에 대한 의존성에서 탈피할 필요가 있다고 본다(→ 다양한 후원기관의 발굴 노력).

19 다음 중 사회행동과 관련된 내용으로 옳지 않은 것은?

① 사회행동은 외부집단 구성원들에게까지 수용될 수 있어야 한다.
② 사회적 합법성을 인정받는 것은 승리의 목표와 직결된다.
③ 상대집단의 약점을 자극하여 수치심을 자극하는 것도 하나의 전략이다.
④ 목표 달성을 위해 필요한 경우 폭력행위를 사용해도 무방하다.
⑤ 사회행동의 가장 중요한 힘은 집단동원력이다.

> **해 설** ④ 사회적 합법성을 확보하는 데 있어서 적합한 전술을 선택하는 것이 중요하며, 특히 과격한 폭력행위를 행사하지 않도록 주의해야 한다.

20 다음 사회행동조직의 타 조직과의 협력 전략 중 연합(Coalition)에 대한 설명으로 가장 옳은 것은?

① 조직적 자율성을 최대화하면서 힘을 증대시키는 계속적 협력관계이다.
② 각 조직은 자체의 계획대로 사회운동을 전개하여 필요에 따라 일시적으로 협력한다.
③ 가장 고도의 조직적인 협력관계를 맺는 경우이다.
④ 회원조직들의 회원을 훈련하고 캠페인을 준비하는 등 전문적인 활동이 필요한 경우에 매우 바람직한 협력관계이다.
⑤ 의사결정 절차상 임시적인 계획이 사안에 따라 만들어진다.

> **해 설** ② · ⑤ 협조관계, ③ · ④ 동맹관계
> **사회행동조직의 타 조직과의 협력 전략**
> • 협조(Cooperation) : 타조직과 최소한의 협력을 유지하는 유형
> • 연합(Coalition) : 참여조직들 간에 이슈와 전략을 합동으로 선택하는 보다 조직적인 유형
> • 동맹(Alliance) : 대규모의 조직관계망을 가지는 고도의 조직적인 유형

21 다음 중 보기의 내용과 가장 밀접하게 연관된 것은?

> ㄱ. 지역사회의 일반주민이 그 지역사회의 일반적인 사항과 관련된 결정에 대해 권력을 행사하는 과정이다.
> ㄴ. 정부의 정책결정에 영향을 미치려고 의도하는 일반주민의 행위를 의미한다.

① 주민참여   ② 사회연대
③ 사회옹호   ④ 사회행동
⑤ 주민자치

> **해 설** '주민참여'는 지역사회복지의 활성화를 위해 가장 많이 사용되는 용어로서 지역사회주민의 복지실현을 위한 핵심적인 요소에 해당한다. 보기상 'ㄱ'의 경우 커닝햄(Cunningham), 'ㄴ'의 경우 헌팅턴(Huntington)의 주민참여에 대한 정의에 해당한다. 참고로 최일섭과 류진석은 주민참여를 "지역사회주민들이 공식적인 정부의 의사결정 과정에 관여하여 주민들의 욕구를 정책이나 계획에 반영하도록 하는 적극적인 노력"이라고 주장하였다.

22 다음 사회복지전담공무원의 핵심 역할은?

> A씨는 최근 건강이 나빠져서 일을 할 수 없게 되자 주민센터(행정복지센터)를 찾아갔다. 사회복지
> 전담공무원은 지원 가능한 급여와 서비스 등을 알려주고, A씨는 이를 이용하였다.

① 조직가   ② 교육자

③ 옹호자   ④ 협상가

⑤ 자원연결자

해 설 　지역사회자원을 필요로 하는 사람에게 자원을 연결시켜주는 것이므로 자원연결자로서의 역할에 해당한다.

23 로스만(J. Rothman)의 지역사회조직모델 중 지역사회개발에 관한 설명으로 옳지 않은 것은?

① 지역사회 변화를 위한 전술로 합의방법을 사용한다.

② 변화의 매개체는 과업지향의 소집단이다.

③ 지역사회의 아노미 상황에 사용할 수 있다.

④ 정부조직을 경쟁자로 인식한다.

⑤ 변화를 위한 전략으로 문제해결에 다수의 사람을 참여시킨다.

해 설 　④ 로스만(Rothman)의 지역사회조직모델 중 지역사회개발모델에서는 권력구조에 있는 구성원을 협력자로 인
식한다. 즉, 지역사회 내의 권력을 가진 사람이 지역사회를 향상시키는 데 공동의 노력을 한다고 본다.

24 다음 포플(Popple)의 지역사회복지실천모델 중 보기의 내용에 해당하는 것은?

> • 지역주민의 복지욕구를 충족시키기 위한 자조의 개념을 개발하는 데 중점을 둔다.
> • 사회복지사는 조직가, 자원봉사자로서의 역할을 수행한다.

① 지역사회조직모델　　　　　　　　② 지역사회개발모델
③ 사회 · 지역계획모델　　　　　　　④ 지역사회보호모델
⑤ 지역사회교육모델

> **해 설** ① 지역사회조직모델(Community Organizing Model)은 타 복지기관 간의 상호협력을 강조하는 모델로서, 사회복지사는 조직가, 촉매자, 관리자로서의 역할을 수행한다.
> ② 지역사회개발모델(Community Development Model)은 지역주민의 삶의 질 향상과 관련된 기술 및 신뢰를 습득할 수 있도록 집단을 원조하는 데 중점을 두는 모델로서, 사회복지사는 조력자, 지역사회활동가, 촉진자로서의 역할을 수행한다.
> ③ 사회 · 지역계획모델(Social/Community Planning Model)은 사회적 상황을 분석하고 목표와 우선순위를 설정하며, 서비스 혹은 프로그램의 실행 및 평가를 강조하는 모델로서, 사회복지사는 조력자, 촉진자로서의 역할을 수행한다.
> ⑤ 지역사회교육모델(Community Education Model)은 교육과 지역사회 간의 관계를 보다 밀접하고 동등한 관계로 방향을 설정하고자 모색하는 것으로서, 사회복지사는 교육자, 촉진자로서의 역할을 수행한다.

25 사회적경제 영역에 관한 설명으로 옳지 않은 것은?

① 협동조합은 협동조합기본법에 따라 조합원의 권익옹호와 지역사회에 공헌하는 사업조직을 말한다.
② 마을기업은 주민이 지역자원을 활용한 수익사업을 통해 지역공동체를 활성화한다.
③ 사회적기업은 취약계층에게 일자리를 제공하며 사회적기업육성법에 따라 영리를 추구하지 않는다.
④ 자활기업은 저소득층이 상호 협력하여 공동사업자의 형태로 탈빈곤을 도모한다.
⑤ 사회적경제는 사회적 목적과 민주적 운영 원리를 가진 호혜적 경제활동조직이다.

> **해 설** ③ 사회적기업은 취약계층에게 사회서비스 또는 일자리를 제공하거나 지역사회에 공헌함으로써 지역주민의 삶의 질을 높이는 등의 사회적 목적을 추구하면서 재화 및 서비스의 생산 · 판매 등 영업활동을 하는 기업이다(사회적기업 육성법 제2조 제1호 참조). 영리조직과 비영리조직의 중간 형태로, 사회적 목적을 우선적으로 추구하면서 영업활동을 통해 영리를 추구한다.

기출 15회

01 정책평가에 관한 설명으로 옳지 않은 것은?

① 정책평가는 정책효과성 제고에 기여할 수 있다.

② 평가지표 선택에서 정책목표보다 측정 용이성을 우선한다.

③ 정책평가는 정책 활동의 책임성을 높인다.

④ 산출과 영향에 대한 평가방법으로 양적 · 질적 평가를 병행할 수 있다.

⑤ 평가결과의 활용도를 높이는 기제를 마련하는 것이 바람직하다.

　해 설　② 정책의 효과성과 효율성 제고를 위해 정책평가의 중요성이 강조되고 있다. 특히 정책효과성 평가는 정책목표의 달성 여부를 판단하는 것을 의미하며, 그 주요관심사는 특정의 정책 또는 사업과 목표달성의 정도 사이의 인과관계를 확립하는 것이다. 이는 목표의 달성도가 다른 어떤 요인에 기인하지 않고 평가대상인 특정 정책 또는 사업에만 기인한다는 사실을 제공하는 것이다. 따라서 정책효과성 평가에는 목표달성의 정도를 발견하는 데 충분한 정도로 명확하게 규정된 정책목표 또는 사업목표가 필수조건이 된다.

02 다음 중 의료서비스를 국가가 주도적으로 실시해야 한다는 주장의 근거로 옳은 것을 모두 고른 것은?

　　ㄱ. 수요자와 공급자 간의 정보의 대칭성이 존재한다.
　　ㄴ. 의료서비스는 가치재(Merit Goods)의 성격을 갖는다.
　　ㄷ. 위험발생이 상호 독립적이다.
　　ㄹ. 역선택 문제가 발생할 수 있다.

① ㄱ, ㄴ, ㄷ　　　　　　　　　　　　② ㄱ, ㄷ
③ ㄴ, ㄹ　　　　　　　　　　　　　　④ ㄹ
⑤ ㄱ, ㄴ, ㄷ, ㄹ

　해 설　ㄱ. 시장은 본래 공정한 경쟁과 교환을 원칙으로 해야 하지만 실제로는 일방에 유리하거나 불리하게 정보의 수급이 비대칭적으로 이루어지는 경우가 있다. 정보의 비대칭성은 본래 보험가입자들이 자신의 위험도에 대해 상대적으로 높은 수준의 정보를 보유하는 데 반해, 보험회사는 보험가입자에 대한 낮은 수준의 정보를 보유하는 것을 의미한다. 이러한 정보의 비대칭성은 상대적으로 위험발생 가능성이 높은 사람들이 집중적으로 자신에게 유리한 보험을 선택적으로 가입하는 역선택(Adverse Selection) 등의 문제를 야기할 수 있으므로, 이를 국가 주도로 실시할 필요가 있다.
　　　　　ㄷ. 사회보장제도는 상호 의존적인 특성을 지닌다. 요컨대 민간 보험시장에서 어떤 위험에 대비한 보험 상품이 제공되기 위해서는 재정 안정이 이루어져야 한다. 그러나 만약 어떤 사람의 위험발생이 다른 사람의 위험발생과 연계되어 있는 경우, 즉 위험발생이 비독립적인 경우 재정 안정을 유지하기 어렵다. 예를 들어 어떤 사람이 질병에 걸릴 가능성은 다른 사람이 질병에 걸릴 가능성과 연계되어 있다. 이와 같이 보험가입자의 위험발생이 다른 사람의 위험발생과 상호 독립적이지 못한 경우 국가 주도의 강제가입을 통한 사회보험의 필요성이 제기된다.

03 에스핑-앤더슨(G. Esping-Andersen)의 복지국가 유형에 관한 설명으로 옳지 않은 것은?

① 자유주의 복지국가는 시장의 효율성을 중시한다.
② 자유주의 복지국가는 저소득층에 초점을 맞춘다.
③ 보수주의 복지국가는 개인책임과 자조의 원리를 강조한다.
④ 보주수의 복지국가는 사회적 지위에 따라 사회보험 혜택의 차이가 있다.
⑤ 사회민주주의 복지국가는 보편주의적 개입을 통해 가족과 시장을 대체하는 특성을 갖고 있다.

해 설 ③ 개인책임과 자조의 원리를 강조하는 것은 자유주의 복지국가이다. 반면, 보수주의(조합주의) 복지국가는 전통적 가족과 교회의 기능 및 역할을 강조함으로써 보수적인 양상을 보인다. 사회복지 급여는 계급과 사회적 지위에 밀접하게 관련되며, 사회보험원리를 강조하는 복지정책을 주로 활용한다.

04 다음 중 사회보장이라는 용어를 세계 최초로 사용한 것으로 옳은 것은?

① 미국의 사회보장법
② 국제노동기구(ILO)
③ 독일의 사회보장법
④ 영국의 사회보장법
⑤ 프랑스의 사회보장법

해 설 미국은 1929년 시작된 대공황으로 인해 자유방임주의 경제사상이 퇴색되면서 연방정부를 중심으로 한 통제경제의 필요성이 제기되었다. 1933년 대통령에 취임한 루즈벨트(F. D. Roosevelt)는 대기업의 독점을 막고 노동자의 권익을 보호하기 위한 방향으로 개혁정책을 전개했으며, 이는 이른바 '뉴딜(New Deal) 정책'으로 이어졌다. '사회보장(Social Security)'의 용어는 1934년 6월 8일 루즈벨트 대통령이 의회에서 뉴딜 정책을 설명하는 과정에서 사용되었으며, 이것이 공식적인 법률용어로 처음 등장한 것은 1935년 사회보장법(Social Security Act)이 제정된 때이다.

05 최근 복지국가의 유형에 관한 연구와 관련하여 성인지적 관점이 부각되고 있다. 성인지적 관점은 보호노동-가사노동을 수행하는 단위로서 가족이 복지국가와 맺는 다양한 관계에 초점을 두어 복지국가의 유형을 분류하고 있다. 다음 중 이와 같은 성인지적 관점의 복지국가 유형 중 가족경제 모델의 특징에 해당하는 것은?

① 남성과 여성이 취업 노동에 완전히 통합된 상태를 전제로 한 모델이다.
② 균형과 동일한 가치를 전제로 한 남녀 양성의 사회통합을 추구하는 모델이다.
③ 산업화 이전 사회경제체제에서 볼 수 있으며, 가족경제의 틀 속에서 남성과 여성이 공동 작업하는 모델이다.
④ 남성과 여성은 함께 취업노동, 가사 및 아동양육을 수행할 의무를 가진다.
⑤ 공적 영역에서 남성의 역할을, 사적 영역에서 여성의 역할을 강조한다.

③ 가족경제모델은 산업화 이전 사회경제체제에서 볼 수 있는 모델로서, 복지국가체제가 미분화된 형태에 해당한다. 가족은 개별독립 경제단위로서 성별에 따른 노동분업이 존재하지만, 가족경제를 유지하는 데 있어서 남성과 여성의 기여도는 물론 남성과 여성이 가지는 권력자원의 가치 또한 거의 동등하다.

① 평등-개인주의적 모델에 해당한다. 이 모델에서 혼인 관계에 있는 남성과 여성은 개별적인 인격체이다. 아동양육에 대한 책임이 복지국가에 일임되며, 여성은 남성 가장에 대한 의존 없이 자신의 독자적인 삶을 누릴 수 있는 가능성을 가진다.

②·④ 평등-가족주의적 모델에 해당한다. 이 모델에서 국가는 취업노동과 가사 및 아동양육을 이중으로 책임져야 할 부모의 형편을 취업노동에서 구조적으로 반영하는 데 주력하게 된다.

⑤ 남성 부양자 모델에 해당한다. 이 모델은 산업화 이후 생성된 시민적 가족모델로서, 특히 여성의 역할로서 가사 및 아동양육을 강조한다. 여성은 남성 부양자가 보유한 권리에서 파생하는 사회보장에 대한 권리를 가지며, 혼인 관계 내에서 차별을 경험한다. 이와 같은 모델에서 취업노동과 가사노동을 병행할 수 있는 국가 차원의 지원책은 미비하다.

06 다음 중 사회복지정책에 대한 설명으로 옳은 것은?

① 자산조사는 평등의 가치를 실현하는 데 유리하다.
② 사회수당은 수급자격의 요건 중 하나로 기여를 제시한다.
③ 조세지출은 사회복지의 공공재원 중 하나로 역진적인 성격을 띤다.
④ 민영화는 서비스 이용자의 재정적 접근성을 높일 수 있다.
⑤ 최소 가입기간을 늘리는 경우 재정 안정성 확보에 불리하다.

③ 조세지출은 사회복지의 공공재원 중 하나로서 정부가 세금을 부과하여 지출하는 것이 아닌 비과세·감면·공제 등의 방법으로 정책적인 감면을 해주는 제도이다. 조세부과 및 대상자 선별에 소요되는 비용을 줄이는 효과가 있지만, 그 수혜자가 주로 중상위계층에 해당한다는 점을 고려할 때 역진적이라 할 수 있다.

① 자산조사는 선별주의 원칙에 부합하여 낙인(Stigma)이 발생할 수 있으므로 평등의 가치를 실현하는 데 불리하다.

② 수급자격의 요건으로 기여를 제시하는 것은 대표적으로 사회보험을 예로 들 수 있다. 반면, 사회수당은 사회보험 및 공공부조의 중간적 성격의 현금급여로서, 사회보험과 같이 보험료 납입(기여)을 전제조건으로 하지 않으며, 공공부조와 같이 빈곤자에 대해 보충적 생계지원을 하는 보족성(補足性)의 원리를 토대로 하지 않는다.

④ 서비스 이용의 접근성은 지리적·재정적·문화적·기능적 측면에서 살펴볼 수 있다. 특히 재정적 접근성은 서비스 이용에 있어서 금전적인 부담 또는 재정적인 장벽을 말하는 것으로서, 특히 민영화는 서비스 이용자의 재정적 접근성에 부정적인 영향을 미친다.

⑤ 최소 가입기간은 공적연금의 재정 안정성과 밀접하게 연관된 것으로서, 최소 가입기간을 늘리는 경우 연금재정의 장기적인 재정 안정성 확보에 어느 정도 유리한 반면, 최소 가입기간을 줄이는 경우 재정 안정성 확보에 오히려 불리하다. 예를 들어 최소 가입기간을 '10년 이상'에서 '20년 이상'으로 늘리는 경우 수혜자 수가 감소하는 반면, '20년 이상'에서 '10년 이상'으로 줄이는 경우 수혜자 수가 증가하게 된다.

07 복지국가의 특징으로 옳은 것을 모두 고른 것은?

ㄱ. 정책의 형성과 집행에서 국가의 역할이 중요하다.
ㄴ. 정치적 민주주의를 복지국가 성립의 수반조건으로 한다.
ㄷ. 복지정책의 일차적 목표를 전 국민의 최소한의 생활보장에 둔다.
ㄹ. 복지국가는 궁극적으로 '기회의 평등'을 추구한다.

① ㄱ, ㄴ, ㄷ
② ㄱ, ㄷ
③ ㄴ, ㄹ
④ ㄹ
⑤ ㄱ, ㄴ, ㄷ, ㄹ

해 설 ㄹ. 기회의 평등(Equality of Opportunity)은 결과가 평등한가 아닌가의 측면은 무시한 채 결과를 얻을 수 있는 과정상의 기회만을 똑같이 주는 것으로서, 평등의 개념 가운데 가장 소극적이라고 볼 수 있다. 결과를 달성하는 과정에서의 평등에 초점을 두므로, 일반적으로 자유주의 사상과 쉽게 연결된다. 그로 인해 출발의 기회에서 이미 차이가 나는 문제, 사회구조적으로 불평등한 결과를 낳는 문제를 해결하는 데 한계가 있다. 사회복지국가는 기회의 평등에 그치는 것이 아니라 결과의 평등(Equality of Outcome)과 사회적 차별의 해소를 포함하는 사회적 평등(Social Equality)을 강조한다.

08 다음 중 영국의 구빈제도를 등장 시기가 가장 빠른 것에서부터 순서대로 올바르게 나열한 것은?

ㄱ. 정주법
ㄴ. 엘리자베스 구빈법
ㄷ. 공장법
ㄹ. 스핀햄랜드법
ㅁ. 길버트법
ㅂ. 작업장법

① ㄱ - ㄴ - ㄷ - ㄹ - ㅁ - ㅂ
② ㄱ - ㄴ - ㅁ - ㅂ - ㄷ - ㄹ
③ ㄴ - ㄱ - ㅂ - ㅁ - ㄹ - ㄷ
④ ㄴ - ㄱ - ㅁ - ㅂ - ㄷ - ㄹ
⑤ ㅁ - ㄱ - ㄷ - ㄴ - ㄹ - ㅂ

해 설 **영국의 구빈제도 역사**
엘리자베스 구빈법(1601) - 정주법(1662) - 작업장법(1722) - 길버트법(1782) - 스핀햄랜드법(1795) - 공장법(1833) - 개정구빈법(1834)

09 사회복지 역사에 관한 설명으로 옳은 것을 모두 고른 것은?

　　ㄱ. 길버트법은 작업장 노동의 비인도적인 문제에 대응하여 원외구제를 실시하였다.
　　ㄴ. 신빈민법은 특권적 지주계급을 위한 법으로 구빈업무를 전국적으로 통일하였다.
　　ㄷ. 미국의 사회보장법(1935)은 연방정부의 책임을 축소하고 지방정부의 책임을 확대하였다.
　　ㄹ. 비스마르크는 독일제국의 사회통합을 위해 사회보험을 도입하였다.

① ㄱ, ㄴ　　　　　　　　　　② ㄱ, ㄷ
③ ㄱ, ㄹ　　　　　　　　　　④ ㄴ, ㄷ
⑤ ㄷ, ㄹ

해 설　ㄴ. 엘리자베스 빈민법(1601년)이 국가와 특권적 지주계급의 지배연합이 구축해온 봉건적 정치·경제질서 유지를 위한 수단이었다면, 신빈민법(1834년)은 국가와 자본가 계급의 지배연합이 구축한 자본주의적 정치·경제질서 유지를 위한 수단이었다.
　　ㄷ. 미국의 사회보장법(1935)은 대공황으로 인한 사회문제의 확산을 계기로 제정된 것으로, 사회복지에 대한 연방정부의 책임 확대를 가져왔다. 특히 연방정부의 적극적인 개입(케인즈식 국가개입주의)을 통한 경제회복을 주된 목적으로 하였다.

10 다음 중 중앙정부와 지방정부 간의 복지재정 이전체계에 있어서 지방정부의 재량권이 큰 것에서 작은 것 순으로 올바르게 나열한 것은?

① 일반교부세 – 범주적 보조금 – 포괄보조금
② 일반교부세 – 포괄보조금 – 범주적 보조금
③ 범주적 보조금 – 포괄보조금 – 일반교부세
④ 범주적 보조금 – 일반교부세 – 포괄보조금
⑤ 포괄보조금 – 범주적 보조금 – 일반교부세

해 설　복지재정의 이전체계

일반교부세 (General Revenue Sharing)	• 보조금의 지급 및 사용 목적이 별도로 규정되어 있지 않다. • 중앙정부가 각 지방정부의 재정부족액을 산정하여 아무런 조건 없이 용도에 제한을 두지 않고 교부하는 재원이므로, 지방정부의 자율적인 정책 수립 및 집행이 가능하다.
포괄보조금 (Block Grant)	• 보조금의 지급 및 사용 목적이 포괄적으로 규정되어 있다. • 지역보건이나 지역사회개발, 교육 등과 같은 일반적인 프로그램 영역에 사용되어야 한다는 것 이상으로 보조금의 용도에 대한 구체적인 규정을 정하는 경우가 거의 없다.
범주적 보조금 (Categorical Grant)	• 보조금의 지급 및 사용 목적이 상세히 규정되어 있다. • 재정 사용에 관한 지방정부의 재량권은 중앙정부의 상세한 규정에 의해 제한된다.

11 다음 우리나라의 사회복지정책 발달사와 관련하여 문민정부 이후에 이루어진 내용에 해당하는 것은?

① 전 국민 의료보험제도가 실시되었다.
② 제6차 경제사회발전 5개년 계획이 실시되었다.
③ 사회복지전문요원을 영세민 밀집지역의 동사무소에 배치하기 시작하였다.
④ 시 · 도 단위에 종합사회복지관이 설립되었다.
⑤ 사회보장기본법을 제정하였다.

해설 ⑤ 문민정부(文民政府)가 들어선 것은 1993년 2월 25일 제14대 대통령으로 김영삼 정부가 들어섬으로써 시작되었다. 사회보장기본법이 제정된 것은 1995년 12월 30일로, 이는 1963년 제정된 '사회보장에 관한 법률'을 폐지하고 우리나라의 경제 · 사회의 발전수준과 국민의 복지욕구에 부합하는 사회보장제도를 확립하여 국민복지의 증진을 도모하기 위함이었다.
① 1989년, ② 1987~1991년, ③ 1987년, ④ 1985년

12 다음 중 탈상품화에 대한 설명으로 가장 옳은 것은?

① 열등수급의 원칙으로 나타난다.
② 생산적 복지에서 강조되는 개념이다.
③ 시장의 복지 기능을 최대한 강화시키는 것을 말한다.
④ 복지급여의 엄격하고 까다로운 조건은 탈상품화 정도를 높인다.
⑤ 시장기제에 의존하지 않고 사회적 욕구 및 생활수준을 유지할 수 있는 기능이다.

해설 에스핑-안데르센(Esping-Andersen)이 복지국가의 유형화 기준으로 제시한 '탈상품화(Decommodification)'는 근로자가 자신의 노동력을 상품으로 시장에 내다 팔지 않고도 살아갈 수 있는 정도를 말한다. 이는 개인의 복지가 시장에 의존하지 않고도 이루어질 수 있는 것으로 노동의 상품화를 전제하는 자기 조절적 시장경제체제의 허구로부터 사회 자체를 보호하는 사회복지기제를 의미한다. 이러한 탈상품화가 높을수록 복지선진국에 해당한다.

13 다음 중 국민기초생활보장제도의 원칙으로 옳지 않은 것은?

① 현물부조의 원칙
② 자립지원의 원칙
③ 개별성의 원칙
④ 보충성의 원칙
⑤ 타급여 우선의 원칙

해설 ① 현물부조의 원칙이 아닌 현금부조의 원칙에 해당한다.

국민기초생활보장제도의 급여에 관한 기본원칙	공공부조 운영의 기본원칙
• 최저생활보장의 원칙 • 보충급여(보충성)의 원칙 • 자립지원(자립조장)의 원칙 • 개별성의 원칙 • 가족부양 우선의 원칙 • 타급여 우선의 원칙 • 보편성의 원칙	• 선 신청, 후 직권보호의 원칙 • 급여기준과 정도의 원칙 • 필요즉응의 원칙 • 개별가구 단위의 원칙 • 현금부조의 원칙 • 거택보호의 원칙

14 다음 중 티트머스(Titmuss)가 제시한 복지의 사회적 분화(Social Division of Welfare) 유형 및 그 예로 옳은 것을 모두 고른 것은?

> ㄱ. 사회복지 – 국민연금에서 고용주의 기여금
> ㄴ. 직업복지 – 민간 기업이 피고용인에게 지불하는 임금
> ㄷ. 민간복지 – 종교기관이 노숙인에게 제공하는 무료급식
> ㄹ. 재정복지 – 가계의 의료비 지출에 대한 소득공제

① ㄱ, ㄴ, ㄷ   ② ㄱ, ㄷ
③ ㄴ, ㄹ   ④ ㄹ
⑤ ㄱ, ㄴ, ㄷ, ㄹ

해 설   **복지의 사회적 분화 유형(Titmuss)**

사회복지 (Social Welfare)	광의의 사회복지서비스에 해당하는 것으로서, 정부의 직접적인 재정지출에 의한 소득보장, 의료, 교육, 주택, 개별적 사회서비스 등을 모두 포함한다.
재정복지 (Fiscal Welfare)	정부의 조세정책에 의해 국민의 복지를 간접적으로 높이는 것으로서, 아동이 있는 가구에 대해 조세감면 등의 세제상 혜택을 주는 정책을 예로 들 수 있다.
직업복지 (Occupational Welfare)	기업복지와도 일맥상통하는 것으로서 개인이 속한 기업에서 제공하는 다양한 복지급여에 해당한다. 각종 복리후생, 사내근로복지기금, 교육훈련, 국민연금에서 고용주의 기여금 등을 예로 들 수 있다.

기출 16회

15 조세와 사회보험료 부과에 관한 설명으로 옳은 것은?

① 사회보험료는 소득세에 비해 역진적이다.
② 사회보험료에는 조세와 같은 인적공제가 없어 저소득층에게 유리하다.
③ 조세와 달리 소득상한선이 있는 사회보험료는 고소득층에게 불리하다.
④ 조세와 달리 사회보험료는 국가의 반대급부가 특정되어 있지 않다.
⑤ 조세와 달리 사회보험료는 추정된 부담능력(Assumed Capacity)을 고려한다.

해 설   ① 사회보험료는 조세 중 직접세에 해당하는 소득세에 비해 역진적이다. 그 이유는 사회보험의 보험료율은 소득의 대소에 관계없이 일정(정률제)하나 소득세는 누진세이며, 대부분의 보험료에는 상한선이 정해져 있는 데 반해 소득세에는 상한선이 없기 때문이다.
② 사회보험료에는 조세와 같은 인적공제가 없으므로 저소득층에게 불리하다.
③ 조세와 달리 소득상한선이 있는 사회보험료는 고소득층에게 유리하다.
④ 조세나 사회보험료 모두 소득의 일정 부분에 부과되는 공적 비용이라는 점에서는 같지만, 조세는 사회보험료와 달리 국가의 반대급부가 특정되어 있지 않다.
⑤ 조세는 납세자가 장차 받을 수 있을 것으로 기대되는 어떤 것의 가치가 아닌 추정된 조세부담능력에 관련된다. 반면, 사회보험료는 지불능력이 아닌 급여가치에 관련된다. 이와 같이 조세는 부담능력에 따라, 사회보험료는 급여가치에 따라 부과되므로, 조세와 달리 사회보험료는 추정된 부담능력을 고려하지 않는다고 볼 수 있다.

16 사회적 배제의 개념적 특성에 관한 설명으로 옳지 않은 것은?

① 개인과 집단의 다차원적 불이익에 초점을 두고, 다층적 대책을 촉구한다.

② 특정 집단이 경험하는 배제는 정태적 사건이 아니라 동태적 과정으로 본다.

③ 사회적 배제 개념은 열등처우의 원칙으로부터 등장하였다.

④ 소득의 결핍 그 자체보다 다양한 배제 행위가 발생하는 과정에 초점을 둔다.

⑤ 사회적 관계망으로부터의 단절과 차별 문제를 제기한다.

해설 **사회적 배제(Social Exclusion)**

• 빈곤 · 박탈과 관련된 사회문제를 나타내는 새로운 접근법으로, 관례적인 사회적 규범으로부터 완전히 차단된 사람들을 묘사한다.

• 배제의 개념은 사람들을 온전히 사회에 참여할 수 없도록 하는 상황들(예 장애로 인한 낙인, 인종적 불이익 등)과 함께 빈곤문제를 사회통합문제의 일부로 파악하도록 하는 한편, 주로 물질적 자원의 제공에 관심을 기울이던 기존의 빈곤정책과 달리 사회적 관계의 중요성을 고려하면서 사회에 진입시키기 위한 정책들을 강조한다.

17 다음 중 국민건강보장제도의 유형으로서 국민건강보험방식(NHI)에 대한 설명으로 옳지 않은 것은?

① 사회보험의 운영원리를 자국의 사회적 · 경제적 실정에 맞게 적용한 것이다.

② 직접 또는 계약을 체결한 의료기관을 통해 피보험자에 대한 보험급여 실시가 이루어진다.

③ 기본적으로 의료비에 대한 국민의 자기 책임을 강조한다.

④ 일명 '조세방식' 또는 '베버리지방식'이라고도 한다.

⑤ 우리나라와 대만 등이 대표적이다.

해설 국민보건서비스방식(NHS ; National Health Service)의 내용에 해당한다. NHS은 의료에 대한 국가의 책임을 전제로 전 국민에게 동등한 의료혜택을 제공하는 의료보장 방식이다. 기본적으로 의료의 사회화를 이루려는 것으로서, 영국, 스웨덴, 이탈리아, 뉴질랜드 등에서 시행하고 있다. 반면, 우리나라는 기본적으로 사회보험 방식의 국민건강보험방식(NHI ; National Health Insurance)을 운영하고 있다. 사회적으로 동질성을 갖는 국민이 보험집단을 형성하여 보험료를 갹출하여 재원을 마련하는 방식으로서, 일본, 대만, 독일 등에서 시행하고 있다.

18 다음 중 사회복지정책의 형성과정을 순서대로 올바르게 나열한 것은?

① 문제형성 – 의제형성 – 대안형성 – 정책집행 – 정책평가 – 정책결정
② 문제형성 – 대안형성 – 의제형성 – 정책집행 – 정책평가 – 정책결정
③ 문제형성 – 의제형성 – 대안형성 – 정책결정 – 정책집행 – 정책평가
④ 의제형성 – 문제형성 – 대안형성 – 정책결정 – 정책평가 – 정책집행
⑤ 의제형성 – 대안형성 – 문제형성 – 정책집행 – 정책결정 – 정책평가

해설 **사회복지정책의 형성과정**
- 문제형성(제1단계) : 고통을 주는 상황이나 조건을 해결해야 할 문제로 인식하는 것을 말한다.
- 아젠다(의제)형성(제2단계) : 문제가 공공이나 정책결정자들의 관심을 끌어 정책형성에 대한 논의가 가능한 상태가 되는 것을 말한다.
- 대안형성 및 정책입안(제3단계) : 정책문제를 파악하고 이를 달성할 수 있는 정책수단으로서의 정책대안을 개발하며, 이를 비교·분석하여 정책입안의 내용을 마련한다.
- 정책결정(제4단계) : 대안의 선택 또는 우선순위를 확정하는 것을 말한다.
- 정책집행(제5단계) : 결정된 정책을 구체화하는 것을 말한다.
- 정책평가(제6단계) : 정책활동의 가치를 따져보기 위해 정보를 수집, 분석, 해석하는 것을 말한다.

기출 15회

19 사회복지정책의 대안을 개발할 때, 활용할 수 있는 방법을 모두 고른 것은?

ㄱ. 과거의 정책을 검토한다.　　　　ㄴ. 해외 정책사례를 검토한다.
ㄷ. 사회과학적 지식을 활용한다.　　　ㄹ. 직관적 방법을 활용한다.

① ㄱ　　　　　　　　　　　　　② ㄴ, ㄷ
③ ㄷ, ㄹ　　　　　　　　　　　④ ㄱ, ㄴ, ㄷ
⑤ ㄱ, ㄴ, ㄷ, ㄹ

해설 **사회복지정책의 대안을 개발하는 방법**
- 첫째, 사회문제와 관련된 과거 정책이나 현존 정책을 검토한다. 이는 과거나 현재의 정책집행 결과에 비추어 미래의 정책 과정에 나타날 수 있는 여러 가지 결과들을 어느 정도 미리 예측할 수 있는 장점이 있다.
- 둘째, 외국의 정책사례를 검토한다. 정책문제로 채택된 사회문제에 관한 이전의 정책경험이 없는 경우, 외국의 정책사례에서 많은 아이디어를 얻을 수 있다.
- 셋째, 사회과학적 지식이나 이론을 활용한다. 사회복지학, 사회학, 경제학, 정치학 등 사회문제의 인과관계에 관한 이론들은 사회문제 해결을 위한 사회복지정책의 대안을 만드는 데 유용하다.
- 넷째, 직관적 방법을 활용한다. 이는 정책대안에 관한 선례나 전문지식 및 상황에 대한 정보가 부족할 때 사용할 수 있는 방법이다.

20 국가가 시장에 개입하는 근거로 옳은 것을 모두 고른 것은?

> ㄱ. 긍정적 외부효과　　　　　　　　ㄴ. 부정적 외부효과
> ㄷ. 비대칭적 정보　　　　　　　　　ㄹ. 역선택

① ㄱ, ㄷ　　　　　　　　　　　　② ㄴ, ㄹ
③ ㄱ, ㄷ, ㄹ　　　　　　　　　　　④ ㄴ, ㄷ, ㄹ
⑤ ㄱ, ㄴ, ㄷ, ㄹ

> **해설**　ㄱ·ㄴ. 외부효과는 어떠한 경제적 활동이 본래의 의도와는 달리 제삼자에게 특정한 혜택을 주거나(→ 긍정적 외부효과), 손해를 주는 경우(→ 부정적 외부효과)를 말한다. 국가는 부정적 외부효과에 대해 적절한 규제를 가하는 대신 긍정적 외부효과를 창출하기 위해 직접적으로 개입하는 것이 바람직하다.
> ㄷ. 시장은 본래 공정한 경쟁과 교환을 원칙으로 해야 하지만 실제로는 일방에 유리하거나 불리하게 정보의 수급이 비대칭적으로 이루어지는 경우가 있다. 특히 특정 정보의 이용이 시장의 불균형을 야기하는 경우 국가가 직접 개입하는 것이 바람직하다.
> ㄹ. 역의 선택은 보험계약에 있어서 상대적으로 위험발생 가능성이 높은 사람들이 집중적으로 자신에게 유리한 보험을 선택적으로 가입함으로써 전체 보험료의 인상을 야기하고 위험분산을 저해하는 현상이다. 이는 국가가 직접적으로 개입하여 보험집단의 크기를 확대함으로써 약화시킬 수 있다.

21 정부는 최근 생산적 복지를 강조하고 있다. 다음 중 생산적 복지에서 가장 중시하고 있는 내용에 해당하는 것은?

① 국가중심의 복지　　　　　　　　② 근로와 연계된 복지
③ 정보화를 추구하는 복지　　　　　④ 공영화를 지향하는 복지
⑤ 자조집단 중심의 복지

> **해설**　이전의 복지가 주로 사회적 위험에 빠진 이후의 사후적·소극적·구호적 복지라면 생산적 복지는 그러한 사회적 위험에 빠지기 이전에 미리 적극적인 투자에 의하여 노동시장의 참여기회를 제공함으로써 궁극적으로 스스로 자립·자활을 이룰 수 있도록 하는 차원에서의 복지이다.

22 다음 중 공적연금에 관한 설명으로 옳은 것은?

① 공적연금은 자율적 계약가입을 원칙으로 한다.
② 부과 방식은 임금상승률과 인구성장률이 이자율보다 높은 경우 적립방식보다 유리하다.
③ 급여수준과 기여수준을 일치시키는 수지상등의 원칙을 채택하고 있다.
④ 정액연금은 과거소득에 비례하여 일정한 급여액을 지급하는 연금 형태이다.
⑤ 대부분의 국가에서 사회부조식 공적연금 형태를 취하고 있다.

해 설　② 적립방식은 가입자 세대가 가입 시점에서부터 자신이 납부한 보험료 금액과 함께 기금에서 발생한 이자수입을 합한 총액을 적립하였다가 이를 미래에 그 세대가 수급하도록 하는 방식이다. 따라서 상대적으로 낮은 이자율로 인해 이자수입이 줄어드는 경우 적립방식은 그 해의 연금보험료 수입을 그 해 급여의 지출로 써버리는 부과방식에 비해 불리하다고 볼 수 있다.
① 공적연금은 강제가입을 원칙으로 한다.
③ '수지상등의 원칙'은 보험계약에서 장래 수입으로 돌아올 순보험료의 현가 총액이 장래 지출해야 할 보험금의 총액과 같아야 한다는 원칙으로서, 이는 특히 사적연금에서 채택하고 있다. 반면, 공적연금은 납입자의 부담능력에 부합하는 공평한 보험료 산정이 이루어져야 한다는 '응능부담의 원칙'을 채택하고 있다.
④ 정액연금이 아닌 소득비례연금에 해당한다. 참고로 정액연금은 과거소득에 관계없이 모든 연금수급자에게 동일한 급여액을 지급하는 연금 형태이다.
⑤ 사회부조식 공적연금보다는 사회보험식 공적연금이 보다 보편화되어 있다.

기출 17회

23 평등에 관한 설명으로 옳지 않은 것은?

① 보험료 수준에 따라 급여를 차등하는 것은 비례적 평등으로 볼 수 있다.
② 드림스타트(Dream Start) 사업은 기회의 평등을 반영하는 것으로 볼 수 있다.
③ 공공부조의 급여는 산술적 평등을, 열등처우의 원칙은 비례적 평등을 반영하는 것이다.
④ 모든 사람에게 동등한 의료서비스를 제공하는 영국의 국민보건서비스(NHS)는 결과의 평등을 반영하는 것으로 볼 수 있다.
⑤ 비례적 평등은 결과의 평등이다.

해 설　⑤ 비례적 평등은 개인의 욕구, 능력, 기여에 따라 사회적 자원을 상이하게 배분하는 것으로서, '형평 또는 공평'이라고도 한다. 참고로 모든 사람을 똑같이 취급하여 사람들의 욕구나 능력의 차이에는 상관없이 사회적 자원을 똑같이 분배하는 수량적 평등을 '결과의 평등'이라고도 한다.

24 다음 중 우리나라의 현행 장애수당 수급자격기준에 해당하는 것을 올바르게 모두 고른 것은?

> ㄱ. 연령 등의 인구학적 조건
> ㄴ. 장애등급 등의 진단적 구분
> ㄷ. 소득 및 자산조사의 조건
> ㄹ. 기여의 조건

① ㄱ, ㄴ, ㄷ 　　　　　　② ㄱ, ㄷ
③ ㄴ, ㄹ 　　　　　　　　④ ㄹ
⑤ ㄱ, ㄴ, ㄷ, ㄹ

> **해 설**　우리나라의 장애수당은 장애인연금 도입 후 장애아동수당과 함께 존치된 제도로서, 경증장애수당을 의미한다. 장애수당은 만 18세 이상으로서 장애인으로 등록한 사람 중 국민기초생활보장법에 따른 수급자 또는 차상위계층으로서 장애로 인한 추가적 비용 보전이 필요한 사람으로 한다(장애인복지법 시행령 제30조).

기출 20회

25 소득불평등과 빈곤 측정에 관한 설명으로 옳은 것을 모두 고른 것은?

> ㄱ. 로렌츠 곡선의 가로축은 소득을 기준으로 하위에서 상위 순서로 모든 인구의 누적분포를 표시한다.
> ㄴ. 지니계수는 불평등도가 증가할수록 수치가 커져 가장 불평등한 상태는 1이다.
> ㄷ. 빈곤율은 모든 빈곤층의 소득을 빈곤선 수준으로 끌어올리는 데에 필요한 총소득으로 빈곤의 심도를 나타낸다.
> ㄹ. 5분위 배율에서는 수치가 작을수록 평등한 상태를 나타낸다.

① ㄱ, ㄴ 　　　　　　　② ㄱ, ㄷ
③ ㄴ, ㄷ 　　　　　　　④ ㄱ, ㄴ, ㄹ
⑤ ㄱ, ㄷ, ㄹ

> **해 설**　ㄷ. 빈곤율(Poverty Rate)은 빈곤한 사람의 규모, 즉 빈곤인구가 전체 인구에서 차지하는 비율을 나타낸다. 반면, 빈곤갭(Poverty Gap)은 빈곤층의 소득을 빈곤선까지 상향시키는 데 필요한 총비용을 말하는 것으로서, 빈곤의 심도를 나타낸다.

01 다음 중 사회복지행정이 다른 행정과 구별되는 차이점에 해당하지 않는 것은?

① 사회복지행정가는 사회복지조직의 내부운영을 지역사회와 관련시킬 책임이 있다.
② 사회복지조직은 특성상 자원의 적자운영을 원칙으로 한다.
③ 사회복지조직에서 행정은 지역사회 내 인지된 욕구충족을 돕기 위해 존재한다.
④ 사회복지조직의 크기, 범위, 구조 및 프로그램의 형태는 광범위하고 다양하다.
⑤ 자원활용에 관하여 부단히 선택을 내릴 필요성이 있다.

> **해 설** ② 사회복지조직은 조직의 생존을 위해 자원의 적자운영을 피해야 한다. 조직의 최적기능을 산출·유지하고 보호해야 하는 주요한 책임은 사회복지행정가에게 부여된다.

02 다음 중 미국 사회복지행정의 역사에서 1990년대 이후에 일어난 변화로 옳은 것을 모두 고른 것은?

ㄱ. 기획 업무에서 서비스 전달 업무에 이르기까지 직접 담당했던 거대 공공관료조직들의 퇴조가 두드러졌다.
ㄴ. 공공기관과 민간기관의 기능이 유사해짐에 따라 공공과 민간의 조직적 구분이 모호해졌다.
ㄷ. 서비스 목표 달성을 위해 느슨하게 연결되어 있는 다양한 서비스 조직들을 상호 연계할 서비스 전달체계 통합의 필요성에 대한 인식이 확산되었다.
ㄹ. 계약이나 서비스 구입 방식에서 있어서 공공조직의 전달에서의 역할이 더욱 증대되었다.

① ㄱ, ㄴ, ㄷ   ② ㄱ, ㄷ
③ ㄴ, ㄹ   ④ ㄹ
⑤ ㄱ, ㄴ, ㄷ, ㄹ

> **해 설** 1990년대 미국 사회복지행정의 변화
> • 기획 업무에서 서비스 전달 업무에 이르기까지 직접 담당했던 거대 공공관료조직들의 퇴조가 두드러졌다.
> • 계약이나 서비스 구입 방식을 통한 민간조직의 전달에서의 역할이 증대되었다.
> • 공공기관과 민간기관의 기능이 유사해짐에 따라 공공과 민간의 조직적 구분이 모호해졌다.
> • 서비스 목표 달성을 위해 느슨하게 연결되어 있는 다양한 서비스 조직들을 상호 연계할 서비스 전달체계 통합의 필요성에 대한 인식이 확산되었다.
> • 사회복지서비스의 책임성에 대한 구체적인 행정 실천이 강조되었다.

03 사회복지행정의 개념에 관한 설명으로 옳지 않은 것은?

① 사회복지정책을 개별적이고 구체적인 서비스로 전환시키는 과정이다.

② 사회서비스 활동으로 민간조직을 제외한 공공조직이 수행한다.

③ 관리자가 조직목표를 달성하기 위해서 수행하는 과정, 기능 그리고 활동이다.

④ 사회복지 과업수행을 위해서 인적 · 물적 자원을 체계적으로 결합 · 운영하는 합리적 행동이다.

⑤ 사회복지제도와 정책을 서비스 급여, 프로그램으로 전환시키기 위한 전달체계이다.

> **해 설** ② 사회복지행정은 사회복지정책으로 표현된 추상적인 것을 실제적인 사회복지서비스로 전환하는 공 · 사의
> 전 과정이다. 특히 광의의 사회복지행정은 공공 및 민간기관을 포함한 사회복지조직 구성원들의 총체적인
> 활동을 말한다.

04 사회복지조직에서 업무를 구분하여 인력을 배치하는 부문화(Departmentation) 방법에 관한 설명으로 옳은 것은?

① 관리자가 통솔할 수 있는 조직구성원의 수를 기준으로 하는 방법은 업무단위 간 개인들의 능력 차를 반영한다.

② 2교대 또는 3교대 등과 같이 업무시간을 기준으로 하는 방법은 일반사회복지조직에서도 광범위하게 활용된다.

③ 서비스 제공, 모금, 프로그램기획 등 기능을 기준으로 하는 방법은 업무단위 간 협조를 끌어내기 어려울 수 있다.

④ 서비스 대상자의 거주지역을 기준으로 하는 방법은 업무단위 간 업무량 격차를 해소한다.

⑤ 가족문제, 비행문제 등 문제 유형을 기준으로 하는 방법은 다양한 문제를 가진 클라이언트에게 서비스를 효과적으로 전달하는 데 유리하다.

> **해 설** ① 관리자가 통솔할 수 있는 조직구성원의 수를 기준으로 하는 수(數) 기준 부문화는 조직구성원 개인의 능력
> 차이를 고려하지 못하는 단점이 있다.
> ② 2교대 또는 3교대 등과 같이 업무시간을 기준으로 하는 시간 기준 부문화는 야간이나 주말근무를 희망하
> 는 능력 있는 요원을 채용하기 어렵고 업무 연결이 쉽지 않으므로 24시간 서비스를 제공해야 하는 생활시
> 설이나 요양원, 보건의료조직을 제외한 일반사회복지조직에서 잘 활용되지 않는 방법이다.
> ④ 서비스 대상자의 거주지역을 기준으로 하는 지리적 영역 기준 부문화는 서비스의 효율성을 높이고 서비스
> 책임자를 명확히 할 수 있으나, 장기적으로 업무단위 간 업무량 격차가 발생하고 특정 지역 담당 부서의
> 사기가 떨어질 수 있는 단점이 있다.
> ⑤ 문제 유형을 기준으로 하는 고객기준 부문화는 한 사람의 서비스 제공자가 다양한 문제를 가진 클라이언
> 트에게 효과적인 서비스를 전달하기 어려운 단점이 있다.

05 다음 중 사회복지행정의 과정에 해당하지 않는 것은?

① Planning
② Staffing
③ Directing
④ Cooperating
⑤ Budgeting

> **해 설**　**사회복지행정의 과정(POSDCoRBE)**
> 기획(Planning) → 조직(Organization) → 인사(Staffing) → 지시(Directing) → 조정(Coordinating) → 보고(Reporting) → 재정(Budgeting) → 평가(Evaluating)

기출 18회

06 사회복지관에서 우편으로 잠재적 후원자에게 기관의 현황이나 정보 등을 제공하여 후원자를 개발하는 마케팅 방법은?

① 고객관계관리 마케팅
② 데이터베이스 마케팅
③ 다이렉트 마케팅
④ 소셜 마케팅
⑤ 크라우드 펀딩

> **해 설**　③ 다이렉트 마케팅(DM ; Direct Marketing)은 후원을 요청하는 편지를 잠재적 후원자들에게 발송함으로써 후원자를 개발하는 가장 전통적인 방법이다.
> ① 고객관계관리 마케팅(CRM ; Customer Relationship Management Marketing)은 고객과 관련된 자료를 분석하여 고객 특성에 기초한 맞춤서비스를 지속적으로 제공함으로써 가치 있는 고객을 파악·획득·유지하는 방법이다.
> ② 데이터베이스 마케팅(DBM ; Database Marketing)은 고객정보, 경쟁사정보, 산업정보 등 시장에 관한 각종 정보를 직접 수집·분석하고 이를 데이터베이스화하여 마케팅전략을 수립하는 방법이다.
> ④ 사회 마케팅 또는 소셜 마케팅(Social Marketing)은 사회문제로부터 도출된 사회적 목표를 달성하기 위해 사회적 아이디어를 개발하고 이를 일반인들에게 수용시키기 위한 방법이다.
> ⑤ 크라우드 펀딩(Crowd Funding)은 "대중으로부터 자금을 모은다"는 의미로, 소셜미디어나 인터넷 등의 매체를 활용하여 필요한 자금을 불특정 다수로부터 지원받는 방법이다.

07 다음 집단의사결정방법 중 전문가들의 의견을 묻고 만족스러운 결과를 얻을 때까지 계속하여 합의점을 만들어 내는 방식에 해당하는 것은?

① 의사결정나무분석
② 대안선택 흐름도표
③ 델파이기법
④ 소집단 의사결정법
⑤ 심포지엄

> **해 설**　델파이기법은 1950년대에 미국 Santa Monica의 Rand 연구소에서 개발되었다. 원래 국방에 응용하기 위한 것이었으며, 어떤 질문에 대한 답변이 판단작용을 크게 요하는 경우 전문가들 사이에 어느 정도의 공감대를 형성하고자 하는 데 목적이 있었다. 이 기법은 당초 기술적 예측에 사용되어 왔으나 최근에는 강조하는 바가 달라졌다. 현재 델파이기법은 미래를 예측할 때 또는 과거의 경험이 그리 큰 도움이 되지 못하거나 이미 확정되어 있는 정보들을 이용해서는 그리 큰 도움을 받기가 어려울 때에 많이 이용된다.

08 다음 중 총체적 품질관리(TQM)에 대한 설명으로 옳지 않은 것은?

① 서비스의 질을 고객기준으로 평가하는 사고방식을 갖게 한다.

② 과정·절차를 개선하도록 하며, 직원에게 권한을 부여한다.

③ 미시적 안목을 갖게 하며, 단기적 전략을 강조한다.

④ 현상에 결코 만족하지 않도록 하는 심리적 압박을 가하게 된다.

⑤ TQM은 개인단위가 아닌 집단이나 팀 단위의 활동을 바탕으로 한다.

> **해 설** 총체적 품질관리란 고객만족을 서비스 질의 제1차적 목표로 삼고 조직구성원의 광범위한 참여하에 조직의 과정·절차를 지속적으로 개선하여 장기적인 전략적 질 관리(거시적 안목)를 위한 관리철학 내지 관리원칙을 의미한다.

기출 15회

09 우리나라 사회복지행정의 변화과정과 주요 정책에 관한 설명으로 옳지 않은 것은?

① 사회복지시설평가제 도입은 자원의 효율적 운영에 대한 관심을 확대시키는 계기가 되었다.

② 주로 지방정부에서 운영되는 사회복지사업이 국고보조사업으로 이양되었다.

③ '읍·면·동 복지허브화' 전략은 맞춤형 통합서비스를 제공하기 위한 민·관 협력을 기반으로 한다.

④ 희망복지지원단은 공공영역에서의 사례관리 기능을 담당한다.

⑤ 국민기초생활보장제도는 복지가 국민의 권리로서 인정받기 시작했다는 의미를 갖는다.

> **해 설** ② 2005년 분권교부세제도의 시행과 함께 국가에서 운영한 주요 사회복지사업들이 지방정부로 이양되었다. 이 과정에서 보건복지 분야 67개 사업이 지방으로 이양되었으며, 여기에는 사회복지관 운영, 아동시설 운영, 재가노인복지시설 운영, 정신요양시설 운영, 장애인생활시설 운영 등의 사업이 포함되었다. 다만, 노인양로시설 운영, 장애인거주시설 운영, 정신요양시설 운영 등 일부 사업은 2015년 다시 국고보조사업으로 전환되었다.

기출 20회

10 사회복지행정의 실행 과정을 순서대로 나열한 것은?

ㄱ. 과업 평가 ㄴ. 과업 촉진
ㄷ. 과업 조직화 ㄹ. 과업 기획
ㅁ. 환류

① ㄱ - ㄷ - ㄹ - ㅁ - ㄴ
② ㄷ - ㄱ - ㄹ - ㄴ - ㅁ
③ ㄷ - ㄹ - ㅁ - ㄴ - ㄱ
④ ㄹ - ㄴ - ㄷ - ㄱ - ㅁ
⑤ ㄹ - ㄷ - ㄴ - ㄱ - ㅁ

> **해 설** **사회복지행정의 전통적 과정과 현대적 과정**
>
> | 전통적 행정과정 | 기획 → 조직화 → 실시 → 통제 |
> | --- | --- |
> | 현대적 행정과정 | 목표설정 → 정책결정 → 기획 → 조직화 → 동기부여·촉진 → 평가 → 환류(피드백) |

11 휴먼서비스 사회복지행정의 특성을 결정하는 요소가 아닌 것은?

① 환경에의 의존성   ② 대립적 가치의 상존성
③ 조직 간 연계의 중요성   ④ 성과평가의 용이성
⑤ 인본주의적 가치지향성

> **해 설** 사회복지행정은 서비스 대상으로서 인간을 도덕적 가치를 지닌 존재로 가정한다. 사회복지조직은 휴먼서비스(Human Service) 조직으로, 그 원료가 인간이기 때문에 인간의 도덕적·윤리적 가치판단이 강조됨으로써 목표달성의 효과성 및 효율성을 측정하는 데 어려움이 있다.

12 경쟁적 가치모델의 리더십 유형에서 요구되는 사회복지조직 리더의 특성에 해당하는 것은?

① 높은 도덕적 가치를 구성원들에게 요구한다.
② 외부 지향적이며 유연성을 가진 리더십을 발휘한다.
③ 조직 내 구성원들 간에 경쟁을 유도한다.
④ 구성원들과 외부환경과의 접촉을 감소시킨다.
⑤ 다른 경쟁조직과 비교해서 경쟁력을 높인다.

> **해 설** 경쟁적 가치모델에 의한 리더십은 조직에 있어서 다양한 경쟁적 가치들이 공존하는 상황을 전제로 하여 상황에 따른 유연성을 가지는 통합적 리더십을 강조한다. 조직 내에 리더가 다양한 역할을 수행해야 하므로 관리자 역할에 있어서 보편적으로 통용될 수 있는 모범적인 리더십 스타일이 존재하지 않는다고 본다.

13 다음 중 사회복지시설의 재원확보방법에 대한 설명으로 옳지 않은 것은?

① 보조금, 기부금, 후원금, 수수료 등의 방법이 있다.
② DM은 편지를 발송하여 후원자를 개발하는 방식이다.
③ 이벤트는 특정 목표를 위하여, 특정 기간과 장소에서 사전계획을 세워 특별한 활동을 벌이는 것이다.
④ 명분마케팅은 기업의 사회적 책임과는 무관하다.
⑤ 자동응답시스템은 최근 가장 활성화되고 있는 전화를 통한 모금방법으로, 소액후원금 확보가 용이하고 전국단위로 할 수 있다.

> **해 설** ④ 명분마케팅(Cause-Related Marketing)은 기업연계마케팅으로 기업의 사회적 책임을 보완하는 방법이 될 수 있다.

14 다음 중 사회복지기관의 정보관리방법으로 옳은 것을 모두 고르면?

ㄱ. 사회복지기관에서는 반드시 정보를 저장하여 보관해야 한다.
ㄴ. 정보체계를 개발할 때에는 관리자와 직원들 간의 충분한 논의가 필요하다.
ㄷ. 관리정보체계를 활용한다.
ㄹ. 반드시 전산화해야 한다.

① ㄱ, ㄴ, ㄷ   ② ㄱ, ㄷ
③ ㄴ, ㄹ   ④ ㄹ
⑤ ㄱ, ㄴ, ㄷ, ㄹ

해설 ㄹ. 가능하면 전산화하는 것이 업무의 효율성을 위해 좋은 방법이기는 하지만 반드시 전산화해야만 정보관리가 되는 것은 아니다.

기출 20회

15 변혁적 리더십에 관한 설명으로 옳은 것을 모두 고른 것은?

ㄱ. 구성원들에게 봉사하는 것을 핵심적 가치로 한다.
ㄴ. 구성원들에 대한 상벌체계를 강조한다.
ㄷ. 구성원들 스스로 혁신할 수 있도록 비전을 제시해주는 것을 강조한다.

① ㄱ   ② ㄴ
③ ㄷ   ④ ㄱ, ㄴ
⑤ ㄴ, ㄷ

해설 ㄱ. 서번트 리더십이론에 해당한다. 그린리프(Greenleaf)는 리더를 다른 사람에게 봉사하는 하인으로, 구성원을 섬김의 대상으로 간주함으로써 구성원 성장에의 헌신과 함께 이를 통한 공동체 목표의 달성을 강조하였다.
ㄴ. 변혁적 리더십이론에서 변혁적 리더는 구성원 스스로 업무에 대한 확신감을 가질 수 있도록 동기를 부여하고 업무결과에 대한 욕구를 자극함으로써, 구성원 스스로 추가적인 노력을 통해 기대 이상의 성과를 가져오도록 유도한다.

16 스미스(Smith)가 분류한 조직 유형 중 투과성조직에 해당하는 것은?

① 대기업   ② 교도소
③ 정신병원   ④ 정부기관
⑤ 자원봉사동아리

해설 투과성조직이란 조직의 구성원 또는 참여자가 자발적으로 참여하며 개인이 가정과 사적인 생활을 침해받지 않으면서 조직의 문화나 규정에 의한 통제성이 약하고 조직의 활동이 거의 대부분 노출되는 조직을 말한다.

17 사회복지기관의 슈퍼비전에 관한 설명으로 옳지 않은 것은?

> ㄱ. 가치와 감정의 문제를 배제하고, 전문적 기술의 전수를 중심에 둔다.
> ㄴ. 리더십 역할과 결부되어 수행될 부분이 크다.
> ㄷ. 인적 자원의 개발에 관심을 두는 행정행위의 일종이다.
> ㄹ. 개별 사례에 대한 목표 및 과업을 결정한다.

① ㄱ
② ㄴ, ㄷ
③ ㄱ, ㄹ
④ ㄷ, ㄹ
⑤ ㄱ, ㄷ, ㄹ

> **해설** 사회복지조직에서 슈퍼바이저는 직원들의 일을 조직·점검·평가하는 것은 물론 정서적이고 사회적인 지지까지 제공함으로써 업무담당자들의 전문성 개발에 기여한다. 한편 슈퍼바이저는 사회복지조직의 직원들에 대해 슈퍼비전을 제공하는 역할을 하는 것이지 개별 클라이언트의 사례에 대한 목표 및 과업을 결정하는 역할을 수행하는 것은 아니다.

18 다음 중 관리운영기획에 대한 내용에 해당하는 것은?

① 조직의 구체적 목표의 설정
② 목표달성을 위한 자원의 획득
③ 자원관리에 관한 것
④ 자원획득 및 분배에 관한 것
⑤ 우선순위의 설정

> **해설** **전략적 기획과 관리운영기획**
> • 전략적 기획 : 조직의 구체적 목표 설정 및 변경, 목표달성을 위한 자원의 획득·사용·분배를 위한 정책을 결정하는 과정
> • 관리운영기획 : 조직의 목표가 효과적·효율적으로 달성될 수 있게 획득된 자원을 사용하도록 하는 과정

19 다음 중 비공식적 조직의 순기능에 해당하는 것은?

① 거대한 비공식적인 조직은 합리적 의사결정에 기여한다.
② 공식적 조직의 압박감을 해소한다.
③ 공식적 조직의 단합을 높인다.
④ 조직의 중심적인 역할을 담당한다.
⑤ 책임과 통제 범위가 명확하다.

> **해설** **비공식적 조직의 순기능과 역기능**

순기능	• 조직에 대한 귀속감, 심리적 안정감, 사기양양의 효과를 불러온다. • 행정가는 비공식적인 자리에서 대화와 제의를 받아들임으로써 집단의 응집력을 향상하고 집단성원의 자기존중감을 높일 수 있다. • 공식적 조직의 결함이나 약점을 보완하며, 긴장이나 압박감을 해소하도록 한다. • 조직의 변화 유발을 위한 매개자 역할을 수행하기도 한다.
역기능	• 거대한 비공식적 조직은 비합리적인 의사결정 및 의사소통상의 부작용을 초래한다. • 조직 내 적대감정 및 심리적 불안감을 조성하여 조직의 분열을 초래할 수 있다. • 비생산적 규범이 형성될 수 있으며, 정보의 공식적 이용에 어려움을 초래할 수 있다.

17 ③ 18 ③ 19 ② **정답**

20 다음 사례에서 설명하는 동기이론은?

> A는 자신보다 승진이 빠른 입사 동기인 사회복지사 B와의 비교로, 보충해야 할 업무역량을 분석하였다. A는 B가 가진 프로그램 기획력과 사례관리 역량의 필요성을 알게 되었고, 직무 향상과 승진을 위해 대학원 진학을 결정하였다.

① 욕구위계이론(A. Maslow)
② 동기위생이론(F. Herzberg)
③ ERG이론(C. Alderfer)
④ 형평성이론(J. S. Adams)
⑤ 기대이론(V. H. Vroom)

해 설 ④ 아담스(Adams)의 형평성(공정성 또는 공평성)이론은 투입, 산출, 준거인물을 요소로 하여 자신의 '산출/투입'보다 준거가 되는 다른 사람의 '산출/투입'이 클 때 비형평성을 자각하게 되고, 형평성 추구행동을 작동시키는 동기가 유발된다고 본다.
① 매슬로우(Maslow)는 욕구위계이론(욕구계층이론)을 통해 인간의 욕구가 가장 낮은 것으로부터 가장 높은 것으로 올라가는 위계 혹은 계층(Hierarchy)을 이루며, 그와 같은 욕구가 행동을 일으키는 동기요인이라 주장하였다.
② 허즈버그(Herzberg)는 동기위생이론을 통해 인간이 이원적 욕구구조 즉, 불만을 일으키는 요인(→ 위생요인)과 만족을 일으키는 요인(→ 동기요인)을 가진다는 욕구충족요인 이원론을 주장하였다.
③ 알더퍼(Alderfer)는 ERG이론을 통해 매슬로우의 5단계 욕구를 세 가지 범주, '존재욕구', '(인간)관계욕구', '성장욕구'로 구분하였다.
⑤ 브룸(Vroom)은 기대이론을 통해 인간이 행동하는 방향과 강도가 그 행동이 일정한 성과로 이어진다는 기대와 강도, 실제로 이어진 결과에 대해 느끼는 매력에 달려 있다고 주장하였다.

21 다음 중 계획예산제도(PPBS)에 대한 설명으로 옳지 않은 것은?

① 단위원가계산이 쉬워 단기적 예산변경이 유리하다.
② 목표개발에서부터 시작된다.
③ 조직의 통합적 운영이 편리하다.
④ 조직품목과 예산이 직접 연결되지 않아 환산작업에 어려움이 있다.
⑤ 의사결정에 있어서 과학적이고 합리적인 기법을 활용한다.

해 설 계획예산제도(PPBS ; Planning-Programming-Budgeting System)
장기적인 계획수립과 단기적인 예산편성을 프로그램 작성을 통해 유기적으로 결합시킴으로써 자원배분에 관한 의사결정의 합리성을 도모하는 예산체계 모델이다. 이러한 계획예산제도는 실행되는 프로그램에 대한 비용-효과분석을 통해 조직 전체의 목적과 장기계획을 달성하는 데 최적의 상황을 제공해 준다는 장점이 있다. 그러나 특성상 산출·효과의 계량화에 중점을 두고 있으나 달성 성과의 계량화가 곤란하다는 점, 조직품목과 예산이 직접 연결되지 않으므로 실제 운영상 환산작업이 곤란하다는 점 등이 단점으로 제시되고 있다.

22 사회복지서비스 전달에서 민간조직의 강점이 아닌 것은?

① 다양한 서비스 제공이 가능하다.
② 기본적이고 보편적인 욕구충족에 유리하다.
③ 서비스 이용자의 선택 기회를 넓힌다.
④ 선도적인 서비스 개발과 보급에 유리하다.
⑤ 민간의 사회복지 참여욕구를 수렴할 수 있다.

해 설 ② 민간조직이 아닌 정부조직의 강점에 해당한다. 특히 정부의 서비스는 일반적으로 기본적이고 보편적인 문제나 욕구충족에 1차적인 목표를 둔다. 그로 인해 개인의 다양한 문제나 욕구를 충족시킬 수 없으며, 질 높은 서비스를 제공하는 데에도 한계가 있다. 따라서 민간조직은 정부에서 제공할 수 없는 보다 다양하고 질 높은 서비스를 제공하기 위해 필요하다.

23 다음 중 보기의 빈칸에 들어갈 내용을 순서대로 올바르게 나열한 것은?

• 사회복지조직은 (ㄱ)과 (ㄴ)의 관계로 구성될 수 있다.
• (ㄴ)의 책임자는 (ㄱ)의 (ㄷ)이(가) 임명한다.

	ㄱ	ㄴ	ㄷ
①	시 설	법 인	사무국
②	시 설	법 인	이사회
③	법 인	시 설	사무국
④	법 인	시 설	이사회
⑤	법 인	시 설	운영위원회

해 설 **사회복지법인과 사회복지시설**
• 사회복지사업법 제2조에 따르면, '사회복지법인'은 사회복지사업을 수행할 목적으로 설립된 법인을 말한다. 또한 '사회복지시설'은 사회복지사업을 할 목적으로 설치된 시설을 말한다. 즉, 사회복지법인은 사회복지사업을 수행하기 위해 사회복지시설을 설치 · 운영할 목적으로 설립된 법인에 해당하는 것으로 볼 수 있다.
• 사회복지법인은 사법인(私法人)이면서 비영리 공익법인이며, 재단법인으로서의 법적 성격을 가진다.
• 사회복지법인의 이사회는 법인의 사무를 집행하고 원칙적으로 법인을 대표하며, 법률적 행위로서 직무권한을 가지는 상설기관이다. 이러한 사회복지법인의 이사회는 조직의 목적 및 운영기구를 설정하고 목표달성에 필요한 인적 및 물적 자원을 동원한다. 또한 정책을 결정하고 예산을 수립하며, 법인이 운영하는 시설의 책임자를 임명하는 등의 기능을 수행한다.
• 사회복지법인과 사회복지시설은 분리된 책임과 권한을 가지는 것이 바람직하다.

24 다음 상황에서 가장 적합한 허쉬(Hersey)와 블랜차드(Blanchard)의 리더십 유형은?

> 신임 사회복지기관의 장이 직원들의 업무수행 능력을 평가한 결과, 직원들의 직무수행 능력은 전반적으로 높게 나타났다. 한편, 직원들은 대체로 조직발전을 바라고 있으나 솔선수범하여 일을 하려는 의지는 매우 약한 것으로 나타났다.

① 위임형
② 참여형
③ 제시형
④ 지시형
⑤ 팀 형

해 설 허쉬와 블랜차드는 직원의 능력과 의욕의 수준에 따라 4가지 유형의 적합한 리더십을 제시하였다.

리더십 유형	직원 능력	직원 의욕
지시형	×	×
제시형	×	○
참여형	○	×
위임형	○	○

25 다음 중 수직적 의사전달의 형태에 해당하는 것을 모두 고르면?

ㄱ. 상의하달
ㄴ. 회 의
ㄷ. 보고 · 제안
ㄹ. 사전심사제도

① ㄱ, ㄴ, ㄷ
② ㄱ, ㄷ
③ ㄴ, ㄹ
④ ㄹ
⑤ ㄱ, ㄴ, ㄷ, ㄹ

해 설 수직적 · 수평적 의사전달

수직적 의사전달	상하 계층 간의 쌍방적인 의사전달로서 상의하달(명령, 일반정보)과 하의상달(보고, 제안, 의견조사)
수평적 의사전달	동일 계층 사람들 간의 의사전달로서 조직의 규모가 크고 전문화의 정도가 높을수록 필요성이 높음(회의, 사전심사제도, 회람 등)

01 다음 중 사회복지법의 성문법원(成文法源)이 될 수 있는 것을 올바르게 모두 고른 것은?

ㄱ. 부 령	ㄴ. 조 리
ㄷ. 헌법에 의해 체결 · 공포된 조약	ㄹ. 판례법

① ㄱ, ㄴ, ㄷ   ② ㄱ, ㄷ

③ ㄴ, ㄹ   ④ ㄹ

⑤ ㄱ, ㄴ, ㄷ, ㄹ

해 설   법원(法源)의 분류

성문법원
(成文法源)
	• 법률 : 국회에서 의결되어 대통령이 공포한 법
	• 명령 : 국회의 의결을 거치지 않고 대통령 이하의 행정기관이 제정한 법규
	   예 대통령령, 총리령, 부령 등
	• 자치법규 : 지방자치단체가 자치권의 범위 내에서 자기의 사무 또는 주민의 권리의무
	   에 관해 제정한 자치에 관한 규칙
	• 국제조약 및 국제법규 : 국제법상의 주체인 국가 간에 맺은 문서에 의한 합의
	   예 조약, 협정, 협약, 의정서, 헌장 등

불문법원 (不文法源)	• 관습법 : 사회인의 사실상 관행이 계속적이고 일반적으로 행해짐에 따라 법으로서의 효력을 가지는 불문법 • 판례법 : 법원이 내리는 판결로서 대법원의 판례에 의해 형성 • 조리 : 사물의 도리, 합리성, 본질적 법칙을 의미

02 헌법 제34조 규정의 일부이다. (   )에 들어갈 내용이 순서대로 옳은 것은?

- 국가는 사회보장 · (   )의 증진에 노력할 의무를 진다.
- 신체장애자 및 질병 · 노령 기타의 사유로 생활능력이 없는 국민은 (   )이 정하는 바에 의하여 국가의 보호를 받는다.

① 공공부조, 헌법　　　　　　　　　② 공공부조, 법률
③ 사회복지, 헌법　　　　　　　　　④ 사회복지, 법률
⑤ 자원봉사, 법률

해 설　생존권 및 협의의 복지권에 관한 규정(헌법 제34조)
- 제1항 : 모든 국민은 인간다운 생활을 할 권리를 가진다.
- 제2항 : 국가는 사회보장 · 사회복지의 증진에 노력할 의무를 진다.
- 제3항 : 국가는 여자의 복지와 권익의 향상을 위하여 노력하여야 한다.
- 제4항 : 국가는 노인과 청소년의 복지향상을 위한 정책을 실시할 의무를 진다.
- 제5항 : 신체장애자 및 질병 · 노령 기타의 사유로 생활능력이 없는 국민은 법률이 정하는 바에 의하여 국가의 보호를 받는다.
- 제6항 : 국가는 재해를 예방하고 그 위험으로부터 국민을 보호하기 위하여 노력하여야 한다.

03 다음 중 가장 최근에 제정된 법률은?

① 장애인복지법　　　　　　　　　② 사회복지사업법
③ 고용보험법　　　　　　　　　　④ 노인장기요양보험법
⑤ 산업재해보상보험법

해 설　④ 노인장기요양보험법은 2007년 4월 27일 제정되어 2008년 7월 1일부터 시행되었다(일부는 2007년 10월 1일부터 시행).
- ① 장애인복지법은 1989년 12월 30일 전부개정되어 같은 날 시행되었다(1981년 6월 5일 제정된 심신장애자복지법의 전부개정).
- ② 사회복지사업법은 1970년 1월 1일 제정되어 1970년 4월 2일부터 시행되었다.
- ③ 고용보험법은 1993년 12월 27일 제정되어 1995년 7월 1일부터 시행되었다.
- ⑤ 산업재해보상보험법은 1963년 11월 5일 제정되어 1964년 1월 1일부터 시행되었다.

04 다음 중 사회복지사업법에 의해 시 · 도지사가 법인의 설립허가를 반드시 취소해야만 하는 경우는?

① 설립허가 조건을 위반한 때
② 목적사업 외의 사업을 한 때
③ 목적 달성이 불가능하게 된 때
④ 거짓으로 설립허가를 받은 때
⑤ 정당한 사유 없이 설립허가를 받은 날부터 6개월 이내에 목적사업을 시작하지 아니한 때

> **해설** **설립허가 취소 등(사회복지사업법 제26조 제1항)**
> 시 · 도지사는 법인이 다음의 어느 하나에 해당할 때에는 기간을 정하여 시정명령을 하거나 설립허가를 취소할 수 있다.
> • 거짓이나 그 밖의 부정한 방법으로 설립허가를 받았을 때(설립허가를 취소하여야 함)
> • 설립허가 조건을 위반하였을 때
> • 목적 달성이 불가능하게 되었을 때
> • 목적사업 외의 사업을 하였을 때
> • 정당한 사유 없이 설립허가를 받은 날부터 6개월 이내에 목적사업을 시작하지 아니하거나 1년 이상 사업실적이 없을 때
> • 법인이 운영하는 시설에서 반복적 또는 집단적 성폭력범죄 및 학대 관련 범죄가 발생한 때
> • 법인 설립 후 기본재산을 출연하지 아니한 때(설립허가를 취소하여야 함)
> • 임원정수를 위반한 때
> • 규정을 위반하여 이사를 선임한 때
> • 임원의 해임명령을 이행하지 아니한 때
> • 그 밖에 이 법 또는 이 법에 따른 명령이나 정관을 위반하였을 때

05 다음 중 사회복지법상 절차적 권리에 해당하는 것을 올바르게 모두 고른 것은?

ㄱ. 공공부조청구권　　　　　　　　ㄴ. 사회복지조치청구권
ㄷ. 사회보험청구권　　　　　　　　ㄹ. 사회복지입법청구권

① ㄱ, ㄴ, ㄷ　　　　　　　　　　② ㄱ, ㄷ
③ ㄴ, ㄹ　　　　　　　　　　　　④ ㄹ
⑤ ㄱ, ㄴ, ㄷ, ㄹ

> **해설** **사회복지법상 절차적 권리 및 실체적 권리**
> • 실체적 권리 : 공공부조청구권, 사회보험청구권, 사회복지조치청구권
> • 절차적 권리 : 사회복지행정참여권, 사회복지입법청구권, 사회복지급여쟁송권

06 성폭력방지 및 피해자보호 등에 관한 법률상 국가와 지방자치단체의 책무에 해당하는 것을 모두 고른 것은?

> ㄱ. 성폭력 신고체계의 구축 · 운영
> ㄴ. 성폭력 예방을 위한 유해환경 개선
> ㄷ. 성폭력 예방을 위한 조사 · 연구, 교육 및 홍보
> ㄹ. 피해자에 대한 직업훈련 및 법률구조 등 사회복귀 지원

① ㄱ, ㄴ   ② ㄴ, ㄷ

③ ㄱ, ㄷ, ㄹ   ④ ㄴ, ㄷ, ㄹ

⑤ ㄱ, ㄴ, ㄷ, ㄹ

해설   **국가와 지방자치단체의 책무(성폭력방지 및 피해자보호 등에 관한 법률 제3조 제1항)**

국가와 지방자치단체는 성폭력을 방지하고 성폭력피해자(이하 "피해자"라 한다)를 보호 · 지원하기 위하여 다음의 조치를 하여야 한다.

- 성폭력 신고체계의 구축 · 운영(ㄱ)
- 성폭력 예방을 위한 조사 · 연구, 교육 및 홍보(ㄷ)
- 피해자를 보호 · 지원하기 위한 시설의 설치 · 운영
- 피해자에 대한 주거지원, 직업훈련 및 법률구조 등 사회복귀 지원(ㄹ)
- 피해자에 대한 보호 · 지원을 원활히 하기 위한 관련 기관 간 협력체계의 구축 · 운영
- 성폭력 예방을 위한 유해환경 개선(ㄴ)
- 피해자 보호 · 지원을 위한 관계 법령의 정비와 각종 정책의 수립 · 시행 및 평가

07 다음 중 사회보장급여의 이용 · 제공 및 수급권자 발굴에 관한 법률에 대한 내용으로 가장 옳은 것은?

① 사회보장급여는 현금, 현물, 서비스를 말하며 이용권은 제외된다.

② 수급자는 사회보장급여를 필요로 하는 사람을 말한다.

③ 수급권자는 사회보장급여를 받고 있는 사람을 말한다.

④ 사회보장급여가 필요한 사람은 누구든지 자신의 의사에 따라 사회보장급여를 신청할 수 있다.

⑤ 보장기관의 업무담당자는 지원대상자의 동의 없이 사회보장급여의 제공을 직권으로 신청할 수 있다.

해설   ④ 사회보장급여가 필요한 사람은 누구든지 자신의 의사에 따라 사회보장급여를 신청할 수 있으며, 보장기관은 이에 필요한 안내와 상담 등의 지원을 충분히 제공하여야 한다(사회보장급여의 이용 · 제공 및 수급권자 발굴에 관한 법률 제4조 제1항).

① '사회보장급여'란 보장기관이 사회보장기본법에 따라 제공하는 현금, 현물, 서비스 및 그 이용권을 말한다(동법 제2조 제1호).

② '수급자'란 사회보장급여를 받고 있는 사람을 말한다(동법 제2조 제3호).

③ '수급권자'란 사회보장기본법에 따른 사회보장급여를 제공받을 권리를 가진 사람을 말한다(동법 제2조 제2호).

⑤ 보장기관의 업무담당자가 사회보장급여의 제공을 직권으로 신청할 경우 지원대상자의 동의를 받아야 하며, 동의를 받은 경우에는 지원대상자가 신청한 것으로 본다(동법 제5조 제2항).

08 다음 중 장애인복지법령에 대한 설명으로 옳은 것은?

① 장애인 종합정책의 수립 및 관계 부처 간 의견 조정을 위하여 대통령 소속하에 장애인정책조정위원회를 둔다.
② 보건복지부장관은 장애실태조사를 3년마다 실시하여야 한다.
③ 보건복지부장관은 3년마다 장애인정책종합계획을 수립·시행하여야 한다.
④ 재외동포 및 외국인은 장애인 등록을 할 수 없다.
⑤ 장애인의 장애 인정과 장애 정도 사정에 관한 업무를 담당하게 하기 위하여 국민건강보험공단에 장애판정위원회를 둔다.

> **해설** ② 보건복지부장관은 장애인 복지정책의 수립에 필요한 기초 자료로 활용하기 위하여 3년마다 장애실태조사를 실시하여야 한다(장애인복지법 제31조 제1항).
> ① 장애인 종합정책을 수립하고 관계 부처 간의 의견을 조정하며 그 정책의 이행을 감독·평가하기 위하여 국무총리 소속하에 장애인정책조정위원회를 둔다(동법 제11조 제1항).
> ③ 보건복지부장관은 장애인의 권익과 복지증진을 위하여 관계 중앙행정기관의 장과 협의하여 5년마다 장애인정책종합계획을 수립·시행하여야 한다(동법 제10조의2 제1항).
> ④ 재외동포 및 외국인 중 재외동포의 출입국과 법적 지위에 관한 법률에 따라 국내거소신고를 한 사람, 주민등록법에 따라 재외국민으로 주민등록을 한 사람, 출입국관리법에 따라 외국인등록을 한 사람으로서 대한민국에 영주할 수 있는 체류자격을 가진 사람, 재한외국인 처우 기본법에 따른 결혼이민자, 난민법에 따른 난민인정자 등은 장애인 등록을 할 수 있다(동법 제32조의2 제1항 참조).
> ⑤ 장애인의 장애 인정과 장애 정도 사정에 관한 업무를 담당하게 하기 위하여 보건복지부에 장애판정위원회를 둘 수 있다(동법 제32조 제4항).

09 다음 중 사회복지법령상 청문에 대한 설명으로 옳지 않은 것은?

① 노인복지법상 요양보호사교육기관의 지정을 취소하려면 청문을 하여야 한다.
② 아동복지법령상 아동복지시설의 사업정지를 명하려면 청문을 하여야 한다.
③ 입양특례법령상 입양기관의 허가를 취소하려면 청문을 하여야 한다.
④ 사회복지사업법령상 사회복지법인의 설립허가를 취소하려면 청문을 하여야 한다.
⑤ 한부모가족지원법령상 한부모가족복지시설의 폐쇄를 명하려면 청문을 하여야 한다.

> **해설** ② 청문(聽聞)은 어떠한 규칙을 제정하거나 행정처분을 하기에 앞서 관련 전문가나 이해관계인으로 하여금 증거를 제출하고 의견을 진술하도록 하여 사실조사를 하는 절차를 말한다. 아동복지법 제67조는 "보건복지부장관, 시·도지사 또는 시장·군수·구청장은 아동학대 피해아동의 치료를 위한 전담의료기관 지정의 취소나 아동복지시설, 아동복지전담기관과 교육훈련시설의 위탁의 취소 또는 시설의 폐쇄명령을 하고자 하는 경우에는 청문을 하여야 한다."고 규정하고 있으나 사업정지명령에 대해 청문을 하여야 한다는 규정은 없다.
> ① 시·도지사는 요양보호사교육기관의 지정취소를 하는 경우 청문을 실시하여야 한다(노인복지법 제39조의3 제3항).
> ③ 보건복지부장관 또는 시·도지사는 입양기관의 허가를 취소하려면 청문을 하여야 한다(입양특례법 제40조).
> ④ 보건복지부장관, 시·도지사 또는 시장·군수·구청장은 사회복지사의 자격취소, 사회복지법인의 설립허가 취소, 사회복지시설의 폐쇄를 하려면 청문을 하여야 한다(사회복지사업법 제49조).
> ⑤ 특별자치시장·특별자치도지사·시장·군수·구청장은 한부모가족복지시설의 사업 폐지를 명하거나 시설을 폐쇄하려면 청문을 하여야 한다(한부모가족지원법 제24조의2).

10 다음 중 어느 사회복지법인의 이사가 9명이라면 외국인을 이사로 할 수 있는 최대 경우의 수는?

① 9명　　　　　　　　　　　　② 6명
③ 5명　　　　　　　　　　　　④ 4명
⑤ 3명

> **해 설**　외국인 이사는 이사 현원의 2분의 1 미만이어야 하므로 9명일 경우 최대 4명이 이사가 될 수 있다(사회복지사업법 제18조 제5항 참조).

기출 17회

11 사회보장기본법상 국가와 지방자치단체가 구축 · 운영하여야 하는 사회보장급여의 관리체계로 명시되지 않은 것은?

① 사회보장제도의 평가 및 개선
② 사회보장수급권자 권리구제
③ 사회보장급여의 사각지대 발굴
④ 사회보장급여의 부정 · 오류 관리
⑤ 사회보장급여의 과오지급액의 환수 등 관리

> **해 설**　**사회보장급여의 관리(사회보장기본법 제30조 제1항)**
> 국가와 지방자치단체는 국민의 사회보장수급권의 보장 및 재정의 효율적 운용을 위하여 다음에 관한 사회보장급여의 관리체계를 구축 · 운영하여야 한다.
> 1. 사회보장수급권자 권리구제
> 2. 사회보장급여의 사각지대 발굴
> 3. 사회보장급여의 부정 · 오류 관리
> 4. 사회보장급여의 과오지급액의 환수 등 관리

기출 18회

12 국민건강보험법상 요양급여에 해당하지 않는 것은?

① 예방 · 재활
② 이송(移送)
③ 요양병원간병비
④ 처치 · 수술 및 그 밖의 치료
⑤ 약제(藥劑) · 치료재료의 지급

> **해 설**　③ 요양병원간병비는 노인장기요양보험법상 장기요양급여에 해당한다(노인장기요양보험법 제23조 제1항 참조).
> **요양급여(국민건강보험법 제41조 제1항)**
> 가입자와 피부양자의 질병, 부상, 출산 등에 대하여 다음의 요양급여를 실시한다.
> • 진찰 · 검사
> • 약제(藥劑) · 치료재료의 지급(⑤)
> • 처치 · 수술 및 그 밖의 치료(④)
> • 예방 · 재활(①)
> • 입 원
> • 간 호
> • 이송(移送)(②)

13 다문화가족지원법상 실태조사 등에 관한 내용이다. ( )에 들어갈 용어를 바르게 짝지은 것은?

> (ㄱ)장관은 다문화가족의 현황 및 실태를 파악하고 다문화가족 지원을 위한 정책수립에 활용하기
> 위하여 (ㄴ)년마다 다문화가족에 대한 실태조사를 실시하고 그 결과를 공표하여야 한다.

① ㄱ : 고용노동부, ㄴ : 3 ② ㄱ : 고용노동부, ㄴ : 5
③ ㄱ : 여성가족부, ㄴ : 3 ④ ㄱ : 여성가족부, ㄴ : 5
⑤ ㄱ : 보건복지부, ㄴ : 3

> **해 설** **실태조사 등(다문화가족지원법 제4조 제1항)**
> 여성가족부장관은 다문화가족의 현황 및 실태를 파악하고 다문화가족 지원을 위한 정책수립에 활용하기 위하
> 여 3년마다 다문화가족에 대한 실태조사를 실시하고 그 결과를 공표하여야 한다.

14 다음 중 산업재해보상보험법령상 업무상 사고에 해당하지 않는 것은?

① 근로계약에 따른 업무수행 행위를 하던 중에 발생한 사고
② 사업주가 제공한 시설물을 이용하던 중 그 시설물의 결함으로 발생한 사고
③ 사업주가 주관한 등산대회에 참가하여 발생한 사고
④ 휴게시간 중 사업주의 지배관리 하에 있다고 볼 수 있는 행위로 발생한 사고
⑤ 출장 중에 개인적인 용무를 보다가 발생한 사고

> **해 설** ⑤ 출장이나 외근 혹은 운송업무 중 발생한 사고라도 근로자가 포괄적으로 사용자의 지배를 받고 있다고 생
> 각할 수 있으므로 명백한 업무일탈이 아닌 이상 업무기인성이 추정되어 원칙적으로 업무상 사고로 인정된
> 다. 다만, 근로자가 적극적으로 정상적인 출장의 경로를 벗어나 개인적인 용무를 보다가 발생한 사고는 업
> 무상 사고로 인정되지 않는다.
> **업무상 사고(산업재해보상보험법 제37조 참조)**
> • 근로자가 근로계약에 따른 업무나 그에 따르는 행위를 하던 중 발생한 사고
> • 사업주가 제공한 시설물 등을 이용하던 중 그 시설물 등의 결함이나 관리소홀로 발생한 사고
> • 사업주가 주관하거나 사업주의 지시에 따라 참여한 행사나 행사준비 중에 발생한 사고
> • 휴게시간 중 사업주의 지배관리 하에 있다고 볼 수 있는 행위로 발생한 사고
> • 그 밖에 업무와 관련하여 발생한 사고

15 다음 중 고용보험법상 구직급여가 지급되는 시기는?

① 실업 신고일로부터 7일 이후
② 실업한 날로부터 7일 이후
③ 실업 신고일로부터 14일 이후
④ 실업한 날로부터 14일 이후
⑤ 실업 신고일로부터 3주 이후

13 ③ 14 ⑤ 15 ① **정답**

16 국민기초생활보장법상 외국인에 대한 특례 규정이다. (　　　)에 들어갈 내용이 옳지 않은 것은?

> 국내에 체류하고 있는 외국인 중 (ㄱ)하여 본인 또는 배우자가 임신 중이거나 (ㄴ)하고 있거나 (ㄷ)과 (ㄹ)으로서 (ㅁ)으로 정하는 사람이 이 법에 따른 급여를 받을 수 있는 자격을 가진 경우에는 수급권자가 된다.

① ㄱ : 대한민국 국민과 혼인
② ㄴ : 대한민국 국적의 미성년 자녀를 양육
③ ㄷ : 배우자의 대한민국 국적인 직계비속
④ ㄹ : 생계나 주거를 같이하고 있는 사람
⑤ ㅁ : 대통령령

해 설 **외국인에 대한 특례(국민기초생활보장법 제5조의2)**
국내에 체류하고 있는 외국인 중 대한민국 국민과 혼인하여 본인 또는 배우자가 임신 중이거나 대한민국 국적의 미성년 자녀를 양육하고 있거나 배우자의 대한민국 국적인 직계존속(直系尊屬)과 생계나 주거를 같이하고 있는 사람으로서 대통령령으로 정하는 사람이 이 법에 따른 급여를 받을 수 있는 자격을 가진 경우에는 수급권자가 된다.

17 다음 중 사회복지공동모금회의 사업 내용에 해당하지 않는 것은?

① 사회복지공동모금사업
② 공동모금재원의 배분
③ 공동모금재원의 운용 및 관리
④ 사회복지공동모금에 관한 교육 · 훈련
⑤ 다른 기부금품 모집자의 기금지원

해 설 **사회복지공동모금회의 사업(사회복지공동모금회법 제5조 참조)**
• 사회복지공동모금사업
• 공동모금재원의 배분
• 공동모금재원의 운용 및 관리
• 사회복지공동모금에 관한 조사 · 연구 · 홍보 및 교육 · 훈련
• 사회복지공동모금지회의 운영
• 사회복지공동모금과 관련된 국제교류 및 협력증진사업
• 다른 기부금품 모집자와의 협력사업
• 그 밖에 모금회의 목적 달성에 필요한 사업

18 성폭력방지 및 피해자보호 등에 관한 법률상 성폭력피해자보호시설의 종류가 아닌 것은?

① 일반보호시설 ② 상담지원시설
③ 외국인보호시설 ④ 특별지원 보호시설
⑤ 자립지원 공동생활시설

> **해 설** 성폭력피해자보호시설의 종류(성폭력방지 및 피해자 보호 등에 관한 법률 제12조 제3항 참조)
> • 일반보호시설(①)
> • 장애인보호시설
> • 특별지원 보호시설(④)
> • 외국인보호시설(③)
> • 자립지원 공동생활시설(⑤)
> • 장애인 자립지원 공동생활시설

19 다음 중 노숙인 등의 복지 및 자립지원에 관한 법령상 노숙인복지시설의 종류에 포함되지 않는 것은?

① 노숙인요양시설 ② 노숙인자활시설
③ 노숙인재활시설 ④ 노숙인단기보호시설
⑤ 노숙인급식시설

> **해 설** 노숙인복지시설의 종류별 사업내용(노숙인 등의 복지 및 자립지원에 관한 법률 시행규칙 별표2)

노숙인 일시보호시설	노숙인 등에 대한 일시적인 잠자리 제공, 급식 제공, 응급처치 등 일시보호기능을 주로 수행하면서 종합지원센터에 상담 의뢰, 병원진료 연계, 생활물자 지원 · 보관 등 부가적 서비스를 제공
노숙인자활시설	건강상 특별한 문제가 없고 일할 의지 및 직업능력이 있는 노숙인 등을 입소시켜 생활지도 · 상담 · 안전관리 또는 전문적인 직업상담 · 훈련 등의 복지서비스를 직접 제공하거나 직업훈련기관 또는 고용지원기관 등과의 연계를 통해 노숙인 등의 자활 · 자립을 지원
노숙인재활시설	신체장애, 정신장애, 그 밖의 질환 등으로 인하여 자립이 어렵고 치료와 보호가 필요한 노숙인 등을 입소시켜 치료 및 각종 재활프로그램을 제공하고 사회적응훈련을 실시함으로써 노숙인 등의 신체적 · 정신적 재활을 통한 자립기반 조성을 지원
노숙인요양시설	건강상의 문제 등으로 인하여 단기간 내 가정 및 사회복귀가 어려운 노숙인 등을 입소시켜 상담 · 치료 또는 요양서비스를 제공
노숙인급식시설	노숙인 등에게 필요한 급식서비스를 제공
노숙인진료시설	노숙인 등에 대한 진단 · 치료 · 재활 등 의료서비스를 제공
쪽방상담소	쪽방 밀집지역에서 쪽방 거주자에 대한 상담, 취업지원, 생계지원, 그 밖의 행정지원 서비스를 제공

20 다음 중 의료급여법상 의료급여에 대한 설명으로 옳지 않은 것은?

① 의료급여기관은 의료급여기금에서 부담하는 급여비용의 지급을 시장·군수·구청장에게 청구할 수 있다.

② 의료급여기관은 의료급여가 끝난 날부터 3년간 급여비용의 청구에 관한 서류를 보존하여야 한다.

③ 급여비용의 일부를 의료급여기금에서 부담하는 경우 그 나머지의 비용은 본인이 부담한다.

④ 장애인복지법에 따라 등록한 장애인인 수급권자에게 보조기기에 대하여 급여를 실시할 수 있다.

⑤ 의료급여기관 외의 장소에서 출산을 한 경우에는 요양비를 지급한다.

> **해설** ② 의료급여기관은 의료급여가 끝난 날부터 5년간 보건복지부령으로 정하는 바에 따라 급여비용의 청구에 관한 서류를 보존하여야 한다(의료급여법 제11조의2 제1항).
> ① 동법 제11조 제1항
> ③ 급여비용은 대통령령으로 정하는 바에 따라 그 전부 또는 일부를 의료급여기금에서 부담하되, 의료급여기금에서 일부를 부담하는 경우 그 나머지 비용은 본인이 부담한다(동법 제10조).
> ④ 시장·군수·구청장은 장애인복지법에 따라 등록한 장애인인 수급권자에게 보조기기에 대하여 급여를 실시할 수 있다(동법 제13조 제1항).
> ⑤ 시장·군수·구청장은 수급권자가 보건복지부령으로 정하는 긴급하거나 그 밖의 부득이한 사유로 의료급여기관과 같은 기능을 수행하는 기관으로서 보건복지부령으로 정하는 기관에서 질병·부상·출산 등에 대하여 의료급여를 받거나 의료급여기관이 아닌 장소에서 출산을 하였을 때에는 그 의료급여에 상당하는 금액을 보건복지부령으로 정하는 바에 따라 수급권자에게 요양비로 지급한다(동법 제12조 제1항).

21 다음 중 긴급복지지원법에 정의된 '위기상황'과 가장 거리가 먼 경우는?

① 화재로 인하여 현재 거주하는 주택에서 생활하기 곤란한 경우

② 가구구성원으로부터 학대를 당한 경우

③ 가정폭력을 당하여 가구구성원과 함께 원만한 가정생활을 하기 곤란한 경우

④ 시장·군수·구청장이 정하여 고시하는 사유가 발생한 경우

⑤ 중한 질병 또는 부상을 당한 경우

> **해설** **위기상황의 정의(긴급복지지원법 제2조)**
> 긴급복지지원법에서 '위기상황'이란 본인 또는 본인과 생계 및 주거를 같이 하고 있는 가구구성원이 다음의 어느 하나에 해당하는 사유로 인하여 생계유지 등이 어렵게 된 것을 말한다.
> • 주소득자(主所得者)가 사망, 가출, 행방불명, 구금시설에 수용되는 등의 사유로 소득을 상실한 경우
> • 중한 질병 또는 부상을 당한 경우
> • 가구구성원으로부터 방임(放任) 또는 유기(遺棄)되거나 학대 등을 당한 경우
> • 가정폭력을 당하여 가구구성원과 함께 원만한 가정생활을 하기 곤란하거나 가구구성원으로부터 성폭력을 당한 경우
> • 화재 또는 자연재해 등으로 인하여 거주하는 주택 또는 건물에서 생활하기 곤란하게 된 경우
> • 주소득자 또는 부소득자(副所得者)의 휴업, 폐업 또는 사업장의 화재 등으로 인하여 실질적인 영업이 곤란하게 된 경우
> • 주소득자 또는 부소득자의 실직으로 소득을 상실한 경우
> • 보건복지부령으로 정하는 기준에 따라 지방자치단체의 조례로 정한 사유가 발생한 경우
> • 그 밖에 보건복지부장관이 정하여 고시하는 사유가 발생한 경우

22 다음 중 노인복지법상 노인복지상담원에 대한 설명으로 옳은 것은?

① 상담원은 원칙적으로 공무원 외의 자로 위촉한다.

② 사회복지사 1급 자격증 소지자 중에서 선발한다.

③ 장애인복지상담원으로 하여금 겸직하게 할 수 있다.

④ 위촉된 상담원의 임기는 2년이며 연임할 수 있다.

⑤ 일반직 9급 공무원에 상당하는 보수를 지급한다.

③ 특별자치시장·특별자치도지사·시장·군수·구청장은 필요하다고 인정하는 때에는 아동복지법에 따른 아동복지전담공무원, 장애인복지법에 따른 장애인복지상담원 또는 사회복지에 관한 업무를 담당하는 공무원으로 하여금 노인복지상담원을 겸직하게 할 수 있다(노인복지법 시행령 제12조 제3항).

① · ② 노인복지상담원은 사회복지사업법에 따른 사회복지사 3급 이상의 자격증 소지자 중에서 특별자치시장·특별자치도지사·시장·군수·구청장이 공무원으로 임용한다. 다만, 부득이한 경우에는 공무원 외의 자로 위촉할 수 있다(동법 시행령 제12조 제1항).

④ 위촉한 상담원의 임기는 3년으로 하되, 연임할 수 있다(동법 시행령 제12조 제2항).

⑤ 상담원(공무원인 상담원과 보수없이 봉사할 것을 자원한 상담원을 제외한다)에 대하여는 예산의 범위 안에서 지방공무원 중 일반직 8급 공무원에 상당하는 보수(직무수당·기말수당·정근수당 및 기타수당을 포함한다)를 지급한다(동법 시행령 제14조).

23 다음 중 아동복지법상 아동학대예방의 날은?

① 4월 7일

② 4월 20일

③ 5월 11일

④ 11월 19일

⑤ 12월 5일

④ 아동의 건강한 성장을 도모하고, 범국민적으로 아동학대의 예방과 방지에 관한 관심을 높이기 위하여 매년 11월 19일을 아동학대예방의 날로 지정하고, 아동학대예방의 날부터 1주일을 아동학대예방주간으로 한다(아동복지법 제23조 제1항).

① 4월 7일 – 보건의 날

② 4월 20일 – 장애인의 날

③ 5월 11일 – 입양의 날

⑤ 12월 5일 – 자원봉사자의 날

24 다음 중 기초연금법상 기초연금 수급권자의 권리 소멸시효로 옳은 것은?

① 1년 ② 2년
③ 3년 ④ 5년
⑤ 10년

> **해설** 환수금을 환수할 권리와 기초연금 수급권자의 권리는 5년간 행사하지 아니하면 시효의 완성으로 소멸한다 (기초연금법 제23조).

기출 13회

25 장애인복지법령상 장애인복지전문인력에 속하지 않는 사람은?

① 의지 · 보조기 기사 ② 장애상담치료사
③ 언어재활사 ④ 한국수어 통역사
⑤ 점역사 · 교정사

> **해설** 장애인복지전문인력의 범위(장애인복지법 시행규칙 제55조)
> - 의지 · 보조기 기사
> - 언어재활사
> - 장애인재활상담사
> - 한국수어 통역사
> - 점역사 · 교정사

제**4**회 적중예상문제

제1과목 사회복지기초

1영역 ▶ 인간행동과 사회환경

01 다음 중 보기의 내용과 가장 밀접하게 연관된 인간발달의 원리에 해당하는 것은?

> 애착이론의 대표적인 학자 보울비(Bowlby)는 제2차 세계대전 후 어머니의 보살핌을 받지 못한 채 고아원에서 어린 시절을 보낸 아동들이 이후 다른 사람들과 친밀한 관계를 형성하지 못한다는 점을 강조하며, 어린 시절 어머니와의 애착관계 형성이 정서적인 문제를 비롯하여 아동발달에 영향을 미친다고 주장하였다.

① 인간발달은 전 생애를 통해 연속적으로 이루어진다.
② 인간발달에는 개인차가 존재한다.
③ 인간발달은 분화와 통합의 과정이다.
④ 인간발달은 점성원리에 기초한다.
⑤ 인간발달에는 최적의 시기가 존재한다.

해설 애착은 복잡한 행동체계로서, 그 주요한 기능은 위험으로부터 유아를 보호하는 것이자 유아로 하여금 성인으로 발달할 수 있도록 스스로를 돌보는 것이다. 보울비(Bowlby)는 유아가 양육자인 어머니에게 신호를 보내고, 어머니는 그러한 신호에 생물학적으로 반응함으로써 이들 간에 애착이 형성된다고 보았다. 만약 어머니가 유아의 신호에 민감하게 반응하는 경우 이들 간의 유대관계는 공고해지는 반면, 유아가 오랜 기간 어머니에게서 격리되어 신호에 대한 어떠한 반응을 얻지 못하는 경우 유아는 어머니에 대한 흥미를 잃은 채 초월상태에 이르게 된다는 것이다. 보울비는 생애 초기의 사회적 관계의 질이 그 후의 발달에서 결정적인 역할을 하는 민감한 시기로 보았다. 여기서 민감한 시기는 특정능력이나 행동이 출현하는 데 대한 최적의 시기를 의미한다.

02 프로이트의 심리성적 발달단계 순서로 옳은 것은?

① 구강기 – 항문기 – 잠복기 – 생식기 – 남근기
② 구강기 – 항문기 – 생식기 – 잠복기 – 남근기
③ 구강기 – 항문기 – 잠복기 – 남근기 – 생식기
④ 구강기 – 항문기 – 남근기 – 잠복기 – 생식기
⑤ 구강기 – 항문기 – 남근기 – 생식기 – 잠복기

> **해 설** **프로이트의 발달단계**
> • 구강기 또는 구순기(0~1세) : 최초의 양가감정
> • 항문기(1~3세) : 배변훈련, 사회화
> • 남근기(3~6세) : 오이디푸스 콤플렉스, 초자아
> • 잠복기 또는 잠재기(6~12세) : 지적 탐색
> • 생식기 또는 성기기(12세 이후) : 2차 성징

기출 15회

03 로저스(C. Rogers)의 이론이 사회복지실천에 미친 영향으로 옳은 것을 모두 고른 것은?

> ㄱ. 클라이언트의 자기결정권의 중요성을 인식하는 데 유용하다.
> ㄴ. 클라이언트에 대한 비심판적인 태도의 중요성을 인식하는 데 유용하다.
> ㄷ. 상담사의 지시적인 상담의 중요성을 인식하는 데 유용하다.

① ㄱ   ② ㄴ
③ ㄱ, ㄴ   ④ ㄴ, ㄷ
⑤ ㄱ, ㄴ, ㄷ

> **해 설** ㄷ. 로저스는 상담자가 클라이언트에게 논의할 주제를 제시하거나 충고나 해석을 하지 않으며, 허용적이고 비위협적인 분위기를 조성하고 비지시적인 태도를 나타냄으로써 클라이언트 스스로 자신의 문제에 대해 인식하고 문제해결을 위해 자신의 역량과 창조성을 발휘할 수 있도록 해야 한다고 주장하였다.

04 방어기제는 상대적으로 적응적인 방어기제와 부적응적인 방어기제로 구분할 수 있다. 다음 중 적응적인 방어기제에 해당하는 것을 올바르게 모두 고른 것은?

> ㄱ. 유머(Humor)   ㄴ. 투사(Projection)
> ㄷ. 억제(Suppression)   ㄹ. 억압(Repression)

① ㄱ, ㄴ, ㄷ   ② ㄱ, ㄷ
③ ㄴ, ㄹ   ④ ㄹ
⑤ ㄱ, ㄴ, ㄷ, ㄹ

ㄱ. 유머(Humor)는 상황에 내재된 유쾌한 측면에 초점을 두어 부정적인 생각이나 감정 대신 즐거운 웃음을 주기 위해 행동하는 것이다. 例 적군과의 전투를 앞둔 상황에서 어린 시절 즐겨듣던 흥겨운 노래를 흥얼거려 전우들의 긴장감을 감소시키는 경우

ㄷ. 억제(Suppression)는 일종의 의식적인 거부로서, 비생산적이고 감정소모적인 논란거리로부터 주의를 의도적으로 다른 곳으로 돌리는 것이다. 例 평소 사업자금을 달라고 조르던 아들이 아버지 회사의 부도위기 사실을 알게 되어 그와 같은 요구를 삼가는 경우

05 아들러(A. Adler)의 개인심리이론에 관한 설명으로 옳지 않은 것은?

① 지배형 생활양식은 사회적 관심은 낮으나 활동수준이 높은 유형이다.

② 개인이 궁극적으로 추구하는 목적은 가상적 목표이다.

③ 인간은 목적론적 존재이다.

④ 아동에 대한 방임은 병적 열등감을 초래할 수 있다.

⑤ 사회적 관심은 선천적으로 타고나는 것이어서 의식적인 개발과 교육이 필요하지 않다.

해 설 ⑤ 아들러(Adler)는 사회적 관심을 선천적으로 타고나는 것으로 보았으나, 그와 같은 선천적인 경향성도 저절로 나타나는 것은 아니라고 강조하였다. 우월성의 추구도 사회화되어 의식적인 개발, 교육 및 훈련에 의해 실현되는 것으로 본 것이다.

06 다음 중 에릭슨(Erikson)이 제시한 인간발달단계와 관련하여 보기의 내용에 해당하는 시기에 습득해야 할 발달과업으로 가장 적절한 것은?

- 머리 크기는 신장의 1/5 정도이다.
- 신장은 출생 시의 1.5배 정도이다.
- 몸무게는 출생 시의 3배 정도이다.

① 신뢰감   ② 주도성

③ 자율성   ④ 근면성

⑤ 친밀감

해 설 보기의 내용은 생후 1년 정도의 영아기에 해당한다. 생후 1년에는 신장이 평균 75cm(출생 시의 1.5배 정도), 체중이 평균 9~10kg(출생 시의 3배 정도), 머리 크기는 신장의 1/5 정도이며, 머리둘레보다 가슴둘레가 더 커지기 시작한다. 이러한 생후 1년의 영아기에 습득해야 할 발달과업은 '기본적 신뢰감'이다.

07 집단 프로그램에 참여한 다양한 계층, 다양한 연령의 참여자들이라도 지도자의 상호작용 과정에 의해 프로그램의 효과가 유사하게 나타날 수 있다. 다음 중 이를 설명하는 체계이론의 개념에 해당하는 것은?

① 홀론(Holon)
② 시너지(Synergy)
③ 엔트로피(Entropy)
④ 동등종결성(Equifinality)
⑤ 다중종결성(Multifinality)

> **해 설** **다중종결성과 동등종결성**
> • 다중종결성(Multifinality) : 체계를 구성하는 요소들의 상호작용 성격에 따라 유사한 조건이라도 각기 다른 결과를 초래하는 경우
> • 동등종결성(Equifinality) : 서로 다른 조건이라도 유사한 결과를 초래하는 경우

08 다음 중 보기의 내용에서 영희의 행동을 설명하는 개념으로 가장 적절한 것은?

> 영희는 설날 연휴 기간 동안 평소보다 많은 음식을 먹게 되었다. 본래 먹성이 좋은데다가 평소 먹기 어려운 명절 음식들 앞에서 자신의 식욕을 자제하지 못했던 것이다. 영희는 1주일 만에 무려 체중이 5kg이나 늘어난 것을 확인하고는 이대로 있어서는 안 되겠다는 생각을 가지게 되었다. 이에 영희는 앞으로 매일 1시간 이상 운동을 하고, 기름진 식단을 자제하는 등 체중관리를 위해 노력하기로 결심하였다.

① 자기 강화
② 정적 강화
③ 처 벌
④ 행동조성
⑤ 소 거

> **해 설** ① '자기 강화'는 자신이 통제할 수 있는 보상을 자기 스스로에게 주어서 자신의 행동을 유지하거나 변화시키는 과정을 말한다. 즉, 어떠한 활동의 수행과 관련하여 자기 스스로 일정한 기준을 설정한 후 자신의 기대를 달성하거나 반대로 기대에 미치지 못하는 결과에 이르는 경우 그에 따른 보상이나 처벌을 자신에게 내린다는 것이다. 즉, 수행이나 성취의 기준에 따른 기대치의 달성 또는 미달 정도에 따라 자신에 대한 보상 여부가 결정된다.
> ② '정적 강화'는 유쾌 자극을 제시하여 바람직한 행동의 빈도를 증가시키는 것으로서, 강화의 한 양식에 해당한다.
> ③ '처벌'은 바람직하지 못한 행동에 대해 불쾌 자극을 제시하거나 유쾌 자극(정적 강화물)을 철회함으로써 특정 행동의 빈도를 줄이는 것이다.
> ④ '행동조성'은 행동을 구체적으로 세분화하여 단계별로 구분한 후 각 단계마다 강화를 제공함으로써 복잡한 행동을 학습하도록 하는 것이다.
> ⑤ '소거'는 일정한 반응 뒤에 강화가 주어지지 않는 경우 해당 반응이 점차적으로 약화되거나 사라지는 것을 말한다.

09 융의 분석심리이론과 연관된 개념으로서 중심성 · 전체성을 향한 무의식적 노력이자 인생의 궁극적 목표에 해당하는 것은?

① 자아(Ego)
② 원형(Archetype)
③ 음영(Shadow)
④ 자기(Self)
⑤ 집단무의식(Collective Unconscious)

> **해 설** ① 자아 : 의식의 개성화 과정에서 생기는 것
> ② 원형 : 심상들에 대한 하나의 모델 혹은 본보기
> ③ 음영 : 인간 내부의 동물적 본성 또는 부정적 측면
> ⑤ 집단무의식 : 조상 또는 종족 전체의 경험 및 생각과 관련된 원시적 감정, 공포, 사고, 원시적 성향

10 다음 중 보기의 내용과 연관된 행동주의의 주요 개념으로 옳은 것은?

> 스키너 상자에 24시간 굶주린 쥐를 넣으면, 쥐는 우선 이리저리 돌아다니면서 새로운 환경을 탐색한다. 그러다가 우연히 지렛대를 누르게 되어 먹이가 먹이통에 떨어지는 것을 보게 된다. 쥐가 지렛대를 누르는 행동은 처음에는 간헐적이므로 이를 먹이를 구하는 행동과 무관하게 우연히 일어난 사건으로 간주할 수 있다. 그러나 쥐는 점차 지렛대를 누를 때 먹이가 나온다는 사실을 알게 되고, 이후 지렛대를 누르는 행동을 계속하게 된다.

① 자극 일반화
② 조작적 조건화
③ 고전적 조건화
④ ABC 패러다임
⑤ 소 거

> **해 설** 조작적 조건화 또는 조작적 조건형성(Operant Conditioning)
> • 스키너(Skinner)가 고전적 조건화(Classical Conditioning)를 확장한 것으로서, 자신이 고안한 '스키너 상자(Skinner Box)'에서의 쥐 실험을 통해 구체화되었다.
> • 인간이 환경적 자극에 수동적으로 반응하여 형성되는 행동인 반응적 행동에 몰두한 파블로프(Pavlov)의 고전적 조건화와 달리, 스키너는 인간이 환경의 자극에 능동적으로 반응하여 나타내는 행동인 조작적 행동을 설명한다.
> • 스키너의 조작적 조건화는 보상에 의한 강화를 통해 반응행동을 변화시키려는 방법이므로 '강화이론(Reinforcement Theory)'이라고도 불린다.

11 스키너의 행동주의이론과 반두라의 사회학습이론에 대한 설명으로 옳지 않은 것은?

① 스키너는 기계론적 환경결정론의 입장을 취하는 반면, 반두라는 사회적 결정론의 입장을 취한다.
② 스키너는 자극-반응의 관계만을 강조한 반면, 반두라는 인지와 같은 주관적인 요소도 강조하였다.
③ 두 이론 모두 인간의 행동을 불러일으키는 요인으로 환경적 자극을 강조하였다.
④ 두 이론 모두 인간의 내면심리보다는 관찰 가능한 행동에 초점을 두었다.
⑤ 두 이론 모두 결정론적인 입장을 취함으로써 인간행동의 변화를 부정하였다.

> **해 설** ⑤ 스키너나 반두라의 이론은 결정론적인 양상을 보이지만, 강화속성이나 환경적 자극의 변화를 통해 인간의 행동 또한 변화할 수 있다고 보았다.

12 다음 강화계획(Reinforcement Schedule) 중 반응률이 가장 높은 것에서 낮은 것으로 순서대로 올바르게 나열한 것은?

① 고정비율(FR) > 가변비율(VR) > 가변간격(VI) > 고정간격(FI)
② 가변비율(VR) > 가변간격(VI) > 고정비율(FR) > 고정간격(FI)
③ 가변간격(VI) > 가변비율(VR) > 고정비율(FR) > 고정간격(FI)
④ 가변간격(VI) > 고정비율(FR) > 가변비율(VR) > 고정간격(FI)
⑤ 가변비율(VR) > 고정비율(FR) > 가변간격(VI) > 고정간격(FI)

> **해 설** 반응률이 높은 강화계획 순서는 '가변비율(VR ; Variable-Ratio Schedule) > 고정비율(FR ; Fixed-Ratio Schedule) > 가변간격(VI ; Variable-Interval Schedule) > 고정간격(FI ; Fixed-Interval Schedule)' 순이다.

기출 17회

13 다음 학자의 주요 이론과 개념의 연결이 옳지 않은 것은?

① 에릭슨(E. Erikson) - 분석심리이론 - 원형, 집단무의식
② 프로이트(S. Freud) - 정신분석이론 - 원초아, 자아, 초자아
③ 아들러(A. Adler) - 개인심리이론 - 열등감과 보상, 생활양식
④ 반두라(A. Bandura) - 사회학습이론 - 자기강화, 관찰학습
⑤ 로저스(C. Rogers) - 인본주의이론 - 완전히 기능하는 사람, 현상학적 장

> **해 설** ① 분석심리이론을 주창한 학자는 융(Jung)이다. 융은 프로이트(Freud)의 이론을 확대 혹은 재해석한 학자로, 프로이트와 결별 후 다양한 학문영역의 방대한 자료들을 토대로 원형, 집단무의식, 아니마와 아니무스 등 독창적인 개념들을 제시하였다.

14 매슬로우(A. Maslow)의 이론에 관한 설명으로 옳지 않은 것은?

① 인간의 창조성은 잠재적 본성이다.

② 각 개인은 통합된 전체로 간주된다.

③ 안전의 욕구는 소속과 사랑의 욕구보다 상위단계의 욕구이다.

④ 인간의 욕구는 자신을 성장하도록 동기부여 한다.

⑤ 인간본성에 대해서 낙관적인 태도를 보이고 있다.

> **해설** ③ 소속과 사랑의 욕구(애정과 소속에 대한 욕구)가 안전(안정)에 대한 욕구보다 상위단계의 욕구이다.
> **욕구위계의 5단계(Maslow)**
> • 제1단계 : 생리적 욕구
> • 제2단계 : 안전(안정)에 대한 욕구
> • 제3단계 : 애정과 소속에 대한 욕구
> • 제4단계 : 자기존중(존경)의 욕구
> • 제5단계 : 자기실현(자아실현)의 욕구

15 태아의 염색체 이상으로 생기는 선천성 질환으로 다른 사람보다 21번 염색체가 하나 더 있는 질병은?

① 터너증후군   ② 에드워드증후군

③ 다운증후군   ④ 클라인펠터증후군

⑤ 파타우증후군

> **해설** **다운증후군의 특징**
> • 몽고증이라고도 하며, 염색체의 이상으로 생긴다.
> • 대부분(약 95%)은 21번째 염색체가 3개(정상은 2개) 있어서 전체가 47개(정상은 46개)로 되어 있는 기형이다.
> • 나이가 많은 초산부(35세 이상)에게서 흔히 이런 아이가 태어나며 600~700명 중 1명꼴로 있다.

16 피아제(Piaget)의 인지발달단계 중 감각운동기(0~2세)의 발달 과정을 순서대로 올바르게 나열한 것은?

① 반사활동 → 1차 순환반응 → 1차 도식의 협응 → 2차 도식의 협응 → 2차 순환반응
② 반사활동 → 1차 순환반응 → 2차 순환반응 → 2차 도식의 협응 → 3차 순환반응
③ 반사활동 → 1차 순환반응 → 1차 도식의 협응 → 2차 순환반응 → 3차 순환반응
④ 반사활동 → 1차 도식의 협응 → 2차 도식의 협응 → 2차 순환반응 → 3차 순환반응
⑤ 반사활동 → 1차 도식의 협응 → 2차 순환반응 → 3차 순환반응 → 2차 도식의 협응

해 설　**감각운동기(0~2세)의 발달순서**
- 반사활동(0~1개월) : 영아는 빨기, 쥐기 등의 반사행동을 통해 외부세계에 대처한다.
- 1차 순환반응(1~4개월) : 영아는 자기 신체에 대해 관심을 보이며, 영아의 여러 신체부분들이 서로 협응한다.
- 2차 순환반응(4~10개월) : 영아는 외부의 대상이나 사건에 관심을 보이며, 외부에서 발견한 흥미로운 사건을 반복하려고 한다.
- 2차 도식의 협응(10~12개월) : 영아는 주위환경에 관심을 보이며, 이때부터 대상영속성 개념이 발달하기 시작한다.
- 3차 순환반응(12~18개월) : 영아는 실험적 사고에 열중하며, 서로 다른 행동이 다른 결과로 나타나는 것을 관찰한다.
- 사고의 시작(18~24개월) : 영아(유아)는 어떤 사물이나 사건이 자신의 눈앞에 없더라도 이를 정신적으로 그려내기 시작한다.

17 아동기(7~12세) 인지발달의 특성으로 옳은 것을 모두 고른 것은?

| ㄱ. 유목화 능력 획득 | ㄴ. 논리적 사고 |
| ㄷ. 보존개념의 획득 | ㄹ. 조합적 사고 |

① ㄱ, ㄴ, ㄷ　　　　　　　　　② ㄱ, ㄷ
③ ㄴ, ㄹ　　　　　　　　　　④ ㄹ
⑤ ㄱ, ㄴ, ㄷ, ㄹ

해 설　ㄹ. 7~12세는 피아제(Piaget)의 인지발달단계 중 구체적 조작기에 해당한다. 참고로 조합적 사고는 피아제의 인지발달단계 중 형식적 조작기(12세 이상)의 특징에 해당한다.

18 다음 중 학령기 아동기에게서 종종 진단되는 주의력 결핍 및 과잉행동장애(ADHD)의 증상과 가장 거리가 먼 것은?

① 성적 호기심을 나타내 보인다.
② 일상적인 활동을 자주 잊어버린다.
③ 끊임없이 움직이며, 무언가에 쫓기는 것처럼 분주히 돌아다닌다.
④ 질문이 끝나기도 전에 성급하게 대답한다.
⑤ 다른 사람의 활동을 방해하며, 자주 끼어들고 간섭한다.

> **해설** 주의력 결핍 및 과잉행동장애(ADHD ; Attention-Deficit/Hyperactivity Disorder)의 주요 증상
> • 주의력 결핍 또는 부주의
>   - 세밀하게 주의를 기울이지 못하거나 학습 또는 다른 활동에서 빈번히 실수를 저지른다.
>   - 학습이나 놀이를 하는 경우 지속적으로 주의를 집중하지 못한다.
>   - 다른 사람이 말을 할 때 듣지 않거나 경청하지 않는 것처럼 보인다.
>   - 주어진 지시에 따라 행동하지 못하며, 과제를 좀처럼 완수하지 못한다(반항적인 행동이나 지시에 대한 이해부족 때문이 아님).
>   - 일이나 학습을 할 때 계획적 · 조직적으로 체계화하지 못한다.
>   - 지속적인 정신적 집중을 요하는 과업을 회피하거나 저항한다.
>   - 과제나 활동을 하는 데 필요한 물건들을 종종 잃어버린다.
>   - 흔히 외부 자극에 의해 산만해진다.
>   - 일상적인 활동을 자주 잊어버린다.(②)
> • 과잉행동
>   - 손발을 가만히 두지 못하고 꼼지락거리며, 안절부절못한다.
>   - 가만히 앉아 있어야 할 상황에서 자리를 떠나 돌아다닌다.
>   - 조용히 있어야 할 공공장소에서 뛰어다니거나 높은 곳을 기어오른다.
>   - 자주 떠들거나 놀면서 조용히 활동에 참여하지 못한다.
>   - 끊임없이 움직이며, 무언가에 쫓기는 것처럼 분주히 돌아다닌다.(③)
>   - 지나치게 수다스럽고 말이 많다.
>   - 질문이 끝나기도 전에 성급하게 대답한다.(④)
>   - 자신의 차례를 가만히 기다리지 못한다.
>   - 다른 사람의 활동을 방해하며, 자주 끼어들고 간섭한다.(⑤)

19 다음 중 청소년기(13~19세)에 대한 설명으로 옳은 것은?

① 신체적 황금기로서 신체적 성숙이 거의 완성된다.
② 도덕적 발달이 시작되는 시기이다.
③ 자신이 마치 무대 위의 주인공이라고 생각하는 '상상적 청중'이 나타난다.
④ 모든 사람이 자신에게 관심을 가지고 있다고 생각하는 '개인적 우화'가 나타난다.
⑤ 개성화를 통해 자아의 에너지를 물질적 차원에서 정신적 차원으로 전환한다.

> **해설** ① 신체적 황금기는 청년기 또는 성인초기(19~29세)의 특징에 해당한다.
> ② 도덕적 발달이 시작되는 시기는 후기아동기(7~12세)에 해당한다. 7~10세 무렵은 일종의 과도기적 단계로서 처벌과 복종을 지향하는 타율적 도덕성과 더불어 개인적 욕구충족을 지향하는 개인적 · 도구적 도덕성이 나타난다. 그러나 10~13세 무렵에는 사회적 순응 및 역할 수행을 지향하는 대인관계적 도덕성이 발달하며, 이후 사회규범 및 질서의 존중을 지향하는 법 · 질서 · 사회체계적 도덕성이 나타난다.
> ④ '개인적 우화'는 자신이 마치 독특한 존재이기라도 한 것처럼 자신의 사고와 감정이 다른 사람과 근본적으로 다르다고 믿는 것이다.
> ⑤ 개성화(Individuation)는 중년기 또는 장년기(30~65세)의 특징에 해당한다.

20 중년기(성인중기, 40~64세)에 관한 설명으로 옳지 않은 것은?

① 에릭슨(E. Erikson)의 생산성 대 침체성(Generativity vs Stagnation)의 단계에 해당된다.

② 아들러(A. Adler)는 외부에 쏟았던 에너지를 자기 내부로 돌리며 개성화 과정을 경험한다고 본다.

③ 결정성 지능은 계속 증가하지만 유동성 지능은 감소한다고 본다.

④ 성인병 같은 다양한 신체적 질환이 많이 나타나고 갱년기를 경험한다.

⑤ 남성은 테스토스테론이, 여성은 에스트로겐의 분비가 감소되는 호르몬의 변화과정을 겪는다.

> **해 설** 융(Jung)의 분석심리이론에서 중년기의 개성화(Individuation)
> 개성화는 자기실현을 의미하는 것으로서, 모든 콤플렉스와 원형을 끌어들여 성격을 조화하고 안정성을 유지하는 것이다. 중년기 성인들의 과제는 진정한 자기(Self)가 되어 내부세계를 형성하고 자신의 정체성을 확장하는 것이다. 개성화를 통해 자아의 에너지를 외적·물질적인 차원에서 내적·정신적인 차원으로 전환하게 된다.

21 방어기제에 관한 설명으로 옳은 것은?

① 억압(Repression) : 고통스런 생각이나 기억을 감정상태와 분리시키는 것이다.

② 반동형성(Reaction Formation) : 불합리한 태도, 생각, 행동을 정당한 것으로 그럴 듯한 이유를 붙이는 것이다.

③ 투사(Projection) : 자신의 부정적인 충동, 욕구, 감정 등을 타인에게 찾아 그 원인을 전가시키는 것이다.

④ 보상(Compensation) : 죄의식을 느끼게 하는 일들을 의식으로부터 무의식으로 밀어내는 것이다.

⑤ 전치(Displacement) : 심리적인 갈등이 신체적인 증상으로 나타나는 것이다.

> **해 설** ① 격리 또는 분리(Isolation)의 방어기제에 해당한다.
> ② 합리화(Rationalization)의 방어기제에 해당한다.
> ④ 억압(Repression)의 방어기제에 해당한다.
> ⑤ 전환(Conversion) 또는 신체화(Somatization)의 방어기제와 연관된다.

22 다음 도덕성 발달단계에서 인습적 수준(10~13세)에 해당하는 것을 모두 고르면?

> ㄱ. 개인적 · 도구적 도덕성   ㄴ. 대인관계적 도덕성
> ㄷ. 민주적 · 사회계약적 도덕성   ㄹ. 법 · 질서 · 사회체계적 도덕성

① ㄱ, ㄴ, ㄷ   ② ㄱ, ㄷ
③ ㄴ, ㄹ   ④ ㄹ
⑤ ㄱ, ㄴ, ㄷ, ㄹ

해 설 ㄱ. 전인습적 수준(4~10세)의 도덕성
　　　　 ㄷ. 후인습적 수준(13세 이상)의 도덕성

기출 18회

23 마샤(J. Marcia)의 자아정체감 유형에 속하지 않는 것은?

① 정체감 수행(Identity Performance)
② 정체감 혼란(Identity Diffusion)
③ 정체감 성취(Identity Achievement)
④ 정체감 유예(Identity Moratorium)
⑤ 정체감 유실(Identity Foreclosure)

해 설 **청소년기 자아정체감의 범주(Marcia)**
• 정체감 성취 : 정체성 위기와 함께 정체감 성취에 도달하기 위한 격렬한 결정과정을 경험한다.
• 정체감 유예 : 정체성 위기로 격렬한 불안을 경험하지만 아직 명확한 역할에 전념하지 못한다.
• 정체감 유실 : 정체성 위기를 경험하지 않았음에도 사회나 부모의 요구와 결정에 따라 행동한다.
• 정체감 혼란(혼미) : 정체성 위기를 경험하지 않았으며, 명확한 역할에 대한 노력도 없다.

---

24 다음 집단의 분류 중 자조집단에 해당하는 것을 모두 고르면?

> ㄱ. 단주모임   ㄴ. 청소년 대상의 가치명료화 집단
> ㄷ. 참교육을 위한 학부모연대   ㄹ. 약물중독자 집단

① ㄱ, ㄴ, ㄷ   ② ㄱ, ㄷ
③ ㄴ, ㄹ   ④ ㄹ
⑤ ㄱ, ㄴ, ㄷ, ㄹ

해 설 ㄴ. 성장집단, ㄹ. 치유집단

25 사회체계이론의 개념 중 체계 내부 간 또는 체계 외부와의 상호작용이 증가함으로써 체계 내의 에너지양이 증가하는 것을 의미하는 것은?

① 엔트로피(Entropy) 　　　　　　　② 시너지(Synergy)
③ 항상성(Homeostasis) 　　　　　　④ 넥엔트로피(Negentropy)
⑤ 홀론(Holon)

> **해 설**　① 엔트로피는 폐쇄체계적인 속성을 가지며, 체계 내부의 에너지만 소모함으로써 유용한 에너지가 감소하는 상태를 말한다. 체계가 소멸해가거나, 무질서해지고 비조직화되는 과정을 의미한다.
> ③ 항상성은 개방체계적인 속성으로서, 환경과 지속적으로 소통하면서 역동적인 균형을 이루는 상태를 말한다.
> ④ 넥엔트로피 또는 역(부적)엔트로피는 개방체계적인 속성을 가지며, 체계 외부로부터 에너지가 유입됨으로써 체계 내부의 불필요한 에너지가 감소하는 상태를 말한다.
> ⑤ 홀론은 전체와 부분을 별개로 나눌 수 없다는 사실을 전제로, 작은 체계들 속에서 그들을 둘러싼 큰 체계의 특성이 발견되기도 하고 작은 체계들이 큰 체계에 동화되기도 하는 체계의 이중적 성격을 나타낸다.

2영역　▶ 사회복지조사론

01 다음 중 사회과학의 특징에 해당하지 않는 것을 모두 고르면?

> ㄱ. 사고의 가능성은 제한적이다.
> ㄴ. 독창적이고 유일한 성격의 학문이다.
> ㄷ. 명확한 결론을 내리기 어렵다.
> ㄹ. 연구자의 개성이나 사회적 지위에 영향을 받지 않는다.

① ㄱ, ㄴ, ㄷ 　　　　　　　　　　② ㄱ, ㄷ
③ ㄴ, ㄹ 　　　　　　　　　　　　④ ㄹ
⑤ ㄱ, ㄴ, ㄷ, ㄹ

> **해 설**　ㄹ. 사회과학은 연구자 개인의 심리상태, 개성 또는 가치관, 세계관 등에 의해 영향을 받는다.

02 다음 연역법과 귀납법에 대한 설명으로 옳지 않은 것은?

① 연역법은 법칙과 이론으로부터 어떤 현상에 대한 설명과 예측을 도출하는 방법이다.
② 귀납법은 관찰과 자료의 수집을 통해서 보편성과 일반성을 가지는 하나의 결론을 내린다.
③ "모든 사람은 죽는다"-"A는 사람이다"-"그러므로 A는 죽는다"는 연역법에 해당한다.
④ 연역법과 귀납법은 상호대립적인 관계를 형성한다.
⑤ 귀납법은 기존의 이론을 보충 또는 수정한다.

> **해 설** ④ 연역법과 귀납법은 상호보완적인 관계를 형성한다.

03 다음 중 과학적 연구방법의 필요성에 해당하지 않는 것은?

① 연구목적상 필요한 자료수집과 분석의 기준, 방향을 제시한다.
② 연구결과를 객관화시키고 이론화시키는 데 도움을 준다.
③ 연구자들의 주관을 완전히 제거하여 객관적으로 연구하도록 한다.
④ 연구결과를 체계적으로 보고 · 기술 · 설명하고 예측하게 한다.
⑤ 사회현상에서 규칙적이고 반복적인 법칙을 발견하도록 해준다.

> **해 설** ③ 인간의 형태와 사고를 대상으로 하는 사회과학의 경우 과학적인 지식은 물론 인간체계를 연구하기 위한 다양한 지식과 기술을 활용한다. 이러한 사회과학에서는 연구자의 주관적 가치가 개입될 수 있음을 부정하지 않는다.

04 조사연구 유형에 관한 설명으로 옳지 않은 것은?

① 평가조사는 사회복지기관의 프로그램 지속 유무를 판단하기 위한 방법으로 사용된다.
② 순수조사는 지적 호기심 충족을 목적으로 하므로 현장응용도가 낮다.
③ 유사종단적 조사는 횡단적 조사를 통해 종단적인 결과를 얻기 위한 방법이다.
④ 전수조사는 표본조사에 비해 정확성이 떨어진다.
⑤ 표본조사는 전수조사에 비해 비표본오차가 크다.

> **해 설** ⑤ 표본조사는 모집단에서 선택된 일부를 조사하는 방식으로 표본오차가 있으나 전수조사에 비해 비표본오차가 작으므로 더 정확한 자료를 얻을 수 있다.

05 사회복지조사에서 대상자의 이름을 모두 적어 넣고 추첨하는 방식의 표본추출방법은 무엇인가?

① 단순무작위 표집   ② 계통표집
③ 층화표집   ④ 집락표집
⑤ 다단계표집

> **해 설** 단순무작위 표집은 크기 N인 모집단으로부터 크기 n인 표본을 균등한 확률로 추출하는 것을 말한다. 우선 모집단의 전체 구성요소를 파악한 후 개별요소에 대하여 일련번호를 부여하고 난수표 등을 이용하여 필요한 수의 표본을 추출하는 방법이다.

06 표집방법 중 충분한 사전지식에 기초하여 연구자의 주관적 판단에 따라 의도적으로 추출하는 방법은?

① 유의표집방법   ② 편의표집방법
③ 층화표집방법   ④ 할당표집방법
⑤ 집락표집방법

> **해 설** ② 조사자가 임의대로 표본을 추출. 모집단에 대한 정보가 전혀 없는 경우이거나 모집단의 구성요소들 간의 차이가 별로 없을 때 효율적이다.
> ③ 모집단을 일정한 기준에 따라 중복되지 않는 2개 이상의 동질적인 계층으로 나누고 각 계층별로 단순무작위표집이나 체계적 방법으로 표본을 추출한다.
> ④ 모집단의 속성을 몇 개의 범주로 구분하고 각 범주에 해당하는 모집단의 수를 결정한 뒤 범주의 할당량에 비례해서 각 범주로부터 일정 수의 표본을 임의적으로 추출한다.
> ⑤ 모집단을 여러 가지 이질적인 구성요소를 포함하는 여러 개의 집락 또는 집단으로 구분한 후 집락을 표집단위로 하여 무작위로 몇 개의 집락을 표본으로 추출한 다음 표본으로 추출된 집락에 대해 그 구성 요소를 전수조사한다.

기출 18회

07 다음 연구설계에 관한 설명으로 옳지 않은 것은?

> 노인복지관의 노노케어 프로그램 자원봉사자 40명을 무작위로 골라 20명씩 두 집단으로 배치하고, 한 집단에는 자원봉사 교육을 실시하고 다른 집단에는 아무런 개입을 하지 않았다. 10주 후 두 집단 간 자원봉사만족도를 비교 · 분석하였다.

① 사전조사를 실시하지 않아 내적 타당도를 저해하지 않는다.
② 무작위 선정으로 내적 타당도를 저해하지 않는다.
③ 통제집단을 확보하기 어려울 때 사용할 수 있는 설계이다.
④ 사전검사를 하지 않아도 집단 간 차이를 어느 정도 통제할 수 있다.
⑤ 통제집단 전후 비교에 비해 설계가 간단하여 사회조사에서 많이 활용된다.

③ 통제집단을 확보하기 어려울 때 사용할 수 있는 대표적인 연구설계로 단일집단 사전사후 검사설계(단일집단 전후 비교설계)가 있다. 단일집단 사전사후 검사설계는 일회검사 사례설계(1회 사례연구)에 사전검사를 추가한 것으로서, 조사대상에 대해 사전검사를 한 다음 개입을 하며, 이후 사후검사를 하여 인과관계를 추정하는 방법이다.

①·②·④·⑤ 통제집단 사후 검사설계(통제집단 후 비교설계)에 대한 설명이다. 통제집단 사후 검사설계는 통제집단 사전사후 검사설계(통제집단 전후 비교설계)의 단점을 보완하기 위해 실험대상자를 무작위할당하고 사전조사 없이 실험집단에 대해서는 조작을 가하고 통제집단에 대해서는 아무런 조작을 가하지 않은 채 그 결과를 서로 비교하는 방법이다.

08 외적 타당도와 내적 타당도에 관한 설명으로 옳지 않은 것은?

① 사전검사의 실시가 내적 타당도에 부정적으로 영향을 미칠 수 있다.

② 외적 타당도를 높이는 중요한 전략 중 하나는 연구를 반복적으로 실시하여 결과를 축적하는 것이다.

③ 내적 타당도가 높으면 외적 타당도 또한 높다.

④ 자신이 연구대상자라는 인식이 외적 타당도를 낮출 수 있다.

⑤ 내적 타당도는 인과관계를 추론할 수 있는 정도를 의미한다.

③ 내적 타당도와 외적 타당도는 상충관계를 가지므로, 두 유형의 타당도를 동시에 높일 수는 없다. 즉, 내적 타당도를 높이려면 외적 타당도가 낮아질 수밖에 없고, 반대로 외적 타당도를 높이려면 내적 타당도에 문제가 있을 수 있다.

09 대립가설이 사실임에도 불구하고 귀무가설을 기각하지 않음으로써 발생하는 오류는?

① 제1종 오류　　　　　　　　　　② 제2종 오류

③ 제3종 오류　　　　　　　　　　④ 과정 오류

⑤ 결과 오류

가설검증과 관련하여 발생할 수 있는 오류
- 제1종 오류 : 영가설(귀무가설)이 참(True)인데도 불구하고 영가설을 기각하고 대립가설을 선택하는 경우
- 제2종 오류 : 영가설(귀무가설)이 거짓(False)인데도 불구하고 영가설을 선택하는 경우

10 다음 중 양적 조사에 대한 설명으로 옳지 않은 것은?

① 논리실증주의에 기반을 두고 있다.
② 객관성을 추구한다.
③ 개념이나 변수를 지나치게 제한하는 경향이 있다.
④ 축적된 지식이 없는 경우에도 적용이 용이하다.
⑤ 행동의 맥락에 대한 자세한 결과를 제시할 수 없다.

> **해 설** ④ 축적된 지식이 없는 경우에 연역적 방법의 활용이 어려우며 관찰을 통한 일반화로 이론을 정립해가는 귀납법이 유용하다.

11 다음 중 비율척도에 해당하는 것을 모두 고르면?

ㄱ. 지능지수   ㄴ. 온 도
ㄷ. 사회복지사 자격등급   ㄹ. 사회복지학과 졸업생 수

① ㄱ, ㄴ, ㄷ   ② ㄱ, ㄷ
③ ㄴ, ㄹ   ④ ㄹ
⑤ ㄱ, ㄴ, ㄷ, ㄹ

> **해 설** ㄱ·ㄴ. 등간척도, ㄷ. 서열척도
> **비율척도**
> 연령, 무게, 신장, 수입, 매출액, 출생률, 사망률, 이혼율, 경제성장률, 졸업생 수, 정규교육을 받은 기간, 서비스 대기인수, 서비스 수혜기간 등

기출 17회

12 인과관계를 성립시키기 위한 요건에 해당하는 것을 모두 고른 것은?

ㄱ. 독립변수가 종속변수를 시간적으로 앞서야 한다.
ㄴ. 독립변수와 종속변수가 일정한 방식으로 같이 변해야 한다.
ㄷ. 독립변수와 종속변수의 관계가 허위적 관계이어야 한다.

① ㄱ   ② ㄱ, ㄴ
③ ㄱ, ㄷ   ④ ㄴ, ㄷ
⑤ ㄱ, ㄴ, ㄷ

공변성	한 변수가 변화할 때 그와 관련이 있다고 믿어지는 변수도 따라서 변화해야 한다.
시간적 우선성	한 변수가 원인이고 다른 변수가 결과이기 위해서는 원인이 되는 변수가 결과가 되는 변수보다 시간적으로 앞서야 한다.
통제성	인과관계의 증명을 위해서는 외부의 영향력을 배제한 상태에서 순수하게 두 변수만의 공변성과 시간적 우선성을 볼 수 있어야 한다.

13 저학력자일수록 응답문항 가운데 뒤쪽에 있는 답을 선택하는 경향으로 인한 측정오류는?

① 체계적 오류
② 선행효과오류
③ 후행효과오류
④ 중앙집중경향오류
⑤ 비체계적 오류

• 체계적 오류 : 변수에 일정하게 또는 체계적으로 영향을 주어 측정결과가 항상 일정한 방향으로 편향되는 오류
• 비체계적 오류 : 측정대상, 측정과정, 측정수단, 측정자 등에 일관성이 없이 영향을 미침으로써 발생되는 오류
• 선행효과오류 : 고학력자일수록 응답문항 가운데 앞쪽에 있는 답을 선택하는 경향으로 인한 오류
• 후행효과오류 : 저학력자일수록 응답문항 가운데 뒤쪽에 있는 답을 선택하는 경향으로 인한 오류
• 중앙집중경향의 오류 : 응답자의 무성의로 중립적인 답을 집중적으로 선택함으로써 발생되는 오류

14 탐색적 조사방법의 내용과 거리가 먼 것은?

① 조사설계를 확정하기 전에 예비적으로 실시하는 조사
② 융통성 있게 운영될 수 있고 수정이 가능한 조사
③ 사전지식이 부족할 경우 실시하는 조사
④ 현상의 모양이나 분포, 크기, 비율 등 단순 통계적인 것에 대한 조사
⑤ 연구문제를 확인하고 변수를 파악한 후 변수 간 상관관계를 파악하여 가설을 정립하는 조사

15 다음 중 신뢰도의 추정방법으로서 반분신뢰도를 사용할 때의 장점으로 옳은 것은?

① 검사의 문항 수가 적어도 된다.
② 반분된 검사가 동형일 필요가 없다.
③ 기억과 연습의 효과를 통제할 수 있다.
④ 속도검사의 신뢰도를 추정하는 데 적합하다.
⑤ 적용이 간편하고 측정도구 자체를 직접 비교할 수 있다.

> **해 설** ③ 기억효과 또는 연습효과는 특히 검사 간 시간 간격이 짧은 경우 앞선 검사에서 응답했던 내용을 기억 또는 연습함으로써 검사 결과에 부적절한 영향을 미치는 경우를 말한다. 이는 신뢰도의 추정방법 중 검사-재검사 신뢰도(Test-Retest Reliability)의 단점에 해당하는 것으로서, 반분신뢰도(Split-Half Reliability)는 이와 같은 검사-재검사 신뢰도의 단점을 보완하기 위해 단 한 번의 시행으로 신뢰도를 구하는 방식을 채택한다.
> ① 검사를 양분하는 반분신뢰도의 특성상 양분된 각 측정도구의 문항 수는 그 자체가 각각 완전한 척도를 이룰 수 있도록 충분히 많아야 한다.
> ② 반분신뢰도는 하나의 검사를 두 부분으로 나누어 신뢰도를 추정하는 일종의 축소판 동형검사 신뢰도 추정 방법으로 볼 수 있다. 그로 인해 반분신뢰도를 추정하기 위해 우선적으로 한 검사를 두 부분으로 나누어 두 평형검사를 얻는 것이 중요하다.
> ④ 속도검사(Speed Test)는 시간제한을 두는 검사로서, 제한된 시간 내에 얼마나 빠르고 정확하게 정답에 반응하는가를 측정하는 방식이다. 이러한 속도검사는 검사 문항이 대체로 획일적이고 난이도 수준이 높지 않으므로, 반분신뢰도를 사용하여 신뢰도를 추정하는 데 있어서 부적합하다.
> ⑤ 검사-재검사법의 장점에 해당한다.

제4회

16 국어시험에서 독해력을 측정하려다가 암기력을 측정하였다. 이는 검사도구의 조건 중 무엇이 잘 못되었다고 할 수 있겠는가?

① 신뢰도   ② 타당도
③ 객관도   ④ 실용도
⑤ 난이도

> **해 설** **검사도구의 조건**
> • 타당도(Validity) : 측정하고자 하는 개념이나 속성을 얼마나 실제에 가깝게 정확히 측정하고 있는가의 정도를 나타낸다.
> • 신뢰도(Reliability) : 동일한 대상에 대해 같거나 유사한 측정도구를 사용하여 반복 측정할 경우에 동일하거나 비슷한 결과를 얻을 수 있는가의 정도를 나타낸다.
> • 객관도(Objectivity) : '검사자의 신뢰도'를 말하는 것으로서, 검사자의 채점이 어느 정도 신뢰할만하고 일관성이 있는가의 정도를 나타낸다.
> • 실용도(Usability) : 검사도구가 얼마나 적은 시간과 비용, 노력을 투입하여 얼마나 많은 목표를 달성할 수 있는가의 정도를 나타낸다.

17 조사설계 중 실험대상의 무작위 할당과 실험변수의 조작이 모두 불가능한 경우 시행하는 실험설계는?

① 순수실험설계   ② 준실험설계
③ 전실험조사설계   ④ 비실험설계
⑤ 유사실험설계

> **해 설** 비실험설계는 무작위 할당 및 독립변수의 조작이 불가능하여 실험적인 연구를 실행할 수 없는 상황에서 적용하는 설계방법으로, 특히 윤리성 문제 등 순수실험설계를 적용하는 것이 부적절한 사회과학에서 널리 사용된다.

기출 14회

18 델파이 조사에 관한 설명으로 옳지 않은 것은?

① 전문가 패널의 의견을 수렴하는 방법으로 활용된다.
② 외형적으로는 설문조사방법과 유사하다.
③ 연구자가 사전에 결정한 방향으로 패널의 의견이 유도될 위험이 있다.
④ 패널의 후광효과를 방지하기 어렵다.
⑤ 반복되는 설문을 통하여 패널의 의견이 수정될 수 있다.

> **해 설** **델파이 집단의 주요 구조적 특성**
> • 참가자의 익명성 보장 : 델파이 조사에서 모든 패널 참가자는 익명성을 유지한다. 이와 같은 익명성 구조는 시류편승의 효과(Bandwagon Effect)나 후광효과(Halo Effect)를 최소화하고, 자신의 견해를 자유롭게 개진해 나갈 수 있도록 돕는다.
> • 정보 흐름의 구조화 : 델파이 조사는 구조화된 방식으로 정보의 흐름을 제어한다. 이와 같은 구조화된 정보수집 방식은 전문가들로 하여금 집단역학에 따르는 불필요한 에너지를 소모하지 않고서도 필요한 상호작용이 이루어지도록 하며, 사안에 대한 판단을 보다 냉철히 할 수 있도록 한다.
> • 규칙적인 피드백 : 참가자는 수차례에 걸친 설문과 응답을 통해 자신의 응답은 물론 다른 사람들의 응답 또한 알 수 있다. 이와 같은 피드백 과정은 참가자로 하여금 다른 사람들의 견해를 고려해 가면서 언제든지 자신의 아이디어를 수정할 수 있도록 한다.

---

19 다음 중 내용분석방법의 장점으로 볼 수 없는 것은?

① 다양한 심리적 변수를 효과적으로 측정할 수 있다.
② 다른 연구방법과 함께 사용이 가능하다.
③ 기존 자료들이 중요한 정보를 제공한다.
④ 실수를 쉽게 보완할 수 있는 안전성이 있다.
⑤ 자료의 실제적인 타당도를 확보하기 쉽다.

> **해 설** ⑤ 자료수집상의 타당도는 확보할 수 있다고 해도 자료의 실제적인 타당도를 확보하기는 어렵다.

20 측정에 관한 설명으로 옳지 않은 것은?

① 일정한 규칙에 따라 측정대상에 값을 부여하는 과정이다.

② 이론적 모델과 사건이나 현상을 연결하는 방법이다.

③ 사건이나 현상을 세분화하고 통계적 분석에 활용할 수 있는 정보를 제공한다.

④ 측정도구의 신뢰도를 높이기 위해서는 설문문항 수가 적을수록 좋다.

⑤ 측정의 수준에 따라 명목, 서열, 등간, 비율의 4가지 유형으로 분류한다.

> **해 설** ④ 측정도구의 신뢰도를 높이기 위해서는 설문문항 수가 많을수록 좋다. 다만, 설문문항 수가 무조건 많다고
> 해서 신뢰도가 정비례하여 커지는 것은 아니다.

21 신뢰도와 타당도에 관한 설명으로 옳은 것은?

① 측정할 때마다 항상 30분 빠르게 측정되는 시계는 신뢰도가 높은 것이다.

② 측정도구의 신뢰도가 높으면 타당도도 높아진다.

③ 측정도구를 동일 응답자에게 반복 적용했을 때 일관된 결과가 나오면 타당도가 높은 것이다.

④ 동일한 변수를 측정할 때 신뢰도와 타당도를 높이기 위해서는 관련 문항 수를 줄인다.

⑤ 타당도를 검사하기 위해 복수양식법을 활용한다.

> **해 설** ① 신뢰도는 측정도구가 측정하고자 하는 현상을 일관성 있게 측정하는 능력에 관한 것으로서, 측정을 반복했
> 을 때 동일한 결과를 얻게 되는 정도를 말한다.
> ② 타당도는 신뢰도의 충분조건인 반면, 신뢰도는 타당도의 필요조건에 해당한다. 즉, 신뢰도가 높다고 하여
> 반드시 타당도가 높은 것은 아니며, 타당도가 낮다고 하여 반드시 신뢰도가 낮은 것은 아니다.
> ③ 측정도구를 동일 응답자에게 반복 적용했을 때 일관된 결과가 나오면 신뢰도가 높은 것이다.
> ④ 동일한 개념이나 변수를 측정할 때 신뢰도와 타당도를 높이기 위해서는 관련 문항 수를 늘려야 한다.
> ⑤ 복수양식법은 유사한 형태의 두 개의 측정도구를 만들어서 이를 각각 동일한 대상에 차례로 적용해봄으로
> 써 신뢰도를 측정하는 방법이다.

22 다음 중 연구주제와 분석단위의 연결이 옳지 않은 것은?

① 사회복지 지출의 국가 간 비교 - 국가

② 직원구성에 있어서 사회복지관 간 유형별 차이 - 개인

③ 사회복지사 직무만족도에 미치는 영향 - 개인

④ 지역에 따른 재정 자립도 - 지역

⑤ 발달장애인 가족구성원 대처전략 - 개인

> **해 설** ② 직원구성에 있어서 사회복지관 간 유형별 차이의 경우 분석단위는 기관 또는 시설에 해당한다.

23 다음의 조사 연구 설계에서 간과하고 있는 내적 타당도의 저해 요인은?

> 방과 후 프로그램의 담당자는 현재의 수업방식이 아동들의 성적 향상에 효과적인지를 알아보기 위해 프로그램 전·후의 성적을 측정하였다. 그 결과 아동들의 성적이 향상되었음을 발견하고, 현재 수업방식이 효과적이라는 결론을 내렸다.

① 반응성(Reactivity)
② 외부사건(History)
③ 개입 확산(Diffusion)
④ 완충(Buffering) 효과
⑤ 플라시보(Placebo) 효과

해설 외부사건 또는 역사요인은 조사기간 중에 연구자의 의도와는 상관없이 일어난 통제 불가능한 사건으로서, 결과변수에 영향을 미칠 수 있는 사건을 의미한다. 방과 후 프로그램 담당자는 현재의 수업방식이 아동들의 성적 향상에 효과적인 것으로 결론을 내리고 있으나, 이는 방과 후 프로그램의 효과가 아닌 정규수업의 효과나 아동들의 개별적인 과외활동 등 다른 외부사건에 의한 것일 수도 있다. 외부사건의 예로는 직업훈련 실시기간 중 경기침체, 고등학생 대상의 스트레스 완화 프로그램 적용 시 학교의 축제 등을 들 수 있다.

24 A연구자는 정신병원에서의 사회기술훈련이 정신장애인의 자아존중감 향상에 효과가 있는지를 알아보기 위해 실험설계 유형 중 비동일 통제집단설계를 선택하였다. A연구자는 보다 정확한 결과를 도출하기 위해 통제집단 전후 비교설계를 사용하고자 하였으나 부득이 대안적인 방법을 선택한 것이다. 다음 중 A연구자가 비동일 통제집단설계를 선택한 주된 이유로 가장 옳은 것은?

① 독립변수를 조작하기 어렵다.
② 통제집단을 설정하기 어렵다.
③ 내적·외적 타당도 저해요인이 많다.
④ 사전·사후검사를 할 수 없다.
⑤ 실험집단과 통제집단을 무작위로 할당할 수 없다.

해설 비동일 통제집단설계는 유사실험설계의 일종으로서, 실험설계의 실험적 조건에 해당하는 무작위할당, 독립변수의 조작, 통제집단의 설정, 사전·사후검사 중 한두 가지가 결여된 설계유형이다. 특히 비동일 통제집단설계는 순수실험설계의 유형 중 통제집단 전후 비교설계와 유사하지만 무작위할당에 의해 실험집단과 통제집단이 선택되지 않는다는 점이 다르다. 예를 들어 A연구자는 정신병원에 입원한 정신장애인 중 일부를 선정하여 사회기술훈련 프로그램을 실시하고, 임의적으로 서로 유사한 장애 정도를 보이는 정신장애인을 사전조사를 통해 동일한 수로 선정하여 사회기술훈련을 실시하지 않은 통제집단으로 만들 것이다. 결국 비교집단이 무작위로 선택되지 않은 채 임의적으로 할당되는 것이다.

23 ② 24 ⑤ **정답**

25 다음에서 설명하는 근거이론의 분석방법은?

> 수집된 자료에서 나타난 범주들 간의 관계를 파악하기 위해 범주들을 특정한 구조적 틀에 맞추어 연결하는 과정이다. 중심현상을 설명하는 전략들, 전략을 형성하는 맥락과 중재조건, 그리고 전략을 수행한 결과를 설정하여 찾아내는 과정이다.

① 조건 매트릭스   ② 개방코딩
③ 축코딩   ④ 괄호치기
⑤ 선택코딩

해 설 문서화된 자료를 분석하는 코딩기법

개방코딩 (Open Coding)	• 연구자가 인터뷰, 관찰, 각종 문서 등의 자료를 토대로 밝히고자 하는 어떠한 현상에 대해 최초로 범주화를 시키는 과정이다. • 특정 현상에 대해 개념을 명확히 하고, 그 속성과 수준을 자료 내에서 형성해 나간다.
축코딩 (Axial Coding)	• 개방코딩을 하는 과정에서 해체되고 분해된 원자료를 재조합하는 과정이다. • 개방코딩에서 생겨난 범주들을 패러다임이라는 구조적 틀에 맞게 연결시킨다.
선택코딩 (Selective Coding)	• 핵심범주를 선택하며, 선택한 핵심범주를 다른 범주들과 연관지어 이들 간의 관련성을 확인하고 범주들을 연결시키는 과정이다. • 이론을 통합시키고 정교화하는 과정으로, 이론적 포화(Theoretical Saturation)와 변화범위(Range of Variability)에 대한 작업을 진행한다.

제2과목   사회복지실천

1영역 ▶ 사회복지실천론

01 다음 사회복지실천현장 중 2차 현장에 해당하는 곳을 모두 고르면?

> ㄱ. 병 원   ㄴ. 교정시설
> ㄷ. 정신보건시설   ㄹ. 사회복귀시설

① ㄱ, ㄴ, ㄷ   ② ㄱ, ㄷ
③ ㄴ, ㄹ   ④ ㄹ
⑤ ㄱ, ㄴ, ㄷ, ㄹ

정 답 25 ③ // 01 ①

해 설 사회복지실천현장은 기관의 운영목적에 따라 1차 현장과 2차 현장으로 분류된다. 1차 현장은 기관의 일차적인 기능이 사회복지서비스를 제공하기 위한 것으로 사회복지사가 중심이 되어 활동하는 실천현장이다. 이에 반해 2차 현장은 사회복지전문기관은 아니지만 기관의 운영과 서비스 효과성에 사회복지서비스가 긍정적인 영향을 미치기 때문에 사회복지사가 부분적으로 개입하는 실천현장을 말한다. 1차 현장으로는 종합사회복지관 · 노인복지관 · 여성복지관 · 사회복귀시설 등이 있고, 2차 현장으로는 병원 · 학교 · 교정시설 · 정신보건시설 · 주민자치센터 등이 있다.

기출 15회

02 사례관리에 관한 설명으로 옳지 않은 것은?

① 클라이언트 중심적 서비스이다.
② 종결이 어려운 장기적 욕구를 갖는 대상자에게 적절하다.
③ 상담이나 조언, 치료 등의 임상적 개입을 할 수 있다.
④ 한 기관 내에서의 팀 협력 및 지역사회 타 전문 분야와의 협력이 중요하다.
⑤ 공공부문의 역할을 확대하기 위한 목적에서 시작되었다.

해 설 ⑤ 서비스전달체계가 공공부문에서 민간부문으로 이양되면서 다양한 서비스 간 중복을 막기 위해 조정 · 연계하는 기능이 필요함에 따라 등장하게 되었다.

---

03 다음 중 사례관리의 필요성에 대한 내용으로 옳은 것을 모두 고르면?

ㄱ. 클라이언트 욕구의 다양화 ㄴ. 인구사회학적 변화
ㄷ. 탈시설화 ㄹ. 공급주체의 중앙집중화

① ㄱ, ㄴ, ㄷ ② ㄱ, ㄷ
③ ㄴ, ㄹ ④ ㄹ
⑤ ㄱ, ㄴ, ㄷ, ㄹ

해 설 **사례관리의 필요성**
• 클라이언트 욕구의 다양화 · 복잡화
• 통합적인 서비스의 요구
• 클라이언트 및 그 가족의 과도한 책임부담
• 탈시설화 및 재가복지서비스의 경향
• 서비스 공급의 중복 및 누수 방지에 대한 필요성
• 사회복지서비스 공급주체의 다원화
• 산업화에 따른 가족 기능의 약화
• 사회적 지지체계의 중요성에 대한 인식
• 노령화 등의 인구사회학적 변화

04 다음 중 관계형성(Rapport)의 기본 원칙과 그 예를 연결한 것으로 가장 옳지 않은 것은?

① 개별화 – 새터민 집단에 대한 편견이나 선입견에서 벗어나 그들을 중립적인 입장에서 본다.
② 의도적 감정표현 – 자신의 부모를 요양병원에 홀로 남겨둔 클라이언트로 하여금 죄책감을 표현할 수 있도록 격려한다.
③ 통제된 정서적 관여 – 남편의 자녀양육에 대한 무관심을 비난하는 클라이언트의 감정에 과도하게 반응하지 않는다.
④ 수용 – 클라이언트의 약물중독 행동에 대해서도 이를 너그러운 마음으로 허용한다.
⑤ 비심판적 태도 – 가족과의 동반자살을 시도했다가 실패한 클라이언트를 비난하지 않는다.

해 설 ④ 수용은 클라이언트를 있는 그대로 이해하고 받아들이는 것을 말한다. 그러나 이는 클라이언트의 일탈된 태도나 행위를 허용하는 것이 아니라 사회적·논리적 판단기준에 따라 평가하지 않는다는 의미이다.

05 다음 사회복지사 윤리강령의 내용에서 '전문가로서의 자세'에 해당하는 것을 모두 고르면?

ㄱ. 업무에 대한 책임성
ㄴ. 클라이언트에 대한 차별 금지
ㄷ. 업무 수행상 부당한 간섭 또는 압력의 배제
ㄹ. 제반 교육에 적극적 참여

① ㄱ, ㄴ, ㄷ   ② ㄱ, ㄷ
③ ㄴ, ㄹ   ④ ㄹ
⑤ ㄱ, ㄴ, ㄷ, ㄹ

해 설 ㄹ. '전문성 개발을 위한 노력'에 해당한다.
사회복지사의 전문가로서의 자세(출처 : 한국사회복지사협회)
• 사회복지사는 전문가로서의 품위와 자질을 유지하고, 자신이 맡고 있는 업무에 대해 책임을 진다.
• 사회복지사는 클라이언트의 종교·인종·성·연령·국적·결혼상태·성 취향·경제적 지위·정치적 신념·정신, 신체적 장애·기타 개인적 선호, 특징, 조건, 지위를 이유로 차별 대우를 하지 않는다.
• 사회복지사는 전문가로서 성실하고 공정하게 업무를 수행하며, 이 과정에서 어떠한 부당한 압력에도 타협하지 않는다.
• 사회복지사는 사회정의 실현과 클라이언트의 복지 증진에 헌신하며, 이를 위한 환경 조성을 국가와 사회에 요구해야 한다.
• 사회복지사는 전문적 가치와 판단에 따라 업무를 수행함에 있어, 기관 내외로부터 부당한 간섭이나 압력을 받지 않는다.
• 사회복지사는 자신의 이익을 위해 사회복지 전문직의 가치와 권위를 훼손해서는 안 된다.
• 사회복지사는 한국사회복지사협회 등 전문가단체 활동에 적극 참여하여, 사회정의 실현과 사회복지사의 권익옹호를 위해 노력해야 한다.

06 접수단계의 주요 과업에 해당하지 않는 것은?

① 관계형성을 통한 클라이언트의 참여 유도
② 클라이언트의 드러난 문제 확인
③ 서비스의 효율성과 효과성 측정
④ 서비스에 대한 클라이언트의 동의 확인
⑤ 클라이언트의 문제가 기관의 자원과 정책에 부합되는지 판단

해 설 ③ 평가 및 종결(종결 및 평가) 단계의 주요 과업에 해당한다. 사회복지실천에서 평가는 목표를 충분히 잘 달성했는가(→ 효과성), 적절한 방법과 비용으로 목표를 달성했는가(→ 효율성)의 개념을 동시에 내포하고 있다.

참 고

사회복지실천의 과정에 대한 내용은 학자마다 혹은 교재마다 약간씩 차이가 있습니다. 참고로 위의 해설은 〈접수 및 관계형성 – 자료수집 및 사정 – 계획 및 계약 – 개입 – 평가 및 종결(종결 및 평가)〉의 5단계를 토대로 하였습니다.

07 다음 보기에 해당하는 기법은 무엇인가?

> 클라이언트 : 저는 ○○ 때문에 너무 우울하고 힘들어요.
> 사회복지사 : 그것은 ○○하다는 말씀이신가요?

① 수 용　　　　　　　　② 명확화
③ 재초점화　　　　　　　④ 의도적 감정표현
⑤ 통제된 정서적 관여

해 설 **명확화(명료화)**
- 클라이언트가 자신의 생각이나 감정을 분명하게 표현할 수 있도록 격려하며, 사회복지사가 그것을 잘 이해하고 있음을 입증하는 것이다.
- "~라고 말한 것은 구체적으로 무엇을 뜻합니까?" 등으로 표현된다.

08 다음 중 사회복지실천의 예술적 속성과 과학적 속성을 잘못 연결한 것은?

	예술적 속성	과학적 속성
①	직관적 능력	객관적 관찰
②	창의적 사고	실험적 조사
③	건전한 판단력	경험적 자료의 수집
④	개인적인 가치관	정책에 대한 지식
⑤	사회문제에 대한 인식	전문적 관계형성

해 설 **전문직으로서 사회복지사가 지녀야 할 속성**

예술적 속성	과학적 속성
• 사랑(동정)과 용기 • 전문적 관계형성 • 창의성과 상상력 • 희망과 에너지 • 판단력, 사고력, 직관적 능력 • 개인적인 가치관 • 자신만의 전문가로서의 스타일 • 감정이입적 의사소통, 진실성, 융통성	• 사회문제에 대한 인식 • 사회현상에 대한 인식 • 사회복지전문직에 대한 지식 • 사회복지실천방법에 대한 지식(관찰, 자료수집, 분석, 실험조사 등) • 사회제도 및 정책, 사회서비스 및 프로그램에 대한 지식

09 다음 중 클라이언트에 대한 간접적 개입에 해당하는 것을 올바르게 모두 고른 것은?

ㄱ. 서비스 조정　　　　　　　　ㄴ. 프로그램 계획 및 개발
ㄷ. 환경조작　　　　　　　　　　ㄹ. 옹 호

① ㄱ, ㄴ, ㄷ　　　　　　　　　　② ㄱ, ㄷ
③ ㄴ, ㄹ　　　　　　　　　　　　④ ㄹ
⑤ ㄱ, ㄴ, ㄷ, ㄹ

해 설 **간접적 개입**
- 서비스 조정 : 클라이언트에게 적절한 서비스가 제공되도록 서비스를 연결하거나 의뢰하는 등의 노력을 기울인다.
- 프로그램(자원) 계획 및 개발 : 새로운 자원과 프로그램을 계획·개발하여 클라이언트가 필요로 하는 서비스를 확보한다.
- 환경조작 : 클라이언트의 사회적인 역량을 강화하기 위해 주위환경에 영향력을 행사한다.
- 옹호 : 클라이언트의 권익수호를 위해 제도나 정책의 의사결정자들에 대해 개인 또는 집단의 영향력을 행사한다.

10 임파워먼트모델에 관한 설명으로 옳지 않은 것은?

① 클라이언트와 문제해결 방안을 함께 수립한다.

② 개인, 대인관계, 제도적 차원에서 임파워먼트가 이루어진다.

③ 클라이언트와 협력관계를 확립하는 것을 중요시 한다.

④ 클라이언트의 문제와 부적응의 개입에 초점을 맞춘다.

⑤ 개입과정은 대화-발견-발달 단계로 진행된다.

해 설 ④ 임파워먼트 접근법은 클라이언트 개인이 지니는 고통의 원인을 사회경제적 지위, 연령, 성역할과 성정체성, 육체 혹은 정신적 기능 등의 차별성에 근거한 외부적 억압에서 비롯되는 것으로 이해한다. 따라서 임파워먼트모델은 클라이언트로 하여금 그와 같은 차별성으로 인한 장벽들에 직면하도록 돕는 데 초점을 맞춘다.

11 다음 중 인간과 환경과의 상호작용 문제에 대한 실용적인 접근으로서 스트레스의 완화에 초점을 두는 실천모델에 해당하는 것은?

① 인지행동모델　　　　　　　　　　② 과제중심모델

③ 생활모델　　　　　　　　　　　　④ 문제해결모델

⑤ 행동수정모델

해 설 ③ 생활모델은 저메인과 기터만(Germain & Gitterman)이 생태체계학적 관점을 토대로 개발한 통합적 방법론 모델로서, 문제를 개인의 성격장애가 아닌 과도한 스트레스를 유발하는 생활상의 문제로 정의한다. 생활주기의 변화, 환경의 압력, 대인관계의 과정에서 스트레스가 유발되는 것으로 보며, 이를 완화하기 위해 사회자원을 동원한다.

① 인지행동모델은 인지이론과 행동주의적 요소가 결합된 개념으로서, 생각하고 정보를 처리하는 과정인 인지과정의 연구로부터 도출된 개념과 함께 행동주의와 사회학습이론으로부터 나온 개념들을 통합하여 적용한 것이다.

② 과제중심모델은 리드(Reid)와 엡스타인(Epstein)이 대인관계, 사회적 역할수행, 정서적 어려움 등 생활상의 여러 문제들을 다루기 위해 제시한 것으로, 치료초점을 2~3가지의 제한된 문제로 특정화·구체화하여 클라이언트의 현재 활동을 강조하며, 환경에 개입하는 것을 목표로 한다.

④ 문제해결모델은 펄만(Perlman)이 진단주의의 입장에서 기능주의를 도입한 것으로, 치료보다는 현재의 문제에 대처하는 개인의 문제해결능력을 회복시키는 것을 목표로 한다.

⑤ 행동수정모델은 토마스(Thomas)가 행동주의를 토대로 발전시킨 것으로, 클라이언트의 적응행동을 증강시키기 위해 학습원리를 적용하며, 이를 통해 클라이언트로 하여금 일상생활에까지 확대시킬 수 있는 적극적이고 바람직한 행동반응을 치료장면을 통해 연습시키는 것을 목표로 한다.

12 다음 중 문제중심기록의 SOAP에 해당되는 내용을 순서대로 나열한 것은?

ㄱ. 클라이언트는 몸에 기운이 없고 삶의 의욕도 없어보였다.
ㄴ. 클라이언트는 기분이 우울하고 사람과의 만남도 싫다고 하였다.
ㄷ. 우울증이 판단되어 전문심리상담기관에 의뢰하여 심리검사를 실시하였다.
ㄹ. 우울증의 진단에 따라 해결방안을 계획하였다.

① ㄱ－ㄴ－ㄷ－ㄹ   ② ㄱ－ㄴ－ㄹ－ㄷ
③ ㄴ－ㄷ－ㄱ－ㄹ   ④ ㄴ－ㄱ－ㄹ－ㄷ
⑤ ㄴ－ㄱ－ㄷ－ㄹ

> **해 설** **SOAP 형식**
> • S(Subjective Information) : 클라이언트와 가족들이 주관적으로 기술하는 문제와 정보
> • O(Objective Information) : 사회복지사가 관찰한 클라이언트에 대한 객관적인 정보
> • A(Assessment) : 전문가의 해석이나 분석에 의한 기술
> • P(Plan) : 사정을 기반으로 확인된 문제를 해결하기 위한 방법 및 계획의 기술

13 다음 사회복지사의 역할 중 서비스를 필요로 하는 개인들을 파악하고 서비스 대상자가 적절한 서비스를 찾을 수 있도록 원조하기 위하여 직접 지역사회에 들어가 활동하는 역할에 해당하는 것은?

① 촉진자   ② 아웃리치
③ 조사연구자   ④ 행동가
⑤ 전문가

> **해 설** ① 클라이언트들이 변화하려는 노력을 하도록 격려하는 집단지도자로서의 역할이다.
> ③ 사회복지와 관련된 전문적인 이론과 기술을 발전시키고, 사회복지실천 및 프로그램의 질을 향상시키는 역할이다.
> ④ 불의, 불평등, 박탈 등에 관심을 가지고 갈등, 대면, 협상 등을 활용하여 사회적 환경이 개인의 욕구를 보다 잘 충족하도록 변화시키는 역할이다.
> ⑤ 사회복지사업을 수행하는 데에 필요한 자료를 조사하여 제공하고, 기술상의 정보와 방법에 대한 조언을 하는 역할이다.

14 다음의 설명은 사회복지사의 어느 역할에 대한 내용인가?

> 클라이언트의 위기상황에서 다양한 스트레스에 대처하도록 돕는 역할

① 조정자의 역할　　　　　　　　② 조력자의 역할
③ 중재자의 역할　　　　　　　　④ 관리자의 역할
⑤ 교육자의 역할

해 설　**조력자로서의 역할**
클라이언트의 위기상황에서 다양한 스트레스에 대처하도록 돕는 역할로, 조력자의 역할에 필요한 기술에는
희망을 전하고 저항의 양가감정을 줄여 주고 감정을 인식하고 관리하며, 개인의 강점이나 사회적 자원을 발굴
하고 지지해주는 것 등이 있다.

15 다음 중 문제해결모델에서 문제해결의 특성에 대한 설명으로 옳지 않은 것은?

① 클라이언트가 외부의 도움 없이 문제를 해결할 수 있도록 돕는다.
② 문제해결을 위한 클라이언트의 동기를 지지하고 자아의 기능을 강화하도록 한다.
③ 클라이언트 체계의 성장과정에 참여하며 실행과정상 종결단계에 관심을 기울인다.
④ 사정단계에서는 사회복지사와 클라이언트의 현실 관계에 기초하며 전이현상을 강조하지 않는다.
⑤ 계약단계에서는 역할과 책임에 대한 내용을 명확히 한다.

해 설　③ 문제해결모델은 종결단계가 아닌 초기단계를 강조하는 경향을 보인다. 이는 클라이언트를 문제해결에 적
극적으로 참여하도록 하기 위해서인데, 실질적으로 클라이언트의 참여에 관한 것이 사회복지사와 클라이
언트가 서로 만나서 문제를 공유하는 최초 몇 시간 내에 확인되고 경험된다는 사실에서 비롯된다. 또한 초
기단계에서는 문제를 다룰 수 있도록 그 크기를 부분화하여 해당 부분에 대한 깊이 있는 검토가 가능하도
록 해 준다.

16 접수에 대한 다음 설명 중 옳지 않은 것은?

① 접수만을 담당하는 사회복지사를 인테이크 사회복지사라고 한다.
② 앞으로 진행될 전문적 관계의 양상을 결정한다.
③ 사회복지사는 짧은 시간에 클라이언트와 긍정적 관계를 맺어야 한다.
④ 사회복지사는 클라이언트를 유형화해야 한다.
⑤ 비자발적인 클라이언트가 동기를 가질 수 있도록 도와야 한다.

해 설　④ 접수를 하는 과정에서 사회복지사는 클라이언트를 비행청소년, 알코올중독자 등 특정 범주에 따라 유형화
하기보다는 각각의 클라이언트에 대해 개별화해야 한다.

17 ○○사회복지관의 사회복지사는 심각한 불안과 우울 증상을 보이는 클라이언트를 지역사회정신보건센터에 의뢰하고자 한다. 다음 중 의뢰에 대한 사회복지사의 접근방법으로 옳지 않은 것은?

① 의뢰로 인해 클라이언트가 버림받았다는 느낌을 가지지 않도록 배려한다.

② 지역사회정신보건센터로 의뢰하려는 이유에 대해 설명한다.

③ 지역사회정신보건센터로 가면 문제가 해결될 것이라는 확신을 불어넣는다.

④ 해당 지역사회정신보건센터에서 실시하는 프로그램에 대한 정보를 제공한다.

⑤ 필요한 서비스가 제공되는 다른 기관에 대한 정보도 제공하여 클라이언트로 하여금 스스로 선택하도록 한다.

> **해 설** **의뢰(Referral)**
> 의뢰는 클라이언트의 문제와 욕구를 기관에서 해결할 수 없는 경우 혹은 문제해결에 더 적합한 기관이 있을 경우 다른 기관으로 클라이언트를 보내는 것이다. 의뢰 시에는 클라이언트의 동의가 필수적이며, 다음의 사항들에 주의해야 한다.
> • 의뢰에 대한 클라이언트의 준비상태를 확인한다.
> • 새로운 서비스에 대해 클라이언트가 느끼는 불신이나 걱정 등을 다룬다.
> • 의뢰하는 기관의 서비스에 대해 명확하게 설명한다.
> • 제공될 서비스에 대해 비현실적으로 보증하는 것을 삼간다.
> • 가능한 대안을 제시하고 클라이언트가 스스로 결정하도록 돕는다.
> • 클라이언트에게 의뢰하는 기관의 서비스에 대해 명확하게 설명하지만, 그곳 사회복지사가 사용할 방법까지 구체적으로 알려주지는 않는다.

기출 20회

18 사회복지실천에서 전문적 관계의 특성으로 옳은 것은?

① 사회복지사는 자신의 반응을 통제하면 안 된다.

② 클라이언트는 전문성에서 비롯된 권위를 가진다.

③ 사회복지사와 클라이언트 사이에 합의된 목적이 있다.

④ 문제가 해결되어야만 종결되는 관계이기 때문에 시간의 제한이 없다.

⑤ 사회복지사와 클라이언트는 반드시 상호 간의 이익에 헌신하는 관계이다.

> **해 설** **사회복지실천에서 전문적 관계의 특성**
> • 서로 합의된 의식적 목적이 있다.(③)
> • 클라이언트의 욕구가 중심이 된다.(⑤)
> • 시간적인 제한을 둔다.(④)
> • 전문가 자신의 정서를 통제하는 관계이다.(①)
> • 사회복지사는 특화된 지식 및 기술, 그리고 전문적 윤리강령에서 비롯되는 권위를 가진다.(②)

19 다음 사회복지사가 경험하는 윤리적 딜레마 중 보기의 내용과 연관된 것은?

A 사회복지사는 부부상담을 하는 과정에서 남편에게 심각한 유전질환이 있으며, 이를 부인에게 알리지 않았다는 사실을 알게 되었다. 그러나 이 부부는 자녀를 가지기를 원하며, 그로 인해 사회복지사는 클라이언트의 자기 삶에 대한 결정권과 장애아 출산 예방이라는 문제 사이에서 윤리적인 갈등에 빠지게 되었다.

① 결과의 모호성
② 클라이언트 체계의 다중성
③ 의무의 상충
④ 가치의 상충
⑤ 능력 또는 권력의 불균형

해 설 가치의 상충은 사회복지사가 가장 빈번하게 겪는 윤리적 딜레마로서, 2개 이상의 가치가 상충되는 경우를 말한다. 사회복지사가 주로 경험하게 되는 경쟁적인 가치들은 '클라이언트의 자기결정'의 가치와 '인간생활의 보호'의 가치로서, 보기의 사례에서도 자신의 선택에 따라 자녀를 가지기 원하는 것과 그로 인한 장애아 출산 및 양육의 문제 사이에서 윤리적 딜레마에 빠지게 된 것이다. 윤리적 딜레마는 사회복지사가 어느 한 가지를 위반하지 않고는 다른 것을 지킬 수 없는 상황에서 필연적으로 발생하게 된다.

기출 17회

20 다음 사례에서 사회복지사가 진행한 면접의 유형은?

학대의심 사례를 의뢰받은 노인보호전문기관의 사회복지사는 어르신을 만나 학대의 내용과 정도를 파악하고 어르신의 정서 상태와 욕구를 확인하는 면접을 진행하였다.

① 평가면접
② 치료면접
③ 정보수집면접
④ 계획수립면접
⑤ 정서지원면접

해 설 **정보수집면접 또는 사회조사면접**
- 클라이언트와 그의 상황에 대해 필요한 정보를 수집하거나 사회조사를 하기 위한 것이다.
- 클라이언트의 개인적·사회적 문제와 관련된 인구사회학적 요인, 현재의 문제, 개인력 및 과거력, 가족력, 사회적·직업적 기능수준 등에 관한 정보를 수집한다.
- 수집되는 정보의 내용은 클라이언트의 유형, 문제의 영역, 기관의 성격에 따라 다를 수 있다.

19 ④ 20 ③   **정 답**

21 다음 중 이용시설에 해당하는 것을 모두 고르면?

ㄱ. 지역아동센터
ㄴ. 그룹 홈
ㄷ. 재가복지봉사센터
ㄹ. 노인요양시설

① ㄱ, ㄴ, ㄷ
② ㄱ, ㄷ
③ ㄴ, ㄹ
④ ㄹ
⑤ ㄱ, ㄴ, ㄷ, ㄹ

> **해 설** ㄴ · ㄹ. 생활시설에 해당한다.
> • 생활시설 : 노인요양시설, 장애인생활시설, 그룹 홈, 청소년 쉼터 등
> • 이용시설 : 종합사회복지관, 노인복지관, 지역아동센터, 재가복지봉사센터, 노인주간보호센터, 장애인주간
>   보호센터 등

22 가족대상 사회복지실천에 관한 설명 중 옳지 않은 것은?

① 가족은 1차 집단으로서 하위체계를 가지지 않는다.
② 가족구성원 간에는 애매한 경계, 명료한 경계, 경직된 경계가 나타난다.
③ 가족구성원 간의 지나친 간섭에 의해 경계가 결여된 것은 애매한 경계에 해당한다.
④ 가족 외부와의 경계에서 개방형은 가족의 경계가 유동적인 상태이다.
⑤ 오늘날 가족은 한부모가족, 다세대가족, 다문화가족 등 다양한 양상으로 나타나고 있다.

> **해 설** ① 가족은 부부 하위체계, 부모 하위체계, 형제 · 자매 하위체계, 부모-자녀 하위체계 등의 하위체계가 존재한다.

23 전문적 관계의 기본요소에 해당하는 것을 모두 고르면?

ㄱ. 권위와 권한
ㄴ. 진실성과 일치성
ㄷ. 헌신과 의무
ㄹ. 자신에 대한 관심

① ㄱ, ㄴ, ㄷ
② ㄱ, ㄷ
③ ㄴ, ㄹ
④ ㄹ
⑤ ㄱ, ㄴ, ㄷ, ㄹ

> **해 설** 전문적 관계의 기본요소(Compton & Galaway)
> • 타인에 대한 관심 또는 배려
> • 헌신과 의무
> • 권위와 권한
> • 진실성과 일치성

24 문제에 대한 관점이나 인식을 변화시켜 새로운 이해를 촉진하는 개입 기법이 아닌 것은?

① 모델링   ② 직 면

③ 재명명   ④ 일반화

⑤ 재보증

> **해 설**   모델링(Modeling)은 관찰학습과정을 통해 클라이언트가 시행착오를 거치지 않고 원하는 행동을 학습할 수 있
> 도록 하는 기법에 해당한다. 이는 클라이언트의 관점 또는 인식을 변화시키는 것이 아닌 행동을 변화시키기
> 위한 기술에 해당한다.

25 다음 중 간접 실천의 예에 해당하는 것은?

① 경력단절여성을 위한 취업상담

② 독거어르신을 위한 재가방문

③ 치매어르신을 위한 주간보호 서비스 제공

④ 노숙인을 위한 자활정책 개발

⑤ 정신장애인을 위한 사회기술훈련 실시

> **해 설**   **사회복지실천의 방법**
> - 직접 실천
>   - 클라이언트와의 직접적인 대면접촉을 통해 서비스를 제공하는 실천방식이다.
>   - 주로 개인, 가족, 집단을 대상으로 대인관계 및 환경과의 상호작용 능력을 강조함으로써 이들의 사회적인
>   기능 향상을 도모한다.
>   - 임상사회사업 분야에서 클라이언트에 대한 상담 및 면접, 치료 등의 형태로 운영된다.
> - 간접 실천
>   - 클라이언트와의 직접적인 대면접촉 없이 클라이언트의 문제해결을 위해 간접적으로 조력한다.
>   - 지역사회를 중심으로 클라이언트를 둘러싼 환경체계에 개입하여 지역의 자원 및 지지체계를 발굴하여
>   이를 연계한다.
>   - 지역사회조직, 지역복지계획, 사회복지정책, 사회복지행정 등의 형태로 운영된다.

01 남편은 이미 은퇴하였는데 큰 아이가 내년에야 대학에 입학하게 되어 아들 뒷바라지 걱정과 가계 걱정이 심각한 부인이 겪는 위기는 다음 중 어떤 위기에 속하는가?

① 발달적 위기　　　　　　　　　　　② 심리적 위기
③ 상황적 위기　　　　　　　　　　　④ 환경적 위기
⑤ 실존적 위기

> **해 설**　**발달적 위기**
> 아이의 출생, 대학 졸업, 중년기 직업 변화, 은퇴 등 인간이 성장하고 발달해 가는 가운데 발생하는 사건을 가리킨다. 문제는 남편의 은퇴와 큰 아이의 대학 입학에 따른 뒷바라지 문제로 겪는 부인의 위기를 가리키므로 발달적 위기에 속한다.

02 사회복지실천에 관한 정신역동모델의 내용과 거리가 먼 것은?

① 인간의 성격과 정신세계의 역동성을 설명하고 히스테리나 신경장애를 해결할 수 있는 치료기법을 개발하였다.
② 인간의 행동이나 생각은 본능적 욕구를 충족하기 위한 무의식적 충동에 의해 나타난다.
③ 클라이언트의 무의식적 열등감에 대한 이해가 필요하다.
④ 인간의 행동은 외부자극에 의해 동기화된다.
⑤ 진단주의학파의 태동에 기여하였다.

> **해 설**　④ 행동주의모델의 내용에 해당한다. 특히 행동주의 관점으로서 ABC 패러다임은 인간의 '행동(Behavior)'이 '선행요인 또는 선행조건(Antecedents)'으로서 외부의 환경적 자극에 의해 동기화되며, 행동에 따르는 '결과(Consequences)'에 의해 전적으로 결정된다는 가정을 토대로 한다.

03 다음 중 사티어(Satir)가 제시한 가족 내 의사소통 유형을 올바르게 연결한 것은?

① 비난형 - 오로지 자기 자신만을 생각하며, 다른 사람들은 무시한다.
② 일치형 - 비인간적인 객관성과 논리성의 소유자이며, 자신과 타인을 무시한다.
③ 회유형 - 주변상황과 관계없이 행동하며, 버릇없고 혼란스럽다.
④ 초이성형 - 자신 및 타인, 상황을 모두 신뢰하고 존중한다.
⑤ 산만형 - 다른 사람을 존중하면서도 자신의 진정한 가치나 감정은 무시한다.

> **해 설**　② 초이성형(계산형)에 해당한다. 초이성형은 자신 및 타인을 모두 무시하고 상황만을 중시하는 경향이 있다.
> ③ 산만형(혼란형)에 해당한다. 산만형은 가장 접촉하기 어려운 유형으로서, 위협을 무시하고 상황과 관계없이 행동하며, 말과 행동이 불일치하고 정서적으로 혼란스러워 보인다.
> ④ 일치형에 해당한다. 일치형은 의사소통 내용과 내면의 감정이 일치함으로써 매우 진솔한 의사소통이 가능하며, 알아차린 감정이 언어로 정확하고 적절하게 표현된다.
> ⑤ 회유형에 해당한다. 회유형은 자신의 내적 감정이나 생각을 무시한 채 타인의 비위와 의견에 맞추려 한다.

04 가족에 대한 개입기법 중 과거의 관계상황과 장소에서 새로운 관계상황으로 옮기는 것을 일컫는 말은?

① 재구조화   ② 경계만들기

③ 합류하기   ④ 가족조각

⑤ 시 연

> **해 설** 재구조화(Restructuring)는 가족성원들이 문제를 다른 시각으로, 즉 새로운 방식으로 이해하도록 하는 것이다. 특히 가족의 상호작용 체계를 분명하게 보여주어 가족성원들이 가지고 있는 개인중심의 문제 정의 방식에 도전하도록 한다.

05 가족사정도구에 관한 설명으로 옳은 것을 모두 고른 것은?

ㄱ. 생태도는 진행과정과 종결과정에서도 활용한다.
ㄴ. 생활력표를 활용하여 현재의 기능수행에 영향을 미치는 발달단계상 생활경험을 이해한다.
ㄷ. 소시오그램은 가족 구성원의 사회적 활동을 측정하는 도구이다.
ㄹ. 가족조각은 가족역동을 시각적으로 표현하여 구성원의 인식을 파악하는 도구이다.

① ㄱ, ㄷ   ② ㄱ, ㄹ

③ ㄴ, ㄷ   ④ ㄱ, ㄴ, ㄹ

⑤ ㄱ, ㄴ, ㄷ, ㄹ

> **해 설** ㄷ. 가족구성원의 사회적 활동과 흥미(취미, 오락, 여가활동 등)에 관한 자료는 생태도를 통해 얻을 수 있다. 참고로 소시오그램은 집단성원들 간의 상호작용을 도식화하여 구성원의 지위, 구성원 간의 관계, 하위집단은 물론 집단성원 간 결탁, 수용, 거부 등을 파악하는 데 유용한 집단사정도구이다.
> ㄱ. 사정은 클라이언트와 사회복지사의 지속적인 상호작용 과정으로서 사실상 개입의 전 과정 동안 계속되므로, 가족사정도구로서 생태도 또한 사정에서뿐만 아니라 원조관계의 전 과정에서 활용한다.
> ㄴ. 생활력표 또는 생활력도표는 각각의 가족구성원의 삶에 있어서 중요한 사건이나 시기별로 중요한 문제의 전개 상황을 시계열적으로 도표화함으로써 현재 역기능적인 문제 등을 특정 시기의 어려움이나 경험 등과 연관시켜 이해할 수 있도록 해 준다.
> ㄹ. 가족조각은 가족의 상호작용 양상을 공간 속에 배치하는 방법으로서, 특정 시기의 정서적인 가족관계를 사람이나 다른 대상물의 배열을 통해 나타낸다. 가족조각의 목적은 가족관계 및 가족의 역동성을 진단함으로써 치료적인 개입을 하는 데 있다.

                 04 ①   05 ④   **정 답**

06 다음 중 사회복지사가 클라이언트에 대한 비심판적 태도를 가지는 데 있어서의 장애요소에 해당하지 않는 것은?

① 성급하게 결론에 도달
② 편견 또는 선입관
③ 다른 사람과의 비교
④ 상담자에 대한 클라이언트의 부정적 감정표현
⑤ 클라이언트의 침묵

> **해설** ⑤ 클라이언트의 침묵은 나름의 의미를 가지고 있으며, 사회복지사는 그 의미를 파악함으로써 클라이언트의 생각과 감정을 더욱 효과적으로 이해할 수 있다. '침묵 다루기'는 상담면접기술의 하나에 해당되며, 침묵의 기회가 클라이언트에게 평소 인식하지 못했던 생각이나 감정을 반성해볼 수 있도록 해준다.

07 다음 중 합리적·정서적 행동치료(REBT)에서 ABCDE모델의 각 과정을 순서대로 올바르게 나열한 것은?

① 선행사건 – 논박 – 신념체제 – 결과 – 효과
② 신념체제 – 선행사건 – 결과 – 논박 – 효과
③ 신념체계 – 선행사건 – 논박 – 효과 – 결과
④ 선행사건 – 신념체제 – 결과 – 논박 – 효과
⑤ 선행사건 – 신념체제 – 논박 – 효과 – 결과

> **해설** 합리적·정서적 행동치료의 ABCDE모델(Ellis)
> 선행사건(Activating Event) – 비합리적 신념체계(Belief System) – 결과(Consequence) – 논박(Dispute) – 효과(Effect)

08 인지행동모델의 특성을 모두 고른 것은?

ㄱ. 객관적 경험의 일반화
ㄴ. 사건을 이해하는 신념체계가 감정에 어떤 영향을 주는지 파악
ㄷ. 문제에 대한 통제력이 자신에게 있다고 전제
ㄹ. 질문을 통해 자기발견과 타당화의 과정을 거침

① ㄱ, ㄹ   ② ㄴ, ㄹ
③ ㄱ, ㄴ, ㄷ   ④ ㄴ, ㄷ, ㄹ
⑤ ㄱ, ㄴ, ㄷ, ㄹ

해설
ㄱ·ㄴ. 인지행동모델은 개인의 주관적인 경험의 독특성을 가정한다. 개인이 가진 삶의 사건과 정서적 반응은 독특한 의미를 가지며, 현실을 조직하는 데 작용하는 정보전달과정, 신념 및 신념체계 등에서도 독특한 주관적 경험이 반영된다. 따라서 인지행동모델에서는 클라이언트의 정서적·행동적 반응에 관계된 인지적 기능에 대한 경험적인 탐구가 이루어진다.
ㄷ. 인지행동모델은 정서적·행동적 문제에 대한 책임이 클라이언트 자신에게 있음을 강조한다. 이는 문제에 대한 통제력이 클라이언트 자신의 내적인 면에 있다는 전제에서 비롯된다.
ㄹ. 인지행동모델은 소크라테스식 질문 및 접근방법을 사용한다. 이는 문제에 대한 논박을 통해 인지적 왜곡이나 오류가 있음을 밝혀내며, 질문을 통해 자기발견과 타당화의 과정을 거침으로써 사건이나 행동의 의미를 재발견하도록 하는 것이다.

09 집단의 종결단계에서 사회복지사의 역할에 관한 설명으로 옳은 것은?

① 계획된 목표달성여부에 집중하며 의도하지 않은 결과는 확인하지 않는다.
② 참여자 간 서열화 투쟁이 시작되므로 책임을 설정한 계약을 재확인시킨다.
③ 집단의 목적에 따른 집단구성과 구성원의 목적 성취를 원조한다.
④ 종결에 대한 양가감정을 이해하고 이를 반영하여 다룬다.
⑤ 도움을 많이 받은 사람은 종결의 어려움을 덜 느끼므로 그렇지 않은 사람에게 집중한다.

해설
① 집단의 종결단계에서 사회복지사는 집단 활동의 효과성, 과업성취도, 서비스 이용자의 만족도 등을 종합적으로 평가해야 한다.
② 집단의 초기단계(시작단계)에서 집단성원들은 집단 내에서 자신이 맡게 될 역할을 탐색, 시험하는 과정에서 서열화 투쟁 등의 갈등이 생길 수 있다. 이를 방지하기 위해 사회복지사는 계약을 통해 집단성원과 집단지도자 및 기관에 대한 기대, 책임, 의무를 구체적으로 합의해야 한다.
③ 집단과 구성원의 목적 성취를 원조하는 것은 '중간단계'에 속한다. 사회복지사는 집단 회합이나 프로그램 활동 등의 마련을 통해 집단성원들의 참여를 유도하고 능력을 고취시키며, 서로 원조할 수 있도록 돕는다.
⑤ 집단사회복지실천과정을 통해 받은 도움의 정도에 따라 종결을 진행하기보다는 집단성원별 집단 활동에 의해 성취된 변화를 유지하도록 하며, 변화의 지속성 및 일반화가 이루어지도록 도와야 한다. 또한 추가적인 원조가 필요한 경우 다른 서비스 또는 다른 기관에 의뢰할 수 있다.

10 심리사회모델의 개입기법에 관한 설명으로 옳지 않은 것은?

① 직접적 개입과 간접적 개입으로 구분된다.
② 직접적 영향은 주변인에게 영향력을 행사하여 환경을 변화시키는 기법이다.
③ 탐색-기술(묘사)-환기는 자기 상황과 감정을 말로 표현하게 함으로써 감정전환을 도모하는 기법이다.
④ 지지는 이해, 격려, 확신감을 표현하는 기법이다.
⑤ 유형의 역동 성찰은 성격, 행동, 감정의 주요 경향에 관한 자기이해를 돕는다.

> **해 설** ② 직접적 영향은 클라이언트의 행동을 촉진하거나 기능을 향상시키기 위한 조언, 충고, 제안 등을 통해 사회복지사의 의견을 클라이언트가 받아들이도록 하는 기법이다.

11 사회복지실천 기록의 목적에 해당하는 것을 모두 고른 것은?

ㄱ. 개인적 보관 및 활용　　　　　ㄴ. 지도감독 및 교육 활성화
ㄷ. 책임성의 확보　　　　　　　　ㄹ. 정보제공
ㅁ. 클라이언트에 대한 이해 증진

① ㄴ, ㄹ
② ㄱ, ㄷ, ㅁ
③ ㄱ, ㄴ, ㄷ, ㄹ
④ ㄴ, ㄷ, ㄹ, ㅁ
⑤ ㄱ, ㄴ, ㄷ, ㄹ, ㅁ

> **해 설** **사회복지실천 기록의 목적**
> • 기관의 서비스 수급자격을 입증할 문서를 구비한다.(ㄷ)
> • 클라이언트의 욕구를 확인한다.(ㅁ)
> • 서비스 내용을 보고한다.
> • 사례의 지속성을 유지한다.
> • 전문가 간 의사소통을 원활하게 한다.
> • 클라이언트와 정보를 공유한다.
> • 서비스의 과정 및 효과를 점검한다.
> • 학생과 다른 관련자들에 대한 교육용 자료(슈퍼비전 도구)로 활용한다.(ㄴ)
> • 행정적 과업을 위한 자료를 제공한다.(ㄹ)
> • 연구·조사를 위한 자료를 제공한다.(ㄹ)
> • 지도감독, 자문, 동료검토를 활성화한다.(ㄴ)
> • 프로그램 실시를 위한 예산을 확보한다.

12 단기개입모델로 옳은 것을 모두 고른 것은?

> ㄱ. 위기개입모델   ㄴ. 과제중심모델
> ㄷ. 해결중심모델   ㄹ. 정신역동모델

① ㄱ, ㄴ, ㄷ   ② ㄱ, ㄷ
③ ㄴ, ㄹ   ④ ㄹ
⑤ ㄱ, ㄴ, ㄷ, ㄹ

해 설   ㄱ. 위기개입모델 : 상대적으로 단기적 접근으로서, 사회복지사가 위기의 시기에 신속하게 개입함으로써 클라이언트가 위기의 발생 이유를 인식하고 적응적 기술을 개발하여 문제를 해결할 수 있도록 돕는다.
      ㄴ. 과제중심모델 : 사회복지사와 클라이언트가 합의로 어떤 사항에 대해 의견일치를 보아 계약서에 서로의 할 일, 즉 합의된 과제를 작성하고 이를 완수하도록 하는 모델이다. 단기간의 시간제한으로 경비와 시간이 절약되는 경제적 이점이 있다.
      ㄷ. 해결중심모델 : 1~12회 이하의 짧은 개입을 통해 신속한 해결을 하며, 문제의 원인, 즉 본질보다는 구체적인 해결 자체에 초점을 둔다.
      ㄹ. 정신역동모델 : 클라이언트가 자신의 내적인 갈등(무의식적인 것)과 사고를 이해(통찰)하도록 원조하는 모델로서, 현 문제의 발현 요인을 내적인 원인에 대한 파악과 이해를 통해 찾는다.

13 다음 중 집단의 종류와 모델에 대한 설명으로 옳은 것은?

① 지지집단에서 집단성원들 간의 자기개방 수준은 낮은 편이다.
② 사회적 목표모델은 집단 내 개인의 성숙과 사회의식의 발전에 초점을 둔다.
③ 치료모델은 민주시민의 역량개발에 초점을 둔다.
④ 과업달성을 목적으로 구성된 집단이 치료집단이다.
⑤ 상호작용모델에서 사회복지사는 계획가로서의 역할을 수행한다.

해 설   ① 지지집단은 유사한 문제를 경험하는 사람들로 구성되므로 자기개방 수준이 높으며, 유대감 형성에 유리하다.
      ③ 시민 참가, 인간관계 훈련, 지도력 연마 등의 '개인의 성숙'과 민주적 과정의 습득, 시민참여활동 등의 '민주시민의 역량'을 개발하여 사회의식과 사회책임을 발전시킨 것은 사회적 목표모델에 해당한다.
      ④ 의무사항의 이행, 조직 또는 집단의 과업달성을 위해 구성된 집단은 과업집단이다.
      ⑤ 상호작용모델에서 사회복지사는 개인과 집단의 조화를 도모하며, 상호원조체계가 되도록 중재자로서의 역할을 수행한다.

14 다음 보기의 사회복지사가 사용한 의사소통기술로서 가장 적절한 것을 고르면?

> (알코올중독자들이 모인 집단에서 사회복지사는 알코올중독자들이 알코올의 유혹에 빠지게 되는 원인에 대해 참여자들과 함께 논의하고자 한다)
>
> 사회복지사 : 미라 씨의 경우 남편과 다툼을 하거나 아이들이 말을 듣지않아 화가 났을 때 알코올을 찾게 된다고 합니다. 여러분의 경우는 어떠한가요? 특히 여성분들의 경우 미라 씨와 비슷한 경험을 해본 적이 있나요?

① 초점화 ② 세분화

③ 직 면 ④ 명료화

⑤ I-Message

해 설 초점화는 클라이언트가 표명한 내용 중 특히 강조하거나 집중을 시키고자 할 때 사용하는 의사소통기술이다. 클라이언트가 초점에서 벗어난 주제를 이야기하는 경우 보다 집중적으로 목표를 향해 나아갈 수 있도록 유도한다.

기출 18회

15 다음 사례에서 사회복지사가 우선적으로 계획할 내용으로 적절한 것은?

> 은옥 씨는 심각한 호흡기 질환을 앓고 있으며, 28세 아들은 고교 졸업 후 게임에만 몰두하며 집에만 있다. 아들은 쓰레기를 건드리지도 못하게 하여 집은 쓰레기로 넘쳐나고, 이는 은옥 씨의 건강에 치명적인 위협이 되고 있다. 은옥 씨는 과거 자신의 잘못과 아들에 대한 죄책감을 호소하고 있으나, 서비스를 거부하며 특히 아들에 대한 접근을 막고 있다.

① 치료적 삼각관계 형성하기

② 가족하위체계 간의 경계 만들기

③ 가족의 기능적 분화수준 향상시키기

④ 가족과 합류(Joining)할 수 있는 방법 탐색하기

⑤ 역설적 개입으로 치료자의 지시에 저항하도록 하기

해 설 **합류 또는 합류하기(Joining)**
- 치료자가 가족성원들과의 관계형성을 위해 가족을 수용하고 가족에 적응함으로써 기존의 가족구조에 참여하는 방법이다. 치료자는 합류를 통해 가족 상호작용의 맥락을 파악하고, 가족의 희생양이 느끼는 고통을 이해할 수 있다.
- 합류를 촉진하기 위한 기법으로 '따라가기(Tracking)', '유지하기(Accomodation)', '흉내 내기(Mimesis)'가 있다.

16 다음 보기의 사회복지사가 사용한 질문기법으로 적절한 것은?

> 클라이언트 : (습관적 도박행위로 치료를 받고 있다)
> 사회복지사 : 당신의 변화에 대해 당신의 배우자는 어떻게 알 수 있을까요?

① 기적질문   ② 예외질문
③ 모호한 질문   ④ 이중질문
⑤ 유도질문

해 설   기적질문은 문제가 해결된 상태를 상상해보는 것으로 해결을 위한 요구사항들을 구체화·명료화하는 데 도움을 준다.

기출 16회

17 가족조각 기법에 관한 설명으로 옳지 않은 것은?

① 가족의 상호작용 양상을 공간 속에 배치하는 방법이다.
② 가족 내 숨겨져 표현되지 못했던 감정이나 가족규칙 등이 노출될 수 있다.
③ 조각 후, 사회복지사는 현재의 조각이 어떻게 변화되기 바라는지를 다시 조각으로 표현하게 한다.
④ 조각을 하는 동안 서로 웃거나 이야기하지 않는다.
⑤ 가족을 조각한 사람은 객관성을 유지하기 위해 조각에서 제외되는 것이 일반적이다.

해 설   **가족조각을 통한 가족사정의 방법**
- 가족조각은 공간 속에서 가족성원들의 몸을 이용하여 가족의 상호작용 양상을 표현해 내는 움직이는 형상의 조각이다.(①)
- 가족성원 중 한 명으로 하여금 가족의 현재 상호작용 양상을 다른 가족성원들을 공간 속에 배치하는 방법으로써 표현해 보도록 요구한다.
- 자신을 제외한 다른 가족성원들을 이용하여 가족조각을 마친 후 가족을 조각한 사람도 맨 마지막에 자신이 만든 조각의 어느 한 부분에 들어가 동작을 취해야 한다.(⑤)
- 가족조각을 하는 동안 가족은 서로 웃거나 이야기하지 않는다. 이는 자기를 드러내지 않으려는 자기방어적인 행동일 수 있기 때문이다.(④)
- 가족조각을 하면서 혹은 형성된 가족조각을 통해 가족 내 숨겨져 표현되지 못했던 감정이나 가족규칙, 가족신화 등이 노출될 수 있다.(②)
- 가족조각에 대한 피드백 주고받기 상황이 끝난 후 사회복지사는 각 가족성원들로 하여금 현재의 조각이 어떻게 변화되기 바라는지를 다시 조각으로 표현하게 한다. 또한 그와 같은 변화를 위해 가족성원 중 누가 어떤 행동변화를 해야 할 것인가를 가족에게 묻는다.(③)

18 다음 중 보기의 내용과 연관된 집단성원의 개인중심적 역할행동 유형에 해당하는 것은?

> ○○고등학교에서는 자신의 진로문제로 고민을 하고 있는 학생들을 대상으로 집단상담 프로그램을 실시하였다. 그런데 집단상담 과정에서 A학생은 대학입시에 대한 자신의 심리적 부담감을 교묘히 숨긴 채 "우리가 대학에 가야만 하는 이유가 있을까요?", "왜 어른들은 우리가 대학에 가야만 하는 지 그 명확한 이유에 대해 말할 수 있을까요?" 등 논리적으로 자신의 주장을 내세웠다.

① 참여하지 않기   ② 공격하기
③ 문제없는 사람으로 자처하기   ④ 지성에만 호소하기
⑤ 다른 사람들의 기분 맞추기

해 설   '지성에만 호소하기' 또는 '주지화'는 집단성원이 지적인 토론을 통해 자기은폐를 시도하는 경우에 해당한다. 자신의 감정을 논리적·해설적·진단적 방식으로 다루어 자기 내면의 감정을 포착할 수 없도록 하므로 문제행동에 대한 해결을 어렵게 만든다.

19 집단성원 A군은 말과 행동이 불일치하고 감정을 왜곡하거나 부정하고 있다. 이에 사회복지사가 A군의 왜곡과 사고의 불일치를 설명하여 A군이 자신의 상황을 인식하도록 하였다. 이때 사회복지사가 사용한 기술은?

① 직 면   ② 요 약
③ 초점화   ④ 재명명
⑤ 모델링

해 설   **직 면**
- 클라이언트의 말이나 행동이 일치하지 않은 경우 또는 클라이언트의 말에 모순점이 있는 경우 상담자가 그것을 지적해주는 것이다.
- 외부에 비친 클라이언트 자신의 모습을 되돌아보고 통찰하도록 하는 모험적이고 직접적인 자기대면의 방법이다.
- 클라이언트가 이전에 한 말과 지금 하는 말이 불일치하는 경우, 말과 행동이 불일치하는 경우, 말과 정서적 반응이 불일치하는 경우, 클라이언트의 인식이 다른 사람의 인식과 불일치하는 경우, 클라이언트의 말 내용이 상담자가 그것에 대해 느낀 바와 불일치하는 경우 적용한다.
- 상대방에게 공격이나 위협으로 받아들여질 수 있으므로 사용상 주의를 필요로 한다.
- 클라이언트가 받아들일 준비가 되어있을 때를 이용하여 시기적절하게 이루어져야 한다.
- 상담자는 사실을 있는 그대로 진술하며, 클라이언트를 평가하거나 비판한다는 인상을 주지 않아야 한다.

20 다음 중 집단의 저항을 다루는 기술로 가장 적절한 것은?

① 집단참석 여부는 여러분의 선택입니다.

② 그렇게 생각하고 계시는데, 다른 분들도 그렇게 생각하시나요?

③ 왜 그렇게 부정적으로만 보세요? 여기서 얻을 수 있는 것도 많아요.

④ 이 집단에 참석하지 못한 사람들을 생각해보세요.

⑤ 그렇게 생각하는 이유에 대해 저한테 말씀해주세요.

> **해설** 저항은 집단의 과정에서 필연적으로 발생하는 것으로서, 집단지도자는 이와 같은 집단 저항의 저변에 있는 현재의 감정에 초점을 두어야 한다. 집단지도자가 클라이언트로 하여금 부정적인 감정을 표현하도록 함으로써 대인관계에서의 부정적인 감정을 효과적으로 다룰 수 있는 경험을 하게 된다. 특히 클라이언트에게는 변화를 원하는 동시에 기존의 삶의 방식을 고수하고자 하는 양가감정이 있으므로, 집단지도자는 이러한 클라이언트의 양가감정을 수용하며, 이를 자유롭게 표현할 수 있도록 도와야 한다.

기출 15회

21 역설적 개입에 관한 설명으로 옳은 것을 모두 고른 것은?

> ㄱ. 가족이 변화에 대한 저항이 클 때 사용할 수 있다.
> ㄴ. 문제와 관련된 가족의 행동체계를 정확히 파악하여 증상처방기법을 활용한다.
> ㄷ. 원가족 분석을 중시하는 개입방법이다.
> ㄹ. 치료적 이중구속을 활용하여 문제를 해결하는 것이다.

① ㄱ, ㄴ   ② ㄷ, ㄹ

③ ㄱ, ㄴ, ㄷ   ④ ㄱ, ㄴ, ㄹ

⑤ ㄱ, ㄴ, ㄷ, ㄹ

> **해설** ㄷ. 원가족 분석을 중시하는 개입방법은 보웬(Bowen)이 제시한 '다세대적 가족치료모델(세대 간 가족치료모델)'에 해당한다. 보웬은 대부분의 가족문제는 가족성원이 자신의 원가족에서 심리적으로 분리되지 못한 데에서 비롯되므로, 문제해결을 위해 가족성원이 원가족과 맺는 관계를 통찰하는 것을 강조하였다. 반면, 전략적 가족치료의 경우, 인간행동의 원인에는 관심이 없으며, 단지 문제행동의 변화를 위한 해결방법에 초점을 둔다.

22 다음 중 병리의 치료보다 사회심리적 기능 향상에 초점을 두는 집단에 해당하는 것을 모두 고른 것은?

> ㄱ. 부부를 위한 참만남 집단
> ㄴ. 청소년 대상의 가치명료화 집단
> ㄷ. 여성을 위한 의식고양 집단
> ㄹ. 은퇴 후의 삶에 초점을 맞추는 노인집단

① ㄱ, ㄴ, ㄷ   ② ㄱ, ㄷ
③ ㄴ, ㄹ   ④ ㄹ
⑤ ㄱ, ㄴ, ㄷ, ㄹ

해설   **성장집단(Growth Group)**
- 집단성원들의 자기인식을 증진시켜 행동 및 태도상의 발달을 유도하며, 개인의 잠재력을 최대화하는 것을 목표로 한다.
- 병리의 치료보다 사회심리적 기능 향상에 초점을 둔다.
- 집단은 집단성원들이 자신의 잠재력을 최대로 발휘할 수 있도록 하기 위한 도구로서의 의미를 지닌다.
- 집단의 이질성이 집단성원들의 성장에 유효하게 작용할 수 있으므로 보통 다양한 속성을 가진 성원들로 구성하는 경우가 많다.

23 다음 노튼(Northern)의 집단발달단계 중 탐색과 시험단계에 대한 설명으로 옳지 않은 것은?

① 집단의 목적이 분명해지고 목표지향적인 활동이 나타난다.
② 투쟁적 리더는 집단목적에 잘 부합되는 리더로 전향한다.
③ 조화와 갈등의 관계형성으로 갈등과 긴장이 존재한다.
④ 하위집단이 생성되며 집단의 규범과 가치를 위한 통제기제가 발달한다.
⑤ 집단성원들 간의 상호의존성과 응집력이 최고조에 도달한다.

해설   ⑤ 집단성원들 간의 상호의존성과 응집력이 최고조에 도달하는 것은 문제해결단계에 해당한다. 문제해결단계에서는 집단성원들 간의 상호의존성과 집단응집력이 높은 수준에 도달하며, 집단의 목적에 대한 충분한 일치성과 함께 이를 달성하기 위한 고도의 협동체계가 나타나므로 문제해결능력이 고도화된다.

24 다음 중 보기의 사례에 대한 의뢰(Referral)의 개입방법으로 가장 적절한 것은?

> 클라이언트는 올해 75세의 노인으로 3개월 전 위암으로 장애등급 판정을 받은 바 있다. 슬하에 자식이 있으나 연락이 닿지 않아 홀몸으로 통원치료를 받고 있고, 더 이상 병원에 갈 기력도 없고 경제적으로 여유롭지도 않으므로 사회복지사에게 도움을 요청하였다.

① 클라이언트를 도울 수 있는 후원자를 연결한다.
② 클라이언트와의 동의하에 노인장기요양기관에 입소시킨다.
③ 클라이언트의 일상 가사생활을 도울 수 있는 자원봉사자를 모집한다.
④ 지역 내 종교단체들을 통해 밑반찬 서비스를 받도록 한다.
⑤ 가정봉사원 파견서비스를 제공한다.

해 설 　 의뢰(Referral)는 클라이언트의 문제와 욕구를 기관에서 해결할 수 없는 경우 혹은 문제해결에 더 적합한 기관이 있을 경우 다른 기관으로 클라이언트를 보내는 것이다. 의뢰 시에는 클라이언트의 동의가 필수적이다.

기출 18회

25 청소년의 정체성 위기, 결혼, 자녀의 출산, 중년기의 직업 변화, 은퇴 등 개인의 생애주기에 따른 위기는?

① 실존적 위기　　　　　　　　　　② 상황적 위기
③ 발달적 위기　　　　　　　　　　④ 부정적 위기
⑤ 환경적 위기

해 설 　 **위기의 유형(James & Gilliland)**
- **발달적 위기** : 일생을 살아가는 동안 성장하고 발달하는 과정에서의 변화나 전환으로 인해 부적응적인 반응이 나타나는 경우이다.
- **상황적 위기** : 개인이 예측하거나 통제할 수 없는 사건이 발생하는 경우이다.
- **실존적 위기** : 내적 갈등 또는 불안을 포함하는 개념으로, 삶의 목표, 책임감, 독립성, 자유의지와 같은 중요한 실존적인 주제와 관련된 경우이다.
- **환경적 위기** : 자연이나 인간이 유발한 재해가 어떤 잘못 등을 하지 않은 개인이나 집단에게 발생하는 경우이다.

기출 16회

01 지역사회복지 관련 개념에 대한 설명으로 옳지 않은 것은?

① 지역사회조직(Community Organization)은 전통적인 전문 사회복지실천방법 중 하나이다.

② 지역사회개발(Community Development)은 지역사회 문제를 해결하기 위해 전문가에 의한 주도적 개입을 강조한다.

③ 지역사회보호(Community Care)는 가정 또는 그와 유사한 지역사회 내의 환경에서 서비스를 제공하는 사회적 돌봄의 형태이다.

④ 지역사회복지실천(Community Practice)은 지역사회를 대상으로 하는 사회복지실천을 포괄적으로 일컫는 개념이다.

⑤ 재가보호(Domiciliary Care)는 대상자의 가정에서 서비스를 받는 것을 의미한다.

> **해 설** **지역사회개발의 정의(권연옥)**
> 지역사회개발이란 지역주민들의 공동 참여를 전제로 지역주민들의 자발적 · 자조적 노력에 의해 주민들의 공통 욕구를 해결하고 주민들의 공동 운명의식을 토대로 경제적 · 사회적 · 문화적 발전을 도모하는 주민생활 향상을 위한 대운동이다.

기출 20회

02 다음의 설명에 해당되는 웨일과 갬블(M. Weil & D. Gamble)의 실천모델은?

- 기회를 제한하는 불평등에 도전
- 사회적 · 정치적 · 경제적 정의를 위한 행동
- 표적체계에 선출직 공무원도 해당

① 근린 · 지역사회조직화모델

② 지역사회 사회 · 경제개발모델

③ 프로그램 개발과 지역사회연계모델

④ 정치 · 사회행동모델

⑤ 사회계획모델

> **해 설** ① 근린 · 지역사회조직화모델은 구성원의 조직 능력을 개발하고 범지역적인 계획 및 외부개발에 영향과 변화를 일으킬 수 있는 능력을 개발하는 것을 목표로 한다.
> ② 지역사회 사회 · 경제개발모델은 지역주민의 관점에 입각하여 개발계획을 주도하며, 사회 · 경제적 투자에 대한 지역주민의 활용 역량을 제고하는 것을 목표로 한다.
> ③ 프로그램 개발과 지역사회연계모델은 지역사회서비스의 효과성 증진을 위해 새로운 프로그램을 개발하는 동시에 기존 프로그램을 확대 혹은 재조정하는 것을 목표로 한다.
> ⑤ 사회계획모델은 선출된 기관이나 인간서비스계획 협의회가 지역복지계획을 마련하는 등 행동을 하기 위한 제안을 하는 것을 목표로 한다.

03 지역사회복지 실천과정에 관한 설명으로 옳지 않은 것은?

① 지역사회문제해결 과정으로 볼 수 있다.

② 문제발견은 다양한 정보수집과 자료수집과정을 통해 이루어진다.

③ 문제를 어떻게 개념화하느냐에 따라 해결방안과 실천전략이 달라진다.

④ 총괄평가는 프로그램 수행과정 중에 실시되어 프로그램의 문제점을 관찰·수정하는 데 유용하다.

⑤ 정책목표를 수립할 때 실현가능성을 고려할 필요가 있다.

해설 **프로그램 평가의 유형**

총괄평가	• 대개 프로그램 시행이 종료된 후에 실시하는 평가이다. • 프로그램의 결과와 효과를 평가하는 데 초점을 두는 것으로, 프로그램이 달성하고자 한 목표를 얼마나 잘 성취했는가의 여부를 평가한다.
형성평가	• 프로그램 수행이나 전달 과정 중에 실시하는 평가이다. • 프로그램의 문제점을 관찰하여 이를 수정·개선하는 데 도움이 되는 정보를 제공한다.

04 다음 중 특정 집단·문제에 대해 새로운 패러다임을 제공할 수 있는 사회정의 실현을 행동화하는 지역사회복지실천모델에 해당하는 것은?

① 사회운동모델   ② 사회계획모델

③ 연대활동모델   ④ 정치적·사회적 행동모델

⑤ 기능적 지역사회조직모델

해설 ② 사회계획모델(Social Planning Model)은 선출된 기관이나 인간서비스계획 협의회가 지역복지계획을 마련하는 등 행동을 하기 위한 제안을 하는 것을 목표로 한다.

③ 연대활동모델 또는 연합모델(Coalitions Model)은 연합의 공통된 이해관계에 대응할 수 있도록 자원을 동원하며, 영향력 행사를 위해 다조직적인 권력기반을 형성하는 것을 목표로 한다.

④ 정치적·사회적 행동모델(Political and Social Action Model)은 정책 및 정책입안자의 변화에 초점을 둔 사회정의 실현 활동을 목표로 한다.

⑤ 기능적 지역사회조직모델(Functional Community Organizing Model)은 행위와 태도의 옹호 및 변화에 초점을 둔 사회정의를 위한 행동 및 서비스를 제공하는 것을 목표로 한다.

05 다음 지역사회분석에 관한 이론적 관점 중 자원동원론에 대한 설명으로 옳은 것은?

① 자원에는 돈, 정보, 사람은 물론 사회운동의 목적에 대한 정당성도 포함된다.
② 상징적 상호주의의 영향을 받았다.
③ 사람들 사이에 자원을 교환하는 반복된 현상으로서 사회적 행동에 주목한다.
④ 사회적인 불만의 팽배가 사회운동의 직접적인 원인이다.
⑤ '환경 속의 인간'의 기본 관점을 토대로 인간과 환경의 상호작용에 초점을 둔다.

> **해설** ① 자원동원론적 관점상 자원에는 돈, 정보, 사람, 조직성원 간의 연대성, 사회운동의 목적과 방법에 대한 정
> 당성 등이 포함된다. 이 관점은 지역사회 현장에서 사회적 약자의 권리를 옹호하기 위한 활동을 전개하거
> 나, 그들을 대변하고자 사회운동을 조직하고 이를 행동화하는 데 있어서 중요한 이론적 토대가 된다.
> ② 사회구성론적 관점에 해당한다. 이 관점은 사회적 억압계층의 삶과 경험에 대한 새로운 이해를 토대로 지
> 식을 형성하며, 그와 같은 억압을 해소하고자 사회적 제도 및 관습, 일상생활과 관련된 의미들을 파악하기
> 위한 지속적이고 집중적인 대화를 강조한다.
> ③ 사회교환론적 관점에 해당한다. 이 관점은 인간관계에 대한 경제적 관점을 토대로 이익이나 보상에 의한
> 긍정적인 이득을 최대화하는 한편, 비용이나 처벌의 부정적인 손실을 최소화하는 교환의 과정을 분석한다.
> ④ 자원동원론적 관점에 따르면 사회운동의 발전과 전개과정은 축적된 사회적 불만의 팽배보다는 사회의 구
> 조적 불평등이나 약자의 권리옹호를 위한 자원동원의 가능성 여부와 그 정도에 의해 결정된다.
> ⑤ 생태학적 관점에 해당한다. 이 관점은 문화적 · 역사적 맥락에서 인간과 환경의 관계를 밝히며, 사람과 지
> 역사회환경에 대한 상호의존성, 해당 지역사회와 다른 지역사회와의 상호작용에 초점을 둔다.

06 다음의 내용에 해당하는 지역사회복지 관련 보고서는?

- '지역사회보호-행동지침'이란 제명으로 발표되었으며, 지방정부의 역할을 축소하는 반면 민간 부
  문을 활성화하자고 제안하였다.
- 지역사회보호를 위한 권한과 재정을 지방정부에 이양하고, 민간 부문의 경쟁을 통한 서비스 제공
  의 다양화를 주장하였다.

① 그리피스 보고서   ② 시봄 보고서
③ 바클레이 보고서   ④ 하버트 보고서
⑤ 베버리지 보고서

> **해설** ② 시봄 보고서(Seebohm Report)는 지방정부가 고용, 교육, 주택, 가정원조, 자원봉사조직 등 지역사회복지와
> 관련된 사회서비스국을 통합 설치 · 운영하자고 제안하였다.
> ③ 바클레이 보고서(Barclay Report)는 지역사회 내의 지지망이 지역사회에서 큰 역할을 하고 있음을 강조하
> 며, 비공식적 보호망의 중요성과 함께 공식적 사회서비스가 고립적이지 않고 비공식적 서비스와 긴밀한 관
> 계를 유지하면서 활동해야 한다고 주장하였다.
> ④ 하버트 보고서(Harbert Report)는 공공서비스와 민간서비스 외의 가족체계나 지역사회 하위단위에 의한 비
> 공식적 서비스의 중요성을 강조하였다.
> ⑤ 베버리지 보고서(Beveridge Report)는 궁핍, 질병, 무지, 나태, 불결로 나타나는 현대사회의 문제를 극복하
> 기 위해 최저한도의 생활보장 및 사회보장을 통한 복지사회 건설을 강조하였다.

07 지역사회의 문제해결을 위한 문제발견과 분석단계에서 고려해야 할 사항이 아닌 것은?

① 사회문제와 그 사회의 가치관의 관계

② 사회문제의 조작화

③ 사회문제의 분석을 위한 객관적 자료의 수집과 분석

④ 문제해결에 필요한 자원동원

⑤ 지역사회의 불만이나 욕구의 파악

> **해 설** ④ 문제해결에 필요한 자원동원, 즉 자본설비, 필요한 인력 및 자격, 재원 등은 현재 어디에 있고, 누가 통제하고 있으며, 어떻게 동원할 것인가의 문제는 지역사회복지실천의 조직사업 과정 중 정책 및 프로그램 개발 단계(제2단계)에서 고려해야 할 사항에 해당한다.
>
> **문제발견 및 분석단계(제1단계)에서의 고려사항**
> • 지역사회의 불만이나 욕구를 파악하여 지역사회의 문제에 대해 명확히 규정한다.
> • 사회문제는 그 사회의 가치판단에 의해 지배되는 상대적인 개념이다.
> • 사회문제의 분석을 위해 객관적인 자료를 수집 · 분석하고 관련 이론을 활용한다.
> • 사회문제는 사회과학적 측면에서 조작화의 과정을 거침으로써 개념에 대한 측정 및 실천, 평가가 가능하다.

08 다음 중 지역자활지원계획에 대한 내용으로 옳지 않은 것은?

① 구청장은 자활지원계획을 해마다 1월 31일까지 수립하여야 한다.

② 해당 연도의 자활지원 수요와 자활지원사업 실시에 관한 사항이 포함된다.

③ 다음 연도의 자활지원사업 실시를 위한 재원 조달에 관한 사항이 포함된다.

④ 해당 연도의 자활사업실시기관 육성 · 지원계획에 관한 사항이 포함된다.

⑤ 도지사는 자활지원계획을 해마다 2월 말까지 보건복지부 장관에게 보고하여야 한다.

> **해 설** **자활지원계획(국민기초생활보장법 시행령 제37조 제1항)**
> 시장 · 군수 · 구청장은 자활지원계획에 따라 수급자의 자활을 체계적으로 지원하기 위하여 다음의 사항이 포함된 해당 지역의 자활지원계획을 해마다 1월 31일까지 수립하고, 그 계획을 특별자치시장 · 특별자치도지사는 보건복지부장관에게 보고하여야 하고, 시장 · 군수 · 구청장(특별자치시장 · 특별자치도지사는 제외)은 특별시장 · 광역시장 · 도지사에게 보고하여야 한다.
> • 해당 연도 및 다음 연도의 자활지원 수요와 자활지원사업 실시에 관한 사항
> • 해당 연도 및 다음 연도의 자활지원사업 실시를 위한 재원 조달에 관한 사항
> • 다음 연도의 자활사업실시기관 육성 · 지원계획에 관한 사항
> • 그 밖에 자활지원에 필요한 사항

09 다음 상황에 해당하는 사회복지사의 실천기술 내용이 아닌 것은?

> 마을축제 개최를 위해 사회복지사는 지역주민을 조직화하여 주민 스스로 계획, 홍보 및 진행을 하게 하였다.

① 주민의 자발적 참여 유도
② 주민 역량 강화
③ 지역사회 특성 반영
④ 취약계층 권리 대변
⑤ 주민들 갈등 시 중재

해 설 보기의 내용에서는 취약계층의 권리를 대변하는 옹호기술이 반영되어 있지 않다. 옹호는 클라이언트의 이익 혹은 권리를 위해 싸우거나 대변하거나 방어하는 활동을 말하는 것으로서, 특히 사회행동모델에서 강조되는 실천가의 역할이기도 하다. 이와 같은 옹호기술은 지역사회복지실천 과정에서 지역주민, 특히 억압된 집단 입장의 정당성을 주장하고 지도력과 자원을 제공해야 한다는 점에서 매우 중요하다.

10 다음 중 보기의 내용과 연관된 지역사회복지의 특성에 해당하는 것은?

> • 지역사회복지는 주민의 생활권역을 기초로 하여 전개되는 것이다.
> • 생활권역은 주민생활의 장이자 사회참가의 장이므로 이와 같은 특성을 고려하여야 한다.

① 예방성
② 통합성
③ 지역성
④ 연대성
⑤ 공동성

해 설 **지역사회복지의 특성**
- 연대성·공동성 : 공동의 관심사에 따라 인간은 연대를 형성하고 공동으로 이를 확대시켜 나가는 특성을 가지고 있다. 즉, 개인적 문제를 연대와 공동성으로 해결하게 된다.
- 예방성 : 주민의 욕구 또는 문제해결을 조기에 발견함으로써 이에 대응할 수 있는 네트워크를 형성한다.
- 지역성 : 주민의 생활권 영역에 대한 지리적 특성을 파악하고 이를 고려해야 한다.
- 통합성·전체성 : 공급자 중심에서는 공급의 용이성 및 효율성을 언급하며 서비스를 분리시켜 제공하지만, 이용자 측면에서 볼 때 주민의 생활은 분리할 수 없으므로 이러한 현상은 부적절한 조치이다. 즉, 공급자와 이용자 간의 단절된 서비스를 통합하여 제공하는 특성을 가지고 있다.

11 사회적 경제의 주체에 관한 설명으로 옳은 것을 모두 고른 것은?

> ㄱ. 마을기업은 지역공동체 이익을 추구하고 지역자원을 활용한다.
> ㄴ. 사회적기업은 사회적 목적을 추구하며, 영업활동을 하는 기업은 아니다.
> ㄷ. 협동조합은 조합원의 권익 향상과 지역사회 공헌을 목적으로 한다.
> ㄹ. 지역자활센터는 수급자와 차상위계층의 자활을 촉진하며, 사회복지법인만이 신청할 수 있다.

① ㄱ, ㄷ
② ㄴ, ㄷ
③ ㄴ, ㄹ
④ ㄱ, ㄴ, ㄷ
⑤ ㄱ, ㄴ, ㄷ, ㄹ

해설 ㄴ. 사회적기업은 지역주민의 삶의 질을 높이는 등의 사회적 목적을 추구하면서 재화 및 서비스의 생산·판매 등 영업활동을 하는 기업이다(사회적기업 육성법 제2조 제1호 참조).
ㄹ. 보장기관은 수급자 및 차상위자의 자활 촉진에 필요한 사업을 수행하게 하기 위하여 사회복지법인, 사회적 협동조합 등 비영리법인과 단체를 법인 등의 신청을 받아 지역자활센터로 지정할 수 있다(국민기초생활보장법 제16조 제1항 참조).

12 다음 중 로스(Ross)의 지역사회개발모델에서 사회복지사의 역할로 옳은 것은?

① 전문가 - 불만을 집약한다.
② 안내자 - 공동의 목표를 강조한다.
③ 조력자 - 조직화를 격려한다.
④ 계획가 - 자기역할을 수용하도록 한다.
⑤ 사회치료자 - 프로그램 운영 규칙을 적용한다.

해설 **로스(Ross)의 지역사회개발모델에서 사회복지사의 역할**
- 안내자(Guide) : 1차적인 역할, 주도 능력, 객관적인 능력, 지역사회와의 동일시, 자기역할의 수용, 역할에 대한 설명 등
- 조력자(Enabler) : 불만의 집약, 조직화 격려, 좋은 대인관계 육성, 공동목표 강조 등
- 전문가(Expert) : 지역사회의 진단, 조사실행, 타 지역사회에 관한 정보제공, 방법에 관한 조언, 기술상의 정보제공, 평가 등
- 사회치료자(Therapist) : 지역사회 공동의 관심사를 저해하는 금기적 사고나 전통적인 태도에 대한 진단 및 치료 등

13 지역사회복지운동에 관한 설명으로 옳은 것은?

① 계획되지 않은 조직적 활동이다.
② 사회복지 전문가 중심의 활동이다.
③ 개인의 성장과 변화에 우선적인 초점을 둔다.
④ 노동자, 장애인 등 일부 주민을 대상으로 한다.
⑤ 복지권리 · 시민의식을 배양하는 사회권 확립운동이다

> **해 설** ⑤ 주민참여 활성화에 의해 복지에 대한 권리의식과 시민의식을 배양하는 사회권(복지권) 확립의 운동이다.
> ① 지역주민의 주체성 및 역량을 강화하고 지역사회의 변화를 주도하는 조직운동이다.
> ② 지역주민, 지역사회활동가, 사회복지전문가는 물론 사회복지시설 종사자 및 사회복지서비스 이용자도 사회복지운동의 주체가 될 수 있다.
> ③ 지역주민의 복지권리 확보 및 시민의식 고취를 통한 지역사회 통합을 목표로, 특히 사회적 약자의 생존권 보장에 우선적인 초점을 둔다.
> ④ 지역주민의 생활근거지로서 지역사회를 기반으로, 지역주민의 삶의 질과 관련된 생활영역을 포함한다.

14 협상(Negotiation) 기술에 관한 설명으로 옳지 않은 것은?

① 협상 범위를 면밀히 분석한다.
② 사회행동모델에 사용할 수 없다.
③ 협상 과정에 중재자가 개입할 수 있다.
④ 재원확보와 기관 간 협력을 만드는 데 유리하다.
⑤ 협상 시 양쪽 대표들은 이슈와 쟁점에 대해 토의해야 한다.

> **해 설** ② 사회행동모델은 갈등 또는 경쟁, 대결, 직접적인 행동, 협상 등을 변화를 위한 전술 · 기법으로 사용한다.
> 특히 협상(Negotiation)은 갈등관계에 있는 당사자들 간에 합의를 도출하거나 차이를 조정함으로써 상호 간의 이해를 도모하기 위해 활용된다.

15 다음 지역사회분석틀에 관한 이론으로 적절한 것은?

- 전통적 의미의 지역사회의 붕괴
- 국가의 사회복지제도에 대한 개입 필요성 강조

① 지역사회 체계이론   ② 지역사회 생태학이론
③ 지역사회 개방이론   ④ 지역사회 보존이론
⑤ 지역사회 상실이론

> **해 설** 지역사회 상실이론은 산업화에 따른 1차 집단의 해체 및 공동체의 쇠퇴, 비인간적 사회관계로의 변화 등을 강조하며, 국가의 사회복지제도에 대한 적극적 개입을 주장한다.

16 다음 자원봉사센터의 유형 중 수요자 중심의 자원봉사센터에 해당하는 것을 모두 고르면?

> ㄱ. 중앙정부 관할 자원봉사센터   ㄴ. 교육기관
> ㄷ. 종교사회봉사   ㄹ. 시민단체

① ㄱ, ㄴ, ㄷ   ② ㄱ, ㄷ

③ ㄴ, ㄹ   ④ ㄹ

⑤ ㄱ, ㄴ, ㄷ, ㄹ

> **해 설** **자원봉사센터의 유형**
>
> | 공급자 중심의 자원봉사센터 | 교육기관, 기업, 종교사회봉사 등 |
> |---|---|
> | 수요자 중심의 자원봉사센터 | 사회복지 관련 시설, 종합사회복지관 부설 재가복지봉사센터, 시민단체, 환경단체 등 |
> | 조정자 중심의 자원봉사센터 | 중앙정부 관할 자원봉사센터 등 |

기출 18회

17 사회복지전담공무원에 관한 설명으로 옳지 않은 것은?

① 2000년 별정직에서 일반직인 사회복지직렬로 전환

② 국민기초생활보장제도의 시행으로 인원 확대

③ 1992년 서울, 부산, 대구 3곳에서 처음으로 임용 · 배치

④ 사회복지전문요원에서 사회복지전담공무원으로 명칭 변경

⑤ 취약계층에 대한 상담과 지도, 생활실태의 조사 등 사회보장급여 관련 업무 담당

> **해 설** ③ 사회복지전담공무원은 1987년에 당시 생활보호대상자를 비롯하여, 노인, 장애인 등 저소득 취약계층에게 전문적인 복지서비스를 제공하기 위하여 저소득 취약계층 밀집지역의 읍 · 면 · 동사무소에 사회복지전문요원으로 최초 배치되었다.

18 사회행동모델에 대한 설명으로 바르지 못한 것은?

① 지역사회의 기존제도와 현실에 대한 근본적인 변화를 추구한다.

② 소수인종집단, 학생운동, 여성해방운동, 노동조합, 복지권운동 등이 이에 속한다.

③ 사회사업가는 권력, 자원 등의 재분배를 추구하며 기본정책의 변화를 추구한다.

④ 민주적 절차, 자발적 협동, 교육 등을 특히 강조한다.

⑤ 민주주의에 입각해 보다 많은 자원과 향상된 처우를 그 지역사회에 요구하는 행동이다.

> **해 설** ④ 민주적인 절차, 자발적인 협동, 토착적인 지도자의 개발, 교육 등을 강조하는 것은 지역사회개발모델에 해당한다. 반면, 사회행동모델은 권력, 자원, 지역사회정책결정에 있어서의 역할 등의 재분배를 강조한다.

19 지역사회복지실천에서 연계기술(Networking)에 관한 설명으로 옳지 않은 것은?

① 사회복지기관의 서비스 제공과정에서 효율성 증대

② 사회복지사의 연계망 강화 및 확장

③ 이용자 중심의 통합적 서비스 제공

④ 서비스 계획의 공동 수립과 서비스 제공에서 팀 접근 수행

⑤ 지역사회 복지의제 개발과 주민 의식화

> **해설** ⑤ 지역사회복지 관련 문제의 쟁점에 대해 일반대중의 관심을 이끌 수 있도록 이를 의제화하고, 문제의 원인이 지역주민 자신들이 아닌 사회구조에 있음을 의식화하도록 하는 것은 임파워먼트기술과 연관된다.

20 다음 중 지역사회복지관 운영의 기본원칙에 해당하지 않는 것은?

① 자율성의 원칙　　　　　　　② 객관성의 원칙

③ 중립성의 원칙　　　　　　　④ 책임성의 원칙

⑤ 자원활용의 원칙

> **해설** **지역사회복지관 운영의 기본원칙**
> 지역성의 원칙, 전문성의 원칙, 책임성의 원칙, 자율성의 원칙, 통합성의 원칙, 자원활용의 원칙, 중립성의 원칙, 투명성의 원칙

21 다음 중 새마을운동에 대한 설명으로 옳지 않은 것은?

① 우리나라의 전형적 지역사회개발사업으로서 농촌소득증대운동으로 시작되었다.

② 근면 · 자조 · 협동을 주요 정신으로 한다.

③ 민간의 자주적인 협동노력이 아닌 관주도의 반강제적 운동이라는 한계를 지닌다.

④ 도시민의 의식개선운동으로도 전개되었다.

⑤ 1970년대 중반 석유파동으로 인한 경제난국을 타개하기 위해 증산운동, 근검운동, 인보운동에 역점을 두었다.

> **해설** 새마을운동은 농촌생활환경개선운동으로 시작되어 점차 농촌소득증대운동으로 확대되었다. 처음에는 초가집 없애기(지붕개량), 블록 담장으로 가꾸기, 마을 안길 넓히고 포장하기, 다리 놓기, 농로(논밭으로 이어지는 길) 넓히기, 공동빨래터 설치 등의 기초적인 환경개선사업을 하였다. 이 사업의 성과로 마을이 아담하고 쾌적한 모습으로 달라지자 주민들은 이에 그치지 않고 마을회관 건립, 상수도 설치, 소하천 정비, 복합영농 추진, 축산, 특용작물 재배 등을 통해 1970년대 중반에는 농가소득이 도시 근로자 소득수준으로 향상되었다.

22 던햄(A. Dunham)의 지역사회유형 구분과 예시의 연결로 옳지 않은 것은?

① 인구 크기 – 대도시, 중·소도시 등
② 산업구조 및 경제적 기반 – 농촌, 어촌, 산업단지 등
③ 연대성 수준 – 기계적 연대 지역, 유기적 연대 지역 등
④ 행정구역 – 특별시, 광역시·도, 시·군·구 등
⑤ 인구 구성의 사회적 특수성 – 쪽방촌, 외국인 밀집지역 등

해 설 **지역사회의 유형화 기준(Dunham)**

인구의 크기	가장 기본적인 유형으로서, 인구 크기에 따라 지역사회를 구분한다. 예 대도시, 중소도시, 읍지역 등
인구 구성의 특성 (사회적 특수성)	지역사회 구성원 대다수의 경제적·인종적 특성에 따라 지역사회를 구분한다. 예 저소득층 밀집주거지역, 외국인 집단주거지역, 새터민 주거지역 등
정부의 행정구역	행정상 필요에 따라 지역사회를 구분하는 것으로서, 일반적으로 인구 크기를 중심으로 구분하지만, 반드시 인구 크기에 비례하는 것은 아니다. 예 특별시, 광역시·도, 시·군·구, 읍·면·동 등
산업구조 및 경제적 기반	지역주민들의 경제적 특성은 물론 사회문화적 특성을 파악하기 위한 인류학적 조사연구에서 흔히 사용되는 구분이다. 예 농촌, 어촌, 산촌, 광산촌, 광공업지역, 산업단지 등

23 다음 중 보기의 내용과 관련하여 로스(Ross)가 제시한 지역사회조직을 위한 사회조직체에 해당하는 것은?

- 지역사회의 현 조건에 대한 지역주민들의 불만에 의해 결성된다.
- 지역사회의 주요 집단들에 의해 지목·수용될 수 있는 공식적·비공식적 지도자들을 참여시켜야 한다.
- 회원 상호 간에 또는 지역사회와의 관계에서 효과적인 대화통로를 개발해야 한다.

① 지역사회 NGO   ② 주민생활지원센터
③ 사회복지사무소   ④ 정책위원회
⑤ 추진회

해 설 **지역사회조직을 위한 추진회(Association)의 원칙(Ross)**
- 지역사회의 현 조건에 대한 지역주민들의 불만에 의해 결성된다.
- 지역주민들의 불만은 관련 문제에 대해 계획을 세우고 이를 실천에 옮길 수 있도록 집약되어야 한다.
- 활동 수행을 위한 불만은 지역주민들에게 널리 인식되어야 한다.
- 지역사회의 주요 집단들에 의해 지목·수용될 수 있는 공식적·비공식적 지도자들을 참여시켜야 한다.
- 지역주민들에게서 지지를 받을 수 있는 목표와 운영방법을 갖춰야 한다.
- 추진회가 수행하는 사업에는 정서적 내용을 지닌 활동들이 포함되어야 한다.
- 지역사회에 현존하는 현재적·잠재적 호의를 활용해야 한다.
- 회원 상호 간에 또는 지역사회와의 관계에서 효과적인 대화통로를 개발해야 한다.

- 관련 집단들을 지원 · 강화하여 협동적인 참여가 이루어지도록 해야 한다.
- 정상적인 업무상의 결정 과정을 저해하지 않는 범위 내에서 절차상 융통성을 발휘할 필요가 있다.
- 사업을 수행하는 데 있어서 지역사회의 현존 조건에 부응해야 한다.
- 효과적인 지도자를 개발하기 위해 노력해야 한다.
- 지역사회의 지도자를 참여시키고 문제를 적절히 해결할 수 있는 능력을 가져야 하며, 지역사회로부터 안전성과 신뢰성을 인정받아야 한다.

24 길버트와 스펙트(Gilbert & Specht)는 지역사회복지실천 과정을 정책형성 과정으로 제시하고 있다. 다음 중 보기의 빈칸에 들어갈 내용으로 옳은 것은?

문제의 발견 → 분석 → (ㄱ) → 정책목표의 설정 → (ㄴ) → 프로그램의 설계 → 실천 → 평가와 사정

	ㄱ	ㄴ
①	의견수렴	대안목표의 검토
②	대중홍보	아젠다 작성
③	대중홍보	일반의 지지와 합법성 구축
④	자원확보	정책계획의 개발
⑤	자원확보	정책형성

해 설 **정책형성의 과정(Gilbert & Specht)**
문제의 발견 → 분석 → 대중홍보 → 정책목표의 설정 → 일반의 지지와 합법성 구축 → 프로그램의 설계 → 실천(집행) → 평가와 사정

기출 20회
25 최근 지역사회복지 동향으로 옳지 않은 것은?

① '찾아가는 동주민센터' 사업 실시
② 읍 · 면 · 동 맞춤형 복지 전담팀 설치
③ 지역사회 통합돌봄 사업의 축소
④ 행정복지센터로의 행정조직 재구조화
⑤ 지역사회복지계획이 지역사회보장계획으로 변경

해 설 ③ 2019년 6월부터 주거, 보건의료, 요양, 돌봄, 일상생활의 지원이 통합적으로 확보되는 지역주도형 정책으로서 지역사회 통합돌봄(커뮤니티케어) 선도사업이 실시되어 2026년 통합돌봄의 보편적 실행을 목표로 추진 중이다.

01 다음 중 윌렌스키와 르보(Wilensky & Lebeaux)가 제시한 사회복지의 개념으로서 제도적 개념과 가장 거리가 먼 것은?

① 사회복지서비스에 대한 보편적인 권리를 인정한다.
② 사회복지서비스 공급에 있어서 사회구조적·국가적 책임을 강조한다.
③ 각 개인이 자신의 능력개발을 위해 사회복지의 혜택을 받는 것을 정상적인 것으로 간주한다.
④ 잔여적 개념의 임시적·대체적 특성에서 비롯된 시혜, 자선, 낙인의 문제에 대응한다.
⑤ 정상적인 사회조직으로서 가족과 시장이 제 기능을 발휘할 때까지 사회복지 활동이 계속되어야 한다고 주장한다.

> **해 설** 윌렌스키와 르보(Wilensky & Lebeaux)는 사회복지의 개념으로서 잔여적 개념과 제도적 개념을 제시하였다. 잔여적 개념의 사회복지는 가족이나 시장경제가 개인의 문제나 욕구를 해결할 수 없는 경우에 한해 국가가 개인의 기본적인 삶을 유지할 수 있도록 해 주는 보완적인 기능을 수행하는 것이다. 반면, 제도적 개념의 사회복지는 국가가 모든 국민으로 하여금 그들의 능력을 최대한 발휘하고 사회적 기능을 향상할 수 있도록 사회제도로써 사회서비스를 포괄적·지속적으로 제공하는 것이다. 따라서 잔여적 개념의 사회복지는 정상적인 사회조직으로서 가족과 시장이 제 기능을 발휘할 때까지 사회복지 활동이 지속되어야 하며, 그 이후에는 사회복지 활동을 중지해야 하는 것으로 본다. 그러나 제도적 개념의 사회복지는 사회조직이 만족할만한 수준의 삶과 건강을 누리도록 하기 위한, 나아가 자아의 완성을 돕기 위한 사회복지서비스와 제도의 조직화된 체계로 본다.

02 다음 중 사회복지정책의 평가기준에서 정책의 효과에 대한 평가로서, 목표달성도를 파악하는 평가에 해당하는 것은?

① 정책문제 평가
② 정책의제 평가
③ 정책결정 평가
④ 정책집행 평가
⑤ 정책영향 평가

> **해 설** ① 사회복지문제를 정책문제로 이슈화시키기 위한 것으로서 문제의 내용, 대상 집단의 특성, 문제의 인지도, 문제의 심각성 등의 탐색적인 기준이 사용된다.
> ② 사회복지문제가 정책꾼들에 의해 어떻게 다루어지는가를 평가하는 것으로서 반응성, 사회적 형평, 공정성 등이 중요한 기준으로 나타난다.
> ③ 정책결정에 대한 평가는 정책결정 내용에 대한 평가와 결정과정에 대한 평가로 나눌 수 있으며 능률성, 효과성, 사회적 형평, 공정성, 반응성, 합법성 등이 주요 평가기준으로 사용된다.
> ④ 정책집행에 관한 평가는 정책이 계획된 대로 시행되느냐에 관한 평가로서 정책집행의 일관성, 공정성, 반응성, 능률성, 효과성, 사회적 형평 등이 주요 평가기준이다.

03 사회복지정책의 특성에 관한 설명으로 옳지 않은 것은?

① 가치판단적 특성을 가진다.

② 국민의 최저생활을 보장한다.

③ 개인의 자립성을 증진시킨다.

④ 능력에 비례한 배분을 원칙으로 한다.

⑤ 경제의 자동안정장치(Built-in-stabilizer) 기능을 수행한다.

해 설 ④ 사회복지정책은 사회연대의식에 기초하여 사회적 평등을 실현하며, 사회적 적절성을 확보하는 것을 원칙으로 한다.

① 사회복지정책은 사실상 가치중립적일 수 없으며, 이를 연구하는 사회과학자도 연구 주제의 선택이나 연구결과의 해석에 있어서 가치를 배제할 수 없다.

② 사회복지정책은 소득재분배와 최저생활 확보의 기능을 수행한다.

③ 사회복지정책은 개인의 자립성 증진과 정상화 이념의 확대를 목표로 한다.

⑤ 사회복지정책은 경기 상승 시 경기가 과열되지 않도록 막는 한편, 경기 하락 시 과도한 하락을 방지해 주는 경제의 자동안정장치 기능을 수행한다.

04 다음 중 '제3의 길'과 관련된 설명으로 옳지 않은 것은?

① 시장의 효율성과 사회적 연대성 조화를 목표로 1990년대 후반 유럽의 좌파정권이 제시했다.

② 국민들의 사회경제생활을 보장하는 동시에 시장의 활력을 높이자는 전략을 표방하였다.

③ 국민들에게 경제적 혜택을 직접 제공하고자 하였다.

④ 사회투자국가론을 지지하였다.

⑤ 생산적 복지, 적극적 복지를 표방하였다.

해 설 ③ 국민들에게 경제적 혜택을 직접 제공하기보다는, 인적 자원에 대한 투자 및 사회적 자본의 확충을 강조하는 기든스(Giddens)의 사회투자국가론을 지지하였다.

05 다음 중 영국 사회복지의 역사에 대한 설명으로 옳지 않은 것은?

① 공장법은 아동의 노동여건을 개선하였다.
② 길버트법은 가족수당제도의 시초로 불린다.
③ 작업장법은 오늘날 직업보도 프로그램과 흡사하다.
④ 개정구빈법은 전국적으로 구빈 행정 구조를 통일하였다.
⑤ 1911년 국민보험법은 건강보험과 실업보험으로 구성되었다.

> **해 설** ② 스핀햄랜드법(1795년)의 내용에 해당한다. 스핀햄랜드법은 빈민의 노동에 대한 임금을 보충해주기 위한 제도로서, 최저생활기준에 미달되는 임금의 부족분을 구빈세로 보조하였다. 이는 오늘날 가족수당제도 또는 최저생활보장제도의 기반이 되었다.
> ① 공장법(1833년)은 아동에 대한 노동력 착취를 막기 위한 목적에서 만들어진 제도로서, 9세 미만의 아동에 대한 고용 금지, 아동에 대한 야간 노동 금지 등 아동의 노동조건 및 작업환경의 개선을 주된 내용으로 하였다.
> ③ 작업장법(1722년)은 노동 가능 빈민을 국가가 고용하여 공동작업장에 수용하는 한편, 작업장에의 입소를 거부하는 빈민에게 구호를 제공하지 않도록 한 제도이다. 이는 오히려 비인간적인 노동력 착취로 이어지기도 하였으며, 교구민의 세 부담만 증가시키는 결과를 초래하였다.
> ④ 개정구빈법(1834년)은 스핀햄랜드법의 임금보조제를 철폐하고 교구단위의 구빈행정체제를 중앙집권화함으로써 '전국균일처우의 원칙'을 탄생시켰다. 또한 피구제 빈민 생활상황이 자활의 최하급 노동자의 생활조건보다 높지 않은 수준에서 보호되어야 한다는 '열등처우의 원칙'을 확립하였다.
> ⑤ 국민보험법(1911년)은 의료보험과 실업보험을 내용으로 한 제도로서, 특히 재정을 고용주와 근로자로부터 조달받는 영국 최초의 사회보험이었다. 로이드 조지와 윈스턴 처칠(L. George & W. Churchill)의 합작품으로서, 일종의 강제적인 자조에 의한 자유주의적 사회개혁을 통해 부자와 빈민 간의 양극화를 막고자 하였다.

06 다음 중 사회복지정책의 대상자 선정 과정에 나타날 수 있는 낙인(Stigma)에 대한 설명으로 옳은 것을 모두 고른 것은?

> ㄱ. 사회보험 대상자는 공공부조 대상자보다 낙인을 받을 가능성이 낮다.
> ㄴ. 수급자격이 권리보다 시혜적 성격으로 주어질 때 낙인 발생 가능성이 높다.
> ㄷ. 모자보호시설에의 입소를 원하는 세대가 많음에도 불구하고 시설의 정원이 다 채워지지 않는 것과 관련된다.
> ㄹ. 자산조사보다 소득조사에 대해 더 큰 저항감을 가지는 이유와 관련된다.

① ㄱ, ㄴ, ㄷ   ② ㄱ, ㄷ
③ ㄴ, ㄹ   ④ ㄹ
⑤ ㄱ, ㄴ, ㄷ, ㄹ

> **해 설** ㄹ. 소득과 자산기준을 중심으로 빈민의 수급권을 공식적으로 인정하는 경우, 수혜자의 입장에서 사회적 무능력자로 낙인이 찍히게 되어 자존감이 손상되며, 빈곤층의 선정 과정에서 개인의 사생활이 모두 노출되어 인권침해의 문제를 야기할 수 있다. 특히 자산조사의 경우 근로소득은 물론 주택, 부동산 등의 실질자산, 저축이나 채권, 유가증권의 유무, 자동차, 사치품 등의 잠재적 소득에 해당하는 다양한 소득재원과 함께 친족의 부양책임 등을 포괄적으로 조사함으로써 소득조사보다 낙인 발생 가능성이 높다.

07 다음의 내용이 설명하는 급여형태는?

- 참여 민주주의와 민주적 거버넌스(Governance) 구성
- 서비스 대상자나 급여 수급자의 참여 보장
- 재화나 자원을 통제하는 영향력의 재분배

① 현 금   ② 현 물
③ 이용권(Voucher)   ④ 기회(Opportunity)
⑤ 권력(Power)

> **해설** 사회복지 급여의 형태 중 권력(Power)은 사회복지정책의 수급자에게 정책결정에 대한 참여를 보장하는 동시에 권력을 부여하여 정책의 내용이 그들에게 유리하게 결정되도록 하는 것을 말한다. 이상적으로 볼 때 수급자가 정책결정에 참여하여 정책의 내용에 영향을 주는 경우 수급자는 실질적으로 많은 이득을 얻을 수 있게 된다.

08 다음 중 베버리지 보고서에 규정된 영국 사회의 5대 사회악 및 해결방안을 잘못 연결한 것은?

① 불결 → 주택정책   ② 궁핍 → 소득보장
③ 나태 → 노동정책   ④ 무위 → 의무교육
⑤ 질병 → 의료보장

> **해설** ④ '무위'가 아닌 '무지'에 해당한다. 참고로 무위는 곧 '나태'를 의미한다.
> **영국 사회의 5대 사회악 및 해결방안(Beveridge Report, 1942)**
> - 불결(Squalor) → 주택정책
> - 궁핍(Want) → 소득보장(연금)
> - 무지(Ignorance) → 교육정책(의무교육)
> - 나태(Idleness) → 노동정책(고용정책)
> - 질병(Disease) → 의료보장

09 다음 중 보기의 내용과 연관된 사회복지제도의 발달이론에 해당하는 것은?

- 산업화로 인해 다양한 욕구가 생겨나고 이와 같은 욕구를 충족시키기 위해 복지정책들이 필연적으로 생겨난다.
- 복지국가의 기술적 · 정책적 기능을 통해 사회는 존속 · 유지 · 변화하면서 발전하게 된다.

① 음모이론   ② 수렴이론
③ 코포라티즘   ④ 이익집단이론
⑤ 확산이론

> **해설** **수렴이론(산업주의이론)**
> - 경제발전이 상당한 수준에 도달하게 되면 사회복지가 유사한 형태로 수렴된다는 이론이다. 즉, 산업화에 의해 나타난 욕구가 산업화에 의해 가능해진 자원에 의해 충족될 수 있다는 것이다.

- 자본주의 국가의 경우 기술의 발전이 주도하는 산업화는 새로운 사회적 욕구를 유발시킨다.
- 경제성장은 복지비 지출에 필요한 자원을 확보하도록 하며, 복지프로그램은 노동자의 교육 및 건강, 안정된 노동력을 통해 산업화에 일조한다.
- 서로 다른 정치적 이념이나 문화를 가진 국가들이라도 비슷한 수준의 산업화에 도달하는 경우 서로 유사한 사회복지체계를 형성하게 된다고 본다.
- 사회복지제도의 수렴에 있어서 중요한 요인으로 기술의 발전을 든다.
- 수렴이론은 욕구에 의해 제도가 자연스럽게 출현하는 것으로 간주함으로써 제도 도입에 있어서 가치적 측면을 도외시하고 있다.
- 이데올로기나 정치적 변수의 역할을 간과함으로써 경제결정론적인 양상을 보이고 있다.

10 소득불평등에 관한 설명으로 옳은 것을 모두 고른 것은?

> ㄱ. 10분위 분배율은 그 비율이 낮을수록 소득분배가 평등하다.
> ㄴ. 지니계수가 0.3에서 0.4로 상승했다면 소득불평등이 완화된 것이다.
> ㄷ. 5분위 배율은 상위 20%의 소득을 하위 20%의 소득으로 나눈 비율이다.
> ㄹ. 로렌츠 곡선(Lorenz Curve)이 45°선과 일치하면 소득분포가 완전히 균등하다.

① ㄱ, ㄴ   ② ㄴ, ㄷ

③ ㄷ, ㄹ   ④ ㄱ, ㄴ, ㄷ

⑤ ㄱ, ㄴ, ㄹ

해설   ㄱ. 10분위 분배율(십분위 분배지수)은 소득이 낮은 하위 40% 가구의 소득이 전체 소득에서 차지하는 비중을 상위 20% 가구의 소득이 전체 소득에서 차지하는 비중으로 나눈 값으로서, 그 수치가 클수록 소득분배는 평등하다.

ㄴ. 지니계수는 소득이 어느 정도 균등하게 분배되는가를 나타내는 소득분배의 불균형 수치로서, 그 값이 클수록 더 불평등한 수준을 의미한다.

ㄷ. 5분위 분배율(오분위 분배지수)은 소득이 높은 상위 20% 가구의 소득의 합을 소득이 낮은 하위 20% 가구의 소득의 합으로 나눈 값으로서, 그 수치가 클수록 소득분배는 불평등하다.

ㄹ. 로렌츠 곡선은 소득금액의 누적백분율과 소득자의 누적백분율을 대비시킨 것으로서, 완전평등선(균등분포선)과 멀수록, 즉 아래쪽으로 볼록할수록 소득은 불균등하게 분배되었음을 나타낸다.

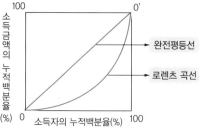

로렌츠 곡선

11 다음 중 공적연금의 재정방식에 대한 설명으로 옳지 않은 것은?

① 부과방식은 노령화 등 인구학적 위험에 취약하다.
② 부과방식은 자본축적 효과를 발생시킨다.
③ 적립방식은 세대 간 공평한 보험료 부담이 이루어진다.
④ 적립방식은 투자위험에 취약하다.
⑤ 우리나라는 적립방식과 부과방식의 중간 형태로서 수정적립방식을 채택하고 있다.

> **해설** 연금재정방식 중 부과방식(Pay-as you-go System)은 한 해의 지출액 정도에 해당하는 미미한 보유잔고만을 남겨두고 그 해 연금보험료 수입을 그 해 급여의 지출로 써버리는 방식이다. 즉, 가입자 세대가 가입 시점에서부터 보험료로 납부한 금액을 현 노령세대에게 연금급여로 지급하며, 현 가입자 세대의 노후보장은 미래의 경제활동 계층이 부담하는 보험료에 의해 재원을 충당하도록 하는 방식을 말한다. 반면, 적립방식(Funded System)은 가입자 세대가 가입 시점에서부터 자신이 납부한 보험료 금액과 함께 기금에서 발생한 이자수입을 합한 총액을 적립하였다가 이를 미래에 그 세대가 수급하도록 하는 방식이다. 따라서 자본축적 효과를 발생시키는 것은 적립방식의 공적연금에 해당한다.

12 다음 중 대처리즘과 관련된 것을 모두 고르면?

ㄱ. 복지에 필요한 공공지출의 축소
ㄴ. 기업 및 민간의 자유로운 경제활동 보장
ㄷ. 노동조합의 활동 억제
ㄹ. 인플레이션 억제를 위한 금융 규제

① ㄱ, ㄴ, ㄷ   ② ㄱ, ㄷ
③ ㄴ, ㄹ   ④ ㄹ
⑤ ㄱ, ㄴ, ㄷ, ㄹ

> **해설** 영국의 사회복지제도와 관련하여 대처리즘(Thatcherism)은 1979년 영국 보수당의 집권에 의해 기존의 노동당 정부가 추구했던 복지정책노선을 수정하여 기업 및 민간의 자유로운 경제활동과 작은 정부에 의한 사회복지 축소를 가져왔다. 대처리즘에 의해 이루어진 복지를 위한 공공지출의 삭감, 복지에 필요한 자금조달의 축소로 인한 세금 인하, 노동조합의 활동억제, 국영기업의 민영화, 금융시장의 활성화 등은 자율적인 기업활동을 위한 것이었으며, 이와 같은 경제개혁을 통해 복지에 의한 재정압박을 모면하고자 하였다. 그러나 대처리즘은 경기를 회복시키는 데 일정 부분 성과가 있었지만 실업문제가 심각해지면서 사회적으로 비판을 받기도 하였다.

13 다음 중 퍼니스와 틸튼(Furniss & Tilton)의 복지국가의 유형에 대한 설명으로 가장 옳지 않은 것은?

① 적극적 국가는 사회복지보다 경제정책에 역점을 둔다.
② 사회보장국가는 국민의 최저생활 보장에 역점을 둔다.
③ 사회복지국가는 국민 전체의 생활안정에 역점을 둔다.
④ 적극적 국가는 사회보험을 강조하는 반면 사회보장국가는 공공부조 및 사회서비스 도입을 강조한다.
⑤ 사회복지국가는 노동자 및 여성 등의 정치적 참여를 촉진한다.

> **해 설** 사회복지국가는 평등과 사회통합에 역점을 두며, 보편적인 사회복지서비스 제공을 강조한다. 정부와 노동조합의 협력을 통해 완전고용을 실현하고자 하며, 노동자 및 여성 등의 정치적 참여를 촉진하는 등 사회소외계층의 욕구를 우선적으로 고려한다. 즉, 사회복지국가는 단순히 국민 전체의 생활안정 및 생활수준 향상을 목표로 하기보다는 과거에 정치 과정에서 소외되었던 개인이나 집단들로 하여금 그들을 각종 정책의 결정 과정에 참여할 수 있도록 함으로써, 사회의 모든 결정 과정에서 시민의 민주적 참여를 증진시켜야 한다고 강조한다.

기출 15회

14 현금급여와 현물급여의 장단점에 관한 설명으로 옳지 않은 것은?

① 현금급여는 복지상품이나 서비스의 선택권을 보장할 수 있다.
② 현금급여는 사회복지기관 관리운영비의 절감과 행정적 편의를 가져다 줄 수 있다.
③ 현물급여는 현금급여에 비해 오남용의 위험이 크다.
④ 현물급여는 정책의 목표효율성을 높일 수 있다.
⑤ 현물급여는 개인들의 복지욕구와 괴리가 나타날 수 있다.

> **해 설** ③ 급여가 수급자의 직접적인 문제욕구에 사용되지 않음으로써 상대적으로 오남용의 위험성이 큰 것은 현금급여이다.

기출 18회

15 사회복지 재원에 관한 설명으로 옳지 않은 것은?

① 일반세 중 재산세의 계층 간 소득재분배 효과가 가장 크다.
② 목적세는 사용목적이 정해져 있어 재원 안정성이 높다.
③ 이용료는 저소득층의 서비스 이용을 저해할 수 있다.
④ 고용주가 부담하는 사회보험료는 수직적 소득재분배 성격을 지닌다.
⑤ 기업이 직원들에게 제공하는 기업복지는 소득역진적 성격이 강하다.

> **해 설** ① 일반세 중 계층 간 소득재분배 효과가 가장 큰 것은 소득세이다. 소득세에는 개인소득세와 법인소득세가 있는데, 특히 개인소득세의 경우 누진세율을 적용하고 일정 소득 이하인 사람에게 조세를 면제해 주거나 저소득층에게 보다 많은 조세감면 혜택을 부여한다.

16 다음 중 정책결정의 특성에 대한 설명으로 옳지 않은 것은?

① 정책결정은 정책형성 과정에 참여하는 사람이면 누구나 가능하다.
② 정책결정은 문제를 둘러싼 사회세력들 간의 타협의 산물이다.
③ 제안된 여러 정책대안들 중 하나를 선택할 경우 사회 전체의 공익을 기준으로 삼는다.
④ 제안된 여러 정책대안들 중 하나를 선택할 경우 거시적인 시각이 요구된다.
⑤ 제안된 여러 정책대안들 중 다양한 세력들의 이해관계 속에서 최종적인 해결대안이 선택된다.

> **해 설** ① 정책결정은 아무나 하는 것이 아닌 정책결정을 할 수 있는 권한을 가진 사람만이 할 수 있다. 그로 인해 권위 있는 정책결정자에 의해 결정된 정책은 권위성을 가진다.

17 우리나라의 국민연금 제도에 대한 설명으로 옳지 않은 것은?

① 1973년 12월 국민복지연금법이 제정되었다.
② 1999년 전 국민을 대상으로 연금화를 이루었다.
③ 국내에 거주하는 국민으로 18세 이상 60세 미만인 자를 대상으로 한다.
④ 국민연금 사업은 보건복지부장관이 관장한다.
⑤ 우리나라 국민연금은 확정급여방식이자 부과방식이다.

> **해 설** ⑤ 우리나라의 국민연금은 기여방식 중 사회보험방식이며, 소득비례연금방식·확정급여방식·수정적립방식이다.
> ① 국민복지연금법은 1973년 12월 24일 제정되어 1974년 1월 1일부터 시행되었다.
> ② 국민연금은 1988년 1월 1일부터 시행되고 있으며, 특히 1999년 4월 1일부터 도시자영업자에 대해 국민연금 제도가 확대됨으로써 전 국민 연금시대가 시작되었다.
> ③ 국내에 거주하는 국민으로서 18세 이상 60세 미만인 자는 국민연금 가입 대상이 된다. 다만, 공무원연금법, 군인연금법, 사립학교교직원 연금법 및 별정우체국법을 적용받는 공무원, 군인, 교직원 및 별정우체국 직원, 그 밖에 대통령령으로 정하는 자는 제외한다(국민연금법 제6조).
> ④ 국민연금법에 따른 국민연금사업은 보건복지부장관이 맡아 주관한다(동법 제2조).

18 다음 중 소득재분배에 대한 설명으로 옳지 않은 것은?

① 조세보다 사회보장세가 수평적 재분배 효과가 크다.
② 소비세를 올리는 것보다 소득세를 올리는 것이 재분배 효과가 크다.
③ 부과방식은 세대 간 재분배이다.
④ 조세지출은 소득이 적은 사람이 유리하다.
⑤ 사회보장세는 역진적이다.

> **해 설** 조세지출(조세비용)은 정부가 비과세·감면·공제 등의 방법으로 정책적인 감면을 해주는 제도를 말하는 것으로, 조세를 많이 낸 사람, 즉 소득이 많은 사람에게 더 많은 혜택이 돌아가는 만큼 역진적이다.

19 서구 복지국가의 위기 이후 나타난 흐름에 관한 설명으로 옳지 않은 것은?

① 공공서비스의 시장화
② 노동시장의 유연화정책
③ 계층 간 소득불평등 완화
④ 복지의 투자·생산적 성격 강조
⑤ 경제 활성화를 위한 법인세 인하

해 설 ③ 소득양극화로 인해 소득집단 내 차이는 좁아지는 반면, 고소득층과 저소득층의 소득집단 간 차이는 벌어지게 되었다.

20 다음 중 보기의 연금체계에 대한 설명에서 빈칸에 들어갈 내용을 순서대로 올바르게 나열한 것은?

우리나라 연금제도는 정부와 민간이 보장하는 3층 보장으로 구성되어 있다. 그중 국민연금은 (ㄱ)에 해당하는 것으로서 (ㄴ)을 보장하기 위한 것이다.

	ㄱ	ㄴ
①	1층 보장	최저수준 노후생활
②	1층 보장	안정적인 노후생활
③	2층 보장	여유있는 노후생활
④	3층 보장	안정적인 노후생활
⑤	3층 보장	최저수준 노후생활

해 설 **3층 연금체계**
• 1층 보장 : 최저수준 노후생활 보장 ⑩ 국민연금
• 2층 보장 : 안정적인 노후생활 보장 ⑩ 퇴직연금
• 3층 보장 : 여유있는 노후생활 보장 ⑩ 개인연금

19 ③ 20 ① **정 답**

21 아젠다 형성과정에 대한 설명으로 옳지 않은 것은?

① 문제인식 과정은 문제와 관련된 사회집단에 의해 사회문제로 인지되는 과정을 말한다.
② 이슈화 과정에서는 이견을 가진 집단들의 이해갈등이 전개된다.
③ 공공아젠다는 체제아젠다라고도 하며, 이해당사자들의 이슈들이 모여 구성된다.
④ 정부아젠다는 제도아젠다라고도 하며, 정책결정이 이루어지는 이슈들이 모여 구성된다.
⑤ 정부아젠다가 구성된 다음에 공공아젠다가 형성된다.

> **해 설** **아젠다 형성과정**
> 문제인식 과정 → 이슈화 과정 → 공공아젠다 → 정부아젠다

22 탈상품화(Decommodification)란 개인이 노동시장에서 이탈되었을 때 공공사회보장제도를 통해 높은 수준의 임금대체율을 보장해줌으로써 시장에 대한 의존성을 약화시키는 것이다. 다음 중 옳은 설명으로 묶인 것은?

> ㄱ. 노동력의 탈상품화는 노동자 간의 경쟁을 순화시키고 노동계급의 집단성 형성에 기여한다.
> ㄴ. 보수주의 복지국가의 주된 탈상품화기제는 사회보험제도이다.
> ㄷ. 사회민주주의 복지국가는 탈상품화지수가 높은 편이다.
> ㄹ. 자유주의국가는 탈상품화의 효과가 최대화된 국가이다.

① ㄱ, ㄴ, ㄷ ② ㄱ, ㄷ
③ ㄴ, ㄹ ④ ㄹ
⑤ ㄱ, ㄴ, ㄷ, ㄹ

> **해 설** 에스핑-앤더슨(Esping-Andersen)이 복지국가의 유형화 기준으로 제시한 '탈상품화(Decommodification)'는 근로자가 자신의 노동력을 상품으로 시장에 내다 팔지 않고도 살아갈 수 있는 정도를 말한다. 이는 개인의 복지가 시장에 의존하지 않고도 이루어질 수 있는 것으로 노동의 상품화를 전제하는 자기 조절적 시장경제체제의 허구로부터 사회 자체를 보호하는 사회복지기제를 의미한다. 이러한 탈상품화가 높을수록 복지선진국에 해당한다.

23 고용보험제도에 관한 설명으로 옳은 것은?

① 실업급여를 받을 권리는 양도 또는 압류하거나 담보로 제공할 수 없다.

② 구직급여의 급여일수는 대기기간을 포함하여 산정한다.

③ 육아휴직 시작일로부터 3개월까지는 월 통상임금의 100분의 50에 해당하는 금액을 지급한다.

④ 자영업자인 피보험자의 실업급여에는 구직급여, 연장급여, 조기재취업 수당이 포함된다.

⑤ 65세 이후에 자영업을 개시한 사람에게도 구직급여를 적용한다.

해설 ① 고용보험법 제38조 제1항

② 하나의 수급자격에 따라 구직급여를 지급받을 수 있는 날(소정급여일수)은 대기기간이 끝난 다음날부터 계산하기 시작하여 피보험기간과 연령에 따라 법령에서 정한 일수가 되는 날까지로 한다(동법 제50조 제1항).

③ 육아휴직 시작일부터 3개월까지는 육아휴직 시작일을 기준으로 한 월 통상임금의 100분의 80에 해당하는 금액을 월별 지급액으로 한다(동법 시행령 제95조 제1항 참조).

④ 자영업자인 피보험자의 실업급여의 종류는 고용보험법에 따른 실업급여의 종류에 따른다. 다만, 훈련연장급여, 개별연장급여, 특별연장급여 등의 연장급여와 조기재취업 수당은 제외한다(동법 제69조2).

⑤ 65세 이후에 고용(65세 전부터 피보험 자격을 유지하던 사람이 65세 이후에 계속하여 고용된 경우는 제외)되거나 자영업을 개시한 사람에게는 고용안정·직업능력개발 사업을 적용하되, 실업급여는 적용하지 아니한다(동법 제10조 제2항 참조).

24 사회복지정책의 발달이론에 관한 설명으로 옳지 않은 것은?

① 산업화론 – 농경사회에서 산업사회로 변화하면서 사회문제가 발생하였고, 그 대책으로 사회복지정책이 발달하였다.

② 권력자원론 – 복지국가 발전의 중요 변수들은 노동조합의 중앙집중화 정도, 노동자 정당의 영향력 등이다.

③ 수렴이론 – 사회적 양심과 이타주의의 확대에 따라 모든 국가는 복지국가로 수렴한다.

④ 시민권론 – 마샬(T. H. Marshall)에 따르면 시민권은 공민권, 참정권, 사회권 순서로 발전하였고, 사회복지정책은 사회권이 발달한 결과이다.

⑤ 국가중심적 이론 – 적극적 행위자로서 국가를 강조하고 사회복지정책의 발전을 국가 관료제의 영향으로 설명한다.

해설 ③ 수렴이론(산업화이론)은 산업화가 촉발시킨 사회문제에 대한 대응으로 사회복지제도가 확대된다고 주장한다. 즉, 복지국가는 산업화로 발생된 사회적 욕구에 대한 대응이라는 것이다. 반면, 사회구성원들의 집단양심을 사회복지의 변수로 보면서, 사회복지를 이타주의가 제도화된 것으로 간주한 것은 사회양심이론이다.

25 사회복지정책 평가가 필요한 이유를 모두 고른 것은?

ㄱ. 문제해결을 위한 정책결정에 필요한 정보를 얻기 위함
ㄴ. 기존 정책의 개선에 필요한 정보를 얻기 위함
ㄷ. 정책의 정당성 근거를 확보하기 위함
ㄹ. 정책평가는 사회복지정책 이론의 형성에 기여함

① ㄱ, ㄴ, ㄷ   ② ㄱ, ㄴ, ㄹ
③ ㄱ, ㄷ, ㄹ   ④ ㄴ, ㄷ, ㄹ
⑤ ㄱ, ㄴ, ㄷ, ㄹ

해 설 **정책평가의 목적 및 필요성**
- 정책프로그램의 효과성 증진
- 정책 활동에 대한 책임성 확보
- 정책의 정당성 근거 확보(ㄷ)
- 정책 활동 통제 및 감사의 필요성
- 문제해결을 위한 정책결정 및 기존 정책의 개선에 필요한 정보 획득(ㄱ·ㄴ)
- 관련 이익집단에 대한 설득력 있는 자료 마련
- 새로운 정책대안 개발을 위한 기초자료 제시
- 사회복지정책 관련 학문적·이론적 발전에의 기여 등(ㄹ)

2영역 ▶ **사회복지행정론**

01 다음 중 협의의 사회복지행정에 대한 설명으로 옳지 않은 것은?

① 사회복지행정을 개별사회사업, 집단사회사업과 같은 사회사업실천방법의 하나로 보아 사회사업행정이라고도 한다.
② 사회복지조직의 목표달성을 위해 관리자에 의해 수행되는 상호의존적인 과업이다.
③ 클라이언트의 기능향상과 같은 사회사업적 기술보다는 사회과학적 지식과 관리 과업을 강조한다.
④ 사회복지조직의 관리자에 의해 사회복지조직의 목적과 특성에 영향을 받는다.
⑤ 사회복지조직의 구성원들에게 개입하여 사회복지서비스의 개발 및 전달을 촉진하기 위한 과정이다.

해 설 ③ 클라이언트의 기능향상과 같은 사회사업적 기술보다 사회과학적 지식과 관리 과업을 강조하는 것은 광의의 사회복지행정이다.

02 다음 중 프로그램의 진행 흐름을 올바르게 나열한 것은?

① 목표 – 투입 – 전환 – 산출 – 성과
② 목표 – 전환 – 산출 – 성과 – 투입
③ 투입 – 전환 – 산출 – 목표 – 성과
④ 투입 – 목표 – 전환 – 산출 – 성과
⑤ 성과 – 산출 – 전환 – 투입 – 목표

> **해 설** 프로그램 설계의 진행 흐름(논리모델의 구성요소)
> • 투입 : 프로그램에 투여되거나 프로그램에 의해 소비되는 자원
> • 전환 : 임무를 수행하기 위해 프로그램에서 투입으로 활동하는 것
> • 산출 : 프로그램 활동의 직접적인 산물(실적)
> • 성과 : 프로그램 활동 중 또는 활동 이후의 참여자들이 얻은 이익

03 다음 중 사회복지행정의 원칙에 해당하지 않는 것을 모두 고르면?

ㄱ. 의도적인 관계의 원칙　　　ㄴ. 기관 목적의 원칙
ㄷ. 권한 위임의 원칙　　　　　ㄹ. 기관 개별성의 원칙

① ㄱ, ㄴ, ㄷ　　　　　　　　② ㄱ, ㄷ
③ ㄴ, ㄹ　　　　　　　　　　④ ㄹ
⑤ ㄱ, ㄴ, ㄷ, ㄹ

> **해 설** ㄹ. 기관 개별성의 원칙이 아닌 기관 전체성의 원칙이다.
> **트래커(Trecker)가 제시한 사회복지행정의 원칙**
> • 의도적인 관계의 원칙
> • 기관 목적의 원칙
> • 권한 위임의 원칙
> • 지역사회와 클라이언트 요구의 원칙
> • 사회사업 가치의 원칙
> • 문화적 장의 원칙
> • 전문적 책임의 원칙
> • 참여의 원칙
> • 지도력의 원칙
> • 계획의 원칙
> • 조직의 원칙
> • 커뮤니케이션의 원칙
> • 조정의 원칙
> • 자원활용의 원칙
> • 변화의 원칙
> • 평가의 원칙
> • 성장의 원칙

04 조직문화이론에 관한 설명으로 옳지 않은 것은?

① 조직구성원의 내적 통합과 변화된 환경에 대한 외적 적응의 관계를 주로 다룬다.
② 최근에는 이직의 원인을 설명해주는 이론으로도 활용된다.
③ 강한 조직문화는 조직의 변화와 혁신에 기여한다고 본다.
④ 새로운 기술도입에 따른 조직의 유연성 정도를 설명한다.
⑤ 조직구성원의 소속감 및 정체성 형성에 영향을 미치는 요인을 설명한다.

해 설 ③ 강한 조직문화는 조직형성 초기에는 동질성과 안정성 등 순기능을 수행하지만 장기적으로는 획일적인 집단사고의 확립으로 인해 조직구성원의 사고와 행동에 유연성 및 창의성을 저해하는 등 조직의 변화와 개혁에 걸림돌이 되기도 한다.

05 우리나라 사회복지행정의 발달 내용으로 옳은 것은?

① 1980년대 후반에 사회복지회관이 많이 생겨났다.
② 1990년대 초부터 사회복지전담공무원이 배치되었다.
③ 1980년대에 들어서 외원기관이 철수하기 시작하였다.
④ 1960년대에 한국사회복지협의회가 생겨났다.
⑤ 1990년대에 사회복지사 자격에 관한 국가시험이 시작되었다.

해 설 ② 사회복지전담공무원 배치 : 1987년부터
③ 외원기관의 철수시기 : 1970년대
④ 한국사회복지협의회 : 1952년에 한국사회사업연합회로 설립되고 1970년에 개칭
⑤ 사회복지사 국가시험 실시 : 2003년부터

06 다음 중 환경의 영향을 중시하는 이론을 모두 고르면?

ㄱ. 제도이론　　　　　　　　　　ㄴ. X · Y이론
ㄷ. 정치경제이론　　　　　　　　ㄹ. 인간관계이론

① ㄱ, ㄴ, ㄷ　　　　　　　　　② ㄱ, ㄷ
③ ㄴ, ㄹ　　　　　　　　　　　④ ㄹ
⑤ ㄱ, ㄴ, ㄷ, ㄹ

해 설 체계이론

개방체계이론	• 상황, 환경, 기술의 영향에 따른 조직의 가변성 강조 • 상황이론, 체계이론, 정치경제이론, 제도이론, 자원의존이론, 조직군 생태이론 등
폐쇄체계이론	• 다른 체계와의 상호교류에 관심을 기울이지 않으며, 상황이나 환경에 대한 관점에서 폐쇄적 • 관료제이론, 과학적 관리론, 인간관계이론, 맥그리거의 X · Y이론, 린드스테드의 Z이론 등

07 사회복지조직 이론과 그 특징의 연결이 옳은 것은?

① 상황이론 : 모든 조직의 이상적 관리방법은 같다.

② 제도이론 : 조직의 생존을 위한 적응기제를 주목한다.

③ 정치경제이론 : 외부 자원에 의존이 강한 사회복지조직에는 설명력이 약하다.

④ 행정적 관리이론 : 조직 내 인간적 요소를 강조한다.

⑤ 동기−위생이론 : 조직 외부 환경의 영향을 중요하게 인식한다.

해 설 ② (신)제도이론은 조직의 생존을 위한 적응기제를 주목하면서, 특히 조직의 생존을 사회적 정당성과 결부시킨다. 즉, 조직이 제도적 환경에 부합하는 행동을 통해 사회로부터 정당성을 인정받는 경우 생존 가능성이 증가한다는 것이다.

① 상황이론(상황적합이론)은 상황조건이 달라지면 효율적인 조직화 방법도 다르다고 봄으로써, 모든 문제를 해결하기 위한 한 가지 최선의 방법은 존재하지 않는다고 주장한다.

③ 과학적 관리론의 한계점에 해당한다. 과학적 관리론은 조직을 외부환경과 아무런 상관이 없는 폐쇄체계로 규정하고, 사회복지조직이 환경에 의존적이라는 점을 간과하고 있다.

④ 행정적 관리이론(공공행정이론)은 조직 내 인간적 요소를 경시한 점, 경험적으로 구체화시키지 못한 점, 관리원칙들 사이의 논리적인 모순이 있는 점 등의 단점이 지적되고 있다.

⑤ 동기−위생이론은 특히 조직의 정책과 관리, 감독, 보수, 대인관계, 근무조건 등 조직 내부의 영향요인을 위생요인(불만족 요인)으로 제시하였다.

08 다음에서 나타나지 않는 현상은?

A지역자활센터는 대상자의 취업성공률을 높이기 위해 전담직원을 신규 채용해서 맞춤형 프로그램 기획을 담당하도록 하였다. 또한 대상자를 개별적으로 사정, 상담하여 취업 방해요인을 분석하였다. 몇몇 대상자들은 A센터의 취업성공률을 낮출 것이라고 보고 타기관으로 보낼 방안을 검토하고 이를 요청하였다.

① 서비스 과활용   ② 크리밍

③ 의 뢰   ④ 사례관리

⑤ 스태핑(Staffing)

해 설 ② · ③ 크리밍은 보다 유순하고 성공 가능성이 높은 클라이언트를 선발하기 위해 비협조적이거나 어려울 것으로 예상되는 클라이언트들을 배척하고자 하는 현상이다. 또한 의뢰는 클라이언트의 문제와 욕구를 기관에서 해결할 수 없는 경우 혹은 문제해결에 더 적합한 기관이 있을 경우 다른 기관으로 클라이언트를 보내는 것이다(예 취업성공률을 낮출 것으로 예상되는 대상자들을 타 기관으로 보냄).

④ 사례관리는 사정 · 연계 · 옹호 등을 통해 클라이언트 문제를 통합적으로 해결하는 방법이다(예 사례관리자가 대상자를 개별적으로 사정, 상담하여 취업 방해요인을 분석함).

⑤ 스태핑은 직원의 채용과 해고, 직원의 교육훈련, 우호적인 근무조건(활동조건)의 유지 등이 포함되는 인사관리 활동이다(예 전담직원을 신규 채용하여 맞춤형 프로그램 기획을 담당하도록 함).

09 사회복지조직 내의 갈등 유형 중 조직이 수행할 목표와 현재 수행하는 목표 사이의 갈등은?

① 관념적 갈등　　　　　　　　　② 구조적 갈등
③ 기능적 갈등　　　　　　　　　④ 서비스 영역 갈등
⑤ 자원 등의 관할권 갈등

> **해 설**　**사회복지조직 내의 갈등**
> • 관념적 갈등 : 조직이 수행할 목표와 현재 수행하는 목표 사이의 갈등
> • 구조적 갈등 : 조직 요원들과 이를 통제하는 기제 사이의 갈등
> • 기능적 갈등 : 조직 내 다양한 하부 단위들 사이의 기능적인 분화가 갈등을 야기, 조화와 협조를 이루지만 권력관계 등으로 갈등함

10 전문가조직에 적합하고 일의 처리에 대한 정보제공이 부족하며 내부갈등에 개입이 어려워 혼란을 야기할 수 있는 단점이 있는 리더십 유형은?

① 거래적 리더십　　　　　　　　② 변혁적 리더십
③ 지시적 리더십　　　　　　　　④ 위임적 리더십
⑤ 자율적 리더십

> **해 설**　**자율적 리더십**
> 방임적 리더십으로 대부분의 의사결정권을 부하직원에게 위임한다. 전문가 조직에 적합하고 일의 처리에 대한 정보제공이 부족하며 내부 갈등에 개입이 어려워 혼란을 야기할 수 있는 단점이 있다.

11 다음 중 프로그램의 평가방법에 대한 설명으로 가장 옳은 것은?

① 성과 평가 – 프로그램에 투입된 자원의 양을 평가한다.
② 메타 평가 – 평가의 평가라고도 한다.
③ 정성 평가 – 프로그램 운영을 목표에 비추어 감시하고 운영과정에 피드백을 제공한다.
④ 효율성 평가 – 프로그램 운영 과정 중 개선이나 변화 필요성에 대한 결정을 돕는다.
⑤ 모니터링 평가 – 프로그램의 집행을 담당하는 조직 외 전문가에 한해 이루어진다.

> **해 설**　② '메타 평가'는 평가 자체에 대한 평가로서, 평가자 자신에 의해 이루어질 수도 있으나 일반적으로는 상급자나 외부전문가들에 의해 이루어진다. '2차적 평가' 또는 '평가의 평가'라고도 한다.
> ① '성과 평가' 또는 '총괄 평가'는 프로그램 운영이 끝날 때 행해지는 평가로서, 해당 프로그램이 달성하고자 했던 목표를 얼마나 잘 성취했는가의 여부를 평가한다.
> ③ '정량 평가'는 비교할 수 있는 명확한 기준을 토대로 계량화가 가능한 부문을 평가하는 방식인 반면, '정성 평가'는 계량화를 통한 정량 평가를 수행하기 어려운 부문을 평가하는 방식에 해당한다. 즉, 정성 평가는 정량 평가를 통해 파악하기 어려운 정책 파급효과, 문제점 및 원인분석, 대안제시 등 질적 측면에 대해 서술적으로 평가한다.
> ④ '효율성 평가'는 특정 프로그램이 주어진 자원들을 경제적·효율적으로 적절하게 활용하고 있는지 파악하는 것으로서 투입 대 산출의 비율로 평가가 이루어진다.
> ⑤ '모니터링 평가'는 프로그램의 과정상 절차들이 제안서나 계약서상에 명시된 바에 따라 이루어지고 있는지를 평가한다.

12 다음 중 수평적 의사전달방법에 해당하는 것을 모두 고르면?

ㄱ. 상 담	ㄴ. 면 접
ㄷ. 편 람	ㄹ. 회 람

① ㄱ, ㄴ, ㄷ   ② ㄱ, ㄷ

③ ㄴ, ㄹ   ④ ㄹ

⑤ ㄱ, ㄴ, ㄷ, ㄹ

> **해 설**　**공식적 의사전달의 유형**
> • 하향식 의사전달 : 명령, 지시, 훈령, 편람, 기관지, 예규, 핸드북, 게시판, 강연회 등
> • 상향식 의사전달 : 보고, 제안, 품의, 의견조사, 상담, 면접, 진정 등
> • 수평적 의사전달 : 회의, 회람, 사전심사, 위원회 등

13 다음의 설명은 어떤 이론에 대한 내용인가?

> 자기의 능력을 최대한 발휘하고 새로운 능력개발이 필요한 일에 종사하는 경우에 충족이 가능한 자아실현의 욕구와 자아존중의 욕구들이 이루어지지 않았을 때에는 의식주와 관련된 생리적 욕구, 급여와 같은 물질적 욕구 등 인간의 기본적인 욕구의 충족에 대한 갈망으로 욕구의 본원적 특성이 나타난다는 점에 착안한 이론이다.

① 매슬로우의 욕구위계이론   ② ERG이론

③ 점증이론   ④ 인간관계이론

⑤ 과학적 관계이론

> **해 설**　**알더퍼(Alderfer)의 ERG이론**
> 알더퍼는 동기에 관한 체계적인 연구와 구성원의 근무태도에 관한 요인분석연구 등을 통해서 저차원 욕구와 고차원 욕구 간의 기본적인 구별이 필요하다고 생각하고 매슬로우의 5단계 욕구를 세 범주로 구분하였다. 이에 따르면 알더퍼의 ERG이론은 좌절-퇴행요소가 부가되어 있고 고차원의 욕구가 좌절될 때 하위욕구의 중요성이 보다 커진다는 것을 알 수 있다.

14 직무수행평가에 관한 설명으로 옳은 것은?

① 기준의 확립은 평가의 마지막 단계에서 이루어진다.

② 조직원들에게 직무수행의 기대치를 전달하는 목적을 지니고 있다.

③ 도표평정식평가(Graphic Rating Scale)는 관대화 오류(Leniency Error)가 발생되지 않는다.

④ 자기평가는 서비스 이용자에 의한 평가보다 많은 비용이 소모되는 어려움이 있다.

⑤ 동료평가는 직무에 대해서 평가대상자보다 넓은 지식과 이해를 하고 있다는 전제를 바탕으로 실시한다.

해 설　② 직무수행평가는 일정 기간 조직원들이 그들의 업무를 얼마나 잘 수행했는지에 대한 정기적 · 공식적인 평가이다. 조직원에 대한 기대치와 비교하여 그들의 업적을 측정 · 평가하고 이를 다시 구성원들에게 피드백하는 과정이다.

① 직무수행 기준의 확립은 직무수행평가의 첫 단계에서 이루어진다. 직무수행 기준을 확립한 다음 조직원들에게 직무수행의 기대치를 전달하며, 이후 실제로 직무수행을 측정하여 실제의 직무수행을 직무수행 기준과 비교해 보는 과정으로 전개된다.

③ 도표평정식평가는 한쪽에는 바람직한 평정요소를 나열하고, 다른 쪽에는 이들 요소와 관련된 직무수행 등급을 나타내는 척도를 제시함으로써 평가자가 각각의 요소에 대해 직무수행 등급을 표시하는 것이다. 이 방법은 평정표 작성 및 평정이 쉬운 반면, 집중현상이나 관대화 경향이 나타날 수 있다.

④ 자기평가는 비용이 적게 소모되고 반복적인 시행이 가능하지만, 적절치 못한 사실에 대해 평가하지 않거나 허위보고가 이루어질 가능성을 배제하기 어렵다.

⑤ 동료평가는 신뢰성과 타당성을 갖기 위해 익명성을 필요로 한다.

15 다음 (　　　)에 들어갈 사회복지서비스 전달체계구축 원칙의 연결이 옳은 것은?

(ㄱ) : 클라이언트의 욕구와 문제해결을 위해 다양한 서비스를 제공해야 한다.

(ㄴ) : 서비스의 양과 질이 욕구와 목표달성에 충분해야 한다.

(ㄷ) : 핵심적인 업무는 반드시 객관적으로 자격이 인정된 사람이 담당해야 한다.

(ㄹ) : 서비스를 필요로 하는 사람은 누구나 쉽게 받을 수 있어야 한다.

① ㄱ : 전문성, ㄴ : 접근성, ㄷ : 포괄성, ㄹ : 적절성

② ㄱ : 포괄성, ㄴ : 적절성, ㄷ : 전문성, ㄹ : 접근성

③ ㄱ : 포괄성, ㄴ : 전문성, ㄷ : 적절성, ㄹ : 접근성

④ ㄱ : 전문성, ㄴ : 포괄성, ㄷ : 접근성, ㄹ : 적절성

⑤ ㄱ : 포괄성, ㄴ : 접근성, ㄷ : 적절성, ㄹ : 전문성

해 설　ㄱ. 포괄성의 원칙 : 사람들의 욕구와 문제는 다양하고 복잡하기 때문에 이러한 문제들을 동시에 또는 순서적으로 해결하기 위하여 포괄적인 서비스를 필요로 한다.

ㄴ. 적절성(충분성)의 원칙 : 사회복지서비스는 그 양과 질, 제공하는 기간이 클라이언트나 소비자의 욕구충족과 서비스의 목표달성에 충분해야 한다.

ㄷ. 전문성의 원칙 : 사회복지서비스의 핵심적인 업무는 반드시 전문가가 담당해야 한다. 여기서 전문가는 자격요건이 객관적으로 인정된 사람이며, 자신의 전문적 업무에 대한 권위와 자율적 책임성을 지닌 사람을 말한다.

ㄹ. 접근 용이성(접근성)의 원칙 : 사회복지서비스는 그것을 필요로 하는 사람들이면 누구나 쉽게 받을 수 있어야 하기 때문에 클라이언트가 접근하기에 용이해야 한다.

16 다음 중 시장세분화에 대한 설명으로 옳지 않은 것은?

① 각 세분시장의 규모와 구매욕구의 측정이 가능해야 한다.

② 마케팅을 통한 노력으로 세분시장에 효과적이며 경제적으로 접근할 수 있는 적절한 수단이 존재해야 한다.

③ 각각의 세분시장이 마케팅전략 수립 후 구성원 마케팅전략에 의해 같은 반응을 보여야 한다.

④ 구매 욕구를 가진 사람들이 제품을 구입하는 관심이 있는 충분한 시장의 규모이어야 한다.

⑤ 세분화의 기본 아이디어는 인구나 시장 또는 대상자를 서로 비슷한 구성원 집단으로 나누는 것으로, 식별이 가능한 토대를 바탕으로 대상자나 대단위시장을 작고 동질적인 하위단위로 나누는 것을 말한다.

> **해 설** ③ 각각의 세분시장이 마케팅전략 수립 후 구성원 마케팅전략에 의해 서로 다르게 반응해야 한다.

---

17 다음 중 마케팅 과정에서 기관의 환경분석 요소에 해당하지 않는 것은?

① 강 점 ② 약 점

③ 위 협 ④ 규 칙

⑤ 기 회

> **해 설** 기관의 환경분석 요소(SWOT 분석)
> • 강점(Strength) : 조직력, 자원 확보력 등
> • 약점(Weakness) : 내부 지원 부족, 외부 환경 열악 등
> • 기회(Opportunity) : 사회적 욕구 증가, 여론 형성 등
> • 위협(Threat) : 저출산 · 고령화, 실업률 증가 등

---

18 다음 중 인적 자원개발의 목적으로 보기 어려운 것은?

① 능률 향상 ② 사기 앙양

③ 조직의 발전 ④ 안전성과 융통성의 향상

⑤ 조직의 수익성 개선

> **해 설** 인적 자원개발의 목적
> • 능률 향상 : 원활한 사회복지조직의 운영 및 관리와 기관의 서비스 효과성 제고를 위한 활동
> • 사기 앙양 : 의사소통의 개선 및 업무의 결속력을 높이기 위한 것으로 조직의 고유언어를 알아야 의사소통이 용이함
> • 조직의 발전 : 조직의 침체를 방지하고 개혁을 유도하는 수단
> • 안정성과 융통성의 향상 : 교육 훈련을 받은 직원들이 확보된다면 어느 정도 조직체의 안정성과 융통성도 확보됨

19 리더십이론에 관한 설명으로 옳지 않은 것은?

① 관리격자이론은 조직원의 특성과 같은 상황적 요소를 고려하고 있다.

② 특성이론의 비판적 대안으로 행동이론이 등장하였다.

③ 섬김의 리더십(Servant Leadership)은 힘과 권력에 의한 조직지배를 지양한다.

④ 거래적 리더십은 교환관계를 기반으로 하여 조직성과를 높이고자 한다.

⑤ 상황이론은 과업환경에 따라 적합하게 대응하는 리더십이 효과적이라고 가정한다.

해 설 ① 관리격자이론은 "지도자는 어떤 행동을 하며, 어떻게 행동을 하는가?"라는 관점에 초점을 두고 적합한 지도자의 행동 유형을 규명하고자 하는 행동이론(행위이론)의 범주에 포함된다. 반면, 상황적 요소를 고려하는 상황이론의 범주에 포함되는 것으로 특히 조직원의 특성과 업무환경 특성을 고려하는 대표적인 리더십이론으로 경로-목표이론이 있다.

20 다음 내용을 설명하는 사회복지서비스의 경향으로 옳은 것은?

• 1980년대 미국 레이건 정부의 '작은 정부론' 표방
• 2007년 우리나라 사회서비스 바우처 제도의 도입
• 2008년 우리나라 노인장기요양보험제도의 실시

① 민영화　　　　　　　　② 집권화
③ 통합성　　　　　　　　④ 협력성
⑤ 책무성

해 설 사회서비스의 민영화와 시장화
• 1980년대 레이건(Reagan) 행정부는 '작은 정부' 지향으로 사회복지에 대한 지원을 연방정부 책임 하에서 지방정부, 민간기업, 가족에 중심을 두는 방향으로 전환하였다.
• 2000년대 중반 이후 이른바 3세대 사회서비스 공급은 바우처(Voucher) 방식으로 대표되며, 이는 사회서비스 공급에 있어서 시장기제의 활용을 통한 영리부문의 참여, 즉 민영화를 특징으로 한다.
• 3세대 방식의 사회서비스는 기존의 보육서비스 외에도 노인장기요양, 장애인활동지원, 지역사회서비스 투자 등이 중심이 되어 왔다. 특히 이 방식은 시장 환경에서 이용자의 선택을 공급체계 효율성의 중심기제로 삼음으로써, 정부부문의 규제 완화와 함께 영리부문의 본격적인 진입을 유도하는 것이다.

21 공공은 재정을 지원하고 비영리민간은 서비스 생산과 전달을 담당하는 파트너십 모형에 관한 이론적 근거로 옳지 않은 것은?

① 비영리민간은 경험과 전문성을 가지고 서비스를 수행할 수 있다.
② 사회문제를 해결하기 위한 비영리민간의 재원은 충분하지 않다.
③ 공공의 개입을 통해서 지역별, 대상별 형평성을 높일 수 있다.
④ 비영리민간은 지역사회문제해결에 신속하고 유연하게 대응할 수 있다.
⑤ 공공재정의 투입은 비영리민간의 자율성과 창의성을 향상시킬 수 있다.

> **해설** 비영리민간조직은 중앙정부나 지방정부 중심의 개입에 있어서 불리한 서비스의 접근성 및 효율적 배분, 다양한 경험 및 전문성을 통한 서비스 수행, 지역의 문제 및 지역주민의 욕구에 대한 신속하고 창의적이며 유연한 접근이 가능하다는 장점을 가지고 있다. 그러나 지역주민의 욕구를 해결하고 사회문제를 해결하기 위한 충분한 재원을 확보하지 못한 경우가 대부분이다. 이와 같은 상황에서 비영리민간조직이 중앙정부나 지방정부로부터 재정적인 지원을 받는 경우 지속적이고 정기적인 지도와 평가과정에 의해 비영리민간조직의 장점인 자율적이고 창의적인 서비스 제공이 어려우며, 전시성 조직운영으로 변질될 우려가 있다.

22 다음 중 총체적 품질관리(TQM)에 대한 설명으로 옳지 않은 것은?

① 품질은 초기단계부터 고려된다.
② 고객만족을 위한 결과를 중요시한다.
③ 장기적인 성공에 목표를 둔다.
④ 전 직원의 적극적인 참여가 요구된다.
⑤ 최고관리층의 절대적 관심을 기본요소로 한다.

> **해설** ② 총체적 품질관리(TQM)는 전원참여에 의해 고객만족과 조직구성원 및 사회에 대한 이익창출로서 장기적인 성공을 목표로 하는 조직 전체의 체계적인 노력이다. 또한 결과보다는 과정을 중시하며 지속적인 개선을 위한 노력을 강조하는 인간 위주의 경영시스템이다.

23 항목별 예산제도에 대한 설명으로 틀린 것은?

① 대개 1회계연도를 기준으로 하는 가장 기본적인 예산형식이다.
② 사회복지조직에서 가장 많이 사용되고 있는 형식으로 지출 항목별 회계와 전년도에 기초하여 작성되며 액수의 점진적인 증가에 기초를 둔 점진주의적 특성을 가진다.
③ 지출근거가 명확하므로 통제에 효과적이다.
④ 프로그램 목표나 내용, 결과에 대한 고려가 충분하다.
⑤ 예산 항목별로 지출이 정리되므로 회계에 유리하다.

> **해설** ④ 항목별 예산제도는 프로그램 목표, 내용, 결과에 대한 고려가 부족하다.

21 ⑤ 22 ② 23 ④ **정답**

24 다음 중 성과주의 예산(PB)의 문제점에 해당하지 않는 것은?

① 업무측정 단위의 선정이 어렵다.

② 총괄 계정에는 적합하나 단위별 계정에는 부적합하다.

③ 사업의 선택경위와 관련된 가치판단의 문제를 고려하지 못한다.

④ 책임 있는 공급관리가 어렵다.

⑤ 단위원가의 산정이 어려우며 점증주의적이다.

> **해 설** ② 성과주의 예산은 단위별 계정에는 적합하나 총괄 계정에는 부적합하다. 특히 성과주의 예산을 편성하기 위해서는 각 업무의 성과를 측정할 수 있는 업무단위를 개발하는 것이 관건이다.

기출 17회

25 다음에서 설명하는 이론은?

> 조직구성원은 비공식 집단의 성원으로 행동하며, 이러한 비공식 집단이 개인의 생산성에 영향을 준다.

① 인간관계이론　　　　　　　　　② 생산집단이론

③ 과학적 관리론　　　　　　　　　④ 상황생태이론

⑤ 개방구조이론

> **해 설** **인간관계이론**
> - 조직의 생산성 향상을 위해 인간의 정서적인 요인과 함께 심리사회적 요인, 비공식적 요인에 역점을 두어 인간을 관리하는 기술 또는 방법을 강조한다.
> - 인간관계가 작업능률과 생산성을 좌우하며, 조직 내 비공식 집단이 개인의 생산성에 영향을 미친다고 본다.
> - 조직구성원의 자율성과 책임성을 강조하며, 조직의 목표와 조직구성원들의 목표 간의 균형유지를 위한 민주적·참여적 관리방식을 지향한다.

01 헌법 규정 중 ( )에 들어갈 내용이 순서대로 옳은 것은?

- 신체장애자 및 질병·노령 기타의 사유로 생활능력이 없는 국민은 ( )이 정하는 바에 의하여 국가의 보호를 받는다.
- 지방자치단체는 주민의 복리에 관한 사무를 처리하고 재산을 관리하며, ( )의 범위 안에서 자치에 관한 규정을 제정할 수 있다.

① 대통령령, 법률　　　　　　　　　② 법률, 대통령령
③ 법률, 법령　　　　　　　　　　　④ 법령, 법률
⑤ 대통령령, 법령

> **해 설** **헌법상 복지권 및 지방자치단체의 자치권**
> - 신체장애자 및 질병·노령 기타의 사유로 생활능력이 없는 국민은 법률이 정하는 바에 의하여 국가의 보호를 받는다(헌법 제34조 제5항).
> - 지방자치단체는 주민의 복리에 관한 사무를 처리하고 재산을 관리하며, 법령의 범위 안에서 자치에 관한 규정을 제정할 수 있다(헌법 제117조 제1항).

02 다음 중 우리나라 대법원 및 헌법재판소의 판결 또는 결정에 대한 내용으로 옳지 않은 것은?

① 보건복지부장관이 장애인을 위한 저상버스 도입 요청을 거부한 것은 인간다운 생활을 할 권리를 침해한 것이다.
② 국민연금법상 병급조정은 평등권을 침해하는 것이 아니다.
③ 국민연금 보험료의 강제징수는 재산권의 침해가 아니다.
④ 장애인고용부담금은 장애인의 고용촉진이라는 공익에 비추어 볼 때 기업의 재산권을 침해한 것이 아니다.
⑤ 사회복지법인이 기본재산을 처분한 대가로 수령한 보상금을 사용한 행위는 사회상규에 위배되지 않는 정당행위라고 볼 수 없다.

> **해 설** 장애인의 복지를 향상해야 할 국가의 의무가 다른 다양한 국가과제에 대하여 최우선적인 배려를 요청할 수 없을 뿐 아니라, 나아가 헌법의 규범으로부터는 '장애인을 위한 저상버스의 도입'과 같은 구체적인 국가의 행위의무를 도출할 수 없는 것이다. 국가에게 헌법 제34조에 의하여 장애인의 복지를 위하여 노력을 해야 할 의무가 있다는 것은, 장애인도 인간다운 생활을 누릴 수 있는 정의로운 사회질서를 형성해야 할 국가의 일반적인 의무를 뜻하는 것이지, 장애인을 위하여 저상버스를 도입해야 한다는 구체적 내용의 의무가 헌법으로부터 나오는 것은 아니다(헌재 2002헌마52, 2002.12.18.).

03 사회보장기본법상 국가의 의무가 아닌 것은?

① 사회보장 재원조달의 의무
② 사회보험 비용의 부담의무
③ 사회보험 상담에 응할 의무
④ 사회보장 통지의 의무
⑤ 사회보장 설명의 의무

> **해 설** ② 사회보험 비용에 대한 국가의 부담은 의무가 아닌 임의규정으로 되어 있다.

04 다음은 사회복지에 관한 국제적 선언 중 무엇에 대한 것인가?

- 사회보장은 모든 노동자의 기본적 권리를 구성하고 있다고 천명하였다.
- 사회적 보호는 법률에 의해 보장되는 정치·경제적 차원의 인권의 표현이라고 하였다.
- 사회보장에 관해 근로자 무기여 원칙, 의료의 사회화 원칙, 완결성의 원칙, 포괄성의 원칙, 무차별 보장의 원칙 등 사회보장에 관한 기본원칙을 선언하였다.

① 인권선언문
② 대서양헌장
③ 세계인권선언
④ 사회보장헌장
⑤ 필라델피아선언

> **해 설** ① 1793년 인권선언문은 공적구조가 국가의 신성한 책무임을 강조하면서, 그 적용범위를 법률로 정한다고 선언하였다.
> ② 1941년 대서양헌장은 이른바 '공포와 결핍으로부터의 자유(Freedom from Fear and Want)'를 강조하면서, 사회보장에 관한 권리를 국민의 기본권으로 인정하였다.
> ③ 1948년 세계인권선언은 국제연합(UN) 총회에서 채택된 것으로서, 인간으로서의 기본적 인권과 자유가 인종이나 국적과 관계없이 보장된다는 내용을 포함하였다.
> ⑤ 1944년 필라델피아선언은 국제노동기구(ILO) 필라델피아 총회에서 채택된 것으로서, 국제노동기구의 목적과 관련하여 사회보장의 원칙 및 소득보장·의료보호에 관한 권고를 포함하였다.

05 우리나라 법체계에 관한 설명으로 옳지 않은 것은?

① 법규범 위계에서 최상위 법규범은 헌법이다.
② 법률은 법규범의 위계에서 헌법 다음 단계의 규범이다.
③ 법률은 국회에서 제정하거나 행정부에서 제출하여 국회의 의결을 거쳐 제정된다.
④ 시행령은 국무총리나 행정각부의 장이 발(發)하는 명령이다.
⑤ 명령에는 시행령과 시행규칙이 있다.

> **해 설** ④ 국무총리 또는 행정각부의 장은 소관사무에 관하여 법률이나 대통령령의 위임 또는 직권으로 총리령 또는 부령을 발할 수 있다(헌법 제95조). 참고로 대통령은 법률에서 구체적으로 범위를 정하여 위임받은 사항에 관하여 위임명령을 발하고, 법률을 집행하기 위하여 필요한 사항에 관하여 집행명령을 발할 수 있는데, 이를 일반적으로 '시행령'이라 한다.

06 다음 중 사회복지사업법상 보기의 빈칸에 들어갈 숫자들을 합하였을 때 옳은 것은?

> ㄱ. 법인은 대표이사를 포함한 이사 (　　)명 이상과 감사 (　　)명 이상을 두어야 한다.
> ㄴ. 이사의 임기는 (　　)년으로 하고 감사의 임기는 (　　)년으로 하며, 각각 연임할 수 있다.

① 10

② 11

③ 12

④ 13

⑤ 14

해 설 ㄱ. 법인은 대표이사를 포함한 이사 7명 이상과 감사 2명 이상을 두어야 한다(사회복지사업법 제18조 제1항).
ㄴ. 이사의 임기는 3년으로 하고 감사의 임기는 2년으로 하며, 각각 연임할 수 있다(동법 제18조 제4항).
∴ 7 + 2 + 3 + 2 = 14

기출 16회

07 다음은 고용보험법상 이직한 피보험자의 구직급여 수급 요건 중 하나이다. (　　)에 들어갈 숫자를 옳게 짝지은 것은?

> 이직일 이전 (ㄱ)개월간 피보험 단위기간이 통산하여 (ㄴ)일 이상일 것

① ㄱ : 6, ㄴ : 90

② ㄱ : 6, ㄴ : 120

③ ㄱ : 10, ㄴ : 180

④ ㄱ : 18, ㄴ : 120

⑤ ㄱ : 18, ㄴ : 180

해 설 **구직급여의 수급 요건(고용보험법 제40조 제1항)**
구직급여는 이직한 피보험자가 다음 각 호의 요건을 모두 갖춘 경우에 지급한다. 다만, 제5호와 제6호는 최종 이직 당시 일용근로자였던 자만 해당한다.
1. 법령에 따른 기준기간(원칙상 이직일 이전 18개월) 동안의 피보험 단위기간이 통산하여 180일 이상일 것
2. 근로의 의사와 능력이 있음에도 불구하고 취업(영리를 목적으로 사업을 영위하는 경우를 포함)하지 못한 상태에 있을 것
3. 이직사유가 수급자격의 제한 사유에 해당하지 아니할 것
4. 재취업을 위한 노력을 적극적으로 할 것
5. 수급자격 인정신청일이 속한 달의 직전 달 초일부터 수급자격 인정신청일까지의 근로일 수의 합이 같은 기간 동안의 총 일수의 3분의 1 미만이거나 건설일용근로자로서 수급자격 인정신청일 이전 14일간 연속하여 근로내역이 없을 것
6. 최종 이직 당시의 기준기간 동안의 피보험 단위기간 중 다른 사업에서 수급자격의 제한 사유에 해당하는 사유로 이직한 사실이 있는 경우에는 그 피보험 단위기간 중 90일 이상을 일용근로자로 근로하였을 것

08 다음 중 자원봉사활동기본법령상 자원봉사진흥위원회의 당연직 위원에 해당하지 않는 사람은?

① 법무부장관　　　　　　　　　② 기획재정부장관
③ 문화체육관광부장관　　　　　④ 보건복지부장관
⑤ 국무조정실장

> **해 설**　자원봉사진흥위원회의 구성(자원봉사활동기본법 시행령 제2조)
> • 자원봉사활동기본법에 의한 자원봉사진흥위원회(이하 '위원회')는 위원장 1인과 부위원장 2인을 포함하여 30인 이내의 위원으로 구성하되, 위원은 다음의 자로 한다.
> 　- 당연직 위원 : 기획재정부장관 · 교육부장관 · 법무부장관 · 보건복지부장관 · 여성가족부장관 및 국무조정실장
> 　- 민간위원 : 자원봉사분야에 관한 학식과 경험이 풍부한 자 중에서 한국자원봉사협의회와 교육부장관 · 보건복지부장관 또는 여성가족부장관의 추천을 받아 국무총리가 위촉하는 자
> • 위원회의 위원장은 국무총리가 되고, 부위원장은 행정안전부장관과 민간위원 중에서 호선한 자 1인이 된다.

09 다음 중 입양특례법상 양친이 될 자격으로 옳지 않은 것은?

① 양친이 될 사람이 대한민국 국민이 아닌 경우 대한민국의 법에 따라 양친이 될 수 있는 자격이 있을 것
② 양자에 대하여 종교의 자유를 인정하고 사회의 구성원으로서 그에 상응하는 양육과 교육을 할 수 있을 것
③ 양자를 부양하기에 충분한 재산이 있을 것
④ 양친이 될 사람이 아동학대 · 가정폭력 · 성폭력 · 마약 등의 범죄나 알코올 등 약물중독의 경력이 없을 것
⑤ 양자가 될 사람의 복지를 위하여 보건복지부령으로 정하는 필요한 요건을 갖출 것

> **해 설**　① 양친이 될 사람이 대한민국 국민이 아닌 경우 해당 국가의 법에 따라 양친이 될 수 있는 자격이 있을 것(입양특례법 제10조 제1항 제4호).

10 국민기초생활보장법상 용어의 정의로 옳은 것은?

① 수급권자란 이 법에 따른 급여를 받는 사람을 말한다.

② 기준 중위소득이란 국민 가구소득의 평균값을 말한다.

③ 보장기관이란 이 법에 따른 급여를 실시하는 사회복지시설을 말한다.

④ 소득인정액이란 보장기관이 급여의 결정 및 실시 등에 사용하기 위하여 산출한 개별가구의 소득평가액과 재산의 소득환산액을 합산한 금액을 말한다.

⑤ 최저생계비란 국민이 쾌적한 문화생활을 유지하기 위하여 필요한 적정선의 비용을 말한다.

해 설　④ 국민기초생활보장법 제2조 제9호
　① '수급권자'란 이 법에 따른 급여를 받을 수 있는 자격을 가진 사람을 말한다. 참고로 이 법에 따른 급여를 받는 사람은 '수급자'에 해당한다(동법 제2조 제1호 및 제2호).
　② '기준 중위소득'이란 보건복지부장관이 급여의 기준 등에 활용하기 위하여 중앙생활보장위원회의 심의·의결을 거쳐 고시하는 국민 가구소득의 중위값을 말한다(동법 제2조 제11호).
　③ '보장기관'이란 이 법에 따른 급여를 실시하는 국가 또는 지방자치단체를 말한다(동법 제2조 제4호).
　⑤ '최저생계비'란 국민이 건강하고 문화적인 생활을 유지하기 위하여 필요한 최소한의 비용으로서 법령에 따라 보건복지부장관이 계측하는 금액을 말한다(동법 제2조 제7호).

11 다음 중 국민기초생활보장법령상 급여에 대한 설명으로 옳지 않은 것은?

① 급여는 건강하고 문화적인 최저생활을 유지할 수 있는 것이어야 한다.

② 국내에 체류하는 외국인은 수급권자가 될 수 없다.

③ 부양의무자의 부양은 급여에 우선하여 행하여지는 것으로 한다.

④ 다른 법령에 따른 보호는 국민기초생활보장법에 따른 급여에 우선하여 행하여지는 것으로 한다.

⑤ 생계급여는 금전을 지급하는 것을 원칙으로 하지만, 이에 의할 수 없다고 인정되는 경우에는 물품을 지급함으로써 행할 수 있다.

해 설　② 국내에 체류하고 있는 외국인 중 대한민국 국민과 혼인하여 본인 또는 배우자가 임신 중이거나 대한민국 국적의 미성년 자녀를 양육하고 있거나 배우자의 대한민국 국적인 직계존속과 생계나 주거를 같이하고 있는 사람으로서 대통령령으로 정하는 사람이 수급권자의 범위에 해당하는 경우에는 수급권자가 된다(국민기초생활보장법 제5조의2).
　① 동법 제4조 제1항
　③·④ 부양의무자의 부양과 다른 법령에 따른 보호는 국민기초생활보장법에 따른 급여에 우선하여 행하여지는 것으로 한다. 다만, 다른 법령에 따른 보호의 수준이 이 법에서 정하는 수준에 이르지 아니하는 경우에는 나머지 부분에 관하여 이 법에 따른 급여를 받을 권리를 잃지 아니한다(동법 제3조 제2항).
　⑤ 생계급여는 금전을 지급하는 것으로 한다. 다만, 금전으로 지급할 수 없거나 금전으로 지급하는 것이 적당하지 아니하다고 인정하는 경우에는 물품을 지급할 수 있다(동법 제9조 제1항).

12 국민건강보험법상 국민건강보험공단이 관장하는 업무에 해당하지 않는 것은?

① 가입자 및 피부양자의 자격 관리
② 자산의 관리 · 운영 및 증식사업
③ 의료시설의 운영
④ 건강보험에 관한 교육훈련 및 홍보
⑤ 요양급여비용의 심사

해 설 ⑤ 요양급여비용의 심사는 건강보험심사평가원이 관장하는 업무에 해당한다(국민건강보험법 제63조 제1항 참조).

국민건강보험공단이 관장하는 업무(국민건강보험법 제14조 제1항)
- 가입자 및 피부양자의 자격 관리(①)
- 보험료와 그 밖에 이 법에 따른 징수금의 부과 · 징수
- 보험급여의 관리
- 가입자 및 피부양자의 질병의 조기발견 · 예방 및 건강관리를 위하여 요양급여 실시 현황과 건강검진 결과 등을 활용하여 실시하는 예방사업으로서 대통령령으로 정하는 사업
- 보험급여 비용의 지급
- 자산의 관리 · 운영 및 증식사업(②)
- 의료시설의 운영(③)
- 건강보험에 관한 교육훈련 및 홍보(④)
- 건강보험에 관한 조사연구 및 국제협력
- 국민건강보험법에서 공단의 업무로 정하고 있는 사항
- 국민연금법, 고용보험 및 산업재해보상보험의 보험료징수 등에 관한 법률, 임금채권보장법 및 석면피해구제법(징수위탁근거법)에 따라 위탁받은 업무
- 그 밖에 국민건강보험법 또는 다른 법령에 따라 위탁받은 업무
- 그 밖에 건강보험과 관련하여 보건복지부장관이 필요하다고 인정한 업무

13 국민연금법에서 노령연금액에 대해 특히 여성인 배우자를 위하여 연금권을 보장하는 것은?

① 감액노령연금　　② 가급연금
③ 분할연금　　④ 특례노령연금
⑤ 반환일시금

해 설 **분할연금 수급권자 등(국민연금법 제64조 제1항)**
혼인 기간(배우자의 가입기간 중의 혼인 기간으로서 별거, 가출 등의 사유로 인하여 실질적인 혼인관계가 존재하지 아니하였던 기간을 제외한 기간만 해당)이 5년 이상인 자가 다음의 요건을 모두 갖추면 그때부터 그가 생존하는 동안 배우자였던 자의 노령연금을 분할한 일정한 금액의 연금(분할연금)을 받을 수 있다.
- 배우자와 이혼하였을 것
- 배우자였던 사람이 노령연금 수급권자일 것
- 60세가 되었을 것

14 산업재해보상보험법령상 요양급여에 관한 설명으로 옳은 것은?

① 보조기의 지급은 요양급여 범위에서 제외된다.

② 상급종합병원에서는 요양급여를 지급하지 않는다.

③ 업무상의 사유로 부상을 당하거나 질병에 걸린 경우 지급한다.

④ 치유기간이 2일 이내일 경우 급여를 지급하지 않는다.

⑤ 긴급한 경우 근로복지공단의 요양급여의 결정 전에 급여를 지급할 수 있다.

> **해설** ① 요양급여의 범위는 진찰 및 검사, 약제 또는 진료재료와 의지(義肢)나 그 밖의 보조기의 지급, 처치 또는 수술 및 그 밖의 치료, 재활치료, 입원, 간호 및 간병, 이송 등이다(산업재해보상보험법 제40조 제4항 참조).
> ② 업무상의 재해를 입은 근로자가 요양할 산재보험 의료기관이 의료법에 따른 상급종합병원인 경우에는 응급의료에 관한 법률에 따른 응급환자이거나 그 밖에 부득이한 사유가 있는 경우를 제외하고는 그 근로자가 상급종합병원에서 요양할 필요가 있다는 의학적 소견이 있어야 한다(동법 제40조 제6항).
> ④ 부상 또는 질병이 3일 이내의 요양으로 치유될 수 있으면 요양급여를 지급하지 아니한다(동법 제40조 제3항).
> ⑤ 요양급여(진폐에 따른 요양급여 제외)를 받으려는 자는 소속 사업장, 재해발생 경위, 그 재해에 대한 의학적 소견, 그 밖에 고용노동부령으로 정하는 사항을 적은 서류를 첨부하여 근로복지공단에 요양급여의 신청을 하여야 한다. 요양급여에 관한 결정이 내려지기 전에는 국민건강보험법에 따른 요양급여 또는 의료급여법에 따른 의료급여를 받을 수 있다(동법 제41조 및 제42조 참조).

기출 18회

15 산업재해보상보험법상 업무상 사고에 해당하지 않는 것은?

① 출장기간 중 발생한 모든 사고

② 근로자가 근로계약에 따른 업무나 그에 따르는 행위를 하던 중 발생한 사고

③ 휴게시간 중 사업주의 지배관리 하에 있다고 볼 수 있는 행위로 발생한 사고

④ 사업주가 주관하거나 사업주의 지시에 따라 참여한 행사나 행사준비 중에 발생한 사고

⑤ 사업주가 제공한 시설물 등을 이용하던 중 그 시설물 등의 결함이나 관리소홀로 발생한 사고

> **해설** ① 근로자가 사업주의 지시를 받아 사업장 밖에서 업무를 수행하던 중에 발생한 사고는 법령에 따른 업무상 사고로 본다. 다만, 사업주의 구체적인 지시를 위반한 행위, 근로자의 사적 행위 또는 정상적인 출장 경로를 벗어났을 때 발생한 사고는 업무상 사고로 보지 않는다(산업재해보상보험법 시행령 제27조 제2항).

16 노인복지법상 노인학대에 관한 설명으로 옳지 않은 것은?

① 지방자치단체는 노인학대를 예방하기 위하여 긴급전화를 설치하여야 한다.

② 누구든지 노인학대를 알게 된 때에는 수사기관에 신고할 수 있다.

③ 누구든지 정당한 사유 없이 노인학대 현장에 출동한 자에 대하여 현장조사를 거부하여서는 아니 된다.

④ 부양의무자인 자녀는 노인을 위하여 지급된 금품을 그 목적 외의 용도에 사용할 수 있다.

⑤ 노인학대신고를 접수한 노인보호전문기관의 직원은 지체 없이 노인학대의 현장에 출동하여야 한다.

> **해설** 금지행위(노인복지법 제39조의9)
>
> 누구든지 65세 이상의 사람(노인)에 대하여 다음의 어느 하나에 해당하는 행위를 하여서는 아니 된다.
> • 노인의 신체에 폭행을 가하거나 상해를 입히는 행위
> • 노인에게 성적 수치심을 주는 성폭행·성희롱 등의 행위
> • 자신의 보호·감독을 받는 노인을 유기하거나 의식주를 포함한 기본적 보호 및 치료를 소홀히 하는 방임행위
> • 노인에게 구걸을 하게 하거나 노인을 이용하여 구걸하는 행위
> • 노인을 위하여 증여 또는 급여된 금품을 그 목적 외의 용도에 사용하는 행위(④)
> • 폭언, 협박, 위협 등으로 노인의 정신건강에 해를 끼치는 정서적 학대행위

17 다음 중 노인복지법령상 노인주거복지시설에 해당하는 것을 올바르게 모두 고른 것은?

ㄱ. 양로시설 　　　　　　　　　　ㄴ. 재가노인복지시설
ㄷ. 노인공동생활가정 　　　　　　ㄹ. 노인요양공동생활가정

① ㄱ, ㄴ, ㄷ 　　　　　　　　　② ㄱ, ㄷ
③ ㄴ, ㄹ 　　　　　　　　　　　④ ㄹ
⑤ ㄱ, ㄴ, ㄷ, ㄹ

> **해설** 노인복지시설의 종류
> • 노인주거복지시설 : 양로시설, 노인공동생활가정, 노인복지주택
> • 노인의료복지시설 : 노인요양시설, 노인요양공동생활가정
> • 노인여가복지시설 : 노인복지관, 경로당, 노인교실
> • 재가노인복지시설 : 방문요양서비스, 주·야간보호서비스, 단기보호서비스, 방문 목욕서비스, 그 밖의 서비스
> • 노인보호전문기관 : 노인학대 예방 업무 담당
> • 노인일자리지원기관 : 지역사회 등에서 노인일자리의 개발·지원, 창업·육성 및 노인에 의한 재화의 생산·판매 등을 직접 담당
> • 학대피해노인 전용쉼터 : 보호와 숙식제공, 전문심리상담 등 치유프로그램 제공, 신체적·정신적 치료를 위한 기본적인 의료비 지원

18 다음 중 아동복지법상 보기의 내용과 연관된 사업에 해당하는 것은?

> 지역사회아동의 건전한 발달을 위하여 아동, 가정, 지역주민에게 상담, 조언 및 정보를 제공하여 주는 사업

① 아동가정지원사업　　　　　　　② 아동주간보호사업
③ 아동전문상담사업　　　　　　　④ 공동생활가정사업
⑤ 방과 후 아동지도사업

해 설 ② 부득이한 사유로 가정에서 낮 동안 보호를 받을 수 없는 아동을 대상으로 개별적인 보호와 교육을 통하여 아동의 건전한 성장을 도모하는 사업(아동복지법 제52조 제3항 제2호)
③ 학교부적응아동 등을 대상으로 올바른 인격형성을 위한 상담, 치료 및 학교폭력예방을 실시하는 사업(동법 제52조 제3항 제3호)
④ 보호대상아동에게 가정과 같은 주거여건과 보호를 제공하는 것을 목적으로 하는 사업(동법 제52조 제3항 제5호)
⑤ 저소득층 아동을 대상으로 방과 후 개별적인 보호와 교육을 통하여 건전한 인격형성을 목적으로 하는 사업(동법 제52조 제3항 제6호)

기출 15회

19 사회복지사업법상 사회복지사 의무채용 제외시설이 아닌 곳은?

① 영유아보육법에 따른 어린이집
② 노인복지법에 따른 노인복지관
③ 장애인복지법에 따른 점자도서관
④ 성폭력방지 및 피해자보호 등에 관한 법률에 따른 성폭력피해상담소
⑤ 성매매방지 및 피해자보호 등에 관한 법률에 따른 성매매피해상담소

해 설 **사회복지사 의무채용 제외시설(사회복지사업법 시행령 제6조 제2항 참조)**
• 노인복지법에 따른 노인여가복지시설(단, 노인복지관은 의무채용 시설에 해당)(②)
• 장애인복지법에 따른 장애인 지역사회재활시설 중 수화통역센터, 점자도서관, 점자도서 및 녹음서 출판시설(③)
• 영유아보육법에 따른 어린이집(①)
• 성매매방지 및 피해자보호 등에 관한 법률에 따른 성매매피해자 등을 위한 지원시설 및 성매매피해상담소(⑤)
• 정신건강증진 및 정신질환자 복지서비스 지원에 관한 법률에 따른 정신요양시설 및 정신재활시설
• 성폭력방지 및 피해자보호 등에 관한 법률에 따른 성폭력피해상담소(④)

20 성매매방지 및 피해자보호 등에 관한 법령상 성매매방지 중앙지원센터의 업무가 아닌 것은?

① 성매매피해자 지원시설 및 상담소 간 종합 연계망 구축

② 성매매피해자의 구조 및 관련 기관에의 인도

③ 법률·의료 지원단 운영

④ 성매매 예방교육프로그램의 개발

⑤ 상담소 등 종사자의 교육 및 상담원 양성

> **해설** 성매매방지 중앙지원센터의 업무(성매매방지 및 피해자보호 등에 관한 법률 제19조 참조)
> • 성매매피해자 등을 위한 지원시설·자활지원센터·상담소 간 종합 연계망 구축(①)
> • 성매매피해자 등 구조체계 구축·운영 및 성매매피해자 등 구조활동의 지원
> • 법률·의료 지원단 운영 및 법률·의료 지원체계 확립(③)
> • 성매매피해자 등의 자립·자활 프로그램 개발·보급
> • 성매매피해자 등에 대한 지원대책 연구 및 홍보활동
> • 성매매 실태조사 및 성매매 방지대책 연구
> • 성매매 예방교육프로그램의 개발(④)
> • 상담소 등 종사자의 교육 및 상담원 양성, 상담기법의 개발 및 보급(⑤)
> • 그 밖에 여성가족부령으로 정하는 사항

21 다음 중 장애인정책조정위원회에 대한 설명으로 옳지 않은 것은?

① 위원장 및 부위원장 각 1명을 포함한 20명 이내의 위원으로 구성한다.

② 위원장은 국무총리, 부위원장은 보건복지부장관이 된다.

③ 당연직 위원은 위원장이 지정하는 중앙행정기관의 장이 된다.

④ 위촉위원 중 2분의 1 이상은 장애인으로 한다.

⑤ 위촉위원의 임기는 3년으로 하되, 연임할 수 있다.

> **해설** ① 장애인정책조정위원회는 위원장 및 부위원장 각 1명을 포함한 30명 이내의 위원으로 구성한다(장애인복지법 시행령 제3조 제1항).
> ② 위원장은 국무총리가 되고, 부위원장은 보건복지부장관이 되며, 위원은 당연직 위원과 위촉위원으로 한다(동법 시행령 제3조 제2항).
> ③ 당연직 위원은 기획재정부장관, 교육부장관, 행정안전부장관, 국가보훈부장관, 문화체육관광부장관, 산업통상자원부장관, 고용노동부장관, 여성가족부장관, 국토교통부장관, 국무조정실장, 법제처장 및 위원회의 심의사항과 관련되어 위원장이 지정하는 중앙행정기관의 장이 된다(동법 시행령 제3조 제3항).
> ④ 위촉위원은 장애인 관련 단체의 장이나 장애인 문제에 관한 학식과 경험이 풍부한 자 중에서 위원장이 위촉하되, 위촉위원 중 2분의 1 이상은 장애인으로 한다(동법 시행령 제3조 제4항).
> ⑤ 동법 시행령 제4조

22 한부모가족지원법령에 규정된 복지 자금의 대여에 해당하지 않는 것은?

① 사업에 필요한 자금   ② 아동교육비

③ 의료비   ④ 생계비

⑤ 주택자금

> **해 설**   **복지 자금의 대여(한부모가족지원법 제13조 제1항)**
> 국가나 지방자치단체는 한부모가족의 생활안정과 자립을 촉진하기 위하여 다음의 어느 하나의 자금을 대여할 수 있다.
> • 사업에 필요한 자금
> • 아동교육비
> • 의료비
> • 주택자금
> • 그 밖에 대통령령으로 정하는 한부모가족의 복지를 위하여 필요한 자금

23 다음 중 지역사회보장계획에 대한 설명으로 옳지 않은 것은?

① 시장·군수·구청장은 지역주민 등 이해관계인의 의견을 들은 후 시·군·구의 지역사회보장계획을 수립한다.

② 시·군·구의 지역사회보장계획은 지역사회보장위원회의 심의를 거쳐야 한다.

③ 시·도의 지역사회보장계획은 해당 시·도 의회의 보고를 거쳐 보건복지부장관에게 제출하여야 한다.

④ 보장기관의 장은 지역사회보장계획의 수립 및 지원 등을 위하여 지역사회보장조사를 실시할 수 있다.

⑤ 시·도지사 및 시장·군수·구청장은 지역사회보장계획 수립 시 지역사회보장조사 결과를 반영할 수 있다.

> **해 설**   ① · ② 시장·군수·구청장은 해당 시·군·구의 지역사회보장계획(연차별 시행계획을 포함)을 지역주민 등 이해관계인의 의견을 들은 후 수립하고, 지역사회보장협의체의 심의와 해당 시·군·구 의회의 보고를 거쳐 시·도지사에게 제출하여야 한다(사회보장급여의 이용·제공 및 수급권자 발굴에 관한 법률 제35조 제2항).
> ③ 동법 제35조 제5항
> ④ · ⑤ 동법 제35조 제7항

24 가정폭력방지 및 피해자보호 등에 관한 법률의 내용으로 옳지 않은 것은?

① 이 법에서의 '아동'이란 18세 미만인 자를 말한다.

② 국가인권위원회 위원장은 3년마다 가정폭력에 대한 실태조사를 실시하여야 한다.

③ 시 · 도지사는 외국어 서비스를 제공하는 긴급전화센터를 따로 설치 · 운영할 수 있다.

④ 지방자치단체는 가정폭력 관련 상담소를 외국인, 장애인 등 대상별로 특화하여 운영할 수 있다.

⑤ 지방자치단체는 가정폭력 관련 상담원 교육훈련시설을 설치 · 운영할 수 있다.

해 설 ② 여성가족부장관은 3년마다 가정폭력에 대한 실태조사를 실시하여 그 결과를 발표하고, 이를 가정폭력을 예방하기 위한 정책수립의 기초자료로 활용하여야 한다(가정폭력방지 및 피해자보호 등에 관한 법률 제4조의2 제1항).
① 동법 제2조 제4호
③ 여성가족부장관 또는 시 · 도지사는 피해자의 신고접수 및 상담, 관련 기관 · 시설과의 연계, 피해자에 대한 긴급한 구조의 지원, 경찰관서 등으로부터 인도받은 피해자 및 피해자가 동반한 가정구성원의 임시 보호 등의 업무를 수행하기 위하여 긴급전화센터를 설치 · 운영하여야 한다. 이 경우 외국어 서비스를 제공하는 긴급전화센터를 따로 설치 · 운영할 수 있다(동법 제4조의6 제1항).
④ 국가나 지방자치단체는 가정폭력 관련 상담소를 설치 · 운영할 수 있다. 상담소는 외국인, 장애인 등 대상별로 특화하여 운영할 수 있다(동법 제5조 제1항 및 제4항).
⑤ 국가나 지방자치단체는 상담원에 대하여 교육 · 훈련을 실시하기 위하여 가정폭력 관련 상담원 교육훈련시설을 설치 · 운영할 수 있다(동법 제8조의3 제1항).

25 다음 중 성폭력방지 및 피해자보호 등에 관한 법률상 성폭력피해상담소의 업무에 해당하지 않는 것은?

① 성폭력피해의 신고접수와 이에 관한 상담

② 피해자 등의 심리적 안정과 사회 적응을 위한 상담 및 치료

③ 피해자에 대한 수사기관의 조사와 법원의 증인신문 등에의 동행

④ 성폭력 및 성폭력피해에 관한 조사 · 연구

⑤ 성폭력 예방을 위한 홍보 및 교육

해 설 ② 성폭력피해자보호시설의 업무에 해당한다. 성폭력피해상담소는 성폭력피해자보호시설이나 의료기관과 연계하여 피해자 등이 적절한 치료를 받을 수 있도록 돕는 역할을 수행할 뿐 직접 피해자 등을 치료하는 업무를 수행하지 않는다.
성폭력피해상담소의 업무(성폭력방지 및 피해자보호 등에 관한 법률 제11조 참조)
• 성폭력피해의 신고접수와 이에 관한 상담(①)
• 성폭력피해로 인하여 정상적인 가정생활 또는 사회생활이 곤란하거나 그 밖의 사정으로 긴급히 보호할 필요가 있는 사람과 성폭력피해자보호시설 등의 연계
• 피해자 등의 질병치료와 건강관리를 위하여 의료기관에 인도하는 등 의료 지원
• 피해자에 대한 수사기관의 조사와 법원의 증인신문 등에의 동행(③)
• 성폭력행위자에 대한 고소와 피해배상청구 등 사법처리 절차에 관하여 법률구조법에 따른 대한법률구조공단 등 관계 기관에 필요한 협조 및 지원 요청
• 성폭력 예방을 위한 홍보 및 교육(⑤)
• 그 밖에 성폭력 및 성폭력피해에 관한 조사 · 연구(④)

제**5**회 적중예상문제

제1과목 | 사회복지기초

1영역 ▶ 인간행동과 사회환경

기출 20회

01 인간발달 및 그 유사개념에 관한 설명으로 옳지 않은 것은?

① 성장(Growth)은 시간의 경과에 따라 나타나는 양적 변화이다.

② 성숙(Maturation)은 환경과의 상호작용에 의한 사회적 발달이다.

③ 학습(Learning)은 경험이나 훈련의 결과로 나타나는 행동변화이다.

④ 인간발달은 유전과 환경의 상호작용 결과이다.

⑤ 인간발달은 상승적 변화와 하강적 변화를 모두 포함한다.

해 설 ② 성숙(Maturation)은 경험이나 훈련에 관계없이 내적 · 유전적 메커니즘에 의해 출연되는 신체적 · 심리적 변화를 말한다.

02 다음 중 인간발달의 관점에 대한 설명으로 옳지 않은 것은?

① 인간의 삶은 시간에 따라 진행되면서 지속성과 변화의 양상을 보인다.

② 인간발달은 인간의 내적 변화뿐만 아니라 외적 변화도 포함된다.

③ 인간발달은 그에 관련된 상황이나 인간관계의 맥락에서 분석되어야 한다.

④ 인간발달은 퇴행적 변화보다는 상승적 변화를 의미한다.

⑤ 개인의 유전형질도 인간발달에 영향을 미친다.

해 설 인간발달은 기능 및 구조의 성장 또는 성숙에 의한 '상승적 변화'와 함께 그에 대비되는 기능 및 구조의 약화 또는 쇠퇴에 의한 '하강적(퇴행적) 변화'로 구분된다. 즉, 인간발달은 이와 같은 상승적 변화는 물론 하강적 변화 모두를 포함하는 개념이다. 일반적으로 인간은 청년기 또는 성인초기에 이르기까지 신체 크기의 증대와 더불어 심리 기능의 고차원화가 이루어지는 반면, 그 이후로부터 신체적 · 심리적 기능이 약해지고 위축되면서 하강적 변화를 경험하게 된다.

03 다음 중 자극 – 반응모델로부터 벗어나 학습행동에 있어서의 모방과 역할을 강조하며 자기효율성을 강조한 학자는?

① 스키너
② 손다이크
③ 반두라
④ 에릭슨
⑤ 피아제

해 설 반두라 사회학습이론의 의의 및 특징
- 인간의 행동이 외부자극에 의해 통제된다는 행동주의이론에 반박하여 인간의 인지능력에 관심을 가졌다.
- 직접경험에 의한 학습보다는 모델링을 통한 관찰학습과 모방학습을 강조한다.
- 학습은 모델의 행동을 모방하거나 대리적 조건형성을 통해 이루어진다.
- 관찰과 모방에 의한 사회학습을 통해 클라이언트의 문제행동이 제거될 수 있음을 보여주었다.

04 다음 중 "발달단계는 결정적 시기를 가진다"는 인간발달의 원리를 가장 잘 나타내고 있는 예에 해당하는 것은?

① 응석받이로 성장하면 버릇없는 아이가 된다.
② 아기는 생후 1년 동안 부모의 따뜻한 보살핌을 받지 못하면 차후 대인관계가 원만하지 못하고 사람들을 불신하게 된다.
③ 일어서지 못하면 걷지도 못한다.
④ 또래와 소꿉놀이를 하는 동안 사회적 역할을 배운다.
⑤ 손쉬운 기능의 발달부터 점차 구체적이고 세밀한 기능으로 발전된다.

해 설 인간은 결정적 시기를 가지며 그 시기를 놓치게 되면 영구히 획득하지 못하게 되어 어려움을 겪게 된다.

05 중년기에 경험하는 갱년기 증상에 관한 설명으로 옳지 않은 것은?

① 여성은 안면홍조와 수면장애 등의 증상을 경험하며, 폐경으로 가임기가 끝나게 된다.

② 신체적 변화뿐만 아니라 우울, 무기력감 등 심리적 증상을 동반하게 된다.

③ 남성은 성기능 저하 및 성욕감퇴를 경험하지만 생식능력은 있다.

④ 여성의 경우 에스트로겐의 분비가 감소되며 남성의 경우 테스토스테론의 분비가 감소된다.

⑤ 결정성(Crystallized) 지능은 감소하고 유동성(Fluid) 지능이 증가하는 인지변화를 경험한다.

> **해 설** ⑤ 유동성 지능은 유전적·신경생리적 영향에 의해 발달이 이루어지는 반면, 결정성 지능은 경험적·환경적·문화적 영향의 누적에 의해 발달이 이루어진다. 따라서 결정성 지능은 나이가 들수록 발달하는 경향이 있다.

06 에릭슨(E. Erikson)의 이론에 관한 설명으로 옳지 않은 것은?

① 사회적 관심, 창조적 자아, 가족형상 등을 강조한다.

② 청소년기의 자아정체감 발달을 강조한다.

③ 성격발달에 있어서 환경과의 상호작용이 중요하다고 본다.

④ 각 단계의 발달은 이전 단계의 심리사회적 갈등해결과 통합을 토대로 이루어진다.

⑤ 발달은 점성의 원리에 기초한다.

> **해 설** ① 아들러(Adler)의 개인심리이론에 대한 내용이다.
>
> **아들러(Adler) 개인심리이론의 주요 개념**
> - 창조적 자기 또는 창조적 자아 : 개인이 인생의 목표를 직시하고 결정하고 선택하는 능력을 말하는 것으로, 특히 성격형성에서 자유와 선택을 강조하는 개념이다.
> - 사회적 관심 : 개인이 이상적 공동사회 추구의 목표를 달성하고자 하는 성향을 말하는 것으로, 인류와의 동일시 감정과 인류 각 구성원에 대한 감정이입을 의미한다.
> - 가족형상 : 가족성원 간 정서적 유대, 가족의 크기, 가족의 성적 구성 및 출생 순위, 가족역할 모델 등을 포함하는 가족분위기를 의미한다.

07 다음 보기의 내용에 해당하는 강화계획은?

> 과수원에서 사과를 한 바구니 딸 때마다 3,000원씩 지불하겠다.

① 고정비율 강화계획
② 고정간격 강화계획
③ 가변간격 강화계획
④ 가변비율 강화계획
⑤ 연속적 강화계획

> **해 설** ① 고정비율 강화계획(Fixed-Ratio Schedule)은 어떤 특정한 행동이 일정한 수만큼 일어났을 때 강화를 주는 것이다.
> ② 고정간격 강화계획(Fixed-Interval Schedule)은 요구되는 행동의 발생빈도에 상관없이 일정한 시간 간격에 따라 강화를 부여하는 것이다.
> ③ 가변(변수)간격 강화계획(Variable-Interval Schedule)은 일정한 시간 간격을 두지 않은 채 평균적으로 확인할 수 있는 시간 간격이 지난 후에 강화를 부여하는 것이다.
> ④ 가변(변수)비율 강화계획(Variable-Ratio Schedule)은 반응행동에 변동적인 비율을 적용하여 불규칙한 횟수의 바람직한 행동이 나타난 후 강화를 부여하는 것이다.
> ⑤ 연속적(계속적) 강화계획(Continuous Reinforcement Schedule)은 반응의 횟수나 시간에 상관없이 기대하는 반응이 나타날 때마다 강화를 부여하는 것이다.

08 다음 중 소거(Extinction)가 영구적인 망각이 아니라는 증거가 될 수 있는 것은?

① 자극 일반화(Stimulus Generalization)
② 자발적 회복(Spontaneous Recovery)
③ 2차적 조건형성(Second-order Conditioning)
④ 자극 변별(Stimulus Discrimination)
⑤ 획득(Acquisition)

> **해 설** 자발적 회복은 얼마간의 휴식기간을 가진 후에 소거된 반응이 다시 나타나는 현상을 말한다. 즉, 일단 습득된 행동은 만족스러운 결과가 주어지지 않는다고 하여 즉시 소거되지는 않는다.

09 ○○어린이집에서는 정리정돈습관을 익히도록 하기 위해, 자기의 물건을 잘 정리하는 아동들에게 스티커를 하나씩 붙여주었다. 이와 관련된 행동수정기법에 해당하는 것은?

① 토큰경제   ② 체계적 둔감화

③ 혐오기법   ④ 타임아웃

⑤ 충만기법

해 설   스키너 행동주의이론의 주요개념

소 거	강화물을 계속 주지 않을 때 반응의 강도가 감소하는 것
토큰경제	바람직한 행동들에 대한 체계적인 목록을 정해놓은 후, 그러한 행동이 이루어질 때 그에 상응하는 보상(토큰)을 하는 것
타임아웃	특정행동의 발생을 억제하기 위해 이전의 강화를 철회하는 일종의 벌
체계적 둔감법	혐오스러운 느낌이나 불안한 자극에 대한 위계목록을 작성한 다음, 낮은 수준의 자극에서 높은 수준의 자극으로 상상을 유도함으로써 혐오나 불안에서 서서히 벗어나도록 하는 것

10 다음 중 청소년기(12~19세)의 특징으로 옳지 않은 것은?

① 심리사회적 위기를 극복하는 경우 성실성을 획득할 수 있다.

② 심리사회적 유예기간의 특수한 상황이 용인된다.

③ 가설을 통한 연역적 사고와 논리적 추론을 할 수 있다.

④ 성적 성숙은 감정 기복과 같은 극단적 정서변화를 가져온다.

⑤ 섭식장애는 청소년기 남성에게서 많이 나타난다.

해 설   섭식장애는 먹는 행동에 심각한 문제를 나타내는 것으로서, 여기에는 두 가지 유형, 즉 '신경성 식욕부진증'과 '신경성 폭식증'이 있다. 신경성 식욕부진증은 '거식증'으로도 불리며, 체중 증가와 비만에 대한 극심한 두려움으로 인해 음식섭취를 현저히 감소시키거나 거부함으로써 체중이 비정상적으로 저하되는 경우를 말한다. 반면, 신경성 폭식증은 '폭식증'으로도 불리며, 단시간 내에 많은 양을 먹는 폭식행동 및 그로 인한 체중 증가를 막기 위한 보상행동을 반복하는 경우를 말한다. 이와 같은 신경성 식욕부진증과 신경성 폭식증은 90% 이상이 여성에게서 발생하며, 특히 청소년기의 여성에게서 흔한 것으로 보고되고 있다.

11 다음 피아제(Piaget)의 도덕성 발달에 대한 내용 중 자율적 도덕성에 대한 설명으로 옳은 것을 모두 고른 것은?

> ㄱ. 규칙은 상호합의에 의해 이루어진 것이다.
> ㄴ. 전조작기의 도덕적 수준에 해당한다.
> ㄷ. 규칙위반이 반드시 처벌을 의미하지는 않는다.
> ㄹ. 규칙은 예외 없이 준수되어야 한다.

① ㄱ, ㄴ, ㄷ   ② ㄱ, ㄷ

③ ㄴ, ㄹ   ④ ㄹ

⑤ ㄱ, ㄴ, ㄷ, ㄹ

> **해설** **피아제의 도덕성 발달단계**
> - 타율적 도덕성
>   - 전조작기의 도덕적 수준에 해당한다.
>   - 아동은 성인이 정한 규칙에 일방적으로 복종한다.
>   - 규칙은 절대적인 것으로서 변경이 불가능하다.
>   - 행위의 의도보다 결과를 중요시한다.
> - 자율적 도덕성
>   - 구체적 조작기의 도덕적 수준에 해당한다.
>   - 아동은 규칙이 상호합의에 의해 이루어진 것으로서 변경이 가능하다는 사실을 인식한다.
>   - 행위의 결과 자체보다는 그 의도의 옳고 그름에 따라 판단한다.
>   - 규칙위반이 반드시 처벌을 의미하지는 않는다.

제5회

12 다음 중 학령전기(4~6세)의 아동에게서 나타나는 일반적인 특징으로 옳지 않은 것은?

① 에릭슨의 발달단계상 주도성 대 죄의식이 형성되는 시기이다.

② 프로이트의 발달단계상 오이디푸스 콤플렉스와 엘렉트라 콤플렉스가 형성되는 시기이다.

③ 사물의 두드러진 특성을 토대로 사고를 하는 경향이 있다.

④ 도덕적 사고가 발달하기 시작하면서 가족과 사회의 규칙을 내면화한다.

⑤ 모든 사물이나 현상이 인간을 위해 존재한다고 생각한다.

> **해설** ⑤ 세상의 모든 사물이나 자연현상이 인간의 필요에 의해서 자신의 목적에 맞도록 쓰려고 만들어졌다는 인공론적 사고는 유아기(18개월~4세)의 인지발달적 특성에 해당한다. 예를 들어 해와 달은 누군가 인간을 위해 만든 것이며, 천둥과 번개는 죄를 지은 사람을 벌하기 위해 내린다는 생각 등이 인공론적 사고에 해당한다. 이러한 인공론적 사고는 물활론적 사고와 더불어 유아기의 미성숙한 사고로 볼 수 있다.

13 아들러(A. Adler)의 생활양식 유형 중 '지배형'에 관한 설명으로 옳은 것은?

① 사회적 관심이 적고 활동수준이 높아 독단적이고 공격적이며 자신의 욕구를 충족시킨다.

② 사회적 관심과 활동수준이 높아 자신과 타인의 욕구를 동시에 충족시키며 인생과업을 완수한다.

③ 사회적 관심과 활동수준이 낮은 유형으로 성공보다 실패하는 것을 더 두려워한다.

④ 기생적인 방법으로 외부세계와 관계를 맺으며 다른 사람에게 의존하여 자신의 욕구를 충족시킨다.

⑤ 사회적 관심이 많고 활동수준이 낮으며 타인의 안녕에 관심이 많다.

해 설 아들러(Adler)의 생활양식(Style of Life)의 유형

지배형	• 활동수준은 높으나 사회적 관심은 낮은 유형이다. • 독선적이고 공격적이며 활동적이지만 사회적 관심이 거의 없다.
획득형	• 활동수준은 중간이고 사회적 관심은 낮은 유형이다. • 기생적인 방식으로 외부세계와 관계를 맺으며, 다른 사람에게 의존하여 자신의 욕구를 충족한다.
회피형	• 참여하려는 사회적 관심도 적고 활동 수준도 낮은 유형이다. • 성공하고 싶은 욕구보다 실패에 대한 두려움이 더 강하기 때문에 도피하려는 행동을 자주 한다.
사회적으로 유용한 형	• 사회적 관심과 활동 수준이 모두 높은 유형이다. • 사회적 관심이 크므로 자신과 타인의 욕구를 동시에 충족시키며, 인생과업을 완수하기 위해 다른 사람과 협력한다.

14 다음에서 설명하는 방어기제에 해당하는 것은?

어떤 대상이나 사물로 향했던 본능적이고 충동적인 감정을 덜 위험하거나 편안한 대상 혹은 사물로 향하게 하여 긴장을 완화시키는 방어기제이다. 아버지에게 혼이 난 아이가 마당의 개를 발로 차버림으로써 화를 푸는 것이 그 예이다.

① 부정(Denial)　　　　　　　　　② 투사(Projection)

③ 반동형성(Reaction Formation)　　④ 해리(Dissociation)

⑤ 전치(Displacement)

해 설　⑤ 전치 또는 치환은 자신이 어떤 대상에 대해 느낀 감정을 보다 덜 위협적인 다른 대상에게 표출하는 것이다.
　　　① 부정 또는 부인은 의식화되는 경우 감당하기 어려운 고통이나 욕구를 무의식적으로 부정하는 것이다.
　　　② 투사는 사회적으로 인정받을 수 없는 자신의 행동과 생각을 마치 다른 사람의 것인 양 생각하고 남을 탓하는 것이다.
　　　③ 반동형성은 자신이 가지고 있는 무의식적 소망이나 충동을 본래의 의도와 달리 반대되는 방향으로 바꾸는 것이다.
　　　④ 해리는 괴로움이나 갈등상태에 놓인 인격의 일부를 다른 부분과 분리하는 것이다.

15 다음 중 고전적 조건형성의 원리를 응용한 치료기법에 해당하는 것은?

① 행동조성　　　　　　　　　　② 토큰경제
③ 혐오치료　　　　　　　　　　④ 타임아웃
⑤ 부적 강화

> **해 설**　③ 혐오치료(Aversion Therapy)는 역조건형성의 일종으로서 바람직하지 못한 행동에 혐오 자극을 제시함으로써 부적응적인 행동을 제거하는 기법이다. 체계적 둔감법이 불안이나 공포의 반응을 유발하는 자극을 보다 긍정적인 자극으로 변화하도록 조건형성을 실시하는 것인 반면, 혐오치료는 특정 자극이 더욱 혐오적인 것이 되도록 조건형성을 실시한다. 고전적 조건형성의 원리를 응용한 기법으로서, 주로 과식, 과음, 흡연 등의 문제와 관련하여 이들 자극에 대한 지나친 추구나 탐닉을 제거하고자 할 때 사용한다.
> ①·②·④·⑤ 자극에 의해 야기되는 반사적 반응으로서 반응행동(Respondent Behavior)에 초점을 둔 고전적 조건형성과 달리, 제시되는 자극 없이 방출되는 반응으로서 행동과 결과 간의 연합을 통해 이루어지는 조작행동(Operant Behavior)에 초점을 둔 조작적 조건형성의 치료기법에 해당한다.

16 다음 중 관찰학습의 과정에서 모델을 모방하기 위해 심상 및 언어로 기호화된 표상을 외형적인 행동으로 전환하는 단계에 해당하는 것은?

① 주의집중과정　　　　　　　　② 보존과정
③ 동기화과정　　　　　　　　　④ 운동재생과정
⑤ 자기강화과정

> **해 설**　**관찰학습의 과정**
> • 주의집중과정 : 모델에 주의를 집중시키는 과정으로서 모델은 매력적 특성을 가지고 있어서 주의를 끌게 되며, 관찰자의 흥미와 같은 심리적 특성에 대해서도 영향을 받는다.
> • 보존과정(기억과정, 파지과정) : 모방한 행동을 상징적 형태로 기억 속에 담는 것을 말한다.
> • 운동재생과정 : 모델을 모방하기 위해 심상 및 언어로 기호화된 표상을 외형적인 행동으로 전환하는 단계이다.
> • 동기화과정(자기강화과정) : 관찰을 통해 학습한 행동은 강화를 받아야 동기화가 이루어져 행동의 수행가능성을 높인다. 행동을 학습한 후 그 행동을 수행할 여부를 결정하는 데 중요한 역할을 하는 것이 바로 강화이다.

17 유명 연예인이 피아노를 치며 사랑을 고백하는 드라마가 유행한 뒤, 피아노 학원에 등록하는 청소년들이 많아졌다. 이 현상을 설명할 수 있는 이론은?

① 현상학이론　　　　　　　　　② 인지발달이론
③ 분석심리이론　　　　　　　　④ 조작적 조건화이론
⑤ 사회학습이론

> **해 설**　반두라의 사회학습이론의 주요 개념 중 모방에 해당한다. 모방은 다른 사람이 행동하는 것을 보고 들으면서 그 행동을 따라하는 것이다. 반두라는 학습이 모델의 행동을 모방하거나 대리적 조건형성을 통해 이루어진다고 보았다.

18 다음 중 매슬로우(Maslow)의 이론에 대한 설명으로 옳은 것은?

① 정신분석이론과 행동주의이론으로부터 긍정적인 영향을 받았다.
② 성격발달에 미치는 영향으로 유전적 요소를 제외하였다.
③ 자아실현의 욕구는 인간의 모든 동기 가운데 가장 강력한 동기이다.
④ 상위욕구는 하위욕구가 일정 부분 충족되었을 때 나타날 수 있다.
⑤ 욕구 5단계에서 심미적 욕구와 창조의 욕구를 추가하였다.

> **해설** ① 매슬로우의 욕구이론은 인간의 신경증적인 행동을 병리학적 측면에서 파악한 정신분석이론과, 인간을 관찰 가능한 단순한 행동체계로만 취급하는 행동주의이론에 대한 반발에서 출발하였다.
> ② 매슬로우는 유전이 개인의 성격발달에 중요한 역할을 수행하며, 바로 그러한 유전적 토대가 개인의 심리적 성장 및 자아실현 가능성과 연결된다고 보았다.
> ③ 인간의 모든 동기 가운데 가장 강력한 동기이자 기본적인 욕구에 해당하는 것은 제1단계의 욕구에 해당하는 생리적 욕구이다.
> ⑤ 매슬로우는 처음 인간욕구 위계 5단계를 제시한 이후 인간의 학습 행동과 예술적 행위에 대한 설명이 부족함을 인식하였다. 그리하여 최상의 욕구에 해당하는 '자아실현의 욕구'에 앞서 '인지적 욕구'와 '심미적 욕구'를 포함시킴으로써 욕구위계의 7단계를 완성하였다.

19 아동은 동일한 양의 물을 모양이 다른 그릇에 담으면 양이 다르다고 생각하는데, 이와 같은 현상을 설명하는 개념은?

① 동 화
② 스키마(Schema) 형성
③ 조건화
④ 평형화
⑤ 가역적 사고

> **해설** ⑤ 가역적 사고는 보존성을 역으로 생각할 수 있는 능력으로 구체적 조작기에 획득되며, 이 사고를 이해하기 위해서는 형태는 변하더라도 양은 변하지 않는다는 보존개념을 획득하고 있어야 한다.
>
> **피아제의 인지발달이론에 의한 인지발달단계**
>
> | 감각운동기
(0~2세) | • 자신과 외부대상을 구분하지 못한다.
• 대상영속성을 이해하기 시작한다.
• 목적지향적인 행동을 한다. |
> | --- | --- |
> | 전조작기
(2~7세) | • 사고는 가능하나 직관적인 수준이며, 아직 논리적이지 못하다.
• 대상영속성을 확립한다.
• 상징놀이, 물활론, 자아중심성을 특징으로 한다. |
> | 구체적 조작기
(7~12세) | • 구체적 사물을 중심으로 한 논리적 사고가 발달한다.
• 자아중심성 및 비가역성을 극복한다.
• 유목화 · 서열화 · 보존개념을 획득한다. |
> | 형식적 조작기
(12세 이상) | • 추상적 사고가 발달한다.
• 가설의 설정, 연역적 사고가 가능하다.
• 실제 경험하지 않은 영역에 대해 논리적인 활동계획을 수립한다. |

20 다음 중 하비거스트(Havighurst)가 제시한 학령기 아동의 발달과업으로 옳지 않은 것은?

① 남성과 여성으로의 적절한 성 역할 학습
② 양심, 도덕, 가치기준의 발달
③ 선악에 대한 판단능력의 발달
④ 사회집단 및 제도에 대한 태도의 발달
⑤ 읽기, 쓰기, 셈하기 등 기본적 기술의 발달

> **해 설** ③ 하비거스트(Havighurst)가 제시한 영유아기의 발달과업에 해당한다.
> **학령기 아동의 발달과업(Havighurst)**
> • 일상적 활동에 필요한 신체적 기능의 학습
> • 성장하는 유기체로서 자기 자신에 대한 총체적인 태도의 확립
> • 동년배 아이들과의 어울리기 학습
> • 남성과 여성으로의 적절한 성 역할 학습
> • 읽기, 쓰기, 셈하기 등 기본적 기술의 발달
> • 일상생활에 필요한 기본 개념의 발달
> • 양심, 도덕, 가치기준의 발달
> • 인격적 독립의 성취에 대한 학습
> • 사회집단 및 제도에 대한 태도의 발달

21 콜버그의 도덕성 발달단계 중 보기와 같은 판단을 할 수 있는 단계는?

"이 법을 어기면 나는 무척 이익을 본다. 그러나 만약 모든 사람들이 나처럼 이 법을 어긴다고 하면 나라꼴이 엉망이 될 것이다. 그러므로 비록 손해가 될지라도 나는 법대로 해야 하겠다. 그것이 결국 긍정적으로 우리 모두에게 이익이다."

① 우호적인 대인관계 지향성
② 사회질서 및 유지 지향의 도덕성
③ 사회계약적 원리 지향의 도덕성
④ 인간존중 중심주의원리 지향의 도덕성
⑤ 보편적 윤리원칙 지향의 도덕성

> **해 설** **콜버그의 도덕성 발달단계**
>
> | 전인습적 수준 (4~10세) | 1단계 | 타율적 도덕성의 단계 | 처벌과 복종을 지향한다. |
> |---|---|---|---|
> | | 2단계 | 개인적 · 도구적 도덕성의 단계 | 상대적 쾌락주의에 의한 욕구충족을 지향한다. |
> | 인습적 수준 (10~13세) | 3단계 | 대인관계적 도덕성의 단계 | 개인 상호 간의 조화를 중시하며 착한 소년소녀를 지향한다. |
> | | 4단계 | 법 · 질서 · 사회체계적 도덕성의 단계 | 사회질서에의 존중을 지향한다. |
> | 후인습적 수준 (13세 이상) | 5단계 | 민주적 · 사회계약적 도덕성의 단계 | 민주적 절차로 수용된 법을 존중하는 한편 상호합의에 의한 변경가능성을 인식한다. |
> | | 6단계 | 보편윤리적 도덕성의 단계 | 개인의 양심과 보편적인 윤리원칙에 따라 옳고 그름을 인식한다. |

22 노년기(성인후기, 65세 이상)에 관한 설명으로 옳지 않은 것은?

① 시각, 청각, 미각 등의 감각기능이 약화되고, 생식기능 또한 점차 약화된다.

② 퀴블러-로스(E. Kübler-Ross)는 인간이 죽음에 적응하는 5단계 중 마지막 단계를 타협단계라고 하였다.

③ 신체변화에 대한 적응, 인생에 대한 평가, 역할 재조정, 죽음에 대한 대비 등이 주요 발달과업이다.

④ 에릭슨(E. Erikson)은 자아통합을 이루지 못하면 절망감을 느낀다고 보았다.

⑤ 신장기능이 저하되어 신장질환에 걸릴 가능성이 증가하고, 방광이나 요도기능의 저하로 야간에 소변보는 횟수가 증가한다.

해 설 | **퀴블러-로스(Kübler-Ross)의 죽음의 직면(적응)단계**

- 부정(제1단계) : "그럴 리가 없어"라며, 자신이 곧 죽는다는 사실을 부인한다. 이와 같은 반응은 갑작스런 심리적 충격에 대한 완충작용을 한다.
- 분노(제2단계) : "왜 하필이면 나야"라며, 다른 사람들은 멀쩡한데 자신만 죽게 된다는 사실에 대해 분노한다. 이와 같은 분노의 감정은 치료진이나 가족에게 투사된다.
- 타협(제3단계) : "우리 딸 결혼식 날까지 살 수 있도록 해 주세요"라며, 죽음을 피할 수 없음을 깨달은 채 인생과업을 마칠 때까지 생이 지속되기를 희망한다. 절대적인 존재나 초자연적인 힘에 의지하기도 하며, 치료진이나 가족에게 협력적인 태도를 보이기도 한다.
- 우울(제4단계) : 병의 진행에 의한 절망감과 함께 세상의 모든 것들과의 결별에서 오는 상실감을 토로한다. 이미 죽음을 실감하기 시작하면서 극심한 우울상태에 빠진다.
- 수용(제5단계) : 죽음에 대해 담담하게 생각하고 이를 수용하게 된다. 세상으로부터 초연해지면서 마치 마음의 평화를 회복한 듯한 모습을 보인다.

23 융(C. Jung)의 분석심리이론에 관한 설명으로 옳은 것은?

① 페르소나(Persona)는 외부의 요구나 기대에 부응하는 과정에서 생긴 자아의 가면이라고 한다.

② 인간을 성(性)적 에너지인 리비도(Libido)에 의해 지배되는 수동적 존재로 보았다.

③ 원형(Archetype)이란 개인의 의식 속에 존재하는 유일한 정신기관이다.

④ 아니무스(Animus)는 남성이 억압시킨 여성성이다.

⑤ 자아의 기능에서 감각(Sensing)과 직관(Intuiting)은 이성을 필요로 하는 합리적 기능이다.

해 설 | ② 융은 리비도(Libido)를 인생 전반에 걸쳐 작동하는 생활에너지 또는 정신 작용에 사용되는 창의적인 에너지로 간주하였다.

③ 원형(Archetype)이란 인간의 정신에 존재하는 보편적이고 근원적인 핵으로서, 모든 인류의 공통적·원초적인 아이디어이다.

④ 아니무스(Animus)는 여성의 무의식에 존재하는 남성적인 측면을 말한다.

⑤ 감각(Sensing)과 직관(Intuiting)은 이성을 필요로 하지 않는 비이성적 기능이다.

24 세계 문화의 다양성을 인정하고 각 문화는 독특한 환경과 역사적 · 사회적 상황에서 이해해야 한다는 견해를 무엇이라고 하는가?

① 문화상대주의　　　　　　　　　② 문화절대주의
③ 문화변용　　　　　　　　　　　④ 문화마찰
⑤ 문화진화주의

> **해 설**　**문화상대주의**
> 고전적인 문화진화주의에 대한 비판의 하나로서, 어떤 문화든 저마다 독자적인 발전을 이루어 왔으며 이러한 문화에 대하여 특정한 입장에서 다른 문화의 우열을 결정하는 것은 올바르지 않다고 주장하는 견해이다.

25 보편적인 가족의 기능은 자녀출산, 사회화, 경제적 협조, 성적욕구충족, 정서적 기능이다. 다음 중 우리나라 가족기능의 변화를 가장 잘 설명하고 있는 것은?

① 생산기능이 강화되고 있고 소비기능은 점차 약화되고 있다.
② 가족의 사회보장기능이 점차 강화되고 있다.
③ 자녀양육과 사회화 기능이 더욱 강화되면서 가족에게 부담으로 작용하고 있다.
④ 가족의 정서적 유대기능보다 지역사회의 사회적 유대기능이 강조되고 있다.
⑤ 출산과 성행위 규제기능이 더욱 강화되고 있다.

> **해 설**　**우리나라의 가족기능 변화**
> • 자녀양육과 사회화 기능이 더욱 강화되면서 가족에게 부담으로 작용하고 있다.
> • 우리나라 가족은 경제적 기능에서 볼 때 생산기능은 약화되고 소비기능은 강화되고 있다.
> • 가족의 사회보장기능은 심각한 위기에 처해 있다.
> • 가족의 정서적 유대기능과 여가기능이 점차 중시되고 있다.
> • 출산과 성행위 규제기능이 약화되고 있다.

기출 16회

01 '사회복지사의 근무지역에 따른 직업만족도 차이의 연구'라는 논문의 제목에서 알 수 없는 것은?

① 독립변수 ② 종속변수

③ 통제변수 ④ 분석단위

⑤ 독립변수의 측정수준

해 설 ① 독립변수는 일정하게 전제된 원인을 가져다주는 기능을 하는 변수로서, 여기서는 사회복지사의 근무지역이 해당된다.
② 종속변수는 독립변수의 원인을 받아 일정하게 전제된 결과를 나타내는 기능을 하는 변수로서, 여기서는 직업만족도가 해당된다.
④ 분석단위는 궁극적으로 분석되는 단위, 즉 최종적인 분석대상을 말한다. 예를 들어, 사회복지사 개개인의 직업만족도에 초점을 둘 경우 분석단위는 개인이 되지만, 지역별 사회복지사들의 직업만족도를 비교·분석하는 데 초점을 둘 경우 분석단위는 집단이 된다.
⑤ 독립변수로서 사회복지사의 근무지역은 각 지역별 명목수준의 측정이 이루어진다.

기출 16회

02 지난 20년 동안 A신문의 사회면 기사를 자료로 노인에 대한 인식변화를 알아보기 위해 진행한 연구에 관한 설명으로 옳은 것을 모두 고른 것은?

ㄱ. 범주항목들은 신문기사 자료로부터 도출된다.
ㄴ. 주제보다 단어를 기록단위로 할 때 자료수집 양이 많다.
ㄷ. 맥락단위는 기록단위보다 더 큰 단위여야 한다.
ㄹ. 이 연구에서는 양적 분석방법을 사용할 수 없다.

① ㄱ, ㄴ ② ㄱ, ㄷ

③ ㄱ, ㄴ, ㄷ ④ ㄱ, ㄴ, ㄹ

⑤ ㄴ, ㄷ, ㄹ

해 설 ㄹ. 내용분석은 여러 가지 문서화된 매체들을 중심으로 연구대상에 필요한 자료들을 수집하는 방법이다. 문헌연구의 일종으로서, 인간의 의사소통의 기록을 객관적·체계적·수량적으로 기술한다. 일반적으로 자료를 수량화(계량화)하여 그 결과를 양적 분석에 사용하는 경우가 많지만, 기록 속에 담긴 의미나 특정 주제 및 패턴을 찾아내기 위해 질적인 접근으로도 활용한다.
ㄱ. 범주항목들은 노인과 관련된 신문기사 사회면의 자료로부터 그 주제 및 내용에 따라 분류한다.
ㄴ. 내용분석에서 흔히 사용되는 주요 기록단위로는 단어, 주제, 인물, 문장(문단 또는 단락), 항목 등이 있으며, 그중 단어는 조사에서 일반적으로 적용되는 최소단위로서 다른 기록단위보다 많은 양의 자료수집이 이루어진다.
ㄷ. 내용분석에서 분석단위는 기록단위와 맥락단위로 구분된다. 특히 맥락단위는 기록단위가 들어 있는 상위단위에 해당하는 것으로서, 기록단위의 의미를 파악하는 데 사용된다.

03 가설의 특징으로 잘못된 것은?

① 두 개 이상의 변수로 구성된다.
② 검증이 가능한 형태를 가진다.
③ 확률적 형태로 표현된다.
④ 이론에서 출발하게 되므로 추상적이다.
⑤ 관계를 예측하려는 문장 형태이다.

해 설 **가설의 주요 특징**
- 가설의 주목적은 문제의 해결이다.
- 변수가 2개 이상으로 구성될 경우에는 변수들 간의 관계를 나타내고 있어야 한다.
- 경험적으로 검증하기 위해 변수의 조작적 정의가 필요하다.
- 가설 내용의 명확성은 연구과정과 결과에 영향을 미친다.
- 가설은 아직 진실 여부가 확인되지 않은 사실이므로 확률적으로 표현된다.
- 가설은 측정 가능한 변수 간의 관계를 나타내기 때문에 구체적이어야 한다.

04 다음 중 영가설(Null Hypothesis)에 대한 설명으로 가장 옳은 것은?

① 일반적으로 연구가설을 말한다.
② 가설검증을 통해 거짓으로 판명된 가설이다.
③ 연구가설을 반증하는 과정에서 활용된다.
④ 조작화되기 이전의 가설 형태를 말한다.
⑤ 연구의 목적은 연구가설을 부정하고 영가설을 받아들이는 데 있다.

해 설 '연구가설(Research Hypothesis)'은 연구문제에 대한 잠정적 대답으로서, 연구자가 기대하는 연구결과에 대한 서술을 말한다. 예를 들어 남녀 간 성별이 소득에 미치는 영향을 분석하는 연구에서, 연구자는 "남녀 간 월 평균소득은 차이가 있다."로 가설을 설정할 수 있다. 이러한 연구가설은 연구자가 연구를 통해 주장하고자 하는 가설이라는 점에서 종종 '대립가설(Alternative Hypothesis)'과 동일시된다. 반면, 가설에 대한 통계적 검증과 관련하여 연구가설을 반증하는 과정에서 활용되는 '영가설(Null Hypothesis)'은 연구가설과 논리적으로 반대의 입장을 취하는 것으로서, 처음부터 버릴 것을 예상하는 가설이다. 이러한 영가설은 차이나 관계가 없거나 의미 있는 차이나 관계가 없는 경우의 가설에 해당하며, 앞서 남녀 간 성별이 소득에 미치는 영향을 분석하는 연구에서 "남녀 간 월평균소득은 차이가 없다."는 식으로 표현된다.

05 다음 ( )에 알맞은 내용으로 옳은 것은?

> • 내적 타당도를 높이기 위해서는 (ㄱ) 이외의 다른 변수가 (ㄴ)에 개입할 조건을 통제하여야 한다.
> • 외적 타당도를 높이기 위해서는 (ㄷ)으로 연구대상을 선정하거나 표본크기를 (ㄹ) 하여야 한다.

① ㄱ : 원인변수, ㄴ : 결과변수, ㄷ : 확률표집방법, ㄹ : 크게
② ㄱ : 원인변수, ㄴ : 결과변수, ㄷ : 무작위할당, ㄹ : 작게
③ ㄱ : 원인변수, ㄴ : 결과변수, ㄷ : 확률표집방법, ㄹ : 작게
④ ㄱ : 결과변수, ㄴ : 원인변수, ㄷ : 확률표집방법, ㄹ : 크게
⑤ ㄱ : 결과변수, ㄴ : 원인변수, ㄷ : 무작위할당, ㄹ : 작게

해설 내적 타당도와 외적 타당도

내적 타당도	• 원인변수로서 독립변수의 조작이 결과변수로서 종속변수의 변화를 초래한 원인이 된 정도를 의미한다. • 독립변수 이외에 다른 외생변수에 의해서도 종속변수에 변화가 나타날 수 있는데, 이러한 외생변수를 통제하지 못할 경우 내적 타당도는 저해된다.
외적 타당도	• 변수들 간의 인과관계에 대한 조사결과를 일반화시킬 수 있는 정도를 의미한다. • 외적 타당도를 높이기 위해서는 표본추출이 중요한데, 광범위한 대상으로부터 표본이 추출될 경우 조사결과를 일반화시킬 수 있는 가능성이 높아진다.

06 두 변수가 관계가 있는 변수들인데 외견상 관계가 없는 것처럼 보이게 만드는 변수는?

① 독립변수   ② 종속변수
③ 매개변수   ④ 억압변수
⑤ 외생변수

해설 ① 원인적 변수 또는 가설적 변수라고도 하며 일정하게 전제된 원인을 가져다주는 기능을 하는 변수이다. 실험적 연구에 있어서 독립변수는 연구자에 의해 조작된 변수라고 할 수 있다.
② 결과변수라고도 하며 독립변수의 원인을 받아 일정하게 전제된 결과를 나타내는 기능을 하는 변수이다. 실험적 연구에 있어서 종속변수는 독립변수의 변이 또는 변화에 따라 자연히 변하는 것으로 결과적인 예측변수라고 할 수 있다.
③ 두 개의 변수 간에 직접적인 관련이 없으나 제3의 변수가 두 변수의 중간에서 매개자 역할을 하여 두 변수 간에 간접적인 관계를 맺게 하는 변수이다. 매개변수는 독립변수의 결과인 동시에 종속변수의 원인이 된다.
⑤ 두 개의 변수 간에 상관관계가 있는 것처럼 보이지만 실제로는 가식적인 관계에 불과한 경우 그와 같은 가식적인 관계를 만드는 제3의 변수를 말한다.

07 비확률표집에 관한 설명으로 옳은 것을 모두 고른 것은?

ㄱ. 표집틀이 없는 경우 사용된다.
ㄴ. 연구자의 편견이 개입될 수 있다.
ㄷ. 질적 연구에 빈번히 활용되는 방법이다.
ㄹ. 연구결과를 일반화할 수 있다.

① ㄱ, ㄴ, ㄷ   ② ㄱ, ㄷ
③ ㄴ, ㄹ   ④ ㄹ
⑤ ㄱ, ㄴ, ㄷ, ㄹ

해 설   ㄹ. 비확률표집은 모집단이 명료하게 구체화되어 있지 않은 경우 혹은 모집단에 대한 사전지식 및 정보가 없는 경우 이용되는 방법으로서, 표본선정이 편리하나 연구결과를 일반화하는 데 한계가 있다.

08 양적 조사의 특징이 아닌 것은?

① 정형화된 측정도구를 사용한다.
② 조사가 객관적으로 수행된다.
③ 귀납법을 사용한다.
④ 논리적 실증주의에 기반을 둔다.
⑤ 조사결과의 일반화가 용이하다.

해 설   **자료수집의 성격에 따른 분류**

양적 조사	질적 조사
• 대상의 속성을 계량적으로 표현하고 그들의 관계를 통계분석으로써 밝혀낸다.	• 언어, 몸짓, 행동 등 상황과 환경적 요인을 조사한다.
• 정형화된 측정도구를 사용하여 객관적인 조사를 수행한다.	• 조사자의 개인적인 준거틀을 사용하여 비교적 주관적인 조사를 수행한다.
• 연역법에 기초하며 조사 결과의 일반화가 용이하다.	• 귀납법에 기초하며 조사 결과의 일반화에 어려움이 있다.
예 질문지조사, 실험조사, 통계자료분석 등	예 현지조사, 사례연구 등

09 다음 중 종단적 조사에 관한 설명으로 옳지 않은 것은?

① 조사대상을 일정한 시간간격을 두고 2회 이상 관찰하는 조사를 말한다.

② 개인의 노동시장 활동과 같은 장기적 추이를 분석하는 데 활용된다.

③ 2000년대와 2010년대 10대들의 직업선호도 비교는 경향분석이다.

④ 1930년대 경제공황기에 태어난 사람들의 경제적 태도 변화에 대한 장기간의 연구는 동류집단 조사이다.

⑤ 패널조사와 경향분석은 매 조사시점마다 동일인이 조사대상이 되도록 계획된다.

> **해설** 패널조사의 경우 매 조사시점마다 동일인이 조사대상이 되도록 계획되는 반면, 경향분석은 매 조사시점에서 조사대상이 동일인이 아니다. 패널조사는 '패널(Panel)'이라 불리는 특정응답자 집단을 정해 놓고 그들로부터 상당히 긴 시간 동안 지속적으로 연구자가 필요로 하는 정보를 획득하는 방법이다. 그에 반해 경향분석은 각각 다른 시기에 일정한 연령집단을 관찰하여 정보를 획득하는 방법이다.

10 척도를 나타내는 수가 등간일 뿐만 아니라 의미 있는 절대 영점을 가지고 있는 척도는?

① 명목척도   ② 서열척도

③ 등간척도   ④ 비율척도

⑤ 이산척도

> **해설** 비율척도 또는 비례척도(Ratio Scale)
> - 가장 높은 수준의 측정척도로서, 명목 · 서열 · 등간척도의 특수성을 포함하는 동시에 절대영점을 가진다. 이때 절대영점은 '0'의 수치가 절대적인 의미를 가지는 것을 의미한다.
> - 섭씨온도나 화씨온도가 등간척도의 예에 해당한다면, 분자의 움직임이 없는 상태를 '0°K'로 나타내는 켈빈온도는 비율척도의 예에 해당한다.
> - 비율척도는 고도의 통계분석이 가능하며, 모든 통계치를 산출할 수 있다.
> - 예 연령, 무게, 신장, 수입, 매출액, 출생률, 사망률, 이혼율, 경제성장률, 졸업생 수, 서비스 대기인수, 서비스 수혜기간 등

11 척도를 구성하는 문항들이 내용의 강도에 따라 일관성 있게 서열을 이루고 있어서 단일 차원적이고 누적적인 척도를 구성하는 대표적인 방법은?

① 리커트척도   ② 거트만척도

③ 보가더스척도   ④ 서스톤척도

⑤ 요인척도

> **해설** 거트만척도(Guttman Scale)
> - 서열척도의 일종으로 '척도도식법'이라고도 한다.
> - 단일차원적이고 예측성이 있으며 쉽게 서열적으로 척도화할 수 있다.
> - 경험적 관측을 토대로 척도가 구성됨으로써 이론적으로 우월하다는 장점이 있다.
> - 두 개 이상의 변수를 동시에 측정하는 다차원적 척도로써 사용되기는 거의 불가능하다는 단점이 있다.

12 특정 자극에 대해 비슷한 태도를 가진 사람이나 대상을 분류하기 위한 방법이다. 또한 응답자로 하여금 특정 기준에 따라 문항들을 분류하게 하여 측정 대상을 나누도록 하는 일종의 투사실험인 이것은?

① 서스톤척도
② 보가더스척도
③ Q 분류척도
④ R 분류척도
⑤ 소시오메트리

> **해 설** Q 분류척도(Q-sort Scale)
> • 특정 자극에 대한 비슷한 태도를 가진 사람이나 대상을 분류하기 위한 방법이다.
> • 일종의 투사실험으로서, 특정인이나 단일 현상을 설명하기 위해 여러 가지 특징 혹은 요인들을 도출해내는 데 주력한다.
> • 한 가지 현상을 설명하기 위해서 단일 현상을 여러 가지 현상으로 세분한다.

기출 17회
13 측정도구의 신뢰도에 관한 설명으로 옳은 것은?

① 일관성 또는 안정성으로 표현될 수 있는 개념이다.
② 측정도구가 의도하는 개념의 실질적 의미를 반영하는 정도와 관련이 있다.
③ 검사-재검사 신뢰도는 가장 널리 사용되는 신뢰도 유형이다.
④ 사회적 바람직성 편향은 신뢰도를 낮추는 주요 요인이다.
⑤ 특정 개념을 측정하는 문항 수가 많을수록 신뢰도는 낮아진다.

> **해 설** ① 신뢰도는 일관성 또는 안정성으로 표현될 수 있는 개념으로, 측정도구가 측정하고자 하는 현상을 일관성 있게 측정하는 능력에 관한 것이다.
> ② 측정도구가 의도하는 개념의 실질적 의미를 충분히 반영하는 정도를 의미하는 것은 타당도이다.
> ③ 내적 일관성 분석법으로서 크론바흐 알파계수가 일반적으로 가장 널리 사용되는 신뢰도의 지표로 알려져 있다.
> ④ 사회적 바람직성은 조사 응답자들이 긍정적이고 호감을 주는 태도나 행동에 대해서는 과대 보고를 하는 반면, 부정적이고 비호감적인 태도나 행동에 대해서는 과소 보고를 하는 경향성을 나타내는 것으로, 특히 타당도를 낮추는 요인에 해당한다.
> ⑤ 문항 수가 많을수록 신뢰도는 어느 정도 높아진다. 다만, 문항 수를 무작정 늘린다고 해서 측정도구의 신뢰도가 정비례하여 커지는 것은 아니다.

14 다음이 설명하는 척도로 옳은 것은?

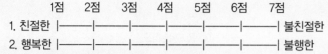

사회복지사에 대해 느끼는 감정에 대해 해당 점수에 체크하시오.
　　　　1점　　2점　　3점　　4점　　5점　　6점　　7점
1. 친절한 |————|———|———|———|———|————| 불친절한
2. 행복한 |————|———|———|———|———|————| 불행한

① 리커트 척도(Likert Scale)

② 거트만 척도(Guttman Scale)

③ 보가더스 척도(Borgadus Scale)

④ 어의적 분화척도(Semantic Differential Scale)

⑤ 서스톤 척도(Thurstone Scale)

> **해 설**　**어의적 분화척도(의의차별척도, 의미분화척도)**
> - 어떤 대상이 개인에게 주는 주관적인 의미를 측정하는 방법이다. 즉, 하나의 개념을 주고 응답자가 여러 가지 의미의 차원에서 이 개념을 평가하도록 한다.
> - 척도의 양 극점에 서로 상반되는 형용사나 표현을 제시하여 정도의 차이에 의한 일련의 형용사 쌍을 만들며, 응답자의 주관적인 판단이나 느낌을 반영하도록 한다.
> - 보통 5~7점 척도가 사용된다.

15 다음 중 통제집단 전후 비교설계에서 사전검사를 실시하는 이유는?

① 통제집단과 실험집단의 분리　　　　② 개입 전 종속변수의 측정

③ 개입 전 외생변수의 측정　　　　　　④ 개입 전 독립변수의 측정

⑤ 상호 연관성 측정

> **해 설**　통제집단 전후 비교설계는 무작위할당으로 실험집단과 통제집단을 구분한 후 실험집단에 대해서는 독립변수 조작을 가하고, 통제집단에 대해서는 아무런 조작을 가하지 않은 채 두 집단 간의 차이를 전후로 비교하는 방법이다. 개입 전 종속변수의 측정을 위해 사전검사를 실시한다.

16 다음 중 검사의 구성타당도를 분석하는 방법에 해당하는 것을 올바르게 모두 고른 것은?

> ㄱ. 유사한 특성을 측정하는 기존 검사와의 상관계수 분석
> ㄴ. 실험을 통한 집단 간 차이검증
> ㄷ. 확인적 요인분석
> ㄹ. 기대표 작성

① ㄱ, ㄴ, ㄷ   ② ㄱ, ㄷ
③ ㄴ, ㄹ   ④ ㄹ
⑤ ㄱ, ㄴ, ㄷ, ㄹ

해 설 ㄹ. '기대표(Expectancy Table) 작성'은 준거타당도(기준타당도) 분석방법에 해당한다. 기대표는 세로에 연구 도구 점수의 범주를, 가로에 준거 점수의 범주를 분류한 이원분류표를 말한다.
ㄱ. 구성타당도 분석방법 중 수렴타당도 분석에 해당한다. 수렴타당도 분석은 새로 개발한 검사를 기존의 검사들과 비교해서 상관계수를 구하는 방법으로서, 상관관계가 높을수록 타당도가 높다.
ㄴ. 구성타당도 분석방법 중 변별타당도(판별타당도) 분석에 해당한다. 변별타당도 분석은 다른 특성을 측정하는 다른 종류의 검사와의 상관계수를 구하는 방법으로서, 상관관계가 낮을수록 변별타당도가 높다.
ㄷ. 구성타당도 분석방법 중 요인분석에 해당한다. 요인분석은 검사의 구성타당도를 알아보기 위해 가장 널리 사용되는 방법으로서, 검사를 구성하는 문항들의 상관관계를 분석하여 상관이 높은 문항들을 묶어주는 통계적 방법이다.

기출 18회
17 질적 연구에 관한 설명으로 옳지 않은 것은?

① 풍부하고 자세한 사실의 발견이 가능하다.
② 문제에 대한 통찰력을 제공한다.
③ 연구참여자의 상황적 맥락 안에서 이루어진다.
④ 다른 연구자들이 재연하기 용이하다.
⑤ 현상에 대해 심층적으로 기술한다.

해 설 ④ 질적 연구는 서로 다른 연구자들의 연구에 의해 동일한 결과가 재연될 수 있는가에 대한 신뢰성이 문제시 된다. 이와 관련하여 질적 연구자들은 관찰결과의 일관성이 아닌 연구자가 기록하는 내용과 실제로 일어나는 상황 간의 일치성 정도를 신뢰성으로 간주하는 경향이 있다.

18 다음 중 검사효과를 통제할 수 있는 실험설계에 해당하는 것을 올바르게 모두 고른 것은?

> ㄱ. 통제집단 전후 비교설계　　　　　ㄴ. 솔로몬 4집단설계
> ㄷ. 비동일 통제집단설계　　　　　　ㄹ. 통제집단 후 비교설계

① ㄱ, ㄴ, ㄷ
② ㄱ, ㄷ
③ ㄴ, ㄹ
④ ㄹ
⑤ ㄱ, ㄴ, ㄷ, ㄹ

해 설 검사효과(테스트 효과)는 내적 타당도를 저해하는 요인으로서, 프로그램의 실시 전과 실시 후에 유사한 검사를 반복적으로 수행함에 따라 프로그램 참여자들의 시험에 대한 친숙도가 높아져서 측정값에 영향을 미치는 현상을 말한다. 실제로 동일한 수검자를 대상으로 유사한 시험문제나 조사도구로 반복 측정하는 경우, 보통 처음의 결과보다 나중의 결과가 좋게 나올 가능성이 높다. 통제집단 후 비교설계는 실험대상자를 무작위로 할당하고 사전조사 없이 실험집단에 대해서는 조작을 가하고 통제집단에 대해서는 아무런 조작을 가하지 않은 채 그 결과를 서로 비교하는 방법이다. 반면, 솔로몬 4집단설계는 연구대상을 4개의 집단으로 무작위할당한 것으로서, 통제집단 전후 비교설계와 통제집단 후 비교설계를 혼합해 놓은 방법이다. 이 두 가지 실험설계의 공통적인 장점은 사전검사의 영향을 제거하여 내적 타당도를 높인다는 점이다.

19 다음 중 근거이론(Grounded Theory) 연구에 대한 설명으로 옳지 않은 것은?

① 1960년대 개발된 것으로 현실에서 수집된 자료에 근거한다는 의미를 가진다.
② 조사과정에서 조사자의 관점을 중시한다.
③ 조사연구의 상황에서 조사자와 조사 대상자 간 상호작용이 반영될 수 있다.
④ 비구조화된 인터뷰와 관찰을 사용하므로 자료의 체계화가 중요하다.
⑤ 연구결과의 일반화를 극대화하기 위해 확률표본추출방법으로서 계통표집이 선호된다.

해 설 근거이론 연구에서는 조사목적에 적합한 사례를 의도적으로 선정하는 비확률표본추출방법 중 유의표집(판단표집)방법을 사용한다. 조사자는 첫 번째 조사가 완료된 후 그와 유사한 표본을 새로운 사실이 발견되지 않을 때까지 지속적으로 추출한다. 이와 같이 새로운 사실이 더 이상 발견되지 않는 이른바 '이론적 포화상태'에 이르는 경우 다른 유형의 표본을 선정하여 새로운 사실이 나타나는지 살펴보며, 마찬가지로 새로운 사실이 나오지 않을 때까지 그와 유사한 표본을 계속해서 선정하게 된다.

20 인과관계의 확인을 위해 유사실험설계를 하려고 한다. 유사실험설계에 대한 설명 가운데 옳지 않은 것은?

① 실험설계보다 내적 타당도가 떨어진다.
② 사회복지의 영역에서는 실험설계에 비해 윤리적인 문제를 덜 발생시킨다.
③ 무작위로 선택된 실험집단과 통제집단을 사용한다.
④ 시계열분석을 사용한다.
⑤ 사회복지의 영역에서는 실험설계보다 더 많이 사용된다.

> **해 설** ③ 유사실험설계란 무작위 배정에 의하여 실험집단과 통제집단의 동등화를 꾀할 수 없을 때 사용하는 설계방법으로 무작위배정 대신 다른 방법을 통하여 실험집단과 유사한 비교집단을 구성하려고 노력한다.

21 다음 단일사례연구의 유형 중 특정 개입방법을 여러 사례, 여러 클라이언트, 여러 표적행동에 적용하는 것은?

① AB설계
② ABAB설계
③ BAB설계
④ 복수요인설계
⑤ 복수기초선설계

> **해 설** **복수기초선설계(복수기준선설계)**
> • 특정 개입방법을 여러 사례, 여러 클라이언트, 여러 표적행동, 여러 다른 상황에 적용하는 것이다.
> • 둘 이상의 개입 단계를 사용하나, 각 기초선의 서로 다른 관찰점에서 개입이 도입된다.
> • ABAB설계와 같이 개입 도중 기초선 확보를 위해 개입을 중단하는 데 따른 윤리적인 문제가 없다. 또한 복수의 사례나 표적행동에 대해 개입의 효과를 한 번에 보여줄 수 있으므로 비용 면에서 효율적이다.
> • 개입의 효과를 평가하기 위해 시간의 경과에 따른 변화의 파동, 변화의 경향, 변화의 수준 그리고 시각적 · 통계적 · 실용적 분석 등을 고려해야 한다.

22 다음은 무엇에 관한 설명인가?

> A연구소가 정치적 보수성을 판단할 수 있는 문항들의 상대적인 강도를 11개의 점수로 평가자들에게 분류하게 한다. 다음 단계로 평가자들 간에 불일치도가 높은 항목들을 제외하고, 각 문항이 평가자들로부터 받은 점수의 중위수를 가중치로 하여 정치적 보수성 척도를 구성한다.

① 거트만(Guttman)척도
② 서스톤(Thurstone)척도
③ 리커트(Likert)척도
④ 보가더스(Borgadus)척도
⑤ 의미차이(Sematic Differential)척도

해설 **서스톤 척도**
- 등간-비율척도의 일종으로서, 어떤 사실에 대하여 가장 긍정적인 태도와 가장 부정적인 태도를 나타내는 양극단을 등간적으로 구분하여 수치를 부여함으로써 등간척도를 구성하는 방법이다.
- 리커트척도를 구성하는 문항들의 간격이 동일하지 않다는 문제점을 보완하기 위한 것으로 중요성이 있는 항목에 가중치를 부여한다.
- 다양한 평가자들의 의견 가운데 극단적인 의견을 배제함으로써 공정성을 보완한다.

23 2차 자료 분석에 관한 설명으로 옳은 것을 모두 고른 것은?

> ㄱ. 비관여적 방법이다.
> ㄴ. 관찰대상에 대한 연구자의 영향이 크다.
> ㄷ. 통계적 기법으로 자료의 결측값을 대체할 수 없다.
> ㄹ. 신뢰도와 타당도에 관한 문제는 발생하지 않는다.

① ㄱ
② ㄱ, ㄷ
③ ㄱ, ㄷ, ㄹ
④ ㄴ, ㄷ, ㄹ
⑤ ㄱ, ㄴ, ㄷ, ㄹ

해설 ㄱ·ㄴ. 비관여적 연구조사는 관여적 연구조사의 반응성 문제를 해결하기 위해 기존의 통계자료나 문헌, 기록물이나 역사자료, 물리적 흔적 등을 분석함으로써 관찰대상(연구대상)과 아무런 상호작용 없이 비관여적으로 자료를 수집한다. 따라서 정부나 공공기관, 사설단체의 보고서, 통계자료 등 기존에 수집된 설문조사 자료나 다른 연구자가 수집한 자료를 재분석하는 2차 자료 분석은 비관여적 방법에 해당하며, 이는 관찰대상에 대한 연구자의 영향력이 미치지 않는다.
ㄷ. 결측(Missing)이란 본래 연구자가 분석에서 제외한다는 것을 말한다. 연구자는 수집된 자료 중 연구주제와 관련이 없다고 판단되는 것을 제외할 수 있으며, 이를 결측값으로 처리하여 나타낼 수 있다.
ㄹ. 2차 자료 중에는 자료의 신뢰성이나 타당성 여부를 알 수 없는 경우도 있다. 또한 2차 자료를 분석하는 과정에서 연구자의 편견이 개입될 수도 있다.

24 분석단위의 혼동에서 오는 오류 중 '어떤 넓은 범위의 인간의 사회적 행위를 이해함에 있어서 적합한 개념이나 변수를 지나치게 한정시키거나 한 가지로 귀착시키려는 경향'을 무엇이라고 하는가?

① 생태학적 오류

② 개별적 오류

③ 환원주의적 오류

④ 후광효과 오류

⑤ 중앙집중경향의 오류

> **해 설** **연구의 분석단위와 관련된 오류**
> • 환원주의적 오류 : 넓은 범위의 인간의 사회적 행위를 이해하는 데 필요한 변수 또는 개념의 종류를 지나치게 한정시키거나 한 가지로 환원시키려는 경향에서 발생한다.
> • 개인주의적 오류 : 분석단위를 개인에 두고 얻어진 연구의 결과를 집단에 동일하게 적용함으로써 발생한다.
> • 생태학적 오류 : 분석단위를 집단에 두고 얻어진 연구의 결과를 개인에 동일하게 적용함으로써 발생한다.

25 모집단이 명확하지 않을 때 집단 내 성원의 네트워크를 활용하여 입에서 입으로 전해지는 표집으로로 질적 연구에서 많이 활용하는 방법은?

① 편의표집

② 유의표집

③ 눈덩이표집

④ 할당표집

⑤ 층화표집

> **해 설** 눈덩이표집이란 '누적표집'이라고도 하며, 첫 단계에서 연구자가 임의로 제한된 표본에 해당하는 사람으로부터 추천을 받아 다른 표본을 선정하는 과정을 되풀이하여 마치 눈덩이를 굴리듯이 표본을 누적해 가는 방법이다. 이 방법은 연구자가 특수한 모집단의 구성원을 전부 파악하고 있지 못할 때에 적합한 표집방법이다.

01 사회복지를 하나의 독립된 제도가 아니라 응급적이고 일시적인 지원체계로 보는 개념은?

① 제도적 개념   ② 경제적 개념

③ 잔여적 개념   ④ 서비스 개념

⑤ 가치 개념

해 설 사회복지의 관점

잔여적 개념	• 사회복지를 하나의 독립된 제도가 아닌 응급적이고 일시적인 지원체계로 본다. • 일정한 수준 이하의 사람들에게 한시적 · 선택적으로 제공된다. • 시장제도나 가족제도의 실패를 보충하는 기능은 사회복지의 잔여적 개념이다.
제도적 개념	• 개인과 사회의 복지를 국가가 책임진다는 것을 강조한다. • 국가와 사회는 모든 사람들에게 각자 능력을 최대한 발휘하고 사회기능을 향상할 수 있도록 사회복지서비스를 제공할 책임이 있다고 본다. 서비스는 포괄적으로 제공된다. • 시장이나 가족제도가 수행하지 못하는 기능을 사회제도로서 수행하는 것은 제도적 개념이다. • 산업화가 성숙됨에 따라 사회복지는 잔여적 개념에서 제도적 개념으로 변화되고 있다.

기출 17회

02 이용시설 − 간접서비스기관 − 민간기관의 예를 순서대로 바르게 나열한 것은?

① 지역아동센터 − 사회복지협의회 − 주민센터

② 장애인복지관 − 주민센터 − 지역사회보장협의체

③ 청소년쉼터 − 사회복지관 − 사회복지공동모금회

④ 사회복지관 − 노인보호전문기관 − 성폭력피해상담소

⑤ 다문화가족지원센터 − 사회복지공동모금회 − 한국사회복지사협회

해 설 ① 읍 · 면 · 동 주민센터는 민간기관이 아닌 공공기관에 해당한다.
② 지역사회보장협의체는 순수민간기관이 아닌 민관협력기구에 해당한다.
③ 청소년쉼터는 생활시설, 사회복지관은 직접서비스기관에 해당한다.
④ 노인학대 관련 업무를 수행하기 위해 지방자치단체가 설치하는 지역노인보호전문기관은 직접서비스기관에 해당한다.

03 다음 중 사회복지실천의 발달과정을 순서대로 올바르게 나열한 것은?

ㄱ. 결합적 접근방법, 중복적 접근방법, 단일화 접근방법의 세 측면으로의 통합
ㄴ. 우애방문원의 활동에 대한 급여 제공
ㄷ. 개별사회사업, 집단사회사업, 지역사회조직 방법론으로 분화 및 발전
ㄹ. 진단주의 학파와 기능주의 학파의 접근방법 통합

① ㄴ － ㄱ － ㄹ － ㄷ　　　　　　② ㄴ － ㄷ － ㄹ － ㄱ
③ ㄴ － ㄹ － ㄷ － ㄱ　　　　　　④ ㄹ － ㄴ － ㄷ － ㄱ
⑤ ㄹ － ㄴ － ㄱ － ㄷ

해 설　ㄴ. 빈곤의 원인을 사회적 요인으로 보는 시각이 확대되어 자선조직협회의 활동을 우애방문원의 무급 자원봉사만으로 충당하기에는 한계가 있다는 인식이 커지게 되었다. 그로 인해 1890년대 말부터 유급 전임직원을 고용하는 자선조직협회가 많아지게 되었다.
　ㄷ. 개별사회사업, 집단사회사업, 지역사회조직의 3대 방법론으로 분화가 이루어진 것은 전문적 분화기에 해당하는 1920~1950년대 전후이다.
　ㄹ. 진단주의 학파와 기능주의 학파의 통합적 접근이 시도된 것은 사회복지실천의 통합 시도기에 해당하는 1950~1960년대 전후이다.
　ㄱ. 통합적 접근방법의 필요성이 본격적으로 대두되어 '결합적 · 중복적 · 단일화 접근방법'의 세 측면에서 통합의 형태가 나타난 것은 사회복지실천의 통합 발전기에 해당하는 1960~1980년대 전후이다.

04 다음 중 사회복지실천의 목적으로 옳지 않은 것은?

① 개인의 문제해결능력과 대처능력을 향상하도록 돕는다.
② 개인의 욕구충족을 위해 전적인 책임을 가지고 지속적으로 지원한다.
③ 새로운 사회정책의 개발 및 향상을 위해 실천 활동을 펼친다.
④ 개인과 환경 간의 불균형이 발생한 경우 이를 감소하도록 돕는다.
⑤ 사회복지기관이 양질의 사회자원 및 서비스를 제공할 수 있도록 운영에 있어서 효과성 및 효율성을 추구한다.

해 설　② 사회복지실천의 목적은 동시대 사회나 문화, 시대적 배경, 기대와 가치 등을 반영함으로써 차이를 보인다. 또한 사회복지 관련 조직이나 학자들에 따라 다양하게 제시되고 있다. 그러나 '인간의 삶의 질 향상 및 사회적 기능 증진'이라는 사회복지실천의 궁극적 목적에는 변화가 없으며, 이는 특정 개인의 동의가 아닌 사회구성원 대다수의 합의에 의해 도출된 것이다. 따라서 사회복지실천은 개인의 욕구충족을 강조하기보다는 개인과 환경 간의 관계 증진 및 상호작용의 원활화에 중점을 둔다.
사회복지실천의 목적(미국사회복지사협회, NASW)
　• 인간과 사회환경에 대한 생태체계적 관점을 기초로 하여 개인, 가족, 집단으로 하여금 문제해결능력과 대처능력을 향상하도록 돕는다.
　• 인간이 필요로 하는 각종 사회자원 및 서비스 등 환경체계의 상호작용이 원활히 이루어지도록 돕는다.
　• 다양한 사회복지기관 또는 조직이 양질의 사회자원 및 서비스를 제공할 수 있도록 운영에 있어서 효과성 및 효율성을 추구한다.
　• 새로운 사회정책의 개발 및 향상을 위해 실천 활동을 펼친다.

05 다음 중 펄만(Perlman)이 문제해결모델을 통해 강조한 사회복지실천의 4가지 구성요소에 해당하지 않는 것은?

① 장소(Place)
② 실천(Practice)
③ 과정(Process)
④ 문제(Problem)
⑤ 사람(Person)

> **해 설** 사회복지실천의 구성요소로서 4P와 6P(Perlman)
> • 4P : 사람(Person), 문제(Problem), 장소(Place), 과정(Process)
> • 6P : 4P + 전문가(Professional Person), 제공(Provision)

기출 16회

06 통합적 방법의 특징으로 옳지 않은 것은?

① 실천의 유용한 이론적 틀로서 생태체계적 관점에 기초한다.
② 개인과 체계 간의 상호작용에 초점을 둔다.
③ 사회복지사는 미시적 수준에서부터 거시적 수준의 실천까지 다양한 체계에 개입한다.
④ 인간에 초점을 두거나 환경에 초점을 두는 2궤도 접근이다.
⑤ 일반주의(Generalist) 실천에서 활용하는 접근방법이다.

> **해 설** ④ 과거 사회복지 개입은 주로 인간에 초점을 두거나 환경에 초점을 두는 2궤도 접근으로 이루어져 왔다. 그러나 통합적 방법은 양면적 상호작용에 초점을 둠으로써 인간과 환경의 공유영역, 즉 사회적 기능수행영역에 사회복지사가 개입할 것을 강조하고 있다.

07 다음 보기의 개념이 정의하는 모델은 무엇인가?

> 인간 생활의 전체적인 흐름과 방향을 설명하고, 그것과 포괄적으로 관계하는 환경의 유기적인 규명을 통하여 문제의 인식에 접근하는 모델

① 문제해결모델
② 과업중심모델
③ 생활모델
④ 행동수정모델
⑤ 위기개입모델

> **해 설** 생활모델
> 생태체계적 관점을 이론적 준거틀로 도입하여 개발한 것으로 인간과 환경의 상호작용에 초점을 두고 개인, 집단, 지역사회 등 제반 체계에 개입할 수 있는 실천원칙과 기술을 통합한 것이다. 특히 문제를 개인의 성격장애가 아닌 과도한 스트레스를 유발하는 생활상의 문제로 보며, 생활 과정상에서 인간의 강점, 지속적인 성장, 잠재력의 방출, 환경적 요인의 개선 등을 촉진시킨다.

08 다음과 같은 질문은 사회복지실천의 기술 중 무엇인가?

> "지금까지 이야기한 것 중에서 가장 중요한 부분이 무엇이라고 느끼시는지요?"

① 부분화   ② 초점화

③ 질문하기   ④ 재구성하기

⑤ 목적의 명료화

> **해 설** 초점화는 어떤 부분을 강조하거나 집중시킬 때 사용한다. 이러한 초점화는 제한된 시간에 최대의 효과를 이끌어 내야 하는 전문적 관계에 있어서 불필요한 방황과 시간낭비를 방지한다.

---

09 역량강화(Empowerment) 실천 활동으로 옳은 것을 모두 고른 것은?

> ㄱ. 클라이언트와 협력
> ㄴ. 생태체계적 관점 적용
> ㄷ. 사회변화를 위한 행동에 참여
> ㄹ. 억압받는 집단에 대한 역사적 관점 이해

① ㄹ   ② ㄱ, ㄷ

③ ㄴ, ㄹ   ④ ㄱ, ㄴ, ㄷ

⑤ ㄱ, ㄴ, ㄷ, ㄹ

> **해 설**   **역량강화모델(임파워먼트모델, 권한부여모델)**
> - 1970년대 후반 일반체계이론과 생태체계적 관점을 이론적 기반으로 하여 나타난 강점중심의 실천모델이다.(ㄴ)
> - 클라이언트가 자신의 생활과 경험에 있어서 전문가임을 강조하며, 이를 바탕으로 클라이언트와의 동맹·협력적인 관계를 창출한다.(ㄱ)
> - 개인, 대인관계, 구조적 차원(사회·정치적 차원) 등 모든 사회체계 수준에 적용이 가능하다.(ㄷ)
>   - 개인적 차원 : 개인의 요구가 무엇인지 표명할 수 있도록 격려하고 개인의 역량, 변화능력 등에 영향력을 주는 것이다.
>   - 대인관계 차원 : 클라이언트에 대한 타인의 바른 이해를 격려하며, 동시에 타인에 대한 올바른 이해를 돕는다.
>   - 구조적 차원(사회·정치적 차원) : 사회구조에 변화를 줌으로써 힘을 얻고, 새로운 기회를 창출할 수 있도록 힘을 부여한다.
> - 빈민, 이민자와 피난민, 장애인, 인종차별에 처해 있는 여성, 이혼한 여성, 노인집단, 노숙인 등 억압받는 집단을 대상으로 하여 클라이언트로 하여금 자신과 상황에 대한 내·외적인 통제력을 획득하도록 돕는 사회사업의 기술에 해당한다.(ㄹ)

10 사례관리의 특성에 대한 설명으로 옳지 않은 것은?

① 다양하고 복합적인 욕구를 가진 클라이언트를 대상으로 한다.

② 클라이언트의 사회적 기능과 독립을 극대화하기 위해서 보호의 연속성과 책임성을 보장한다.

③ 클라이언트의 문제해결과 치료에 보다 더 중점을 둔다.

④ 가정방문, 안내, 의뢰 등과 같이 클라이언트에 대한 적극적인 접근을 강조한다.

⑤ 개별적인 실천기술, 지역사회 실천기술 등 다양한 사회복지실천기술을 통합한 접근방법이다.

> **해설** 사례관리는 복잡하고 다양한 욕구를 가진 클라이언트를 위해 자원망을 개발하거나 강화시켜 가장 효율적인 방법으로 서비스를 제공하는 것이며, 클라이언트 스스로 그 지지망을 관리하도록 그의 능력을 계발하는 것이다.

기출 16회
11 사회복지사가 면접기술을 활용할 때 주의할 점으로 옳은 것은?

① 클라이언트로부터 사적 질문을 받을 경우 간단히 답하고 초점을 다시 돌리는 것이 좋다.

② 한 번에 다양한 정보를 얻기 위해서는 중첩형 질문을 적극적으로 활용해야 한다.

③ 클라이언트의 침묵은 저항이므로 힘들더라도 대화를 지속하도록 촉구해야 한다.

④ 클라이언트가 받아들이기 어려운 경우에도 자기탐색을 위해 해석을 반복한다.

⑤ 바람직한 결정을 이끌어내기 위해 원하는 방향으로 유도질문을 하는 것이 중요하다.

> **해설**
> ① 대부분의 경우 사적인 질문에 대한 대답은 솔직하고 정직하게 해야 하며, 단순한 것이 좋다. 또한 그와 같은 대답을 통해 클라이언트의 주의를 그 자신에게로 돌리는 것으로 삼아야 한다.
> ② · ⑤ 중첩질문 혹은 이중질문, 유도질문, '왜' 질문, 모호한 질문 등은 삼가야 한다.
> ③ 대개의 경우 클라이언트가 자기 자신을 음미해 보거나 머릿속으로 생각을 간추리는 과정에서 침묵이 발생하므로, 이때의 침묵은 유익한 필요조건이 된다. 따라서 사회복지사는 '조용한 관찰자'로서 클라이언트의 침묵을 섣불리 깨뜨리려 하지 말고, 인내심을 가지고 어느 정도 기다려 보는 것이 바람직하다.
> ④ 사회복지사는 클라이언트가 자기탐색을 통해 과거에 부정되고 왜곡된 자기의 측면을 경험하고 성장을 방해하는 요인들을 인식하도록 편안한 분위기를 제공해야 한다. 또한 클라이언트가 자기를 개방하고 자기를 신뢰하며, 자발성과 생기를 찾도록 도와야 한다.

12 다음 중 집단사회복지실천에서 치료집단에 속하지 않는 것은?

① 치유집단
② 교육집단
③ 성장집단
④ 사회화집단
⑤ 행정집단

> **해 설** **집단의 분류**
> • 치료집단 : 지지집단, 교육집단, 성장집단, 치유집단, 사회화집단 등
> • 과업집단 : 위원회, 이사회, 행정집단, 협의체, 팀, 치료회의, 사회행동집단 등

13 다음 중 노든(Northern)의 집단발달단계에서 구성원 간의 인간적인 유대관계가 생기며 불안과 긴장이 가장 높아지는 단계에 해당하는 것은?

① 준비단계
② 오리엔테이션단계
③ 탐색 및 시험단계
④ 문제해결단계
⑤ 종결단계

> **해 설** **오리엔테이션단계(제2단계)**
> • 집단구성원 간의 인간적 유대관계가 생기고 투쟁적 리더를 중심으로 의사소통이 이루어지는 단계이다.
> • 집단응집력의 기초단계로서 성원 각자가 가지는 집단에의 목적이나 과제 및 다른 성원에 대한 친밀감이 중요하다.
> • 집단구성원의 불안과 긴장이 가장 높은 단계이며, 관계형성이 중심이 되는 단계이다.
> • 사회복지사는 집단의 목적과 활동과제를 설정하는 과정에서 공통적인 가치와 태도를 집단의 규범과 행동방식으로 형성한다.
> • 사회복지사는 리더십 구조를 수정하고, 구성원의 불안해소를 통한 신뢰구축을 후원한다.

14 거동이 불편한 독거노인에게 병원에 동행할 자원봉사를 연계해 주는 사회복지사의 역할은 무엇인가?

① 대변자
② 옹호자
③ 중개자
④ 교 사
⑤ 상담자

> **해 설** 사회복지사의 중개자로서의 역할은 클라이언트와 지역사회의 자원이나 서비스를 연결하는 것을 돕는 것이다.

15 다음 중 권한부여(Empowerment)의 개념과 가장 거리가 먼 것은?

① 클라이언트의 자기결정권 강조   ② 클라이언트와의 협력

③ 발전가능성에 대한 믿음   ④ 소외계층에 대한 관심

⑤ 제공자와 수혜자의 관계

> **해설** 권한부여 또는 임파워먼트는 무기력 상태에 있거나 필요한 자원을 스스로 활용하지 못하는 클라이언트를 대상으로 자신의 삶을 통제할 수 있도록 원조하는 것이다. 즉, 클라이언트가 스스로의 능력을 발휘하는 데 있어서 장애가 되는 요소들을 제거하고 자신의 능력을 육성하여 권한을 획득하도록 돕는 것이다. 이는 클라이언트가 자신의 생활과 경험에 있어서 전문가임을 인정하는 것으로서, 권한부여가 곧 사회복지사와 클라이언트 간의 협력과 파트너십에 기반을 둔다는 점을 강조하는 것이기도 하다.

기출 15회

16 사회복지실천의 역사에 관한 설명으로 옳지 않은 것은?

① 우애방문자들은 빈곤가정을 방문하면서 상담 및 교육, 교화를 하는 역할을 수행하였다.

② 우애방문자들은 빈민구제에 도덕적 잣대를 적용하여 빈민을 통제하고자 하였다.

③ 우애방문자들의 개입대상은 개인이나 가족이었다.

④ 자선조직협회는 연구와 조사를 통해 사회제도를 개혁해야 한다는 기본개념을 가졌다.

⑤ 인보관운동은 빈곤의 원인을 산업화의 결과로 보았다.

> **해설** ④ 인보관운동(Settlement House Movement)의 기본개념에 해당한다. 인보관운동은 3R, 즉 거주(Residence), 연구조사(Research), 사회개혁(Reform)을 강조하였다. 이는 빈민을 이해하기 위해서는 직접 빈민가로 들어가 함께 생활해야 하며, 연구와 조사를 통해 사회제도를 개혁해야 한다는 것을 말한다. 반면, 자선조직협회(Charity Organization Society)는 주로 중산층 부인들로 구성된 우애방문원의 가정방문에 의한 개별적 조사 · 등록, 우애의 정신을 기초로 한 구제의 도덕적 개혁을 강조하였다.

17 사회복지실천현장에서 생애발달적 관점을 가지고 접근해야 하는 문제는?

① 노숙자   ② 이혼문제

③ 가정폭력문제   ④ 노인치매문제

⑤ 성폭력

> **해설** 출생, 졸업, 취직, 결혼, 중년기의 직업변화 및 질병, 은퇴, 노후질병 등 인간이 성장하고 발달해 가는 가운데 발생하는 발달적 위기는 생애발달적 관점을 가지고 접근한다.

18 다음 중 사회복지사의 자기인식에 대한 태도로 옳지 않은 것은?

① 자신의 강점과 약점을 명확히 인식하고 있어야 한다.
② 자신의 경험보다 클라이언트의 경험을 더 중요하게 생각해야 한다.
③ 사회복지에 관한 개인적 경험을 의도적으로 활용함으로써 업무능력을 고양해야 한다.
④ 자신이 어떻게 클라이언트의 행동에 영향을 미치는지 이해해야 한다.
⑤ 자신의 신념, 태도, 행동습관을 알고 있어야 한다.

> **해설**   사회복지사의 자기인식은 자신의 신념, 태도, 행동습관이 사회복지실천에서의 관계형성 및 의사결정에 어떠한 영향을 미치는지를 깨닫는 것이다. 사회복지사는 끊임없는 성찰을 통해 사회복지실천에 있어서 자신의 강점과 약점을 명확히 인식하고 있어야 하며, 클라이언트의 성격적 특징을 파악하여 그의 문제에 적절히 반응해야 한다. 특히 사회복지사는 클라이언트에게 서비스를 제공하는 데 있어서 자신의 편견이나 선입견 또는 특정 경험이 어떠한 영향을 미치는지 이해해야 하며, 이를 토대로 사회복지 관련 기술·지식·가치와 함께 개인적 경험을 의도적으로 활용함으로써 자신의 업무능력을 고양해야 한다.

19 다음 중 기능주의 실천과 가장 거리가 먼 것은?

① 인간은 스스로 창조하고 재창조할 수 있는 힘을 가지고 있다고 본다.
② 사회복지사와 클라이언트가 함께 노력할 일치점을 알아본다.
③ 사회복지기관은 실천가의 활동을 위한 초점, 방향, 내용을 제공한다.
④ 클라이언트로 하여금 건전한 사회적 생활을 할 수 있도록 한다.
⑤ 클라이언트의 잠재적 성장 가능성을 높이기 위해 실천가·클라이언트 관계를 활용한다.

> **해설**   ④ 진단주의의 목적에 해당한다. 진단주의는 정신병리에 관한 심리학을 도입하여 클라이언트의 병리적 상태를 진단하고 이를 치료하는 데 역점을 둔다. 반면, 기능주의는 클라이언트의 '의지(Will)'를 강조함으로써 문제해결이 클라이언트의 의지에 달려있다고 본다. 특히 기능주의는 '돕는 과정(Helping Process)'으로서 진단이나 치료보다는 원조 과정을 지지하며, 클라이언트의 의지를 강화하고 능동성을 부여하는 데 역점을 둔다.

기출 16회

20 음주상태에서 아내에게 폭력을 가하던 남편이 이웃주민의 신고로 경찰을 통해 중독관리통합지원센터에 의뢰되었다. 핀커스와 미나한(Pincus & Minahan)의 4체계모델에서의 변화매개체계는?

① 남 편   ② 아 내
③ 경 찰   ④ 이웃주민
⑤ 중독치료 전문가

> **해설**   핀커스와 미나한(Pincus & Minahan)의 4체계 모델
> • 표적체계 : 목표달성을 위해 변화시킬 필요가 있는 대상(예 남편)
> • 클라이언트체계 : 서비스나 도움을 필요로 하는 사람들(예 아내)
> • 변화매개체계 : 사회복지사와 사회복지사가 속한 기관 및 조직(예 중독치료 전문가)
> • 행동체계 : 변화매개인들이 변화노력을 달성하기 위해 서로 상호작용하는 사람들(예 경찰, 이웃주민)

21 개입의 목표를 설정할 때 지침으로 올바르지 않은 것은?

① 목표는 클라이언트가 바라는 결과와 관련되어야 한다.

② 목표는 명시적이며 측정 가능한 형태로 진술되어야 한다.

③ 사회복지사의 지식과 기술에 상응하는 것이어야 한다.

④ 목표는 가능한 한 강조하는 긍정적 용어로 진술되어야 한다.

⑤ 목표가 사회복지사의 중요한 권리나 가치에 맞지 않을 때에도 동의하여야 한다.

> **해 설** ⑤ 클라이언트의 요구나 목표가 사회복지사의 가치나 권리에 근본적으로 맞지 않아 받아들이기 어려울 때는 동의하지 않아야 한다.

22 다음 중 보기의 내용과 연관된 사회복지실천의 윤리적 쟁점으로 가장 적절한 것은?

> A 사회복지사는 가까운 친척으로부터 부탁을 받게 되었다. A 사회복지사와 사촌지간이기도 한 자신의 아들이 학교생활에 잘 적응하지 못하고 왕따를 당하고 있으며, 이 문제는 평소 자신의 아들과 가깝게 지낸 A 사회복지사가 개입해 주는 것이 더 좋지 않겠냐는 것이었다.

① 규칙과 정책의 준수   ② 전문적 관계 유지

③ 진실성 고수   ④ 클라이언트의 알권리

⑤ 제한된 자원의 공정한 분배

> **해 설** 사회복지사 윤리강령에 따르면, 사회복지사는 클라이언트의 사생활을 존중하고 보호하며, 직무 수행과정에서 얻은 정보에 대해 철저하게 비밀을 유지해야 한다. 또한 사회복지사는 사회복지 증진을 위한 환경조성에 클라이언트를 동반자로 인정하고 함께 일해야 한다. 만약 사회복지사가 자신의 가족이나 친척을 클라이언트로 받아들이는 경우 클라이언트와의 사적인 친밀함에 의해 전문적 관계를 유지하기 어려울 수 있다. 이는 사회복지사의 전문적 기술 및 능력을 최대한 발휘하는 데 있어서 지장을 초래할 것이며, 그로 인해 사회복지의 최우선의 가치에 해당하는 클라이언트의 권익옹호를 실천하는 데 걸림돌로 작용할 것이다.

23 사회체계이론의 내용으로 옳은 것을 모두 고른 것은?

> ㄱ. 체계 내 부분의 작은 변화라도 전체로 파급된다.
> ㄴ. 전체 체계는 부분의 합 이상의 의미를 지닌다.
> ㄷ. 모든 체계는 부분인 동시에 전체로서의 속성을 지닌다.
> ㄹ. 엔트로피는 체계 간 에너지교류가 극대화된 상태이다.

① ㄱ, ㄴ, ㄷ   ② ㄱ, ㄷ
③ ㄴ, ㄹ   ④ ㄹ
⑤ ㄱ, ㄴ, ㄷ, ㄹ

해 설 ㄹ. 엔트로피(Entropy)는 외부로부터 에너지를 공급받지 못한 채 체계 내부의 에너지만 소모함으로써 점차적으로 해체·쇠퇴해가는 상태를 말한다.

24 다음 보기의 내용은 사회복지사 윤리강령 중 어느 윤리기준에 속하는가?

> • 사회복지사는 전문가로서의 품위와 자질을 유지하고, 자신이 맡고 있는 업무에 대해 책임을 진다.
> • 사회복지사는 클라이언트의 지불능력에 상관없이 서비스를 제공해야 하며, 이를 이유로 차별대우를 해서는 안 된다.

① 사회복지사의 클라이언트에 대한 윤리기준
② 사회복지사의 기본적 윤리기준
③ 사회복지사의 기관에 대한 윤리기준
④ 사회복지사의 사회에 대한 윤리기준
⑤ 사회복지사의 동료에 대한 윤리기준

해 설 **사회복지사의 기본적 윤리기준**
• 전문가로서의 자세 : 사회복지사는 전문가로서의 품위와 자질을 유지하고, 자신이 맡고 있는 업무에 대해 책임을 진다.
• 전문성 개발을 위한 노력 : 사회복지사는 클라이언트에게 최상의 서비스를 제공하기 위해, 지식과 기술을 개발하는 데 최선을 다하며 이를 활용하고 전파할 책임이 있다.
• 경제적 이득에 대한 태도 : 사회복지사는 클라이언트의 지불능력에 상관없이 서비스를 제공해야 하며, 이를 이유로 차별대우를 해서는 안 된다.

25 다음 중 사회복지실천의 윤리적 딜레마에 대처하기 위한 원칙을 모두 고른 것은?

> ㄱ. 생명보호의 원칙　　　　　ㄴ. 자기손실의 원칙
> ㄷ. 비밀보장의 원칙　　　　　ㄹ. 행정편의의 원칙

① ㄱ, ㄴ, ㄷ　　　　　　　　② ㄱ, ㄷ
③ ㄴ, ㄹ　　　　　　　　　　④ ㄹ
⑤ ㄱ, ㄴ, ㄷ, ㄹ

> **해 설**　윤리적인 딜레마 해결을 위한 준거틀(Loewenberg & Dolgoff)
> • 윤리원칙1 : 생명보호의 원칙
> • 윤리원칙2 : 평등과 불평등의 원칙
> • 윤리원칙3 : 자율과 자유의 원칙
> • 윤리원칙4 : 최소 해악(최소 손실)의 원칙
> • 윤리원칙5 : 삶의 질 원칙
> • 윤리원칙6 : 사생활보호와 비밀보장의 원칙
> • 윤리원칙7 : 진실성과 정보 개방의 원칙

2영역　▶ 사회복지실천기술론

01 개입수준과 기능에 따른 사회복지사의 역할 분류에 있어서 다음 설명은 어느 차원에 관한 내용인가?

> • 계획가, 행동가, 현장개입가의 역할
> • 지역사회문제를 해결
> • 사회적 불평등을 줄여나감
> • 정책수립과 프로그램의 개발

① 미시차원　　　　　　　　　② 중범위차원
③ 거시차원　　　　　　　　　④ 전문가차원
⑤ 행동가차원

> **해 설**　거시차원의 실천은 서비스를 직접 전달하는 것과 거리가 먼 것으로 거시적 실천은 사회계획과 지역사회 조직
> 과정을 포함하며, 사회복지사는 사회문제를 다루기 위해 개인, 집단, 조직으로 구성된 지역사회 행동체계를
> 원조하는 전문적인 변화 매개자로서의 역할을 한다.

02 사회복지실천 기록에 포함되어야 할 기본적인 내용과 가장 거리가 먼 것은?

① 서비스 비용 　　　　　　　　　　　② 클라이언트의 인구학적 특성

③ 서비스의 목적과 계획 　　　　　　　④ 사후관리

⑤ 사회복지사의 사정내용과 소견

해 설 　**기록에 포함될 내용**
- 클라이언트의 인구학적 특성
- 서비스 제공의 사유
- 클라이언트의 사회력
- 사회복지사의 사정내용과 소견
- 서비스 목적과 계획 및 특성
- 서비스 종결방법과 사유
- 결과 요약
- 사후관리 등

기출 16회

03 사회복지 전문직의 가치체계를 모두 고른 것은?

ㄱ. 사회적 형평성의 원리
ㄴ. 개인의 복지에 대한 사회와 개인 공동의 책임
ㄷ. 개인의 존엄성과 독특성에 대한 존중
ㄹ. 자기결정의 원리

① ㄱ, ㄴ

② ㄷ, ㄹ

③ ㄱ, ㄷ, ㄹ

④ ㄴ, ㄷ, ㄹ

⑤ ㄱ, ㄴ, ㄷ, ㄹ

해 설 　**사회복지 전문직의 가치체계**
- 개인의 존엄성과 독특성에 대한 존중 : 인간은 그 자체로서 존엄하고 독특한 존재이므로, 사회복지사는 개인을 있는 그대로 인정하고 받아들여야 한다.
- 자기결정의 원리 : 사회복지사는 개인이 자기결정권을 최대한 행사할 수 있도록 도와야 한다.
- 사회적 형평성의 원리 : 사회복지사는 개인의 잠재력을 최대한 실현하기 위해 필요한 자원과 기회에 동등한 접근을 보장해야 한다.
- 개인의 복지에 대한 사회와 개인 공동의 책임 : 각 개인은 전체 사회의 요구와 개인 및 사회의 균형 속에서 자신의 복지 향상을 위해 최대한 노력할 책임을 갖고 있다.

04 자조집단에 관한 설명으로 옳지 않은 것은?

① 공통적인 문제나 장애를 가진 사람들의 공동욕구 해결을 위한 상호원조를 제공한다.

② 집단성원들은 물질적 원조뿐만 아니라 정보나 정서적 지지를 제공받는다.

③ 초기 익명의 단주동맹으로 시작되어, 최근에는 치매가족협회 등으로 확산되었다.

④ 자신의 상황을 스스로 통제할 수 있어 동기가 더 강해진다.

⑤ 집단성원들이 서로 정보와 지지를 제공하여 문제를 극복하기 때문에 전문가의 개입은 필요 없다.

> **해 설**   자조집단에서 사회복지사는 집단을 형성하는 데 도움을 주지만 집단을 이끌어가거나 주도적인 역할을 하지는 않는다. 그러나 집단의 형성과 집단의 유지 및 발달에 도움을 줄 수 있을 정도로 지지와 상담을 제공하기 때문에 어느 정도의 개입은 필요하다.

05 다음 중 슈퍼바이저의 역할이 아닌 것을 모두 고르면?

    ㄱ. 지원과 지지   ㄴ. 직원 교육
    ㄷ. 지식과 기술제공   ㄹ. 업무대행

① ㄱ, ㄴ, ㄷ   ② ㄱ, ㄷ

③ ㄴ, ㄹ   ④ ㄹ

⑤ ㄱ, ㄴ, ㄷ, ㄹ

> **해 설**   슈퍼비전의 기능
> - 교육적 기능 : 직원의 교육과 훈련, 학습촉진, 정보제공 등 사회복지사의 지식과 기술을 향상시킨다.
> - 행정적 기능 : 직원의 채용과 선발, 임명과 배치, 업무계획 및 업무할당 등 사회복지기관의 규정과 절차에 맞는 서비스를 제공한다.
> - 지지적 기능 : 직원 스트레스 해소 및 대처 원조, 관점의 공유, 결정에 대한 책임의 공유, 동료를 통한 지지 제공 등 사회복지사의 개별적 욕구에 관심을 가진다.

06 다음 중 심리사회모델의 개입기법으로 옳지 않은 것은?

① 발달적 고찰   ② 경청, 수용, 격려, 재보증

③ 탐색 – 소거 – 환기   ④ 인간–상황에 대한 고찰

⑤ 유형–역동에 대한 고찰

> **해 설**   '탐색 – 소거 – 환기'가 아닌 '탐색 – 기술(묘사) – 환기(Exploration – Description – Ventilation)'에 해당한다. '탐색 – 기술(묘사) – 환기'는 심리사회모델의 직접적 개입에 동원되는 기법으로서, 여기서 '탐색 – 기술'은 클라이언트의 문제와 관련하여 클라이언트, 클라이언트의 환경 혹은 클라이언트와 환경과의 상호작용에 관한 사실을 그대로 말할 수 있도록 돕는 의사소통기술을 말하며, '환기'는 클라이언트로 하여금 사실과 관련된 감정을 끄집어냄으로써 카타르시스를 경험하도록 원조하는 기술을 의미한다.

07 다음 보기의 내용은 사례관리의 단계 중 어느 단계에 해당하는가?

- 상호 목표를 정한다.
- 목표의 우선순위를 정한다.
- 전략을 세운다.
- 목표 달성을 위한 최선의 전략을 선택한다.

① 계획단계　　　　　　　　　　② 사정단계
③ 개입단계　　　　　　　　　　④ 점검단계
⑤ 접수단계

해 설　**사례관리의 서비스 과정**
- 제1단계 – 접수(Intake)
  - 클라이언트의 확인 및 등록
  - 클라이언트의 문제 및 욕구에 대한 개략적 파악
  - 원조의 내용에 대한 상세한 설명
  - 원조 수령 여부의 확인 및 계약의 체결
- 제2단계 – 사정(Assessment)
  - 클라이언트의 신체적·정서적 상태 및 욕구에 대한 광범위하고 구조화된 평가
  - 클라이언트의 현재 기능수준 및 강점에 대한 사정
  - 자원에 대한 사정 및 자원 이용의 장애물 찾기
  - 클라이언트의 욕구 및 문제의 목록화
- 제3단계 – 계획(Plan)
  - 클라이언트의 문제 및 욕구를 해결하기 위한 구체적인 목표 설정
  - 목표 실행을 위한 우선순위 정하기
  - 목표 달성을 위한 전략 및 구체적인 서비스 계획 수립
  - 전략 실행 후 성공여부에 대한 평가를 통해 미달성 목표를 다시 계획 단계로 환류
- 제4단계 – 개입(Intervention)
  - 내부자원의 획득을 위한 직접적 서비스의 제공
    - 예 클라이언트에 대한 교육, 클라이언트의 결정 및 행동에 대한 격려·지지, 위기에의 적절한 개입, 클라이언트의 동기화 등
  - 외부자원의 획득을 위한 간접적 서비스의 제공
    - 예 클라이언트에게 필요한 자원체계의 연계 또는 서비스의 중개, 클라이언트를 대신하여 다양한 체계에 대한 클라이언트의 욕구 옹호 등
- 제5단계 – 점검(Monitoring)
  - 서비스 및 자원의 전달과정에 대한 추적을 통해 목표의 계획적인 진행여부 점검
  - 사회적 지지의 정도 파악 및 사회적 지지의 산출 검토
  - 클라이언트의 욕구 변화 유무에 대한 점검
  - 서비스 계획 변경의 필요성 파악
- 제6단계 – 평가(Evaluation)
  - 서비스 계획, 서비스 구성요소, 서비스 활동 등의 가치성 유무에 대한 측정
  - 사례관리 목표 달성에 대한 평가
  - 사례관리의 전반적인 체계 및 효과성에 대한 평가
  - 클라이언트의 긍정적인 변화에 대한 평가

08 정신역동모델의 개념과 개입기법에 관한 설명으로 옳은 것을 모두 고른 것은?

> ㄱ. 전이는 정신역동 치료에 방해가 되므로 이를 이용해서는 안 된다.
> ㄴ. 무의식적 갈등이나 불안을 표현하도록 하여 자신의 문제에 대해 이해하고 통찰할 수 있도록 한다.
> ㄷ. 클라이언트와 라포가 형성되기 전에 해석을 제공하는 것이 관계형성에 도움이 된다.
> ㄹ. 훈습을 통해 클라이언트의 불안은 최소화되고 적합한 방법으로 자신의 문제를 이해할 수 있는 능력을 기르게 된다.

① ㄱ, ㄷ
② ㄴ, ㄹ
③ ㄱ, ㄴ, ㄷ
④ ㄴ, ㄷ, ㄹ
⑤ ㄱ, ㄴ, ㄷ, ㄹ

해설 ㄱ. 전이(Transference)는 클라이언트가 과거에 타인과의 관계에서 경험하였던 소망이나 두려움 등의 감정을 사회복지사에게 보이는 반응으로서, 반복적이고 부적절하며, 무의식적으로 일어나고 퇴행하는 특징을 갖는다. 전이의 장면에서 사회복지사는 사랑 또는 증오의 대치대상이 되는데, 사회복지사는 이를 분석함으로써 클라이언트의 통찰력을 증진시킨다.
ㄷ. 클라이언트의 저항감이나 전이에 대한 섣부른 해석이나 직면은 특히 비자발적이고 문제해결의 의지가 약한 클라이언트의 반감을 불러일으킬 수 있다. 따라서 서로 충분한 관계형성이 이루어진 후에 사용하여야 한다.

09 구조적 가족치료에 대한 설명으로 옳은 것을 모두 고르면?

> ㄱ. 주요개념은 경계, 하위체계, 제휴, 가족구조 등이다.
> ㄴ. 사회복지사의 역할은 가족 구성원과 그 성원 간의 규칙 및 역할의 습득 방법을 가족에게 이해시킴으로써 가족을 원조하는 것이다.
> ㄷ. 대표적 기법은 경계 만들기, 합류하기, 실연이다.
> ㄹ. 구조적 관점의 개입에서는 현상의 이해보다는 활동이 강조된다.

① ㄱ, ㄴ, ㄷ
② ㄱ, ㄷ
③ ㄴ, ㄹ
④ ㄹ
⑤ ㄱ, ㄴ, ㄷ, ㄹ

해설 구조적 가족치료는 가족구조의 불균형의 결과로서 가족문제가 발생한다고 보고 가족의 재구조화를 목표로 개입하는 치료이다. 구조적 관점에서 가장 중시되는 것은 가족의 기존 상호작용 양상에 도전하기 위한 활동을 조직하고 연습하는 것이다. 주요 특징으로는 경계와 하위체계, 경계 만들기, 합류하기, 긴장 고조시키기, 과제 부여 등이 있다.

10 인지재구조화에 대한 설명으로 옳지 않은 것은?

① 문제를 도전이나 전환점 혹은 성장을 위한 기회로 재구성하는 것이다.
② 잘못된 신념체계를 찾아 재수정하는 것이다.
③ 개입초기에 사회복지사와 긍정적인 관계를 형성하기 위한 기술이다.
④ 증상으로 나타난 문제행동에 초점을 둔다.
⑤ 행동, 습관 등을 통해 인지구조를 형성하는 것이다.

> **해 설** 인지재구조화는 주로 인지행동주의모델에서 사용되는 기법으로서 역기능적이고 불합리한 신념이나 인식체계를 찾아내어 재구조화하는 것을 말한다.

11 사회복지사가 있는 그대로의 가족을 이해하고 인정하면서 가족에게 동조하고 적응하여 신뢰단계를 형성하는 것을 무엇이라고 하는가?

① 합류하기   ② 경 청
③ 가족사정   ④ 개 입
⑤ 가족치료

> **해 설** 합류하기(Joining)는 사회복지사가 가족성원들과의 관계형성을 위해 기존의 가족구조에 참여하는 방법이다. 사회복지사는 합류를 통해 가족 상호작용의 맥락을 파악하고, 가족의 희생양이 느끼는 고통을 이해할 수 있다.

기출 20회

12 집단목표에 관한 설명으로 옳은 것은?

① 목표는 구체적으로 수립한다.
② 한 번 정한 목표는 혼란 방지를 위해 수정하지 않는다.
③ 집단 크기나 기간을 정할 때 목표는 고려하지 않는다.
④ 집단목표는 구성원의 목표와 관련 없다.
⑤ 목표는 집단과정에서 자연스럽게 형성되므로 의도적인 노력은 필요 없다.

> **해 설** ② 집단목표는 집단성원들 간의 토론을 통해 타협, 수정될 수 있다.
> ③ 집단목표에 따라 집단의 크기를 융통성 있게 정한다.
> ④ 사회복지사는 집단성원들을 위해 집단목표와 개별목표를 설정할 수 있다. 구체적인 개별목표와 목표 달성을 위한 단계들이 설정될 때 집단성원들이 집단에 대해 갖는 매력이 증가할 수 있다.
> ⑤ 집단목표는 집단상담자가 집단구성원의 목표나 특성, 집단상담이론, 자신의 특성 등을 고려하여 집단이 나아가야 할 방향으로 설정한 것이다.

13 성폭력범죄를 범한 사람에게 유죄판결이 내려지는 경우 법원은 일정 시간의 범위에서 재범예방에 필요한 수강명령이나 성폭력 치료프로그램 이수명령을 내린다. 이와 같은 프로그램의 초기단계에서 사회복지사가 수행하는 주요 역할에 해당하지 않는 것은?

① 집단에 대한 의존성을 감소시킨다.
② 집단규칙을 마련한다.
③ 집단의 목적을 설명한다.
④ 집단성원들의 저항과 불안을 다룬다.
⑤ 집단성원들의 역할을 명확히 제시한다.

> **해설** 집단훈련프로그램의 과정 중 프로그램의 종결에 따른 집단성원들의 감정적 반응을 다루며, 집단에 대한 의존성을 감소시키는 것은 종결단계에서 사회복지사가 수행해야 할 역할에 해당한다. 종결단계에서는 집단 활동에 의해 성취된 변화를 유지하도록 하며, 변화의 지속성 및 일반화가 이루어지도록 돕는다. 또한 미래에 대한 계획을 세우도록 하고 자조집단의 형성을 도우며, 추가적인 원조가 필요한 경우 다른 서비스 또는 다른 기관에 의뢰한다.

기출 18회

14 다음 사례에 해당하는 단일사례설계의 유형은?

노인복지관 사회복지사가 어르신들의 우울감 개선 프로그램을 계획하였다. 프로그램 시작 전에 참여하는 어르신들의 심리검사를 행하였고, 2주간의 정서지원프로그램 실시 후 변화를 측정하였다. 1주일 후에는 같은 어르신들을 대상으로 2주간의 명상프로그램을 진행하여 우울감을 개선하고자 한다.

① AB   ② BAB
③ ABA   ④ ABAB
⑤ ABAC

> **해설** ABAC 설계
> - ABAC 설계는 ABCD 설계의 논리에 반전설계의 논리를 결합시킨 것이다.
> - 복수요인설계로서 ABCD 설계는 서로 다른 개입이 연속적으로 이루어짐으로써 각각의 개입방법에 대한 독자적인 효과의 인과관계를 명확히 밝히기 어려운 한계가 있다.
> - ABAC 설계는 AB 이후에 AC를 시도한다는 점에서 ABC(혹은 ABCD)의 단점을 보완하는 한편, 새로운 기초선으로 인해 C의 효과를 앞선 B의 효과와 섞지 않고 볼 수 있는 장점이 있다.
> - 보기의 사례에서는 서로 다른 개입방법(예 2주간의 정서지원프로그램과 2주간의 명상프로그램)의 중간에 새로운 기초선을 도입함으로써 두 가지 프로그램의 상호작용 효과를 통제하고 있다.

15 과제중심모델의 등장배경에 대한 설명으로 옳지 않은 것은?

① 시간제한적인 단기치료에 대한 관심의 고조
② 집중적이고 구조화된 개입형태 선호
③ 전통적인 사회복지의 장기개입의 효과성에 대한 비판
④ 다양하고 복합적인 욕구를 가진 클라이언트의 등장
⑤ 경험적 자료를 통해 개입의 기초를 마련하려는 움직임

해설 과제중심모델의 등장배경은 효율적 학습의 전문기법 개발, 직접적 실천의 효과성 증진, 단기치료에 대한 관심고조, 구조화된 개입형태 선호, 경험적 자료를 통한 개입의 기초 마련 등이 있다. 다양하고 복합적인 욕구를 가진 클라이언트의 등장은 사례관리의 등장배경에 해당한다.

16 다음 중 가족생활주기의 내용에 해당하는 것을 모두 고르면?

ㄱ. 배우자와 사별한 노인　　　　ㄴ. 은퇴를 앞두고 있는 남성
ㄷ. 결혼을 앞둔 30대 여성　　　　ㄹ. 청소년기에 접한 아들을 둔 부부

① ㄱ, ㄴ, ㄷ　　　　　　　　　② ㄱ, ㄷ
③ ㄴ, ㄹ　　　　　　　　　　　④ ㄹ
⑤ ㄱ, ㄴ, ㄷ, ㄹ

해설 가족생활주기는 결혼전기 부모-자녀 관계의 분리과정에서부터 노년기의 죽음을 준비하기에 이르기까지 가족생활의 변화과정, 즉 가족의 구조와 관계상의 발달 및 변화를 총체적으로 다룬다.

기출 17회

17 집단사회복지실천에서 하위집단에 관한 설명으로 옳은 것을 모두 고른 것은?

ㄱ. 집단 초기단계에 나타나 집단응집력을 촉진한다.
ㄴ. 정서적 유대감을 갖게 된 집단구성원 간에 형성된다.
ㄷ. 적게는 한 명에서 많게는 다수로 구성된다.
ㄹ. 소시오메트리를 통해 측정 가능하다.

① ㄱ, ㄴ　　　　　　　　　　　② ㄴ, ㄹ
③ ㄱ, ㄷ, ㄹ　　　　　　　　　④ ㄴ, ㄷ, ㄹ
⑤ ㄱ, ㄴ, ㄷ, ㄹ

해설 ㄱ. 하위집단 가운데 다소 우위에 있는 하위집단이 집단에 대한 통제력을 행사하려고 시도하기 때문에 다른 하위집단과 갈등을 유발할 수 있다.
ㄷ. 하위집단은 적게는 두 명에서 많게는 다수의 성원들로 구성된다.

18 다음 중 집단대상 사회복지실천의 장점으로 옳지 않은 것은?

① 정보전달　　　　　　　　　　② 실존적 요인들

③ 대인관계학습　　　　　　　　④ 집단성원의 순응

⑤ 사회기술의 개발

> **해 설**　**집단의 치료적 효과(Yalom)**
> - 희망의 고취
> - 보편성(일반화)
> - 정보전달
> - 이타심(이타성)
> - 1차 가족집단의 교정적 재현
> - 사회기술의 개발
> - 모방행동
> - 대인관계학습
> - 집단응집력
> - 정화(Catharsis)
> - 실존적 요인들

19 다음 중 보웬(Bowen)모델의 주요 기법으로서 탈삼각화를 적용하기에 가장 적합한 사례에 해당하는 것은?

① 부인이 자신의 남편보다 장남인 아들에게 집착하는 경우

② 부모가 자녀의 학교생활에 과도하게 관심을 보이는 경우

③ 남편과 부인이 서로에게 무관심한 경우

④ 아버지가 독단적으로 자녀의 진로를 결정하려는 경우

⑤ 시어머니가 끊임없이 잔소리를 늘어놓는 경우

> **해 설**　삼각관계(Triangle)는 스트레스의 해소를 위해 두 사람 간의 상호작용체계에 다른 가족성원을 끌어들임으로써 갈등을 우회시키는 것이다. 다세대적 가족치료모델을 제시한 보웬(Bowen)은 이와 같은 삼각관계를 가장 불안정한 관계체계로 보았으며, 그것이 가족의 정서체계를 혼란스럽게 만들어 증상을 더욱 악화시킨다고 주장하였다. 탈삼각화(Detriangulation)는 이와 같은 가족 내 삼각관계를 교정하여 가족성원으로 하여금 미분화된 가족자아집합체로부터 벗어나도록 돕는다.

20 다음 중 위기개입의 원칙에 해당하는 것을 올바르게 모두 고른 것은?

ㄱ. 신속한 개입을 강조한다.
ㄴ. 제한된 목표를 가진다.
ㄷ. 구체적인 문제에 초점을 둔다.
ㄹ. 사회복지사는 간접적인 역할을 수행한다.

① ㄱ, ㄴ, ㄷ
② ㄱ, ㄷ
③ ㄴ, ㄹ
④ ㄹ
⑤ ㄱ, ㄴ, ㄷ, ㄹ

해설 **위기개입의 원칙**
- 위기개입은 즉시 이루어져야 하며, 가급적 위기상태 직후부터 6주 이내에 해결되어야 한다.
- 위기개입은 위기와 더불어 그 위기에 대한 클라이언트의 반응에 초점을 둔다.
- 위기개입은 위기상황과 관련된 현재의 구체적인 문제에 초점을 두며, 클라이언트의 과거에 대한 탐색에 몰두하지 않는다.
- 위기개입의 목표와 실천과정은 간결하고 구체적이어야 한다.
- 위기개입에서 사회복지사는 적극적이고 직접적인 역할을 수행한다.
- 위기개입은 정보 제공, 정서적 지지, 사회적 지지체계 개발 등을 포함한다.
- 사회복지사는 위기로 인해 절망적 감정을 느끼는 클라이언트에게 희망을 고취해주어야 한다.
- 사회복지사는 클라이언트와 신뢰관계를 조성하며, 클라이언트가 바람직한 자기상(Self Image)을 가질 수 있도록 원조해야 한다.

기출 16회
21 알코올 중독 노숙인의 자활을 위해 다차원적으로 개입한 후, 단일사례설계를 활용하여 사업의 성과를 평가하려고 한다. 이때 성과지표로 사용 가능한 자료가 아닌 것은?

① 밤사이 숙소 밖에 버려진 술병의 수
② 직업훈련 참여 시간
③ 직업훈련의 성격
④ 스스로 측정한 자활의지
⑤ 단주 모임에 나간 횟수

해설 **단일사례설계의 종속변인 측정방법**
- 종속변인은 빈도 또는 양으로 측정할 수 있다.(① · ② · ⑤)
- 표준화된 척도를 사용하여 측정할 수 있다.
- 표준화된 척도 이외에 개별화된 평가척도를 사용할 수 있다.(④)

22 문제중심기록의 특성으로 옳지 않은 것은?

① 현상의 복잡성을 단순화시키고 부분화를 강조하는 단점이 있다.

② 문제유형의 파악이 용이하며 책무성이 명확해진다.

③ 클라이언트의 주관적 진술과 사회복지사의 관찰과 같은 객관적 자료를 구분한다.

④ 클라이언트의 문제 상황을 진단하고 개입계획을 제외한 문제의 목록을 작성한다.

⑤ 슈퍼바이저, 조사연구자, 외부자문가 등이 함께 검토하는 데 용이하다.

> **해 설** ④ 문제중심기록의 SOAP 포맷에는 개입계획에 대한 내용도 포함된다.
> **문제중심기록의 SOAP 포맷**
> - 주관적 정보(Subjective Information) : 클라이언트가 지각하는 문제, 즉 자기의 상황과 문제에 대해 스스로 어떻게 생각하고 느끼는지에 대한 주관적인 정보를 기술한다.
> - 객관적 정보(Objective Information) : 클라이언트의 행동이나 외모에 대한 사회복지사의 관찰을 비롯하여 사실적 자료와 같은 객관적인 정보를 기술한다.
> - 사정(Assessment) : 주관적 정보와 객관적 정보를 토대로 사정, 견해, 해석 및 분석을 기술한다.
> - 계획(Plan) : 주관적 정보, 객관적 정보, 사정을 토대로 확인된 문제에 대해 무엇을 할 것인지에 대한 계획을 기술한다.

23 다음 중 보기의 사례에 부합하는 가족체계 관련 용어로 가장 적절한 것은?

> A군은 평소 학업에 관심이 없고 불량학생들과 어울려 노는 것을 좋아한다. A군의 부모는 A군의 그와 같은 행동을 나무랐으나, A군은 이를 자신에 대한 쓸데없는 간섭과 잔소리로 여겼다. 그로 인해 A군의 일탈행동은 이전보다 더욱 심해졌다.

① 이중구속

② 정적 환류

③ 부적 환류

④ 1차 수준의 사이버네틱스

⑤ 2차 수준의 사이버네틱스

> **해 설** 정적 환류(Positive Feedback)는 체계가 안정적인 상태를 거부한 채 체계 자체를 변화시키려는 방향으로 피드백이 이루어지는 것을 말하는 반면, 부적 환류(Negative Feedback)는 체계가 변화를 거부한 채 안정적인 상태를 유지하려는 방향으로 피드백이 이루어지는 것을 말한다. 다시 말해 정적 환류는 체계가 새로운 행동을 받아들여 변화를 수용하는 일탈 확장의 역할을 하는 반면, 부적 환류는 체계가 규범에서 벗어나는 행동을 저지하여 안정성을 유지하려는 일탈 감소의 역할을 한다. 아들과 부모의 의사소통 과정에서 말과 행동에 뒤이은 반응들은 그들 간의 갈등을 오히려 증폭시키고 있다. 이는 정적 환류에 의한 일탈의 확장에 해당하는 것으로서, 변화의 수용에 따라 가족체계의 항상성을 깨뜨리는 결과를 초래한다.

24 다음 중 효과적인 경청과 가장 거리가 먼 것은?

① 사회복지사는 클라이언트의 변화를 위해 필요한 질문을 선택적으로 한다.

② 사회복지사는 반응을 보이기에 앞서서 클라이언트가 스스로 말할 시간을 충분히 주려고 한다.

③ 사회복지사는 클라이언트에게 주의를 많이 기울인다.

④ 클라이언트가 문제점을 피력할 때 이를 가로막지 않고, 문제점에 관한 논쟁을 피하지 않는다.

⑤ 클라이언트가 심각한 듯 얘기를 하지만, 사회복지사가 보기에는 그렇게 보이지 않을 때에는 이를 중단시킨다.

> **해 설** 효과적인 경청 또는 생산적인 경청자의 특징
> • 상담자는 반응하기에 앞서 클라이언트로 하여금 자신에 대해 말할 충분한 시간을 제공한다.(②)
> • 클라이언트의 말이 대수롭지 않은 것이라고 생각되더라도, 클라이언트가 심각하게 말하는 내용에 대해 그렇게 받아들인다.(⑤)
> • 클라이언트의 말에 충분한 주의를 기울인다. 특히 클라이언트가 말하는 동안 책상을 정리하는 등의 부주의한 행위를 하지 않는다.(③)
> • 클라이언트의 말에 때때로 고개를 끄덕이거나 '음' 하는 등의 최소 반응을 보임으로써 주의를 기울이고 있음을 보여준다.
> • 클라이언트의 변화를 위해 필요한 질문 또는 그와 관련된 질문을 하며, 불필요한 질문을 삼간다.(①)
> • 클라이언트에 대한 시선을 유지하며, 시계를 보는 등의 행위를 삼간다.
> • 클라이언트가 문제를 피력할 때 이를 가로막지 않으며, 그에 대한 논쟁을 회피하지 않는다.(④)
> • 주제를 바꾸는 등 클라이언트의 문제를 회피하지 않는다.
> • 클라이언트가 이야기 도중 할 말을 찾더라도 이를 바로 받지 않으며 충분히 인내한다.
> • 말하기 전에 생각하며, 즉각적인 충고를 삼간다.

기출 15회

25 행동수정모델의 개입기술에 관한 설명으로 옳은 것을 모두 고른 것은?

> ㄱ. 처벌받는 행동은 발생빈도가 줄어든다.
> ㄴ. 간헐적으로 강화된 행동은 소거하기 어렵다.
> ㄷ. 긍정적인 강화는 행동의 발생빈도와 정도를 증가시킨다.
> ㄹ. 부적 처벌은 체벌을 제시함으로써 행동의 발생가능성을 감소시킨다.

① ㄹ   ② ㄱ, ㄷ

③ ㄴ, ㄹ   ④ ㄱ, ㄴ, ㄷ

⑤ ㄱ, ㄴ, ㄷ, ㄹ

> **해 설** ㄹ. 부적 처벌은 유쾌 자극을 철회함으로써 행동의 발생 가능성을 감소시키는 기법이다.

01 다음 중 우리나라의 지역사회복지 관련 내용으로 옳은 것은?

① 1960년대 – 군사정변 이후 사회보장기본법을 필두로 전반적인 사회복지법제의 외형적인 기초가 완성되었다.

② 1970년대 – 의료문제 해결을 위한 의료보장정책에 중점을 두고 추진되었다.

③ 1980년대 – 생산적인 국민복지에 대한 보다 적극적인 관심이 강조되었다.

④ 1990년대 – 사회복지사업법의 개정으로 사회복지사 국가자격제도가 처음 시행되었다.

⑤ 2000년대 이후 – 참여복지를 목표로 사회복지서비스 제공에 있어서 국가의 역할이 대폭 축소되었다.

> **해설** ① 1960년대에는 군사정변 이후 생활보호법을 필두로 전반적인 사회복지법제의 외형적인 기초가 완성되었다.
> ③ 성장 위주의 정책에서 벗어나 삶의 질과 생산적인 국민복지에 적극적인 관심을 기울일 것을 강조한 것은 1990년대 중반 이후이다.
> ④ 1970년에 제정된 사회복지사업법에서는 '사회복지사업종사자'라는 자격제도가 있었으나 이는 정부의 지도 감독이나 재정지원의 대상이 아니었던 민간 사회복지서비스 영역에 해당하였다. 이후 정부는 보다 적극적인 개입의 필요성을 인식하여 1983년 5월 21일 사회복지사업법의 개정을 통해 사회복지사 국가자격제도를 처음 시행하게 되었다.
> ⑤ 2000년대 이후에는 참여복지를 목표로 지역사회복지에 있어서 지역주민의 능동적인 역할을 강조하는 동시에 보편적 서비스 제공을 위해 국가의 역할이 증대되었다.

기출 18회

02 지역사회복지에 관한 내용으로 옳은 것은?

① UN 지역사회개발 원칙은 정부의 적극적 지원을 받는 것이 아니라 민간 자원동원을 강조하였다.

② 던햄(A. Dunham)은 사회복지기관은 조직운영과 실천을 민주적으로 해야 한다고 하였다.

③ 로스(M. G. Ross)는 추진회 활동 초기에는 소수집단을 위한 사업부터 전개하는 것이 좋다고 하였다.

④ 맥닐(C. F. McNeil)은 지역사회도 자기결정의 권리가 있어 자발적인 사업추진은 거부해야 한다고 하였다.

⑤ 워렌(R. L. Warren)은 지역사회조직사업의 주요 목적은 지역사회 이익 옹호, 폭넓은 권력 집중이라고 하였다.

> **해설** ② 던햄(Dunham)은 사회복지의 개념이 민주사회에서 생성되었다고 보았다. 그는 지역사회조직의 원리를 제시하면서, 사회복지기관이 지역사회의 유대감과 민주주의의 실천을 위해 협력하며, 지역사회의 복지와 민주적 제도를 위협하는 세력을 극복해야 한다고 강조하였다.
> ① UN 지역사회개발 원칙은 자조적 프로젝트의 효과를 위해 정부의 적극적 지원을 받아야 한다고 강조하였다.
> ③ 로스(Ross)는 추진회가 지역사회의 다양한 문제를 발견하여 모든 주민이 공동의 목표로 합의를 가지고 사업을 전개해야 한다고 강조하였다.
> ④ 맥닐(McNeil)은 지역주민 스스로 자기결정의 권리를 가지고 문제해결에 자발적으로 참여하도록 유도해야 한다고 강조하였다.
> ⑤ 워렌(Warren)은 지역사회 내에 권력이 폭넓게 분산되어 있어야 한다고 강조하였다.

03 다음 중 지역사회복지관의 역할과 가장 거리가 먼 것은?

① 대변자의 역할 ② 공동이용센터의 역할
③ 자원동원의 역할 ④ 민원상담의 역할
⑤ 직업안정센터의 역할

> **해설** **지역사회복지관의 역할**
> • 지역사회의 문제를 파악한다.
> • 서비스센터로서의 역할을 수행한다.
> • 지역주민의 대변자 역할을 수행한다.
> • 사회행동센터 · 사회교육센터로서의 역할을 수행한다.
> • 공동이용센터로서의 역할을 수행한다.
> • 레크리에이션센터의 역할을 수행한다.
> • 직업안정센터의 역할을 수행한다.
> • 인적 · 물적 자원을 조직화하여 자원동원의 역할을 수행한다.

04 다음 중 샌더스(Sanders)가 제시한 사회복지전문가의 계획된 변화의 성취를 위해 수행하는 역할에 해당하지 않는 것은?

① 중개자(Broker) ② 분석가(Analyst)
③ 계획가(Planner) ④ 조직가(Organizer)
⑤ 행정가(Program Administrator)

> **해설** **사회계획모델에서 사회복지사의 역할(Sanders)**
> • 분석가(Analyst) : 지역사회의 현존 문제에 대한 분석에서 사회변화를 위한 프로그램 과정의 분석에 이르기까지 지역사회의 변화를 위한 전반적인 분석과 평가를 수행한다.
> • 계획가(Planner) : 지역사회의 현존 문제를 해결하기 위해 기술적인 것뿐만 아니라 인간적 · 철학적인 면에서 계획을 수립한다. 또한 목표달성을 위한 수단적 측면을 검토한다.
> • 조직가(Organizer) : 조직의 수립과 실천과정에 지역주민은 물론 지역사회의 행정체계를 참여시킨다.
> • 행정가(Program Administrator) : 프로그램이 실제로 운영되어 그 계획이 효과적으로 달성되기 위한 모든 물적 · 인적 자원을 관리한다.

05 다음 중 보기의 내용과 연관된 지역사회복지실천의 일반적인 원칙에 해당하는 것은?

> A지역에서는 중앙정부와의 협의 하에 지역 내에 보호관찰소를 신축하기로 결정하였다. 그러나 A지역에 사는 주민들은 자신들이 거주하는 곳에 이와 같은 교정시설이 들어오는 것을 극구 반대하였다. 지역주민들의 의견에 따르면 보호관찰소가 들어서는 경우 보호관찰 대상자들로 인해 주민들의 안전이 위협을 받게 되며, 아이들의 교육환경은 물론 집값에도 부정적인 영향을 미칠 수 있다는 것이다. 그러나 중앙정부의 입장에서는 보호관찰소의 확충이 불가피하다는 입장이다. 이에 지역 내 관계전문가들이 A지역주민들에게 보호관찰소 신축의 필요성을 설명하고 그들을 설득하여 의견을 한 데 모으고자 노력하였다.

① 지역사회의 자주성 중시의 원칙   ② 합의의 원칙
③ 조정의 원칙   ④ 과정 지향의 원칙
⑤ 능력부여자로서 역할의 원칙

해 설 합의의 원칙은 지역사회의 문제해결이나 목표달성을 위해서 방법상 원칙인 전 주민에 대한 공유된 합의를 이끌어내야 한다는 것이다. 참고로 조정의 원칙은 지역사회의 제 문제나 갈등을 야기하는 주민 간의 마찰이나 대립의 상황에서 주민들 간의 상호작용을 통해 이를 조정해야 한다는 것이다.

기출 15회

06 지역사회보장협의체에 관한 내용으로 옳지 않은 것은?

① 네트워크 원리에 따른 운영
② 민간사회복지기관에 대한 감사 및 평가
③ 수요자 중심의 지역사회보장서비스 제공기반 마련
④ 지역사회 공동체 기능 회복과 사회자본 확대 지향
⑤ 「사회보장급여의 이용 · 제공 및 수급권자 발굴에 관한 법률」로 시행

해 설 ② 지역사회보장협의체는 지역사회보장계획의 수립 · 과정 · 평가 등 지역사회보장의 주요 사항에 대하여 민간과 공공이 협력하여 심의 · 자문하는 협치(Governance)의 기능을 한다.

---

07 다음 중 법적 행동과 사회적 대결의 특징에 대한 설명으로 옳지 않은 것은?

① 법적 행동이 비교적 차분하고 비가시적인 반면, 사회적 대결은 상대적으로 소란스럽고 가시적이다.
② 법적 행동은 게임의 규칙에 대한 존중을 표시하는 반면, 사회적 대결은 게임의 규칙을 무시한 채 정부나 기업에게 자신들의 요구에 승복할 것을 요구한다.
③ 법적 행동이 사회행동조직의 정당성을 확실히 높일 수 있는 방법인 데 반해, 사회적 대결은 사회행동조직의 정당성에 손상을 가할 개연성이 내포되어 있다.
④ 법적 행동은 조직의 세를 유지하는 것이 어려운 반면, 사회적 대결은 오랜 시일이 걸리므로 회원들을 지루하게 만들 수 있다.
⑤ 가처분 청구는 법적 행동에 해당하는 반면, 피케팅과 행진은 사회적 대결에 해당한다.

08 다음 중 우리나라 지역사회복지의 발달 과정을 시기가 가장 **빠른** 것에서부터 순서대로 올바르게 나열한 것은?

> ㄱ. 노인양로시설 사업의 중앙정부로의 환원
> ㄴ. 재가복지봉사센터 설립
> ㄷ. 2기 시·군·구 지역사회복지계획 수립
> ㄹ. 사회복지시설평가 법제화

① ㄱ － ㄴ － ㄹ － ㄷ   ② ㄱ － ㄹ － ㄷ － ㄴ
③ ㄴ － ㄱ － ㄹ － ㄷ   ④ ㄴ － ㄹ － ㄷ － ㄱ
⑤ ㄹ － ㄴ － ㄷ － ㄱ

기출 18회
09 지역사회복지실천모델에 관한 설명으로 옳지 **않은** 것은?

① 로스만(J. Rothman)의 사회행동모델은 불이익을 받거나 권리가 박탈당한 사람의 이익을 옹호한다.
② 로스만(J. Rothman)의 지역사회개발모델은 지역사회나 문제의 아노미 또는 쇠퇴된 상황을 전제한다.
③ 로스만(J. Rothman)의 사회계획모델은 주택이나 정신건강 등의 이슈를 명확히 하고 권력구조에 대항한다.
④ 웨일과 갬블(M. Weil & D. Gamble)의 기능적 지역사회조직모델은 발달장애아동의 부모 모임과 같이 공통 이슈를 지닌 집단의 이해관계를 기반으로 한다.
⑤ 웨일과 갬블(M. Weil & D. Gamble)의 연합모델의 표적체계는 선출직 공무원이나 재단 및 정부당국이 될 수 있다.

10 지역사회복지 영역에서 사회적경제에 관한 설명으로 옳지 않은 것은?

① 사회적 가치 실현을 중요시한다.

② 사회적기업은 사회적 일자리 창출을 목적으로 한다.

③ 사회적기업은 이윤창출이 제한된다.

④ 마을기업은 지역공동체에 기반하여 활동한다.

⑤ 협동조합은 조합원 자격자 5인 이상으로 설립한다.

> **해 설**　②·③ 사회적기업은 취약계층에게 사회서비스 또는 일자리를 제공하거나 지역사회에 공헌함으로써 지역주
> 민의 삶의 질을 높이는 등의 사회적 목적을 추구하면서 재화 및 서비스의 생산·판매 등 영업활동을 하는
> 기업이다(사회적기업 육성법 제2조 제1호 참조). 이러한 사회적기업은 사회적 가치 실현을 중요시하는 만
> 큼, 특히 상법상 회사의 경우 이윤을 사회적 목적에 재투자하는 것을 인증요건으로 한다.
> ① 사회적경제는 사회적 가치에 기반을 두고 공동 이익을 목적으로 하는 경제시스템이다.
> ④ 마을기업은 지역주민이 각종 지역자원을 활용한 수익사업을 통해 공동의 지역문제를 해결하고, 소득 및 일
> 자리를 창출하여 지역공동체 이익을 효과적으로 실현하기 위해 설립·운영하는 마을단위의 기업이다.
> ⑤ 협동조합을 설립하려는 경우에는 5인 이상의 조합원 자격을 가진 자가 발기인이 되어 정관을 작성하고 창
> 립총회의 의결을 거친 후 주된 사무소의 소재지를 관할하는 시·도지사에게 신고하여야 한다(협동조합기
> 본법 제15조 제1항).

11 다음에서 설명하는 지역사회의 욕구사정방법은?

> • 지역사회집단의 이해관계를 가장 잘 대표할 수 있는 참여자들을 선택한다.
> • 선택된 사람들은 한 곳에 모여 특정 문제에 대한 의견을 집단으로 토론한다.
> • 의사소통은 개방형 질문으로 진행한다.

① 델파이(Delphi)기법

② 지역사회포럼(Community Forum)

③ 민속학적(Ethnographic) 기법

④ 명목집단(Nominal Group)기법

⑤ 초점집단(Focus Group)기법

> **해 설**　① 델파이기법은 전문가·관리자들로부터 우편이나 이메일(E-mail)로 의견이나 정보를 수집하여 그 결과를
> 분석한 후 그것을 다시 응답자들에게 보내어 의견을 묻는 식으로 만족스러운 결과를 얻을 때까지 계속하
> 는 방법이다.
> ② 지역사회포럼은 지역사회에 실제 거주하거나 지역사회를 위해 활동하는 사람들로 하여금 지역사회 내의
> 문제에 대해 의견을 피력할 수 있도록 하는 방법으로서, 보통 수집될 정보의 내용은 사전에 결정되어 있지
> 않으며, 광범위한 참석자들 중 소수의 인원에게만 의견 발표의 기회가 제공되므로 의견 수렴의 대표성 확
> 보가 어려울 수 있다.
> ③ 민속학적 기법은 사회적 약자계층의 문화적 규범 및 실천행위를 규명하는 데 활용할 수 있는 방법으로서,
> 조사자의 관찰과 심층 인터뷰가 사용되며, 발견한 내용에 대한 서술적 형태의 묘사로 이루어진다.
> ④ 명목집단기법은 대화나 토론 없이 어떠한 비판이나 이의제기가 허용되지 않는 가운데 각자 아이디어를 서
> 면으로 제시하도록 하여 우선순위를 결정한 후 최종 합의를 도출하기 위한 방법이다.

12 사회복지공동모금회법상 기부금품 모집에 대한 내용으로 옳지 않은 것은?

① 사회복지활동을 지원하기 위하여 연중 기부금품을 모집할 수 있다.

② 기부금품을 접수한 경우 기부자에게 영수증을 내주어야 한다.

③ 영수증에 기부금품의 금액과 그 금액에 대하여 세금혜택이 있다는 문구를 표시하여야 한다.

④ 효율적인 모금을 위하여 기간을 정하여 집중모금을 할 수 있다.

⑤ 집중모금을 하려면 모집일부터 15일 전에 그 내용을 기획재정부장관에게 보고하여야 한다.

> **해 설** **기부금품의 모집(사회복지공동모금회법 제18조)**
> • 사회복지사업이나 그 밖의 사회복지활동을 지원하기 위하여 연중 기부금품을 모집 · 접수할 수 있다.
> • 기부금품을 모집 · 접수한 경우 기부금품 접수 사실을 장부에 기록하고, 그 기부자에게 영수증을 내주어야 한다. 다만, 기부자가 성명을 밝히지 아니한 경우 등 기부자를 알 수 없는 경우에는 모금회에 영수증을 보관하여야 한다.
> • 영수증에 기부금품의 금액과 그 금액에 대하여 세금혜택이 있다는 문구를 적고 일련번호를 표시하여야 한다.
> • 효율적인 모금을 위하여 기간을 정하여 집중모금을 할 수 있다.
> • 집중모금을 하려면 그 모집일부터 15일 전에 그 내용을 보건복지부장관에게 보고하여야 하며, 그 모집을 종료하였을 때에는 모집종료일부터 1개월 이내에 그 결과를 보건복지부장관에게 보고하여야 한다.

13 다음에 제시된 지역사회복지 실천 기술은?

> • 소외되고, 억압된 집단의 입장을 주장한다.
> • 보이콧, 피케팅 등의 방법으로 표적을 난처하게 한다.
> • 지역주민이 정당한 처우나 서비스를 받지 못하는 경우에 활용된다.

① 프로그램 개발 기술

② 기획 기술

③ 자원동원 기술

④ 옹호 기술

⑤ 지역사회 사정 기술

> **해 설** ④ 옹호는 클라이언트의 이익 혹은 권리를 위해 싸우거나 대변하는 등의 적극적인 활동을 말한다. 사회정의 준수 및 유지를 궁극적인 목적으로 하며, 지역주민이 정당한 처우나 서비스를 받지 못하는 경우에 활용하는 기술이다.
> ① 프로그램 개발은 목표를 실천하기 위한 사업들을 구체화하는 기술이다.
> ② 프로그램 기획은 프로그램의 목표 설정에서부터 실행, 평가에 이르기까지 제반 과정들을 합리적으로 결정함으로써 미래의 행동 계획을 구체화하는 기술이다.
> ③ 자원개발 · 동원은 지역주민의 욕구 충족 및 문제 해결을 위해 자원이 필요한 경우 자원을 발굴하고 동원하는 기술이다.
> ⑤ 지역사회 사정은 지역사회의 욕구와 자원을 파악하는 기술이다.

14 사회행동모형에서 사용할 수 있는 행동이나 전술 유형이 아닌 것은?

① 대중조직 개발   ② 조직적 대항

③ 입법로비활동   ④ 불매운동

⑤ 보건교육활동

> **해 설**   성인교육 및 공중보건교육 분야에서의 지역사회활동을 비롯하여 지역사회복지관의 다양한 지역사회사업은 지역사회개발 모형과 연관된다. 지역사회개발 모형은 기본적으로 효과적인 지도자를 양성하고 협력적인 활동 분위기를 조성하여 지역주민들로 하여금 민주적인 절차에 따라 자발적인 협동체제를 구축하도록 하며, 이를 통해 지역주민들의 성장 및 자기통제감의 개발과 더불어 지역사회의 역량강화가 이루어지도록 한다.

15 지역사회복지에 있어서 주민참여의 효과를 옳게 나타낸 것을 모두 고르면?

ㄱ. 행정비용의 절감   ㄴ. 지역의 공동체성 강화
ㄷ. 시간의 절약   ㄹ. 지역주민의 욕구 반영

① ㄱ, ㄴ, ㄷ   ② ㄱ, ㄷ

③ ㄴ, ㄹ   ④ ㄹ

⑤ ㄱ, ㄴ, ㄷ, ㄹ

> **해 설**   주민참여를 위한 정보제공 등을 위해 추가적인 비용이 소모되고, 참여자가 자기 자신만의 이익을 위해 대변한 다면 이기주의로 인해 시간이 지연 또는 연기될 수도 있다.

16 다음 기관의 사회복지사가 자원개발을 위해 활용한 기술은?

> 최근 개관한 사회복지관은 바자회를 개최하는 과정에서 지역의 다양한 후원단체를 발굴하고, 자원봉사자를 모집하였다.

① 근본적인 제도의 변화 추구
② 지역사회 실정에 맞는 교육 진행
③ 기관의 신뢰성 형성 · 유지를 위한 노력
④ 주민들의 지도력 강화 지원
⑤ 정치적 지지 기반의 구축

해 설 **자원개발을 위한 기관의 신뢰성 형성 · 유지에의 노력**
- 특정 문제에 대해 오랜 기간 동안 사회활동을 해 왔거나 혹은 자발적 참여의지가 높은 개인은 지역사회복지의 잠재적 참여인물로서 인적 자원에 해당한다.
- 사회복지사는 기존 조직을 활용하거나 지역주민들과 개별적으로 접촉하거나, 혹은 네트워크를 활용하여 인적 자원을 동원할 수 있다.
- 지역의 후원단체 발굴 및 자원봉사자 모집 등 다양한 후원활동은 전반적인 기관의 신뢰성과 밀접하게 연관된다. 즉, 자원의 개발 및 동원에서 중요한 것은 후원자에 대한 기관의 신뢰성을 형성 및 유지시키는 것이다.

제5회

17 지역사회복지실천에서 조력자의 역할로 옳은 것을 모두 고른 것은?

> ㄱ. 지역사회 내 다양한 집단들에 의해 표출된 불만의 집약
> ㄴ. 지역사회문제의 조사 및 평가
> ㄷ. 지역사회 내 불이익을 당하는 주민의 옹호와 대변
> ㄹ. 지역사회조직 과정에서 지역주민들에게 공동의 목표 강조

① ㄱ, ㄴ   ② ㄱ, ㄷ
③ ㄱ, ㄹ   ④ ㄴ, ㄷ
⑤ ㄴ, ㄷ, ㄹ

해 설 ㄴ. 지역사회개발모델에서 사회복지사의 전문가로서의 역할에 해당한다.
ㄷ. 사회행동모델에서 사회복지사의 옹호자 또는 대변자로서의 역할에 해당한다.
지역사회개발모델에서 사회복지사의 조력자로서의 역할
- 불만을 집약하는 일
- 조직화를 격려하는 일
- 좋은 대인관계를 육성하는 일
- 공동목표를 강조하는 일

18 다음 중 지방분권화와 재정분권에 따라 나타날 수 있는 문제점은?

① 지방재정의 부실화와 지역 간 불평등이 나타날 수 있다.
② 지역사회 욕구에 대한 민감성이 떨어진다.
③ 지역 간 경쟁에 의한 프로그램 개선이 어려워진다.
④ 관료제에 의한 경직성이 발생한다.
⑤ 지역주민의 참여가 떨어진다.

> **해설** **지방분권이 지역사회복지에 미치는 부정적 영향**
> • 지방자치단체장의 의지에 따라 복지서비스의 지역 간 불균형이 나타날 수 있다.
> • 사회복지 행정업무와 재정을 지방에 이양함으로써 중앙정부의 사회적 책임성을 약화시킬 수 있다.
> • 지방정부가 사회개발정책에 우선을 두는 경우 지방정부의 복지예산이 감소될 수 있다.
> • 지방정부 간의 재정력 격차로 복지수준의 차이가 나타날 수 있다.
> • 복지행정의 전국적 통일성을 저해할 수 있다.

19 지역사회의 이론적 관점 중 기능주의적 관점에 해당되는 것은?

① 경제적 문제로 인한 갈등과 권력·권위로 인한 갈등이 있다.
② 지역갈등이 지속되면 색다른 쟁점이 출현하는 경향이 있다.
③ 균형 있는 안정을 강조한다.
④ 부조화, 불일치, 불균형, 불합의를 말한다.
⑤ 영향력 있는 지역사회 지도자들 및 지역사회 조직들은 갈등에 영향을 미칠 수 있다.

> **해설** **기능주의 관점**
> • 사회는 여러 부분으로 구성되어 있고 각 부분들은 합의된 가치와 규범에 따라 변화하며, 균형 또는 안정을 강조한다.
> • 사회는 경제, 종교, 가족 등과 같이 다수의 상호 연관적이고 상호 의존적인 부분들로 구성되면서 동시에 각 부분들은 전체가 성공적인 기능을 발휘할 수 있도록 기여한다.
> • 지역사회를 하나의 사회체계로 간주한다.
> • 지역사회의 기능을 생산·분배·소비의 기능, 사회화의 기능, 사회통제의 기능, 사회통합의 기능, 상부상조의 기능으로 구분한다.

20 사회복지에 대하여 주민참여가 필요한 이유로 옳지 않은 것은?

① 민주성 확보
② 중앙정부와 지방정부 간 갈등 중재
③ 효율적 의사결정
④ 주민의 적극적 노력
⑤ 문제 상황에의 신속한 대처

해 설 주민참여의 장단점

장점	• 지방정부의 효율적인 의사결정을 유도한다. • 지방행정에 있어서의 성장과 분배의 불균형에 의한 사회적 불평등을 완화한다. • 중앙정부와 지방정부 간의 갈등을 중재 또는 해결한다.
단점	• 주민공청회, 주민소환 등에 따른 행정비용의 증가를 야기한다. • 지역주민 간의 합의 등 시간지연으로 계획입안이나 진행에 차질이 발생할 수 있다. • 이해관계가 다른 주민들 간에 갈등이 유발될 수 있다. • 참여자들의 대표성 문제가 제기될 수 있다.

기출 18회

21 지역사회복지운동이 갖는 의의에 관한 설명으로 옳은 것을 모두 고른 것은?

ㄱ. 복지권리의식과 시민의식을 배양하는 복지권 확립
ㄴ. 지역사회의 다양한 자원 활용 및 관련 조직 간의 협력을 통한 지역자원동원
ㄷ. 지역사회의 정체성 확인과 역량강화를 통해 지역사회 변화를 주도
ㄹ. 사회복지가 추구하는 사회적 가치로서 사회정의 실현

① ㄱ
② ㄱ, ㄹ
③ ㄴ, ㄷ
④ ㄱ, ㄴ, ㄷ
⑤ ㄱ, ㄴ, ㄷ, ㄹ

해 설 ㄱ. 지역사회복지운동은 주민참여 활성화에 의해 복지에 대한 권리의식과 시민의식을 배양하는 사회권(복지권) 확립의 운동이다.
ㄴ. 지역사회복지운동은 다양한 자원 활용 및 관련 조직 간의 유기적인 협력이 이루어지는 동원운동(연대운동)이다.
ㄷ. 지역사회복지운동은 지역주민의 주체성 및 역량을 강화하고 지역사회의 변화를 주도하는 조직적인 운동이다.
ㄹ. 지역사회복지운동은 인간성 회복을 위한 인도주의 정신과 사회적 가치로서 사회정의를 실현하고자 하는 사회개혁운동이다.

22 지역사회가 그 구성원들에게 사회의 규범에 순응하도록 하는 기능은?

① 사회화 기능   ② 사회통제의 기능

③ 사회통합의 기능   ④ 상호부조의 기능

⑤ 생산 · 분배 · 소비의 기능

> **해설** **지역사회의 기능(Gilbert & Specht)**
> - 생산 · 분배 · 소비의 기능(경제제도) : 지역사회 구성원들이 상품과 서비스를 생산하고 분배하며 소비하는 과정과 연관된다.
> - 사회화의 기능(가족제도) : 가족과 사회가 구성원에게 일반적인 지식, 사회적 가치, 행동양식을 전달하는 기능이다.
> - 사회통제의 기능(정치제도) : 지역사회가 구성원에게 사회규범에 순응하도록 행동을 규제하는 기능이다.
> - 사회통합의 기능(종교제도) : 지역사회 구성원들이 지역사회의 다양한 활동에 자발적으로 참여하도록 유도하는 기능이다.
> - 상부상조의 기능(사회복지제도) : 지역사회 구성원들이 상부상조를 통해 욕구충족에 어려움을 겪는 구성원을 돕는 기능이다.

23 우리나라에서 실시하고 있는 재가복지봉사서비스 운영상의 원칙이 아닌 것은?

① 연계성의 원칙   ② 합리성의 원칙

③ 자립성의 원칙   ④ 능률성의 원칙

⑤ 적극성의 원칙

> **해설** **재가복지봉사서비스의 기본원칙**
> - 자립성의 원칙 : 재가복지의 근본 목적인 요보호대상자의 신체적 · 정신적 · 사회적 자립을 위해 힘써야 한다.
> - 연계성의 원칙 : 행정기관이나 사회봉사단체 등과 항시 연결체계를 구축하여 대상자의 다양한 욕구를 충족시켜야 한다.
> - 능률성의 원칙 : 인적 · 물적 자원의 효율적인 운영을 통해 비용을 최소화한다.
> - 적극성의 원칙 : 대상자의 요청을 기다리지 않고 적극적으로 발굴하려는 자세를 가져야 한다.

24 다음 중 보기의 내용과 연관된 지역사회복지 프로그램의 평가 유형에 해당하는 것은?

> 프로그램의 전달에 관한 정보를 제공하는 평가로서, 새로운 프로그램의 수행 과정이나 개선 내용을 기술하는 것은 물론, 직원들에게 프로그램이 특정한 방향으로 수행되는 이유 등에 대해 이해할 수 있도록 해 준다.

① 상호작용적 평가
② 설명적 평가
③ 선제적 평가
④ 영향 평가
⑤ 모니터링 평가

해설 ② 설명적 평가(Clarification Evaluation)는 프로그램의 내적 구조 및 기능에 대해 설명하는 평가로서, 여기에는 하나의 프로그램이 의도하는 최종결과의 성취와 관련된 변인매개체에 대한 설명이 포함된다.
③ 선제적 평가(Proactive Evaluation)는 프로그램이 실제로 설계되기 이전에 수행되는 평가로서, 프로그램 기획가들로 하여금 어떤 유형의 프로그램이 필요할 것인가에 대해 결정할 수 있도록 해 준다.
④ 영향 평가(Impact Evaluation)는 일단 본 궤도에 오른 프로그램의 영향을 사정하기 위해 사용하는 평가로서, 이미 규명된 수준의 목표달성, 수행척도에 의한 능력 인증, 의도된 혹은 의도되지 않은 결과 등에 대한 검토가 포함된다.
⑤ 모니터링 평가(Monitering Evaluation)는 일단 프로그램이 본 궤도에 올라 있어 지속적으로 수행되는 경우에 사용하는 평가로서, 프로그램의 과정상 절차들이 제안서나 계약서상에 명시된 바에 따라 이루어지고 있는지를 평가한다.

25 다음 중 비영리 민간단체의 기능과 가장 거리가 먼 것은?

① 국가의 권력을 비판하고 감시하는 기능을 한다.
② 일반시민에게 공동체의식 배양을 통한 참여민주주의를 배울 수 있도록 교육한다.
③ 사회적 약자의 권익 추구를 위해 그들을 직접적으로 대변한다.
④ 정부가 제공하지 못하는 사회서비스를 제공한다.
⑤ 이익집단과의 연합을 통해 정부의 정책에 대한 수정을 요구한다.

해설 **비영리 민간단체의 기능**
• 견제 기능 : 국가와 시장이 지닌 권력을 비판하고 감시함으로써 이들을 견제한다.
• 복지 기능 : 정부와 직·간접적인 계약을 맺거나 독자적으로 인력 및 재정을 갖추어 정부가 제공하지 못하는 사회서비스를 제공한다.
• 대변 기능 : 사회적 약자로 하여금 단체를 결성하고 자신의 권익을 추구하도록 돕는 것은 물론 직접적으로 그들의 권익을 대변한다.
• 조정 기능 : 정부와 이익집단 간의 갈등 혹은 이익집단과 다른 이익집단 간의 갈등에 대해 조정자를 자처함으로써 일반시민의 피해를 줄이는 역할을 한다.
• 교육 기능 : 일반시민들의 리더십 학습 및 공동체의식 배양을 통해 참여민주주의를 배울 수 있도록 한다.

01 다음 중 미쉬라(Mishra)가 제시한 복지국가의 유형에 해당하는 것은?

① 잔여적 복지모델, 산업적 업적성취모델, 제도적 재분배모델

② 적극적 국가, 사회보장국가, 사회복지국가

③ 자유방임주의형, 자유주의형, 사회주의형

④ 분화적 복지국가, 통합적 복지국가

⑤ 잔여적 개념, 보편적 개념

> **해 설** 미쉬라(Mishra)는 복지국가의 위기극복을 위한 진정한 대안을 모색하는 과정에서 복지국가의 유형을 '분화적 (다원적) 복지국가', '통합적(조합주의적) 복지국가'로 분류하였다. 분화적 복지국가는 사회복지와 경제가 서로 구분되고 대립된다는 전제하에, 사회복지가 경제발전에 부정적인 영향을 미치므로 잔여적인 역할을 담당한다 고 본다. 반면, 통합적 복지국가는 사회복지와 경제가 구분되지 않은 채 상호의존적이라는 전제하에, 복지정 책이 경제집단 혹은 계급 간의 상호협력에 의해 추진된다고 본다.
> ① 티트머스(Titmuss)가 제시한 3가지 분류모델에 해당한다.
> ② 퍼니스와 틸튼(Furniss & Tilton)이 제시한 국가개입의 유형에 따른 분류에 해당한다.
> ③ 파커(Parker)가 제시한 사회복지모델에 해당한다.
> ⑤ 윌렌스키와 르보(Wilensky & Lebeaux)가 구분한 사회복지의 개념에 해당한다.

기출 17회

02 사회복지서비스와 다른 공공서비스들과의 차별성을 설명한 것으로 옳지 않은 것은?

① 사회복지서비스는 주로 이차분배에 관여한다.

② 사회복지서비스는 사람들의 욕구를 직접적으로 충족하려는 경향이 있다.

③ 사회복지서비스는 개별적 욕구를 충족시키고자 한다.

④ 사회복지서비스에서의 교환은 쌍방적이며, 급여에 대한 대가를 반드시 지불해야 하는 이전(移轉)관계이다.

⑤ 사회복지서비스는 사람들의 욕구를 주로 공식적 기구나 제도를 통해 충족한다.

> **해 설** ④ 사회복지서비스는 사람들의 욕구를 일방적 이전의 형태로 해결한다. 일방적 이전이란 재화나 서비스의 제 공자가 그 재화의 수급자로부터 특정한 물질적 혹은 비물질적 대가를 받지 않고 주는 것을 말한다. 반면, 시장에서의 교환은 쌍방적이며, 특정한 이득을 받으면 반드시 그에 대한 대가를 지불해야 하는 이전관계이다.

03 산업화 이론에 관한 설명으로 옳지 않은 것은?

① 산업화 이론의 대표적인 학자로는 윌렌스키(H. Wilensky)가 있다.

② 산업화 정도와 복지국가의 다양한 제도 형태와의 연계성을 잘 설명해 준다.

③ 복지국가는 산업화로 발생된 사회적 욕구에 대한 대응이었다.

④ 복지국가 발전은 산업화로 인한 경제성장과 함께 이루어지는 것으로 본다.

⑤ 복지국가는 산업화의 발전으로 재정적 능력이 향상되어 가능해졌다.

해설　② 산업화 이론 또는 수렴이론은 사회복지정책과 제도를 산업화의 산물로 간주하는 이론이다. 사회복지정책의 구조와 내용에 결정적인 영향을 미치는 것이 정치체제의 요소가 아닌 산업화의 요소이며, 그에 따라 자본주의 사회이든 사회주의 사회이든 산업화의 정도가 같다면 사회복지정책의 구조나 내용이 유사하다고 본다. 그러나 이 이론은 기본적인 제도, 대상자 확대 과정, 복지비 증대 추세 등에 국한된 수렴 현상만을 다룰 뿐 다양한 제도, 각각의 복지프로그램의 세부적인 내용에서의 수렴을 제대로 설명하지 못하는 한계가 있다. 또한 산업화와 사회복지의 확대를 자동적인 것으로 간주하여 그 메커니즘을 규명하지 못하며, 집단과 계급 간의 갈등, 가치와 이데올로기 등 정치적 요인과 관련된 중요한 변수들을 포함하지 못하는 단점을 가진다.

04 다음 중 사회복지에 대한 국가 개입의 필요성과 관련하여 보기의 내용과 밀접하게 연관된 것은?

최근 지구온난화 문제가 부각되고 환경에 대한 관심이 급증하면서 이산화탄소 배출량을 규제하려는 노력들이 펼쳐지고 있다. 예를 들어 우리나라에서도 자동차를 비롯하여 일반 가전제품에 이산화탄소 배출량의 표시를 의무화하고 있다. 이와 같은 노력은 이미 수년 전부터 펼쳐지고 있는데, 특히 정부정책 차원에서 마련한 환경개선부담금, 배출부과금, 폐기물예치금 부담금, 수질개선부담금 등이 그 실효성 논란에도 불구하고 국가가 환경오염과 관련하여 규제정책을 펼치거나 별도의 세금으로 그 비용을 거두어야 한다는 목소리에 힘이 실리고 있다.

① 도덕적 해이　　　　　　　　② 외부효과

③ 공공재 성격　　　　　　　　④ 규모의 경제

⑤ 위험발생의 비독립성

해설　**외부효과**
- 특정한 재화 혹은 서비스는 시장에서 교환가치 이외의 요인들에 의해 가격이 결정된다. 이와 같이 교환가치 이외에 다른 요인들이 가격결정에 영향을 미치는 현상을 '외부효과(External Effect)' 또는 '외부경제(External Economy)'라 한다.
- 외부효과는 어떠한 경제적 활동이 본래의 의도와는 달리 제3자에게 특정한 혜택을 주거나 손해를 끼치는 방향으로 나타난다. 이때 전자의 경우를 '긍정적 외부효과'라 하며, 후자의 경우를 '부정적 외부효과'라 한다.
- 예를 들어 간염 예방접종을 받은 사람은 그 자신 비용을 지불하지만, 그로 인해 자기 자신은 물론 다른 사람의 간염 전염률을 감소시킨다(긍정적 외부효과). 그러나 자동자의 매연은 운전자 자신은 물론 다른 사람, 더 나아가 환경에 악영향을 미친다(부정적 외부효과).
- 국가 개입의 필요성을 제기하는 데, 긍정적 외부효과를 확대하기 위해 국가에서 이를 직접 제공하는 것이 효과적이며, 부정적 외부효과를 축소하기 위해 국가가 다양한 규제 혹은 조세정책을 펼침으로써 그에 따른 비용 발생을 최소화할 수 있는 것이다.

05 다음 중 조지와 윌딩(George & Wilding)이 제시한 사회복지이념에 대한 설명으로 옳지 않은 것은?

① 소극적 집합주의에서는 시장체제의 약점을 보완하기 위한 정부의 개입을 인정한다.

② 페이비언 사회주의는 점진적인 제도 개혁과 인간 육성을 통해 사회주의에 도달하고자 한다.

③ 마르크스주의는 자본주의 사회에서 빈곤의 문제가 필연적으로 발생한다고 본다.

④ 반집합주의는 빈곤이 경제적 비효율을 초래하므로 국가에 의해 제거되어야 한다고 본다.

⑤ 반집합주의에서는 복지서비스 제공에 있어서 정부의 역할을 최소화해야 한다고 본다.

> **해 설** 반집합주의(Anti-Collectivism)는 빈곤이 한 나라의 경제성장에 따르는 필요악으로 보며, 자선과 이웃사랑의 정신에 입각하여 복지가 이루어져야 한다고 주장한다. 그로 인해 정부의 적극적인 개입에 부정적이며, 복지국가 가론에 반대하는 양상을 보인다. 반집합주의는 이후 수정된 유형에서의 '신우파(The New Right)'와 일맥상통한다.

기출 17회

06 복지국가의 이론적 기초가 되는 케인즈(J. M. Keynes) 경제이론에 관한 설명으로 옳지 않은 것은?

① 고용이 증가하면 소득이 증가하고, 소득이 증가하면 유효수요가 증가한다.

② 유효수요가 감소하면 경기불황을 가져오고, 소득이 감소한다.

③ 저축이 증가하면 투자가 감소하고, 고용의 감소로 이어진다.

④ 유효수요가 증가하면 경기호황을 가져와 투자의 증가로 이어진다.

⑤ 소득이 증가하면 저축이 감소하고, 투자의 감소로 이어진다.

> **해 설** 케인즈(Keynes) 경제이론
> • 1929년에 시작된 경제대공황을 계기로 부각되었다. 이는 시장실패에 대해 국가가 적절히 개입해야 한다는 것이다.
> • 국가의 시장개입을 통해 재정지출을 증대하고 금융 정책 및 사회재분배정책을 확대하여 경기를 활성화 함으로써 소비와 투자를 늘려 유효수요를 증대시키고자 한 것이다.
> • 고용이 증가하면 소득이 증가하고, 소득이 증가하면 유효수요가 증가한다. 유효수요의 증가는 경기호황을 가져와 투자의 증가와 함께 고용의 증가로 이어진다. 반대로, 유효수요의 감소는 경기불황을 가져와 투자의 감소와 함께 고용의 감소로 이어진다.

07 다음 중 중앙정부 전달체계의 장점에 해당하지 않는 것은?

① 평등 및 사회적 적절성을 구현하는 데 유리하다.

② 재화의 가격과 질에 있어 수급자에 유리하다.

③ 어떤 재화는 대상이 되는 사람이 많을수록 기술적인 측면에서 유리하다.

④ 모든 국민을 대상으로 하는 것이 사회 전체 이득의 관점에서 유리하다.

⑤ 사회복지에 대한 욕구를 체계화하여 다양한 프로그램을 통합·조정하고 지속적·안정적으로 유지하는 데 유리하다.

> **해 설** 중앙정부 전달체계의 장단점
> - 장 점
>   - 공공재적인 성격이 강한 국방, 안보, 치안 등은 평등지향적인 서비스의 공급이라는 측면에서 중앙정부의 역할이 중요하다.
>   - 공급규모나 재원조달의 측면에서 중앙정부의 역할이 대두된다.
>   - 복지에 대한 다양한 욕구를 수용하여 프로그램을 포괄·조정할 수 있다.
>   - 지속적이고 안정적인 서비스를 제공할 수 있다.
> - 단 점
>   - 서비스에 관한 지역 수급자의 욕구 반영이 어렵다.
>   - 효율적인 배분이 이루어지기 어렵다.
>   - 독점성으로 인해 가격과 질적인 측면에서 수급자에게 불리하다.
>   - 수급자의 서비스에 대한 접근성이 떨어진다.

08 다음 중 현행 사회보험제도의 급여와 급여형태에 대한 설명으로 옳은 것은?

① 산업재해보상보험의 요양급여는 현금급여이다.

② 산업재해보상보험의 휴업급여는 현물급여이다.

③ 국민연금의 장애연금은 현금급여이다.

④ 국민기초생활보장제도의 교육급여는 현물급여이다.

⑤ 국민건강보험의 요양급여는 현금급여이다.

> **해 설** ① 산업재해보상보험의 요양급여는 현물급여이다.
> ② 산업재해보상보험의 휴업급여는 현금급여이다.
> ④ 국민기초생활보장제도의 교육급여는 현금급여(입학금, 수업료, 학용품비 등)가 원칙이며, 현물급여(수급품의 지급)를 하기도 한다.
> ⑤ 국민건강보험의 요양급여는 산업재해보상보험의 요양급여와 마찬가지로 현물급여이다.

09 할당의 원리에 관한 설명으로 옳지 않은 것은?

① 귀속적 욕구의 원리에서 욕구는 규범적 기준에 의해 정해진다.

② 공헌 혹은 피해 집단에 속하는가에 따른 할당은 보상의 원리에 해당한다.

③ 진단적 구분은 재화 혹은 서비스의 필요성에 대한 전문가의 판단에 의존한다.

④ 귀속적 욕구의 원리는 보편주의보다는 선별주의 할당원리에 가깝다.

⑤ 자산조사 원리는 욕구에 대한 경제적 기준과 개인별 할당이라는 두 가지 조건에 근거한다.

해 설　④ 귀속적 욕구(Attributed Need)의 원리는 사회복지의 제도적 개념, 즉 보편주의에 상대적으로 더 가깝다.

대상자 선정의 관점에 의한 할당의 원칙

귀속적 욕구	보 상	진 단	자산조사
제도적 개념 (보편주의)	←	→	잔여적 개념 (선별주의)

10 다음 중 독일 비스마르크의 사회입법에 대한 설명으로 옳은 것은?

① 독일 노동운동의 주요 세력인 사회민주당의 주도하에 비스마르크 정권이 이를 수용하였다.

② 1883년 제정된 질병보험은 세계 최초의 사회보험이다.

③ 1884년 산재보험의 재원은 노사가 반씩 부담하였다.

④ 1889년 노령 및 폐질보험은 소득에 상관없이 16세 이상의 임금노동자를 대상으로 하였다.

⑤ 질병보험은 전국적으로 일원화된 통합적 조직에 의하여 운영되었다.

해 설　② 비스마르크(Bismarck)는 지주계급과 노동자계급에 대한 견제를 목적으로 사회보험제도를 시행하였다. 1883년 질병(건강)보험이 최초로 제정되었으며, 이후 1884년에 산업재해보험, 1889년에 노령 및 폐질보험 (노령폐질연금) 순으로 사회보험 입법이 추진되었다.
　　① 비스마르크는 사회주의운동을 탄압하는 동시에 노동자의 국가에 대한 충성심을 확보하기 위해 사회보험 제도를 적극 도입하였다. 즉, 노동자계급을 기존의 정치질서 내에 포섭시켜 안정된 사회기반을 구축하고자 한 것으로서, 당시 노동자계급을 대표하던 사회민주당의 세력을 억제하기 위한 조치였다.
　　③ 1884년 산업재해보험(산재보험)의 재원은 사용자만 부담하였다.
　　④ 1889년 노령 및 폐질보험(노령폐질연금)은 특정 직종에 종사하는 16세 이상의 임금노동자로 연소득이 2천 마르크 이하인 자를 대상으로 하였다.
　　⑤ 질병(건강)보험은 기존의 임의조직 및 자조조직을 활용하여 이들에 대해 국가가 감독하는 방식으로 운영되 었다.

11 사회보험과 비교할 때 공공부조가 갖는 장점은?

① 높은 비용효과성
② 근로동기의 강화
③ 재정 예측의 용이성
④ 수평적 재분배의 효과
⑤ 높은 수급률(Take-up Rate)

해설 ① 공공부조는 급여를 가장 필요로 하는 사람에게 집중함으로써 비용을 절감해야 한다는 비용효과성의 원칙에 충실하다.
② 공공부조는 급여 수급자의 근로동기를 감소시키는 역기능이 있다.
③ 사회보험의 수입과 지출 총액은 비교적 예측이 용이한 반면, 공공부조는 빈민의 수와 생계비 수준에 따라 지출 규모가 결정되므로 재정 예측이 용이하지 않다.
④ 공공부조는 고소득층에서 저소득층으로 수직적 재분배가 이루어지므로 상대적으로 소득재분배 효과가 크다.
⑤ 수급률은 수급자격을 가진 사람이 실제로 수급하는 비율을 말한다. 공공부조의 경우 수급자격이 있음에도 불구하고 프로그램이 있다는 사실을 몰라서 혹은 행정기관 방문이 귀찮거나 절차가 어려워서 수급을 포기하는 경우도 있으므로, 사회보험에 비해 수급률이 낮은 편이다.

12 다음 중 사회복지정책 결정에 관한 주요 이론모형과 관련한 설명으로 옳지 않은 것은?

① 합리모형 – 정책결정자의 주관적인 가치판단과 정보의 비대칭으로 인해 객관성이 결여된다.
② 최적모형 – 정책결정에 드는 비용보다 효과가 더 커야 한다는 것을 전제로 한다.
③ 점증모형 – 보수주의적 성향으로 인해 소수집단의 의견이 반영되지 않을 가능성이 높다.
④ 쓰레기통모형 – 정책결정은 참여자, 해결책, 문제점 등과 관련된 다양한 요인들이 합류되는 시점에서 우연히 이루어진다.
⑤ 만족모형 – 정책결정에 관한 초창기 모형으로 인간의 전능성을 전제로 한다.

해설 ⑤ 합리모형에 대한 내용에 해당한다. 합리모형은 인간의 합리성을 강조하며, 정책결정자에 의한 최선의 정책대안이 가능하다고 본다. 이와 같은 견해는 정책결정에 관한 연구가 별로 이루어지지 않았던 초창기에 생겨난 것으로, 정책결정에 대해 안이하게 낙관적으로 생각하고 인간의 전능성을 전제로 하기 때문에 현실적으로 적용하기 어려운 문제가 있다. 최근의 모든 연구는 결국 이를 수정하는 방향으로 전개되고 있다.

13 우리나라의 사회복지정책 중 대상을 빈곤층으로 한정하는 정책이 아닌 것은?

① 보육급여
② 생계급여
③ 주거급여
④ 의료급여
⑤ 교육급여

해설 ① 우리나라는 소득과 관계없이 만 0~5세 어린이집을 이용하는 영유아 가구의 아동에게 보육료 등을 지원하고 있다.
②·③·④·⑤ 생계급여, 주거급여, 의료급여, 교육급여 등은 국민기초생활보장법에 따른 급여로서, 저소득 취약계층을 대상으로 한다.

14 우리나라의 국민기초생활보장제도에 관한 설명으로 옳은 것은?

① 의료급여 선정기준은 기준 중위소득의 100분의 50 이상으로 한다.

② 교육급여 선정기준은 기준 중위소득의 100분의 40 이상으로 한다.

③ "수급권자"란 「국민기초생활보장법」에 따른 급여를 받는 사람을 말한다.

④ 국민기초생활보장제도에서의 "보장기관"은 사회복지서비스를 제공하는 사회복지기관을 말한다.

⑤ 사회복지전담공무원은 수급권자의 동의를 받아 수급권자에 대한 급여를 직권으로 신청할 수 있다.

해 설　⑤ 사회복지전담공무원은 「국민기초생활보장법」에 따른 급여를 필요로 하는 사람이 누락되지 아니하도록 하기 위하여 관할지역에 거주하는 수급권자에 대한 급여를 직권으로 신청할 수 있다. 이 경우 수급권자의 동의를 구하여야 하며 수급권자의 동의는 수급권자의 신청으로 볼 수 있다(국민기초생활보장법 제21조 제2항).
① 의료급여 선정기준은 기준 중위소득의 100분의 40 이상으로 한다(동법 제12조의3 제2항 참조).
② 교육급여 선정기준은 기준 중위소득의 100분의 50 이상으로 한다(동법 제12조 제3항 참조).
③ '수급권자'란 「국민기초생활보장법」에 따른 급여를 받을 수 있는 자격을 가진 사람을 말한다. 참고로 「국민기초생활보장법」에 따른 급여를 받는 사람은 '수급자'에 해당한다(동법 제2조 제1호 및 제2호).
④ 국민기초생활보장제도에서의 '보장기관'은 「국민기초생활보장법」에 따른 급여를 실시하는 국가 또는 지방자치단체를 말한다(동법 제2조 제4호).

15 국민연금의 가입기간 추가 산입에 관한 내용으로 옳지 않은 것은?

① 병역법에 따라 현역병으로 병역의무를 수행한 경우 가입기간을 추가 산입한다.

② 자녀가 두 명인 경우 12개월을 추가 산입한다.

③ 가입기간의 추가 산입에 따른 비용은 국가와 사용자가 2분의 1씩 부담한다.

④ 고용보험법에 따른 구직급여를 받는 경우 구직급여를 받는 기간을 가입기간에 추가 산입한다.

⑤ 사용자가 근로자의 임금에서 기여금을 공제하고 연금보험료를 내지 아니한 경우에는 그 내지 아니한 기간의 2분의 1에 해당하는 기간을 근로자의 가입기간으로 산입하되, 1개월 미만의 기간은 1개월로 한다.

해 설　**국민연금의 가입기간 추가 산입에 따른 비용 부담**
• 군 복무기간에 대한 가입기간 추가 산입에 필요한 재원은 국가가 전부를 부담한다(국민연금법 제18조 제3항).
• 출산에 대한 가입기간 추가 산입에 필요한 재원은 국가가 전부 또는 일부를 부담한다(동법 제19조 제3항).
• 실업에 대한 가입기간 추가 산입을 위해서는 원칙적으로 가입자 또는 가입자였던 사람이 인정소득을 기준으로 연금보험료를 납부하여야 하며, 이 경우 국가가 연금보험료의 전부 또는 일부를 일반회계, 국민연금기금 및 고용보험기금에서 지원할 수 있다(동법 제19조의2 제3항 참조).

16 다음 중 새로운 사회적 위험이 나타나게 된 배경으로 옳은 것을 모두 고른 것은?

ㄱ. 출산율 감소
ㄴ. 임시 · 일용직 등 비정규직의 증가
ㄷ. 노인 부양비의 증가
ㄹ. 여성의 경제활동참여 증가에 따른 일 · 가정 양립 문제의 대두

① ㄱ, ㄴ, ㄷ   ② ㄱ, ㄷ
③ ㄴ, ㄹ   ④ ㄹ
⑤ ㄱ, ㄴ, ㄷ, ㄹ

> **해 설** **새로운 사회적 위험의 주요 배경**
> • 사회복지의 정책적 측면에서 개인의 적극적인 참여 강조, 선별주의적 접근방식으로의 전환
> • 산업구조 및 산업생산 방식에 있어서 제조업에서 서비스업 중심으로의 전환, 산업의 고부가가치화
> • 계급이념의 쇠퇴로 인한 노동자계급의 세력 약화
> • 임시 · 일용직 등 비정규직의 증가
> • 소득양극화로 인한 고소득층과 저소득층 간의 소득격차 심화
> • 가족구조의 변화, 출산율의 감소, 인구의 고령화
> • 여성의 경제활동참여 증가, 일 · 가정 양립 문제의 대두

17 다음 중 '제3의 길'이 강조한 복지개혁의 방향으로 옳지 않은 것은?

① 권리와 의무의 조화   ② 근로와 복지의 연계
③ 복지국가 전성기로의 회귀   ④ 사회투자국가
⑤ 사회복지 공급주체의 다원화

> **해 설** **제3의 길(The third way)**
> • 1997년 유럽의 좌파정권이 시장의 효율성과 사회적 연대성의 조화를 목표로 하는 '제3의 길'을 제시하였다.
> • 국민들의 사회경제생활을 보장하는 동시에 시장의 활력을 높이자는 전략을 표방하였다.
> • 국민들에게 경제적 혜택을 직접 제공하기보다는, 인적자원에의 투자 및 사회적 자본의 확충을 강조하는 기든스(Giddens)의 사회투자국가론을 지지하였다.
> • 복지다원주의와 생산적 복지, 적극적 복지를 표방하였다.
> • 권리와 의무의 조화, 확고한 인류평등주의, 공공기관 혁신의 토대로서 시민사회개혁을 강조하였다.

18 소득불평등에 관한 설명으로 옳지 않은 것은?

① 5분위 배율은 상위 20%의 소득을 하위 20%의 소득으로 나눈 비율이다.

② 로렌츠 곡선(Lorenz Curve)이 45° 선과 일치하면 소득분포가 완전히 균등하다.

③ 10분위 분배율은 그 수치가 낮을수록 소득분배가 평등하다.

④ 지니계수가 0.4에서 0.3으로 하락했다면 소득불평등이 완화된 것이다.

⑤ 로렌츠 곡선에서 지니계수를 나타낼 수 있다.

> **해 설** 10분위 분배율은 소득이 낮은 하위 40% 가구의 소득이 전체 소득에서 차지하는 비중을 상위 20% 가구의 소득이 전체 소득에서 차지하는 비중으로 나눈 값으로서, 그 수치가 클수록 소득분배는 평등하다.

19 다음 중 정책분석의 접근방법 중 경험적 접근방법에 해당하는 것은?

① 사회정책에 반영된 가치기준에 초점을 둔다.

② 사회문제를 해결하기 위한 미래의 행동노선을 제안하는 데 관심을 둔다.

③ 산출된 정보의 유형은 주로 처방적 성격을 가진다.

④ 산출된 정보의 유형은 평가적인 것이 된다.

⑤ 정책분석가가 사회복지 지출을 기술하고 설명하며 예측하는 경우이다.

> **해 설** ① · ④ 평가적 접근방법, ② · ③ 규범적 접근방법
>
> **정책분석의 접근방법**
>
> | 유 형 | 주요 관심사 | 산출되는 정보 |
> |:---:|:---:|:---:|
> | 경험적 | 그것은 존재하는가? (사실) | 기술적 |
> | 평가적 | 그것은 가치가 있는가? (가치) | 평가적 |
> | 규범적 | 무엇이 행해져야 하는가? (행동) | 처방적 |

20 다음 중 사회복지정책의 가치에 관한 설명으로 옳은 것은?

① 형평(Equity)은 결과의 평등을 강조하는 수량적 평등 개념이다.
② 비례적 평등은 개인의 욕구에 따라 사회적 자원을 다르게 배분한다.
③ 기회의 평등은 결과의 평등보다 재분배에 적극적이다.
④ 기회의 평등 추구는 빈자들의 적극적 자유를 증진할 수 없다.
⑤ 긍정적 차별(Positive Discrimination)은 평등의 가치를 저해한다.

> **해설** ② 비례적 평등(Proportional Equality)은 개인의 욕구, 능력, 기여에 따라 사회적 자원을 상이하게 배분하는 것으로서, '형평 또는 공평(Equity)'이라고도 한다. 이는 개인의 능력에 모든 것을 맡기는 것이 아닌 개인의 능력에서 부족한 부분을 사회적으로 보충해 주는 것으로서, 실질적으로 자본주의 사회에서 널리 사용되는 개념이다. 공공부조의 급여액이 노동시장의 최저임금수준보다 낮아야 한다는 열등처우의 원칙이나, 사회보험의 경우 보험료를 많이 낸 사람에게 많은 급여를 하는 것 등이 해당한다. 따라서 비례적 평등은 자원 또는 급여의 배분에 있어서 명확한 기준을 전제로 한다.
> ① 형평 또는 공평은 비례적 평등의 개념이다.
> ③ 기회의 평등은 결과가 평등한가 아닌가의 측면은 무시한 채 결과를 얻을 수 있는 과정상의 기회만을 똑같이 주는 것이므로 평등의 개념 가운데 가장 소극적이라고 볼 수 있다.
> ④ 적극적 자유는 '자신이 원하는 것을 할 수 있는 자유'를 말하므로, 기회의 평등으로 빈자들의 적극적 자유를 증진할 수 있다.
> ⑤ 긍정적 차별 또는 적극적 차별(Positive Discrimination)은 사회의 불이익집단들에 대한 과거의 부정적 차별(Negative Discrimination)을 보상하는 것이므로 평등의 가치를 저해하는 것으로 볼 수 없다.

21 사회복지 재원으로서 사회보험료와 직접세의 차이점에 대한 설명으로 틀린 것은?

① 직접세가 사회보험료보다 수직적 재분배 효과가 크다.
② 직접세가 사회보험료보다 저소득층에 유리하다.
③ 직접세가 사회보험료보다 역진적이다.
④ '수혜자 = 공급자'에 가까운 것이 사회보험료이다.
⑤ 초기 개입단계에서 사회보험료가 직접세보다 정치적 효과성이나 여론형성에 유리하다.

> **해설** ③ 직접세는 누진적인 효과가 있으나, 사회보험료의 경우 정률보험료는 역진적 성격이 나타난다.

22 길버트와 스펙트(Gilbert & Specht)는 사회복지정책 형성의 8단계를 제시하였으며, 각 단계에서의 전문가의 역할을 제시하였다. 다음 중 사회계획가로서 전문가의 역할이 요구되는 단계를 올바르게 모두 나열한 것은?

① 문제발견, 문제분석
② 대중홍보, 정책목표 설정
③ 정책목표 설정, 프로그램 설계
④ 실천(집행), 평가와 사정
⑤ 일반의 지지와 합법성 구축

해 설 사회복지정책 형성 단계별 전문가의 역할

구 분	정책 형성 단계	전문가의 역할
제1단계	문제발견	직접서비스
제2단계	문제분석	사회조사
제3단계	대중홍보	지역사회조직
제4단계	정책목표 설정(정책목표 개발)	사회계획
제5단계	일반의 지지와 합법성(정당성) 구축	지역사회조직
제6단계	프로그램 설계	사회계획
제7단계	실천(집행)	운영관리와 직접서비스
제8단계	평가와 사정	사회조사와 직접서비스

23 다음 중 사회보험과 민간보험의 공통점에 해당하는 것은?

① 강제가입을 원칙으로 한다.
② 사회적 적합성에 따라 운영된다.
③ 엄격한 보험수리원칙을 기반으로 한다.
④ 위험분산(Risk Pooling)의 기능을 한다.
⑤ 보호수준은 가입자의 요구와 능력에 의해 결정된다.

해 설 ④ 사회보험과 민간보험은 공통적으로 '위험분산(Risk Pooling)' 또는 '위험이전(Risk Transfer)'에 기초한다. 보험은 위험분산의 효과를 기본적인 기능으로 하며, 그로 인해 보험가입자들은 자발적 또는 강제적으로 위험분산 능력이 있는 보험서비스에 가입한다.

사회보험과 민간보험의 차이점

구 분	사회보험	민간보험
원 리	사회적 적합성	개인적 형평성
참 여	강제적 · 비선택적	임의적 · 선택적 · 자발적
보험료 · 기여금 부과 기준	평균적 위험정도, 소득수준	개별적 위험정도, 급여수준
보호수준	최저보호수준	요구와 능력에 의해 결정
급여 근거	법	계 약
운 영	정부독점	보험시장에서의 경쟁
비용예측	비교적 어려움	비교적 용이함
인플레이션	인플레이션에 대한 대책 가능	인플레이션에 취약

24 다음 사회복지제도 발달에 관한 이론 중 제3세계 저개발 국가들을 모델로 하여 경제선진국과 주변국 간의 관계에서 저발전의 원인을 설명하고자 하는 이론에 해당하는 것은?

① 이익집단이론   ② 권력자원이론

③ 종속이론   ④ 수렴이론

⑤ 음모이론

> **해 설**   ③ 종속이론은 특히 제3세계 저개발 국가들을 모델로 하여, 이러한 국가들의 저성장과 빈곤이 국가 내부의 문제라기보다는 중심부 국가들 간의 불균등한 교환관계 또는 착취관계에서 비롯된다고 주장한다. 따라서 종속관계를 단절시키지 않는 한 지속적인 저개발 상태가 유지된다고 본다.
> ① 이익집단이론 또는 다원주의이론은 복지국가의 다양한 사회복지정책들을 자본과 노동 간의 대립이 아닌 다양한 관련 이익단체들 간의 대립과 타협의 산물로 해석한다. 이익집단이론은 이익집단이 구성원들의 집단이익을 실현하기 위해 국가에 압력을 가함으로써 복지비의 증대를 가져온다고 주장한다.
> ② 권력자원이론 또는 사회민주주의이론은 정부의 개입을 통해 불평등한 기회와 부자유로부터 인간을 해방시키는 것을 목적으로 한다. 권력자원이론은 국가의 상대적 자율성, 노동계급의 정치적 세력화, 시장실패의 교정·보완 등을 특징으로 한다.
> ④ 수렴이론 또는 산업주의이론은 경제발전이 상당한 수준에 도달하는 경우 사회복지가 유사한 형태로 수렴된다고 주장한다. 기술발전에 따른 경제성장은 복지비 지출에 필요한 자원을 확보하도록 하며, 복지프로그램은 노동자의 교육 및 건강, 안정된 노동력을 통해 산업화에 일조한다고 본다.
> ⑤ 음모이론 또는 사회통제이론은 구빈제도가 노동을 규제하는 것을 일차적인 목표로 하여 대량실업에 의한 실업자들을 질서유지 차원에서 흡수·통제한다고 주장한다. 즉, 노동자 집단에의 통제를 통해 재생산을 촉진하며, 노동자 계급을 계층화하고자 한다는 것이다.

기출 17회

25 우리나라 산업재해보상보험제도에서 업무상 재해의 인정 기준을 모두 고른 것은?

ㄱ. 출퇴근 재해   ㄴ. 업무상 질병

ㄷ. 업무상 사고   ㄹ. 장애등급

① ㄴ, ㄹ   ② ㄱ, ㄴ, ㄷ

③ ㄱ, ㄷ, ㄹ   ④ ㄴ, ㄷ, ㄹ

⑤ ㄱ, ㄴ, ㄷ, ㄹ

> **해 설**   ㄱ·ㄴ·ㄷ. 근로자가 산업재해보상보험법령에 따른 업무상 사고, 업무상 질병, 출퇴근 재해에 해당하는 사유로 부상·질병 또는 장해가 발생하거나 사망하면 업무상의 재해로 본다. 다만, 업무와 재해 사이에 상당인과관계가 없는 경우에는 그러하지 아니하다(산업재해보상보험법 제37조 제1항 참조).

01 사회복지행정의 민주적 접근방법에 관한 설명 중 틀린 것은?

① 직원, 이사회 및 위원회의 협력을 조성한다.
② 기술적 능력에 기초하여 승진과 선정을 결정한다.
③ 사회복지행정을 통해 개인의 발전을 도모할 수 있다.
④ 집단 혹은 팀 정신에 기초한 구조를 가진다.
⑤ 목표, 계획 및 절차에 대해 다수가 참여한다.

해 설 ② 기술적 능력에 기초한 승진과 선정은 관료적 접근방법이다.

02 업무세분화에 따른 단점을 보완하는 방법으로 옳지 않은 것은?

① 치료팀은 조직단위별로 다루어지는 클라이언트 문제를 조직 공동의 노력을 통해 해결하는 방법이다.
② 직무순환은 주기적으로 다른 업무를 수행하도록 인력을 배치하는 방법이다.
③ 직무확대는 개별 업무자가 담당하는 과업의 종류나 수를 확대하는 방법이다.
④ 사례관리는 사정 · 연계 · 옹호 등을 통해 클라이언트 문제를 통합적으로 해결하는 방법이다.
⑤ 직무순환과 사례관리는 개별 업무자 차원의 노력보다는 조직단위 간 연결을 강조한다.

해 설 직무순환은 작업자들이 완수해야 하는 직무는 그대로 둔 채 작업자들의 자리를 교대 이동시키는 방법으로서, 작업자가 다양한 직무경험을 쌓도록 하기 위한 것이다. 또한 사례관리는 사정 · 연계 · 옹호 등을 주된 서비스로 하여 사례관리자의 책임 하에 개별 클라이언트의 복합적인 문제들을 다양하게 세분화된 서비스에 연결하며, 그 결과를 체계화하여 클라이언트의 문제를 해결하려는 통합적인 방법이다. 이러한 대안적 방법들은 조직단위 간 연결을 강조하기보다는 직무수행자의 직무반복에 따른 문제를 해결하기 위한 직무의 조정 및 통합, 클라이언트에게 제공되는 세분화된 서비스의 조정 및 통합을 강조한다.

03 사회복지행정이론과 관련하여 "인간은 스스로 일을 할 능력과 창의성이 있으므로 적절한 자기 책임을 부여한다"라고 보는 이론은?

① X이론   ② Y이론
③ Z이론   ④ W이론
⑤ Q이론

맥그리거의 Y이론의 전제

- 종업원은 일하는 것을 휴식이나 놀이처럼 자연스러운 것으로 본다.
- 인간은 자신에게 주어진 목표 달성을 위해서 스스로 지시하고 통제하며 관리해 나간다.
- 보통의 인간은 책임을 받아들이고 스스로 책임을 찾아나서기도 한다.
- 합리적인 의사결정을 하기 위한 능력은 보통의 인간에게 널리 퍼져있는 일반적인 능력으로 관리자만의 유일한 영역일 필요는 없다.

04 다음 중 사회복지에서 행정지식이 중요하게 된 이유로 옳지 않은 것은?

① 사회로부터 인가된 사회복지조직의 책임성 이행을 위해 필요하다.
② 조직의 변화에 따라 효과적인 목표달성을 위한 독자적 지식체계의 필요성이 커졌다.
③ 사회복지조직이 세분화되면서 조직 간 통합과 조정의 필요성이 커졌다.
④ 사회사업가가 조직의 관리 · 운영에 관여하는 것은 물론 조직의 주요 관리업무를 수행할 필요성이 커졌다.
⑤ 사회문제 해결을 위한 일차집단(Primary Association)의 역할이 커졌다.

일차집단(Primary Association)은 가족과 친구 등 혈연과 지연으로 구성된 집단을 말하는 반면, 이차집단(Secondary Association)은 종교집단, 경제집단, 정치집단 등 국가와 시장의 중간에 자발적으로 형성된 집단을 의미한다. 워렌(Warren)은 지역주민의 자발성과 자치성에 기초한 자발적 결사체(Voluntary Association)의 사회참여를 강조하였는데, 이때 자발적 결사체는 이차집단에 해당한다.

기출 18회

05 사회복지행정의 특성에 관한 설명으로 옳지 않은 것은?

① 조직들 간의 통합과 연계를 중시한다.
② 지역사회 욕구를 충족시키기 위한 조직관리 기술을 필요로 한다.
③ 모든 구성원들이 조직운영 과정에 참여하여 일정 부분 영향을 미친다.
④ 조직 내부 부서 간의 관료적이고 위계적인 조직관리 기술을 필요로 한다.
⑤ 사회복지조직의 관리자는 조직의 운영을 지역사회와 연관시킬 책임이 있다.

④ 휴먼서비스는 사회복지사와 클라이언트 간의 대면(만남)에 의존하므로, 클라이언트의 능동적인 참여와 사회복지사의 적극적인 업무 진행이 필수적이다. 행정조직 또한 명령과 복종체제인 수직적(위계적) 조직보다는 서로 협력하는 수평적 조직이 요구된다. 즉, 클라이언트와의 전문적인 상호작용을 위해서는 참여적인 수평적 조직구조가 유리하며, 이를 통해 창의성과 역동성을 추구할 수 있다.

06 사회복지행정의 이론에서 관료제이론의 특징이 아닌 것은?

① 인간의 개성보다는 공적인 지위에 기반을 둔 위계적인 권위구조
② 지위에 따른 권위를 규정하는 규칙의 체계
③ 명확하고 고도로 전문화된 업무 분업
④ 비인간적인 인간관계
⑤ 과업을 달성한 정도에 따른 임금지불

> **해 설** ⑤ 과학적 관리론의 내용에 해당한다.
> **관료제이론의 특징**
> • 위계적 권위구조 : 지위에 따른 권위를 규정하는 규칙의 체계로서, 하급직위나 하급기관은 상급직위나 상급 기관의 통제와 감독을 받는다.
> • 규칙 : 공식적인 규칙체계를 통해 직무를 배분하고 인력을 배치함으로써 조직의 안정성과 계속성을 유지한다.
> • 사적인 감정의 배제 : 합리적인 결정을 위해 개인의 감정은 무시된다.
> • 분업화와 전문화 : 명확하고 고도로 전문화된 업무 분업이 이루어진다.
> • 기술적 자격 : 전문적인 능력과 기술이 중시되며, 직무에 대한 전문성과 경력을 필요로 한다.

07 소진을 막기 위한 효과적인 인적자원관리 방법으로 적절한 것을 모두 고르면?

ㄱ. 직무 재배치 ㄴ. 슈퍼비전의 활용
ㄷ. 지속적인 동기 부여 ㄹ. 장기근무 포상휴가제 실시

① ㄱ, ㄴ, ㄷ ② ㄱ, ㄷ
③ ㄴ, ㄹ ④ ㄹ
⑤ ㄱ, ㄴ, ㄷ, ㄹ

> **해 설** 소진은 이전에 헌신적이었던 전문직업인이 직업에서 경험하는 스트레스와 고통들에 대한 반응으로 직무로부터 멀어져 가는 과정이다. 직업에 대한 이상, 열정, 목적의식이나 관심을 점차적으로 상실해가는 과정을 의미한다. 소진을 막기 위한 효과적인 방법으로는 직무 재배치, 재훈련, 지도감독의 활용, 지속적인 동기부여, 안식년월 제도 등이 있다.

08 공식조직의 4가지 기본요소에 들지 않는 것은?

① 업무의 분업 ② 위계질서
③ 목표의 확정 ④ 통제의 범위
⑤ 구 조

> **해 설** 공식적 조직을 연구한 것은 주로 과학적 관리론으로 분업, 위계질서, 통제범위, 조직구조 등이 주요한 특징으로 제시된다.

09 조직 내 비공식조직의 순기능으로 옳은 것은?

① 조직의 응집력을 높인다.

② 공식 업무의 신뢰성과 일관성을 높인다.

③ 정형화된 구조로 조직의 안정성을 높인다.

④ 파벌이나 정실인사의 부작용이 나타난다.

⑤ 의사결정이 하층부에 위임되어 직원들의 참여의식을 높인다.

해설 | 조직 내 비공식조직의 순기능과 역기능

순기능	• 조직 내 구성원들이 소속감 및 안정감을 갖기 쉬우므로 조직의 응집력을 높인다. • 공식적으로 거론될 수 없는 문제나 사안들에 대한 의사소통 경로가 될 수 있으며, 심리적 불만에 대한 배출구가 될 수도 있다.
역기능	• 파벌이 형성될 수 있으며, 조직 내 갈등을 고조시킬 수 있다. • 업무의 처리나 인사 등에서 자신이 속한 비공식조직의 구성원에게 유리한 결정을 내리는 정실행위가 나타날 수 있다.

10 다음 중 위원회 운영의 장점에 해당하지 않는 것은?

① 조직 전반에 관계되는 문제에 관한 협조에 도움이 된다.

② 문제를 해결하는 데 시간이 적게 든다.

③ 조직 전반에 관계되는 정보의 제공에 효율적이다.

④ 제안을 평가하거나 관련된 여러 전문가의 의견을 들을 수 있다.

⑤ 행정의 참여적 관리를 실현하여 지역주민의 참여를 독려할 수 있다.

해설 위원회는 조직의 목표달성을 위한 특별과업 또는 문제해결을 위해 조직의 일상 업무를 담당하는 기구와는 별도로 전문가 등 업무 관련자들로 구성한 활동기구이다. 위원회의 특징은 다음과 같다.
 • 사안을 건의하고 관련된 여러 전문가의 의견을 들을 수 있다.
 • 행정의 참여적 권리를 실현하여 지역주민의 참여를 독려할 수 있다.
 • 위원회 유지비용이 들며, 문제해결에 더 많은 시간이 소요된다.
 • 위원의 책임감 결여가 우려된다.

11 다음 중 보기의 내용과 연관된 욕구 유형에 해당하는 것은?

> A연구자는 서울의 ○○구 지역주민들의 보건의료서비스 욕구를 파악하기 위해 정부출연 연구기관
> 이 제시한 노인인구 천 명당 적정 병원 수를 확인하였다.

① 인지적 욕구　　　　　　　　　　② 규범적 욕구
③ 표현적 욕구　　　　　　　　　　④ 비교적 욕구
⑤ 상대적 욕구

해 설　② 정부 혹은 정부출연 연구기관이 제시한 자료(기준 또는 규범)를 토대로 특정 지역의 욕구를 파악하는 방식
이므로 '규범적 욕구'와 연관된다.
욕구의 4가지 유형(Bradshaw)
- 규범적 욕구
  - 기준 또는 규범의 개념에 욕구를 대입한 것으로서, 관습이나 권위 또는 일반적 여론의 일치로 확립된 표
  준 또는 기준의 존재를 가정한다.
  - 일반적으로 기존의 자료나 유사한 지역사회 조사, 또는 전문가의 판단에 의해 제안된 욕구에 해당한다.
- 인지적 욕구(체감적 욕구)
  - 욕구는 사람들이 그들의 욕구로 생각하는 것 또는 욕구로 되어야 한다고 느끼는 것으로 정의될 수 있다.
  - 보통 사회조사를 통해 응답자가 선호하는 대상에 대해 질문함으로써 욕구를 파악한다.
- 표현적 욕구(표출적 욕구)
  - 욕구를 가진 당사자가 욕구를 충족시키기 위해 행위로 표현하는 욕구를 말한다.
  - 서비스에 대한 수요에 기초하여 느껴진 욕구가 표출되는 것으로서, 개인이 서비스를 얻기 위해 어떠한
  노력을 기울이고 있는지가 핵심적인 변수에 해당한다.
- 비교적 욕구(상대적 욕구)
  - 욕구는 한 지역사회에 존재하는 서비스 수준과 함께 다른 유사한 지역사회나 지리적 영역에 존재하는 서
  비스 수준 간의 차이로 측정된다.
  - 해당 지역사회가 다른 유사한 지역사회에서 제공하는 것과 흡사한 서비스를 제공하고 있지 않은 경우 욕
  구가 있는 것으로 볼 수 있다.

기출 17회
12 다음에서 공통적으로 설명하는 것은?

> - 사회복지서비스 평가로 인해 발생 가능한 부정적 현상이다.
> - 양적 평가지표가 많을 때 증가되기 쉽다.
> - 평가지표 충족에만 관심이 집중되어 서비스 효과성이 낮아질 수 있다.

① 레드테이프　　　　　　　　　　② 모듈화
③ 옴부즈맨　　　　　　　　　　　④ 기준행동
⑤ 분절성

해 설　**기준행동**
- 업무자들이 기준으로 제시된 측정 가능한 양적 평가 지표들에 대해서만 관심을 가짐으로써 실질적인 서비
스의 효과성에 대해 무관심하게 되는 문제이다.
- 측정기준이 엄격히 적용되는 평가가 지속되는 경우, 서비스 과정 자체가 지나치게 경직될 수 있다.

13 프로그램 기획이 필요한 이유로 옳지 않은 것은?

① 미래의 불확실성의 감소
② 책임성의 증진
③ 합리적 의사결정 증대
④ 프로그램 예산의 점진적 확대
⑤ 조직성원의 사기진작

> **해 설** 기획의 필요성
> • 미래의 불확실성의 감소 : 급변하는 환경과 불확실한 미래상황
> • 합리성의 증진 : 더욱 타당하게 적용될 수 있는 수단의 제공
> • 효율성의 증진 : 제한된 자원, 최소의 노력과 비용으로 목표달성
> • 효과성의 증진 : 클라이언트에게 효과적인 서비스 제공을 위해 사전계획 필요
> • 책임성의 증진 : 정부와 지역사회의 재원을 사용하므로 효과성과 효율성에 대한 책임을 진다는 측면
> • 조직성원의 사기진작 : 기획과정에 많은 조직성원의 참여를 통한 사기진작

14 보기의 빈칸에 들어갈 리더십이론을 순서대로 올바르게 나열한 것은?

> • (ㄱ) : 훌륭한 지도자는 적합한 지도자의 행동 유형을 교육 · 훈련시킴으로써 육성할 수 있다.
> • (ㄴ) : 업무의 환경 특성에 따라서 필요한 리더십이 달라진다.
> • (ㄷ) : 리더십은 개인적인 특성에서 비롯되는 것으로서 타고나는 것이다.

	ㄱ	ㄴ	ㄷ
①	변혁이론	경쟁가치이론	상황이론
②	변혁이론	특성이론	경쟁가치이론
③	상황이론	행동이론	특성이론
④	행동이론	상황이론	특성이론
⑤	행동이론	상황이론	변혁이론

> **해 설** ㄱ. 행동이론 또는 행위이론(Behavior Theory) : "지도자는 어떤 행동을 하며, 어떻게 행동을 하는가?"라는 관점에 초점을 두고 적합한 지도자의 행동 유형을 규명하고자 한다. 이와 같이 적합한 지도자의 행동 유형을 파악하여 공통적으로 이루어지는 행동영역들을 분석하고, 이를 다른 사람들에게 교육 · 훈련시킴으로써 훌륭한 지도자를 육성할 수 있다고 본다.
> ㄴ. 상황이론(Situational Theory) : 지도자의 행동이 상황에 따라 달라질 수 있다는 가정에 기초하고 있다. 즉, 그때의 상황이 지도자의 행동을 결정하는 요인이 된다고 보고, 상황이 달라짐에 따라 다른 리더십이 요청될 수도 있다고 보는 입장이다. 상황이론에서는 리더십에 영향을 미치는 요소로서 지도자가 속한 집단, 집단 목표, 구조, 성격, 사회문화적 요인, 시간적 · 공간적 요인 등을 들고 있다.
> ㄷ. 특성이론 또는 자질이론(Trait Theory) : 리더십이 어떤 사람은 가지고 있고 다른 사람은 가지고 있지 못한 개인적 특성에서 나타나는 것이라고 가정하며, 지도자들이 가지는 공통요소를 규명하고자 한다. 즉, 리더로서 개별적인 동시에 공통적인 요소를 가지고 있다면, 그가 처해 있는 상황이나 환경이 바뀌더라도 항상 지도자가 될 수 있다는 것이다. 특히 효과적인 지도자는 활력 및 인내성, 설득력, 결단력, 지적 능력, 책임성 등의 자질을 가지고 있다고 본다.

15 최근 우리나라 사회복지행정을 둘러싼 환경변화의 추세를 옳게 나타낸 것은?

> ㄱ. 사회복지시설의 평가제도 강화
> ㄴ. 사회복지시설 설치시 신고제에서 허가제도로 전환
> ㄷ. 사회복지서비스에 대한 지방정부의 책임 강화
> ㄹ. 민간자원 동원에 관한 규제 강화

① ㄱ, ㄴ, ㄷ   ② ㄱ, ㄷ
③ ㄴ, ㄹ   ④ ㄹ
⑤ ㄱ, ㄴ, ㄷ, ㄹ

해 설   ㄴ. 최근에는 사회복지시설 설치가 허가제에서 신고제로 전환되고 있는 추세이다.
             ㄹ. 민간자원 동원에 관한 규제는 약화되고 있는 추세이다.

16 최근 인적자원관리의 변화 방향으로 옳은 것을 모두 고르면?

> ㄱ. 직급 중심의 인사체계 → 직무 중심의 인사체계
> ㄴ. 승진 중심의 수직적 이동 → 전문성 위주의 수평 · 수직이동
> ㄷ. 지시 · 통제의 관리방식 → 역량강화형 관리방식
> ㄹ. 낮은 조직간 이동성 → 높은 조직간 이동성

① ㄱ, ㄴ, ㄷ   ② ㄱ, ㄷ
③ ㄴ, ㄹ   ④ ㄹ
⑤ ㄱ, ㄴ, ㄷ, ㄹ

해 설   • 전통적 인적자원관리 : 승진 중심의 수직적 이동, 낮은 조직간 이동성, 지시 · 통제의 관리방식, 직급 중심의
              인사체계
            • 오늘날 인직관리의 방향 : 전문성 위주의 수평 · 수직 이동, 높은 조직간 이동, 임파워먼트 관리방식, 직무와
              역량 중심의 인사체계

17 다음은 체계이론 중 어떤 하위체계에 관한 설명인가?

- 주요 목적은 개인의 욕구를 통합하고 조직의 영속성을 확보하는 것이다.
- 업무절차를 공식화하고 표준화한다.
- 직원을 선발하여 훈련시키며 보상하는 제도를 확립한다.

① 관리하위체계 　　　　　　② 적응하위체계
③ 생산하위체계 　　　　　　④ 경계하위체계
⑤ 유지하위체계

해 설 | 체계모형의 5가지 하위체계

생산하위체계	• 모든 조직은 생산과 관련된 과업을 수행한다. • 모든 조직은 결과물로서 '생산품'을 생산하기 위해 조직 · 운영된다.
유지하위체계	• 보상체계를 확립하고, 교육 · 훈련 등을 통해 조직의 안정을 추구한다. • 업무절차의 공식화 · 표준화로 조직의 계속성을 확보하며, 조직을 안정상태로 유지한다.
경계하위체계	• 조직과 환경적인 요인을 강조한다. • 외부환경의 변화에 대한 적절한 반응과 대응이 목표이다.
적응하위체계	• 실제 조직 변화를 위한 최적의 대안을 찾기 위해 연구 · 평가한다. • 조직의 업무수행 능력평가 및 조직 변화의 방향을 제시한다.
관리하위체계	• 다른 4가지 하위체계를 조정하고 통합하기 위한 리더십을 제공한다. • 갈등의 해결과 조정, 적절한 업무환경의 제공, 외부환경의 영향에 대한 조직의 대응책을 모색한다.

18 중앙정부가 교부하는 보조금 중 다음의 내용은 무엇에 대한 설명인가?

중앙정부가 지방정부에게 기금의 사용처를 지정한다는 의미에서 이 지정은 일반적으로 그 기금이 사용되어야 하는 지출의 기능적 영역만 규정지을 뿐이지 해당 기능 범위 안에서 세부적으로 기금의 사용처를 규정짓지 않는다.

① 포괄보조금 　　　　　　② 특별보조금
③ 항목별보조금 　　　　　④ 조건부보조금
⑤ 제한성보조금

해 설 | 포괄보조금

포괄적으로 규정하여 재량권을 인정하는 보조금으로, 중앙정부 또는 시 · 도가 시 · 군으로 이전하는 재원은 일반정액보조금과 특정정률보조금으로 구분된다. 일반정액보조금의 경우 용도 선택 및 집행에 있어서 자유가 부여되는 반면 특정정률보조금은 사전에 용도가 정해져 해당 용도에 한해 예산을 집행할 수 있는 보조금이다. 포괄보조금은 이와 같은 일반정액보조금과 특정정률보조금의 특징을 결합한 것으로, 유사한 사업들을 하나의 그룹으로 구분하여 해당 그룹 내에서 자유롭게 예산을 집행할 수 있도록 자율성을 부여한다.

19 프로그램 평가 검토기법(PERT)에 관한 설명으로 옳지 않은 것은?

① 목표달성의 기한을 정해 놓고 진행한다.

② 과업별 소요시간을 계산하여 추정한다.

③ 최종 목표를 달성하는 데 있어 필요한 최단 시간을 제시할 수 있는 기법이다.

④ 주요 세부목표 또는 활동의 상호관계와 시간계획을 연결시켜 나타낸 것이다.

⑤ 간트 차트(Gantt Chart)에 비해 활동 간의 상관관계를 파악하는 데 유용하지 않다.

> 해설 간트 차트(Gantt Chart)가 단선적 활동만을 표시하여 복잡한 작업단계들 간의 상관관계를 나타낼 수 없었던
> 것에 반해, 프로그램 평가 검토기법(PERT)은 각 작업단계들을 입체적으로 연결하여 전반적인 계획을 잘 반영
> 하는 것은 물론 작업완성에 기대되는 시간까지 보여준다.

20 참여적 리더십의 단점이 아닌 것은?

① 긴급한 결정을 내리기 어렵다.

② 타협과 맥빠진 결정을 초래할 우려가 있다.

③ 책임의 확산으로 무관심을 초래할 수 있다.

④ 참여는 특정한 상황에서만 가능하다.

⑤ 잠재력 개발의 기회가 감소한다.

> 해설 **리더십의 대표적 유형**
>
> | | |
> |---|---|
> | 지시적 리더십 | • 명령과 복종을 강조하고 독선적이며 조직체 성원을 보상·처벌의 연속선에서 통제한다.
• 정책에 일관성이 있고 신속한 결정이 가능하여 위기 시에 기여한다.
• 조직원의 사기저하와 경직성의 단점이 있다. |
> | 참여적 리더십 | • 민주적 리더십으로 결정의 과정에 있어서 부하직원을 참여시킨다.
• 동기유발적이며 집단의 지식과 기술을 활용하는 데 유리하다.
• 책임이 분산되고 긴급한 결정이 어려운 단점이 있다. |
> | 자율적 리더십 | • 방임적 리더십으로 대부분의 의사결정권을 부하직원에게 위임한다.
• 전문가 조직에 적합하며, 일정한 한계 내에서 자유로운 활동이 허용된다.
• 업무처리에 대한 정보제공이 부족하며, 내부 갈등에의 개입이 어려워 혼란을 야기할 수 있다. |

21 다음에서 설명하는 기획기법은?

> • 막대그래프를 이용해서 막대그래프 차트로도 불린다.
> • 작업 간의 연결성에 대한 파악이 어렵다.

① 프로그램 평가 검토기법(PERT)
② 시간별 활동계획 도표(Gantt Chart)
③ 월별 활동계획카드(Shed-U Graph)
④ 방침관리기획(P-D-C-A)
⑤ 주요경로방법(Critical Path Method)

해 설 ② 시간별 활동계획 도표는 '간트 차트' 또는 '막대그래프 차트'라고도 하며, 세로 바에는 목표, 활동 및 프로그램을 기입하고 가로 바에는 시간을 기입하여 사업의 소요시간을 막대로 나타내는 도표이다. 비교적 단순명료하고 전체 작업의 진행상황을 점검할 수 있으며, 과업완성 시간을 단축할 수 있고 여유시간을 관리할 수 있다. 다만, 세부적인 활동을 포함하지 않으며, 과업이나 활동 간의 연결과정도 표시하지 않는다.
① 설정된 주요 세부목표와 프로그램의 상호관계 및 시간계획을 연결시켜 도표화한 것이다. 프로그램을 명확한 목표들로 조직화하고 진행일정표를 작성하며, 자원계획을 세우고 프로그램 진행사항을 추적하는 데 활용된다.
③ 바탕종이의 위쪽 가로에는 월별이 기록되어 있고 특정 활동이나 업무를 조그만 카드에 기입하여 월별 아래 공간에 삽입하거나 붙이는 기법이다.
④ '계획(Plan) - 실행(Do) - 확인(Check) - 조정(Act)'의 일련의 절차를 프로그램 기획과정으로 보는 것으로, 조직의 핵심적인 목표달성을 위해 조직의 자원을 결집시키고 조직 구성원 전체의 노력을 조정하기 위한 기법이다.
⑤ 프로그램 평가 검토기법과 유사하지만, 소요시간이 비교적 확실한 기획활동에 사용된다는 점이 다르다.

22 다음 중 사회복지시설 평가의 취지와 기대효과에 해당하는 것을 모두 고른 것은?

> ㄱ. 사회복지시설 운영자의 의식 개선
> ㄴ. 사회복지시설 운영의 책임성 강화
> ㄷ. 사회복지시설의 상호비교를 통한 시설운영의 개선근거 마련
> ㄹ. 사회복지시설의 서열화 유도

① ㄱ, ㄴ, ㄷ ② ㄱ, ㄷ
③ ㄴ, ㄹ ④ ㄹ
⑤ ㄱ, ㄴ, ㄷ, ㄹ

해 설 **사회복지시설 평가의 기대효과**
• 사회복지시설 운영의 질적 향상
• 사회복지시설 운영의 관리체계 마련
• 사회복지시설 운영의 객관적 기준 제시
• 사회복지시설 운영의 책임성 강화
• 사회복지시설의 투명성 제고
• 사회복지시설 운영자의 의식 개선
• 사회복지시설의 상호비교를 통한 시설운영의 개선근거 마련

제5회

23 교육훈련 방법 중 하나로 다음에서 설명하는 내용은?

> 10명 내외의 소집단으로 나누고 각 집단별로 동일한 문제를 토의하여 해결방안을 작성한다. 이후 다시 전체가 모인 자리에서 각 집단별로 문제해결방안을 모색한다.

① 사례연구   ② 역할연기
③ 신디케이트   ④ 순환(로테이션)
⑤ 패 널

해 설 신디케이트(Syndicate)
전체를 몇 개의 소집단으로 구분하여 각 집단별로 동일한 문제에 대해 접근하여 해결방안을 작성한 후, 전체가 모인 자리에서 집단별로 각기 다른 해결방안을 발표 · 토론하여 합리적인 해결방안을 모색하는 방법이다.

24 다음 중 성과평가에서 업무자들이 기준으로 제시된 측정 가능한 양적 지표들에 대해서만 관심을 가짐으로써 실질적인 서비스의 효과성에 대해 무관심하게 되는 현상을 나타내는 용어는?

① 다운사이징   ② 거버넌스
③ 매몰비용   ④ 기회비용
⑤ 기준행동

해 설 ⑤ 기준행동(Criterion Behavior)은 업무자들이 기준으로 제시된 측정 가능한 양적 지표들에 대해서만 관심을 가짐으로써 실질적인 서비스의 효과성에 대해 무관심하게 되는 것을 말한다. 측정기준이 엄격히 적용되는 평가가 지속되는 경우, 서비스 과정 자체가 지나치게 경직될 수 있다.
① 다운사이징(Downsizing)은 해고에 의한 감원, 원가절감을 위한 기구 통폐합 등 조직을 축소하는 것을 말한다.
② 거버넌스(Governance)의 개념정의는 아직 학문적인 합의에 이르지 못하였으나 광의의 정의로서 공동의 관심사를 해결하기 위해 공식적인 제도 및 비공식적인 제약 하에 이루어진 다양한 참여자들 간의 상호작용의 결과를 의미하며, 협의의 정의로서 공식적인 통제권한 없이 소기의 목적을 달성하고 구성원들 간의 갈등을 해결하는 등의 기능을 수행할 수 있는 능력을 말한다.
③ 매몰비용(Sunk Cost)은 이미 지출이 되었지만 회수가 사실상 불가능한 비용을 말한다.
④ 기회비용(Opportunity Cost)은 어떤 기회를 포기하거나 상실함으로써 발생하는 비용을 말한다.

25 사회복지 프로그램 목표에서 성과목표로 옳은 것은?

① 1시간씩 학습지도를 제공한다.
② 월 1회 요리교실을 진행한다.
③ 자아존중감을 10% 이상 향상한다.
④ 10분씩 명상훈련을 실시한다.
⑤ 주 2회 물리치료를 제공한다.

해 설 과정목표와 성과목표

과정목표	• 프로그램 수행단계별로 이루어지거나 설정될 수 있는 목표를 말한다. • 무엇으로 어떻게 결과에 도달할 것인지에 대한 목표 진술과 함께 과정목표에 의해 실행되어야 할 구체적인 행동들이 포함된다.
성과목표	• 일련의 프로그램이 수행된 결과 클라이언트체계의 변화를 나타내는 최종목표를 말한다. • 프로그램의 결과 표적대상이 변화하게 될 행동이나 태도를 기술하는 것으로, 변화 정도는 어떠하며, 언제 변화가 나타날 것인지 등을 표현한다.

3영역 ▶ 사회복지법제론

01 다음 중 사회복지법의 법원(法源)에 대한 설명으로 가장 옳은 것은?

① 우리나라의 경우 단일의 사회복지법전은 존재하지 않고 여러 개별 법률로 구성되어 있다.
② 사회복지법의 근거가 되는 헌법규정은 선언적일 뿐 규범적 효력은 없다.
③ 사회복지행정기관의 내부 문서정리를 위한 지침은 법규명령에 해당한다.
④ 명령은 국회의 의결을 거쳐 대통령이 공포하는 법규를 의미한다.
⑤ 판례법은 그 전에 있었던 사회적 관행으로 이루어졌던 판례들을 법으로 보는 것을 말한다.

해 설 ① 우리나라의 사회복지법은 법의 생성과정상 산발적 · 복합적인 양상을 보이는 동시에 사회정책적인 흐름에 따라 수시로 변화하고 있으므로 민법전이나 형법전과 같은 통일된 법전의 형식을 갖추고 있지 못하다.
② 사회복지법의 근거가 되는 헌법규정은 사회복지 관련 하위법규의 존립근거인 동시에 재판의 규범으로서 효력을 가진다.
③ 훈령, 예규, 지침, 고시 등의 행정규칙은 범국민적인 규범 또는 규칙이 아닌 특정기관의 절차 또는 관례를 명시한 규칙에 해당한다. 따라서 행정규칙은 법의 대외적 효력, 즉 만인 앞에 평등하게 적용되는가를 기준으로 판단하는 법규성(法規性)의 측면에서 원칙적으로 부정된다. 다만, 행정규칙은 법의 형식으로 규정되어 제한된 범위에서 법으로서 존재하는 성질을 지니고 있으므로, 법을 이루는 성질로서 법원성(法源性)은 인정된다.
④ 명령은 국회의 의결을 거치지 않고 대통령 이하의 행정기관이 제정한 법규로서, 대통령령, 총리령, 부령 등이 해당한다.
⑤ 판례법은 그 전에 있었던 사회적 관행이 아닌 법원이 내리는 판결을 법으로 보는 경우로서, 대법원의 판례에 의해 형성된다.

02 제정연도가 빠른 순서대로 나열된 것은?

> ㄱ. 사회복지사업법 ㄴ. 노인복지법
> ㄷ. 국민기초생활보장법 ㄹ. 노인장기요양보험법

① ㄱ - ㄴ - ㄷ - ㄹ ② ㄱ - ㄷ - ㄹ - ㄴ

③ ㄴ - ㄷ - ㄱ - ㄹ ④ ㄷ - ㄴ - ㄹ - ㄱ

⑤ ㄹ - ㄴ - ㄷ - ㄱ

해설 ㄱ. 사회복지사업법 : 1970년 1월 1일 제정, 1970년 4월 2일 시행
ㄴ. 노인복지법 : 1981년 6월 5일 제정, 같은 날 시행
ㄷ. 국민기초생활보장법 : 1999년 9월 7일 제정, 2000년 10월 1일 시행
ㄹ. 노인장기요양보험법 : 2007년 4월 27일 제정, 2008년 7월 1일 시행

03 사회복지법의 가장 중요한 기본권리인 생존권을 최초로 명문으로 규정한 실정헌법은?

① 영국의 구빈법 ② 영국의 길버트법
③ 독일의 바이마르헌법 ④ 미국의 독립선언서
⑤ 영국의 스핀햄랜드법

해설 독일의 바이마르헌법 제151조는 "경제생활의 질서는 모든 사람에게 인간다운 생활을 보장하는 것을 목적으로
하는 정의의 원칙에 합치하여야 한다"라고 선언하고 있다.

04 다음 보기는 우리나라 헌법 제34조 제5항의 규정이다. 다음 중 이와 가장 관련이 없는 것은?

> 신체장애자 및 질병·노령 기타의 사유로 생활능력이 없는 국민은 법률이 정하는 바에 의하여 국가
> 의 보호를 받는다.

① 실업급여 ② 생계급여
③ 자활급여 ④ 의료급여
⑤ 주거급여

해설 보기의 내용은 공공부조에 관한 것으로서 생계급여, 자활급여, 의료급여, 주거급여 등은 국민기초생활보장법
및 의료급여법의 급여에 해당한다. 반면, 실업급여는 사회보험 중 고용보험법의 급여에 해당한다.

05 다음 중 사회복지사업법령에 대한 설명으로 옳은 것은?

① 국가 또는 지방자치단체 외의 자가 사회복지시설을 설치하려는 경우 시 · 도지사의 허가를 받아야 한다.

② 이사의 임기는 3년으로 하고 감사의 임기는 2년으로 하며, 각각 연임할 수 없다.

③ 해산한 사회복지법인의 남은 재산은 정관으로 정하는 바에 따라 국가 또는 지방자치단체에 귀속된다.

④ 사회복지법인은 이사 정수의 5분의 1 이내에서 지역사회보장협의체에서 추천한 사람을 선임하여야 한다.

⑤ 사회복지법인의 이사 또는 감사 중에 결원이 생겼을 때에는 3개월 이내에 보충하여야 한다.

> **해 설** ③ 사회복지사업법 제27조 제1항
> ① 국가 또는 지방자치단체 외의 자가 시설을 설치 · 운영하려는 경우에는 보건복지부령으로 정하는 바에 따라 시장 · 군수 · 구청장에게 신고하여야 한다. 다만, 폐쇄명령을 받고 3년이 지나지 아니한 자 또는 사회복지사업법 제19조 제1항 제1호 및 제1호의2부터 제1호의8까지의 어느 하나에 해당하는 개인 또는 그 개인이 임원인 법인은 시설의 설치 · 운영 신고를 할 수 없다(동법 제34조 제2항).
> ② 이사의 임기는 3년으로 하고 감사의 임기는 2년으로 하며, 각각 연임할 수 있다(동법 제18조 제4항).
> ④ 사회복지법인은 이사 정수의 3분의 1 이상을 시 · 도사회보장위원회, 지역사회보장협의체에서 3배수로 추천한 사람 중에서 선임하여야 한다(동법 제18조 제2항 참조).
> ⑤ 이사 또는 감사 중에 결원이 생겼을 때에는 2개월 이내에 보충하여야 한다(동법 제20조).

06 사회복지사업법상 사회복지법인(이하 '법인'이라 한다)에 관한 내용으로 옳은 것은?

① 법인 설립 허가자는 보건복지부장관이다.

② 법인 설립은 시장 · 군수 · 구청장에 신고한다.

③ 해산한 법인의 남은 재산은 설립자에 귀속된다.

④ 이사는 법인이 설치한 사회복지시설의 장을 겸직할 수 있다.

⑤ 주된 사무소가 서로 다른 시 · 도에 소재한 법인이 합병할 경우 시 · 도지사에게 신고하여야 한다.

> **해 설** ④ 이사는 법인이 설치한 사회복지시설의 장을 제외한 그 시설의 직원을 겸할 수 없다(사회복지사업법 제21조 제1항).
> ① · ② 사회복지법인을 설립하려는 자는 대통령령으로 정하는 바에 따라 시 · 도지사의 허가를 받아야 한다(동법 제16조 제1항).
> ③ 해산한 법인의 남은 재산은 정관으로 정하는 바에 따라 국가 또는 지방자치단체에 귀속된다(동법 제27조 제1항).
> ⑤ 법인은 시 · 도지사의 허가를 받아 이 법에 따른 다른 법인과 합병할 수 있다. 다만, 주된 사무소가 서로 다른 시 · 도에 소재한 법인 간의 합병의 경우에는 보건복지부장관의 허가를 받아야 한다(동법 제30조 제1항).

07 **사회복지공동모금회법의 내용으로 옳지 않은 것은?**

① 기부하는 자의 의사에 반하여 기부금품을 모집하여서는 아니 된다.

② 공동모금재원은 지역·단체·대상자 및 사업별로 복지수요가 공정하게 충족되도록 배분하여야 한다.

③ 공동모금재원의 배분은 객관적인 기준에 따라 효율적으로 이루어지도록 하고, 그 결과를 공개하여야 한다.

④ 이 법 또는 모금회의 정관으로 규정하지 아니한 사항은 「민법」 중 사단법인에 관한 규정을 준용한다.

⑤ 국가나 지방자치단체는 모금회에 기부금품 모집에 필요한 비용과 모금회의 관리·운영에 필요한 비용을 보조할 수 있다.

해설 ④ 이 법 또는 모금회의 정관으로 규정하지 아니한 사항은 「민법」 중 재단법인에 관한 규정을 준용한다(사회복지공동모금회법 제34조).
① 동법 제3조 제1항
② 공동모금재원은 지역·단체·대상자 및 사업별로 복지수요가 공정하게 충족되도록 배분하여야 하고, 이 법의 목적 및 재원 사용 등의 용도에 맞도록 공정하게 관리·운용하여야 한다(동법 제3조 제2항).
③ 동법 제3조 제3항
⑤ 동법 제33조 제1항

08 **다음 중 사회복지에 관한 법들의 제정 시기가 가장 빠른 것부터 순서대로 올바르게 나열한 것은?**

ㄱ. 고용보험법 ㄴ. 노인복지법
ㄷ. 산업재해보상보험법 ㄹ. 건강가정기본법
ㅁ. 국민건강보험법 ㅂ. 다문화가족지원법

① ㄱ - ㄴ - ㄷ - ㄹ - ㅁ - ㅂ ② ㄴ - ㄱ - ㄹ - ㄷ - ㅁ - ㅂ
③ ㄴ - ㄷ - ㄱ - ㅁ - ㄹ - ㅂ ④ ㄷ - ㄱ - ㄴ - ㄹ - ㅁ - ㅂ
⑤ ㄷ - ㄴ - ㄱ - ㅁ - ㄹ - ㅂ

해설 ㄷ. 산업재해보상보험법 – 1963년 11월 5일 제정
ㄴ. 노인복지법 – 1981년 6월 5일 제정
ㄱ. 고용보험법 – 1993년 12월 27일 제정
ㅁ. 국민건강보험법 – 1999년 2월 8일 제정
ㄹ. 건강가정기본법 – 2004년 2월 9일 제정
ㅂ. 다문화가족지원법 – 2008년 3월 21일 제정

09 국민기초생활보장법에서 권리구제와 관련된 절차로 가장 옳은 것은?

① 이의신청
② 심사청구
③ 이의신청과 심사청구
④ 심사청구와 재심사청구
⑤ 권리구제 절차 없음

> **해 설** **이의신청(국민기초생활보장법)**
> • 제38조(시 · 도지사에 대한 이의신청)
>   수급자나 급여 또는 급여 변경을 신청한 사람은 시장 · 군수 · 구청장(교육급여인 경우 시 · 도교육감)의 처분에 대하여 이의가 있는 경우에는 그 결정의 통지를 받은 날부터 90일 이내에 해당 보장기관을 거쳐 시 · 도지사(특별자치시장 · 특별자치도지사 및 시 · 도교육감의 처분에 이의가 있는 경우에는 해당 특별자치시장 · 특별자치도지사 및 시 · 도교육감을 말한다)에게 서면 또는 구두로 이의를 신청할 수 있다. 이 경우 구두로 이의신청을 접수한 보장기관의 공무원은 이의신청서를 작성할 수 있도록 협조하여야 한다.
> • 제40조(보건복지부장관에 대한 이의신청)
>   시 · 도지사의 처분 등에 대하여 이의가 있는 사람은 그 처분 등의 통지를 받은 날부터 90일 이내에 시 · 도지사를 거쳐 보건복지부장관에게 서면 또는 구두로 이의를 신청할 수 있다. 이 경우 구두로 이의신청을 접수한 보장기관의 공무원은 이의신청서를 작성할 수 있도록 협조하여야 한다.

10 다음 중 국민건강보험법상 국민건강보험공단의 업무에 해당하지 않는 것은?

① 요양급여의 적정성에 대한 평가
② 가입자 및 피부양자의 자격 관리
③ 국민건강보험 보험료의 부과 · 징수
④ 보험급여비용의 지급
⑤ 자산의 관리 · 운영 및 증식사업

> **해 설** ① 요양급여비용을 심사하고 요양급여의 적정성을 평가하기 위하여 건강보험심사평가원을 설립한다(국민건강보험법 제62조).
> **국민건강보험공단의 업무(국민건강보험법 제14조 제1항 참조)**
> • 가입자 및 피부양자의 자격 관리(②)
> • 보험료와 그 밖에 이 법에 따른 징수금의 부과 · 징수(③)
> • 보험급여의 관리
> • 가입자 및 피부양자의 질병의 조기발견 · 예방 및 건강관리를 위하여 요양급여 실시 현황과 건강검진 결과 등을 활용하여 실시하는 예방사업으로서 대통령령으로 정하는 사업
> • 보험급여 비용의 지급(④)
> • 자산의 관리 · 운영 및 증식사업(⑤)
> • 의료시설의 운영
> • 건강보험에 관한 교육훈련 및 홍보
> • 건강보험에 관한 조사연구 및 국제협력
> • 이 법에서 공단의 업무로 정하고 있는 사항
> • 국민연금법, 고용보험 및 산업재해보상보험의 보험료징수 등에 관한 법률, 임금채권보장법 및 석면피해구제법에 따라 위탁받은 업무
> • 그 밖에 이 법 또는 다른 법령에 따라 위탁받은 업무
> • 그 밖에 건강보험과 관련하여 보건복지부장관이 필요하다고 인정한 업무

11 다음 중 사회보장기본법상 보기의 내용과 연관된 것은?

> 국가 · 지방자치단체 및 민간부문의 도움이 필요한 모든 국민에게 복지, 보건의료, 교육, 고용, 주거, 문화, 환경 등의 분야에서 인간다운 생활을 보장하고 상담, 재활, 돌봄, 정보의 제공, 관련 시설의 이용, 역량 개발, 사회참여 지원 등을 통하여 국민의 삶의 질이 향상되도록 지원하는 제도를 말한다.

① 사회보험　　　　　　　　　　② 사회보장
③ 공공부조　　　　　　　　　　④ 사회서비스
⑤ 평생사회안전망

해 설　① 국민에게 발생하는 사회적 위험을 보험의 방식으로 대처함으로써 국민의 건강과 소득을 보장하는 제도이다.
② 출산, 양육, 실업, 노령, 장애, 질병, 빈곤 및 사망 등의 사회적 위험으로부터 모든 국민을 보호하고 국민 삶의 질을 향상시키는 데 필요한 소득 · 서비스를 보장하는 사회보험, 공공부조, 사회서비스이다.
③ 국가와 지방자치단체의 책임 하에 생활 유지 능력이 없거나 생활이 어려운 국민의 최저생활을 보장하고 자립을 지원하는 제도이다.
⑤ 생애주기에 걸쳐 보편적으로 충족되어야 하는 기본욕구와 특정한 사회위험에 의하여 발생하는 특수욕구를 동시에 고려하여 소득 · 서비스를 보장하는 맞춤형 사회보장제도이다.

12 국민연금법령상 유족연금에 관한 설명으로 옳은 것은?

① 수급권자의 범위에서 배우자의 조부모는 제외된다.
② 장애등급이 3급 이상인 장애연금 수급권자가 사망한 경우 지급한다.
③ 배우자인 수급권자가 재혼하면 수급권은 소멸된다.
④ 유족연금액은 가입기간에 상관없이 정액을 지급한다.
⑤ 산업재해보상보험법상 유족급여 수급권자에게 유족연금의 수급권이 발생할 경우에는 지급하지 않는다.

해 설　① 유족연금의 수급권자 범위는 가입자 또는 가입자였던 자가 사망할 당시 그에 의하여 생계를 유지하고 있던 배우자, 자녀(25세 미만이거나 제52조의 2에 따른 장애상태에 있는 자만 해당) 또는 손자녀(19세 미만이거나 제52조의 2에 따른 장애상태에 있는 자만 해당), 부모 또는 조부모(배우자의 부모 또는 조부모 포함, 다만 60세 이상이거나 제52조의 2에 따른 장애상태에 있는 자만 해당)가 해당된다(국민연금법 제73조 제1항 참조).
② 노령연금 수급권자, 가입기간이 10년 이상인 가입자 또는 가입자였던 자, 연금보험료를 낸 기간이 가입대상기간의 3분의 1 이상인 가입자 또는 가입자였던 자, 사망일 5년 전부터 사망일까지의 기간 중 연금보험료를 낸 기간이 3년 이상인 가입자 또는 가입자였던 자(가입대상기간 중 체납기간이 3년 이상인 사람은 제외), 장애등급이 2급 이상인 장애연금 수급권자가 사망한 경우 그 유족에게 유족연금을 지급한다(동법 제72조 제1항 참조).
④ 유족연금액은 가입기간에 따라 다음의 금액에 부양가족연금액을 더한 금액으로 한다. 다만, 노령연금 수급권자가 사망한 경우의 유족연금액은 사망한 자가 지급받던 노령연금액을 초과할 수 없다(동법 제74조).
　• 가입기간이 10년 미만이면 기본연금액의 1천분의 400에 해당하는 금액
　• 가입기간이 10년 이상 20년 미만이면 기본연금액의 1천분의 500에 해당하는 금액
　• 가입기간이 20년 이상이면 기본연금액의 1천분의 600에 해당하는 금액
⑤ 국민연금법상 유족연금의 수급권자가 유족연금의 지급사유와 같은 사유로 산업재해보상보험법상 유족급여를 받을 수 있는 경우 국민연금법에 따른 유족연금액은 그 2분의 1에 해당하는 금액을 지급한다(동법 제113조 참조).

13 노인복지법령상 노인복지시설의 종류에 해당하는 것을 모두 고른 것은?

ㄱ. 노인여가복지시설
ㄴ. 재가노인복지시설
ㄷ. 노인주거복지시설
ㄹ. 노인보호전문기관

① ㄱ, ㄴ, ㄷ
② ㄱ, ㄷ
③ ㄴ, ㄹ
④ ㄹ
⑤ ㄱ, ㄴ, ㄷ, ㄹ

> **해설** 노인복지시설의 종류(노인복지법 제31조 참조)
> • 노인주거복지시설 : 양로시설, 노인공동생활가정, 노인복지주택
> • 노인의료복지시설 : 노인요양시설, 노인요양공동생활가정
> • 노인여가복지시설 : 노인복지관, 경로당, 노인교실
> • 재가노인복지시설 : 방문요양서비스, 주·야간보호서비스, 단기보호서비스, 방문 목욕서비스, 재가노인지원
> 서비스 등의 서비스를 제공하는 시설
> • 노인보호전문기관 : 중앙노인보호전문기관, 지역노인보호전문기관
> • 노인일자리지원기관 : 지역사회 등에서 노인일자리의 개발·지원, 창업·육성 및 노인에 의한 재화의 생
> 산·판매 등을 직접 담당하는 기관
> • 학대피해노인 전용쉼터 : 보호와 숙식제공, 전문심리상담 등 치유프로그램 제공, 신체적·정신적 치료를 위
> 한 기본적인 의료비 지원

14 다음 중 산업재해보상보험법령에 대한 설명으로 옳은 것은?

① 사망한 자와 사실상 혼인 관계에 있는 자는 유족의 범위에 포함되지 않는다.
② 진폐에 따른 산업재해보상보험급여의 종류로는 요양급여, 간병급여, 장례비, 직업재활급여, 진
폐보상연금 및 진폐유족연금 등이 있다.
③ 장해는 업무상의 부상 또는 질병에 따른 정신적 또는 육체적 훼손으로 노동능력이 상실되거나
감소된 상태로서 그 부상 또는 질병이 치유되지 아니한 상태를 말한다.
④ 간병급여는 원칙적으로 간병을 수행하는 자에게 지급한다.
⑤ 장해급여의 결정과 지급은 한국장애인고용공단에서 수행한다.

> **해설** ② 산업재해보상보험법 제36조 제1항 참조
> ① '유족'이란 사망한 자의 배우자(사실상 혼인 관계에 있는 자를 포함)·자녀·부모·손자녀·조부모 또는
> 형제자매를 말한다(동법 제5조 제3호).
> ③ 지문의 내용은 '중증요양상태'에 해당한다. 참고로 '장해'는 부상 또는 질병이 치유되었으나 정신적 또는 육
> 체적 훼손으로 인하여 노동능력이 상실되거나 감소된 상태를 말한다(동법 제5조 제5호 및 제6호 참조).
> ④ 간병급여는 요양급여를 받은 사람 중 치유 후 의학적으로 상시 또는 수시로 간병이 필요하여 실제로 간병
> 을 받는 사람에게 지급한다(동법 제61조 제1항).
> ⑤ 산업재해보상보험법상 보험급여의 결정과 지급은 근로복지공단에서 수행한다(동법 제11조 제1항 참조).

15 다음 중 업무수행성과 업무기인성에 대한 설명으로 옳지 않은 것은?

① 업무수행성이란 사업주의 지배관리나 사업주의 시설물 이용 중에 재해가 발생하는 것이다.

② 업무기인성이란 사고와 재해 간에 인과관계가 있어야 함을 의미한다.

③ 업무기인성이 인정되면 업무수행성이 추정된다.

④ 사고와 재해 간의 관계 정도는 상당인과관계설이 다수설이다.

⑤ 업무수행성은 업무기인성의 1차적 판단 기준이며 업무기인성의 조건이다.

> **해설** 산업재해보상보험법 제5조 제1호는 "업무상의 재해란 업무상의 사유에 따른 근로자의 부상·질병·장해 또는 사망을 말한다."라고 규정하고 있다. 이에 대해 '업무상'의 개념을 업무수행성과 업무기인성의 두 가지 요건이 모두 갖추어진 경우를 가리키는 것으로 해석할 수도 있으나, 실제 판례에서는 이를 융통성 있게 해석하는 경향이 있다. 이는 '업무상'의 개념을 엄격히 해석하는 경우 '업무수행 중의 업무에 기인하여 발생한 것'으로 한정해야 하지만, 법 규정은 이를 '업무상의 사유'로 포괄적으로 규정하고 있기 때문이다.
> 업무상 재해에 대해 반드시 2가지 요건을 모두 충족할 필요는 없으나, 업무수행성이 인정되는 경우 특별한 반증이 없는 한 업무기인성이 추정된다고 본다. 다시 말해 '업무상'의 인정기준에 있어서 업무수행성의 유무가 1차적 판단 기준으로 중요한 의미를 가진다는 것이다.

기출 18회

16 고용보험법의 내용으로 옳은 것은?

① 고용노동부장관은 보험사업에 대하여 3년마다 평가를 하여야 한다.

② 국가는 매년 보험사업에 드는 비용의 20%를 특별회계에서 부담하여야 한다.

③ 피보험자는 이 법이 적용되는 사업에 고용된 날의 다음 달부터 피보험자격을 취득한다.

④ 실업급여로서 지급된 금품에 대하여 국가는 「국세기본법」에 따른 모든 공과금을 부과하여야 한다.

⑤ 고용보험사업으로 고용안정·직업능력개발 사업, 실업급여, 육아휴직 급여 및 출산전후휴가 급여 등을 실시한다.

> **해설** ⑤ 고용보험은 이 법의 목적을 이루기 위하여 고용보험사업으로 고용안정·직업능력개발 사업, 실업급여, 육아휴직 급여 및 출산전후휴가 급여 등을 실시한다(고용보험법 제4조 제1항).
> ① 고용노동부장관은 보험사업에 대하여 상시적이고 체계적인 평가를 하여야 한다(동법 제11조의2 제1항).
> ② 국가는 매년 보험사업에 드는 비용의 일부를 일반회계에서 부담하여야 한다(동법 제5조 제1항).
> ③ 근로자인 피보험자는 이 법이 적용되는 사업에 고용된 날에 피보험자격을 취득한다(동법 제13조 제1항).
> ④ 실업급여로서 지급된 금품에 대하여는 국가나 지방자치단체의 공과금(「국세기본법」 또는 「지방세기본법」에 따른 공과금을 말한다)을 부과하지 아니한다(동법 제38조의2).

17 다음 중 아동복지법에 대한 설명으로 옳지 않은 것은?

① 종합적인 아동정책 수립 및 관계 부처 간 의견 조정을 위해 보건복지부장관 소속으로 아동정책 조정위원회를 둔다.

② 보건복지부장관은 3년마다 아동종합실태조사를 실시하여 그 결과를 기본계획 및 시행계획에 반영하여야 한다.

③ 보건복지부장관은 아동정책의 효율적인 추진을 위하여 5년마다 아동정책기본계획을 수립하여야 한다.

④ 시·도지사, 시장·군수·구청장은 연도별 아동정책시행계획의 수립 및 시행에 관한 사항을 심의하기 위하여 그 소속으로 아동복지심의위원회를 각각 둔다.

⑤ 시·군·구에 아동위원을 둔다.

> **해 설** ① 아동의 권리증진과 건강한 출생 및 성장을 위하여 종합적인 아동정책을 수립하고 관계 부처의 의견을 조정하며 그 정책의 이행을 감독하고 평가하기 위하여 국무총리 소속으로 아동정책조정위원회를 둔다(아동복지법 제10조 제1항).
> ② 동법 제11조 제1항
> ③ 동법 제7조 제1항
> ④ 동법 제12조 참조
> ⑤ 동법 제14조 제1항

18 국민연금법의 내용으로 옳은 것은?

① 이 법을 적용할 때 배우자의 범위에는 사실상의 혼인관계에 있는 자를 제외한다.

② 수급권을 취득할 당시 가입자였던 자의 태아가 출생하면 그 자녀는 가입자였던 자에 의하여 생계를 유지하고 있던 자녀로 본다.

③ 가입자의 종류는 사업장가입자와 지역가입자의 2가지로 구분된다.

④ 지역가입자가 사업장가입자의 자격을 취득한 때에는 그에 해당하게 된 날의 다음 날에 지역가입자의 자격을 상실한다.

⑤ 수급권자가 사망한 경우 그 수급권자에게 미지급 급여가 있으면 그 급여를 받을 순위는 자녀, 배우자, 부모의 순으로 한다.

> **해 설** ② 수급권을 취득할 당시 가입자 또는 가입자였던 자의 태아가 출생하면 그 자녀는 가입자 또는 가입자였던 자에 의하여 생계를 유지하고 있던 자녀로 본다(국민연금법 제3조 제3항).
> ① 이 법을 적용할 때 배우자, 남편 또는 아내에는 사실상의 혼인관계에 있는 자를 포함한다(동법 제3조 제2항).
> ③ 가입자는 사업장가입자, 지역가입자, 임의가입자 및 임의계속가입자로 구분한다(동법 제7조).
> ④ 지역가입자가 사업장가입자의 자격을 취득한 때에는 그에 해당하게 된 날에 지역가입자의 자격을 상실한다(동법 제12조 제2항 참조).
> ⑤ 수급권자가 사망한 경우 그 수급권자에게 지급하여야 할 급여 중 아직 지급되지 아니한 것이 있으면 그 배우자·자녀·부모·손자녀·조부모 또는 형제자매의 청구에 따라 그 미지급 급여를 지급한다. 급여를 받을 순위는 배우자, 자녀, 부모, 손자녀, 조부모, 형제자매의 순으로 한다(동법 제55조 제1항 및 제2항).

19 다음 중 사회복지사 등의 처우 및 지위 향상을 위한 법률상의 내용으로 옳지 않은 것은?

① 국가와 지방자치단체는 사회복지사 등의 처우를 개선하고 복지를 증진함과 아울러 그 지위를 향상시키고, 사회복지사 등을 폭력으로부터 보호하기 위하여 적극적으로 노력하여야 한다.

② 보건복지부장관과 지방자치단체의 장은 사회복지사 등의 보수 수준 및 지급실태 등에 관하여 3년마다 조사·공표하여야 한다.

③ 국가와 지방자치단체는 사회복지사 등의 보수가 사회복지전담공무원의 보수수준에 도달하도록 노력하여야 한다.

④ 사회복지사 등은 생활안정과 복지증진을 도모하기 위하여 보건복지부장관의 인가를 받아 한국사회복지사협회를 설립한다.

⑤ 사회복지사 등은 사회복지법인 등의 운영과 관련된 위법·부당 행위의 신고행위로 인하여 신분상 불이익이나 근무조건상 차별을 받지 아니한다.

> **해 설** ④ 한국사회복지사협회가 아닌 한국사회복지공제회에 해당한다. 사회복지사 등은 생활안정과 복지증진을 도모하기 위하여 보건복지부장관의 인가를 받아 한국사회복지공제회를 설립할 수 있다(사회복지사 등의 처우 및 지위 향상을 위한 법률 제4조 제1항). 참고로 한국사회복지사협회는 사회복지사업법상의 단체로서, 사회복지에 관한 전문지식 및 기술의 개발·보급, 사회복지사의 자질 향상을 위한 교육훈련 실시, 사회복지사의 복지증진 도모를 위해 설립한다.
> ① 동법 제3조 제1항
> ② 동법 제3조 제4항
> ③ 동법 제3조 제2항
> ⑤ 사회복지사 등은 사회복지법인 등의 운영과 관련된 위법·부당 행위 및 그 밖의 비리 사실 등을 관계 행정기관과 수사기관에 신고하는 행위로 인하여 징계 조치 등 신분상 불이익이나 근무조건상 차별을 받지 아니한다(동법 제3조 제5항).

기출 17회

20 장애인복지법상 벌칙에 관한 내용이다. ( )에 들어갈 숫자가 순서대로 옳은 것은?

> 장애인의 신체에 폭행을 가한 사람은 ( )년 이하의 징역 또는 ( )천만원 이하의 벌금에 처한다.

① 1, 1　　　　　　　　　　　　② 3, 3
③ 5, 5　　　　　　　　　　　　④ 7, 7
⑤ 10, 7

> **해 설** 벌칙(장애인복지법 제86조 제2항 및 제3항 참조)
> • 장애인의 신체에 폭행을 가한 사람 : 5년 이하의 징역 또는 5천만원 이하의 벌금
> • 장애인의 신체에 상해를 입힌 사람 : 7년 이하의 징역 또는 7천만원 이하의 벌금

21 다문화가족지원법의 내용으로 옳은 것은?

① 여성가족부장관은 다문화가족 지원을 위하여 3년마다 다문화가족정책에 관한 기본계획을 수립하여야 한다.

② 다문화가족의 삶의 질 향상과 사회통합에 관한 중요 사항을 심의·조정하기 위하여 여성가족부장관 소속으로 다문화가족정책위원회를 둔다.

③ 지방자치단체는 다문화가족의 현황 및 실태를 파악하고 다문화가족 지원을 위한 정책수립에 활용하기 위하여 5년마다 다문화가족에 대한 실태조사를 실시하고 그 결과를 공표하여야 한다.

④ 시·도에는 다문화가족 지원을 담당할 기구와 공무원을 두어야 한다.

⑤ 기업은 다문화가족에 대한 사회적 차별 및 편견을 예방하고 사회구성원이 문화적 다양성을 인정하고 존중할 수 있도록 홍보와 교육 및 재정상 필요한 조치를 하여야 한다.

해 설 ④ 특별시·광역시·특별자치시·도·특별자치도 및 시·군·구에는 다문화가족 지원을 담당할 기구와 공무원을 두어야 한다(다문화가족지원법 제3조 제2항).
① 여성가족부장관은 다문화가족 지원을 위하여 5년마다 다문화가족정책에 관한 기본계획을 수립하여야 한다(동법 제3조의2 제1항).
② 다문화가족의 삶의 질 향상과 사회통합에 관한 중요 사항을 심의·조정하기 위하여 국무총리 소속으로 다문화가족정책위원회를 둔다(동법 제3조의4 제1항).
③ 여성가족부장관은 다문화가족의 현황 및 실태를 파악하고 다문화가족 지원을 위한 정책수립에 활용하기 위하여 3년마다 다문화가족에 대한 실태조사를 실시하고 그 결과를 공표하여야 한다(동법 제4조 제1항).
⑤ 국가와 지방자치단체는 다문화가족에 대한 사회적 차별 및 편견을 예방하고 사회구성원이 문화적 다양성을 인정하고 존중할 수 있도록 다문화 이해교육을 실시하고 홍보 등 필요한 조치를 하여야 한다(동법 제5조 제1항).

22 노인을 입소시켜 급식 및 기타 일상생활에 필요한 편의를 제공함을 목적으로 하는 시설은?

① 양로시설
② 노인공동생활가정
③ 노인복지주택
④ 노인복지회관
⑤ 노인요양시설

해 설 **노인주거복지시설(노인복지법 제32조)**

양로시설	노인을 입소시켜 급식과 그 밖에 일상생활에 필요한 편의를 제공함을 목적으로 하는 시설
노인공동생활가정	노인들에게 가정과 같은 주거여건과 급식, 그 밖에 일상생활에 필요한 편의를 제공함을 목적으로 하는 시설
노인복지주택	노인에게 주거시설을 임대하여 주거의 편의·생활지도·상담 및 안전관리 등 일상생활에 필요한 편의를 제공함을 목적으로 하는 시설

23 자원봉사활동의 기본 방향에 관한 자원봉사활동기본법 제2조 제2호 규정이다. (   )에 들어갈 내용이 아닌 하나는?

> 자원봉사활동은 무보수성, 자발성, (   ), (   ), (   ), (   )의 원칙 아래 수행될 수 있도록 하여야 한다.

① 공익성　　　　　　　　　　　② 비영리성
③ 비정파성(非政派性)　　　　　　④ 비종파성(非宗派性)
⑤ 무차별성

> **해 설**　**자원봉사활동의 기본 방향(자원봉사활동기본법 제2조 제2호)**
> 자원봉사활동은 무보수성, 자발성, 공익성, 비영리성, 비정파성(非政派性), 비종파성(非宗派性)의 원칙 아래 수행될 수 있도록 하여야 한다.

24 다음 중 가정폭력방지 및 피해보호자 등에 관한 법률상 가정폭력피해자 보호시설의 종류에 해당하지 않는 것은?

① 단기보호시설　　　　　　　　　② 장기보호시설
③ 임시보호시설　　　　　　　　　④ 외국인보호시설
⑤ 장애인보호시설

> **해 설**　**가정폭력피해자 보호시설의 종류(가정폭력방지 및 피해자보호 등에 관한 법률 제7조의2)**
> • 단기보호시설 : 피해자 등을 6개월의 범위에서 보호하는 시설
> • 장기보호시설 : 피해자 등에 대하여 2년의 범위에서 자립을 위한 주거편의(住居便宜) 등을 제공하는 시설
> • 외국인보호시설 : 외국인 피해자 등을 2년의 범위에서 보호하는 시설
> • 장애인보호시설 : 장애인복지법의 적용을 받는 장애인인 피해자 등을 2년의 범위에서 보호하는 시설

25 성폭력방지 및 피해자보호 등에 관한 법률의 내용으로 옳지 않은 것은?

① 피해자의 의사에 반하여 피해자 상담을 할 수 있다.

② 보호시설의 장이나 종사자는 업무상 알게 된 비밀을 누설해서는 아니 된다.

③ 보호시설에 대한 보호비용의 지원 방법 및 절차 등에 필요한 사항은 여성가족부령으로 정한다.

④ 시장·군수·구청장은 민간의료시설을 피해자 등의 치료를 위한 전담의료기관으로 지정할 수 있다.

⑤ 국가 또는 지방자치단체는 이 법 제27조 제2항에 따른 치료 등 의료 지원에 필요한 경비의 전부 또는 일부를 지원할 수 있다.

해 설

① 성폭력피해상담소, 성폭력피해자보호시설 및 성폭력피해자통합지원센터의 장과 종사자는 피해자 등이 분명히 밝힌 의사에 반하여 법령에 따른 업무 등을 할 수 없다(성폭력방지 및 피해자보호 등에 관한 법률 제24조).

② 성폭력피해상담소, 성폭력피해자보호시설 또는 성폭력피해자통합지원센터의 장이나 그 밖의 종사자 또는 그 직에 있었던 사람은 그 직무상 알게 된 비밀을 누설하여서는 아니 된다(동법 제30조).

③ 동법 제14조 제2항

④ 여성가족부장관, 특별자치시장·특별자치도지사 또는 시장·군수·구청장은 국립·공립병원, 보건소 또는 민간의료시설을 피해자 등의 치료를 위한 전담의료기관으로 지정할 수 있다(동법 제27조 제1항).

⑤ 동법 제28조 제1항

참고문헌

- 강용규外, 사회복지개론, 공동체, 2014
- 김범수, 지역사회복지의 이해, 학현사, 2005
- 김성옥外, 사회보장론, 창지사, 2010
- 김형식, 사회복지행정론, 양서원, 2014
- 나눔의집 편집부, 사회복지법제론, 나눔의집, 2016
- 나눔의집 편집부, 사회복지정책론, 나눔의집, 2016
- 나눔의집 편집부, 사회복지행정론, 나눔의집, 2016
- 나눔의집 편집부, 사회복지실천기술론, 나눔의집, 2016
- 나눔의집 편집부, 사회복지조사론, 나눔의집, 2016
- 나눔의집 편집부, 인간행동과 사회환경, 나눔의집, 2016
- 나눔의집 편집부, 지역사회복지론, 나눔의집, 2016
- 사회복지사 수험연구소, 사회복지사 1급 사회복지기초, 시대고시기획, 2021
- 사회복지사 수험연구소, 사회복지사 1급 사회복지실천, 시대고시기획, 2021
- 사회복지사 수험연구소, 사회복지사 1급 사회복지정책과 제도, 시대고시기획, 2021
- 순덕기, 사회복지조사론, 박문각, 2008
- 신복기外, 사회복지행정론, 공동체, 2015
- 어대훈 · 김형준, 파워사회복지사 1급, 학지사, 2009
- 이수진, 사회복지정책론, 와이드프로, 2008
- 이영호, 사회복지실천기술론, 공동체, 2015
- 이영실, 사회복지실천론, 양서원, 2014
- 이용석 · 사회복지사수험연구소, 사회복지사 1급 올인 기출문제, 시대고시기획, 2021
- 이용석 · 사회복지사 수험연구소, 사회복지사 1급 한권으로 끝내기, 시대고시기획, 2021
- 이인정外, 인간행동과 사회환경, 나남, 2007
- 조상윤外, 사회복지실천론, 와이드프로, 2008
- 직업상담연구소 · 이용석, 직업상담사 2급 한권으로 끝내기, 시대고시기획, 2016
- 법제처 국가법령정보센터(http://www.law.go.kr)

좋은 책을 만드는 길, 독자님과 함께 하겠습니다.

· ·

SD에듀 사회복지사 1급 **적중예상문제**

개정19판1쇄 발행	2023년 08월 30일 (인쇄 2023년 06월 15일)
초 판 발 행	2005년 12월 07일 (인쇄 2005년 12월 07일)
발 행 인	박영일
책 임 편 집	이해욱
저 자	사회복지사 수험연구소
편 집 진 행	노윤재 · 유형곤
표지디자인	박종우
편집디자인	채경신 · 곽은슬
발 행 처	(주)시대고시기획
출 판 등 록	제10-1521호
주 소	서울시 마포구 큰우물로 75 [도화동 538 성지 B/D] 9F
전 화	1600-3600
팩 스	02-701-8823
홈 페 이 지	www.sdedu.co.kr

I S B N	979-11-383-5352-6(13330)
정 가	28,000원

성 명

( )년도 제( )회 ( )국가전문자격시험 답안카드

1	① ② ③ ④ ⑤	21	① ② ③ ④ ⑤	41	① ② ③ ④ ⑤	61	① ② ③ ④ ⑤	81	① ② ③ ④ ⑤	101	① ② ③ ④ ⑤
2	① ② ③ ④ ⑤	22	① ② ③ ④ ⑤	42	① ② ③ ④ ⑤	62	① ② ③ ④ ⑤	82	① ② ③ ④ ⑤	102	① ② ③ ④ ⑤
3	① ② ③ ④ ⑤	23	① ② ③ ④ ⑤	43	① ② ③ ④ ⑤	63	① ② ③ ④ ⑤	83	① ② ③ ④ ⑤	103	① ② ③ ④ ⑤
4	① ② ③ ④ ⑤	24	① ② ③ ④ ⑤	44	① ② ③ ④ ⑤	64	① ② ③ ④ ⑤	84	① ② ③ ④ ⑤	104	① ② ③ ④ ⑤
5	① ② ③ ④ ⑤	25	① ② ③ ④ ⑤	45	① ② ③ ④ ⑤	65	① ② ③ ④ ⑤	85	① ② ③ ④ ⑤	105	① ② ③ ④ ⑤
6	① ② ③ ④ ⑤	26	① ② ③ ④ ⑤	46	① ② ③ ④ ⑤	66	① ② ③ ④ ⑤	86	① ② ③ ④ ⑤	106	① ② ③ ④ ⑤
7	① ② ③ ④ ⑤	27	① ② ③ ④ ⑤	47	① ② ③ ④ ⑤	67	① ② ③ ④ ⑤	87	① ② ③ ④ ⑤	107	① ② ③ ④ ⑤
8	① ② ③ ④ ⑤	28	① ② ③ ④ ⑤	48	① ② ③ ④ ⑤	68	① ② ③ ④ ⑤	88	① ② ③ ④ ⑤	108	① ② ③ ④ ⑤
9	① ② ③ ④ ⑤	29	① ② ③ ④ ⑤	49	① ② ③ ④ ⑤	69	① ② ③ ④ ⑤	89	① ② ③ ④ ⑤	109	① ② ③ ④ ⑤
10	① ② ③ ④ ⑤	30	① ② ③ ④ ⑤	50	① ② ③ ④ ⑤	70	① ② ③ ④ ⑤	90	① ② ③ ④ ⑤	110	① ② ③ ④ ⑤
11	① ② ③ ④ ⑤	31	① ② ③ ④ ⑤	51	① ② ③ ④ ⑤	71	① ② ③ ④ ⑤	91	① ② ③ ④ ⑤	111	① ② ③ ④ ⑤
12	① ② ③ ④ ⑤	32	① ② ③ ④ ⑤	52	① ② ③ ④ ⑤	72	① ② ③ ④ ⑤	92	① ② ③ ④ ⑤	112	① ② ③ ④ ⑤
13	① ② ③ ④ ⑤	33	① ② ③ ④ ⑤	53	① ② ③ ④ ⑤	73	① ② ③ ④ ⑤	93	① ② ③ ④ ⑤	113	① ② ③ ④ ⑤
14	① ② ③ ④ ⑤	34	① ② ③ ④ ⑤	54	① ② ③ ④ ⑤	74	① ② ③ ④ ⑤	94	① ② ③ ④ ⑤	114	① ② ③ ④ ⑤
15	① ② ③ ④ ⑤	35	① ② ③ ④ ⑤	55	① ② ③ ④ ⑤	75	① ② ③ ④ ⑤	95	① ② ③ ④ ⑤	115	① ② ③ ④ ⑤
16	① ② ③ ④ ⑤	36	① ② ③ ④ ⑤	56	① ② ③ ④ ⑤	76	① ② ③ ④ ⑤	96	① ② ③ ④ ⑤	116	① ② ③ ④ ⑤
17	① ② ③ ④ ⑤	37	① ② ③ ④ ⑤	57	① ② ③ ④ ⑤	77	① ② ③ ④ ⑤	97	① ② ③ ④ ⑤	117	① ② ③ ④ ⑤
18	① ② ③ ④ ⑤	38	① ② ③ ④ ⑤	58	① ② ③ ④ ⑤	78	① ② ③ ④ ⑤	98	① ② ③ ④ ⑤	118	① ② ③ ④ ⑤
19	① ② ③ ④ ⑤	39	① ② ③ ④ ⑤	59	① ② ③ ④ ⑤	79	① ② ③ ④ ⑤	99	① ② ③ ④ ⑤	119	① ② ③ ④ ⑤
20	① ② ③ ④ ⑤	40	① ② ③ ④ ⑤	60	① ② ③ ④ ⑤	80	① ② ③ ④ ⑤	100	① ② ③ ④ ⑤	120	① ② ③ ④ ⑤

121	① ② ③ ④ ⑤
122	① ② ③ ④ ⑤
123	① ② ③ ④ ⑤
124	① ② ③ ④ ⑤
125	① ② ③ ④ ⑤

수험자 유의사항

1. 시험 중에는 통신기기(휴대전화·소형 무전기 등) 및 전자기기(초소형 카메라 등)를 소지하거나 사용할 수 없습니다.
2. 부정행위 예방을 위해 시험문제지에도 수험번호와 성명을 반드시 기재하시기 바랍니다.
3. 시험시간이 종료되면 즉시 답안작성을 멈춰야 하며, 종료시간 이후 계속 답안을 작성하거나 감독위원의 답안카드 제출지시에 불응할 때에는 당해 시험이 무효처리 됩니다.
4. 기타 감독위원의 정당한 지시에 불응하여 타 수험자의 시험에 방해가 될 경우 퇴실조치 될 수 있습니다.

답안카드 작성 시 유의사항

1. 답안카드 기재·마킹 시에는 반드시 검정색 사인펜을 사용해야 합니다.
2. 답안카드를 잘못 작성했을 시에는 카드를 교체하거나 수정테이프를 사용하여 수정할 수 있습니다.
   그러나 불완전한 수정처리로 인해 발생하는 전산자동판독불가 등 불이익은 수험자의 귀책사유입니다.
   - 수정테이프(단, 수정액 및 스티커 등은 사용불가)
   - 답안카드 왼쪽(성명·수험번호 등)을 제외한 '답안란'만 수정테이프로 수정 가능
3. 성명란은 수험자 본인의 성명을 정자체로 기재합니다.
4. 해당차수(교시)시험을 기재하고 해당 란에 마킹합니다.
5. 시험문제지 형별기재란은 시험문제지 형별을 기재하고, 우측 형별마킹란은 해당 형별을 마킹합니다.
6. 수험번호란은 숫자로 기재하고 아래 해당번호에 마킹합니다.
7. 시험문제지 형별 및 수험번호 등 마킹착오로 인한 불이익은 전적으로 수험자의 귀책사유입니다.
8. 감독위원의 날인이 없는 답안카드는 무효처리 됩니다.
9. 상단과 우측의 검은색 띠(▮▮) 부분은 낙서를 금지합니다.

부정행위 처리규정

시험 중 다음과 같은 행위를 하는 자는 당해 시험을 무효처리하고 자격별 관련 규정에 따라 일정기간 동안 시험에 응시할 수 있는 자격을 정지합니다.

1. 시험과 관련된 대화, 답안카드 교환, 다른 수험자의 답안·문제지를 보고 답안 작성, 대리시험을 치르거나 치르게 하는 행위, 시험문제 내용과 관련된 물건을 휴대하거나 이를 주고받는 행위
2. 시험장 내외로부터 도움을 받아 답안을 작성하는 행위, 공인어학성적 및 응시자격서류를 허위기재하여 제출하는 행위
3. 통신기기(휴대전화·소형 무전기 등) 및 전자기기(초소형 카메라 등)를 이용하여 답안을 작성하거나 다른 수험자를 위하여 답안 등을 알려주는 행위
4. 다른 수험자와 성명 및 수험번호를 바꾸어 작성·제출하는 행위
5. 기타 부정 또는 불공정한 방법으로 시험을 치르는 행위

성 명

감독위원 확인
(인)

교시(차수) 기재란
( )교시 차 ① ② ③

문제지 형별 기재란
( )형 Ⓐ Ⓑ

선택과목 1

선택과목 2

수험번호

( )년도 제( )회 ( )국가전문자격시험 답안카드

1	①	②	③	④	⑤	21	①	②	③	④	⑤	41	①	②	③	④	⑤	61	①	②	③	④	⑤	81	①	②	③	④	⑤	101	①	②	③	④	⑤
2	①	②	③	④	⑤	22	①	②	③	④	⑤	42	①	②	③	④	⑤	62	①	②	③	④	⑤	82	①	②	③	④	⑤	102	①	②	③	④	⑤
3	①	②	③	④	⑤	23	①	②	③	④	⑤	43	①	②	③	④	⑤	63	①	②	③	④	⑤	83	①	②	③	④	⑤	103	①	②	③	④	⑤
4	①	②	③	④	⑤	24	①	②	③	④	⑤	44	①	②	③	④	⑤	64	①	②	③	④	⑤	84	①	②	③	④	⑤	104	①	②	③	④	⑤
5	①	②	③	④	⑤	25	①	②	③	④	⑤	45	①	②	③	④	⑤	65	①	②	③	④	⑤	85	①	②	③	④	⑤	105	①	②	③	④	⑤
6	①	②	③	④	⑤	26	①	②	③	④	⑤	46	①	②	③	④	⑤	66	①	②	③	④	⑤	86	①	②	③	④	⑤	106	①	②	③	④	⑤
7	①	②	③	④	⑤	27	①	②	③	④	⑤	47	①	②	③	④	⑤	67	①	②	③	④	⑤	87	①	②	③	④	⑤	107	①	②	③	④	⑤
8	①	②	③	④	⑤	28	①	②	③	④	⑤	48	①	②	③	④	⑤	68	①	②	③	④	⑤	88	①	②	③	④	⑤	108	①	②	③	④	⑤
9	①	②	③	④	⑤	29	①	②	③	④	⑤	49	①	②	③	④	⑤	69	①	②	③	④	⑤	89	①	②	③	④	⑤	109	①	②	③	④	⑤
10	①	②	③	④	⑤	30	①	②	③	④	⑤	50	①	②	③	④	⑤	70	①	②	③	④	⑤	90	①	②	③	④	⑤	110	①	②	③	④	⑤
11	①	②	③	④	⑤	31	①	②	③	④	⑤	51	①	②	③	④	⑤	71	①	②	③	④	⑤	91	①	②	③	④	⑤	111	①	②	③	④	⑤
12	①	②	③	④	⑤	32	①	②	③	④	⑤	52	①	②	③	④	⑤	72	①	②	③	④	⑤	92	①	②	③	④	⑤	112	①	②	③	④	⑤
13	①	②	③	④	⑤	33	①	②	③	④	⑤	53	①	②	③	④	⑤	73	①	②	③	④	⑤	93	①	②	③	④	⑤	113	①	②	③	④	⑤
14	①	②	③	④	⑤	34	①	②	③	④	⑤	54	①	②	③	④	⑤	74	①	②	③	④	⑤	94	①	②	③	④	⑤	114	①	②	③	④	⑤
15	①	②	③	④	⑤	35	①	②	③	④	⑤	55	①	②	③	④	⑤	75	①	②	③	④	⑤	95	①	②	③	④	⑤	115	①	②	③	④	⑤
16	①	②	③	④	⑤	36	①	②	③	④	⑤	56	①	②	③	④	⑤	76	①	②	③	④	⑤	96	①	②	③	④	⑤	116	①	②	③	④	⑤
17	①	②	③	④	⑤	37	①	②	③	④	⑤	57	①	②	③	④	⑤	77	①	②	③	④	⑤	97	①	②	③	④	⑤	117	①	②	③	④	⑤
18	①	②	③	④	⑤	38	①	②	③	④	⑤	58	①	②	③	④	⑤	78	①	②	③	④	⑤	98	①	②	③	④	⑤	118	①	②	③	④	⑤
19	①	②	③	④	⑤	39	①	②	③	④	⑤	59	①	②	③	④	⑤	79	①	②	③	④	⑤	99	①	②	③	④	⑤	119	①	②	③	④	⑤
20	①	②	③	④	⑤	40	①	②	③	④	⑤	60	①	②	③	④	⑤	80	①	②	③	④	⑤	100	①	②	③	④	⑤	120	①	②	③	④	⑤

121	①	②	③	④	⑤
122	①	②	③	④	⑤
123	①	②	③	④	⑤
124	①	②	③	④	⑤
125	①	②	③	④	⑤

문번	①	②	③	④	⑤
1	①	②	③	④	⑤
2	①	②	③	④	⑤
3	①	②	③	④	⑤
4	①	②	③	④	⑤
5	①	②	③	④	⑤
6	①	②	③	④	⑤
7	①	②	③	④	⑤
8	①	②	③	④	⑤
9	①	②	③	④	⑤
10	①	②	③	④	⑤
11	①	②	③	④	⑤
12	①	②	③	④	⑤
13	①	②	③	④	⑤
14	①	②	③	④	⑤
15	①	②	③	④	⑤
16	①	②	③	④	⑤
17	①	②	③	④	⑤
18	①	②	③	④	⑤
19	①	②	③	④	⑤
20	①	②	③	④	⑤
21	①	②	③	④	⑤
22	①	②	③	④	⑤
23	①	②	③	④	⑤
24	①	②	③	④	⑤
25	①	②	③	④	⑤
26	①	②	③	④	⑤
27	①	②	③	④	⑤
28	①	②	③	④	⑤
29	①	②	③	④	⑤
30	①	②	③	④	⑤
31	①	②	③	④	⑤
32	①	②	③	④	⑤
33	①	②	③	④	⑤
34	①	②	③	④	⑤
35	①	②	③	④	⑤
36	①	②	③	④	⑤
37	①	②	③	④	⑤
38	①	②	③	④	⑤
39	①	②	③	④	⑤
40	①	②	③	④	⑤
41	①	②	③	④	⑤
42	①	②	③	④	⑤
43	①	②	③	④	⑤
44	①	②	③	④	⑤
45	①	②	③	④	⑤
46	①	②	③	④	⑤
47	①	②	③	④	⑤
48	①	②	③	④	⑤
49	①	②	③	④	⑤
50	①	②	③	④	⑤
51	①	②	③	④	⑤
52	①	②	③	④	⑤
53	①	②	③	④	⑤
54	①	②	③	④	⑤
55	①	②	③	④	⑤
56	①	②	③	④	⑤
57	①	②	③	④	⑤
58	①	②	③	④	⑤
59	①	②	③	④	⑤
60	①	②	③	④	⑤
61	①	②	③	④	⑤
62	①	②	③	④	⑤
63	①	②	③	④	⑤
64	①	②	③	④	⑤
65	①	②	③	④	⑤
66	①	②	③	④	⑤
67	①	②	③	④	⑤
68	①	②	③	④	⑤
69	①	②	③	④	⑤
70	①	②	③	④	⑤
71	①	②	③	④	⑤
72	①	②	③	④	⑤
73	①	②	③	④	⑤
74	①	②	③	④	⑤
75	①	②	③	④	⑤
76	①	②	③	④	⑤
77	①	②	③	④	⑤
78	①	②	③	④	⑤
79	①	②	③	④	⑤
80	①	②	③	④	⑤
81	①	②	③	④	⑤
82	①	②	③	④	⑤
83	①	②	③	④	⑤
84	①	②	③	④	⑤
85	①	②	③	④	⑤
86	①	②	③	④	⑤
87	①	②	③	④	⑤
88	①	②	③	④	⑤
89	①	②	③	④	⑤
90	①	②	③	④	⑤
91	①	②	③	④	⑤
92	①	②	③	④	⑤
93	①	②	③	④	⑤
94	①	②	③	④	⑤
95	①	②	③	④	⑤
96	①	②	③	④	⑤
97	①	②	③	④	⑤
98	①	②	③	④	⑤
99	①	②	③	④	⑤
100	①	②	③	④	⑤
101	①	②	③	④	⑤
102	①	②	③	④	⑤
103	①	②	③	④	⑤
104	①	②	③	④	⑤
105	①	②	③	④	⑤
106	①	②	③	④	⑤
107	①	②	③	④	⑤
108	①	②	③	④	⑤
109	①	②	③	④	⑤
110	①	②	③	④	⑤
111	①	②	③	④	⑤
112	①	②	③	④	⑤
113	①	②	③	④	⑤
114	①	②	③	④	⑤
115	①	②	③	④	⑤
116	①	②	③	④	⑤
117	①	②	③	④	⑤
118	①	②	③	④	⑤
119	①	②	③	④	⑤
120	①	②	③	④	⑤
121	①	②	③	④	⑤
122	①	②	③	④	⑤
123	①	②	③	④	⑤
124	①	②	③	④	⑤
125	①	②	③	④	⑤

수험자 유의사항

1. 시험 중에는 통신기기(휴대전화·소형 무전기 등) 및 전자기기(초소형 카메라 등)를 소지하거나 사용할 수 없습니다.
2. 부정행위 예방을 위해 시험문제지에도 수험번호와 성명을 반드시 기재하시기 바랍니다.
3. 시험시간이 종료되면 즉시 답안작성을 멈춰야 하며, 종료시간 이후 계속 답안을 작성하거나 답안카드를 제출지시에 불응할 때에는 당해 시험이 무효처리 됩니다.
4. 기타 감독위원의 정당한 지시에 불응하여 타 수험자의 시험에 방해가 될 경우 퇴실조치 될 수 있습니다.

답안카드 작성 시 유의사항

1. 답안카드 기재·마킹 시에는 반드시 검정색 사인펜을 사용해야 합니다.
2. 답안카드를 잘못 작성했을 시에는 카드를 교체하거나 수정테이프를 사용하여 수정할 수 있습니다.
   그러나 불완전한 수정처리로 인해 발생하는 전산자동판독불가 등 불이익은 수험자의 귀책사유입니다.
   - 수정테이프 이외의 수정액, 스티커 등은 사용불가
   - 답안카드 왼쪽(성명·수험번호 등)을 제외한 '답안란' 만 수정테이프로 수정 가능
3. 성명란은 수험자 본인의 성명을 정자체로 기재합니다.
4. 해당차수(교시)시험을 기재하고 해당 란에 마킹합니다.
5. 시험문제지 형별기재란은 시험문제지 형별을 기재하고, 우측 형별마킹란은 해당 형별을 마킹합니다.
6. 수험번호란은 숫자로 기재하고 이래 해당번호에 마킹합니다.
7. 시험문제지 형별 및 수험번호 등 마킹착오로 인한 불이익은 전적으로 수험자의 귀책사유입니다.
8. 감독위원의 날인이 없는 답안카드는 무효처리 됩니다.
9. 상단과 우측의 검은색 띠(▮▮▮) 부분은 낙서를 금지합니다.

부정행위 처리규정

시험 중 다음과 같은 행위를 하는 자는 당해 시험을 무효처리하고 자격별 관련 규정에 따라 일정기간 동안 시험에 응시할 수 있는 자격을 정지합니다.

1. 시험과 관련된 대화, 답안카드 교환, 다른 수험자의 답안·문제지를 보고 답안 작성, 대리시험을 치르거나 치르게 하는 행위, 시험문제 내용과 관련된 물건을 휴대하거나 이를 주고받는 행위
2. 시험장 내외로부터 도움을 받아 답안을 작성하는 행위, 공인어학성적 및 응시자격서류를 허위기재하여 제출하는 행위
3. 통신기기(휴대전화·소형 무전기 등) 및 전자기기(초소형 카메라 등)를 휴대하거나 사용하는 행위
4. 다른 수험자와 성명 및 수험번호를 바꾸어 작성·제출하는 행위
5. 기타 부정 또는 불공정한 방법으로 시험을 치르는 행위

SD에듀가 합격을 준비하는 당신에게 제안합니다.

성공의 기회! SD에듀를 잡으십시오.
성공의 Next Step!

결심하셨다면 지금 당장 실행하십시오.
SD에듀와 함께라면 문제없습니다.

기회란 포착되어 활용되기 전에는
기회인지조차 알 수 없는 것이다.

– 마크 트웨인 –

사회복지사 1급
합격 ROADMAP

한권으로 끝내기   핵심요약집

올인 기출문제

1단계
기본부터 탄탄히!

다양한 이론이 나오는 사회복지사 1급 시험을 확실하게 합격할 수 있게 최신 기출문제, 영역별 핵심이론, 적중문제, 바로암기 OX 등 합격에 필요한 것들을 압축하여 구성한 한권으로 끝내기, 단 기간에 시험을 준비할 수 있게 핵심키 워드, 핵심이론, 핵심문제로 구성되어 효율적·효과적으로 학습할 수 있게 정리한 핵심요약집으로 공부하세요!

2단계
기출문제를 풀어야 합격이 풀린다!

아무리 많은 이론을 숙지하고, 문제 풀이로 실력을 다졌다 할지라도 실제 기출문제를 풀어보지 않는다면 큰 의미가 없습니다. 더없이 상세하고 꼼꼼한 해설과 최근 6년 동안의 기 출문제를 통해 반복해서 출제되는 핵심 내용들을 반드시 짚고 넘어 가 세요!

사회복지사 1급 시험 어떻게 준비하세요?
핵심만 쏙쏙 담은 알찬 교재!
SD에듀의 사회복지사 1급 기본서와 문제집 시리즈,
최종 마무리 시리즈로 합격을 준비하세요.

※ 본 도서의 세부구성 및 이미지는 변동될 수 있습니다.

적중예상문제

실전동형모의고사

3단계

예상문제로
실력 다지기!

최근 출제경향을 충실히 반영한 총 5회의 예상문제를 통해 합격을 적중해 보세요! 알차게 정리한 빨간키(빨리 보는 간단한 키워드)를 통해 방대한 영역의 포인트를 잡는 기회도 가질 수 있으니 일석이조!

4단계

실전감각
200% 충전하기!

최신 출제 경향을 반영하여 실제 시험과 유사하게 구성한 실전동형모의고사와 핵심이론만을 넣어 구성한 핵심암기노트도 놓치지 마세요.

나는 이렇게 합격했다

여러분의 힘든 노력이 기억될 수 있도록
당신의 합격 스토리를 들려주세요.

합격생 인터뷰
상품권 증정

추첨을 통해
선물 증정

베스트 리뷰자 1등
아이패드 증정

베스트 리뷰자 2등
에어팟 증정

SD에듀 합격생이 전하는 합격 노하우

"기초 없는 저도 합격했어요
여러분도 가능해요."

검정고시 합격생 이*주

"불안하시다고요?
SD에듀와 나 자신을 믿으세요."

소방직 합격생 이*화

"강의를 듣다 보니
자연스럽게 합격했어요."

사회복지직 합격생 곽*수

"선생님 감사합니다.
제 인생의 최고의 선생님입니다."

G-TELP 합격생 김*진

"시험에 꼭 필요한 것만 딱딱!
SD에듀 인강 추천합니다."

물류관리사 합격생 이*환

"시작과 끝은 SD에듀와 함께!
SD에듀를 선택한 건 최고의 선택"

경비지도사 합격생 박*익

합격을 진심으로 축하드립니다!
합격수기 작성 / 인터뷰 신청

QR코드 스캔하고 ▷ ▷ ▶
이벤트 참여하여 푸짐한 경품받자!

합격의 공식
SD에듀